W0316595

Klaus Berger

JESUS

Klaus Berger

JESUS

Pattloch

Bibliografische Information der Deutschen Bibliothek
Die Deutsche Bibliothek verzeichnet diese Publikation in der Deutschen Nationalbibliografie; detaillierte bibliografische Daten sind im Internet über http://dnb.ddb.de abrufbar.

© 2004 Pattloch Verlag GmbH & Co. KG, München
Umschlaggestaltung: Atelier Lehmacher, Friedberg (Bay.)
Satz, Layout und Herstellung:
Hartmut Czauderna, München
Druck und Bindung: Kösel, Altusried-Krugzell
Printed in Germany

ISBN 3-629-00812-7

Besuchen Sie uns im Internet: www.droemer-knaur.de

Der Frau Äbtissin Maria Assumpta Schenkl O. Cist. und den Schwestern ihres Konvents in der Zisterzienserinnenabtei Helfta aus der Lutherstadt Eisleben in Verehrung gewidmet

Inhalt

Einführung

Mit diesem Buch überschreite ich bewusst mein Fachgebiet. Mein Beruf ist es, die Bibel und ihr Umfeld wissenschaftlich zu erforschen. Als Exeget bin ich normalerweise für Texte und Textauslegungen zuständig, weitergehende Fragen sind tabu. In diesem Buch aber verlasse ich mein Terrain. Ich möchte modernen Menschen sagen, *was sie von Jesus haben.* Ich möchte Menschen antworten, die fragen, ob Jesus heute noch irgendeine Bedeutung für sie hat. Wer mich als Exeget kennen lernen möchte, soll mein Buch »Wer war Jesus wirklich?« lesen. In diesem Buch werde ich mich bemühen, theologisches Fachchinesisch zu meiden, sehr einfach und klar und vor allem nicht um den Brei herumzureden. Denn dieses Buch soll für Christen und Nichtchristen, Fachleute und Laien, gläubige und weniger gläubige Menschen gleichermaßen geeignet sein.

Das Bild von Jesus, das ich hier zeichne, bedeutet eine Wende. Für Außenstehende mag es verwunderlich sein, aber es gibt in der Theologie derzeit ein *doppeltes Jesusverbot.* Das erste Verbot sprechen historisch-kritische Exegeten aus, die Jesus klein machen, das zweite die Ideologen und Schwätzer, die ihnen auf den Fuß folgen und »Jesus« mit Bedeutungen befrachten, über die er sich vermutlich gewundert hätte – die ihn politisch vereinnahmen oder zur psychologischen Sphinx umdeuten.

Mit »Verkleinerung durch die historische Kritik« meine ich: Bestimmte Forscher bezogen ihr Bild von Jesus ausschließlich aus einem Teil der drei ersten Evangelien Matthäus, Lukas, Markus; das Johannesevangelium nahmen sie nicht zur Kenntnis. Sodann bestritten sie viele weitere Jesusworte in ihrer Echtheit. Sie erklärten Texte, die aufgeklärte Zeitgenossen peinlich berühren könnten, kurzerhand zu Legenden und machten die nachösterliche Gemeinde dafür verantwortlich, dass aus Jesus eine Art Gott wurde. Das machte Jesus kleiner – ein gewöhnlicher Mensch, der weniger gesagt und weniger getan hat, als das Neue Testament berichtet. Die Berichte über Jesus wurden ihrer Pointe beraubt, wurden witz- und salzlos. Und die Person Jesus selbst schrumpfte in sich zusammen. Es lief immer nach dem Schema: »Er ist im Grunde genommen ..., er ist nichts anderes als ein ...«, wobei man die Auslassung variabel ergänzen konnte.

Die Folge der Verkleinerung Jesu war, dass man das, was da noch übrig blieb, nach Herzenslust frisieren und trendy zurechtstutzen konnte. Abgesehen von dem, was man ohnehin als unpassend übersah, setzte man sich die politische, existenziale, ökologische oder feministische Brille auf, um den kärglichen Rest »ganz neu« zu betrachten. Ein paar (politisch, existenzial, ökologisch, feministisch) funkelnde Lebensweisheiten – mehr blieb nicht. Kein Wunder, wenn sich für diesen Jesus kein Mensch mehr interessiert: belanglose *minimal art*. »Wenn dieses oder jenes Jesuswort echt wäre, was könnte uns das dann unter Umständen sagen?« – Fragen dieser Klasse interessieren auch mich nicht mehr. Das war die Moderne.

Stattdessen werde ich im Horizont eines postmodernen Ansatzes ganz unmögliche, unwissenschaftliche, naive, für den modernen Menschen von gestern geradezu peinliche Fragen stellen, Fragen wie: Kann man bei Jesus beten lernen? Wie wird man mit Jesus glücklich? Wie wörtlich muss man Jesus nehmen? Kann man mit Jesus sterben? Ist Jesus »die Wahrheit«? Die Antworten erfinde ich nicht. Ich lege das Neue Testament aus – und zwar durch eine Fülle sich ergänzender Beobachtungen und unterschiedlichste Erfahrungen an *allen* Evangelien. Die Auslegungen sind entstanden in ununterbrochenem Dialog mit jedem einzelnen Text. Mein wichtigstes Prinzip lautet: Nicht *wir* kritisieren den Text und rücken ihn für unsere Bedürfnisse zurecht, *der Text kritisiert uns*.

Ich gehe von der *Fremdheit der Texte* aus. Je fremder ein Text in unsere Zeit hereinragt, desto anstößiger, provokanter, letztlich effizienter und sprechender kann er für uns sein. Die Fremdheit gibt ihm die Chance zur Wirkung, zum Neuen im vertrauten Alten. So möchte ich den religiösen Reichtum der Texte nicht zudecken oder weginterpretieren, sondern gerade in seiner Verschiedenheit wirken lassen. Wenn es also unterschiedliche Berichte über einzelne Begebenheiten oder Aussprüche Jesu gibt, dann ist das kein Grund für tief gehende

Echtheitszweifel, sondern ein Signal für großen spirituellen Reichtum. So wird »Reichtum« ein Schlüsselwort in der Textauslegung.

Woher wissen wir etwas über Jesus? Welche Quellen ziehe ich heran? Welche sind sehr wichtig, welche weniger wichtig? Für mich gilt das Modell der konzentrischen Kreise: Am wichtigsten ist das, was Jesus selbst gesagt hat; am zweitwichtigsten sind die vier Evangelien, dann folgen alle übrigen Schriften im Neuen Testament; dann folgen die Berichte und Deutungen Jesu aus dem ihn umgebenden Judentum, schließlich befrage ich auch die strenger religiös orientierten Traditionen der Kirche nach ihrem Wissen über Jesus. Wir sind heute schon rein chronologisch gesehen ganz weit weg von Jesus und müssen »Gleichzeitigkeit« erst mühsam herstellen. Andere waren näher dran. Warum sollten wir nicht annehmen, dass die Texte des frühen Christentums in Fühlweite waren, dass sie Jesus authentischer verstanden als ein hegelianisch geschulter Professor des 19. Jahrhunderts?

Immer wieder nehme ich Bezug auf religiöse Erfahrung im Judentum zur Zeit des Neuen Testaments, in den monastischen Traditionen der Alten Kirche und des Mittelalters. Ihnen allen gemeinsam ist die Orientierung an *Mystik* im weitesten Sinne des Wortes. Der Christ der Zukunft werde Mystiker sein oder er werde gar kein Christ mehr sein, mutmaßte vor Jahren ausgerechnet der spekulativste aller Theologen, Karl Rahner. Mystik ist nicht mehr und nicht weniger als das Achten auf die erstrangige Wirklichkeit Gottes. Die biblischen Schriften über Jesus wurden ausnahmslos in einem mystischen Horizont verfasst und können daher auch nur in einem mystischen Horizont verstanden werden. Dass Menschen des 21. Jahrhunderts über keine mystischen Erkenntnisorgane mehr verfügen, ist ein unwissenschaftliches Vorurteil, das in den fünfziger Jahren des vergangenen Jahrhunderts noch vertreten werden mochte, als Rudolf Bultmann meinte, man könne doch einem Menschen, der einen Radioapparat besitze, nicht im Ernst zumuten, an Wunder zu glauben. Der Religionsphilosoph Max Scheler meinte dagegen bereits zu Beginn des 20. Jahrhunderts: »Der Kern der Person Jesu ist nur einem gegeben: seinem Jünger.« Mystik erkennt Mystik. Die Wahrnehmung mystischer Faktizität tritt daher gleichrangig neben Faktizität im Sinne der modernen Naturwissenschaft. Die Postmoderne erlaubt dieses Nebeneinander heute erstmals wieder. Es gibt nämlich nicht nur eine *chronologische,* sondern auch eine *existenzielle* Nähe zu Jesus. Das alte Mönchtum beispielsweise weist eine solche Nähe auf.

Ich nehme also die Möglichkeit einer Horizontverschmelzung zwischen dem mystischen Horizont der Jesuszeit und der frühen Kirche auf der einen und dem mystischen Horizont heutiger Leser auf der anderen Seite als gegeben an. Und so prüfe ich an den Texten ihre Durchsetzungskraft damals wie heute. Die hängt auch ab von den religiösen Tiefendimensionen, die sie freilegen und die oft in der herkömmlichen Exegese gar nicht ausgeschöpft wurden.

Diese Durchsetzungskraft von Texten von und über Jesus beruht weniger darauf, dass sie ein Appell an den menschlichen *Willen* sind – Ignatius von Loyola verstand die Texte der Schrift vornehmlich auf diese Weise –, sondern dass sie die Liebesfähigkeit und Sehnsucht des menschlichen *Herzens* anrühren. Das ist keine Interpretation; das steckt in den Texten; das wollen sie sagen. Ich habe in dieser Hinsicht viel aus dem Hoheliedkommentar von Bernhard von Clairvaux und bei anderen frühen Zisterziensern gelernt. Immer wieder brechen daher bei meiner Auslegung die Grundlinien zisterziensischer Spiritualität durch, die sich in Kreuzform darstellen. In der Schule der Zisterzienser wird ein mystischer Verständnisraum eröffnet, in dem es ein Oben und Unten gibt. Oben ist die Heiligkeit, das Licht, unten ist der Raum der Sünde, die Finsternis. In der Bewegung von oben nach unten gibt es die Gnade, in der von unten nach oben den Dank (griech.: *eucharistia*). Auf der Querlinie steht die Sehnsucht Gottes einerseits und die unstillbare Sehnsucht des Menschen nach Gott andererseits. Beide Richtungen, die senkrechte und die waagerechte, korrigieren sich gegenseitig.

So will dieses Buch ein Ende damit machen, dass man die Gestalt Jesu ein ums andere Mal vor das Gericht der kritischen Vernunft zitiert, um die historischen Alibis des Angeklagten zu bewerten. Jesus versteht man eben nicht nur mit dem Kopf. Wer etwas von ihm wissen will, muss sich auf die kongeniale Erkenntnisweise der Mystik einlassen. Herz und Gefühl werden nicht der Psychologie überlassen, sondern ihr entrissen.

Klaus Berger

KAPITEL 1

Biografische Verschränkung: Die Jesusbilder meines Lebens

Bewusst verzichte ich darauf, ein bestimmtes Jesusbild vorauszusetzen. Wie man zahllosen Jesusbüchern entnehmen kann, sind die Ergebnisse dann nach dem Verfahren des Zirkelschlusses vorhersehbar. Mir erscheint es sachgemäß, die frühchristlichen Aussagen in der Art eines *offenen Mosaiks* zusammenzustellen. In einem solchen Mosaik darf es auch weiße Flächen geben. Einheitlichkeit und Stimmigkeit anzustreben, einen systematischen Entwurf zu bieten, halte ich historisch und systematisch für ein Unding.

Statt mit scheinbar objektiver Theologie einzusteigen, möchte ich Ihnen vorab von meinem Leben erzählen und davon berichten, wie in meiner religiösen und theologischen Biografie Brechungen und Reflexe mit dem entstanden sind, was ich jeweils für »das Leben Jesu« hielt. Damit möchte ich einerseits Leserinnen und Leser ermutigen, sich selbst auch zu fragen: Wie hat sich mein eigenes Bild von Jesus gewandelt, welchen Einflüssen war es ausgesetzt? Zum anderen wird man meine Aussagen besser verstehen und relativieren können. Denn bei allem Streben nach einem offenen Mosaik bin ich mir doch der Begrenztheit der eigenen Perspektive bewusst.

Ich selbst bin in einer durch Romanik und Gotik geprägten Kaiserstadt katholisch aufgewachsen. Das erhabenste Kunstwerk, das sie zu bieten hat, ist eine gotische Pietà von 1510. Wer in einer solchen Stadt heranwächst, hat ein tief eingeprägtes Verhältnis zur Geschichte, ist affiziert vom Lebensgefühl von »Kaisersaschern«, jener altdeutschen Kulisse von Thomas Manns Doktor-Faustus-Roman, in dem auch der Teufel eine tragende Rolle spielt. Dass die Kämpfe zwischen geistlicher und weltlicher Macht ihre Spuren hinterlassen haben, kann man gut an den Mauern ablesen. Und dass irdische Macht – weltliche oder geistliche – reif und weise verwaltet werden kann, wenn ihre Träger sie vor Gott verantworten.

Die Jahre meiner Kindheit rufen Bilder in mir hervor, die mit der ersten heiligen Kommunion, mit der Eucharistie zu tun haben. Jesus ist anwesend in Brot und Wein. Ich beuge vor ihm das Knie, ich empfange ihn auf beiden Knien beim Abendmahl, wie ich es gerade neulich noch bei Lutheranern älterer Tradition gesehen habe. Als heilig und verborgen begegnet mir der Herr zuerst. Dass Altar, Kelch und Patene heilige Dinge sind, da sie dem Einen dienen, dass der Altarraum ein heiliger Raum ist, in dem man still sein muss und sein darf, sind tiefe, einschneidende Erfahrungen. Den Sinn für das verborgene Geheimnis habe ich gerade als späterer Neutestamentler oft gut anwenden können, ist doch der Ansatz des Evangeliums nach Markus das Messiasgeheimnis. Dessen Sinn ist, dass erst mit der Auferstehung Jesu, vollends bei seiner Wiederkunft, das Dunkel über seine Identität gelichtet wird. Dass der heilige, ferne Gott Brot wird, Nahrung für uns sein will, erfüllt meine Erfahrung der Heiligkeit mit einem Aspekt von Liebe und Segen.

Knien meint Anbeten. Anbetung ist ein archaisches Muster. Viele Menschen meinen, das sei Byzantinismus, das passe nicht mehr in die Zeit. Heute müsse man vor nichts und niemandem mehr hinknien. Ich finde das nicht. Ich knie noch genauso gerne wie in meiner Kindheit vor dem Geheimnis des im Brot anwesenden Herrn – und ich habe entdeckt, dass dies sehr gut zum Evangelium passt. Das Zeichen des brennenden, roten Lichtes in der Stille einer Kirche signalisiert: Hier ist Gott unter Menschen. Das ist es, was Gott immer schon wollte, wenn er im Alten Testament sagte: Ich will ihr Gott sein und sie sollen mein Volk sein, und ich will unter ihnen wohnen.

Eine Zumutung ist dieser Glaube sicherlich, aber eine froh und gewiss machende. Für mich ist die verborgene Gegenwart des Gottessohnes unter den Gestalten von Brot und Wein die wichtigste und leibhaftigste Auslegung des Berichts über den Herrn, der schweigend und doch bergend mitten unter den Jüngern einfach da ist. Der im

Bauch des Schiffes sich birgt, ist in Wahrheit der, der uns alle geborgen hält.

Der zweite Abschnitt meiner eigenen »Jesusbiografie« besteht in der Begegnung mit dem leidenden Christus. In jeder der alten Kirchen der Stadt Goslar gibt es Kruzifixe, von denen jedes eine Predigt für sich ist. Bei den romanischen Kreuzen sieht man Jesus eher als den Segnenden und gar nicht als den Leidenden. Aus der Übergangszeit zur Gotik gibt es in einer kleinen Kapelle ein Kreuz, bei dem der Herr nach oben in den Himmel schaut, voll Hoffnung und Zuversicht. Und dann die lange Reihe der gotischen und spätgotischen Kreuze – mit echten Dornenkronen und echten Haaren. Einige sind Pestkreuze, andere stehen in der Mitte von Hospitälern, in denen jahrhundertelang die Schwerkranken gelitten haben. In der Pietà der Goslarer Jakobikirche finde ich schließlich die Verbindung von Passion und Marienleben. Maria als eine vom Leben gezeichnete norddeutsche Frau, sprachlos gefasst. Jesus ganz realistisch dargestellt, wie Leonardo da Vinci es nicht genauer hätte treffen können – der ausgelieferte Herr. Die Mutter hält die Hand des Sohnes, Kontrast zwischen warmem Leben und Tod, doch das Halten der Hand als Brücke der Liebe.

In meiner Jugend – ich war in kirchlichen Jugendgruppen aktiv – stellte man mir Jesus als »Christkönig« vor, durchaus ein Begriff mit politischer Konnotation. Die Fahnenbegeisterung der ersten Jahrhunderthälfte war noch lebendig, lebendig auch der Widerstand, den kirchliche Jugendgruppen unter dem Königszeichen Christi gegen das braune Regime geleistet hatten. Das Christkönigsfest behielt daher auch in den Nachkriegsjahren, in denen ich aufwuchs, Demonstrationscharakter und wurde in einer norddeutschen Stadt immer wahrgenommen wie eine Art Einzug nach Jerusalem. Fahnen und Glocken, das waren die Zeichen. Ich hielt es eher mit den Glocken. Sie faszinieren mich bis heute. Die mittelalterlichen Glockeninschriften, von denen ich dann bis zum Abitur rund fünftausend gesammelt hatte, kannten immer wieder dieses eine Gebet *»Herrlicher König, Christus, komm zu uns mit Frieden«*. Das Gebet, das es nur auf Glocken gibt, hat mich ein ganzes Leben lang begleitet. Den Inschriften der alten Glocken entnahm ich auch viele andere Schätze: Gebete einfacher Leute, von Glockengießern, Dorfpfarrern, ganz individuelle Dinge, jeweils nur einmal erhalten, hoch oben in Glockentürmen. Das einzige Kreuz, das man in unserer Wohnung sehen kann, ist ein kleines exklusives Foto des Glockenmantels der ältesten Glocke meiner Pfarrkirche von 1484: ein Kreuz, darunter Maria und Johannes.

Seit 1954 gibt es in Goslar die »Soziale Akademie des Bistums Hildesheim«, das St.-Jakobus-Haus, dem ich seit 1956 als Bibliothekar und Experte für Führungen durch die Stadt zur Seite stand. »Evangelium und Politik« war das durchgehende Thema vieler Veranstaltungen in dieser Akademie. Was hieß das, Jesu Botschaft vom Reich Gottes umzusetzen in der damals noch jungen Bundesrepublik, wenige Kilometer von der Zonengrenze entfernt? Ich gebe gerne zu, dass ein kämpferisches Element dabei war, ein letztes Erbstück aus dem preußischen Kulturkampf. Mein Wunsch, Theologe und Priester zu werden (anderes ist mir nie eingefallen), wurde inspiriert durch den Lebens- und Frömmigkeitsstil des Akademiedirektors, den ich als eine lebendige Darstellung des Evangeliums empfand. Ich hatte den Eindruck: Der Mann folgt Christus nach ohne sich zu schonen.

Bereits ganz zu Beginn des Studiums machte ich eine folgenreiche Entdeckung, die mich bis heute nicht aus ihrem Bann entlassen hat: *Jesus war Jude*. Im ersten theologischen Semester kaufte ich die Hymnen aus Qumran in der Übersetzung von Georg Molin. Von diesen Qumran-Psalmen her erschloss sich mir die Welt der Psalmen, die wir in der Schulzeit nur teilweise wahrgenommen hatten. Einige Semester habe ich gebraucht, um zu begreifen, dass ich es mit zwei sich gegenseitig verstärkenden Sorten *Fremdheit* zu tun hatte: die Fremdheit des unbegreiflichen Gottes und die Fremdheit des antiken jüdischen Denkens und Lebens. Gott – nicht auf den Begriff zu bringen, *totaliter aliter*, ganz anders. Die jüdische Antike: der historische Ort einer Gotteserschließung, zugleich rätselhaft, versunken, weit weg von unseren Kategorien, unserer Art zu denken. Diese beiden großen *Fremdheiten* wurden zu den eigentlichen Treibern meiner theologischen Arbeit. Jesus als Jude – was das bedeutet! Jesus hat sich und seine Welt elementar anders wahrgenommen, als wir es uns vorstellen. Der »garstige Graben«, von dem Lessing spricht, existiert tatsächlich, doch ganz anders, als Lessing dachte, und jeder voreilige

Friedensschluss der Begriffe (als meinten wir sowieso dasselbe) ist gefährlich. Was ist denn hier und dort gemeint, wenn von »Leib« oder von »Liebe« oder von »Hass« die Rede ist?

Die Wahrnehmung der Fremdheit Jesu führte zu einer lebenslangen Skepsis gegenüber allem, was in der Kirchengeschichte unternommen wurde, um diese Fremdheit zu überspielen und Jesus unbesehen zu vereinnahmen. Die kritische Aufmerksamkeit für diese Vorgänge ist geblieben. Müssen wir alles auf den Begriff bringen? Kann es nicht auch Entwicklung in der Sprache und im Denken geben? Muss Luther gleich Paulus sein? Mein eigentlicher theologischer Lehrer war zu allen Zeiten meines Lebens der deutsche Kardinal Nicolaus Cusanus, der mich lehrte, in Jesus Christus auch den zu sehen, in dem alles, was Gott je mit dem Menschen vorhatte, zur höchsten und schönsten Entfaltung gelangt war. Der zugleich Gottes ewiges Wort und das wahre Ebenbild Gottes ist. Die *coincidentia oppositorum* (Zusammenfall aller kreatürlichen Gegensätze in Gott) des Cusaners kann man auch für die Frage nach der Einheit in den unterschiedlichen frühchristlichen Theologien und Jesusbildern gut anwenden. In meiner Konzeption des Mosaiks, in dem keineswegs einlinige Stimmigkeit herrschen muss, verdanke ich mich letztlich dem Cusaner. In meinem Denken und meiner Standortbestimmung haben mich lange die beiden Terme *Ungewissheit* und *Wagnis* (Peter Wust) begleitet. Wir wissen so viel – und gleichzeitig so wenig; der größere Teil der Wirklichkeit ist unerschlossen. Und trotzdem können wir nicht unentschieden bleiben, müssen uns wagen. Dabei waren mir die ostkirchlichen Liturgien stets besonders sympathisch, weil sie das Geheimnis so stark betonen.

Während meiner Studienjahre machte der Marburger Theologe Rudolf Bultmann Furore; er erklärte, vom historischen Leben Jesu könne man nichts Sicheres wissen – das sei auch ganz unerheblich für den Glauben, dem es nur um die »Bedeutung für mich« zu gehen habe, ein Verfahren, das er existenziale Hermeneutik nannte. Sosehr das andere junge Theologen in tiefe Krisen stürzte, so wenig war die Beschäftigung mit Bultmann ein ernsthaftes Problem für mich. In einem halben Semester war das Thema abgelegt: Wenn man aus Goslar kommt, kann man Geschichte nicht auf Bedeutsamkeiten zusammenschrumpfen lassen. Sehr viel schwieriger war für mich die Frage zu beantworten, was man denn an die Stelle der neueren Exegese und ihrer letztlich kantianischen Hermeneutik setzen soll. In meinem Büchlein »Exegese und Philosophie« (1986) habe ich die nahtlose Verschwisterung liberaler Exegese und deutsch-idealistischer Philosophie dargestellt – und damit für mich selbst die hermeneutische Fragestellung radikalisiert. Meine intensive Beschäftigung mit zwischentestamentlichem Judentum und Apokalyptik einerseits und die Herkunft aus dem »spätmittelalterlichen« Katholizismus andererseits machten es unmöglich, sich auf den deutschen Idealismus als Norm der Beurteilung Jesu einzulassen.

Von allen Emblemen, die durch die Wissenschaftsgeschichte der Schriftauslegung getragen werden, wurden mir mit den Jahren die Termini »Osterglaube« und »nachösterlich« immer fraglicher. Man findet sie tausendfach in Artikeln, Büchern, Reden, Predigten. Gemeint ist damit, dass ein wesentlicher Teil der neutestamentlichen Berichte über Jesus als pure Erfindung der Gemeinde nach Ostern zu gelten habe. Jesus könne dieses oder jenes, was wir von den Evangelisten überliefert bekommen haben, gar nicht gesagt, getan, gedacht, gewusst haben. Dieses Wort da sei »mit Sicherheit« eine »nachösterliche Eintragung«, eine Korrektur »im Licht des Osterglaubens«. Bei so viel Sicherheit steigt die Gewissheit meiner Skepsis. Ebenso fraglich wurden mir alle Kriterien, die es angeblich möglich machen, echte von unechten Jesusworten zu scheiden. Und was ist dann mit den »echten«? Gibt es dann Jesusworte erster und zweiter Klasse? Und wer hat darüber zu befinden? Und was ist mit den Worten Jesu, die durch den Rost des *common sense* der Forschergemeinde fallen (wobei es genau in der Frage der *ipsissima verba* Jesu einen *common sense* nicht gibt)? Am besten aus der Bibel tilgen? Immer mehr wurde die etablierte Forschung als ein kompaktes System für mich Gegenstand kritischer Anfrage. Sie betrifft schließlich auch die angebliche Markuspriorität. Das ist die Annahme, Markus sei das erste Evangelium, alle anderen seien von ihm abhängig. Kann das Evangelium nach Johannes nicht mindestens genauso alt sein? Aber schon die bloße Frage zu stellen, ob das vierte Evangelium nicht viel älter sei als angenommen, ist irrationales Ketzertum, eine exegetische Häresie, eine Todsünde wider den *mainstream*, wo doch die Ökumene liberaler protestantischer und katholischer Exegeten ein ganz fester kollegialer Verbund ist, der seinesgleichen sucht.

Unter Theologen gibt es nicht nur »good guys« und »bad guys« – es gibt auch »good words« und »bad words«, ungeliebte Texte in der Heiligen Schrift, denen man als Exeget besser aus dem Weg geht. Gerade diese Texte wurden für mich zu einem wichtigen Abschnitt meiner Begegnung mit Jesus Christus. Ungeliebt sind alle Texte, in denen beispielsweise Engel vorkommen (von Mariä Verkündigung bis zum leeren Grab und zur Himmelfahrt), die »steilen«, nicht naturalistisch erklärbaren Wunder, jedes Einwirken Gottes in der Welt, Auferstehung und Wiederkunft Jesu Christi, alle »kirchengründenden« Texte der Evangelien usw. Unter mystischen Fakten verstehe ich eine Anzahl von Geschehnissen der geschilderten Art. Sie sind mystisch, weil sie ihrer Ursache und dem Zustandekommen nach auch für frühe Christen verborgen waren und in dieser Hinsicht in den Bereich der unsichtbaren Wirklichkeit Gottes (oder auch des Teufels) gehörten. Mystisch ist das Verborgene, Unsichtbare, für den Verstand nicht Evidente.

Allerdings gibt es »mystische« Ereignisse, die dennoch offensichtlich sichtbare Spuren hinterlassen haben (Auferweckung des Lazarus). Mystik ist nichts Privates, Krankhaftes oder Subjektives, sondern eine eigenständige Dimension der Wirklichkeit, in die hinein es immer mehrere Schneisen nebeneinander gibt. Verklärung und Auferstehung Jesu, Mariä Verkündigung und die Endzeitvisionen Jesu sind dann nicht Randphänomene, sondern rücken in den Mittelpunkt.

Ich möchte die Wirklichkeit mit einem Haus vergleichen. Vom Flur aus gehen verschiedene Türen ab, die in unterschiedliche Zimmer führen. Eines der Zimmer könnte man »exakte Wissenschaften« benennen, ein anderes »Weisheit und Werte«, ein drittes »Kunst«, ein viertes eben »Mystik«. Zwischen den Zimmern gibt es Verbindungstüren. Die Wirklichkeit – ein Haus mit mehreren Räumen! Diesen Fortschritt in der Erkenntnis hat uns die Postmoderne gebracht. In Wirklichkeit leben wir nicht mehr nur eindimensional nach der Physik des 19. Jahrhunderts. Man kann das Nebeneinander verschiedener Wirklichkeiten auch als »Ungleichzeitigkeit« bezeichnen. Dieselben Menschen, die einer Internet-Community angehören und sich einer Laseroperation unterziehen, können gleichwohl das Fest des Erzengels Michael feiern.

So ist der Satz Rudolf Bultmanns »Ich kann nicht gleichzeitig einen elektrischen Schalter benutzen und an die Himmelfahrt Jesu glauben«, der seinerzeit ob seiner »Modernität« schockierte, heute nicht nur altbacken, versnobt und überholt, sondern unsinnig. Mein Versuch postmoderne Theologie zu treiben, wäre noch vor wenigen Jahrzehnten unter der Rubrik »Aberglaube« abgetan worden. Entsprechend konnte man noch vor 50 Jahren im evangelischen Religionsunterricht die Abendmahlsauffassung der katholischen Messe als Zauberei bezeichnen (als ob Martin Luther besonders weit davon entfernt wäre!). Immerhin hat mancherorts die ökumenische Denkart mehr Verständnis auch für das bewirkt, was uns nun beschäftigt.

Wir setzen voraus: Es gibt mehrere Bereiche der Wirklichkeit und entsprechend mehrere Arten von Fakten. Die Kriterien für das, was »wahr« oder »Faktum« ist, sind je unterschiedlich. Ich vertrete die These: Was hier mystische Fakten genannt wird, sind wirkliche Ereignisse, und ihnen entsprechen bestimmte Erfahrungen. Diese Fakten sind nicht privat, subjektiv, irrational, eingebildet oder halluzinativ (krankhaft). Ihre Voraussetzungen sind bis zu einem gewissen Grad machbar, sie selbst jedoch werden dem Menschen geschenkt. Eine gewisse Vorbereitung war für mich der Auftrag, für Band 12 der Theologischen Realenzyklopädie (TRE) die umfänglichen Artikel »Gebet« und »Heiliger Geist« zu verfassen (1984). Mit bedeutenden Strömungen der Ostkirchen habe ich stets die Bedeutung dieser beiden Elemente für unseren Zugang zu Jesus betont.

Biografisch kam die Beobachtungen zur mystischen Wirklichkeit zusammen mit meiner Begegnung mit den Zisterziensern, den Söhnen des heiligen Bernhard von Clairvaux. Jesus begegnet mir in diesem Orden als der Strenge und als der Liebevolle zugleich. Da ich weiß, dass auch Martin Luther den heiligen Bernhard über alles schätzte, sei der Hinweis auf eine Plastik im Altenberger Dom gestattet, in der Jesus vom Kreuz herab seine Arme auf den Bernhard zur Rechten und Luther zur Linken legt. Bewegend war und ist für mich die Geschichte der Zisterzienser (Trappisten) von Tibhirine in Algerien. Der Ort ist seit dem Sommer 1996 bekannt geworden. Denn hier lebten und starben sieben Trappistenmönche, die von islamischen Rebellen entführt und dann wie Johannes der Täufer enthauptet wurden. Ein bewegendes und das Herz anrührendes glaubwürdiges Zeugnis von Christen, die nichts anderes im Sinn hatten als ihren Glauben in ihrem Leben darzustellen. »Tibhirine« heißt im Arabischen »blühender Garten« – die Mönche hatten in Kooperation mit Einheimischen aus dem kargen Land einen blühenden Garten gemacht, nachdem Tibhirine 1938 offiziell unter dem Namen »Unsere Liebe Frau vom Atlas« und mit dem Wappenspruch »Ein Zeichen auf den Bergen« gegründet worden war. Algerien ist ein muslimisches Land, der Islam ist Staatsreligion. Und Algerien ist ein armes, geschundenes Land, zerrüttet von Terror und sozialen Konflikten. In diesem armen Land dann auch noch Trappist zu sein, also einer der strengsten Regeln zu folgen, die die Kirche kennt, das erscheint gewissermaßen als die Vollendung einer kreuzförmigen Existenz. Die Existenz der Mönche von Tibhirine ist selbst ein Zeugnis für Frieden und Freundschaft unter Moslems und Christen gewesen. Dass sie gerade diese Existenz, die weder auf Missionieren noch auf Großprojekte ausgerichtet war, mit dem Martyrium besiegelt haben, hat sie zum Zeichen werden lassen, das womöglich für Jahrhunderte über sie hinaus vorwärts weist. Denn der Dialog zwischen Christentum und Islam wird sicher zu den großen Themen des neuen Jahrtausends gehören. Eindrücklich berichtet der Prior des Klosters, Pater Christian de Chergé über einen Herbstabend im Jahre 1975 aus der Klosterkapelle. Nach der Komplet hatte er sich vor dem Altar flach auf den Boden gelegt, um zu beten. Da gesellte sich ein muslimischer Gast zu ihm und bat, für ihn zu beten. Sie verweilten bis Mitternacht gemeinsam vor Gott. Pater Christian erlebte dies wie eine zweite Berufung: »Unser Gebet hatte zwei Stimmen: das Arabische und das Französische mischen sich, sie erfreuen sich auf geheimnisvolle Weise gegenseitig, sie antworten einander, sie ermächtigen und stützen einander, sie ergänzen und vermählen sich. Der Muslim ruft den Christus an, der Christ unterwirft sich dem Plan Gottes über alle Glaubenden, auch über den einen von ihnen, der der Prophet Mohammed war.« Schon ab 1979 hatten sich zweimal im Jahr jeweils für drei Tage Mulime und Christen zum Gebet getroffen. Von einem der Sufis stammt das Bild: »Wir sind wie eine Leiter, die sich zum Himmel ausstreckt: auf der einen Seite steigen die Muslime zu Gott hinauf, auf der anderen die Christen. Je näher wir Gott kommen, desto näher kommen wir auch einander.« Nachdem im September 1995 zwei Ordensfrauen ermordet worden waren, rechneten die Brüder von Tibhirine immer deutlicher mit der Möglichkeit des Martyriums. Sie beschlossen zu bleiben und ihr Leben in jedem Falle Algerien zu weihen. Jede Art von Anwesenheit Bewaffneter im Kloster lehnt man ab. In der Nacht vom 26. auf den 27. März 1996 werden sieben Brüder des Klosters gewaltsam entführt. Am 21. Mai wurden sie enthauptet, nachdem ein Gefangenenaustausch gescheitert war.

In seinem Testament nennt Pater Christian de Chergé den Heiligen Geist, »dessen heimliche Freude es immer bleiben wird, Gemeinschaft zu stiften und die Übereinstimmung wiederherzustellen – im Spiel mit den Unterschieden«. Dann sieht er voraus, dass er ermordet werden wird: »Und auch du, Freund der letzten Minute, der du wohl nicht gewusst hast, was du tatest: Ja, auch dir gilt dieses Danke und dieses *à Dieu*, das dein Gesicht angenommen hat. Und möge es uns geschenkt werden, uns als glückliche Schächer im Paradies wiederzusehen, wenn es Gott gefällt, der unser beider Vater ist.« Am Tag der Beerdigung der sieben Märtyrer auf dem Friedhof von Tibhirine sagt ein algerischer Pfarrer: »Nie in meinem Leben habe ich einen solchen Frieden gelebt und mich Gott so nahe gefühlt wie jetzt; Tibhirine ist eine Gnade für uns alle, für die Christen in Algerien und für das algerische Volk. Die Zeit wird es immer mehr zeigen; wir hatten Märtyrer nötig, jetzt haben wir sie.« Bruder Luc, der Arzt, hatte an seinem 80. Geburtstag eine Kassette gehört und für den Tag seiner Beerdigung aufbewahrt: Edith Piaf mit dem Chanson: *»Non, je ne regrette rien!«* – »Nein, ich bereue nichts.«

Der Neutestamentler Klaus Berger findet im Zeugnis dieser Mönche neutestamentliche Radikalität und ist stolz darauf, mit ihnen durch den gleichen schönen und tröstlichen Glauben verbunden zu sein. Er sieht in dem geschilderten Weg der Mitbrüder eine zu Herzen gehende Auslegung der Person Jesu.

KAPITEL 2

Vorspiel: Wie man mit Jesus etwas anfangen kann

Es gibt so viele Wege zu Jesus, wie es Menschen gibt. Vier Wege möchte ich aufzeigen: Die Bibel, die anderen, die Zeit und das Leiden.

2.1 Anfangen mit der Heiligen Schrift

Um Jesus zu verstehen, soll man ihn im Spiegel der Heiligen Schrift suchen.

Die Bibel handelt von der ersten bis zur letzten Seite von einer Sache: Wer Gott ist und wie man dort hinkommt. Sie ist ein Kompass auf dem Weg. Als passendes Adjektiv gefällt mir das Wort »kompromisslos« besonders gut. Jesus ist das Herzstück der Bibel, die man als Ganze kennen und lieben sollte, um Jesus zu verstehen. Darum beginne ich in einem Buch, das von Jesus handelt, mit einer Einladung in die ganze Heilige Schrift. Wenn Sie mich fragen, welche Beziehung ich zur Bibel habe, der ich seit 32 Jahren tagaus tagein Bibel lehre, welches Verhältnis ich als Christenmensch zur Bibel habe, ob ich etwa die Bibel liebe, dann antworte ich: Ich versuche, mit dem Unerhörten auf Schritt und Tritt zu rechnen. Denn seit wann soll mein Verstand der Maßstab sein?

Aber ist die Bibel nicht ein Inbegriff von Aberwitz und Afterwissenschaft, eine einzige Zumutung? »Was die Christen aufgrund der Bibel bekennen, ist nicht wahr«, hat neulich ein bekannter deutscher

Theologe gesagt, bevor er sich dann endgültig von Jesus verabschiedete. Jungfrauengeburt, Himmelfahrt, Blinde sehen, Lahme gehen, Stürme brechen in sich zusammen, die Erde bebt, Tote stehen auf, Engel kommen vom Himmel, Menschen verstehen fremde Sprachen ... Mit den Patronen der Naturwissenschaft lässt sich die Bibel leicht durchlöchern und zerfetzen. Viele sagen: Alles, was in der Bibel gegen die moderne Wissenschaft und ihre Gesetze verstößt, kann es nicht gegeben haben. Man macht zum Maßstab, was man beweisen kann. Kaum jemand hat Zweifel daran, ob dies wohl der richtige Weg ist, mit der Bibel umzugehen.

Könnte es nicht sein, dass *wir* die Banausen, *wir* die Blinden sind – dass wir in einer Art geistigem Imperialismus unsere eindimensionale Sicht der Wirklichkeit auf alles und natürlich auch auf die Bibel extrapolieren, nach dem Motto: Was bei uns nicht bekannt ist, das kann es auch dort nicht geben? Der Beweis der Analphabeten, dass es keine Schrift gibt. Kaum einer fragt, ob wir der Bibel von uns aus vorschreiben dürfen, was wirklich ist. Könnte es nicht sein, dass die Menschen, die die Bibel aufschrieben, einen weiteren Geist und ein größeres Herz hatten als wir? Würden die Menschen der Bibel uns nicht sagen: Ihr habt Gott gestrichen – wie kommt ihr dazu, die unsichtbare Hälfte der Wirklichkeit abzuschaffen? Müssten wir nicht erschrecken, wenn jemand uns sagt: Ihr habt die Wirklichkeit halbiert, ihr seid auf einem Auge blind geworden? Die Bibel konnte noch die ganze Wirklichkeit sehen.

Die Bibel ist in Wahrheit ein fremdes Buch. *Sie muss uns fremd erscheinen*, sonst hat sie keine Kraft. Sie enthält eben nicht die Menschenrechte, sondern spricht von Gottes Recht über den Menschen. Im besten Falle ist diese Fremdheit ein provozierender Reichtum, der uns erkennen lässt, was uns fehlt. Nach meinem Eindruck ist die Theologie in ihrer Haltung zur Bibel an einem Wendepunkt angelangt. Weder ist die Bibel als Florilegium zur mythischen Anreicherung trendiger Lebenshilfe-Theorien noch als Steinbruch für Glaubenssätze zu gebrauchen.

Die Bibel muss wieder befremdlich werden, verstörend, sperrig, theoretisch nutzlos, unbrauchbar. Mit der Bibel ist es wie mit der Wüstenstadt Petra: Zunächst ist da nur Staub, Hitze und Sand, die nach Mühsal riechen. Und dann steht man plötzlich in einer Schlucht, an deren Ausgang leuchtend in rosa Sandstein ein völlig erhaltener antiker Tempel aufstrahlt.

Mit mir und der Bibel war das so: Als Theologiestudenten mussten wir eines Tages Exerzitien machen. Schweigen war angeordnet in einem Haus inmitten weitläufiger Laubwälder. Strahlende Herbstsonne. Die Vorträge waren so ärgerlich schlecht, dass ich wegblieb und mir über einen Zeitraum von zweieinhalb Tage nur ein halbes Kapitel des Neuen Testaments vornahm, Gal 3. Über jeden Satz dachte ich stundenlang nach, bis das scheinbar Selbstverständliche und glatt Runtergehende rau wurde, rissig wurde, aufbrach – bis tausend Fragen entstanden. Ich versuchte, die schlichte Logik und die innere Dramatik des Textes zu begreifen und nachzuzeichnen. Ich stand mit dem Text auf und ging mit ihm schlafen. Er war den ganzen Tag bei mir auf meinen Wegen durch den sonnigen Wald.

Das war der Schlüssel, und so habe ich es später immer gehalten. Ich habe stets versucht, mich dem Text auszusetzen, mich von ihm lesen zu lassen, seine eigenen Regeln zum Sprechen zu bringen. Ich habe versucht, *ihn selbst* zu hören. Ich habe versucht, ihn nicht zu erdrücken durch mitgebrachte Regelsysteme, die ihm fremd sein müssen. Ich habe nach Kräften von ihm fern gehalten: alle philosophisch-hermeneutischen Filter, alle psychologischen Muster, alle soziologischen oder religionstheoretischen Hypothesen. Diese wohlfeilen Regelsysteme verraten nichts über den Text, aber alles über die Hilflosigkeit der Ausleger.

Richtig aufgeklärt über das, was ich da eigentlich tat, hat mich kein exegetischer Lehrer und kein hermeneutisches Fachseminar, sondern eine jüdische Philosophin, Edith Stein. Über die Philosophie fand Edith Stein zum katholischen Glauben, wurde Karmelitin, entkam dennoch nicht den Gaskammern der Nazis und wurde schließlich heilig gesprochen. Von ihrem philosophischen Lehrer Edmund Husserl hatte sie gelernt, dass man eine Sache nur erkennt, wenn man frei wird von allem Mitgebrachten und buchstäblich mit allem rechnet. Die *Sache müsse sich vielmehr selbst zeigen, wie sie in sich selbst ist.* Und wenn man fragt, wer ist Gott, dann muss man so lange auf sein Wort hören, bis er selbst zu sprechen beginnt. Im Kloster hat sie auf Knien hinzuhören versucht, wer Gott ist, wie er sich selbst zeigt. Ganz ähnlich kann es einem Exegeten wissenschaftlich und geistlich angesichts eines Textes ergehen: Durch Weglassen des Vorgefertigten ringen mit dem, was der Text jetzt zu sagen hat. Von dem jüdischen Philosophen Martin Buber stammt der Satz: »Der Mensch empfängt. Er empfängt nicht einen Inhalt, sondern eine Gegenwart als Kraft.« Mit der Bibel ist es fast wie mit der Eucharistie, dem Abendmahl. Unter den Gestalten von Brot und Wein ist Jesus real gegenwärtig. Ähnlich, auch ein wenig anders, ist es mit der Schrift: In, mit und unter den vielen Buchstaben ist Gott selbst gegenwärtig. Denn wir stoßen am Grund der Schrift auf sein Wort und dann auf ihn.

Auf dem langen Weg mit der Bibel habe ich auch das Neue Testament übersetzt, zusammen mit den frühchristlichen Schriften. Ich habe das nicht allein gemacht, sondern gemeinsam mit meiner Frau Christiane Nord, Professorin für Übersetzungswissenschaft. Was aus diesen fünf Jahren jetzt hier als Wichtiges zu berichten bleibt, das ist das gemeinsame Ringen um jedes Wort, um jeden Satz. Bibel lesen kann man am besten zusammen, dann purzeln die Fragen. Man kann nicht ausweichen, jeder achtet darauf, dass der Text nicht zu kurz kommt. Bibel lesen und verstehen ist Sache des Miteinanders, des Dialogs in der Kirche. Denn aus der Kirche kommt die Bibel, und für sie ist sie da. Im Miteinander entscheidet sich ihr Sinn. Aus dem Angedeuteten wird auch deutlich: Die Bibel ist kein Konsumartikel. Sie ist nicht mühelos zu vernaschen. Sie ist, so leid es mir tut, nicht zum Nulltarif zu haben. Man muss sie lesen, ihre Fremdheit aushalten und geduldig, parallel zu ihrem Gewebe, selbst ein Gewebe des Verstehens erstellen.

Sie werden fragen, ob das Spaß macht. Ich antworte: Alles Kreative macht Spaß. Denn Verstehen ist kreativ; es bedeutet: dem Gewebe des Textes das Gewebe der eigenen Gedanken anzugleichen. Einer meiner Lieblingstexte ist der über den Schatz im Acker. Mit der Bibel ist es wie mit einem Schatz. Entscheidend ist die Freude beim Finden. Mir ist es in meinem Studium so ergangen, dass ich sehnlichst auf den Augenblick gewartet habe, in dem ich alle anderen Bereiche der Theologie beiseite lassen und mich nur noch der Bibel zuwenden konnte. Mich jedem Text so auszusetzen, als wäre er der einzige! In jedem Text einen leuchtenden Pfad zu Gott erkennen. Und dann: *contemplata tradere*, das weitergeben, was der Text sich abringen ließ.

Im Thomasevangelium gibt es einen interessanten Paralleltext zum Gleichnis vom Schatz im Acker. Jesus sagt: »Die Herrschaft Gottes ist wie ein Mann, der auf einem Acker einen verborgenen Schatz hatte, von dem er nichts wusste. Nach seinem Tod hinterließ er den Acker seinem Sohn. Der Sohn wusste ebenfalls nichts von dem Schatz. Er nahm den Acker und verkaufte ihn, der Käufer aber fand dann beim Pflügen den Schatz. Er begann, Geld gegen Zinsen zu verleihen, an wen er wollte, so reich war er plötzlich geworden.« Auch dieser Text sagt etwas über die Bibel: Viele wissen gar nicht, dass sie mit ihrem Christentum einen Schatz geerbt haben. Sie erben ihr Christentum wie eine Familienbibel oder sie treten aus. Aber vom Schatz ahnen sie nichts. Erst wenn sie den Acker pflügen, können sie den Schatz entdecken. Pflügen – das ist ein Bild für neugierig werden, für Fragen stellen.

Wir müssen auch deshalb wieder neugierig werden auf die Bibel, weil sie so ziemlich die einzige Klammer zwischen den gerade heftig auseinander fliegenden Religionen Judentum, Christentum und Islam ist. Alle drei berufen sich auf Jerusalem und die Bibel, und wenn man den Koran liest, wirkt er wie ein Stück Bibel. Deshalb ist Jerusalem ein Ort, um spirituelle Brücken zu bauen. Regelmäßig trifft sich der Abt des deutschen Benediktinerklosters auf dem Sionsberg in Jerusalem mit einem jüdischen Gelehrten und einem moslemischen Mullah. Die drei hocken sich auf den Boden und meditieren gemeinsam. Jeder spricht in seiner Sprache mit dem einen Gott, der zwar unterschiedliche, aber doch verwandte Namen hat, denn arabisch *Allah* ist dasselbe Wort wie hebräisch *Elohim*.

Warum dieses Bild vom Abt, vom Rabbi und vom Mullah? Die Bibel ist nicht nur unser Eigentum. Drei Fünftel gehören auch den Juden, Muslime betrachten sie als heilige Schrift. Komplizierte Besitzverhältnisse also, wie bei der Grabeskirche in Jerusalem, wo das Kuppeldach einer anderen Konfession gehört als die Innenseite der Kuppel. Das ist nicht nur lästig oder schrecklich. Es enthält auch eine

Verheißung, die weit über alles hinausgeht, was wir uns redlicherweise vorstellen können. Die Bibel und die drei Religionen, all die ungelösten Sorgen des Landes der Bibel, dieses schreckliche Pulverfass Vorderer Orient und Mittlerer Osten – das scheint ein Fall für Gott zu sein. Die Lage ist so ungeheuer kompliziert, dass nur Gott selbst sie lösen kann.

Die Bibel bringt nämlich mit ihrer eigenen Logik das zusammen, was für unser Denken immer auseinander fällt: die Auserwähltheit des einen Volkes *und* die Berufung der Heiden, das Wirken Gottes *und* die Verantwortung der Menschen, Gottes Allmacht *und* die Zeit des Bösen, Gottes Liebe *und* sein Gericht. – Seit vielen Jahrhunderten sind wir dabei, jeweils nur die eine Seite dieser scheinbaren Gegensätze herauszukehren und die andere zu kappen. Unser Denken ist seit Jahrhunderten ein vergeblicher Versuch, sich abzuarbeiten an der Logik der Bibel. Sie ist nicht aristotelisch, nicht abendländisch. Die Konsequenzen waren in der Regel blutig. Genauer gesagt: Man hat sie zum Anlass genommen, denn die Ursachen lagen immer woanders. Die Bibel sollte sie zudecken. Das nennt man Ideologie. Damit hat man sie gegen Gottes Willen schändlich missbraucht. Unsere einzige Chance, weiteres Blutvergießen zu vermeiden: Noch einmal versuchen, sich auf die Logik der Bibel einzulassen – vielleicht unsere letzte Chance.

*

Zuletzt möchte ich sagen: Die Bibel ist schön, wie uralte Menschen sehr schön sein können. Viele Geschichten, die die Bibel erzählt, haben den Charme von Klassikern. Sind wie Grundbausteine unserer Kultur. So die Geschichten von Adam und Eva, von Kain und Abel, von Noah und der Arche, von Abraham und Isaak, von Rachel und Rebekka, von Mose am Sinai. Und im Neuen Testament steht vieles, was wir immer wieder gerne hören, wie die Geschichte von Mariä Verkündigung, von Maria, die übers Gebirge ging, Elisabeth zu besuchen, von Petri Fischfang und Versinken im Meer. Und was könnte schöner erzählt sein als der Gang der Jünger nach Emmaus, in deren Mitte Jesus ging und deren Herz brannte bei seinen Worten? Alle diese Geschichten sind wie kunstvolle alte Glasfenster, durch die das Licht der Sonne gebrochen wird, in die wir ohnehin nicht direkt blicken könnten.

2.2 Anfangen mit den anderen

Um Jesus zu verstehen, soll man ihn im Spiegel von Menschen suchen, die mit seinen Wünschen Ernst machen.

Das Christentum ist keine Buchreligion. Paulus beschreibt die Kirche als einen Leib aus lauter einzelnen Gliedern. Gemeint sind Christen, die etwas miteinander anfangen (können) und deren Miteinandertun sich zu einem belebten Ganzen fügt. Diese Gemeinschaft der Christen soll strahlen, das fordert Jesus an vielen Stellen. Ein dramatisches Geschehen wird in Mt 5,13f. geschildert: *»Ihr seid das Salz der Erde. Salz ist unersetzlich. Selbst wenn es möglich wäre, dass es fad würde – man könnte es mit nichts anderem wieder salzig machen. Es würde für nichts taugen, man müsste es einfach wegwerfen, und die Menschen würden darüber hin trampeln. Ihr seid die Sonne, das Licht der Welt. Eine Stadt oben auf der Spitze eines Berges wird von allen gesehen.«*

Die Jünger Jesu – sie sind das Salz der Erde – bekommen hier gesagt: Man könnte euch auch wegschütten! Eine harte Rede. Entweder erfüllt das Salz seine Aufgabe oder es wird wie Dreck behandelt. Das Bild soll ausdrücken: Nichts ist schlimmer als Christen, von denen nur noch der Name geblieben ist. Beschrieben wird die Erfahrung von Verfall und Ende, wo Anfang sein sollte. Denn gegenüber der Welt ist das Salz das Andere und Neue, das sie durchdringen und prägen sollte. Es könnte ihr ein neues Gesicht geben. Könnte ihr Geschmack, Eindeutigkeit und Gestalt verleihen. Aber nur aus seiner eigenen inneren Kraft heraus kann Salz prägen. Wer eine Gesellschaft prägen will, muss selbst die Alternative darstellen. Denn das Salz ist ja etwas von der Welt Verschiedenes. Die Kirche kann sich von der Gesellschaft eben nicht schiedlich-friedlich als die netten Nachbarn von nebenan vereinnahmen lassen. Salz beschreibt die Aufgabe einer sich unterscheidenden Minderheit.

Selbst geprägt werden Christen durch das Gesetz des eigenen Anfangs. Sie müssen sich dem aussetzen, was ihnen selbst Gestalt verleiht. Dieses Sich-Zurückbeugen zum eigenen Anfang heißt *Erinnerung*. Und das geschieht durch Nacherzählen der Taten Gottes – vom brennenden Dornbusch bis zur Speisung des Volkes, vom Zug durch das Rote Meer bis zum Gang der Frauen zum Grab. Die Substanz der Christen besteht in der stetigen Wiederholung des Anfangs. Eucharistie ist real wirksame Erinnerung.

Würziges Salz sollten sie sein, aber sie sind lieber das Öl im Getriebe oder der Honig im Kuchen. Statt die christliche Alternative sichtbar zu machen, lieben sie den Kompromiss. Durch Nivellierung möchten sie unauffällig erscheinen und (ausgerechnet) um Gottes willen keinen Anstoß erregen. Mit Gewalt möchten sie heraus aus dem Getto – und begreifen doch nicht, dass sie notwendig und oft in sehr konkretem Sinn ihre Heimat nur im Getto haben dürften. Sie erkennen nicht, dass man Menschen nicht durch Nachgeben, sondern durch Forderungen gewinnt. Der Verlust an Gewicht, den die Kirchen in der Geschichte erleiden müssen, hat darin ihren Ursprung, dass man zu wenig von der einschneidenden Härte der christlichen Botschaft gesprochen hat. Und zu wenig begeistert von der Verheißung. Christentum ist eben nicht Verbrüderung um jeden Preis. Søren Kierkegaard: »Salz, Salz her! Denn die Christenheit ist eine Fäulnis des Christentums! Eine christliche Welt ist der Abfall vom Christentum.« Salz der Erde sein bedeutet Widerstand leisten aus Hoffnung. Der Münzstempel, der weicher ist als das Metall, das er prägen soll, taugt nichts. Salz ist nicht für Salz da, Christen nicht zu innerchristlicher Selbstbefriedigung. Salz an und für sich ist kein Nahrungsmittel; es hat nur Sinn und Bedeutung in Beziehung zu anderen Speisen, deren Essenz durch Salz hervorgelockt wird. Als Salz der Welt sind die Christen für die anderen da; ihr Job ist Dienstleistung pur.

Im Wort vom Licht geht es noch klarer um den Auftrag der Christen. Man höre und staune: Nicht aufgrund Gottes eigener Werke, etwa in der Schöpfung, sollen die Menschen sich bekehren, sondern aufgrund der guten Werke der Christen. Wir tragen die Verantwortung dafür, dass die anderen den Weg zu Christus finden. Wir sind verloren, wenn wir ihnen diesen Weg nicht zeigen, sondern ihn verdunkeln oder versperren. Und es geht um *Werke*, nicht um Rhetorik. Christen sollen Überzeugungen nicht vortragen, sondern die Überzeugung sein. Jesus weiß, dass nur das persönliche Beispiel zählt. Auf diesen Weg ist Gott angewiesen, von diesem Weg macht er sich regelrecht abhängig. Und das finden wir oft fatal. Im Judentum hatten Menschen nie die Aufgabe, Salz der Welt zu sein. Hier gibt es ein entsprechendes Wort nur von der Thora, die das Salz, und von der Auslegung der Thora, die der Pfeffer seien, ohne die die Welt nicht bestehen könne. Jesus aber überträgt diese Aufgabe auf Menschen. Es gibt in diesem Sinne keine Thora mehr, an der wir uns festhalten könnten. Gott hat sich ganz in unsere Hände begeben. Seine Sache ist vollständig in das Miteinander unter Menschen eingegangen. Die Christen sind jetzt die letzte Instanz; wenn sie versagen, wird auch Gott nicht durch ein Wunder eingreifen. Gott braucht Menschen. Jesus hält sich hier ganz an eine goldene Regel antiker Pädagogik: Nur das, was der Lehrer selbst lebt, kann er vermitteln. Ansteckend ist allein die Freude.

Christliches Tun ist nicht daran zu messen, ob es »gut gemeint« ist, sondern daran, ob die anderen sich anschließen können. Wirksam sein heißt: Anschließbarkeiten schaffen, auf ein Tun bedacht sein, das anderen eine Fortsetzung ermöglicht. Wir sollen andere so in unser Handeln und Verhalten hineinziehen, dass sie spontan mitspielen können. Wir sollen anderen einen Spielraum gemeinsamen Handelns eröffnen. Aufmerksam werden die Menschen erst durch abweichendes Verhalten. Der Christ ist Dissident aus Prinzip. Wie das aussieht, hat Jesus in den Seligpreisungen gesagt.

Die Worte vom Salz und vom Licht enthalten für sich genommen keine Forderungen. Vielmehr spricht Jesus über das, was die Jünger schon sind. Ausgerechnet hier, wo es um die äußere und äußerste Aktivität der Christen geht, spricht Jesus im Indikativ. Er warnt nur davor, die Kraft zu verlieren. Das Problem ist daher offenbar nicht die Kommunikation mit den anderen, sondern die Identität der Christen. Im Verhalten »auf dem Markt« kommt es nur darauf an, dass wir ohne Scheu ins Spiel bringen, was wir immer schon sind. Dass wir sichtbar werden lassen, wovon wir immer schon leben.

Das Wort vom Salz der Erde spricht daher keineswegs von missionarischem Aktivismus, sondern von der Bewahrung der christlichen Identität, vom Erhalt der uns geschenkten Kraft. Dass diese Kraft weitgehend durch die Liturgie vermittelt wird, ist bekannt. So ist es nicht verwunderlich, dass wir unter den mittelalterlichen Gebeten auffallend oft solche finden, die an Mt 5,13–16 anknüpfen. So etwa: »Er, Jesus Christus, ist der leuchtende Abglanz des ewigen Lichtes und hat seine Apostel berufen als Licht der Welt. So möge er durch das Wirken des heiligen Matthias euch Licht schenken und in eurer Mitte wohnen« (zum 24.2.). Oder: »Ihr, die ihr jubelnd Mariä Empfängnis feiert, ihr sollt Licht der Welt sein und Gott möge euch dazu gerecht machen.« Oder: »Gott, du hast uns aufgetragen, als Licht auf dem Leuchter allen zu leuchten, die in deinem Hause sind, erleuchte mein Denken, dass alle auferbaut werden, schmücke mich mit deinem heiligen Willen, mach mich reich an Taten, die dir gefallen, schmücke mich mit aller Heiligkeit.«

Was dann wirken kann, ist vor allem unsere Erfahrung von Freiheit. Die Erfahrung, dass es zu allen uns umgebenden Zwängen eine Alternative gibt, die nicht fern, sondern nah ist. Hören wir noch einmal auf Søren Kierkegaard: »Wenn das Experiment einen Sinn gehabt hat, dann müsste es sein, wie wenn der Flügelschlag des wilden Vogels über den Häuptern der zahmen vom selben Geschlecht, die in Sicherheit dahinleben, diese unwillkürlich dazu bewegt, mit den Flügeln zu schlagen, weil dieser Flügelschlag zur gleichen Zeit Ängstigung und Lockung bedeutet.« Wenn es wenigstens dieses wäre: eine Ahnung von Freiheit zu vermitteln. Denn Christen sind das Salz der Welt.

2.3 Anfangen mit der Zeit

Um Jesus zu verstehen, soll man seine Uhr nach ihm stellen.

Die frühen Christen haben sehr bald angefangen, die Dimension der *Zeit* an Jesus zu orientieren, und das hieß nicht nur, dass sie den Sabbat zum Sonntag machten. »Jesus Christus, Alpha und Omega,

Anfang und Ende«, hören wir in der Osternacht. Nacht und Tag, Morgen, Mittag und Abend, jede Stunde des Tages wurde in Beziehung zu Jesus gesetzt.

»Tag« und *»Nacht«* sind biblische Urworte. Das Wort »Tag« steht für die auf uns zukommende neue Welt, die sich im wiederkommenden Christus lichtvoll von Gott her eröffnet. Die Nacht steht für die gegenwärtige Welt, für das Unentschiedene, Böse, Unerlöste, für die Zeit, in der Wachsamkeit angesagt ist, denn »der Teufel geht umher wie ein brüllender Löwe, suchend, wen er verschlinge …«

Für die Bibel Alten und Neuen Testaments und für die Liturgie der Kirche beginnt der Tag mit dem Abend. Das ist ganz grundlegend auch für das Verständnis des Daseins und der ganzen Geschichte. Die Erfahrung des Sonnen-*Untergangs*, der wehmütig machende Aspekt von Vergänglichkeit, der damit verbunden ist, bildet gewissermaßen den dunklen Fond, auf dem sich der lichte Jubel des Sonnen-*Aufgangs* ereignen wird. Die Zeit des Dunkels, des Leidens, der Ängste und Zweifel, der Kälte und des Sterbens geht immer schon voraus. Erst aus diesem Dunkel wird das Licht geboren. Das Morgenrot bekommt einen ganz anderen Stellenwert in der Symbolik der Zeit. Wir finden diese Erfahrung in vielen Texten gespiegelt, etwa wenn Jesus Christus als Morgenstern bezeichnet wird.

Im Horizont Jesu wird so jeder neu anbrechende Tag zum Abbild des Tages des Herrn. Es kommt darauf an, an diesem Tag früh dabei zu sein, um das Licht ganz auszuschöpfen und um die eigenen Wege auf das Licht einzustellen. Diese Symbolik von Nacht, Licht und Tag ist für mich auch die entscheidende Antwort auf die uns gerade jetzt bedrängende Frage nach dem Bösen, nach Leid und Katastrophen: Gott hält die Zeit in seinen Händen, und auf das scheinbar endlose Dunkel bestürzender Erfahrungen folgt ganz bestimmt der helle, trostreiche Tag.

Die Sonne des aufgehenden Tages steht für Jesus Christus, und zwar in seiner Ankunft und in seiner Wiederkunft. So sagt es die prophetische Rede des Zacharias, das »Benedictus«: *»Denn unser Gott hat mit uns Erbarmen. Wenn er zu uns kommt, wird es sein, wie wenn die Sonne aufgeht. Er wird leuchten für uns, die wir in des Todes tiefem Schatten sitzen«* (Lk 1,78f.). Im Zentrum der beiden Texte Mt 24 und Röm 13 steht das Wachen bzw. das Aufstehen vom Schlaf. Beides meint dasselbe: Beide Bilder haben ihren Ursprung im Tempelgottesdienst in Jerusalem, im Gotteslob am Morgen. Denn wer wacht, um den Anbruch des Tages zu erleben, der sehnt sich förmlich danach, mit dem Licht des neuen Tages Gott zu begrüßen und zu loben. Man lese etwa Sir 39,6: *Für den Herrn in der Morgendämmerung zu wachen … und betet im Angesicht des Allerhöchsten.*

Die frühmorgendlichen Gebetszeiten, die Vigiliae (Lieder und Gebete zur Zeit der Nachtwachen) und die Laudes (Gotteslob) haben hier ihren Ursprung. Jesus nimmt diese gottesdienstliche Praxis in zweifacher Hinsicht auf. Zum einen lässt er das Wachen zum Bild für die gesamte christliche Existenz werden. Wachen bedeutet bei Jesus: Sensibilität für Menschen und Dinge. Das Gegenteil ist Schläfrigkeit und Dahindösen, mangelndes Dabeisein und Abschieben der Verantwortung. Zum anderen deutet Jesus den Morgen des Tages und den Tag überhaupt konsequent auf das »Ende« der Welt hin. Jeder Tag bildet im Vorhinein Gottes Kommen, den Tag des Herrn, ab. Indem die Kirchen mit dem Altar nach Osten gerichtet sind, feiert jede Gemeinde ihre Liturgie mit dem Blick auf den kommenden Herrn.

In der monastischen Theologie wird dieser Ansatz zu einem Gesamtentwurf des Lebens und der Hoffnung der Christen: Der Weg zum Christsein hin ist Erleuchtung durch das Evangelium, und mit dem Licht über den Schöpfer wird auch das eigene Selbst in das Licht gestellt und kritisch erfasst. Die Christen sind insgesamt Kinder des Lichts, ihr Tun besteht darin, die Werkzeuge des Lichts in die Hand zu nehmen (Röm 13,12; den Ausdruck »Waffen des Lichts« halte ich nicht für glücklich). Das Licht der Verklärung, das die Jünger schauen durften, ist die Mitte des Lebens Jesu – für das Mönchtum wie für die Ostkirche. Und die Taten der Christen sollen leuchten vor den Menschen, um sie auf Gott hinzuweisen. Am Ende steht für jeden Einzelnen und für die ganze Welt die Erfüllung der Verheißung der Väter, wie es die Liturgie sagt: »Führe sie ins Licht, das du einst Abraham verheißen hast und seinem Samen.« Und für jeden einzelnen Christen betet schon die äthiopische Liturgie, »dass er mit leuchtendem Angesicht vor deinem Furcht erregenden Antlitz stehen kann«. Im Westen betet man: »Lass uns dereinst erfüllt von Licht in die Sonne blicken.«

Für das Judentum gibt es die ausgeprägte Symbolik der vier heiligen Nächte, die alle eins sind: Die Nacht, in der das Licht erschaffen wurde, die Nacht, in der Gott mit Abraham den Bund schloss, die Passahnacht und die Nacht der Ankunft des Messias. Immer folgt hier auf das menschliche Dunkel das göttliche Licht. Das Christentum hat diese Symbolik übernommen und verwendet sie in der Oster- und in der Weihnachtsnacht. An der Stelle der Passahnacht steht dann Geburt bzw. Auferstehung Jesu. Und wie intensiv schon das Urchristentum die Ankunft des Messias als Geburt des Lichts begriffen hat, zeigt der Lobgesang des Simeon, der sagt: *Jetzt sehe ich selbst, wie du Erlösung gewirkt hast vor den Augen aller Völker. Um die Heiden zu erleuchten, hast du ein Licht angezündet und Israel, dein Volk, mit Herrlichkeit gekrönt.* (Lk 2,30–32)

Als Lessing das Zeitalter der Aufklärung begründete, berief er sich für das Wort Aufklärung selbst auf die dargestellte biblische und monastische Tradition (auf den Zisterzienser Joachim von Fiore, † 1202) und deren Auffassung vom neuen Licht in der Finsternis. Mir liegt alles daran, gewissermaßen fünf Minuten vor Gotthold Ephraim Lessings Säkularisierung des Lichts zurückzugehen und noch einmal zu versuchen, die ursprüngliche Rede vom christlichen Licht zu erneuern. Nicht von Werten zu reden, sondern von Geboten, nicht von Geistigkeit, sondern vom Heiligen Geist, nicht von einer Aufklärung nur des Verstandes, sondern davon, dass der ganze Mensch in das Licht Gottes tritt. Denn in einem Punkte ist alles dieses jeder philosophischen Aufklärung überlegen, in der Freude. So betet ein altes Segensgebet zum Advent: »Christus, der Herr, den wir als strengen Richter erwarten, verwandle die Ängste eures Herzens durch die Freude in Fröhlichkeit.«

2.4 Vom Ende her anfangen

Um Jesus zu verstehen, soll man ihn im Spiegel der Leidenden und Sterbenden betrachten.

In der Mitte eines der alten Hospitäler meiner Heimatstadt hängt ein gotisches Kreuz mit einer Inschrift auf Latein, Griechisch und Hebräisch. Die brutale Schlichtheit der Halle ist einerseits erfüllt von geschichtlicher Präsenz – jeder weiß, was hier geschah – und gleichzeitig einem unglaublichen Frieden. Es waren wohl Tausende, die in dieser Halle duldeten, die hier unsagbar litten, die hier schrien und starben, unbetäubt, aber vielleicht nicht ungetröstet. Tod im Mittelalter – man kann sich vorstellen, wie sich das abspielte. Aber dieser Raum löst beim Beschauer keine Fluchtimpulse und nicht etwa Schauder aus, sondern merkwürdigerweise ein Gefühl der Versöhntheit alles Geschehenen, des Friedens.

Dieser Eindruck rührt daher, dass eben das genannte gotische Kreuz den Raum beherrscht. Das Kruzifix an der Stelle der Ohnmacht und die rauen Steine am Boden zwingen in den Bann. Der entscheidende Augenblick ist wohl der, in dem man den Gekreuzigten bewusst wahrnimmt. Ich sehe – und bin vom Moment an nicht mehr allein in meinem Schmerz. Das Leiden des anderen ist Gegenwart. Wenn ich auf ihn blicke, kann ich den Hymnus »Stabat Mater« mitsprechen: »Gibt es einen, der nicht bebte / wenn er diesen Schmerz erlebte / einer Mutter um ihr Kind? / … Mit dir bei dem Kreuze stehen / mit dir durch den Jammer gehen / teilen will ich deine Not / … Mach für Schmerzen mich empfänglich.« Das fremde Leid wird mein eigenes, zuerst das Leiden Christi, dann das des Nächsten. So werde ich frei vom Klagen um mich selbst. So wird alles Leiden als das eine greifbar.

Jeder Mensch leidet, der eine früher, der andere später. Es ist nur ein kleiner, entscheidener Schritt, sein Leiden zu teilen, weil man entdeckt, dass es einen gibt, der es mit mir teilen möchte.

KAPITEL 3

Über die Erfindung Jesu

3.1 Die Evangelien als Legenden

Vor kurzem las ich in einer angesehenen christlichen Zeitung, die Kindheitsgeschichten der Evangelien seien allesamt »Legenden«, historisch wisse man von Geburt und Kindheit Jesu nichts. Nicht dass mich diese Nachricht schockierte; ich staunte nur darüber, dass diese in die Jahre gekommene Standardannahme der liberalen Exegese nun auch in das Fleisch und Blut vorweihnachtlicher Erbaungsliteratur übergegangen ist. Was hier dem Leser geboten wurde, war »Bultmann und seine Schule«. Der Marburger Theologe galt und gilt als einer der radikalsten Zerstörer der historischen Basis des Glaubens. Nicht dass Bultmann deshalb ein ungläubiger Theologe gewesen wäre; ihm ging es erklärtermaßen »um den Glauben«. Erzählt werden solle nicht historische Wahrheit, sondern begründet werden solle der Glaube. Offenbar galt dabei der Satz »Je weniger Historie, umso mehr Glauben«.

Sehen wir genauer hin: Was ist eine *Legende*? Als Legende versteht man fiktionale (= erfundene) Texte, deren »Held« jedoch unzweifelhaft gelebt hat. Der Ausdruck und die Gattung entstammen dem Mittelalter. Der Ursprungsort der *legenda (historia)* ist das nächtliche Mönchsoffizium. Dort gibt es eine Stelle, an der jeweils an den/die Heiligen des Tages erinnert wird – gewissermaßen eine Art tägliche *Heldenerinnerung*. Nun gab es freilich Helden oder Heldinnen, über die auch dann zu berichten war, wenn man nur ganz wenige Daten wusste und zur Verfügung hatte. So entstand die klassische Heiligenlegende. In ihr gab es eine Anzahl standardisierter Topoi, die es erlaubten, die dürftige Faktenbasis spielerisch zu umgehen. Maßgeblich wurde das in der Spätantike ausgeprägte Schema des *Theios Aner*, des »göttlichen Menschen«, das bestimmte Züge geradezu vorhersehbar machte. Problematisch wird es, wenn man diese, gelegen kommende literarische »Technik« einfach ins 1. Jh. n. Chr. implantiert und dort als gegebene Verfahrensweise voraussetzt.

Dennoch machte die *Legende* in der Theologie des letzten Jahrhunderts regelrecht Karriere und wurde fast so etwas wie der Bürostempel der liberalen historisch-kritischen Schule. Die Einstufung von Texten als Legenden fiel den Neutestamentlern immer dann leicht, wenn sie historisch Unwahrscheinliches oder Unmögliches berichteten, wenn sie redeten ...

- von Engeln, Himmelsstimmen, Verklärungen, Himmelfahrten, Transporten durch den Heiligen Geist (Apg 8,39f.);
- vom Auftreten des Teufels mit eigener Stimme (Versuchungsberichte Jesu);
- von historisch sonst nicht belegten Ereignissen (Kindermord des Herodes nach Mt 2,16–18);
- von Ereignissen, die zugleich auch jeder gesunden Erfahrung widersprechen (zeitweiliges Auferstehen Toter nach Mt 27,52f.);
- von Worten oder Geschehnissen, die theologisch schwierig einzuordnen sind;
- von Ereignissen der Privat- oder Individualsphäre, für die man keine weiteren Zeugen hatte (Marias Gang zu Elisabeth übers Gebirge; Jesu Beten in Gethsemane, während die Jünger schliefen);
- von wundersamen Ereignissen im außermenschlichen Bereich (Sonnenfinsternis zu Jesu Tod; Zerreißen des Tempelvorhangs bei Jesu Tod; Bannung der Dämonen in die Schweineherde nach Mk 5,12–14).

Es fällt auf, dass diese aus der Sicht der liberalen Exegese klassischen Legenden sich bei Jesus vor allem um die Berichte von seinen Anfängen und von seinem Ende gruppieren. Der Ausdruck »Legende« bedeutet wie gesagt: Für eine Person, die gelebt hat, an deren historischer Existenz also kein ernst zu nehmender Zweifel besteht, werden Geschichten erfunden, die nicht historisch sind, auch wenn sie teilweise historisch wahr sein könnten. Aber dieser letztere Punkt wird von den Richtern über Legende oder historische Faktizität nicht betrachtet.

Nach dem klassischen Modell liberaler Exegese setzt die Legendenbildung immer dort ein, wo zuverlässiges historisches Material mangels Masse aufzufüllen ist. So ist die Rede von Kindheitslegenden, von Legenden im Zusammenhang der Passion Jesu (Schweißtuch der Veronika), und insbesondere hätten die dürftigen Nachrichten über die Apostel – Petrus und Paulus einmal ausgenommen – eine üppige Legendenbildung angeregt, die sich in den apokryphen Apostelakten und in der »Historia Apostolorum« der Westkirche niedergeschlagen hätte.

Der Zeitpunkt, von dem an Legendenbildungen massiv einsetzten, wird zumeist mit »Ostern« angegeben, ein weiterer Zeitpunkt sei dann der »Tod der Apostel« gewesen. Für das liberalexegetische Verständnis bilden der Tod Jesu, seine Glorifizierung in der Gemeinde und der Umschlag der Rede über Jesus ins Legendenhafte, Erfundene, bewusst Konstruierte eine unauflösliche Einheit.

Auch in den so genannten synoptischen Evangelien (Matthäus, Markus, Lukas – das Wort synoptisch betont den quellenmäßigen Zusammenhang dieser Evangelien) ortet man viel erfundenes Material und spricht von »Gemeindebildungen«. Damit meint man Texte, die von einer bestimmten »Gemeinde« erzeugt worden seien und die deswegen nicht von Jesus stammen könnten. Es geht auch umgekehrt: Stoffe, die man Jesus nicht »zutraut«, werden Gemeindebildungen genannt. Unter den Gemeindebildungen sind offenbar viele Legenden mit biografischem Charakter.

Nun fragt man sich freilich nach den Kriterien dieser Scheidekunst zwischen dem Gold historischer Glaubwürdigkeit und dem minderen Material interessegeleiteter, fabulierender (Gemeinde-)Erkenntnis.

Es zeigt sich: Die Urteile über das, was Legende sei, werden erstaunlicherweise oft außerordentlich leichtfertig gefällt, die Trennung von historisch Verlässlichem und Legenden oft ohne deutliche Kriterien vorgenommen. Unter »leichtfertig gehandhabte Kriterien«

verstehe ich den offensichtlich geltenden Grundsatz, dass es sich dann um Legende handle, wenn etwas zu außergewöhnlich, anstößig, wunderbar, gar in Begleitung von Engeln oder unter Voraussetzung erheblicher Veränderung der Leiblichkeit »geschehen« sein sollte.

Die Leichtfertigkeit an dieser Stelle ist nur mit Gleichgültigkeit gegenüber der Geschichte zu erklären. »Was nicht sein kann, das nicht nicht sein darf« – dieser Satz passt ins Szenario des Deutschen Idealismus und in der Geschichtswissenschaft hat er eigentlich nichts verloren. Man kann nicht Geschichte betreiben und damit voraussetzunglos offen für das sein, was sich wirklich ereignet hat, und gleichzeitig ein Interesse einbringen, das Anstößige, Unbequeme, so recht im intellektuellen Diskurs nicht Vorzeigbare zu eliminieren. In der Tat hatte man ja in der Zeit der Anfänge der Bultmann-Schule hören können, dass Historie für den Glauben an Jesus unerheblich sei. Damit waren auch historische Daten für den Glauben unwichtig, ja geradezu gefährlich – der Glaube sollte ja ein reines Wagnis sein, dem die Krücken des Wissens schlecht zu Gesicht stehen. Obwohl diese Geringschätzung historischer Faktizität zum Teil bis heute fortlebt, gilt doch auch, dass in der Erforschung des Neuen Testaments schon seit den sechziger Jahren das Historische wieder wichtiger geworden ist.

Mit der Frage nach der Legendenbildung sind wir am zentralen Punkt: Welchen Realitätsgehalt haben neutestamentliche Berichte wie Erscheinungen (Die Verkündigung des Engels an Maria, Ostervisionen), Verklärungen, Himmelfahrten? Was ist faktisch dran an für unser Vorstellungsvermögen extremen Wundern, an der Auferweckung des Lazarus, an der Auferstehung Jesu, an der Wiederkunft des Menschensohnes »auf den Wolken des Himmels«?

Und wenn wir das alles für fromme Legende halten, warum nicht auch Engel, Dämonen, Teufel? Und warum nicht gar die Existenz Gottes? Und wo wir schon einmal bei den Legenden sind – muss man sie nicht auch in den Kirchen annehmen und ihren Geltungsbereich auf die Sakramente ausdehnen? Was ist mit dem Mitsterben mit Christus in der Taufe? Müssen wir die Gegenwart Jesu im Abendmahl ihres legendären Charakters entkleiden? Und was ist das

Märchenhafte an der Vergebung der Sünden bei der Lossprechung? Obwohl es sich um erkennbar Verschiedenes handelt, gilt doch der modernen Theologie der Realitätscharakter dieser Größen als »dubios« und in der Regel als nicht gegeben. Dabei macht zumeist die Realität Gottes eine Ausnahme; sie wird aber dann eher indirekt bejaht.

Das Ergebnis unserer Suche nach einer stringenten Kriteriologie ist einigermaßen ernüchternd: Das Legenden-Kriterium par excellence scheint letztlich die »normale Alltagserfahrung« gewesen zu sein, die man gegen klerikale Vernebelung der Wirklichkeit ausspielte. So wurde der gesunde Menschenverstand, die Normalität von Otto Normalverbraucher zum Maßstab, was in der Bibel als hartes Faktum und was als krause Fabel zu gelten habe, letztlich auch zum Instrument im gesellschaftlichen Machtkampf zwischen aufgeklärt-bürgerlicher Wissenschaft und obskurantisch-mystifizierender Kirche.

3.2 Die doppelte Wahrheit der Historiker und der Gläubigen

Gerade angesichts des Johannesevangeliums kann die Frage entstehen, ob man Christen nicht eine »doppelte Wahrheit« zumutet: Einerseits sollen sie glauben, es sei wahr, dass Jesus der Menschensohn ist, andererseits sollen sie die historischen Berichte über Jesus zur Kenntnis nehmen, bei denen offenkundig nicht alles stimmt, was da steht. Doch die Lage ist noch komplizierter. Von Gotthold Ephraim Lessing stammt die These, der Graben zwischen zufälligen Geschichtstatsachen und allgemeinen Vernunftwahrheiten sei garstig und unüberbrückbar. Diesen Ansatz Lessings hat man dann auf das Verhältnis von Geschichte (das Terrain der *historisch* arbeitenden Bibelwissenschaftler) und Dogmatik (der »unhistorisch« arbeitenden, denkenden, bloß spekulativen Theologen) übertragen. Dabei tat man so, als habe es die Exegese nur mit handfesten Geschichtswahrheiten und die Dogmatik vor allem mit allgemeinen Vernunftwahrheiten zu tun, was sicher falsch ist.

Freilich hat man dann im Laufe der Zeit die dogmatischen Aussagen doch in höherem Maße, als dies je in der lutherischen Orthodoxie der Fall war, zu Vernunftwahrheiten werden lassen. Anders gesagt: Was der Inhalt des Glaubens ist, entnahm man weniger der Heiligen Schrift als allgemein vernünftigen Überlegungen. Da Vernunft aber »leer« ist, sucht man Schützenhilfe bei diversen Humanwissenschaften, sei es in Form philosophischer Anthropologie (Bultmann, Rahner), sei es als Psychologie (Drewermann) und Soziologie, sei es als Kommunikationstheorie (Eicher). Doch neu ist das Verfahren nicht: Schon der mittelalterliche Franziskanerdenker Ramón Lull (1235–1315) war hier beispielhaft vorangegangen, indem er aus der Kombination der Eigenschaften Gottes eine abstrakte systematische Theologie entwarf. Solche abstrakten Regelwissenschaften über den Menschen sind eo ipso »dogmatisch«, das heißt: sie streben eine überzeitliche Geltung ihrer Aussagen über »den Menschen« an, verstehen sich insofern als systematisch.

Doch der eigentliche Aufstieg der »Systematiker« begann erst durch die Begegnung mit der liberalen kritischen Exegese. Denn diese liberale Leben-Jesu-Forschung hatte den historischen Gehalt der gesamten Jesusüberlieferung gegen Null reduziert; man überbot sich zeitweise gegenseitig in kritischer Selbstverleugnung, als ginge es um einen Concours in historischer Nichtfeststellbarkeit. Auch heute gibt es noch zahlreiche Gelehrte, die vielleicht zehn bis fünfzehn Jesusworte für echt halten. Wenn das historisch Greifbare ganz geringfügig war, konnte ein Glaube, der sich als anthropologisch-zeitlose Wahrheit verstand, geradezu triumphieren. Der Verlust der Historie war eigentlich ganz willkommen.

In diesem Kontext entstand der Ansatz der so genannten Kerygma-Theologie. Das griechische Wort *kerygma* meint: Verkündigung, und Kerygma-Theologie will sagen: Wichtig ist nicht, was historisch wahr ist (das mag so oder so gewesen sein), wichtig ist das »Verkündigte«. Ein Beispiel: Wichtig ist nicht, ob Jesus leiblich auferstanden ist, ob er von Grabräubern gestohlen wurde oder einfach in seiner Höhle verweste, wichtig ist die Rede (die Verkündigung, das Wort, die Predigt) vom Sieg des Lebens über den Tod. Demnach war das nachösterliche Kerygma (= die Verkündigungsrede) von Kreuz und Auferstehung Jesu und ihrer dialektischen Einheit der erste nachweisbare christliche Glaube. Das Kerygma aber war nichts anderes als eine Variante der Rechtfertigungslehre. Im Herzen der Jünger entstand zu Ostern der Glaube, dass (gerade so wie der Sünder durch Gott als gerecht angenommen wird) der schwache, tote Gekreuzigte vor Gott als auferstanden gilt. Endlich wurde der Glaube unabhängig von der Geschichte. Da er wesentlich Un- und Außergeschichtliches sagt – hier die Rechtfertigung des Sünders, dort die Auferweckung des Gekreuzigten als Faktum jenseits der Geschichte, als Glaubensfaktum in Gott – darf es keine zugrunde liegende historische Wahrheit geben.

Insbesondere die Wundertaten Jesu musste man dann nicht nur aus der Perspektive des eigenen rationalistischen Ansatzes, sondern auch aus theologischen Gründen für irrelevant erklären. Denn sie störten die Kreuzestheologie, nach der Jesus eben nur marginalisiert, verfolgt und getötet wurde, bis all diese »ganz normalen« historisch-faktischen Ereignisse dann in den Herzen der Jünger umgewertet wurden in ein Glaubensereignis. Der Glaube aber war überzeitlich zustande gekommen. Teilweise nahm man an, nur im Herzen der Jünger habe Gott gewirkt, nicht am Leib Jesu. Doch eine solche Annahme ist nur eine Scheinlösung; denn geht man davon aus, dass die Psychologie sich (natur-)wissenschaftlich auf etwas faktisch Gegebenes bezieht, dann verlagern sich nur die Felder, auf denen der mirakulöse Eingriff Gottes stattfindet. Dann passiert das Wunder eben nicht am Leib Jesu, sondern in der Psyche der Jünger. Mirakel ist Mirakel. Für Gott ist ein direktes Wirken in der Seele genauso »schwer« oder »leicht« wie am Grab Jesu.

Dabei ist eine Tendenz erkennbar, dass kerygmatische Aussagen dieser Art sich gerne in Richtung allgemeinster Vernunftwahrheiten entwickeln. Mustergültig wird das dann, wenn zum Beispiel die Christologie (= Lehre von Wesen, Bedeutung und Auftrag Christi) zur Anthropologie (= Lehre vom Wesen des Menschen) wird. So transformiert man eine Aussage wie »Jesus ist Gottes Sohn« in die Allerweltsweisheit, dies sage die Zuwendung Gottes zu den Menschen aus; nicht viel anderes weiß man zum Wunder der Auferweckung des Jünglings von Nain zu sagen. Bei der Auslegung verschieben sich die Gewichte sofort vom konkreten Ereignis zum Allgemeinplatz – und zwar auf Kosten der Historie. So sei es beim Jüngling von Nain gar nicht wichtig, ob er zuvor wirklich gestorben ist. Ähnlich wird auch bei der Empfängnis Mariens erklärt, es sei gar nicht wichtig, ob sie eine junge Frau ohne Erfahrung mit einem Mann gewesen sei. Wichtig sei nur, dass Gott die Menschen liebe – das sei in beiden Fällen die zentrale Aussage. Offen bleibt in beiden Fällen, warum die Evangelisten selbst die leibliche Dimension überhaupt schildern und erwähnen; bei Matthäus entsteht dadurch erst die ganze Komplikation.

Es wird deutlich: Auf diese Weise werden die Evangelisten ins Unrecht gesetzt. Was zentral für sie war, wird aus leicht durchschaubaren Gründen für irrelevant oder falsch erklärt. Es wäre doch wichtig zu erfahren, ob den Evangelisten die leibliche Dimension an der Auferstehung Jesu tatsächlich so unwichtig war wie für einen Teil ihrer forschen Ausleger, die sich von dieser mirakulösen Peinlichkeit mit leichter Hand befreien.

3.3 Das Dekadenzschema – oder: Geschichte als Einbahnstraße?

Sehr häufig stützt sich die liberale Exegese auf ein Modell der Theologiegeschichte des frühen Christentums, das in Bezug auf die Entstehung des Neuen Testaments etwa folgenden Charakter hat:

A. Die Schriften des Neuen Testaments stehen in einem unauflöslichen Zusammenhang. Wenn eine Schrift (ein Evangelium, ein Brief) entstand, so setzt die jeweils spätere Schrift alle früheren voraus. Man stellt sich das wie einen gesamtchristlichen Kanal vor, in dem sich die Entwicklung der Glaubenslehre vollzog. Nennen wir diesen Kanal »Das Credo« (= das Ganze des Glaubens). Man nimmt also an, dass das frühe Christentum von Anfang an je und je ein einheitliches, sich aber durch neue Schriften nach vorne entwickelndes Credo hatte. So denkt man sich das Johannesevangelium als ein spätes Ereignis im Credokanal, das die Kenntnis des Apostels Paulus und der Synoptiker voraussetzte.

B. Das wiederum lässt zu, dass man sich eine klare Vorstellung macht, wie wohl die Christologie, also die Lehre von Wesen, Bedeutung und Auftrag Christi, nach und nach entstand und nachträglich angereichert wurde. Am Anfang habe man Aussagen über den Wiederkommenden gemacht, dann solche über den Erhöhten und schließlich seien solche über den irdischen Jesus entstanden. Bei diesem Modell wirkt noch zusätzlich das liberale Schema der Parusieverzögerung (= Verzögerung der von den ersten Christen als unmittelbar bevorstehend erwarteten Wiederkunft Christi). Hätten die Christen zunächst das rasche Ende der Welt angenommen, so habe man nach dem Nichteintreffen mit einem Theorieumbau reagieren müssen, der sich in den Schriften niederschlage – im Grunde genommen nicht anders als die Zeugen Jehovas, die das ausbleibende Weltende auch in Erklärungsnotstand brachte. Es ist die Rede von der wachsenden Ent-Eschatologisierung (Eschatologie = Lehre von den Letzten Dingen) des Glaubens der jungen Gemeinde. Bei der Rede vom »Sohn Gottes« wirkt sich das so aus, dass dem Zeugnis der Evangelien über die Gottessohnschaft des irdischen Jesus wegen Röm 1,3f. keine Chance auf Historizität zugebilligt wird. Und Röm 1,3f. muss dann auch innerhalb aller Paulusschriften ein früheres Entwicklungsstadium darstellen.

Warum hat sich dieses Standardmodell in den Köpfen so vieler Bibelwissenschaftler festgesetzt? Man kann sich ein Nebeneinander unterschiedlicher Aussagen im frühen Christentum nicht vorstellen. Dass also z. B. das Johannesevangelium eine selbständige Blüte unabhängig von den Synoptikern (Matthäus, Markus, Lukas) und neben ihnen darstellen könnte und dass die Ähnlichkeiten auf gemeinsame Tradition zurückgehen könnten, hat nur in den Köpfen weniger Exegeten Platz. Ein simples Modell ist allemal schöner als eine möglicherweise komplexe Wirklichkeit. Noch ärger ergeht es in der Regel dem Thomasevangelium. Da es nicht kanonisch ist (= nicht zu den offiziellen Schriften des Neuen Testaments gerechnet wird), kann man es nur im Sinne gnostischer Häresie verstehen; dass das Thomasevangelium »gnostisch« sei, ist daher eine ausgemachte Tatsache vor jeder Diskussion. Und wenn man das »weiß«, dann kann und muss jede Einzelanalyse das nur bestätigen, sodass sich das

Thomasevangelium schließlich als ein einziges Trümmerfeld gnostischer Verfälschung darbietet. Ähnlich konnte man sich auch das (apokryphe) Petrusevangelium nur vorstellen als verfälschte Evangelientradition. Dass der Verfasser dieser Schrift dann oft je nach Halb- und Viertelvers einen anderen Synoptiker als Vorlage benutzt haben müsste, nahm man bereitwillig in Kauf. Dagegen kommt man mit der Exegese zum Beispiel gerade dieser beiden Evangelien dann am besten zurecht, wenn man sie als vom Kanon unabhängige Zeugnisse wertet.

Meine These ist: Bestimmte Forschungsklischees über den Kanon, seine Entstehung und die Bedingungen der Zugehörigkeit dazu sind zum Selbstläufer geworden und bestimmen weitgehend unkontrolliert das Bild der Gesamtentwicklung. Wieso ist eigentlich nur *kanonisches Gut* überhaupt diskutabel? Die christliche Lehrentwicklung ist doch nicht in einem abgeschirmten schmalen Bassin erfolgt, das einem barocken Vogelbad in einem Schlosspark ähnelt. Wer sagt uns denn, dass es nur eine einzige Triebkraft frühchristlicher Entwicklung gibt: der Faktor Zeit? Zeit, die mit ihrem Fortschreiten jeweils pünktlich und im Christentum generell gültig das Sich-Einlassen mit der Welt zur Folge hatte. Daraus ergibt sich dann für unsere Fragestellung im Licht der liberalen Theologie ein konsequentes *Dekadenzschema:* Mit fortschreitender Zeit wird das Evangelium verfälscht. Ursprünglich war es ganz auf Naherwartung und auf Distanz zur Welt ausgerichtet.

Obwohl es sich in dieser Darstellung um eine Schematisierung handelt, die tausend Nuancen übersieht, ist doch zur Kritik an diesem Bild anzumerken: Man sollte der frühchristlichen Entwicklung mehr Raum in der Breite gönnen. Und etwas mehr Fantasie der Forschung könnte vielleicht eine größere Pluralität am Anfang des Christentums deutlich werden lassen, die doch das Gemeinsame festhält. Vielleicht gab es mehrere »Register« nebeneinander. Und wer gegenüber dem Modell der Einbahnstraße Reserven anmeldet, meint dieses auch in Bezug auf die Rolle der religiös-mystischen Wirklichkeit.

3.4 Hard facts – oder: Wie viel Realitätsgehalt haben die Evangelien?

Jedenfalls die Yellowpress ist sich an Weihnachten sicher, dass es völlig unklar und ungewiss ist, was Jesus gesagt und getan hat. Doch schon seit etwa 50 Jahren haben sich namhafte Wissenschaftler von der hyperkritischen Linie entfernt. Sie folgen dem Rat ihrer weniger frommen Kollegen, der Althistoriker, den frühchristlichen Quellen über Jesus doch etwas mehr zuzutrauen. Diese nämlich wären froh, wenn sie über irgendeine Gestalt der gesamten Antike eine auch nur annähernd günstige Quellenlage hätten. Kurz nach dem Tod Jesu entstanden gleich vier vollständige und 68 (!) teilweise erhaltene Evangelien. Die Quellenlage ist aus fünf Gründen als sehr gut zu bewerten:

1. Eine **Fülle von faktischen Angaben** in den Evangelien sind als historisch sicher und damit als »wahr« anzusehen – weitaus mehr, als man noch vor 50 Jahren für möglich hielt. Dazu gehören zum Beispiel die Existenz von Kaiphas und Emmaus, und dazu haben vor allem die Funde von Qumran beigetragen, die für die Zeit bis etwa 20 n. Chr. sehr exakte Kenntnisse über die religiöse Situation des damaligen Judentums liefern.
2. Früher galt der Grundsatz: Alles das ist als falsch anzusehen, was nur im Neuen Testament bezeugt ist und nicht auch außerhalb. In der Zwischenzeit haben sich andere, eher entgegengesetzte hermeneutische Kriterien durchgesetzt: **Bis zum Erweis des Gegenteils sind die neutestamentlichen Berichte (im Sinne der Historiker) als historisch wahr** anzunehmen.
3. Wenn Evangelisten über das Gleiche unterschiedlich berichten (wovon die Kirche seit der Sammlung des Kanons weiß!), ist **nicht von einer Hermeneutik des Verdachts auszugehen**, etwa in dem Sinne, dass überall Lug und Trug am Werke ist und man sich die Wirklichkeit nach Theorielage zurechtkonstruiert hat, sondern davon, dass die frühchristlichen Gemeinden selbst für ihre Glaubwürdigkeit einstehen mussten und dafür gesorgt haben. Das gilt insbesondere deshalb und dann, wo die Evangelien nach eigenem

Selbstverständnis als Zeugnisse angesehen werden wollen, die vor Gericht »wasserdicht« sind.

4. Heute rücken Forscher die **Entstehungszeit der Schriften näher an das irdische Leben Jesu** heran. So beginnt man zu begreifen, dass die so genannten *vaticinia ex eventu* (= nach dem faktischen Eintritt der Ereignisse zurechtgezimmerte, gefälschte Vorhersagen) selbst Postulate waren, und zwar regelmäßig. Und auch das Evangelium nach Johannes gilt nicht mehr als historisch wertlos – für den Passionsbericht nach Johannes hat man das schon länger geahnt. Insbesondere ist zu fragen, ob das vierte Evangelium wirklich eine »hohe« und deshalb »späte« Christologie vertritt. Denn es handelt sich um eine schlichte Inspirations- und Sendungschristologie, die gar nicht weit weg von Jesus stehen kann.
5. **Die mystischen Berichte (Visionen, Engelerscheinungen, Ostervisionen etc.) der Evangelien sind auf eine besondere Weise historisch wahr**, d. h. sie stehen an der Grenze historischer Faktizität. Eine Untersuchung der Welt- und Erlebnisstruktur dieser Berichte lässt ausschließen, dass es sich um nur private, subjektive oder krankhafte Erfahrungen handelt. Vielmehr haben wir es wohl mit einem eigenständigen Bereich der Wirklichkeit zu tun, der auch konkrete Auswirkungen in Raum und Zeit haben kann. Zum Beispiel ist die Existenz von Engeln – im Sinne mystischer Faktizität – nicht abhängig vom modernen Weltbild, sondern ist Teil eines bestimmten Gottesbildes, das mit Problemen der Physik nichts zu tun hat. (Vgl. dazu: Berger, Sind die Berichte des Neuen Testaments wahr? 2002).

KAPITEL 4

Ganz Mensch? Halb Mensch/halb Gott? Oder was?

4.1 Josef im exegetischen Vaterschaftstest

Das Entstehen Jesu durch den Heiligen Geist gilt vielen Forschern als das klassische Beispiel dessen, was sie mit »Legende« meinen. Ist das nun eine Legende – noch dazu eine heidnisch inspirierte? Fast alle Exegeten verweisen dabei auf Mythen, in denen sich jeweils Götter mit menschlichen Frauen einlassen; teilweise unter fremder Gestalt, hörnen sie die armen Ehemänner. So wurde zum Beispiel Alexander der Große dadurch gezeugt, dass sich Zeus in Gestalt einer Schlange dessen zukünftiger Mutter näherte. Philipp, der rechtmäßige Ehemann, blinzelte durchs Schlüsselloch und wurde zur Strafe auf einem Auge mit Blindheit geschlagen.

Doch man darf hier schon fragen: Wie sollten angesichts des stark judenchristlichen Charakters der Kindheitsberichte deren »Erfinder« zunächst und unvermittelt auf Göttergeschichten zurückgegriffen haben, die völlig außerhalb ihres Horizonts lagen? Der Einwand wird verstärkt, wenn man auf ihren pikanten Charakter hinweist. In allen paganen Geschichten geht es um regelrechte Zeugungen. Doch von einem Ehebruch Gottes mit Maria gegen Josef ist im Neuen Testament nicht die Rede.

Die christliche Auffassung hat vielmehr ihren Ursprung in einer vom Alten Testament her kommenden Linie, die man »aufsteigend« nennen kann. Innerhalb dieser biblischen (!) Linie oder »Tradition« ist ein auserwählter Prophet jeweils vom Mutterleib her berufen und geheiligt. Bei Johannes dem Täufer und dann bei Jesus erreicht diese

Zugehörigkeit zu Gott ihren Höhepunkt. Allen biblischen Belegen gemeinsam ist die Wendung »vom Mutterleib an«. Und das will besagen: Gott hat vom ersten Augenblick des Daseins an den betreffenden Propheten zu seinem Dienst bestimmt und entsprechend ausgerüstet: Nach Jes 49,1 hat Gott den Propheten vom Mutterleib an berufen und seinen Namen genannt. Nach Jer 1,5 ist Jeremia vom Mutterleib an ausersehen und geheiligt. Im Neuen Testament spricht Paulus so von sich selbst in Gal 1,5: Er ist vom Mutterleib an ausgesondert, berufen durch Gnade. Nach Lk 1,15 ist Johannes der Täufer vom Mutterleib an erfüllt vom Heiligen Geist. Schließlich ist nach Lk 1,30 Jesus (vom Mutterleib an) durch den Heiligen Geist geworden. Bei Jeremia kommt das Stichwort »heiligen« neu auf. Bei Johannes dem Täufer ist daraus schon geworden »erfüllt vom Heiligen Geist«. Und Jesus ist nicht nur erfüllt vom Heiligen Geist, sondern ganz und gar dadurch entstanden. Damit wird zugleich der Hoheitstitel geändert: Jesus überbietet den Status des Propheten, denn er ist Gottes Sohn.

Die Entstehung Jesu ist also von Juden(christen) auf biblische Weise erfasst worden und kann nicht durch Rückgriffe auf heidnisches Material weggedeutet werden. Und die Verankerung in jüdisch-palästinischem, schriftgelehrtem Milieu weist auf eine Entstehung des Textes in der ältesten erreichbaren Phase des Christentums. Es handelt sich daher nicht um einen Fremdkörper, sondern um Urgestein. Dass der Sohn Gottes die Propheten überbietet, ist öfter älteste Anschauung des Christentums (Verklärung; Gleichnis von den Winzern in Mk 12; Hebr 3). Im Unterschied zu heidnischen Ehebruchsmärchen von Göttern und menschlichen Frauen, die oft komische oder sarkastische Züge haben, schildert Lukas das Geschehen so überaus behutsam, so deutlich im Lichte der Schrift und in der Sprache der Engelerscheinungen seit jeher, dass die Anmut dieser Szene die ganze Kunstgeschichte geprägt hat. Wir können den Bericht kaum hören, ohne an eine der großen Szenen aus der Kunstgeschichte zu denken.

Was ist, so kann man fragen, das historische Ereignis? Zunächst einmal gibt es die übereinstimmenden Elemente zwischen Matthäus und Lukas. Diese mindestens (!) sind in diesem Abschnitt in Lk 1 altes Gut. Also: zur Zeit des Königs Herodes ist Maria die Verlobte

Josefs; der Heilige Geist ist Ursprung Jesu im Leib Mariens; dieses wird von einem Engel bekannt gemacht. Maria hat zuvor keinen Verkehr mit Josef gehabt. In beiden Evangelien sagt der Engel: *»Und du sollst seinen Namen Jesus nennen.«* Was die Szene in Lk 1 anbetrifft, so kann man sagen: Wenn der Bericht auf Maria selbst zurückgeht, so kann man damit rechnen, dass ihr Zeugnis in dem bekannten lukanisch-johanneischen Traditionssegment (vgl. Joh 19,26) bekannt war. Das zugrunde liegende historische Ereignis muss man wohl ein ein mystisch-ekstatisches Widerfahrnis nennen. Das heißt zumindest: Maria hat eine Vision des Engels Gottes, deren Macht so groß ist, dass sie daraufhin schwanger ist.

Bei der Wahrnehmung dieses Geschehens spielte wohl Ri 6 eine besondere Rolle, und zwar die Szene mit der Ankündigung der Geburt Simsons. Schon Simson ist eine charismatische Rettergestalt, auf dessem Weg nach frühjüdischer Auffassung der Heilige Geist die entscheidende Rolle spielt. Wie nun das Alte Testament in den Bericht von Lukas hereinspielte und was nun »reines« historisches Geschehen ist, kann man bei Lukas wie auch sonst nicht entwirren, jedenfalls bestimmt nicht auf dem Wege der Subtraktion. Für Mutter und Sohn bedeutet das: Die Erwählung durch Gott ist radikalisiert und zugespitzt. Erwählung bedeutet hier absolute Heiligkeit, weil es um Gottes Anspruch auf einen Menschen und also dessen Heiligung geht. Dort, wo die Erwählung so aufs Äußerste zugespitzt wird, rückt ein Mensch in unüberbietbare Nähe zu Gott – daher der Titel Sohn Gottes. Er hat als Sohn Anteil an der Lebensfülle Gottes. Das ist inhaltlich die Brücke zur Entstehung durch den Heiligen Geist. Denn wer der Lebensfülle Gottes so nahe ist, wird selber ursprungslose Quelle. Das Geschehen ist daher hier (!) weniger leicht über das Denkmodell »Gott wird Mensch« erreichbar, sondern über die größtmögliche Berührung eines Menschen – Mariens – mit dem Geheimnis Gottes. So hat man diesen Text immer gelesen; darum setzte er so viele und tiefe Gefühle frei: Alle Weihnachtsfreude ist in dieser überwältigenden, schier unfasslichen Erfahrung Mariens begründet. Oder im Anklang an das Tedeum formuliert: Gott hat es nicht verschmäht, in diesem palästinischen Mädchen als seinem neuen Tempel zu wohnen.

Eine Theologie, die das Wunderbare von vornherein ausschließt, weil sie Gott gebietet, ausschließlich im Rahmen der kantianischen Vernunftkritik zu operieren, wird sich hier verabschieden. Mystische Theologie, die mit dem Wunder rechnet und mit der Möglichkeit realer Einbrüche des Göttlich-Anderen in die Normalität der Welt, wird sich offen verhalten gegenüber dem, was wohl von Maria selbst als Wirklichkeitserfahrung beschrieben, von den Jüngern geglaubt und in seinen theologischen Folgen bedacht wurde. Hier bedeutet die Entstehung Jesu durch den Heiligen Geist: Der große, unfassbare Gott kommt den Menschen, diesem Mädchen aus Palästina, so nahe, dass diese Nähe die physische Entstehung eines lebendigen Menschen bedeutet. Auch das, was bei der Auferstehung Jesu geschieht, ist grundsätzlich vergleichbar. Gott kommt dem im Grab liegenden toten Jesus so nahe, dass daraus wunderbares, verwandeltes neues Leben wird. An den beiden Stationen, die für den antiken Menschen in buchstäblichem Sinne das A und das O sind, zu Anfang und am Ende des Lebens, tritt Gott als der Spender gerade dieses Lebens mit physischer Wirksamkeit in Erscheinung. Daher kann man sagen, dass die Entstehung Jesu und seine Auferstehung »aus demselben Holz geschnitzt« seien. Weniger salopp ausgedrückt: An diesen beiden Stellen der gesamten Geschichte des Heils ist die Nähe zwischen Gott und Mensch am allergrößten.

Die Dimension der leibhaftigen Nähe wird ein Merkmal des Auftretens Jesu und der Geschichte der Kirche bleiben. Bei Jesus zeigt sich das in der Bergpredigt, in der Gottes Gebot uns bis in die letzte Faser der Leiblichkeit hinein bestimmen soll (zum Beispiel nach Mt 5,28, wo es darum geht, eine Frau nicht mit Blicken auszuziehen). In den Wundern neigt sich Gottes Schöpferkraft den Kranken mit leiblicher Konsequenz zu. Wenn Jesus den Zöllner besucht, kann er sagen: Heute ist diesem Haus Heil widerfahren – einfach deshalb, weil Jesus physisch anwesend ist. Und wenn Jesus mit Zöllnern und Gottlosen feiert, dann ist mit seiner physischen Präsenz das Reich Gottes gekommen. Jesus kann leibliche Auferstehung und leibhaftiges ewiges Leben verheißen – etwas anderes ist im Judentum gar nicht denkbar. Immer geht es um die unüberbietbare physische Nähe Gottes zu den Menschen – das gilt dann auch für alle Sakramente. Diese absolute Nähe ist die eigentliche Versöhnung. Sie ist die Erfüllung der Bundesverheißung an Israel: Ich will ihr Gott sein und bei ihnen wohnen.

4.2 Nobody is perfect – but Jesus?

Augenblicklich beschäftigt die Szene der populären Jesusdarstellungen auch die Frage, ob Jesus gesündigt hat. Ließ er sich nicht, wie es die ersten drei Evangelien berichten, von Johannes dem Täufer im Jordan taufen? Und der spendete nun einmal die Taufe »zur Vergebung der Sünden«. Einige zeitgenössische Exegeten erklären nun frech, Jesus habe sich taufen lassen, weil er gesündigt habe, sonst würde das doch keinen Sinn machen, sich der täuferischen Reinigungsprozedur des Johannes nach Lk 3,3 zu unterziehen. Jesus sei also ein großer und bedeutender Sünder gewesen, was ihn uns nahebringe und eigentlich erst richtig schätzenswert mache. *Nobody is perfect*. Warum also Jesus?

Dabei lassen sich diese »Gelehrten« von einer schlicht am Nützlichkeitsprinzip orientierten Frömmigkeit leiten, nach dem Prinzip: Was du nicht zwingend brauchst, kannst du weglassen. Konsequenz: Bete nie das Vaterunser, wenn dir nichts vergeben werden muss. Die Logik biblischer Frömmigkeit ist dagegen anders. Sie lautet: Niemand kann Gottes Heiligkeit genug loben, deshalb scheue keine Wiederholung der Bezeugung der Demut. Gerade als Gottes Sohn ist Jesus fromm – wie wäre das Gegenteil denkbar? Denn er hat schlechthin alles vom Vater empfangen, gerade so und genau deshalb ist er der Sohn. Deshalb betet er nach Lk 3,21 vor der Taufe. Er hätte es nicht »nötig«, aber dass er mit seinem Vater spricht, ist Zeichen dafür, dass er ihn liebt und mit ihm verbunden ist. Jesus hat es »nicht nötig« getauft zu werden, vielmehr hat er keinen Grund, irgendeine Begegnung mit seinem himmlischen Vater zu scheuen. Anders als wir denkt er nicht vom der dringenden Angewiesenheit her und als sei Gottes Handeln an uns letztlich von unserem Mangel bestimmt und verursacht. Biblisch gesehen ist das Umgekehrte wahr:

Die Taufe des Johannes ist in ihrem Ursprung eine Begegnung mit dem lebendigen Gott, daher das lebendige Wasser als Bild für Gottes Vitalität und Reinheit (vgl. auch Joh 7,38f. und das Bild der Quelle in ThomasEv 13). Eine Einschränkung auf Sündenvergebung ist gar nicht zwingend notwendig – das zeigt gerade Mt 3,1, wo diese Formel fehlt: *Wer aber Sünden hat, dem werden sie vergeben.*

Und weiter: Nach der Bibel bekommt jedes Geschehen seinen Sinn vom Ausgang und Ende her. So hat Jesu Taufe den Sinn der Erfüllung Jesu mit Heiligem Geist und der öffentlichen Einsetzung als Sohn. Die Verborgenheit der Empfängnis durch den Heiligen Geist wird durch die Einsetzung mit der dazu gehörigen Formel »Du bist …« aufgehoben. Solche »Du bist«-Formeln kennen wir von Ps 110,4 her: *»Du bist Priester nach der Ordnung des Melchisedech.«* Ähnlich die Adoption der Könige Israels nach Ps 2,7: *»Du bist mein Sohn. Heute habe ich dich gezeugt.«* Schließlich hat Lukas bei seinem Bericht über Jesu Taufe sicher auch an den typischen Ablauf der christlichen Taufe gedacht. Denn längst ist diese eine Verbindung von Wasser- und Geisttaufe. Das geht aus Apg 8, 15f. und Apg 19,2–6 hervor, aber auch schon Joh 3,5 spricht vom Neugeborenwerden aus Wasser und Geist. Wenn es sich um eine Gleichgestaltung mit Jesus handelt, dann hat seine eigene Taufe in der Verbindung von Wassertaufe und Geisttaufe einen guten, für jede christliche Taufe aktuellen Sinn.

Man kann fragen, warum und ob es Jesus nötig hatte, vom Heiligen Geist getauft zu werden, wo er doch nach Lk 1,35f. schon durch den Heiligen Geist entstanden war. Nun ist der Heilige Geist nicht etwas, das man ein für alle Mal hat oder nicht. Vielmehr kann keiner davon genug bekommen. Und deshalb heißt es im frühen Christentum immer wieder: Betet ohne Unterlass – Löscht den Geist nicht aus (1 Thess 5,17–19)! Immer wieder beten die frühen Christen um den Heiligen Geist. Und deshalb wohl heißt es – übrigens nur bei Lukas – , dass der Himmel sich auftat, »als Jesus betete«. Im Mittelalter sieht man in der Taufe Jesu, die er zur Beseitigung eigener Schuld nicht brauchte, eine Analogie zur Erlösung am Kreuz: Weil Jesus, der Gerechte ohne Fehl und Tadel, sich taufen ließ, hat er mit seiner Taufe schon hier die Sünden aller anderen stellvertretend mit auf sich genommen. Das kultische Gesetz der Kumulation scheut man auch hier nicht: Es macht gar nichts, wenn die Vergebung der Schuld an zwei Ereignissen festgemacht werden kann. Zudem gilt im Blick auf die folgende Versuchungsgeschichte: Die Taufe Jesu nach Lk 3,21f. befähigt Jesus, den Teufel bei sich und anderen abzuwehren.

Die theologische Bedeutung der Taufe Jesu nach Lukas liegt heute in zwei Punkten, in Jesu Gebet um den Heiligen Geist und in der Bedeutung der öffentlichen Taufe. Immer wieder betont der Evangelist Lukas die Bedeutung des Betens um den Heiligen Geist, besonders in Kapitel 11 des Evangeliums, aber auch dann, wenn Jesus oder die Gemeinde Menschen zur Mission beauftragt (Lk 6; Apg 13). Viel stärker als es heute im Bewusstsein steht, ist der Heilige Geist im frühen Christentum die Kraft, aus der die christliche Gemeinde und jeder Einzelne leben kann. Das Gebet geschieht aus der Kraft des Heiligen Geistes genauso, wie es Bitte um den Heiligen Geist ist. Denn der Heilige Geist ist ganz speziell die Art, in der der große Gott inmitten der christlichen Gemeinde wirkt. Und die Spendung der Taufe sollte viel stärker ein öffentliches Geschehnis und Bekenntnis sein.

4.3 Was heißt das: »Jesus war Sohn Gottes«?

Viele Christen wissen gar nicht, was das bedeutet: »Jesus ist Sohn des lebendigen Gottes.« »Sohn« oder »Kind« bedeutet in der Bibel die größtmögliche Nähe, Verwandtschaft, Ähnlichkeit und die engste Beziehung, die eine Person zur anderen haben kann. Je nach Kontext ist diese allerengste Bindung unterschiedlich gefüllt. So kann nach Lk 3,38 auch Adam Kind Gottes heißen, und zwar wohl im Unterschied zu den Tieren; nach Lk 20,36 sind auch die Auferstandenen »Kinder Gottes«.

Der Inhalt von »Sohn Gottes« ist daher nicht festgelegt, sondern das Wort bezeichnet je nach Zusammenhang die weitestgehende Ähnlichkeit. So ist es auch in Mt 16,16: Im Unterschied zu allen vorher genannten Propheten ist Jesus Gottes Sohn. Genauso ist es bei der Verklärung: In Differenz zu Mose und Elia ist allein Jesus »mein

geliebter Sohn«. Bei dem Terminus »Sohn Gottes« geht es immer um *Ähnlichkeit und Intimität der Beziehung,* nicht um biologische Zeugung. Das ist wichtig für die Diskussion mit den Moslems. Denn wenn sie uns vorhalten, »Gott hat keinen Sohn«, meinen sie auch so etwas wie Zeugung. Wir hörten ja von dergleichen in heidnischer Mythologie, wo des Öfteren ein Gott mit einer menschlichen Frau im Ehebruch ein Kind zeugt. Das ist für die Bibel unvorstellbar – ein Gräuel. Gott ist nicht sexuell als Mann vorgestellt. Und wo immer gesagt wird, wie einer Sohn Gottes wird, ist es der Heilige Geist, der ihn dazu macht. So ist es auch bei Jesus. Und wenn dann auch die Christen »Kinder Gottes« heißen, wobei Jesus der erstgeborene Bruder ist, ist es auch hier Gottes schöpferischer Geist, der sie zu Kindern Gottes gemacht hat. Man kann es auch anders sagen: Wo der Vater selbst sich zum Sohn bekennt, sagt er »mein lieber Sohn«. Diese Liebe Gottes zu seinem Sohn – und um seinetwillen dann auch zu allen anderen Christen – ist ein unfassbares Geheimnis. Sie hat mit Sentimentalität nichts zu tun, sondern ist Bevorzugung vor allen, Auserwählung, und ist auch – das ist am Gottesvolk der Juden abzulesen – eine Art Bestimmtsein zum Leiden. Denn wer Gott so ähnlich ist, der muss auch den Widerspruch und den Hass der Welt gegen Gott ertragen.
Überall dort, wo das Neue Testament vom Sohn Gottes spricht, hat dieser Titel eine besondere Bedeutung, die er in älteren Texten kaum je hat. Trotz umfänglicher Forschungen ist diese wichtige Nebenbedeutung bislang übersehen worden: Sohn Gottes ist nicht nur der, der Gott relativ am nächsten steht (im Verhältnis zu allen anderen). Sondern: Der Sohn Gottes hat Anteil an Gottes kraftvollem, unzerstörbarem und ewigem Leben – es ist Leben direkt aus der Hand des Schöpfers. Darin liegt der besondere Schwerpunkt diese Titels. Deshalb wird Jesus bei der Auferstehung als Sohn Gottes proklamiert. Und weil er Leben aus der Hand des Schöpfers besitzt, ist Jesus als Sohn Gottes durch den Heiligen Geist in Maria entstanden. Alle Auferstandenen werden dereinst als Kinder Gottes sichtbar werden. Bei der Verklärung ist Jesus Sohn Gottes im Hinblick auf seinen kommenden Tod, denn Gott wird ihn auferwecken; deshalb dürfen die Jünger erst nach der Auferstehung von der Verklärung berichten, denn

in der Auferstehung erst kommt der Gehalt der Verklärung zur glaubwürdigen Vollendung und Erfüllung. Und wenn der Hauptmann unter dem Kreuz ruft: *»Wahrhaftig, dieser war Gottes Sohn!«*, dann meint auch er, dass Jesus mit seinem Gebet *»Wozu hast du mich verlassen…?«* Erhörung finden wird. Vor allem aber ist Jesus Gottes Sohn seit der Taufe, um dem Teufel und den Dämonen gewachsen zu sein und sie zu überwinden. Denn das Ziel des Teufels ist der Tod, und die Dämonen sind Totengeister der Riesen, die sich nach Gen 6,1 mit den Frauen der Menschen eingelassen hatten (äthiopisches Henochbuch 15,8–12: Böse Geister … gingen aus ihrem Leib hervor, sie … haben auf der Erde ihre Wohnung … sie wenden sich gegen die Menschen, weil sie von ihnen ausgegangen sind). Totengeister aber sind alle heidnischen Götter (1 Kor 10,20), deshalb verunreinigt man sich an ihnen. Der Sohn Gottes kann sie in der Kraft des Heiligen Geistes besiegen und vertreiben.

Aber wer ist Gott, sodass man sagen könnte, Jesus ist ihm ähnlich, ist sein Sohn? Woher kann man wissen, dass man Recht hat, wenn doch keiner Gott je gesehen hat? Wenn man sagt: Jesus ist X ähnlich – aber X nicht wirklich kennt? Im Wortlaut nach Matthäus weiß Jesus offenbar um diese Verlegenheit. Deshalb sagt er zu Petrus (in Mt 16,17), er verdanke sein Bekenntnis nicht Menschen, sondern allein dem Vater im Himmel. Und das heißt: Dass Jesus wie Gott ist, ist keine logische Schlussfolgerung. Sondern mit und in Jesus wird Petrus und werden wir zugleich Gottes ansichtig *(»Wer mich sieht, sieht den Vater«)*. Beides ist in der Tat Offenbarung, sodass Petrus sagen kann: Ja, so ist Gott, und dieser ist Gottes Sohn. Oder anders gesagt: Jesus ist das einzige Foto, das wir von Gott haben. Mit ihm wissen wir, wie von einem hellen Strahl erleuchtet, zugleich alles über den Vater und den Sohn. Dass Gott, der große, geheimnisvolle Schöpfer der Welt, in Jesu Worten und Handlungen, in seinen Bewegungen und auf seinem Gesicht, in seiner Zuwendung und seiner Strenge exklusiv zur Geltung kommt, so intensiv wie sonst nicht wieder, das ist unser Glaube.

Angesichts Jesu konnten die Menschen sagen: Er erinnert uns an das, was wir von Gott ahnten, nur hier ist es endlich wirklich und leibhaftig. Hier hat Gott ein Gesicht. Alles das, was wir von den Vätern und Propheten, von Mose und Elija her wissen, ist »aufgehoben« in dieser Person. So ist auch der Schriftbeweis, den das Neue Testament immer wieder versucht, nicht zuerst Resultat des Fahndens nach Belegen oder eine Frage des Gedächtnisses, sondern er ist die Konsequenz daraus, dass man über Jesu Tun und Geschick nur reden kann wie über Gott oder sein eigenstes Tun. Und wenn da jemand ist, der etwas über Gott und das Geheimnis aller Dinge erfahren will, dem muss man etwas von Jesus erzählen. In ihm ist er ganz zugänglich, erschließt er sich ganz.

Für Jesus ist Gott die selbstverständlichste Wirklichkeit, der wichtigere, freilich unsichtbare Teil all dessen, was ist. Zunehmend sind sich allerdings Menschen darüber im Unklaren, warum es überhaupt nötig sei, eine Größe namens »Gott« in ihr Leben einzubeziehen. Wäre es eine »akademische« oder rein theoretische Frage, wäre die Frage nach Gott überflüssig. Genau das ist sie nicht. Es ist die Frage, wovon man lebt, was die Einheit im Leben stiftet und von wem oder was man sich letztlich abhängig macht. Bei Jesus führt die radikale Priorität der Wirklichkeit Gottes jedenfalls zu einer Freiheit und Leichtigkeit, die den Menschen selbst als »göttlich« erscheinen will.

Auf das Petrusbekenntnis hin ist in Mt 16,18 nun ganz überraschend von der Kirche die Rede und davon, dass die Pforten (= die Macht) des Totenreichs sie nicht überwältigen werden. Was hat das beides miteinander zu tun – das Bekenntnis zum Gottessohn und eine unüberwindliche Kirche? Beides läuft in Petrus zusammen: Wer bekennt, der tut das nicht für sich allein, sondern immer als Stütze für andere. Stütze für unseren Glauben – das vor allem ist das Petrusamt. Und die Kirche, das sind hier alle die, die auf das Zeugnis des Petrus hin glauben. Aber die Sache geht noch tiefer. Auch als Gottessohn ist Jesus nicht sozusagen Selbstzweck. Der Vater hat den Sohn nicht nur für sich selbst erwählt, sondern weil er menschlich mit Menschen zusammenleben will. So kommt es als Ahnung in der Bundesformel des Alten Testaments zum Ausdruck: *»Ich will ihr Vater sein, und sie sollen meine Kinder sein, ich will ihr Gott sein, und sie sollen mein Volk sein, ich will unter ihnen wohnen.«* Vielleicht schon das Judentum ergänzt (jedenfalls finden wir es in apokryphen jüdischen Schriften): »... wohnen in Gestalt eines Menschen.« Die Kirche ist das erneuerte Gottesvolk, ist die Weise, in der Gott unter den Menschen wohnt in Jesus Christus, dem Gottessohn. Gottessohnschaft und Kirche hängen also deshalb innig zusammen, weil Gott nie im Ungefähren und Allgemeinen zu Hause sein kann. Sondern der Erwählte und die Erwählten, Jesus als neuer Tempel Gottes und das geheiligte Volk, das gehört zusammen. Und in diesem Sinne gehören zu dem Sohn Gottes auch die Adressaten dieses Sich-Offenbarens Gottes. Denn die Menschen sollen ja nicht nur bekehrt werden, sondern Gott wollte und will dauerhaft mit ihnen wohnen. Er will denen, die in der Kirche sind, bei sich Heimat geben, und er will auch in ihren Herzen Heimat finden. Weil es nicht nur um Bekehrung geht, sondern um ein Wohnen auf Dauer, um ein Bleiben, deshalb gibt es Kirche. Gerade im Matthäusevangelium, das ja die Rolle des Zwölferkreises stark betont, wird die Kirche so ganz selbstverständlich als erneuertes Israel gedacht.

4.4 Die Intimität der Erlösung

Es ist schon eigenartig, wie knapp und nüchtern der Evangelist Lukas die entscheidenden Ereignisse der Geschichte menschlichen Heils erzählt. Zu Ostern heißt es: Und der Stein wurde hinweggerollt. Das war alles. Zu Weihnachten sagt er: Und Maria gebar ihren ersten Sohn und wickelte ihn in Windeln und legte ihn in eine Krippe. Sparsamer kann man es nicht sagen. In beiden Fällen gibt erst eine zweite Szene Auskunft über das Ungeheuerliche, das da geschehen ist. Diese zweite Szene spielt aber gar nicht bei Jesus, der Hauptperson, sondern es sind jeweils Engel, die relativ fern stehenden Personen offenbaren, um was es sich handelt. In beiden Fällen sagen die Engel: »Fürchtet euch nicht«, und proklamieren ein freudiges Ereignis. In beiden Fällen weisen sie auf ein Zeichen, das ihre Botschaft bestätigt, das leere Grab oder die Krippe. Die entscheidende Botschaft richtet sich an unabhängige Zeugen, zu Ostern kommen dann noch Petrus, die Emmausjünger und die Zwölf dazu.

Aber auch Hirten und Frauen am Grab sind nicht die Welt, wie wir heute sagen würden. Fast im Geheimen vollziehen sich die entscheidenden Ereignisse. Die Geburt ist nur Maria und Josef zugänglich, das Geschehen der Auferstehung niemandem. Daher spricht Ignatius im Brief an die Epheser von drei Geheimnissen: dass Maria Jungfrau blieb, dass sie Jesus gebar und dass Jesus gestorben ist. Nicht arm war Jesus, sondern unbekannt. Es ist, als wolle Gott selbst den unspektakulären Ort der Geburt mit eigenen Händen schützen, als gäbe es beim Osterereignis eine von höherer Regie arrangierte Intimität. Und die Menschen, die dann in Szene zwei zusammenkommen, sind nicht Journalisten und Könige, sondern Frauen und Hirten. Das Geheimnis ist nur ihnen bekannt, und sie bilden die Kirche ab. Das Geheimnis ist nicht für den Marktplatz, sondern für eine geradezu familiäre Intimsphäre. Die Öffentlichkeit einer Staatskirche ist dem Christentum nicht angemessen.

Der Geheimnischarakter ist ambivalent. Nach Ignatius bedeutetet er Schutz des Erlösungswerks vor dem Teufel, nach Matthäus Schutz vor Herodes, so wie das Messiasgeheimnis der Evangelien die tödliche Konfrontation hinauszögert. Doch Paulus bemerkt: Hätten die Herrscher der Welt den Herrn der Herrlichkeit erkannt, dann hätten sie ihn nicht gekreuzigt. Nur ihre Macht hinderte sie an dieser Erkenntnis. Geheimnis bedeutet sowohl Intimität als auch Verkanntwerden. Die Intimität gibt die Geborgenheit, um das Verkanntwerden zu ertragen. Von seinen allerersten Anfängen her ist das Christentum so gebaut. Es ist nicht dazu geeignet, Staatsschauspiel zu werden. Die Spannung zwischen Verborgenheit und Martyrium ist sein Markenzeichen.

4.5 Licht von oben

Wer immer das Mit-dem-Lieben-Gott-auf-du-und-du erfunden hat – die Bibel war es nicht. Hier wird immer wieder betont: Der Unterschied zwischen Gott und Mensch ist tödlich. Die Aussagen schon der Psalmen, alle Schöpfung müsse vor Gott schier vergehen, sind im Licht der gesamten Bibel wahr. Und vielleicht ist der Tod aller Kreatur auch die Folge davon, dass die Kreatur vor Gott in seiner Herrlichkeit einfach keinen Stand hat. Sie vergeht und schmilzt vor Gottes Herrlichkeit. Daher musste zur Zeit des Alten Bundes sterben, wer die Bundeslade, den Ort der heiligen Gegenwart Gottes, berührt hatte – wie wenn einer einer offenen Starkstromleitung zu nahe gekommen wäre. Daher müssen Ananias und Saphira nach Apg 5 sterben, weil sie in falscher Haltung, in durchaus üblicher menschlicher Verlogenheit, dem Heiligen Geist zu nahe getreten sind.

Die tödliche Differenz zwischen Gott und Mensch überbrückt allein und auf Dauer Gottes eigene Sehnsucht und Liebe. Deshalb muss schon jeder Engel den Menschen, denen er erscheint, zurufen: »Fürchtet euch nicht! Habt keine Angst!« – denn angesichts Gottes ist Angst das Nächstliegende. Das, was bei der Taufe Jesu geschieht, ist daher die Zusammenraffung und Überbietung aller Aufrufe »Fürchtet euch nicht!« in einem einzigen Satz: »Ich liebe dich als meinen Sohn!« Gott liebt diesen Menschen, er hat ihn erwählt und zu seinem Eigentum gemacht, durch den Heiligen Geist sogar zu seinem Tempel. Dass Gott, der große und unfassliche Gott, einen Menschen lieben soll, das ist noch unfassbarer als seine Herrlichkeit. Auf Deutsch heißt das: Er will in Jesus wohnen, real präsent in ihm sein. So, dass andere das spüren.

Denn die Jünger sind offenbar deshalb zum Glauben an Jesus gekommen, weil sie sagen konnten: So nah haben wir sonst Gott nie erlebt. So, wie Jesus ist, muss Gott sein, so treu und so streng, so hineißend und so barmherzig, so eben, dass es das Herz berührt und auf die Knie zwingt. Dass es daran denken lässt, Gott habe endlich begonnen, das verheißene Heil umzusetzen. Realpräsenz heißt hier, dass Gott nicht Gedanke ist oder frommer Wunsch, sondern faszinierende Gegenwart, die das Herz klopfen lässt und die Menschen süchtig macht nach »mehr«, so dass die Jünger Jesus folgen können, ohne den Eltern Adieu zu sagen.

Wenn es heißt, Gottes Geist sei auf Jesus herabgekommen wie eine Taube, dann bedeutet das: So zielgerichtet wie eine Taube fliegt, schnell, geradeaus – und so wie sie dann auf einer Stelle sitzen bleibt und ruht, so ist der Heilige Geist in Jesus. Jesus schaut das in einer Vision und sieht damit, wie Gott zu ihm kommt – heute würden wir sagen: wie ein Duschregen, wie ein Feuerstrom in einem Hüttenwerk, wie die Säule einer Windhose, die nur eine Stelle trifft. Was wir hier mit den Elementen Wasser, Feuer und Wind beschreiben, geschieht aber nach den Evangelien ganz still. Diese Richtung von oben nach unten ist in der Wallfahrtskirche von Ronchamp (Franche-Comté) dargestellt als Licht, das in Schächten von oben nach unten fällt und dadurch den Raum erhellt. Der Architekt Le Corbusier hat so auf großartige Weise das dargestellt, was in der Sprache der Bibel Gnade und Erwählung ist, nämlich Licht, das von Gott kommt und nichts anderes will und kann, als sich selbst mitzuteilen, durch sich selbst das dunkle Tal hell zu machen. Daher wählt Bernhard von Clairvaux Täler für seine Klöster, daher sind seine Kirchen wie schmale Lichtschächte. Gott fällt herab und bleibt ruhen auf Jesus. Denn der Heilige Geist ist niemand anders als Gott selbst. Und indem Jesus das schaut, erblickt er Gottes Bewegung auf ihn selbst hin, in gewissem Sinne das, was er ist, die Weise, in der er Gottes Kind ist. Das Entscheidende ist, dass Gottes Geist auf ihm ruht, und so sagt es auch die Himmelsstimme im apokryphen Taufbericht des Hebräerevangeliums: »Du bist mein Ruheort.«

Wo kann Gott, der sprudelndes Leben ist, zur Ruhe kommen? Zeugnisse der frühen Christen aus dem 2. und 3. Jahrhundert nennen Gott Bewegung und Ruhe zugleich. Er ist Bewegung, weil er lebendig ist und sprudelnde Quelle des Lebens. Er ist Ruhe, weil er nicht vergänglich ist, nicht auf dem Weg zum Tod, sondern ewig ist und bleibt, in seiner Treue und in seiner Unverwüstlichkeit. Wenn Gott also, der Ruhe und Bewegung ist, in Jesus zur Ruhe kommt, dann ist Jesus der Ort, an dem er Gestalt gewinnt. Deshalb ist Jesus das einzige Bild von Gott. Aber natürlich kein totes, sondern ein lebendiges Bild, ein lebender Mensch als Gottes Bild. Wenn Gott in Jesus zur Ruhe kommt, dann kann man Jesus auch mit dem Sabbat vergleichen, so wie ihn das Judentum des ersten Jahrhunderts erlebt. Denn am Sabbat ruhte Gott, und wenn es Sabbat wird, blicken die zum Gebet versammelten Juden auf die offen gelassene Tür, denn der Sabbat zieht ein. Wie eine Königin, sagt man im frühen Judentum, voll Hoheit, den Menschen Ruhe von aller Mühsal gebietend.

Man kann das gut mit Jesu Geburt nach dem Protevangelium des

Jakobus aus dem 2. Jh. n. Chr. vergleichen: Als Jesus geboren wird, hält die Schöpfung einen Augenblick den Atem an. So heißt es in Kap. 18: *Ich ging umher und kam nicht vom Fleck. Ich blickte zum Himmel und sah, wie die Luft vor Staunen stillstand, und ich blickte hinauf zum Himmelsgewölbe und sah, wie es in seiner Bahn innehielt, und die Vögel des Himmels flogen nicht weiter. Als ich zur Erde blickte, sah ich Arbeiter, die sich zum Essen um eine Schüssel herum niedergelassen hatten. Und die etwas kauen wollten, kauten nicht, und die etwas aufheben wollten, waren in der Bewegung erstarrt, und die einen Bissen zum Munde führen wollten, saßen mit ausgestreckter Hand da, und alle blickten wie erstarrt zum Himmel. Da wurden Schafe vorbeigetrieben, doch sie kamen nicht vorwärts, sondern blieben auf der Stelle, und der Hirte hob seine Hand, um sie mit dem Stecken zu schlagen, doch seine Hand blieb in der Luft stehen. Ich blickte auf den Lauf des Flusses und sah die Ziegen, die ihre Mäuler ans Wasser gesetzt hatten und nicht tranken. Und dann ging plötzlich alles in seinem Ablauf weiter.* Das heißt: Als Gott durch Jesus Christus in die Welt eintritt, erfährt sie Gottes Gegenwart in seinem Sohn als die Mutter aller Sabbate. Und immer, wo Jesus am Sabbat heilen wird, gilt der Spruch: »Hier ist mehr als Sabbat«, hier ist Gott selbst zur Ruhe gekommen. Und so wie man sagen kann, alle Welt inklusive Mensch sei für den Sabbat da, auf ihn hin geschaffen, so kann man das auch von Jesus sagen als dem neuen Menschen und dem Ziel der Schöpfung.

Wenn aber Gott in Jesus Christus wohnt, dann ist Jesus wie ein Heiligtum. Deshalb kann er sagen: »Hier ist mehr als der Tempel«, nämlich der lebendige Ort der dynamischen Gegenwart des lebendigen Gottes. Daher nimmt Jesus bei seinem letzten Mahl auch Brot und nichts anderes, um es seinen Leib zu nennen. Denn das Brot ist immer »Brot des Lebens«, das Leben schenkt. Die Realpräsenz in der Eucharistie ist konsequente Entfaltung dieses Ansatzes. Und so wie Maria für die Zeit ihrer Schwangerschaft Tempel Gottes ist, tragen häufig mittelalterliche Messkelche die Inschrift »Maria«, denn sie tragen den präsenten Herrn wie ein Tempel. Gott ist in Jesus zur Ruhe gekommen – vielleicht darf man das gewagte Bild gebrauchen – so wie die glühende Lava eines Vulkans an einem Menschenhaus wunderbarerweise zum Stillstand kommt. Gott liebt den Sohn, so intensiv, wie nur Gott lieben kann, und um seinetwillen uns alle, so intensiv wie ihn. Und Gott ist auf ihn gekommen wie Licht in einem Schacht das Dunkel erhellt. Und Gott wohnt in ihm, wie schon das Judentum sagen konnte: Gottes Geist wohnt im Tempel. Das Bild des Tempels könnte vielleicht auch nichtchristlichen Juden das Geheimnis Jesu Christi verständlicher machen. Und schließlich kann Gottes Gegenwart in Jesus begründen, dass wir uns nach seinem Wiederkommen voller Liebe sehnen.

4.6 Verklärung Jesu – Die geheime Achse des Evangeliums

Seit dem Mittelalter sagt man über die Verklärung: Die kommende Passion sollte so schwer und entmutigend für Jesus werden, dass ihm im Vorhinein das Licht am Ende des Tunnels gezeigt wurde. Die Verklärung sei geschehen, *auf dass feststehe, dass er durch das Leiden zur Herrlichkeit der Auferstehung gelangen werde, und Gesetz und Propheten bezeugten dies zusätzlich.*

Die moderne Exegese hat kein Verhältnis zum Bericht über die Verklärung Jesu (Mk 9,2–9 par.), weil sie glaubt, Jesus, ihren Gegenstand, unter Ausschluss von Mystik begreifen zu können, weil sie überhaupt hilflos vor den Kategorien Mystik und mystischer Erfahrung steht. Dabei verstehe ich unter dem, was sich durch »Mystik« an Wirklichkeit erschließt, nichts Krankes, nichts bloß Privates oder Eingebildetes, sondern etwas Objektives, das freilich weder allgemein zugänglich noch objektiv nachprüfbar oder wiederholbar ist. Mystik geht von der begründeten Annahme aus, dass die Wirklichkeit umfassender ist als sie (natur-)wissenschaftlich feststellbar ist. Mystik ist die Definition der Welt unter Einschluss der Existenz Gottes und der Annahme der Möglichkeit von Interaktion mit allen »Personen« und Mächten der unsichtbaren Welt. Mystik geschieht Tag für Tag millionenfach, wenn Menschen beten, an Erhörung der Gebete glauben, wenn sie sich im Leben geführt, geschützt und getröstet wissen. Mystik nennt man den Kontakt mit »Personen« der unsichtbaren Welt Gottes (oder der Gegenseite), hier bei der Verklärungsszene in der klassischen Gestalt der drei Stadien: Vision, Zwischenszene mit Betonung der Unbegreiflichkeit und Audition. Es ist unmöglich Jesus unter Ausschluss der mystischen Dimension gerecht zu werden – weil Jesus Sohn Gottes ist, gehört er nach dieser Seite seines Wesens zur himmlischen Welt. Und so brach – mystisch betrachtet – aus Jesu Leib auch zeit seines Erdenlebens immer wieder einmal die göttliche, das heißt: verwandelte Leibhaftigkeit hervor, so auch beim Gehen auf dem Meer.

Ich habe zur Klärung der Verständigung über die Wirklichkeit Gottes in meinem Buch »Sind die Berichte des Neuen Testamentes wahr?« (Gütersloh 2002) die Dimension der mystischen Fakten eingeführt. Mir geht es um Klärung der Realität, auf die sich religiöse Erfahrungen beziehen. Ich meine, dass so zu reden in der Postmoderne möglich, ja angemessen ist. Die Wirklichkeit hat eine mystische Dimension – eine Dimension, die nicht sozialgeschichtlich reduzierbar ist, eine eigenständige Dimension, für die eigene Kriterien und Regeln gelten. Die theologische Mitte des Evangeliums nach Markus ist die Verklärung Jesu, denn sie bestätigt vom Himmel her den Anspruch Jesu nach dem Petrusbekenntnis. Die Forschung liebt diesen Bericht nicht gerade und betrachtet ihn als fehlplatzierte Ostergeschichte. Ich halte diese Deutung für unbegründet und gewaltsam. Die Verklärung Jesu ist eine typische mystische Erfahrung. Weil sie mit neuzeitlichen Mitteln nicht rekonstruierbar ist, darf man sie dennoch nicht auf einen symbolischen Gehalt reduzieren. Erfahrungsgemäß gilt: Sobald man mit einer Reduktion beginnt, kommt kein Ende in Sicht. Man kann die Verklärung reduzieren auf die Aussage, gemeint sei der Glaube an Jesus als Sohn Gottes. Man reduziert weiter und sagt: Gemeint ist nur, dass er ein guter Mensch war. Oder man kann auch das auf seine symbolische Bedeutung reduzieren, und dann heißt es: Gott liebt alle Menschen, denn da steht ja: »Dieser ist mein geliebter Sohn.« Oder sollten wir nicht gleich sagen: »Liebe ist etwas Göttliches«? Und damit wären wir dann endlich bei Weisheiten, die dem allgemeinen Bildungsstand in religiösen Dingen entsprechen. So hilft es am Ende nur, den Bericht über die Verklärung so zu akzeptieren, wie er dasteht, als mystische Erfahrung mitten im Leben Jesu. Um den Verdacht auf Fundamentalismus abzuwehren:

Verklärung halte ich nicht für eine physikalische Realität, und ich mache auch nicht die potienzielle Fotografierbarkeit zum Maßstab dessen, was ich für wirklich halten darf. Es ist aus meiner Sicht eine Erfahrung in Raum und Zeit, aber an deren Rande, denn mit Mitteln der Kausalität ist dieses Geschehen nicht zu erklären.

Die Verklärung Christi ist gewissermaßen der Vorlauf dessen, was alle Christen erwartet. Die Bibel sagt: Unbeschreibliches Licht wird jeden Leib erfüllen, aus dem die Spuren des Todes und alle Begrenzung vertrieben sind. Jesu eigener Leib wird hier zum Zeichen der Verlässlichkeit seiner Botschaft. Seine Verheißung wird auch ganz wesentlich unsere Leiber umfassen. Die Verklärung Jesu ist daher ein Vorgeschmack, so wie es auch seine Wunder je auf ihre Weise sind. Die Verklärung ist damit ein wichtiger Baustein einer christlichen Hoffnung, die im Ganzen davon ausgeht, dass Gottes Licht alles klären, erfüllen und verwandeln wird.

Im Aufriss des Markusevangeliums gibt es zwei Szenen, die der alttestamentlichen Vorlage in den zentralen Mosesgeschichten entsprechen, nämlich der Szene auf dem Sinai und dem Bundesschluss. Die Szene auf dem Sinai entspricht der Verklärung, der Bundesschluss wird beim Abendmahl nach- und neu gebildet. Beides gehört zusammen wie die Stiftung des Bundes und dessen formeller Abschluss. Bei der Verklärung entspricht dem Sinaigeschehen der Abstand der sieben Tage, der Berg, die reduzierte Jüngerschar, die Himmelsstimme und die Wolke. An der Stelle der Gabe der Gebote steht hier konsequent der Ruf Gottes: »Diesen (d. h. meinen Sohn) sollt ihr hören« – in ihm ist alle Botschaft von Mose und Elija zusammengefasst und vollendet. Und beim letzten Mahl sagt Jesus anlässlich des an die Jünger verteilten Weins: Dies ist mein Bundesblut. Wie in Ex 24,8 wird eine rote Flüssigkeit auf alle Teilhaber des Bundes verteilt. Mit dem letzten Mahl Jesu ist sein Bund förmlich besiegelt. Von daher wird es sinnvoll, dass bei der Verklärung, der Verkündigung der Bundessatzung, nicht nur die beiden gößten Propheten erscheinen, sondern zugleich auch jene, die mehr oder weniger vom Tod bewahrt und für die Endzeit als Zeugen aufgehoben worden waren. Denn Elija wurde entrückt und sollte wiederkommen, Mose war »in Herrlichkeit« begraben, aber auch mit seiner Wiederkunft am Ende rechnete man, und zwar zumindest in dem Sinne, dass er Zeuge der Erfüllung des durch ihn Gebotenen werden konnte.

Die Verklärung ist daher nicht irgendein abwegiges mystisches Geschehnis am Rande, sondern sie ist der zentrale Ort der Selbsteröffnung Gottes; hier erscheint sein Wille; hier wird höchste Verbindlichkeit eingefordert. Sie ist daher die Mitte des Evangeliums nach Markus, die Achse, um die sich alles dreht. Davon legt die berühmte Verklärungsikone der Ostkirche Zeugnis ab. Der monastischen Spiritualität der Ostkirche war die Lichterfahrung auf dem Berg ein durchaus plausibles Ereignis. Es wird der Beitrag künftiger Exegese sein, die mystischen Traditionen der Bibel wiederzuentdecken und sie nicht systematisch beiseite zu schieben. Denn hier geht es nicht um merkwürdige Jüngerfantasien, sondern um den Einbruch der Wirklichkeit Gottes in und an der Person Jesu. Und genau das ist die Mitte der Evangelien. Jede Ermäßigung dieses Berichtes ist daher unangebracht. Auch das Evangelium nach Johannes kennt eine vergleichbare Szene, in der Gottes Stimme ertönt. Statt Verklärung wird hier alles in der Aussage Gottes zusammengefasst: *»Ich habe verherrlicht und ich werde verherrlichen«* (sc. der Vater den Sohn; Joh 12,28).

Doch die Spitze der Aussage ist nach dem Markusbericht, dass Jesus der »geliebte Sohn« ist. Das genau sind Mose und Elija nicht. Sie sind Sklaven (im Haus) Gottes. Nur Jesus steht Gott unüberbietbar nahe – als sein Sohn. »Liebe des Vaters zum Sohn« bedeutet hier: Erwählung, Intimität des Verhältnisses – Jesus betet immer allein – und unbegrenzte Solidarität. Liebe bedeutet auch: »Ich werde dich durch den Tod hindurchtragen.« Diese enge Beziehung zu Jesus weitet Gott aus auf alle, die Jesus folgen. Das bedeutet: Gott hat uns in seine Hände geschrieben und wird uns nicht verlassen. Ein Kind darf dem Vater alles sagen, auch das, was von ihm trennen könnte. Ein Vater möchte vor allem von seinen Kindern nicht ignoriert werden, er will gebraucht werden. Gemäßigte Erpressung und Überstrapazierung seiner Geduld ist ihm immer noch sehr viel lieber als Beiseitestehen.

Dieser Wandel im Gottesbild, dass Kinder an der Stelle von Sklaven stehen, hat auch Konsequenzen für die Gestalt der Gemeinde, freilich nicht als Sentimentalität. »Familiäre Liebe« bedeutet vor allem, wie überall im Umkreis der Bibel, praktische Solidarität. Ein bloß sentimentales Verhältnis kann, wenn jemand abtrünnig wird, in Hass umschlagen. Ein Verhältnis praktischer Solidarität kann bleiben. Deshalb ist auch unter getrennten Jüngern und Jüngerinnen Jesu praktische Solidarität immer noch zu erwarten und auch einzufordern.

Mitten im Leben Jesu, genau an der Stelle, an der Vorahnungen des Leidens ihn immer deutlicher überfallen, steht die Verklärung. Für Jesus und seine Jünger bedeutet sie in jeder Hinsicht ein Geheimnis. Darauf weisen der Ort, die begrenzte Jüngerzahl, die geheimnisvollen Personen Mose und Elija, die ja beide »nicht tot« sind. Schließlich Jesu Schweigegebot in Mk 9,12. Solche geheimnisvollen Erfahrungen der absoluten Nähe Gottes gibt es für uns Durchschnittschristen wahrscheinlich in Momenten schweigender Anbetung, im Gebet überhaupt, aber auch in manchen Augenblicken des Gottesdienstes. Für den kalabrischen Abt Joachim von Fiore († 1202) wurde die Feier der Osternacht zum Schlüssel für das Geheimnis der Heilsgeschichte. Das ist wohl der Sinn allen Kultes und allen Betens, dass die Welt der Zeichen nicht leer bleibt, sondern dass wir wahrnehmen: Gott drängt durch diese Zeichen zu uns; er hat es eilig mit seinen Epiphanien (= Erscheinungen), dass unsere Kult-Zeit immer wieder Zeit seiner heilvollen, lichtvollen Gegenwart wird. Dabei wird unser Gebet so etwas wie ein Sakrament (= ein Zeichen, das die Kraft in sich begreift, die es anzeigt): von Gott geschenkter Weg. Ein Mensch unserer Tage hat kürzlich beschrieben, wie es sein kann, zum Glauben zu kommen. Mehr oder weniger teilnahmslos wohnt er einem Gottesdienst bei. Doch an einer bestimmten Stelle, beim »Lamm Gottes ...«, wird das Gewohnte mit einem Male zum Klartext. Er begreift: Hier geht es um die Wahrheit! Die Nebel der Gewohnheit sind zerrissen. Wahrheit hat ihn ergriffen, sie macht ihn grenzenlos frei, erwärmt ihn.

So wie Petrus nach Mt 16,16 Jesus als Sohn Gottes bekannt hatte, so wird Jesus in der Szene der Verklärung durch die Himmelsstimme in einer dramatischen Szene als Sohn Gottes bestätigt. So wird Jesu Wort an Petrus als wahr erwiesen, dass der Vater im Himmel und nicht ein Mensch dieses Petrus offenbart hat. Die Jünger fielen voll Furcht und Schrecken auf ihr Angesicht und konnten nur durch Jesu Berührung und Machtwort aufstehen. Diese kleine Szene ist typisch für Theophanieberichte (= Berichte von Gotteserscheinungen). Denn wenn Gott erscheint, ist es die Stunde der Wahrheit – das gilt für die Wahrheit über Jesus und für die Wahrheit über die Jünger. So wird denn hier die menschliche Schwachheit demonstriert, andererseits aber auch, dass die Jünger nicht in tödlicher Angst verharren sollen, sondern sich als Gottes Gesprächspartner aufrichten sollen. Sie dürfen und können nach der Berührung vor Gott stehen.

Das Petruswort vom Hütten-Bauen ist übrigens nicht deshalb ein Missverständnis, weil Petrus es sich bequem machen und nicht leiden will, wie es das deutsche Sprichwort »Hier lasst uns Hütten bauen« irrtümlich nahe legt. Vielmehr schlägt Petrus im Rahmen seiner Fehldeutung der drei verklärten Gestalten vor, doch diese drei gleichberechtigt als Lehrautoritäten anzuerkennen und ihnen Lehrhäuser zu bauen, wie sie das Judentum und dann das alte Mönchtum kannten. Die Himmelsstimme wird Petrus korrigieren: Die Vision wollte eben nicht drei gleichrangige Lehrer etablieren, sondern Jesus so aufwerten, dass er zwar wie ein Prophet ist, aber doch mehr als ein Prophet, nämlich der »geliebte Sohn«.

Das ist nun ein sehr altes Anliegen des frühesten Christentums: Jesus als den Sohn in Kontrast zu den Propheten darzustellen. Hin und wieder geschieht das auch im Bild des Hauses, in dem Jesus der Sohn, die Propheten die Sklaven sind. Erst werden die Sklaven (= Propheten) gesandt, am Ende aber dann der geliebte Sohn; und das ist dann die Wende. Auch Paulus stellt gerne die vorchristlichen Menschen als Sklaven den Christen gegenüber, die insgesamt Kinder sind und damit einen qualitativ besseren Status haben.

So erklärt die Himmelsstimme Jesus zum einzigen Lehrer. Denn auf ihn allein sollen die Jünger hören, niemanden anders nennt die Himmelsstimme. Er ist die maßgebliche Autorität für die Auslegung der gesamten Schrift. Auf sein Wort sollen die Jünger hören, auch wenn es darum geht, was Mose und Propheten gemeint haben. So werden die beiden »Sklaven«/Propheten zu Zeugen für Jesus. Der Sohn ist nicht gegen sie, schafft sie nicht ab, aber er ist die Norm der Auslegung, und zwar in Person.

Die Evangelien schlagen einen großen Bogen zwischen Verklärung und Abendmahl. Sie hängen zusammen wie Bundessatzung und

Bundesschluss. Im Unterschied zu Mose überreicht Jesus keine Tafeln, sondern jetzt gelten seine lebendigen Worte – aufgeschrieben im Evangelium. Aber das Evangelium ist kein Lehrbuch, keine Vereinssatzung, kein Ratgeber – es ist ein Lebensbericht, eine Biografie. Das Leben Jesu *ist* die Lehre, die Satzung, der Rat. So ist der Neue Bund viel enger an die Person des Bundesmittlers gebunden als es der Alte Bund an Mose war. Und deshalb reicht Jesus beim Mahl seinen Leib. Was bedeutet diese zusammenhängende Entsprechung? Gott handelt in und durch Jesus nach dem vertrauten Muster der Sinai-Theophanie und des Bundesschlusses. Beide Ereignisse sind der absolute Höhepunkt der Geschichte des Gottesvolkes im Alten Bund. Der Anspruch der Evangelien ist daher keineswegs gering. Denn die Theophanie am Sinai wird noch überboten. Der Bund, der in Jesus geschlossen wird, ist aber dem Alten Bund gegenüber nicht fremd, er ist wie seine Novellierung. Daher vermeidet Matthäus das Wort »neuer« Bund, denn es geht um den einen Bund, der jetzt radikal vertieft wird.

4.7 Die Sendung des Sohnes

Es war ein Mann, der hatte einen Garten am Meer, den hatte er selbst gepflanzt und gebaut, und sein Herz hing an jeder Pflanze, die er eingesetzt. Der Mann hoffte, dass der eine oder andere Baum bald Früchte tragen werde. Zwar kann man nicht sagen, dass er den Garten bitter nötig hatte – nein, das war es nicht. Allein die flache Öde der Landschaft nahe am Meer schien ihm traurig und nichts sagend. So war der Wunsch nach Freude der letzte Grund gewesen, den Garten anzulegen. Der Wunsch, sich über etwas freuen zu können, sein Herz an etwas hängen zu können.

Es war aber in einer stürmischen Winternacht, dass Sturmflut drohte und der Mann, wodurch auch immer gehindert, nicht selbst sich um seinen Garten kümmern konnte. Die Wellen waren fast mannshoch, und jedermann warnte davor, ans Meer zu gehen. Doch dessen ungeachtet beschloss der Mann, seinen vertrauten und einzigen Sohn zu dem bedrohten Garten zu schicken. Der Sohn erhielt den Auftrag, mit Sandsäcken zu retten, was zu retten war. Indes mußte jedes Pfund Sand erst dem Meer selbst abgerungen werden, und es war nicht nur kalt und stürmisch, sondern der Mann wusste, dass sein Sohn sicher in Gefahr kam.

Der älteste Knecht sagte: »Es ist Wahnsinn, jetzt den Sohn zu schicken, er wird umkommen durch die Flut.«

Und ein anderer sagte: »Was ist dir mehr wert, der Garten oder der Sohn? Bist du so in deinen Garten verliebt, dass du deinen Sohn nicht schonst?«

Und ein anderer sagte gar: »Du bist wahnsinnig, das zu tun, du weißt ja doch, wie gefährlich es ist. Liebst du nicht deinen Sohn? Was liegt dir an dem Garten, den du doch gar nicht nötig hast? Wie kann man so närrisch in seinen Garten verliebt sein, dass man das Liebste dafür hingibt. Nein, wir verstehen dich nicht!«

Und ein anderer sagte: »Jedes Gericht würde dich schuldig sprechen wegen Fahrlässigkeit. Vielleicht würden sie dir mildernde Umstände geben, weil du verrückt bist.«

Und der Mann sagte: »Mein Sohn ist wie ich selbst. Meine Freude ist auch seine. Er weiß, wie sehr ich den Garten liebe, und er tut es für mich. Es geht darum, dass überhaupt Freude sein kann. Und den Garten liebe ich nun einmal, denn er ist mein Werk.«

Und der älteste Knecht antwortete: »Aber du kannst doch deinen Sohn lieben und dich an ihm freuen! Warum setzt du ihn aufs Spiel für das weit geringere Gut – einen Garten am Meer?«

Und der Mann antwortete: »Wenn eine Pflanze von Salzwasser überflutet und zerfressen ist, vom Meer verschlungen oder ihrer Blüte beraubt, dann ist sie unwiederbringlich verloren, meinem Sohn dagegen schadet das tödliche Salzwasser nicht wirklich und endgültig, auch wenn es ihn berührt.«

Und der Knecht sagte: »Aber der Garten ist schon überspült, das Wasser ist schon bis an den Schaft der Pflanzen eingetreten. Es hat doch keinen Zweck mehr.«

Der Mann: »Wenn das Wasser nicht zu lange einwirkt, kann man den Garten noch retten. Umso eiliger werde ich meinen Sohn senden. Ich weiß, dass der Garten geflutet ist, aber man kann noch alles retten.«

Ein Knecht: »Vielleicht fasziniert dich gerade diese Möglichkeit zu retten? Vielleicht ist das noch faszinierender als die Anlage des Gartens, nämlich ihn gewissermaßen neu und nun aus der tödlichen Bedrohung zurückzugewinnen. Ihn noch einmal zu empfangen.«

Der Mann: »Ich gebe zu: Retten ist doppelte Freude. Das Retten fasziniert mich in der Tat so, dass ich darüber die Gefahr für meinen Sohn, und das heißt ja am Ende auch: für mich selbst, gering achte. Ich kann mich selbst ganz vergessen dabei und damit auch die Gefahr für meinen Sohn, der ganz eng zu mir gehört.«

Ein anderer Knecht: »Freude am Werk und doppelte Freude über das Retten-Können wird jeder dir zugestehen, aber muss dafür der Sohn gesandt werden?«

Der Mann: »Nur der Sohn weiß über den Garten Bescheid, er war maßgeblich bei der Anlage des Gartens, er hat den ganzen Plan in sich.«

Ein anderer Knecht: »Aber wie kannst du ihn so leiden lassen dafür, wie kannst du dich, und wie kann er sich mit dir so vergessen, dass man für ein wenig Freude so viele Strapazen auf sich nimmt?«

Der Mann: »Ich will dir ein Gleichnis sagen: Es ist wie mit einem Hirten, der eine Schafherde hatte, die von Wölfen bedroht wurde. Und er geht hin, als die Wölfe kommen, tritt vor die Tür des Schafstalls und lenkt die Wölfe auf sich, weg von den Schafen, und sie zerfleischen ihn.«

Der älteste Knecht: »Kein Hirte tut das! Denn ein Mensch ist mehr wert als Schafe.«

Der Mann: »Außer wenn er die Schafe so liebt, so irre und wahnsinnig liebt, dass er sich selbst vergisst und sich opfert. Es geht um die Liebe, die der hat, der so etwas tut.«

Der Knecht: »Aber es ist eine verrückte Liebe, die keine Verhältnismäßigkeit kennt, eine ungerechte und eine Liebe ohne Vorsicht und Augenmaß.«

Der Mann: »Kennst du eine Liebe, die anders ist? Ist diese meine Verrücktheit nicht mein letztes, tiefstes Geheimnis, ist sie nicht das, was ich bin? Nichts davon zu haben außer der Freude, dass die Schafe leben, und in dieser Freude selig zu sein – ist das nicht das, was ich bin?«

*

Philosophen hätten Gott gerne als letztes Prinzip oder lassen ihn gelten als Postulat, Physiker suchen ihn unter dem Namen Urformel, Mathematiker denken ihn als Fluchtpunkt aller Linien; Zenmeister lehren das Aufgehen in einem apersonalen Urgrund. Darauf, dass Liebe das Wesen Gottes ist und der Grund für Gott, aus sich selbst herauszutreten, also in Jesus Christus Mensch zu werden und sich dem Herzen jedes einzelnen Menschen auszuliefern als Heiliger Geist – auf dieses Geheimnis kommt man nicht über Philosophie, Physik, Mathematik oder Zenmeditation, wiewohl manches in sich gut sein mag. Der Gott Jesu Christi ist nicht nur der Fluchtpunkt aller Dinge, sondern mehr: der Gott Abrahams, Isaaks und Jakobs, der Vater Jesu Christi, der Lebensodem der Kirche.

Im kommenden Dialog mit Judentum und Islam wird uns Christen die Frage gestellt werden, ob der christliche Monotheismus wirklich rein ist. Die Antwort kann nur eine kritische Selbstbesinnung sein. Neigen wir nicht dazu, den Sohn und den Heiligen Geist eher wie zwei »Hilfsassistenten« des Vaters zu betrachten, der dann der wahre, alleinige, eigentliche Gott ist? Nein, der eigentliche Gott ist nicht auf die Rolle des Vaters und Schöpfers festzulegen. Wahr ist vielmehr, dass die christliche Auffassung von der Dreieinigkeit das eigentliche Geheimnis Gottes noch unfassbarer, noch tiefer oder höher sein lässt, als es Vater, Sohn oder Heiliger Geist je für sich schon sind. Denn der eine, unfassbare Gott begegnet uns unter diesen drei Namen oder Personen, unter diesen drei Adressen oder Gesichtern. Warum machen wir uns das so kompliziert? Eben weil Gott nicht nur der erhabene und weltferne Gott über uns ist (wie tendenziell im Islam), sondern weil er es nicht verschmäht hat, in dem Menschen Jesus uns zu begegnen und weil er noch eine zweite Selbst-Erniedrigung vollzieht: Er verschmäht es überdies nicht, im Herzen jedes Christen als Heiliger Geist zu wohnen. Diese doppelte Selbsterniedrigung Gottes bedeutet tatsächlich, dass Gott uns unglaublich nahe gekommen ist, näher als wir uns selbst. Gerade in der Eucharistie, in der wir »Gott essen«, kommt das zum Ausdruck, indem Gott für einen Augenblick in die vorbewussten Tiefen unseres Leibes eingeht und uns so wirklich näher kommt, als wir selbst es uns sind. Im Unterschied zum fernen Gott des Islams hat dieser absolut nahe und zugleich Gott bleibende Gott bewirkt, dass Christen ein Selbstwertgefühl und eine Ahnung ihrer königlichen, ja göttlichen Würde haben dürfen, wie niemals jemand zuvor. Was Adam und Eva sich mit Gewalt nehmen wollten, hat Gott freiwillig und neidlos jetzt selbst geschenkt: dass Menschen wie Gott werden.

Der Schlüsselpunkt menschlicher Gotteserkenntnis ist die Anschauung Jesu. Denn die Inkarnation (= Fleischwerdung Gottes) ist auch das Grundmuster für das Wohnen des Heiligen Geistes in uns. Um sich behelfsmäßig Inkarnation vorzustellen, scheint es angemessen, ein paulinisches Bild zu gebrauchen. Paulus sagt, er selbst sei wie ein Tonkrug, der einen Schatz in sich birgt. So ist Jesus wahrer Gott und wahrer Mensch. Der Mensch ist wie der Tonkrug, aus Erde und sterblich (gewesen). Gott in ihm, das sind seine Worte, ist seine Vollmacht, sind die Taten, die er gewirkt hat. So sagt es eine alte Präfation: »Als Mensch ist er nach Jerusalem eingezogen, als Gott hat er Lazarus von den Toten auferweckt.«

4.8 Jesus als Gabe Gottes

Was haben wir von Gott? Was gibt er uns? Frühere Generationen waren mit einer Antwort schnell bei der Hand. Das ewige Leben! Dann kam die Zeit, in der Theologen bevorzugt vor der Vertröstung auf das Jenseits warnten und ein volles Leben *vor dem Tod* einforderten. Die Gabe Gottes ist in der Tat nicht direkt das »ewige Leben«, sondern die Gabe Gottes ist der Sohn. Nach Joh 3,16 hat Gott den Sohn »gegeben«, und Martin Luther übersetzt zutreffend: »Er gab seinen eingeborenen Sohn.« Das unterscheidet sich wohltuend nüchtern von anderen Übersetzungen, die hier von »Hingeben« oder »Dahingeben« sprechen und die damit nur strikt an den Tod Jesu denken und quasi-erotische Assoziationen wecken. Nein, *die Gabe ist der Sohn*. Eine auf den ersten Blick merkwürdig leere Formulierung. Aber wenn man die Leerstelle durch Nachdenken ausfüllt, kommt man zu einem großen Reichtum an Erkenntnis.

Das ganze Evangelium nach Johannes, inklusive der Wunder und der Auferstehung, ist ein einziger Hinweis und Fingerzeig darauf, dass der Sohn zum Glauben führt. Er ist das Argument für den Glauben an Gott. Freilich riskiert Gott auch sich selbst, indem er den Sohn »gibt«. Jedenfalls ist der Sohn zuallererst Gabe, so wie er dann auch Weg, Auferstehung, Leben, Wahrheit oder Brot des Lebens genannt wird. Ohne Bedingungen wird der Sohn gegeben. Die Bedingungslosigkeit gilt nur für diese Gabe, aber hier auch ganz. Das, was dann noch hinzutreten muss, den Glauben, versucht der Evangelist seinen Lesern im wahren Sinne des Wortes »schmackhaft« zu machen. Der Glaube ist, sagt er, wie wenn man Brot isst, das angeboten wird, aus einem Becher trinkt, der kredenzt wird.

Als »Gabe« ist der Sohn ein gute Erläuterung zu dem Stichwort »Gnade« in Joh 1,17. Denn diese *Gnade* ist kein Ding; sie ist exklusiv eben der Sohn selbst. Mose gab das *Gesetz* als etwas von ihm persönlich Abgelöstes und Ablösbares, der Sohn aber ist selbst die Gnade. Darin kommt ein urtümlicher Zug des frühesten Christentums zum Vorschein. So kann Jesus Christus sagen: *»Heute ist diesem Hause Heil widerfahren«*, nur weil er persönlich und leibhaftig beim Zöllner Zachäus eintritt. Und weil Gabe und Geber nicht verschieden sind, deshalb ist auch nach Paulus jede Entfremdung zwischen Gott und seiner Gabe überwunden. Das Gesetz stellt Paulus nicht mehr dem Menschen gegenüber als eine fremde Hausordnung. Sondern Gott gibt den Menschen Sollen und zugleich Können durch den Heiligen Geist persönlich ins Herz. Bei Lukas, bei Paulus und bei Johannes ist daher der Zwiespalt zwischen Gabe und Geber aufgehoben. In der Überwindung dieses garstigen Grabens liegt ein Stück anspruchsvoller und eindrücklicher frühchristlicher Verkündigung. Dabei ist »der Sohn« nicht in Charakterzügen seiner Person interessant; Joh 3,16 spricht ganz streng nur von seiner Funktion: Gabe und Anspruch, Zeichen und Selbstbekundung Gottes stellt er dar. Für irgendwelche Niedlichkeiten ist kein Platz. Wir notieren auch die völlige Abwesenheit eines psychologischen Zugangs zu Jesus.

Der Evangelist Johannes (3,16) spricht hier nicht vom »geliebten Sohn«, wie es sonst oft im Neuen Testament geschieht. Vielmehr ist von der »geliebten Welt« die Rede. Das ist in jeder Hinsicht skandalös. Gott hat die Welt lieb! »Welt« bedeutet zumindest alle Menschen als Adressaten Gottes. Die Alte Kirche hat die Kühnheit von Joh 3,16 ein wenig nachempfunden, wenn sie in der Osterliturgie sagt: »Um loszukaufen den Sklaven, hast du darangegeben den Sohn.« Hier ist die Kühnheit freilich bereits insofern ermäßigt, als es sich um den Gegensatz von Sohn und Sklave, nicht mehr um den zwischen Sohn und Welt handelt. Joh 3,16 ist da weitaus radikaler. Das heißt: Der Zustand der Welt ist nicht, wie oft bei der Frage nach dem Bösen und der bösen Welt, das klassische Argument gegen Gott. Die Frage der Skeptiker, wo denn Gott in der bösen Welt sei, nimmt der Evangelist auf und gibt zur Antwort: in Jesus Christus – wo denn sonst? Jesus ist das Zeichen Gottes in der Welt. Dieser Gott kümmert sich so sehr um die Welt, dass er das Kostbarste, das er nach menschlichem Ermessen hat, seinen Sohn, daransetzt.

Weder ein ohnmächtiger noch ein in die Welt verstrickter, kein leidender noch ein missverstanden »allmächtiger« Gott begegnet uns hier, sondern ein Gott, der sich wie ein Liebender, ein Verliebter verhält, um der geliebten Welt willen den Sohn zu geben und zu riskieren. Das kann man eben nur Liebe nennen. In den Religionen der Welt wie auch in der Bibel wird oft gesagt, dass Menschen Gott lieben oder lieben sollen, wie die Frau, die Jesus salbt, und in dieser Liebe keine Grenzen kennen. Nach Joh 3,16 liebt Gott die Welt »abgöttisch«, diese Liebe ist das eigentliche Geheimnis Gottes. Christliche Existenz kann nur darin bestehen, ein Leben lang über diese Liebeserklärung Gottes zu staunen, die interreligiös ohne jeden Vergleich ist und in diversen heidnischen Kontexten als Neuheitserlebnis wahrgenommen wurde und noch wird. Zuletzt führte Mutter Teresa diese Essenz des Christlichen in einem staunend-provozierten hinduistischen Umfeld vor.

»Liebe« wird die Zuwendung Gottes zur Welt genannt, und ihr Ziel ist es jedenfalls, dass Menschen an Gottes eigenem Leben, dem »ewigen Leben« teilhaben. Mit dem Stichwort »Leben« ist gesagt: Es geht schon hier um das Problem des Todes. Denn tot sein heißt namenlos sein. Der Tod wird durch die Liebe überwunden, insbesondere durch die kräftige, schöpferische Liebe Gottes, weil der geliebte Mensch »bleibt« und nicht vergeht wie die Fliegen. Allein mit der Liebe gibt Gott Anteil an sich selbst. Noch einmal leuchtet hier eine tiefe Gemeinsamkeit auf zwischen Johannes und Paulus. Denn auch nach 1 Kor 13, dem paulinischen Hohelied der Liebe, ist die Liebe eben deshalb das Größte, weil sie bleibt. Weil sie also ist wie Gott selbst. Denn zwei Dinge hat sie mit Gott gemeinsam: Sie bleibt und ist unzerstörbar lebendig, und ihr Wesen ist es sich zu schenken.

4.9 Auf dem Wasser gehen? Über den geheimnisvollen Leib Jesu

Petrus versucht, auf dem Meer zu gehen. Ist das wieder so eine Legende? Man sagte: Voller Symbolik sei die Geschichte natürlich, aber nicht real. Der historische Jesus habe derartige mirakulöse Kunststücke nicht nötig gehabt. Das Auslegungsspektrum dessen, was sich »eigentlich« hinter dem Ereignis verberge, reicht unterdessen vom Lieblingszitat des Positiven Denkens bis hin zum Feuerläufer, für den selbst glühend heiße Kohlen oder heiße Lava keine Hindernisse darstellen. Immer wieder wird auch gerne psychologisiert: Das bewegte Wasser bedeute den Bereich des Todes und Petrus sei ein Exempel dafür, dass Kleinglaube die Weise des Unglaubens bei Jüngern ist. Eine wirkliche Erfahrung könne beides nicht sein. So sprach man von nachösterlicher symbolischer Gemeindebildung. »Herr, errette mich«, das sollte jeder Christ rufen.

Aber das Problem von Mt 14,22–33 liegt tiefer. Keiner der Berichte, wonach Jesus über das Meer geht, ist nach Ostern platziert. Mit einem normalen Leib kann man nicht übers Meer gehen. Und es gibt bei der Verklärung auch eine entsprechende Erfahrung mit Jesu Leib auf dem Berg. Kein normaler Leib wird verklärt und leuchtet heller als ein Walker einen Stoff entfärben kann. Hier stehen die Dinge wieder Spitz auf Knopf: Entweder man bekennt sich zur Normativität moderner amystischer Alltagserfahrung und postuliert, dass es ein Durchbrechen der Naturgesetze schlechterdings (infolgedessen auch in der Bibel) nicht geben kann, oder man achtet den offenen mystischen Kontext Jesu und setzt sich damit der »peinlichen« Möglichkeit aus, Jesus könne tatsächlich auch vor Ostern getan haben, was von dem Leib des Auferstandenen nach Ostern bezeugt wird, dass er durch Türen gehen und mit einem Mal verschwinden konnte. Warum soll es nicht auch schon vor Ostern ähnliche Phänomene geben? Vielleicht bricht in Jesu Leib in besonderen Offenbarungsszenen etwas durch, das man sehen und erfahren konnte. Offensichtlich wirkt Jesus nicht nur als Prediger mit Exorzismen und Wundern, sondern auch durch und mit seinem Leib. Nur das Erste kennen wir etwas, bei den Wundern winken viele schon ab, aber mit Jesu Leib, an dem seine Gottessohnschaft offenbar wird und »durchbricht«, hat sich noch niemand so recht beschäftigt. Denn wir haben immer betont, Jesus sei wahrer Mensch. Aber wenn er wahrer Gott ist, dann hat auch Jesu Sich-Offenbaren durch seinen Leib einen besonderen Stellenwert. Und in unserem Bericht kann Petrus sogar Anteil gewinnen an Jesu besonderer Leiblichkeit – im Glauben.

Beginnen wir mit dem, was Petrus erfährt. Denn dass man durch den Glauben Anteil gewinnen kann an der schöpferischen Macht Gottes, dass Glaube wirklich ansteckende *Macht Gottes ist,* sagen die Evangelien öfter. Daher betonen sie, dass der Glaube Berge versetzen kann, dass er Bäume entwurzeln und vor allem immer wieder Menschen gesund machen kann. Und hier: Nur ein ganz klein wenig Glaube genügt, und Petrus kann auf dem Wasser gehen. Denn Glaube bedeutet Einssein, Einigsein mit Gott, und diese Einheit wirkt Wunder. Sich einzulassen auf die Wirklichkeit Gottes, ist ansteckend. Oft bemerken wir gerade bei Menschen, die Übermenschliches leisten oder erleiden, dass ihnen solches nur in der Kraft des Glaubens möglich ist.

Und was Jesu Leib betrifft: Das, was Tote lebendig macht, wenn er sie nur berührt, ist wohl auch nichts anderes als diese Gotteskraft in seinem Leib. Wo soll sie denn sonst sein? Gott ist daher nicht nur in Geist und Herz Jesu, sondern auch in seinem Leib. Daher genügt es, wenn die Blutflüssige ihn von hinten berührt. Und was das Historische angeht, da gibt es noch eine ähnliche Geschichte über Petrus in Joh 21, nur dort ist der Herr an Land, aber Petrus läuft ihm auch aus dem Schiff entgegen; und hier ist es nun wirklich der Auferstandene. Aber Petrus könnte es vorgekommen sein wie etwas, das er schon einmal ähnlich erfahren hatte.

Offensichtlich handelt es sich bei der Verklärung wie auch bei Jesu Gehen auf dem Meer um das, was man *mystische Erfahrung* nennen kann. Beschrieben wird keine Halluzination, sondern etwas, was man mit bloßen Augen sieht, das aber gleichwohl nicht biologisch-physikalisch erklärbar ist, sondern das allein daher rührt, dass die Jünger in Jesus besondere Macht erfahren. Keine Geschichte berichtet übrigens, dass Jesus dergleichen allein und in der Einsamkeit zuteil geworden sei. Es geht immer um Offenbarungen an die Jünger. Und dieses an Orten wie Meer und Berg, die typische »Offenbarungsorte« sind, wie die kritische Exegese weiß. Aber was heißt »Offenbarung«? Dass Jesus vor den Jüngern die konzentrierte Schöpfermacht Gottes, die in ihm wie im Brennpunkt der Strahlen einer Lupe, die die Sonne einfängt, gebündelt ist, zu erkennen gibt, indem sie aus ihm hervorbricht.

Es geht hier erkennbar nicht um Parapsychologie und Gespensterkunde, sondern um das Geheimnis dieses Leibes, der eben die Spuren der Entstehung durch den Heiligen Geist noch an sich trägt. Gewiss ist Jesus ganz wahrer Mensch, der Hunger und Durst und Angst vor dem Sterben hat. Aber daneben wird auch diese ansteckende Schöpferkraft Gottes in seinem Leib bezeugt. Und weil das so ist, habe ich auch keinerlei Probleme mit der realen leiblichen Gegenwart Jesu in den Elementen der Eucharistiefeier. Und vielleicht können unsere Überlegungen hier zu einer höchst fälligen Erneuerung eucharistischer Frömmigkeit helfen: Denn auch dort geht es um reale, mystische und leibhaftige Gegenwart.

Diese Gegenwart Gottes in Jesus, die beim Gehen auf dem Meer hervorbricht, ist nicht Selbstzweck. Unser Bericht erzählt keine Zirkusnummer. Die Gegenwart Gottes in Jesus macht ihn zum Adressaten unseres Schreies: »Herr, rette mich!« Die antiken Menschen kannten zur Bezeichnung dieser heilvollen, hilfreichen Gegenwart Gottes ein schönes Wort: Epiphanie (= Erscheinung). Etwas, das uns hilfreich umfängt, ist nicht fern, sondern ganz nah, gegenwärtig und schon fast wieder vorübergegangen, physisch spürbar und doch nicht festzuhalten, voller Gnaden und doch keine Lebensversicherung. Vielmehr freie, momenthafte hilfreiche Zuwendung Gottes (oder seiner Boten). Hier kommt uns aus unserem kulturellen Gedächtnis eine Form mystischer Erfahrung in den Sinn, die sehr gut auf diese Begegnungen der Jünger mit Jesus passt. Die Gegenwart ist real, aber doch nur angedeutet, denn volle Gegenwart Gottes würde uns erdrücken. Wer einmal das eigenartige Licht auf dem Bergheiligtum der Muttergottes in Ronchamp in Franche-Comté erlebt hat, wird diesen Eindruck nicht los, dass die Begegnung mit Maria dort auch etwas wie eine lichtvolle, kurze, heilvolle Gegenwart gewesen sein muss. Schon das Judentum hat mit Menschen, die Gott näher standen, solche Erfahrungen gemacht, und es bringt alle Erfahrungen mystischer Art fast schamhaft bei Vätern der Vorzeit unter. Daher leuchtet schon der kleine Noah. Im frühen Christentum wird das anders: Stephanus wird verklärt, und ebensolches erzählen die apokryphen Apostelakten von manchem Apostel.

Zurück zu Petrus: Weil in Jesus Gott auf diese sanfte und absolut tröstliche Weise gegenwärtig ist, deshalb darf sich der Glaubende dem biblischen Ruf anschließen: Herr, rette mich. – Man kann beobachten, dass alle neutestamentlichen Bootsgeschichten als Berichte mit Jüngern im Boot zum Bild für die Situation der Gemeinde werden. Aber das geschieht doch nicht deshalb, weil das Boot eine einleuchtende Metapher für den Staat oder die Kirche wäre. Denn hier haben wir doch nicht allegorische Gelehrsamkeit und Spielerei vor uns. Dass die Bootsgeschichten die Gemeinden über sich selbst ins Bild setzen, hängt mit ganz innigen Erfahrungen zusammen. Keine leeren Bilder, sondern Handfestes für Menschen, die bei Nacht und Sturm die Erfahrung der rettenden Nähe Gottes suchen, natürlich physisch. Mit geistvollen Ideen kann man hartgesottenen Seeleuten bei Windstärke 10 nicht kommen. – Epiphanie ist etwas, das wir wiederentdecken sollten. Und dass unser Ruf um Rettung sich nicht auf etwas Leeres richtet, sondern mitten in der Wüste auf den barmherzigen Gott in seiner leibhaftigen Gegenwart – mitten in jeder Eucharistiefeier und überall dort, wo Menschen glauben.

(Eine Einleitung dieser Art schien mir sinnvoll, um »Sünde« bewusst zu machen.)

4.10 Kann Jesus Sünden vergeben?

Nach einer heftigen Auseinandersetzung sagte einer zu seinem Kontrahenten: »Vergeben kann ich dir wohl, aber vergessen kann ich dir das nicht.« Darauf antwortete der andere: »Bei mir ist es umgekehrt: Vergeben kann ich dir nicht, aber ich könnte dir anbieten, es zu vergessen.« Das Bonmot zeigt, welche Schwierigkeiten wir Modernen damit haben, ein Gefühl für das metaphysische Gewicht der Sünde zu haben. Hauptsache, die Geschichte ist vergessen. Wisch und weg – dann ist es uns, als wäre nichts gewesen. Die Bibel (und Jesus noch einmal in Potenz) hat da eine ganz andere Perspektive. Nach Mk 2 fragt Jesus die umstehenden Menschen: *»Was kann man dem Gelähmten leichter sagen: ›Deine Sünden sind dir vergeben‹ oder: ›Auf, nimm deine Bahre und gebrauch deine Beine!‹«* Offenkundig verändert die Sünde etwas Fundamentales in der Welt. Sünde hat mit Gott zu tun. Sünde ist viel mehr als eine Störung im innerhumanen Kontext von Seid-nett-zueinander. Das muss man zuvor wissen.

Natürlich ist das eine dann genauso schwer wie das andere, nämlich einen Gelähmten zu heilen und Sünden zu vergeben. Denn beides kann nur Gott. Der Unterschied ist indes, dass man den Erfolg der Heilung sehen kann, die Vergebung der Sünden dagegen im Glauben erfassen soll, weil sie unsichtbar bleibt. Das Wunder dient dazu, die Vergebung der Sünden plausibel zu machen. Und Sündenvergebung ist wie eine Heilung eines Gelähmten. Denn die Heilung macht etwas von dem sichtbar, was Sündenvergebung bedeutet, nämlich Wiederherstellung der Gesundheit, Aufhebung einer lebensbehindernde Blockade, Befreiung von etwas, das wie ein Stück Tod am eigenen Leib ist.

Für den Evangelisten ist vor allem wichtig: Beide Handlungen weisen auf Jesu Vollmacht. Der Ausdruck »Menschensohn«, der hier fällt, ist – neben »Herr« und »Gott« – der inhaltlich ranghöchste Titel, der Jesus im Neuen Testament zukommt. Denn der Menschensohn ist der Repräsentant Gottes gegenüber allen Völkern; deshalb hat der Menschensohn Vollmacht eines Richters, und so wird ihm nach Mt 25,31–46 und Joh 5,21.25.27 das Weltgericht übertragen. Die Vollmacht Sünden zu vergeben ist die fundamentale Aufgabe des

Richters. Nur der Richter kann Sünden aufheben oder bestrafen. Für die Zeit seiner irdischen Sendung ist Jesus nicht als verurteilender Richter, sondern als der gesandt, der die Sünden aufhebt und vergibt. Wie kann Jesus Richter und Menschensohn sein? Jesus ist dazu in der Lage, weil er der absolut Gerechte ist, das »Lamm Gottes«. Ob Jesus durch seinen stellvertretenden Tod die Sünden aller sühnt oder ob er die Sünden durch sein vollmächtiges Wort aufhebt – beides hat seinen einzigen Grund darin, dass Jesus der Gerechte schlechthin ist.

Für uns heute ist eher fraglich, was Vergebung der Sünden bedeutet. Die Erzählung macht darüber nicht viele Worte. Sollte der Ausleger das nachholen mit einer langatmigen Definition von Sünde und einer Liste allseits bekannter Delikte? Das wäre wohl kaum sinnvoll. Entscheidend für den Bericht ist allein, dass all das, was der Mensch in seiner Vergangenheit verantwortlich zwischen Gott und sich hat eindringen lassen, aufgehoben wird. Die Begegnung mit Jesus enthält ein Stück Konfrontation mit dem Heiligen Gott. Dass diese Gegenüberstellung gut ausgeht und den Menschen nicht »umbringt«, sondern im Gegenteil ihn heilt, und zwar in jeder Hinsicht, das ist hier der Gehalt der Sündenvergebung. Die Sünde trennt den Menschen von Gott; sie berührt die sichtbare und unsichtbare Ganzheit des Menschen. Als Sünder ist der Mensch vom Tod berührt. Indem ihm von Jesus in göttlicher Vollmacht die Sünde vergeben wird, wird die Trennung des Menschen von Gott aufgehoben, wird der Mensch in seiner Ganzheit geheilt.

Das heißt: Die dunklen Gänge meiner Geschichte werden nicht versiegelt, sondern die Stollen werden mit Licht und Wärme erfüllt, sodass sie wohnlich werden. Ähnlich den Stollen eines Bergwerks, in die sich die Bevölkerung bei Alarm sammelte und die mit Lampen ausgeleuchtet und mit Kanonenöfen erwärmt wurden. Der Mächtige, dem ich begegne, ist nicht gegen mich, sondern für mich. Er ist der Befreier. Leider ist heute ein Niedergang der Beichte zu konstatieren. Der Verfall der Beichte gehört zu den unabweisbaren Folgen der Aufklärung. Bis zum 18. Jh. gab es bei den Lutheranern die Ohrenbeichte, seitdem fast gar nicht mehr. Ähnlich ergeht es den Katholiken seit der nachgeholten Aufklärung im Gefolge des Konzils. Denn man hält es als aufgeklärter Bürger für nicht mehr zumutbar, sich unter das Gericht eines Pfarrers zu beugen. Beichte gilt als Form von Unmündigkeit, ja von Zwang und Sklaverei. In Wirklichkeit begegnet man in der Beichte einem viel Größeren als nur dem Pfarrer, und gerade deshalb ist dies ein Gericht, das nur Freispruch kennt. Das Szenario (»äußere Zeichen«) des Gerichts lässt die Gnade Gottes nur um so größer erscheinen. Schon J. W. von Goethe meinte in diesem Sinne: »Man hätte den Protestanten die Beichte nicht nehmen dürfen.«

Aber die Ursache für den Verfall der Beichte liegt tiefer. Denn unvorstellbar erscheint, dass nach einer Tat etwas bleibt, eine schicksalswirkende Tatsphäre, wie es die Exegeten nennen, also eine Art unheilvoller Last mit negativen Auswirkungen, bei denen den Täter seine Tat wieder einholt. Wir verstehen das deshalb nicht, weil wir nach dem Motto leben: »Vergangen ist vergangen«, und höchstens mithilfe psychologischer Ursachenforschung eine Tat ergründen, ohne uns aber um deren Folgen in der Regel weder beim Täter noch beim Opfer viel zu kümmern. Häufig wird Alltagspsychologie dazu ausgenutzt, zumindest vor dem eigenen schlechten Gewissen die Tat wegzudeuten und in handliche »Gründe« zu zerstückeln, die sich leicht entsorgen lassen.

Anders das Urteil von Seelsorge und Theologie: Jede böse Tat erzeugt Verletzungen bei Täter und Opfer. Die Verletzungen, die sich der Täter zugefügt hat, kann er selbst nicht heilen. In der Beichte begegnet uns der Arzt, der die Wunden verbindet, uns die Last abnehmen will, nach der wir selbst uns begierig gedrängt haben. Man sollte schon mit Rücksicht auf sich selbst zur Beichte gehen. Gewiss ist in der Begegnung mit dem Arzt die Schuld noch einmal gesammelt da, doch nur, damit sie auch so gesammelt vergeben werden kann. Mit den Worten zisterziensischer Licht-Theologie formuliert: Das Licht des Sakraments hat daher eine doppelte Bedeutung: Es lässt die Schatten sichtbar werden und kann sie zugleich bei näherer Einwirkung und wenn man sich länger in das Licht hineinstellt, aufheben. Denn wo Licht ist, wird Schatten sichtbar, aber wo ganz viel von göttlichem Licht aufstrahlt, gibt es schattenloses Licht.

In einer mittelalterlichen Auslegung unseres Textes durch ein Gebet heißt es: »Jesus Christus, der den bettlägerigen Gelähmten geheilt hat, reinige eure Herzen von allem Vergehen und schütze euch durch die Hilfe seines Segens. Und er, der allein den Menschen ihre Sünden vergeben kann, möge euch von allen euren Sünden freisprechen, wenn er, der Heilige, sich euer erbarmt. Indem euch das zuteil wird, möget auch ihr, so wie der Gelähmte geheilt wurde und in sein Haus zurückkehrte, gereinigt und würdig zum himmlischen Vaterland gelangen.« (Bischöfliche Segensgebete 546).

4.11 Hard way to heaven: Das Ärgerliche an Jesus

Im 19. Jh. wurde ein Jesus erfunden, der sich bis heute erfolgreich vermarkten ließ, ein sanfter, asexueller Jüngling, ein durch die Kornfelder streifender Naturapostel, ein Schaf unter Schafen. Diese Softievariante Jesu, die im Wesentlichen durch den Maler Overbeck und andere Protagonisten der so genannten Nazarenerschule imaginiert wurde, hat sich erstaunlich gut gehalten, sowohl in Hollywood und der Devotionalienindustrie als auch bei Franz Alt, Jürgen Fliege und Eugen Drewermann: Ein verstehender, femininer Jesus ist angesagt. Ich halte das für Geschichtsklitterung. Der historische Jesus steht in bezeichnender Nähe zu einem markanten *hardliner* der Antike, einem *agent provocateur* Gottes, zu Johannes dem Täufer. Die Art, in der die Evangelien über Johannes den Täufer berichten, provozieren und rücken ihn wiederum in die Nähe Jesu. Seine asketische und herrschaftskritische Lebensweise entspricht in besonderer Weise den harten Kanten Jesu. Beide sind auf ihre Weise unerträglich.

In den Evangelien ist die Rede davon, dass Jesus »Ärgernis« gibt, dass er Anstoß erregt. Auch allgemein taucht im Neuen Testament der Terminus »Ärgernis« auf. Er meint dann ein Verhalten, mit dem ich den anderen provoziere, ihn störe, ihn irritiere, ihn unsicher mache in seinem Christsein. Wer Ärgernis gibt, ekelt andere hinaus. Das ist keine Bagatelle. Nach den Evangelien und Briefen des Neuen Testaments ist »Ärgernisgeben« ungefähr das Schlimmste, was ein Christ dem anderen antun kann. Wenn einer Anstoß nimmt, fühlt er sich aus der Gemeinschaft hinausgedrängt. Da zeigen sich die Folgen von Ungerechtigkeit und Lieblosigkeit. Jesus Christus selbst ist ein

»Ärgernis«, und das eben nicht erst als einer, der als Verbrecher ans Kreuz geschlagen wird – die unrühmlichste Todesart der Antike –, sondern auch in der Art, wie er in seinem vorösterlichen Leben Partei nimmt. Im Abschnitt Mt 11,2–10 werden die beiden wichtigsten Fragen des beginnenden Christentums dramatisch zugespitzt und höchst unkonventionell beantwortet. Sie lauten: Wer ist Jesus, ist er der Messias? Und wer ist der Täufer? Aus dem Gefängnis heraus schickt Johannes seine Jünger und lässt sie Jesus fragen: *»Bist du der Kommende oder sollen wir auf einen anderen warten?« Jesus antwortete ihnen: »Geht hin und berichtet dem Johannes, was ihr hört und seht: Blinde sehen, Lahme gehen, Aussätzige werden rein, Taube hören, Tote werden auferweckt, und den Armen wird die Frohe Botschaft verkündet. Selig, wer sich an mir nicht ärgert.«*

Die Art der Antwort ist ungewöhnlich. Denn vom Petrusbekenntnis her sind wir es gewohnt, die »Wer ist ...?«-Fragen mit christologischen Titeln zu beantworten (er ist der »Sohn Gottes«, »der Herr« oder ähnlich). Hier dagegen ist nur von den *Werken des Messias Christus* die Rede. Was dieser Jesus tut, das kennen die jüdischen Zeitgenossen: Es sind die endzeitlichen Taten Gottes. So stellte man sich vor, wie es ist, wenn Gott die Geschichte beendet, wenn er wiederkommt als der Messias. Jesus nimmt diese Taten vor Gottes Kommen vorweg. Anders gesagt: Wenn er so handelt, dann deshalb, weil Gott selbst durch ihn und in ihm handelt. So wird Jesus durch seine Taten als der legitimiert, der niemanden anders als Gott darstellt.

Das Problem dieser Antwort besteht nur darin, dass der »Messias« (wie ihn die jüdische Tradition erwartet) gar kein Wundertäter ist. Doch in Jesus wirkt Gott, Jesus ist Gott. Interessant ist, dass die Spitze der Wundertaten etwas ist, dass uns gar nicht als wunderbar erscheint, dass nämlich den Armen das Evangelium verkündet wird. Offenbar geht es dabei nicht um eine leere Formel. Gerade der Evangelist Lukas macht sein ganzes Evangelium in diesem Sinne zur Frohen Botschaft für die Armen. In Apg 2–5 zeigt er, wie die frühe Gemeinde dieses umsetzt und wie hier den Christen »grundsätzlich« alles gemeinsam gehört.

Warum ist Jesu Botschaft nicht leer? Er hat die Armen weder zum Aufstand aufgerufen, was sie nur den Römern ans Messer geliefert hätte, noch hat er sie mit Hinweis auf rein Geistiges vertröstet. Er hat sie als Menschen »aufgebaut«, er hat ihnen gesagt, dass sie trotz Schmutz und Hunger, trotz Sorgen und Lumpen von Gott bevorzugt geliebt sind, und er will, dass die Gemeinde daraus die praktischen Konsequenzen zieht. Jesus selbst hat mit diesen Menschen gelacht und geweint, gefeiert und getrauert. Nur die Armen und andere, die alles nur von Gott erwarten können, sind rein. Und sind nicht die jeweils Ärmsten gastfreier als andere? Haben wir das nicht alle schon einmal erfahren? Wer keine Macht hat, wie die Armen, dem bleibt nichts, als mit großen Kinderaugen auf die hoffentlich erscheinenden Strohhalme jedes neuen Tages zu warten. Das alles sind ebenfalls Wunder – eines dieser Wunder könnte sein, dass wahr wird, was uns alle Jahre wieder gesagt wird: »... und Friede auf Erden.«

Dann aber kommt der rätselhafte Satz »Selig, wer sich an mir nicht ärgert«. Alle Seligpreisungen sind Abgrenzungen, alle beziehen sich auf bestimmte Personengruppen, die in einem neu hereinbrechenden Zeitalter eine Art Sonderstellung genießen. Diese Seligpreisung setzt daher voraus, dass sich viele an Jesus ärgern werden. Wenn jemand bei uns so redete: »Wer an mir keinen Anstoß nimmt, hat Glück gehabt«, dem würden wir unterstellen, er mache sich ohne Grund maßlos interessant. In diesem Text ist dieser Satz für alle bestimmt, die weder als Zeitgenosen von Jesus geheilt wurden noch Arme sind. Dieser Satz sagt: Man muss nicht behindert, arm, tot oder unrein sein, um von Jesus das Heil erwarten zu können. Es genügt, kein Ärgernis an ihm zu nehmen. Tatsache ist aber, dass fast alle ihn »ärgerlich« finden und auch, dass sie versuchen, sich dieses Ärgerliche irgendwie zurechtzulegen. Erstens die Reichen, weil sie Jesus in Verdacht haben, sie müssten abgeben und teilen. Zweitens die, die Macht haben (auf jeden Fall alle Staatsdiener). Die ärgern sich über Jesus, weil er die Machtlosen selig preist und nicht sie. Drittens ärgern sich an Jesus alle, denen er nicht geholfen hat, alle, die weiterhin leiden und sterben, die krank sind, sich »draußen« befinden, »aussätzig« sind. Viertens ärgern sich über Jesus alle, die mit seinem Wort vom Kreuztragen nicht einverstanden sind. Denn angeblich ist das Kreuz lebensfeindlich. Solche Leute finden die Lehre Jesu düster und muffig und wollen lieber »leben«, wie sie sagen.

In Wirklichkeit muss man aber, um sich ganz ehrlich und wirklich nicht zu ärgern über Jesus, sich verändern. Nicht ärgern müssen über Jesus erfordert den permanenten existenziellen *turnaround.* Geizhälse, Pfennigfuchser, gnadenlose Kostenrechner *müssen* sich über Jesus ärgern; Kleinkönige, machtbewusste Regionaldespoten und andere Abteilungsleiter, an denen keiner vorbeikommt, *müssen* ihn für verdächtig halten; Professoren mit Schrankenwärter-Mentalität, die nur jene prämieren, die ihrer besonderen Meinung anhängen, alle anderen aber für bildungsresistent erklären und durchfallen lassen, sie *müssen* Jesu schrankenlosen Umgang und sein vorbehaltloses Akzeptieren für unmöglich halten. Und wer Lebensgenuss verabsolutiert, wer (wie eine gewisse hedonistische Elite) die Welt nur noch aus dem Chardonnayglas und unter dem Wellnessaspekt betrachtet, muss das Christentum für lebensfeindlich halten. Jesus ist ärgerlich, ist hart, evoziert ständige Krisis und Veränderung. Dieses kritische Moment »ärgert« besonders die Kirchen, weil es quer steht zu ihrem gemütlichen, institutionellen Festsetzen in den Macht- und Besitzstrukturen dieser Welt. Zu Jesus gehört nicht automatisch der Amtsträger und Pfründeninhaber qua Amt und Pfründe – schließlich hat es in der Geschichte der Kirche genug hedonistische Mönche, gewaltherrscherliche Bischöfe und hurende Päpste gegeben, denen Jesus hoffentlich »unerträglich« vorkam. Gewiss – Jesus ist nicht für die Gerechten gekommen, sondern für die Sünder; und die Sünde macht schließlich vor keinem (nicht einmal einem päpstlichen) Leben Halt. Dennoch: Ihnen, die in die Nähe gerufen wurden, steht das Kreuz und die Lebensweise Jesu als bleibendes Ärgernis und doppeltes Gericht vor Augen. Jesus ist eine Zumutung – und bevor das Kreuz den anderen gezeigt wird, hat es die Kirche anzuschauen.

In Wirklichkeit ärgern wir uns fast alle ständig über Jesus. Anfangen, sich über Jesus nicht zu ärgern, ist etwas Subtiles, und ein wenig Ehrlichkeit ist nötig, um ihm immer wieder Recht zu geben. Nur ein wenig Ehrlichkeit. Dann gilt ohne Ende diese zarte und wundersame Verheißung: Seligsein. Darum geht eigentlich der Streit: Welches ist der Weg zur Seligkeit? Wer hat den besseren »Mythos«, die bessere »Geschichte« anzubieten für diesen Weg und dieses Ziel? Selig sind also keineswegs einfach »alle«, sondern eben nur die, die diese Härten ertragen. Sie werden reich belohnt.

4.12 Provokation Lazarus

Schon im 19. Jahrhundert spielte die Auferweckung des Lazarus in der Diskussion um die Frage, ob Jesus wirklich Wunder gewirkt hat, eine wichtige Rolle, besonders im Streit des konservativ-rationalistischen Ernst Wilhelm Hengstenberg (1802–1896, seit 1828 in Berlin) mit der Tübinger Schule F. C. Baurs. Wunder ärgern rational denkende Zeitgenossen. Ein besonders ärgerliches Wunder ist da die Auferweckung des Lazarus nach Joh 11,38–44. Hier finden sich gewissermaßen alle denkbaren Anstößigkeiten in Potenz: 1. Es handelt sich explizit um eine *Toten*erweckung, also nicht um etwas, das psychosomatisch zu erklären wäre. 2. Lazarus ist schon *vier Tage* tot. 3. Der auferweckende Jesus kann ihn nicht berühren, da Lazarus *schon begraben* ist. 4. Jesus ruft Lazarus, und der *hört* (!). 5. Jesus hat Lazarus eigens erst *sterben lassen*, um so ein »Zeichen zu setzen«.

Ganze Generationen aufgeklärter Exegeten haben sich um Entschärfung bemüht; und manche jüngeren katholischen Exegeten versuchten, die protestantischen Exegeten hier noch in der Radikalität des Protestes zu überbieten. Staunend las ich vor kurzem, alle katholischen Exegeten seien der Meinung, Lazarus habe es gar nicht gegeben. Bei dieser Annahme erübrigt sich natürlich eine Diskussion des Wunders in Joh 11 auf die eleganteste Weise. Der Skopos des Textes sei es vielmehr, dass man »sein Leben umstellen« müsse. Man fragt sich, wozu es dazu einer so ärgerlichen und umständlichen Geschichte bedarf, zu der man obendrein noch Exegeten braucht, die einem den Sinn eröffnen.

Andere bemühen sich wacker, Joh 11 als fiktionale Literatur (also als reine Dichtung) auszumachen, so etwa, indem man feststellt, Indizien für fiktionale Literatur seien hier die ausführlichen Gespräche und Angaben über Gemütserregungen, die zeitlichen Ebenen seien verschoben und immer wieder sei eine Ausrichtung auf die Leser erkennbar, so in der Terminologie und in der Aufnahme von Argumenten. Die Totenerweckung selbst sei »eigentlich überflüssig«, man müsse vielmehr »mit der Möglichkeit rechnen, dass es sich bloß um eine außergewöhnliche Krankenheilung handelte, die erst in der nachösterlichen deutenden Predigt als Totenerweckung erzählt wurde«. Alles in allem sei »nicht stringent zu beweisen, dass Lazarus nicht von den Toten auferweckt worden sei«, eine »Unsicherheit, die kein Theologe bestreitet«. Und um die Leser weiter zu beruhigen, wird erklärt, dass für den Evangelisten »die Frage nach der Faktizität nicht im Vordergrund des Interesses stand«. Zwar sei nicht auszuschließen, dass Jesu Tat an Lazarus sogar »von Anfang an als Auferweckung erzählt wurde … Allerdings muss der heutige Forscher die Frage stellen, in welchem Sinn die Ersterzähler oder gar die Zeugen dabei ›tot‹ und ›auferweckt‹ aufgefasst haben«. – »Die Angabe, ›er riecht schon‹, wie auch Jesu Wort ›Lazarus ist gestorben‹« gehörten … »kaum zur ursprünglichen Fassung dieser Überlieferung«! Diese Deutung nimmt sich aus wie ein einziger Versuch, der Botschaft von Joh 11 auszuweichen. Wie in einer kreisenden Bewegung versucht der Exeget immer wieder neu, von der Geschichte etwas abzuzwacken. Dabei ist die Erklärung, »tot« und »auferweckt« seien hier wohl anders, nämlich eher symbolisch zu verstehen, in meinen Augen die erstaunlichste Zumutung.

Nun hilft es in der Tat nicht, die einzelnen Züge von Joh 11 als tatsächlich geschehen zu erweisen. Beides, das allmähliche Abtragen der Geschichte wie auch ein apologetisches (= den Glauben verteidigendes) Rettungsmanöver, sind in ihrer Primitivität verwandt und werden der Geschichte nicht gerecht. Das Missverständnis besteht darin, dass alle Signale übersehen werden, wonach diese Erzählung selbst von Anfang an als eine Zumutung aufgefasst wird und von Anfang an als solche wahrgenommen werden soll. Der Evangelist selbst nimmt der Geschichte keinen Zug ihrer Ärgerlichkeit. Kurzum: Dies ist eine schier »unmögliche« Geschichte. Es ist nicht die Aufgabe des Exegeten, diesen Charakter durch begütigende Maßnahmen und überlegen schmunzelndes Zurechtlegen aus der Welt zu schaffen. Es ist geradezu die Aufgabe redlicher Rationalität, angesichts dieser Geschichte ihr Scheitern zuzugeben. Es scheitern nämlich alle Versuche, das Unfassliche durch Schleichwege zu ermäßigen. Hier ist nichts zu ermäßigen, und das gilt auch für die Speisungsgeschichten (»Brotvermehrungen«).

Wer mit der Existenz Gottes rechnet und daran glaubt, dass die sichtbare Seite der Wirklichkeit nur die eine Sache ist, und dass jederzeit mit der Manifestation von Seiten Gottes zu rechnen ist (wofür nicht nur die Erfahrungen der großen Menschen der Bibel stehen), der muss sich methodisch dafür offen halten, dass solche Wunder geschehen können, selbst auf die Gefahr hin, sie könnten im 21. Jh. nach Christi Geburt etwas degoutant wirken. Wenn die Welt selbst schon unfasslich ist mit ihren Milliarden Sonnen, und wenn in der Welt das Grauen des Mordens unfasslich ist (man muss nicht erst an Auschwitz und das Morden von Kindern denken), wie kann da Gott sich dem kleinen Verstand eines Menschen fügen, der alles ordentlich erklären möchte. Jeder Versuch, sich rationalistisch Joh 11 zu bemächtigen, ist daher nichts weiter als peinlich. Nun könnte solche Auskunft leicht als Denkverbot begriffen werden. Nichts liegt mir ferner. Vielmehr geht es in der Theologie immer darum, das Geheimnis an der richtigen Stelle zu suchen und zu finden und nicht dort, wo es nicht hingehört. So liegt das Staunenswerte hier, vor dem der Verstand scheitert, jedenfalls nicht im dreistöckigen Weltbild der Antike. Und zweitens hat eben der Bereich, in dem anstößige, skandalöse Wundererfahrungen möglich sind, selbst durchaus nicht irrationale Struktur, sondern besitzt eine eigene Logik, die manchmal der Pascalschen Logik des Herzens verwandt sein könnte.

Bei Wundern von der Art der in Joh 11 berichteten Totenerweckung wird die Abfolge von Ursache und Wirkung aufgehoben. Das Ärgernis hat daher einen »Namen«. Es entspricht durchaus dieser Richtung des Berichts, wenn Jesus von sich sagt, er sei »die Auferstehung« selbst – und zwar in Person. Das ist, wie wenn zu uns jemand sagte, er sei nicht nur »Präsident der Weltbank«, sondern vielmehr »die Weltbank selbst«. Das bedeutet nichts Geringeres als dass Jesus sagt, er sei Gott selbst. Denn wenn wir durch Gott auferstehen, wenn er uns auferweckt, dann ist in Jesus nicht mehr und nicht weniger als dieser Gott anzutreffen. So weisen im Johannesevangelium auch alle übrigen bildlichen Namen (Metaphern) für Jesus in dieselbe Richtung: Leben und Weg, Wahrheit und Brot – das sind gleichfalls Synonyma für Gott. Dass dieses Evangelium so unumwunden nur dieses eine Thema hat: »Wie ist die Beziehung Jesu zu Gott?«, passt zu seinem judenchristlichen Charakter. Denn für Juden, die Christen werden sollten oder wollten, war diesses der eigentliche Punkt. Seit den Funden von Qumran ist man mit guten Gründen davon abgekommen, das Vierte Evangelium für besonders »griechisch« oder »gnostisch« zu halten. Nein, es ist judenchristlich und erörtert das für Juden einzig wichtige Problem.

Ein weiterer wichtiger Grund ist auch, dass das zentrale Bekenntnis der Gemeinde *(»Du bist Christus, der Sohn Gottes, der in die Welt gekommen ist«)* sich im Munde einer Frau, der Martha, findet (Joh 11,27). Petrus hat zwar unbestritten das Hirtenamt, aber das hinderte nicht daran, dass Martha das Spitzenbekenntnis formuliert hat. Nach den Evangelien geschehen alle Totenerweckungen für oder an Frauen, und regelmäßig sind Frauen in nächster Nähe, wenn es um Jesu Leib geht. Unbeschadet des Petrusamtes haben Frauen diese wichtigen Erfahrungen gemacht.

4.13 Anstößige Vergebung

Jesus erzählt das Gleichnis vom unbarmherzigen Schuldner (Mt 18), das Gleichnis einens Mannes, der Riesenschulden beim König hat. Aber der König ist barmherzig, erlässt dem Sklaven das Geld. Seinerseits fehlt es dem Mann jedoch an Größe und Einsicht, denn er ist nicht einmal bereit, einem Kleinschuldner von ihm entgegenzukommen. Es ist schon erstaunlich, mit welcher Chuzpe sich die meisten Ausleger des Gleichnisses der Konsequenz entziehen: Sie erklären kurzerhand den Vers 34 (*Zornig übergab ihn der Herr den Strafvollstreckern, die ihn so lange peinigen sollten, bis er ihm die ganze Schuld zurückgegeben hätte*) für eine spätere Hinzufügung zum Text. Das Anstößige ist aber nun in der Tat nicht etwa, dass der Herr von Erbarmen ergriffen wird – anstößig wird das Gleichnis dort, wo sich sein Erbarmen in Zorn verwandelt. Der Sklave hatte, obwohl ihm selbst vergeben worden war, seinem Mitsklaven die Vergebung versagt. Er hatte also das, was er selbst empfangen hatte, nicht weitergegeben. Wer nun die Rede von Gottes Zorn auslassen möchte, der stellt das unbarmherzige Tun des Sklaven als folgenlos dar.

Wie hätten wir's denn gerne? Vielleicht so: Der Mann sollte zwar auch seinerseits vergeben, aber er muss nicht, es geschieht ihm nichts, wenn er es nicht tut. Die Gerichtsaussage am Schluss ist tatsächlich erbarmungslos. Sollte Gott zunächst so barmherzig, dann aber so grausam sein können? Durch die Motive von Zorn und Gericht wird hier jedenfalls das hervorgehoben, was Gott überhaupt nicht will und was seiner Absicht ganz entgegensteht. Um das verstehen zu können, muss man zwei Dinge beachten, a) die Rolle der Vergebung im Evangelium (besonders nach Matthäus) und b) wie wichtig es für Jesus ist, dass sich das Handeln Gottes und seiner Kinder ganz ähnlich ist.

Da wir Vergebung von Gott empfangen haben, müssen wir sie weitergeben, um Gott ähnlich zu sein. Diese Entsprechung zu Gottes Handeln wird schon in der Bergpredigt betont: Wir sollen die Feinde lieben, wie Gott es tut. Dann sind wir seine Kinder. Vergebung ist deshalb so wichtig, weil sie Menschen untereinander versöhnt, wie auch Gott dem Menschen Versöhnung anbietet. Und Versöhnung mit Gott und unter Menschen ist das, was Jesus überhaupt anzubieten hat: geheimnisvolle, friedliche Einheit. Wer deren Ausbreitung – sie kann nur in praktischer Weitergabe bestehen – blockiert, der verhindert die Verbreitung der Herrschaft Gottes an der entscheidenden Stelle. Christen sind nicht zu Blockierern der Herrschaft Gottes berufen. Das Gleichnis vom unbarmherzigen Sklaven schildert, dass und wie uns Vergebung anfänglich geschenkt wurde, das Vaterunser nebst Kommentar (Mt 6) zeigen, wie dann im weiteren Christenleben das menschliche Vergeben Bedingung für Gottes Vergeben ist. Weil Gott nachhaltig vergeben kann, ist die neue messianische Zeit angebrochen.

Nur wer vergeben hat und wem vergeben wurde, der findet mit seinen Gebeten Gehör. Vergebung räumt die Altlasten »aus dem Weg«. Denn Jesus wollte als Messias den Frieden bringen zwischen Gott und Mensch und in der Folge zwischen Mensch und Mensch. In der Bergpredigt (Mt 5,23ff.) wird zurückgewiesen, wer sich unversöhnt zum Gottesdienst begibt. Praktisch bedeutet Vergebung übrigens den Verzicht auf Gegenwehr. Damit liegt hier auch der Schlüssel für die Auffassung von Gewaltlosigkeit im Matthäusevangelium. Denn wer das Zugefügte vergibt, wird es nicht mit Gewalt rächen wollen.

Wenn also die Menschen diesen Frieden nicht weitergeben, torpedieren sie Jesu Werk. Und wenn die Ausleger die Passage über den Zorn Gottes tilgen wollen, dann spricht daraus nur neuzeitlicher Individualismus: Hauptsache Gott vergibt mir. Das ist dann eine Art Lebensversicherung, denn man meint ja zu wissen: Gott ist die Liebe, und der Zorn gehört zum Alten Testament. Auch wenn man es mittlerweile von der Mehrzahl der Kanzeln hört: Es sind die *terrible simplificateurs*, die so sprechen und die Evangelien ideologisch glattbügeln und das dort aufscheinende Bild Gottes verkitschen. Denn nicht meine Versöhnung mit Gott ist die Hauptsache, sondern Gottes Herrschaft und Reich. Und dieses wird realisiert, indem ich Versöhnung weitergebe. Sicherlich weiß Jesus, wie schwer Vergebung ist, daher spricht er so oft und eindringlich davon: Sie ist göttlich, ist wie dynamische Gegenwart Gottes selbst. Aber eben deshalb wird hier das ganze Leben Jesu erzählt, um zu sagen, wie viel Gott selbst diese Versöhnung gekostet hat. Das ganze Evangelium stellt uns einerseits vor Augen, wie groß unser Abstand zu Jesus ist, aber andererseits, dass man nur auf ihn schauen soll, dann wird sein Joch leicht. Wer ganz konzentriert auf ihn blickt, so wie es der Evangelist tut, der wird leichter so handeln können wie er. Und Jesus ist darin Gott ähnlich, eben deshalb ist er Gottes Sohn. Denn das ist immer der, der Gott relativ am ähnlichsten ist.

Weil Vergebung so schwer und weil sie göttlich ist, deshalb habe ich in der Debatte um die Schuld der Deutschen am Holocaust gemahnt, man solle Orientierung suchen beim »Dritten im Bunde«, nämlich bei Gott, der doch der Gott der Juden und der nichtjüdischen Deutschen ist. Denn wie sollen Menschen schon das Unmögliche zustande bringen und über dem Vergehen des Holocaust Frieden schließen? Mt 5,24–26 schildert es schön: Wir sind miteinander auf dem Weg. Wenn wir irgendwann den Blick nach vorne richten, auf das, was wir beide erstreben, dann sollte uns einfallen, dass wir vor dem großen Gott nur als Vergebende Bestand haben. Sonst war der ganze Weg umsonst.

Im Blick auf Eucharistie und Abendmahl bedeutet unser Text: Beim letzten Mahl hat Jesus im Blick auf seinen Tod die Kirche als Bund (zwischen Gott und Mensch und der Christen untereinander) gestiftet. Dieser Bund schafft so etwas wie einen heilvollen Raum, einen Asylbereich. Wer, bildlich gesprochen, die Waffen am Eingang zu diesem Bereich abgibt, der gehört dazu. Das Lebensgesetz dieses Bereiches ist der Verzicht auf Gewalt. Jesus gründet beim Kelchwort des Abendmahles mit den Worten »Blut des Bundes zur Vergebung der Sünden« seine Gemeinde als die Trägerin der Vergebung. Im Wort vom Binden und Lösen wird deutlich, was das heißt: Die Gemeinde hat die Vollmacht, gültig über ihre Grenzen zu bestimmen. Die Gemeinde selbst ist in der Welt eine Exklave des Friedens. Weil das Mahl mit Jesus Stiftung des Bundes ist, haben die Jünger als Träger des Bundes die Vollmacht, Versöhnung zuzusprechen. Daher, weil Zugehörigkeit zur Gemeinde alles und das Kostbarste ist, kann man mit offensichtlich Unversöhnten nicht einfach »schon mal anfangen, Abendmahlsgemeinschaft zu halten«. Teilhabe an der Eucharistie bedeutet daher verbindliche Zugehörigkeit zum letzten Bund Gottes mit seinem Volk. Diese ist unüberbietbar und verbindlich. Daher ist das Abendmahl nichts, das man zu Missionszwecken schon mal an alle verteilen kann.

Die Rede von Zorn und Hölle verstehen wir jetzt vielleicht besser. Denn es gilt immer die Entsprechung: Wer vergibt, dem wird vergeben werden. Und ebenso: Wer richtet, wird gerichtet werden. Denn in allem soll der Mensch Gott nachahmen, nur die Gerichtsgewalt sollte er (schon aus Sicherheitsgründen) ihm überlassen. Denn was er anderen tut, wird ihm getan werden. Deshalb sollte, wer Freundlichkeit erhoffen möchte, Freundliches tun. Diese »Talio« gilt deshalb, weil Ähnlichkeit und Entsprechung zu Gott einen zu Gottes Kind macht – oder eben die Unähnlichkeit zu Gottes Feind. Jesus stellt uns glasklar vor diese Entscheidung, denn ein Drittes zwischen Ähnlichkeit und Unähnlichkeit gibt es nicht. Durch die Vergebung, die Gott anbietet und die Jesus im Bund der Kirche institutionalisiert, wird die anfängliche Gottähnlichkeit, wie sie die Stammeltern hatten, wiederhergestellt. Wie Bernhard von Clairvaux sagt: Aus dem Raum der Unähnlichkeit kommend, dürfen wir in den der Ähnlichkeit wieder eintreten.

Im Grunde ist die Rede von Vergebung genauso anstößig wie die die Forderung an den Christen, nun auch seinerseits zu verzeihen. Beides sind Zumutungen. Ich kenne Leute, die sagen: Ich will und brauche keine Gnade. Wenn ich etwas falsch gemacht habe, möchte ich zu meiner Schuld stehen. Ich brauche keinen Gott, der mir die Schuld vergibt, und ich will auch selbst nicht vergeben. In der Tat: Befreiende Vergebung ist fast menschenunmöglich, ist eine Zumutung. Denn diese Freiheit schenkt nur Gott.

KAPITEL 5

Wie denkt Jesus über Gott?

5.1 Das Märchen vom lieben Gott

Weihnachten 2003: Erdbeben. 40 000 Tote im Iran. Ein alter Klassenkamerad rief an: Wie kann Gott so etwas machen? Als ob ich den lieben Gott verteidigen müsste. Aber wie kommen wir dazu, ein Wunder zu fordern, wenn mächtige Erdplatten sich gegeneinander verschieben. Soll der Herrgott gegen Erdplatten vorgehen, weil sich auf der Erde, unfertig wie sie ist, geotektonische Verschiebungen ereignen? Gerne wird alles Leid der Erde an uns Christen geschickt, an die Adresse derer, die von der Liebe Gottes sprechen. Wir haben damit ein Problem – ein hausgemachtes. Wir werden nämlich Opfer unserer eigenen falschen Predigt. Wer den Leuten verkündet, Gott ist die Liebe und nichts als die Liebe, der muss sich nicht wundern, wenn es entweder mit dem Evangelium oder mit der Welt hinten und vorne nicht stimmt. Dann muss man die Wirklichkeit der Welt oder den lieben Gott so lange zurechtreden, bis die Fragen aufhören – oder man hüllt das Absurde gleich in Schweigen und verkauft seine Hilflosigkeit als Kraft des Glaubens

Nach allem, was ich von der Bibel verstehe und dem, was sie über Gott aussagt, widerstrebt mir die naive Rede von der Liebe Gottes. Vielleicht ist Gott gar nicht die Liebe, wie wir uns das vorstellen. Woher wissen wir denn, dass ausgerechnet dieses Etikett auf den unergründlichen Ursprung alles Seienden, den Herrn über Sein und Nichtsein, den Allmächtigen passt? Was wissen wir denn schon von IHM? Die Heilige Schrift nähert sich Gott mit äußerster Distanz, mit Erschrecken vor dem ganz Anderen. Zunächst einmal ist Gott *heilig*.

Heilig, das heißt erschütternd, befremdlich, gefährlich, in die Knie zwingend, groß und unfassbar. Und ein Abglanz von Gottes Heiligkeit sind die Gesetze der Natur, und mit denen haben wir es zumeist bei solchen Katastrophen zu tun.

Ein Großteil der professionellen Vermittler des Glaubens – Pfarrerinnen und Pfarrer, Theologen, Katecheten, Religionslehrer – gehen heute mit einem erschreckend platten Gottesbild hausieren: Gottes Liebe ist »wie Gras und Ufer« (wie es in einem gerne gesungenen modernen geistlichen Lied heißt), Gottes Liebe ist absolut grenzenlos. Einige Strömungen feministischer Theologie verstärkten das noch. Und so hat Gott mehr und mehr die Züge eines fordernden Vaters verloren und stattdessen die einer bisweilen ziemlich klischeehaft zärtlichen Mutter angenommen, die ihren Kindern jederzeit Zuflucht bietet und ihnen alles immer wieder verzeiht. Gott als Gummiwand universalen Verzeihens. Man hat bisweilen den Eindruck, mit diesem phraseologischen Abklatsch von »Gott« kann man wirklich alles machen. Mit dem kann man ruhig ganz locker und in ewig kindlicher Selbtbezogenheit umgehen. Es ändert sich nichts und niemand; es kommt nur eine fromme Sauce namens »Liebe« über jegliches Gericht. Dieser Gott nimmt nichts krumm. Der ist einfach immer nur lieb. So einen Gott braucht man tatsächlich nicht zu fürchten.

Aber den braucht auch niemand mehr wirklich ernst zu nehmen. Denn in so einem Liebsein schwingt jene Harmlosigkeit mit, welche die Besitzer großer Hunde gern betonen, wenn sie Hundephobiker beschwichtigen und sagen: »Keine Angst, der ist lieb, der tut nichts!« Wenn wir den Herrn über Leben und Tod jedoch immer nur auf »Liebe« reduzieren, dann vermitteln wir bewusst oder unbewusst das Bild von einem Gott, der »nichts tut«. Erstens: … nichts, was uns gefährlich werden, was uns Schmerz zufügen oder uns völlig aus der Bahn werfen könnte. Zweitens: … nichts, was helfen könnte gegen das Übermaß der Bedrängnis in der Welt. Was sollte denn ein bloß *lieber* Gott gegen die Bosheit in uns und um uns herum ausrichten können? Vielleicht ist er deshalb für viele völlig belanglos geworden.

Nach der Bibel ist Gottes Wort wie ein Hammer, der Felsen zerschmeißt. Niemand kann diesen Gott sehen, ohne zu vergehen. Und wo die Klarheit des Herrn aufstrahlt, da kommt die ganze menschliche Armseligkeit an den Tag, die Kaputtheit der Verhältnisse. Da wird die Wahrheit über jeden Einzelnen und die Welt offenbar.

Das *heilige Erschrecken* vor Gott, wie es das Alte Testament in der Szene des Mose vor dem brennenden Dornbusch so eindrücklich vor Augen führt, ist etwas fundamental anderes als krank machende Angst vor einem krank machenden Bild von Gott. Weil es in der Tat panische Angst vor Gott, Gottespsychosen, Gottesvergiftungen, Skrupulantentum gegeben hat und immer noch gibt, darf man das Kind dennoch nicht mit dem Bad auschütten und *Ehrfurcht* und *Gottesfurcht* als schaurige Relikte einer überwundenen Glaubensstufe abtun. Ehrfurcht, Gottesfurcht sind natürliche Wahrnehmungen der unendlichen Differenz von Mensch und Gott; und sie entsprechen dem natürlichen Empfinden des Menschen weitaus eher, als der unglaubwürdige *Good-guy*-Gott, der zurzeit im Schwange ist. Es ist zurzeit viel die Rede von der Notwendigkeit »niederschwelliger« kirchlicher Angebote. Was auch immer damit gemeint sein mag, die Inhalte für die Christen stehen, dürfen nicht niedrig gehängt werden. Luther leitet dazu an, den heiligen und lebendigen Gott zu fürchten und zu lieben. Daher mein Rat:

- ✦ Gott so lieben, dass man nichts anderes zu viel liebt.
- ✦ Gott so fürchten, dass man vor nichts anderem zu viel Angst hat.

Schrecken hat etwas mit Gott zu tun. Jesus sagt es in einer dramatischen Predigt nach Lk 13,1–5: Menschen wurden in einem Akt von Staatsterrorismus umgebracht, viele wurden erschlagen durch einen einstürzenden Turm. Jesu Kommentar: *»Wenn ihr nicht radikal umdenkt, werdet ihr alle genauso umkommen.«*

Gericht wird immer wieder sein, im Verlauf der Geschichte und an deren Ende. Aber nur der Prophet und der Dichter dürfen Ereignisse als Gericht identifizieren. Wollte Gott den Terroranschlag vom 11. September 2001 als Strafe verstanden wissen? Ist Terror eine Strafe für Gier und Arroganz eines Landes?

Gewiss ist Lk 13 einer der härtesten Texte der Bibel. Nach Jesu Wort haben alle ganz gewöhnlichen Sünder – wir inbegriffen – den

Tod verdient. Die Folgen unseres Tuns insgesamt haben uns längst das Todesurteil eingetragen; denn fortgesetzt zerstören wir Leben. Die verdiente Todesstrafe trifft uns nicht, weil Gott sich das so ausgedacht hätte, sondern weil es gerecht ist. Der Glaube an Gerechtigkeit aber ist für unsere Tradition (Juden, Christen, Moslems) schlechthin maßgeblich für das Verständnis von Wirklichkeit. Für die 4 Milliarden Menschen, die sich auf Abraham berufen, ist Gerechtigkeit der Rahmen des Sinns, wenn es überhaupt einen gibt. Jesus sagt nach Lk 13: Wer durch eine Katastrophe umkommt, hat es schlicht verdient, aber eben nicht mehr als andere. Dann aber werden Katastrophen »neben uns« zu Warnsignalen. Den Umgekommenen nützen sie nichts mehr, aber den anderen. Uns sprechen sie an: »Macht Frieden mit der Wahrheit, schaut nur her, dann seht ihr, was ihr zweifellos verdient habt.« Ja, es ist geradezu ein Zeichen der Liebe Gottes, uns vorher zu warnen. Für den noch nicht betroffenen Betrachter gibt die Katastrophe einen warnenden Hinweis. Noch ist keine Chance vertan. Wir wissen aus dem Rest des Neuen Testaments, dass Gott eine doppelte Strategie kennt: Zärtliche Liebe und den Hinweis auf die Folgen normalen Sünderseins. Das Letztere geschieht hier. Denn wir werden ja doch auch sonst die Ahnung nicht los, dass irgendwo sich etwas Dunkles ansammelt, dass Unheimliches auf uns wartet. Und in der Tat: Der Tod, die Sheol, das Schattenreich ist das Normale, das uns erwartet, früher oder später. Mit seinem Evangelium bietet Jesus – auch religionsgeschichtlich gesehen – die absolute Ausnahme an: Gott will uns als seine Kinder bei sich haben in ewigem Leben. Das hatte keiner vorher so gesagt. Es ist die Ausnahme. Sie ist nur für den gedacht, der auch hier schon den Mut hat, Ausnahme zu sein, Ausnahme mitten im Zeitgeist.

Die herrschende Volksmeinung ist, es führe ein breiter Weg zum Himmel, weil wir so brav und weil Gott so lieb sei. Das ist nicht das Evangelium. Das Normale ist (auch im ganzen Alten Testament), dass wir wie ganz normale Sünder in unseren Sünden sterben und dass der Tod uns zur Gänze einholt. Denn in Wahrheit haben wir mit unserem normalen Tun den Tod schon immer gewollt. Wie kandierte Früchte den Zucker, so haben wir die Kultur des Todes in uns aufgenommen. Denn wer, wie wir, Abtreibung per Krankenkasse finanzieren lässt, die Geburt eines Kindes dagegen selbst bezahlen muss, hat die Kultur des Todes gesetzlich festgeschrieben. Die Nekrophilie des »Führers« ist keineswegs exotisch und psychotisch, sondern Ausdruck eines ganzen Volkes geworden. Denn jedes Volk bekommt die Gesetze, die es verdient hat. Dazu gehört auch: Wer bei uns für das Leben eintritt, gilt als »maßlos intolerant« und als Fundamentalist. Weil es um Leben oder Tod geht, sind die Gegensätze hier klar und scharf. Daher gilt eben der, der für das Leben streitet, als »radikal« und als unversöhnbar pervertiert. – Wir sollten auch dieses nicht vergessen: Die Kultur des Todes gilt auch für die Gesamtheit unserer ehedem lebendigen eigenen Kultur. – Ich finde es befreiend, dass einmal so klar von den ganz üblichen Konsequenzen unseres Tuns die Rede ist wie hier in Lk 13.

5.2 Jesus und die Gemeinde der Betroffenen

40 000 Tote im Iran. Das war vor kurzem. Und jetzt ist es so weit weg. Wir waren einen Augenblick betroffen. Und dann schnell wieder vergessen! So ist das mit unserer Betroffenheit. Unsere Rede vom nur lieben Gott hängt mit unserem schnellen Vergessen zusammen. Denn wer nur betroffen ist, meint ja, er könne nichts machen. Ganz wie der Herrgott, der auch nichts tut. Ein nur lieber Gott ist ein hilfloser Daddy, der längst nicht mehr mitspielt. Wie soll ein harmloser lieber Gott unsere Welt verändern, wie soll er Gewalttäter zurechtbringen und die um ihr Leben Betrogenen trösten können? »Betroffenheit« ist eine neue Religion geworden; ihre Jünger erkennt man an ihrem Credo: »Du, das macht mich aber jetzt echt betroffen!« Viele Christen haben diese Art von Wahrheitsfindung für sich übernommen, haben eine Art Dauerbetroffenheit als Mentalität verinnerlicht und als Habitus ihrer Weltzugewandtheit installiert. Wir lassen uns betroffen machen von nahen und fernen Dingen, vor allem von fernen, vom Versagen der Kirche in ihrer Geschichte etwa. Eine ganze Kriminalgeschichte des Christentums könnten wir schreiben, besser und zerknirschter als jeder Feind der christlichen Sache, denn in

grundstürzender Selbsterkenntnis und zerfleischender Selbsterfahrung macht uns Betroffenheitsweltmeistern so leicht keiner etwas vor. Selbsterfahrungsgruppen dienen dazu, sich mittels Betroffenheitsritualen gegenseitig die Absolution zu erteilen.

Und dieses ist dann auch die Stunde der Psychologie in der Seelsorge. Wer Gott einen nur lieben Gott sein lässt, wer das widerständige, kritische Element eliminiert, die Einrede Gottes entwertet, wer so auf sich selbst und seine Seele zurückgeworfen ist, geht am besten methodisch vor. Fragt nach bösen Erfahrungen mit Eltern und Onkeln und Tanten in der Kindheit, nach Traumatisierungen, nach Gewalt und Stigmatisierungen. Materialiter haben wir es weitgehend mit den Dingen zu tun, die bislang unter Sünde firmierten. Man kann von einer Unterwanderung, ja von einer Ersetzung der Seelsorge durch Psychologie sprechen. Es werden seelische Wunden geheilt, aber keine Sünden mehr vergeben. Wieso man die Klientel dann nicht gleich zur verdienstlichen Zunft der Psychotherapie überweist – sie möchte ja auch die Butter nicht vom Brot genommen bekommen – statt theopsychologisch an (eingebildeten und wirklichen) Kranken zu dilettieren, bleibt offen. Das Eigenartige ist nur, dass in keinem der großen psychologischen Entwürfe ein Raum für Gottes Wirken offen gelassen wird. Eigentlich müsste daher die Psychologie für jede Art von Seelsorge denkbar ungeeignet sein. Aber da Psychologie die Wissenschaft vom Menschen schlechthin geworden ist, nimmt man das offenbar in Kauf.

Die »Seele«, einst theologisch verpönt, feiert fröhliche Urständ. Alles spielt sich in der eigenen Seele ab. Viele meinen denn auch, sie fänden Gott nur dort, in ihrer Seele und auf deren Grund. Logisch, dass man dann keine Kirche braucht und kein Evangelium. So haben wir das denn sehr wörtlich genommen: »Herr, geh weg von mir, denn ich bin ein Sünder!« Wer sich als Sünder erfahren muss, will eigentlich mit dem Herrn nichts zu tun haben. Denn wer kann es schon aushalten, dass er ständig betroffen gemacht wird und immerzu gesagt bekommt, er sei Sünder und ein armes Schwein. So sind viele längst vor dem Kirchenaustritt geistig ausgewandert: Kirche ist Psychoterror, sagen sie. Sie hat kein Verhältnis zur Lebensfreude. Der Satz »Nach Auschwitz kann man kein Gedicht mehr schreiben«

stammt verwunderlicherweise von Adorno; dabei könnte er von einem solchen edlen Christen erfunden sein.

Große Theologen erkennen nun, wo die Sünde des Einzelnen abgewirtschaftet hat, »sündige Strukturen« oder »strukturelle Gewalt« in der Kirche. Vor allem wirft man dann in diesem Sinne der so genannten Pastorenkirche vor, sie sei starr und lebensfeindlich. Und wenn man das alles weiß, die eigene Verstrickung und die Erstarrung der Kirche, dann findet man drei Mechanismen, um dieses betrübliche Bild loszuwerden. Entweder man verdrängt das alles und wendet sich erfreulicheren Dingen als dem komplizierten Christentum zu. Man nennt das *Verdrängung*. Oder man befreit sich von den eigenen Lasten, indem man pauschal alles auf die Kirche schiebt. Man nennt das *Entlastungsstrategie*. Nach dem Motto: Die Kirche ist reich und habgierig, aber was mein eigenes Portmonee betrifft, so halte ich mich an den Grundsatz »Religion ist Privatsache«. Der liebe Gott soll sich hüten, mein persönliches Bankgeheimnis zu lüften. Das geht ihn gar nichts an. Der dritte Weg, und der gilt als besonders fromm, besteht darin, dass man *betroffen fragt:* Was sollen wir denn nun tun? Und dann endet alles in der betroffenen Feststellung, dass wir eben leider nur ganz wenig tun können, aber schon mal anfangen sollen, Briefmarken für Bethel auszuschneiden. Ein kritischer Journalist hat das neulich anlässlich eines Ausländerpogroms, bei dem ein Türke grausam ermordet wurde, in einer norddeutschen Zeitung so beschrieben: »Türke tot, Pfarrer betroffen.« Anderswo las ich: »Kirchenführer betroffen von der eigenen Hilflosigkeit.« Wir halten fest: Die Erkenntnis unseres Sünderseins beantworten wir mit der Frage, was wir denn tun sollen. Beides funktioniert im Wesentlichen ohne Gott. Und weil wir davon ausgehen, dass andere auch nicht besser dran sind, ist die Toleranz die einzige Religion geworden, eine resignative Toleranz nach dem Motto: Lassen wir die verfassten Religionen, wenden wir uns der interreligiösen Spiritualität zu. Da ist freie Liebe und wahres Leben.

Unsere Betroffenheitskultur erinnert fatal dem inneren Zustand Luthers im Kloster, bevor er die Erfahrung der Gnade machte. Luther erkannte jeden Tag die Ausweglosigkeit des Menschen. Wir sind nicht gut, die Zustände sind nicht gut, wir können wenig tun. Luthers

Frage ist auch unsere in Kirche und Gesellschaft: Wie finde ich aus der düsteren Selbsterkenntnis heraus, aus dem ewigen Kreisen um mich selbst, aus der Religion der permanenten Intraspektion, des dauernden seelischen Nachfühlens? Jesu Lösung für die Verkrampfung des Menschen ist nicht in jedem Fall der Verweis nach *innen*, auf die Sünde. Er sagt nicht immer nur: Deine Sünden sind dir vergeben. Er sagt auch nicht: Versuch es einmal mit Yoga oder Tai-Chi oder der Feldenkrais-Diät-Meditation. Er sagt auch nicht: Du bist ein schwerer Fall, lass dich psychotherapeutisch behandeln. Nein, an vielen Stellen im Neuen Testament unterbindet Jesus die gesamte Blickrichtung auf sich selbst. Im Zuge der 68er-Revolution lernte man in Heidelberg predigen nach dem Motto: »Wie fühle ich mich bei diesem Text?« Ich fühle mich immer nur betroffen. Aber das genügt nicht. Im Sinne der Art Jesu würde ich fragen: Wie weit und an welcher Stelle gelingt es dem Text, mich so abzulenken und zu Gott zu führen, dass ich meine eigenen Interessen und Sorgen vergessen kann?

Hin und wieder richtet Jesus den Blick seiner Leute demonstrativ nach *außen*, auf die Umwelt, auf die Menschen, die leiden, die auf Antworten warten, die Hunger haben. »*Gebt ihr ihnen zu essen!*«, heißt es in Lk 9,13. Für unsere lächerlichen biografischen Probleme hat Jesus hier gar keine Zeit. Denn Gott hat es eilig mit der Welt. Deren Zustand ist nicht »Fünf vor zwölf«, sondern »Viertel nach eins«. Ein Pfarrer in meiner Jugendzeit konnte mich mit dem Wort begeistern: Vor dir liegt der Acker der Welt, auf dem Gottes Reich werden soll. Damit gab er mir eine Perspektive, zeigte er mir eine faszinierende, ungeheure, lohnende Aufgabe. Kann einer, der mit ganzem Herzen Arzt ist, ruhig schlafen, wenn er im Urlaub entdeckt, dass da in der Nähe Kranke ohne ärztliche Betreuung leiden? Wird er nicht für den Moment erst einmal Urlaub Urlaub sein lassen und sich voll Begeisterung zur Verfügung stellen? Ich kenne keinen wirklichen Arzt, der anders handeln würde.

Die menschliche Einrede »Was können wir schon tun?« (mit dem wir das Alibi für den Rückfall in die Betroffenheit vorbereiten) beantwortet Jesus in Lk 9 mit einem staunenswerten, überwältigenden Wunder: Aus fünf Broten und zwei Fischen wird Nahrung für 5000

Männer. Damit sagt Jesus: Denk nicht an dich, was du hast, was du bist, was aus dir wird, sondern blick auf mich, auf das, was *ich* habe, was *ich* bin, was *ich* will. Dann löst sich all deine Angst und Ich-Verkrampfung. Ich bin dein Herr. Ich wünsche von dir, dass du mir zu Verfügung stehst, damit mein Reich sich ausbreitet, damit es überall Wirklichkeit wird. Ich brauche das Wenige, was du hast – ich möchte es ganz. Dann kann ich agieren und aus den ärmsten Mitteln ein Wunder der Fülle bereiten. Die Fülle der Brote und Fische ist ein Bild für das Reich Jesu Christi. Es ist, wie wenn er sagt: Ich biete es dir an selig zu sein, schon jetzt und hier. Und weil Wunder mit Hülle und Fülle nur von Gott kommen können, sagt er: Blickt nur auf mich, nicht auf euch, lernt staunen. Neben die Logik des Jammerns, der Betroffenheit und der Ausweglosigkeit stellt Gott selbst hier die Logik der Herrlichkeit. Nehmt die Fülle der Brote auch als Zeichen der Vielen, die ihr durch Ausstrahlung (biblisch gesprochen: Mission) gewinnen sollt.

Ich möchte die *Logik der Betroffenheit* nicht bloß karikieren, so kuriose Auswüchse sie momentan auch zeitigt; sie trifft durchaus Wahres, trifft uns als Sünder. Luther war ein schwacher, angefochtener Mönch, wir alle sind voller Ausweglosigkeiten und ungelöster Fragen. Das ist alles wahr, niemand darf es übertünchen, und Selbsterkenntnis ist der erste Weg zur Besserung. Aber ein Christentum, das sich darauf beschränkt, das ist kaum die halbe Miete. Denn zu Selbsterkenntnis, jedenfalls zu Ausweglosigkeit und Ratlosigkeit, gelangen wir auch ohne Gott. *Die Kultur der Betroffenheit ist tendenziell ein Pietismus ohne Gott.*

Ganz anders die *Logik der Herrlichkeit,* die Logik der Zeichen und Wunder. Ich sprach schon davon, dass jeder Christ, der betet und daran glaubt, dass sein Gebet erhört wird, ein Mystiker ist – einer der mit dem Wunder rechnet. Das Wort »Wunder« ist uns peinlich – es passt nicht in den *young urban lifestyle*. Wir lassen es zu, dass das Wort »Wunder« ins Mittelalter, die Yellowpress und nach Lourdes abgeschoben wird. Aber das ist nicht zulässig. Christsein ist nun einmal Rechnen mit dem Wunder. Ein rationalistisch purgiertes, klinisch wunderfrei gemachtes Christentum ist degoutant – eine auf den Hund gekommene Religion. Wir sind umgeben von Gottes

Wundern. Das Wunder von der Speisung der 5000 steht am Anfang des öffentlichen Wirkens der Apostel, und es wird auf der Ebene der Mission auch am Ende des Wirkens aller Apostel stehen. Brotvermehrung ist eine Zeichenhandlung. Der Satz des Johannesevangeliums, nach dem die Jünger größere Taten tun werden als Jesus, wird hier wahr.

Vergessen wir nicht: In Afrika und Asien ist das Christentum die am stärksten wachsende Religionsgemeinschaft, was weniger mit geschickten Kirchenstrategien als mit dem Mut derer zu tun hat, die im Elend der Bürgerkriege und Flüchtlingslager, der Hungerkatastrophen und Aidsepidemien »auf Jesu Wort hin« handeln, oft genug gegen alle Hoffnung. Die Zeichenhandlung von den fünf Broten und zwei Fischen ist diesen jungen Christen in Afrika und Asien mit auf den Weg gegeben: Wenn man anfängt, wird Gott das meiste selbst tun. Denn von vorne und von hinten sind wir von Gottes Wundern umgeben. Junge Kirchen können Geschichten von Wundern erzählen; die alten Kirchen haben sie aussortiert.

Vielleicht darf man eine kühne Hypothese äußern. Wenn Luther seine geistige Verstopfung, seine Ausweglosigkeit und Ratlosigkeit nicht durch sein Turmerlebnis hätte beenden können – ihm wäre vielleicht auch die Gnade Gottes aufgegangen, hätten seine Oberen ihn aus dem Kreisen um sich selbst befreit, hätten sie ihn beispielsweise in die Mission geschickt hätten. Mission heißt: Miterleben dürfen, wie Gottes Samen und Gottes Wunder unter den eigenen Händen wachsen. Und das bedeutet auch, dass man nicht ständig nachzählt.

Das Nachzählen ist zur kirchlichen Manie schlechthin geworden und die Statistik zum Gradmesser einer introspektiven, die Ausstrahlung verweigernden Kirche. Gewiss werden wir die Gottesdienstbesucher zählen, auch wenn keiner weiß, wozu. Wir starren auf die Austrittszahlen und den schwindenden, ja marginal gewordenen Einfluss der Kirchen in unserem Land. Dabei gilt: Wenn wir nur auf die menschliche Seite der Kirche blicken, kann uns niemand helfen.

Aber das ist eben nur die Wirklichkeit der fünf Brote und zwei Fische. Die ganze Wahrheit ist größer – und sie erfordert den Blick auf den Herrn, der mit armen Mitteln etwas Wunderbares anzufangen weiß. Wer diese Wirklichkeit ausblendet, sieht kaum die Hälfte, sieht nur die Banalität des Menschlichen. Wer sich in das Geheimnis vertieft, dass Jesus jetzt auf eine mystische Weise da ist, wird sich angesprochen fühlen: Ich brauche dich als meinen Boten, durch dein Wort, durch deine Gedanken, durch deine Art zu lachen und sich ansteckend zu freuen. Jesus sagt aber auch: Ich brauche Menschen, die Klarheit über ihren Glauben gewonnen haben und eine eindeutige Orientierung geben können. Mit Recht hat man festgestellt: Die wahre schon bestehende Ökumene besteht in der Gemeinsamkeit der Ignoranz, in der Unkenntnis jedes Einzelnen über seinen Glauben und erst recht den Glauben der jeweils anderen. Vergleichsweise müssten bei solcher Unkenntnis und Unsicherheit etwa 90 Prozent der Autofahrer der Führerschein entzogen werden.

Der Ausweg aus der Betroffenheit erschließt sich mir auch durch eine andere Textstelle im Neuen Testament: Im Bericht über Maria Magdalena und den Auferstandenen nach Joh 20 finden wir eine merkwürdige symbolische Doppelung. Maria Magdalena dreht sich nämlich *zweimal* um. Einmal wendet sie sich um und meint, den Gärtner zu erblicken. Dann sagt Jesus: Maria!, und sie wendet sich noch einmal um. Wir haben übersetzt: Sie geht auf ihn zu. Aber wichtig ist für sie: Ihre Begegnung mit Jesus hat zwei Akte, zweimal muss sich Maria Magdalena zu Jesus wenden. Einmal zur Selbsterkenntnis, und dabei bleibt Jesus noch verhüllt, er ist nur verschwommen da; das zweite Mal kommt es zur wirklichen Begegnung mit Jesus. Mit der Selbsterkenntnis haben wir es weit gebracht, und die Buße haben wir auch bedacht. Vom Zweiten, der wirklichen Begegnung mit dem präsenten Herrn, haben wir durch die Bank kaum eine Ahnung. Denn das hat etwas mit Spiritualität, mit Mystik zu tun. Aber wie sieht dieser zweite Schritt konkret aus, wie finden wir den Schlüssel zur Wirklichkeit Gottes? In meinem Beruf geschieht das durch Kontemplation. *Contemplata tradere*, das Meditierte weitergeben, macht meine Existenz als Bibelwissenschaftler aus. Nein, ich kann nicht gleich von der Betroffenheit zum Handeln übergehen. Ich brauche Zeit dazwischen – Zeit, um in Gottes Wunder einzutauchen.

Für die Jugendlichen sieht das so aus, wie es kürzlich eine 19-Jährige in einer großen Wochenzeitung sagte: »Nie ist es so schwierig gewesen, erwachsen zu werden. Was uns fehlt, ist eine innere Orientierung … ist eine symbolische Hand, die die unsere nimmt und uns ein Stück Weg entlangführt. Wir sind längst nicht so cool, so ablehnend, wie wir manchmal tun. Wir sehnen uns nach Sicherheiten und – ja, auch das – nach Ritualen, nach Dingen, in die wir vertrauen können, die immer wieder zur gleichen Zeit am selben Ort geschehen, jede Woche, immer wieder … Die Chancen, jemals wirklich zufrieden zu sein mit sich und mit seinem Tun, sind minimal. Redet mit uns!« Drei Dinge also: Orientierung und führende Hand, sichere Rituale, die jede Woche zur gleichen Zeit am gleichen Ort geschehen, und Sehnsucht nach Gesprächen. Meine Antwort als Theologe ist: Hier bei uns im christlichen Glauben habt ihr das alles, wonach ihr sucht, in Hülle und Fülle. Wir sagen das ohne Arroganz, aber auch ohne falsche Bescheidenheit.

Wir können allerdings erst dann etwas glaubwürdig weitergeben, wenn wir uns selbst durchdringen lassen – und darin besteht unsere ganze christliche Krise. Das geschieht durch Kontemplation, durch das Abenteuer des eintönigen Lebens. Denn es gibt eine Eintönigkeit, die uns kaputtmacht, und eine Eintönigkeit, die uns zur Ruhe kommen lässt. Kontemplation und Rituale sind verwandt: Sich in steter Wiederholung dem aussetzen, *was ist,* das prägt. Der Einwand der Jugendlichen, Gottesdienst sei langweilig, ist zunächst eine Anfrage an uns Erwachsene: Sagt uns bitte aus Überzeugung, warum eine stets wiederholte Liturgie so wichtig ist. Seid ihr wirklich davon überzeugt, dass es Bleibendes gibt, dass eine unsichtbare Welt neben/vor/hinter/nach und unter den Sichtbarkeiten existiert, dass man es spüren kann und dass nur dieses wirklich prägt?

Logik der Betroffenheit muss dringend ergänzt werden durch die Logik der Herrlichkeit Denn allein mit unserem Tun können wir nichts wieder gutmachen. Nur wer gemeinsam lernt, über Gott und seine Wunder zu staunen, wird den Blick nicht immer nur auf unser bleibendes Elend richten. Denn genau das erzeugt jene gefährliche Mischung von Schuldbewusstsein, Verzweiflung und Gefühl, in der Falle zu sitzen, die oft genug Wurzel des Rechtsradikalismus war und ist. Doch was gilt dann, wenn wir einmal nicht staunen können? Mechthild von Magdeburg, eine der drei großen Mystikerinnen von Helfta, sagt es in Anknüpfung an den Traum des heiligen Bernhard von der Umarmung durch den Gekreuzigten. So sagt es der Gekreuzigte: Wenn es dir gut geht, dann habe ich meinen rechten Arm um deine Schulter gelegt. Aber wenn es dir schlecht geht, dann lege ich meinen linken Arm um dich, denn dann bist du meinem Herzen näher.

5.3 Jesus, der heilige Gott und der faszinierende Gott

Eine meiner Studentinnen hat neulich auf entsetzliche Weise ihr sechsjähriges Kind verloren. Nach dem Frontalzusammenstoß mit dem Fahrzeug eines betrunkenen Fahrers fing ihr Wagen Feuer, und sie musste mit ansehen, wie ihr eigenes Kind, das eingeklemmt war, bei lebendigem Leibe verbrannte. Unter Tränen sagte sie mir: Niemals habe ich die Heiligkeit Gottes stärker gespürt als damals. Gott ist heilig, zuallererst das.

In der Offenbarung hört der Seher Johannes das »Heilig, heilig, heilig«, das beim Thron Gottes gesungen wird. In der ersten Hälfte des letzten Jahrhunderts wurde dieses Lied für den Religionsphilosophen Rudolf Otto zum zentralen, sein ganzes Denken prägenden Erlebnis. Er beschreibt seine Erfahrung in einer armseligen Synagoge in Marokko: »Plötzlich löst sich die Stimmenverwirrung und – ein feierlicher Schreck fährt durch die Glieder – einheitlich klar und unmissverständlich hebt es an: *qadosch, qadosch, qadosch, elohim adonai zebaoth maleu haschamajim wahaarez kebodo* (Heilig, heilig, heilig ist Gott, der Herr der Heerscharen. Himmel und Erde sind seiner Herrlichkeit voll). Ich habe«, schreibt er weiter, »das *Sanctus, sanctus, sanctus* von den Kardinälen in Sankt Peter und das *Swiat, swiat, swiat* in der Kathedrale des Kreml und das *Hagios, hagios, hagios* vom Patriarchen in Jerusalem gehört. In welcher Sprache immer sie erklingen, diese erhabensten Worte, die je von Menschenlippen gekommen sind, immer greifen sie in die tiefsten Gründe der Seele, aufregend und rührend mit mächtigem Schauer das Geheimnis des Überweltlichen, das dort unten schläft.« Heilig, heilig, heilig. Gott selbst aber flüstert – welch ein Gegensatz zum donnernden Zeus der Griechen.

Viele Menschen haben im Schatzhaus ihrer Erinnerungen gewisse Urszenen, in die Tiefe schießende Erfahrungen, blitzhafte Einsichten. Ich erinnere mich an eine Religionsstunde in der Sakristei meiner Pfarrkirche. Die Gemeindehelferin nahm uns mit an den Altar und zeigte uns die heiligen Geräte ganz aus der Nähe: Kelch und Patene, Monstranz, Leuchter und Glöckchen, Weihrauchfass und Schiffchen und die einzelnen Teile der Priesterkleidung. Heilig war alles dieses, normale Menschen durften es kaum anfassen und wenn, dann nur mit einem weißen linnenen Tüchlein. Und bei alledem durfte man nicht laut reden, durfte nicht »rennen« und die Dinge nicht hastig ineinander werfen. Niemand von meinen Bekannten konnte mir irgendeine vergleichbare Erfahrung erzählen. Mir hat sie sich eingeprägt. Das »heilig« ist wohl ein Moment, ohne den man den christlichen Gott nicht denken kann: *mysterium tremendum*, die in seiner unvereinnahmbaren, auf den ersten Blick Furcht erregenden Fremdheit aufscheinende Größe Gottes.

Aber auch das ist der christliche Gott: ein *mysterium fascinosum*. Man mag an Berninis »Mariä Verkündigung« denken, mit seiner verzückten Madonna und einem Engel, der lieblich-charmant und nicht unappetitlich dreinschaut, oder an die herrlichen Paradiesvisionen einer Hildegard von Bingen. Gott ist ganz anziehend, ganz hinreißend, geradezu erotisch attraktiv. Das Spektrum christlicher Gotteserfahrung ist von einer nicht domestizierbaren Weite und Intensität, die einen staunen lässt. Sie reicht von der stundenlang vor dem ausgesetzten Allerheiligsten betenden Karmeliternonne Edith Stein bis zum seit Jahrzehnten unter den Brücken von Paris nächtigenden Abbé Pierre.

Zu den im Folgenden zu besprechenden theologischen Vorstellungen ist daher von Anfang an zu verweisen auf den größeren Rahmen, in dem sie stehen, die Gottesvorstellungen der Volksfrömmigkeit, in denen sich die ganze Bandbreite der jeweiligen lokalen religionsgeschichtlichen Vorgeschichte des Christentums erhalten hat und zum Teil ungebrochen fortlebt. Diese Gottesvorstellungen, auf die wir im Folgenden nicht weiter eingehen können, sind häufig dualistisch geprägt (Gott als Herr der guten Geister besiegt die bösen Geister) und stehen oft in Beziehung zu so genannten magischen Praktiken.

Es geht zunächst um die Frage: Hat der Mensch Angst vor Gott? Muss/soll er Angst vor ihm haben? Mt 10,28 stellt einen provozierenden Gegensatz auf: *Habt keine Angst vor euren Mördern, habt aber Angst vor Gott*. Das Griechische verwendet nämlich beide Male dasselbe Wort *phobeisthai* (sich ängstigen, sich fürchten). Und daher ist es auch im Deutschen identisch wiederzugeben. Viele Ausleger möchten das vermeiden, indem sie Gott gegenüber von Furcht reden, aber nicht von Angst. Vielen Auslegern passt auch das nicht ins Bild; es könnte die reine Botschaft des Satzes »Gott ist die Liebe« trüben. Auch *der* Satz ist biblisch wahr, doch der konkrete Text redet nun einmal von der Angst, und er verknüpft sie mit Aussagen über die Hölle. *Habt aber Angst vor Gott. Denn er kann euch äußerlich wie innerlich in der Hölle umkommen lassen*. Das ist fremd, will nicht zum Gott der Liebe passen. Aber es steht nun einmal so da. Ist sie das nun wieder in ihrer biblischen Urform – die unselige Predigt von der Höllenangst, die sich die Kirche abgewöhnen sollte? Und noch dazu im Munde Jesu? Nun sollte man nicht vergessen, dass Jesu Predigt hier eingeleitet (Mt 10,26) und beendet (Mt 10,31) wird mit der Aufforderung »Habt keine Angst!« Im Folgenden wird dieses begründet mit einer Aussage über Gottes innigste Zuwendung und umfassende Für- und Vorsorge. Wenn Gott schon für die Spatzen sorgt – die Jünger sind mehr wert als viele Spatzen. Es überwiegt daher der Hinweis auf das Geborgensein in Gott.

Aber das hebt das Skandalon für uns Modernen nicht auf, eliminiert nicht die Realität »Angst vor Gott«. Geborgenheit erscheint hier auf dem Hintergrund existenzieller Gefahr. Jesus predigt vom Feuer der Gottesliebe und Begeisterung, aber zugleich kann dieses Feuer den verschlingen, der sich ihm widersetzt. Denn es geht um Gott, und weil seine Zuwendung ein unendlich kostbarer Schatz ist, bedeutet die bewusste, willkürliche Absage für den, der das »nicht will«, dass er zu Eis erstarrt (Dantes Bild für die Hölle), sich ins Abseitige, Wesenlose begibt, sich im Nichts verliert. Jede Retusche an diesem Gottesbild, die wir vornehmen, bedeutet eine katastrophale Verharmlosung der Wirklichkeit Gottes. Wer dumm ist, lässt sich täuschen von der Unsichtbarkeit Gottes. Doch wenn der Bereich Gottes die wichtigere, mächtigere und bedeutendere Hälfte der Wirklichkeit darstellt, wird dem nicht zu helfen sein, der sie (erkennend) ignoriert. Dabei sollte man beachten: Höllenaussagen sind kein Instrument gegen andere Menschen, die in die Hölle zu versetzen wären (nur Dante hat in dichterischer Freiheit jede Menge Kleriker in die Hölle versetzt), sondern ein Appell an das Herz eines jeden, nicht auf der falschen Seite stehen zu bleiben. Appellative Texte sind zum Aufrütteln formuliert, nicht zur Verstärkung depressiver Ängste. Wir wissen heute: Angst kann zweierlei bewirken, Lähmung oder Entschlossenheit. Da die Bibel den Menschen sehr hoch einschätzt, appelliert sie immer wieder an seine Verantwortlichkeit und Freiheit, an den letzten Rest von Lebensinstinkt und rüttelt ihn wach. Lähmende Angst will Jesus in der Tat nicht verbreiten, sondern das Gegenteil: kraftvollen, freudigen Ernst. Insofern führt kein Weg in die Drohpredigt von Höllenangst zurück, wohl ist ein Ausweg zu finden aus dem schriftfernen Gott-ist-nett-Kitsch einer interessengeleiteten Verkündigung.

Handelten die Verse Mt 10, 28–31 von Gott, dem Schöpfer, so die Verse Mt 10, 32–33 von Jesus dem Menschensohn. Wir beobachten auch hier die gleiche Struktur: Drohung und Verheißung. Beide Versgruppen hängen inhaltlich eng zusammen. Denn der Hörer wird fragen: Worin soll sich das denn äußern, keine Angst vor den potenziellen Mördern zu haben? Antwort: Es äußert sich im Bekenntnis zum *Menschensohn* oder in der Verleugnung des Menschensohnes. Und weiter wird der Hörer fragen: Warum ist das so gefährlich, so lebensgefährlich, sich zu Jesus als dem Menschensohn zu bekennen? Zunächst: Es ist ein Stück Geschichte, dass dieses lebensgefährlich war: Stephanus wird nach seinem Bekenntnis zum Menschensohn gesteinigt (Apg 7,56–58). Jesus selbst wird wegen Lästerung dem Martyrium übergeben, und in den angeblich lästerlichen Worten kommt der Menschensohn vor (Mk 14,62), und entsprechend redet Jesus auch in seinen Leidensweissagungen immer vom Menschensohn (Mt 9,33 usw.). Entgegen verbreiteter Auslegung war es jedenfalls in

Palästina wohl *nicht* gefährlich, Jesu Predigt vom Reich Gottes zu vertreten. Denn Reich Gottes konnte im jüdischen Sinne als Anerkennung der Herrschaft Gottes in der Befolgung seiner Gebote verstanden werden. Das musste politisch nicht gleich die Römer auf den Plan rufen.

Anders dagegen, wenn man im Menschensohn die lebende Führungsfigur des kommenden Reiches (des fünften nach der Zählung von Dan 7) schon namentlich benennen und bekennen konnte. Erst in Verbindung mit Jesus wird die Zukunftserwartung der Christen politisch gefährlich. Und das gerade deshalb, weil hier nichts »rein geistig« ist. Wenn Jesus mit Blut und Leben Opfer der politischen Macht wurde, dann bedeutete gerade diese Leibhaftigkeit des Geschicks auch zwangsläufig leibhaftige Konturen der kommenden Restitution und Rehabilitation des Menschensohnes durch Gott. Gerade in seinem Leiden war Jesus auf dem klassischen Weg einer Herrscherkarriere: Der Spruch *per aspera ad astra* (»Durch Mühsale zu den Sternen«) galt in der Antike von Herakles, Romulus und den römischen Kaisern, und später wurde dieses der Wahlspruch der Hohenzollern. Ein solches Bekenntnis hatte keineswegs rein geistige Ambitionen, sondern bedeutete, wie die erwähnte Schrift des Lactantius zeigt, zumindest eine Drohung gegenüber den Mördern. Von daher werden auch die Szenen in Apg 7,56–58 und in Mk 14,61–63 begreiflich, denn hier fällt der Titel Menschensohn jeweils in einer »mörderischen« Situation.

Dieses Bekenntnis bedeutet daher etwas anderes als etwa die Akzeptanz des Liebesgebotes. Vielmehr: wer sagt »Jesus ist der Menschensohn«, der legt es auf Scheidung der Geister an. Er sagt: »Entweder gehört ihr zu denen, die den Menschensohn zum Tode beförderten, oder ihr gehört mit ihm zu den Opfern.« Ein Drittes ist ausgeschlossen. Jesus als Menschensohn ist nicht »rein geistig«, sondern es wird die Machtfrage gestellt: Mörder oder Opfer? Akzeptieren der Gegenwart Gottes in Jesus Christus oder sie mit Füßen treten? Aber warum ist das so wichtig, sich gerade zu Jesus zu bekennen? Weil hier der Gerechteste der Menschen dem ungerechtesten Prozess zum Opfer fällt. Wen das nicht empört, den kann nichts mehr aufschrecken am Zustand der Welt. Wer das nicht sieht, der kann auch

Gott nicht sehen. Aus dieser Alternative, die einen ratlos machen könnte, führt nur die Auferstehung Jesu endgültig hinaus: Ohne Auferstehung des Menschensohnes bliebe auch unser Leben ein sinnloses Chaos, die Erde ein unbegreifliches Massengrab und unser Geborensein ein Verbrechen, auf das die Todesstrafe gesetzt ist. Verstanden und bejaht werden kann das Leben nur im Lichte der Auferstehung Jesu Christi.

So bleibt festzuhalten, dass in der Art, wie Jesus seine Beziehung zu Gott lebte und für uns sprechend und handelnd sichtbar machte, beides enthalten ist: der erschreckend andere, der *heilige* Gott, dessen Heiligkeit menschlich als ein Nichtbestehenkönnen vor dem reinen Licht erfahren wird, wie andererseits auch der *liebe* Gott, wie er im endzeitlichen Bild der die Tränen abwischenden Mutter aufscheint. Die Auflösung der Angst, die auch die Bibel als Gegebenheit angesichts der Wirklichkeit Gottes kennt, ist Scheidung der Geister, ist Entscheidung für den Menschensohn, ist politisch gefährliche Entschlossenheit, ist Parteinahme für die Opfer. Trotzdem ist es kein notgedrungener Glaube, sondern freudiger, kraftvoller Anschluss an das Leben, an Jesus im Horizont seiner Auferstehung, die durch Bedrängnis jetzt schon hervorleuchtet.

5.4 Jesus und der ungerechte Gott

Wer aus der Verkündigung Jesu herauslesen möchte, wie Gott ist und in welcher Beziehung wir uns auf ihn einlassen sollen, stößt sehr bald auf einen merkwürdigen Befund. Soll man das alles, was da in gleichnishafter Rede ausgesagt wird, wirklich 1:1 auf Gott übertragen? Da liest man etwa das Gleichnis vom »ungerechten Verwalter« (Lk 16,1–9) – und von dieser Art so genannter Skandalgleichnisse gibt es eine ganze Reihe. Nach Lk 16 hat der ungetreue Verwalter in Tateinheit folgende Delikte begangen: Urkundenfälschung, Betrug, Veruntreuung und Bestechung. Es ist wie in einem Krimi. Wie dort fragen die Kommissare: *Cui bono?* Wer hat den Nutzen? Die Indizien sagen: Der Verwalter selbst, denn angesichts des drohenden

Rausschmisses tut er das aus seiner Sicht einzig Vernünftige: Er sorgt auf reichlich unkonventinelle Weise für seine Zukunft.

Wir kennen diese verständliche Vorsorge, die sich aus krimineller Energie speist, von den Stasi-Seilschaften her. Kurz vor der Wende wurden rasch noch große Beträge auf ausländische Konten überwiesen. So hatte man vorgesorgt für die voraussehbare Zeit nach dem Ende des Systems. So hatte man sich für die Zeit nach der drohenden Beschlagnahme des Parteivermögens eine Lebensgrundlage geschaffen. Die Geschäftsfreunde im Gleichnis vom ungerechten Verwalter sind im Stasikontext sozusagen die Konten im Ausland. Der Herr würde sie loben wie den betrügerischen Verwalter hier. Man höre und staune: Der Herr würde sie loben.

Die entscheidende Frage ist: Wie ist dieser Vers: *»Und der Herr lobte den Verwalter, weil er wenigstens klug gehandelt hatte«* zu verstehen? Er hatte ihn doch betrogen – oder etwa nicht? Wie kann jemand für Betrug gelobt werden – und das im Evangelium? Der zitierte Satz lehrt uns, deutlich zu unterscheiden: Der Verwalter wird nicht wegen des Betruges gelobt. Ohne Wenn und Aber wird er »ungerechter Verwalter« genannt. Er ist ungerecht, betrügerisch, kriminell. Das ist nichts Gutes und wird nicht zur Nachahmung empfohlen.

Gelobt wird der Verwalter wegen seiner Klugheit. Worin besteht sie? Kann ein Verbrecher klug sein? Ja. Der Verwalter hat in einer Situation, in der ihm das Wasser bis zum Halse stand, das Menschenmögliche getan, um seine eigene Zukunft zu sichern. Er hat vorausschauend gehandelt. Wir erleben das in der Wirklichkeit wie in der fiktiven Welt der Kinothriller: Kriminelle Cleverness zunächst, und dann schreckliche Dummheit derselben Ganoven. Ich selbst habe mich bisweilen dabei ertappt, dass ich den Leuten mit dem angeblichen Superhirn heimlich wünschte, sie möchten am Ende so beeindruckend perfekt handeln wie am Anfang. Gott sei Dank und glücklicherweise taten sie es nicht. Aber es gibt auch im Verbrechen Perfektion und es gibt technische Dummheit. Warum begibt sich Jesus auf dieses riskante Feld, wo ihn so viele Leute leicht missverstehen könnten? Nun, Jesus ist offenbar nicht so naiv, wie wir es manchmal gerne hätten. Er kennt kriminelle Energie sehr genau, vor allem ihre Effektivität. Wir tun da gerne sehr unschuldig. Aber warum sehen wir so gerne Krimis? Gibt es nicht eine Faszination des großen oder des perfekten Verbrechens? Jesus spricht es aus. Nicht das Verbrechen, aber die Klugheit, die technische Perfektion, die Technik der Vorsorge ist zu bestaunen.

War es nicht auch im unmittelbar vorangehenden Gleichnis ähnlich? Hatte nicht auch der verlorene Sohn, als ihm das Wasser bis zum Halse stand und er die ewige Ernährung mit Schweinefraß satt hatte, das einzig Richtige getan und den Rückweg nach Hause angetreten? War nicht auch das lebensrettende Klugheit? Gewiss, der verlorene Sohn war kein Krimineller. Aber an der entscheidenden Stelle, an der Wende des Lebenslaufes, war er genauso clever und auf die schlichte Rettung des eigenen Lebens bedacht. Gibt es nicht kriminelle Energie auch bei uns? Wie sorgfältig operieren wir, wenn es darum geht, das Finanzamt zu betrügen. Wie empört sind wir über Strafzettel am Auto, und für die zehn oder fünfzehn Euro sind wir auch zu einer kleinen Notlüge oder gar zu epischen Erzählungen bereit.

Und auch hier, wo es ernst wird, appelliert Jesus nicht an unseren Edelmut. Schafft euch Beziehungen für übermorgen, sagt er. Vitamin B ist alles. Schafft euch Beziehungen mit dem Geld, das ihr habt. Ihr könnt nicht auswandern aus der Welt, das Geld bleibt in euren Händen. Aber was ihr damit anstellt, das bestimmt eure Zukunft. Zukunft hängt davon ab, was ihr mit dem Geld in euren Händen macht. Und das ist auch in eurem Interesse. Baut Beziehungen auf, baut eine haltbare Gemeinschaft. Denn Zukunft ist immer nur die gemeinsame Zukunft.

In allen Skandalgleichnissen geht es um das elementare Überlebensinteresse der Menschen, genauer gesagt: um das wohlverstandene Eigeninteresse. Unmittelbar im Anschluss appelliert Jesus an den Ehrgeiz des Menschen, im Beruf aufzusteigen, benennt er den Bewährungsaufstieg. Denn was sonst soll es bedeuten, wenn er sagt: Wer sich im Kleinen bewährt hat, der bewährt sich auch im Großen, dem wird man daher auch Großes anvertrauen. Das heißt doch: Wer seine Abteilung gut geführt hat, der kann auch Filialleiter werden. Auch das ist freilich nur ein Bild. Nein, Jesus will uns nicht zu Verbrechern im weißen Kragen, zu Karrieristen und Managern machen.

Aber er sagt: Die Energie, die man dafür aufwendet, die solltet ihr lieber dort einsetzen, wo es um das Entscheidende geht. Und das Entscheidende ist nicht, funktionierende Hotlines zu Amigos und Geschäftsfreunden zu installieren, ist nicht Cleverness beim Karriereaufstieg, sondern etwas Analoges auf dem Feld der so genannten Seele.

Jesus will sagen: Wenn ihr die Energie, die ihr sonst für Karriere, gegen das Finanzamt und für ausgeschlafene Immobilienakquisen einsetzt – wenn ihr das Quäntchen krimineller Energie, das jeder in sich hat, nicht für finanzielle Dinge einsetzen würdet, sondern für den Aufbau eines seelischen Fonds – dann wärt ihr nicht so unglücklich, dann würden nicht so viele Menschen auf der Couch der Psychiater landen, dann gäbe es nicht so viele Menschen, die sich selbst verfehlen. Die Straßen unseres Lebens sind gesäumt von gestrandeten Existenzen, von unglücklichen Menschen. Die Zeiten haben sich da etwas gewandelt: Früher hielt man Seelenheil für etwas Lächerliches, das nur Spatzen und Pfaffen angehen musste. Heute weiß man, wie leicht Menschen verloren gehen können, wie sie vom Weg abgeraten können, wie sie abgleiten in Abhängigkeiten, in psychischen Sackgassen enden, unglücklich werden, buchstäblich vor die Hunde gehen. Jesus sagt: Seid auf der Hut! Es gibt auch ein Leben vor dem Tod! Christentum ist nichts für tumbe Toren, naive Einfaltspinsel, Schafsköpfe, sondern etwas für Menschen, die sich klug, geschickt und vor allem langfristig orientieren.

Jeder Geschäftsführer weiß: Geiz an der falschen Stelle ist kontraproduktiv, Feigheit angesichts notwendiger Investitionen rächt sich. Es bedarf langfristiger Planung. An solchen Sachverstand appelliert Jesus. Er sagt: Da könnt ihr euch von der Raffinesse der Rabiaten etwas abgucken, und zwar diesen einen Punkt – dass ihr nämlich Vorsorge trefft und langfristig auf euren wirklichen Vorteil bedacht seid. Es geht in diesem Gleichnis um Investitionen, die kurzfristig Unsinn zu sein scheinen, die sich aber langfristig lohnen. Jesus unterscheidet genau zwischen Weltkindern und Lichtkindern. Mit Weltkindern meint er Leute wie den betrügerischen Verwalter und seine Geschäftsfreunde, wir würden sagen: die Komparserie des normalen bürgerlichen Lebens. Mit Lichtkindern meint er die angesprochenen

Menschen um ihn herum, sofern sie sich selbst finden und in den Himmel kommen wollen. Es geht nicht um zwei Gruppen, die ein für alle Mal festliegen, sondern um verschiedene Interessensphären. Wir gehören, jeder von uns, zu beiden Gruppen. Jesus meint nur: Verschiebt, übertragt die Energien. Die Kraft, die ihr sonst für das bisschen Geld aufwendet, das ihr nicht mitnehmen könnt – transponiert diese Kraft in den Bereich, in dem es um den wahren und eigentlichen Kampf uns Dasein geht, um Glück oder Unglück.

Jesus erzählt auch sonst Gleichnisse, in denen es ungerecht zugeht oder zuzugehen scheint und die dadurch provozieren. Etwa das Gleichnis von den zehn klugen und den zehn dummen Mädchen: Was ist das für ein erbarmungsloser Bräutigam, der sich noch nicht einmal für sein Zuspätkommen entschuldigt und die Damen, die kein Öl haben, um Mitternacht vor die Tür setzt? Was ist das bei den Arbeitern im Weinberg für ein zwielichtiger Arbeitgeber, der eben nicht gleiches Geld für gleiche Arbeit gibt, sondern auch denen, die zuletzt gekommen sind, den gleichen Lohn auszahlt? Das würde doch glatt die Gewerkschaften auf den Plan rufen. Wo kämen wir denn hin, wenn alle das täten? Und im Gleichnis von den anvertrauten Pfunden: Was ist das für ein rigoroser Kapitalist, der den Angestellten, der nicht genügend investiert, an die Luft setzt? Einer, der von sich selbst sagt: Ich ernte, wo ich nicht gesät habe. Das heißt doch: Ich lasse andere für mich arbeiten und nutze sie aus. Kriminell geht es auch zu im Gleichnis vom Attentäter nach dem Thomasevangelium, wo ein Attentäter den entscheidenden Stich vorher an der Wand des Hauses ausprobiert und erst dann hingeht und das Attentat vollbringt. Auch hier soll man an der kriminellen Energie, die sorgfältig plant, sich etwas abgucken, nämlich vorher zu überlegen, ob man dem Reich Gottes gewachsen ist oder nicht.

In allen diesen Skandalgleichnissen geht es nicht um eine Welt der Liebe und Betulichkeit, sondern um die grausame Welt – um die Welt, wie sie wirklich ist. Und die Typen, die Jesus zeichnet, sind mitten aus dem Leben, zum Teil sogar aus dem Wilden Westen genommen. Da sehen wir sie nebeneinander stehen: den betrügerischen Verwalter, den eitlen Bräutigam, den kapitalistischen Unternehmer, den perfekt planenden Attentäter, den leicht schrägen Weinbergbesitzer, ja, und auch den verlorenen Sohn. Das Außergewöhnliche, die extravaganten Züge an diesen Typen sollen unvergesslich sein, sollen provozieren. Denn immer wieder müsste der brave Christ sagen: »Ja, aber das darf doch nicht ...« Und doch ist es so; die bestimmenden Einzelfiguren sind entweder ohne Wenn und Aber kriminell oder extrem tyrannisch, jedenfalls haben sie einen abschüssigen Charakter.

Indem Jesus derartige Typen vor Augen stellt, appelliert er fast immer an die letzten Leistungsreserven in den Menschen, vorsichtiger ausgedrückt: an die letzten Lebensinstinkte. Das Außergewöhnliche der Figuren in den Gleichnissen dient dazu, uns Menschen restlos herauszufordern. Denn der betrügerische Verwalter wie der verlorene Sohn und der perfekte Attentäter retten in gefährlicher Situation ihr Leben durch Fantasie oder durch riskante, einschneidende Maßnahmen. Und der kapitalistische Unternehmer, der die Pfunde anvertraut, ist genauso überstreng wie der rücksichtslose Bräutigam. Mit beiden Figuren sagt Jesus: So hart kann es im Leben zugehen. Macht euch darauf gefasst, dass es kein Kinderspiel ist, wenn eure Seele auf dem Spiel steht.

Wir fragen: Was ist das für ein Gott? Und wir stellen fest: Ähnlich wie bei den Wunderberichten ist es nicht ein Gott, der das Gewohnte bestätigt. Wie die Wunder den gewohnten normalen Verlauf der Dinge durchbrechen und auf den Kopf stellen, so ist es auch in diesen Gleichnissen. Denn dieser hier aufscheinende Gott ist peinlich maßlos im Lieben, im Fordern und im Strafen. Peinlich maßlos im Lieben wie der Vater des verlorenen Sohnes und der Weinbergbesitzer, peinlich maßlos im Fordern wie bei den anvertrauten Pfunden oder wie der Bräutigam bei den törichten Jungfrauen oder in der Konsequenz unseres Gleichnisses. Peinlich maßlos im Strafen beim unbarmherzigen Knecht oder beim unnützen Sklaven im Gleichnis von den anvertrauten Pfunden.

Ist es sinnvoll, so von Gott zu reden? Vorab: Die Sinnfrage sollte man erst stellen, wenn man sich in der Bibel versichert hat, dass dort so anstößig von Gott geredet wird, auch wenn es unsere Vorurteile und die Art, wie wir den lieben Gott gerne hätten, nicht bestätigt. Hier jedenfalls macht sich ein Gott bekannt, der nicht unsere Gewohnheit will, sondern unser Herz – nicht etwas von uns, sondern alles. Mich erinnert das immer an das bekannte Kinderspiel Topfschlagen: Einer steht im Spielfeld und die anderen sagen: Hier ist es ganz heiß. Wollen wir das nicht eigentlich: maßlos lieben und geliebt werden? Ist Liebe anders denkbar als ohne Maß? Und maßlos gefordert werden? Ist ein strenges Leben nicht wesentlich faszinierender als ein lasches, das nur so dahinplätschert? Mut gehört auch dazu, wie mir ein Kollege aus einem Aufenthalt in der Jugendherberge während der Nazizeit erzählt. Der Lehrer hatte das Essen eingeleitet mit Heil Hitler und dem Spruch »Und wenn sich Tisch und Bänke biegen, den Fraß, den werden wir runterkriegen«. Der Junge meldete sich und sagte: »Ich habe es anders gelernt: ›Komm Herr Jesus sei unser Gast und segne uns und was du uns gegeben hast.‹«

Nur die Maßlosigkeit im Strafen schreckt uns. Aber an die Hölle muss man nicht *glauben*, man sollte sie *wissen*. Es gibt sie schon neben uns. Und ich kenne Leute, denen man wirklich die Hölle heiß machen müsste, zum Beispiel Drogenhändlern, indem man sie mit Fotos ihrer Opfer im Endstadium konfrontiert.

5.5 Die unstillbare Sehnsucht unseres Herzens

»Liebe«, sagt man, sei das am meisten missbrauchte Wort der Welt. Menschen mit Geschmack verwenden es sparsamer als Schlagertexter. Im Kontext von »Liebe machen« geht es Zeitgenossen leichter von den Lippen. Mancher erinnert sich auch noch an den Katechismusunterricht seiner Kindheit: Gott lieben und den Nächsten lieben – das sei das Wichtigste überhaupt. Das ist schnell gesagt. Und ebenso schnell zu leblosen Formeln erstarrt. Was soll das denn konkret heißen: Gott lieben? Kann man denn Liebe befehlen? Liebe betrifft doch unsere innersten Gefühle, und da sind wir frei, da hat, so meinen wir, keiner etwas zu befehlen. Und noch dazu *Gott* lieben? Den wir noch nie gesehen haben? Ist er nicht eine gasförmige Vernunftwolke? Wie kann man den lieben? Alles in allem eine Zumutung also.

Nun, einiges muss man wissen, anderes fällt unter die Kategorie »Herz«. Wissen muss man: Die Gebote der Bibel sind keine bürgerlichen Konventionen vom Schlag einer Straßenverkehrsordnung, sondern *Weisungen;* und das Wort Weisung hängt mit Weisheit zusammen. Gebote sind im Namen Gottes erhobene, verbindliche Weisheiten des Lebens und Überlebens. Wissen muss man auch, dass Liebe im Sinne der Bibel nicht zuerst eine Frage von Gefühl und Freiheit ist. Liebe im Sinne der Bibel ist zuerst praktische Solidarität in der Familie.

Wenn die Bibel von Liebe spricht, kann man immer an das Bild der Wagenburg denken. Wir kennen das Bild aus der Frühgeschichte der USA: Viele Planwagen stehen im Kreis und bilden einen Wall zum Schutz der kleinen Gemeinschaft. Die Gebote sind die Hausordnung der Wagenburg. Liebe ist der Inbegriff dessen, was die Gemeinschaft vor dem Zerfall bewahrt und was sie gegen Wölfe und Banditen schützt. Die Wagenburg bildet eine Gemeinschaft auf Leben und Tod. Liebe ist Solidarität zum Schutz des Lebens vor dem Tod. Wer zur Liebe auffordert, weiß, dass das Leben im Miteinander vor dem Tod zu schützen ist. Das Wichtigste ist, *in* der Wagenburg zu sein und nicht außerhalb. Gottes Volk ist so eine Wagenburg. Gott zu lieben bedeutet, seine Lebensregeln zu bewahren, seine wirkliche Gegenwart für das Wichtigste überhaupt zu halten. Auch Jesus wird nach dem Vierten Evangelium noch genauso reden: Wenn ihr mich liebt, haltet ihr meine Gebote. Daher ist der Gott der Bibel nicht als Single denkbar, sondern nur zusammen mit seinem Gegenüber, seinem Volk, denn Dazugehören, Dabeisein, Zusammengehören ist alles.

Aber das, was ans Herz geht, ist noch etwas anderes: Lieben heißt auch bei uns: »Nur du!« – »Nur dich!« Das ist riskant und Quelle unzähliger Dramen. Und doch gilt es als Gipfel des Menschlichen, heimliches Herzstück jeder Ethik, die diesen Namen verdient. Weshalb wir denn einen Harem nicht gut mit unseren Menschenrechten in Verbindung bringen können. Nur du! – das ist ein Wagnis und zugleich, wenn es glückt, eben Glück und Seligkeit. Mittlerweile wird allerdings fast jede zweite Ehe in Deutschland wieder geschieden. Umso mehr bestaunt man das Ereignis einer goldenen, diamantenen oder gar eisernen Hochzeit! Und hier, genau an dieser Stelle, hängt die christliche Religion ganz eng mit der Auffassung von Ehe zusammen. Immer wieder sagen es die Propheten: Nicht die vielen Götter, sondern nur den einen! Und sie sagen: Das ist wie in einer Ehe: Nicht viele Partner, sondern nur den einen. Denn viele Götter kann man zwar verehren, aber einen ganzen Himmel voller Götter kann man nicht lieben. Und mit vielen Partnern kann man zwar verkehren, aber Liebe nennen wir etwas anderes.

Das »Nur du!« betrifft schon im alten Israel in direkter Parallele a) das Verhältnis zu Gott und Göttern wie b) die Beurteilung des Ehebruchs. Dieser Gott will allein angebetet werden. Er ist intolerant. Er kann sich das leisten, so intolerant zu sein. Denn nur er ist zugleich Schöpfer, Ursprung weiser Lebensregeln und Befreier. Wer seine Intoleranz respektiert, wird reich belohnt: Denn wer zu Gott sagt: Nur du! – zu dem sagt auch Gott: Nur du! Genauer gesagt war es umgekehrt: Gott hat erst Israel erwählt und dann kam die Aufforderung, allein geliebt zu werden. Im Hebräischen ist Erwählen dasselbe Wort wie Lieben.

Diese Beobachtung hilft uns in der Frage weiter: Wie kann es denn sein, wie können wir dazu kommen, Gott zu lieben? Wer gibt uns die Kraft dazu, obwohl wir das doch gar nicht können? Selbst Wilhelm von Saint-Thierry, der Freund des Bernhard von Clairvaux, hat in seinen »Gebeten und Meditationen« gesagt: »Ich kann nicht sagen: Ich liebe dich!, sondern nur: Ich möchte dich gerne lieben!« Hilft uns die Bibel? Die Frage, wie wir das überhaupt können, Gott lieben, wird durch ein einziges Wort beantwortet: *»Höre Israel«*, beginnt der berühmte Text aus dem Buch Exodus. Denn zuerst hat Gott Israel erwählt, nur dieses Volk. Das ist ebenso wunderbar wie ärgerlich. Der Schöpfer aller Welten hat Israel erwählt. Immer wieder hat man Bilder bemüht, um an diese Unvorstellbarkeit sinnlich-metaphorisch heranzukommen: Wenn man sich allein nur dies vorstellen möchte, wie viele Sterne es gibt, dann denke man an einen 2000 Kilometer langen Sandstrand und zähle die Sandkörner, das ist die Zahl der Sterne. Und der Schöpfer dieser schieren Unendlichkeit ist noch viel, viel größer, eben unfassbar.

Dieser Schöpfer von Milliarden von Milchstraßen sagt zu Israel nach Jer 31,3: *»Ich habe dich je und je geliebt, darum habe ich dich zu mir gezogen aus lauter Güte.«* Immer wieder kann Israel es nicht fassen, dass Gott ausgerechnet dieses Volk liebt, das doch traditionell mehr Feinde hat als Volksmitglieder. Gott hat dieses Volk erwählt und sagt: Nur du! Gott will im Kern Liebe. Auch im Johannesevangelium wird das gut erkennbar: In Fortsetzung der Schöpfung durch das Wort, die Vernunft, die Ordnung bedeutet, wohnt das menschgewordene Wort unter uns Menschen, um uns den Frieden zu schenken. Schöpfung ist Größe und Schönheit, Liebe ist Leben erhaltende Zuwendung. Wie viel Zuwendung braucht ein Menschenkind, um erwachsen zu werden! Und man versichert uns: Gottes Liebe sprengt alle Begriffe, ist so schier ohne Maß wie der Weltraum ohne Zahl ist. Das Geheimnis aller Dinge ist nicht nur Ordnung, sondern letztlich Liebe.

»Liebst du mich?«, fragt Jesus Petrus in Joh 21. Und Petrus antwortet dem Sinn nach: »Ja, Herr du weißt, dass ich dich liebe. Obwohl ich doch der bin, der dich verleugnet hat, der nicht die Kraft hatte, in der Stunde der Anfechtung durchzuhalten und treu zu sein.« Die Liebe des Petrus ist ungebrochen geblieben. Das ist etwas sehr Wichtiges. Jesus nimmt diese Liebe des untreuen Jüngers ebenso an wie die Liebe der verfemten, sündigen Frau. Die Liebe des Jüngers Jesu ist eine arme Liebe; aber sie ist eine Liebe, die trotz Untreue wieder durchbrechen kann und ihren Sinn, ihren Ort, ihr Recht sucht. Und Jesus nimmt sie an.

Das »Nur du!« ist daher gegenseitig, und es heißt Liebe. Diese heilsame Intoleranz der Liebe ist auch heute in Gefahr. Und das gilt für die Ehe wie für die Religion. »Alle Religionen sind gleichberechtigt«, höre ich immer wieder – und das heißt im Klartext: alle Götter. Die biblische Vorstellung des »Nur du!«, der Treue also zu dem einen Gott und dem einen Partner, dieses war und ist ganz entscheidend für unsere Auffassung von Person und Personalität. Die Philosophen Buber, Ebner und Rosenzweig haben sehr genau herausgearbeitet, dass das menschliche »Ich« erst wird durch das »Du« – die Liebe schafft die Person. Am Ende ist alle Frage nach Treue eine Frage danach, ob ich schon ich selbst geworden bin. Denn wenn ich sage »Nur du!« und das in aller Gefährdung treu bewahre, dann bewahre ich immer auch mich selbst, zerstöre ich nicht das Netz, in dem ich leben kann.

Die beiden großen Themen der Liebe sind Schönheit und Leiden. Schönheit, das ist Glanz und Herrlichkeit, Eros, Kraft und Glanz, siegreicher Charme. Und Leiden, das bedeutet immer Wahrnehmen unserer Grenzen, Bitterkeit der Einsamkeit. Wir lieben solche, die uns an Charme voraus sind, und wir lieben solche, die uns im Leiden nicht allein lassen. Jede Liebe ist Genießen und Anteilhabe. Wir sonnen uns gern im Glanz des Partners, den wir lieben, gewinnen Anteil daran. Und wir lieben den Menschen, der Freud und Leid mit uns teilt. Beides, Schönheit und Leiden, gilt auch für unser Streben nach Gott, für Gottes Gemeinschaft mit uns. Glanz ist gemeint, wenn von Gottes Herrlichkeit die Rede ist, von seinem Thron über allen Himmeln, und wir werden daran Anteil haben, am Licht seiner Herrlichkeit. Ein Abglanz ist der Gottesdienst. Und Leiden, das bedeutet: Gott leidet mit uns. Im Leiden und Sterben seines Sohnes begleitet er uns. In der Ostkirche hat man sehr stark die Herrlichkeit Gottes betont, im Westen die Gemeinschaft im Leiden. Aber beides gehört zusammen: In Jesus ist Gott sterblicher Mensch geworden, damit wir durch ihn verherrlichte Kinder Gottes würden. Wie sollten wir den nicht lieben, der uns in der äußersten Not zur Seite steht, uns nicht nach dem sehnen, der uns mit seiner Herrlichkeit bekleiden will?

An der Art, wie Jesus Menschen um sich geschart und mit sich verbunden hat, geht uns die Liebe Gottes auf. Im Verhältnis zu Jesus, dem Liebenden bis in den Tod hinein, erwies sich, wer diejenigen waren, die zu ihm gehörten. Die Schriften des Neuen Testaments sind voll Formen liebender Annäherung an den Herrn (man denke nur an die Frauen am leeren Grab, die intuitive Kraft ihrer Liebe), auch voller Versagen, sogar in der Form des Verrats. Zu Jesus gehören, heißt nicht »etwas von ihm wissen«, sondern zu ihm zu gehören in beständiger Treue, heißt: möglicherweise schuldig zu werden, aber doch wieder zur Treue in der Erinnerung an die erste Liebe zurückzufinden. Die Voraussetzung der Treue ist Identität. Petrus fand seine Identität über den Umweg der Verleugnung. Treue – kann man das einüben? Genau das ist die Frage nach der Spiritualität. Christliche Spiritualität bedeutet: den Geist Jesu in Leben umsetzen, jeden Tag, jede Stunde. Spiritualität besteht darin, dass man durch ständige Wiederholung geprägt wird, zum Beispiel durch das Stundengebet. Übrigens haben das früher alle Christen geübt, fünfmal damals. Die Moslems haben diese Anzahl der Gebetszeiten übernommen und die meisten bewahren sie treu, uns zur Beschämung. Vielleicht ist es so im Sinne bernhardinischer Mystik. Gott sehnt sich danach, von uns angesprochen zu werden. Nur auf der Ebene der Sehnsucht sind Gott und Mensch wohl am Ende vergleichbar. Denn auch der Mensch wird nicht durch Werke gerechtfertigt, sondern durch Sehnsucht. Denn unser Herz ist unruhig, weil seine grenzenlose Sehnsucht auf Erden nicht erfüllt werden kann, sondern erst im Himmel zur Ruhe kommt.

5.6 Jesus und die interreligiöse Toleranz

Ist Jesus ein Vertreter transreligiöser Mystik? Vertreter einer transreligiösen Mystik berufen sich auf Jesus und vertreten dabei folgende Positionen:

- Erlösung geschieht auf vielfältige Weise in verschiedenen Religionen. Das Kreuz Jesu Christi soll etwas sagen, aber es bewirkt nichts; durch das Kreuz sind wir nicht erlöst.
- Gott ist undefinierbar. Alle Wege zu ihm sind gleich gut. Das Gebet zu einem persönlichen Gott ist ein »unwahrer Notbehelf«.
- Eine »innere Steuerung von Spiritualität« durch die Kirche *(solus Christus, sola scriptura, sola gratia)* wird abgelehnt.
- Es geht nicht um eine mehr oder weniger dogmatische oder gar undogmatische Form von Christentum; es geht um die Prinzipienlosigkeit als Prinzip. Andere nennen das Pluralismus; und manche meinen, evangelischer Glaube sei die additive Summe dessen, was evangelische Theologieprofessoren sagen.
- Man kennt kein *»sic et non«* (genau so und so nicht) und bekämpft Abgrenzung vehement. Daher darf man in dieser Weltanschauung auch nicht Nein sagen. Alles ist legitim, was wir glauben und tun.

Gläubigkeit als Habitus und Attitüde tritt an die Stelle eines fest umrissenen, inhaltlich definierten Glaubens.

Um es gleich zu sagen: Ich begegne diesen gängigen Formen eines scheinbar offenen Christentums mit denkbarer Skepsis. Meine Erfahrung aus Kirchengeschichte und Ostblock (speziell: Christen im Widerstand in der DDR) ist: Alle Kompromisse, alle verschwimmenden Ränder, alle Unklarheiten in den Grundsätzen sind nicht einladend, sondern extrem kurzlebig und kirchenzerstörend. Sicherlich ist ein vernunftfremder Fundamentalismus die denkbar schlechteste Antwort auf die Frage nach umrissenen Inhalten, einer festen Gestalt des Glaubens. Aber ein Glaube ohne inhaltliche Kontur erscheint mir als Unding. Es gibt dazu eine viel sagende rabbinische Erzählung. Vier Weisheitslehrer versuchten sich an der Mystik und Spiritualität und bauten je für sich an Häusern der Stille. Der Erste wurde Atheist, der Zweite starb, der Dritte wurde wahnsinnig. Nur Rabbi Akiba überstand alles unbeschadet, denn er hielt sich an die Thora. Das heißt: Sein strenges Leben war der Begegnung mit dem Unsichtbaren gewachsen. Diese Legende über Rabbi Akiba, der allein »überlebte«, geht in die Richtung, in der ich denke: Gestaltlosigkeit ist eine tödliche Häresie. Gewiss: Keiner liebt die Schwarz-Weiß-Malerei. Die pastellfarbenen Zwischentöne sind gefragt, und daher scheuen wir die Rede von klaren Gegensätzen wie zum Beispiel Irrtum und Wahrheit. Vielmehr wird einer, der zu sagen wagt: »Ich bekenne die Wahrheit meines Glaubens«, sogleich gefragt, wie er es denn dabei mit der Toleranz halte. Alle Mäuse sind grau im Reich der Toleranz. Vor allem in Glaubensdingen gilt, dass alle gleichermaßen Recht haben. Jede Zacke Profil kommt einen teuer zu stehen. Nun ist es ja richtig, dass die Menschen genug haben von Streit und Verketzerung, von Glaubenskriegen und militanten Auffassungen. Doch wer es allen recht machen will, wird ununterscheidbar. Wir haben längst das Kind mit dem Bade ausgeschüttet. Längst ringen unsere Kirchen mit dem Problem des eigenen Profils.

Wir werden in Hinsicht auf Jesus noch sehen, dass es Eindeutigkeit im Glauben gibt. Auf einer zweiten Ebene gibt es dann eine ganze Fülle christlicher Formen von Spiritualität. Hier darf und muss

Vielfalt sein. Wenn wir diese ignorieren oder verschweigen, nehmen wir den Menschen das, was sie eigentlich bei uns suchen. Aber ein transkonfessionelles und transreligiöses Christentum ist nicht die Lösung, mag darin auch die versteckte Hoffnung vieler PfarrerInnen bestehen, es möge wenigstens so gelingen, ein paar Schäfchen zurückzubehalten. Die Vielfalt möglicher christlicher Spiritualitäten kann ich mir ohne die Kirche nicht denken. Kirche ist nicht die Summe der Suchenden, sondern hier geht es um sehr verantwortungsvolle Menschenführung. Und wo das zu Klarheiten geführt hat, muss man diese nicht umgehen und so tun, als gäbe es sie nicht.

Aber fragen wir genauer: Kann man Ansatzpunkte bei Jesus für eine transreligiöse Mystik finden? Die Antworten kreisen um die Frage, wie weit Jesus als Jude zu verstehen ist. Hat er die Thora und den Tempel bejaht, dann ist ein Bezug zu transreligiöser Mystik ausgeschlossen. Hat er aber jede eindeutige Gestalt des Glaubens abgelehnt, dann können sich Vertreter von dieser Art Mystik auf ihn berufen. Gerade hier wird erkennbar, wie stark die liberalen protestantischen und neukatholischen Traditionen dem Zeitgeist in diesem Punkte vorgearbeitet haben. Wendet sich also Jesus gegen jede eindeutige Position?

Ich möchte einen Zugang versuchen über das Thema »Licht«. Das zumindest ist jeder Mystik gemeinsam, dass sie Licht will. Worin besteht die Lichterfahrung Jesu? Alte Weisheit ist es, dass die Stunde, in der die Nacht in den Tag übergeht, die bevorzugte Zeit der Licht- und Gotteserfahrung ist. Das war auch die Zeit, in der Jesus gebetet hat, allein in der Wüste oder auf dem Berg. Wenn er immer wieder sagt: »Seid wachsam, betet und wartet buchstäblich auf das Morgenrot jedes neuen Tages«, dann meint er diese Zeit. Wie am ersten Schöpfungstag wird jeden Tag neu Licht von der Finsternis geschieden. Das ist das Wunder jedes neuen Tages. Früh am Morgen in der Einsamkeit der Wüste ist für Jesus Gottes Wirklichkeit unübersehbar, denn keiner lenkt ihn ab. Während Jesus betet, wird es Morgen, die Dinge gewinnen ihre Farbe wieder. Jesus denkt in dieser Stunde an den Gott, der Nahrung für alle beschafft, der die Lilien des Feldes prächtig kleidet. Jesu Beten am frühen Morgen hängt ganz eng zusammen mit seiner Botschaft vom Reich Gottes. Sie ist so nah wie das Morgenrot dem neuen Tag. Jeden Morgen erlebt Jesus das siegreiche Licht. So sicher, wie in jeder Nacht auf das Dunkel der Tag folgt, so sicher ist mit Jesus das Morgenrot der erneuerten Welt gekommen. *»Konntet ihr nicht einmal eine Stunde mit mir wachen?«*, fragt Jesus die Jünger, als sie den entscheidenden Moment verschlafen. Gertrud von le Fort, die Heidelberger Dichterin, sagt es in ihren Hymnen an die Kirche vom Singen bei Sonnenaufgang: »Wenn die Städte noch auf ihrem Fieberbett schlafen und die dumpfen Dörfer im Brodem der Felder versinken, wenn die Tiere sich noch nicht regen und die Einsamkeit des Herrn auf der Welt lagert, dann erhebst du deine Stimme …, wäschst das Angesicht der Erde mit deinen Liedern.«

Und von dieser Grunderfahrung des Wachens in der Nacht, der Geburt des Lichts aus der Finsternis entwickeln Jesus und die frühen Jünger und Apostel ihre Theologie von Finsternis und Licht. Jesus wie Paulus sprechen von den Christen als den Kindern des Lichts, Paulus wird bei seiner Berufung zum Jünger geblendet durch ein großes Licht, und Christwerden ist Begegnung mit dem Licht. Die »Erleuchtung« überlässt man keineswegs dem Buddhismus. Aber das Licht ist nicht irgendeine Erleuchtung. Licht rückt die Dinge klar, macht sie unterscheidbar. Und christliches Licht ist eindeutig. Licht ist im Christentum eine Person. Aus der Mitte des Lichts, das Paulus sieht, redet eine Stimme: *»Saul, Saul, warum verfolgst du mich?«* So sagt Jesus nach Johannes: *»Ich bin das Licht der Welt«*, und dasselbe sagt er nach Matthäus zu den Jüngern: *»Ihr seid das Licht der Welt.«* Das Licht ist nicht irgendeine neutrale Erhellung. Jesus bindet das Licht an sich als definitiven Ort der Erhellung. Sein »Ich bin das Licht« entmythologisiert die anderen Lichter, setzt sich polemisch von ihnen ab, will das Bekenntnis zu diesem Licht. Bei Jesus ist das Licht immer und unausweichlich eine Person. Wäre es nur neutral, dann könnte man es sich beliebig besorgen. Aber weil es je und je Person ist, stellt es sich in den Weg, wie der Engel des Herrn dem Esel Bileams den Weg versperrt. An diesem Gott und seinem Anspruch kommt keiner vorbei. Wenn wir im Glaubensbekenntnis Jesus mit dem Bild benennen »Licht vom Licht«, dann liegt das schlichte Bild des Anzündens einer Kerze am Licht zugrunde. So wie das Licht unteilbar eines bleibt und auf verschiedenen Kerzen brennt, so ist Gott der eine, obwohl er verschiedene Gesichter hat.

Sosehr also die Lichtmystik die Religionen (besonders: Judentum, Christentum, Islam und die buddhistische Mystik) verbindet, sosehr lässt sie auch deutlich die Unterschiede hervortreten. Denn die Christen heißen eben »Kinder« des Lichts, nicht nur »Erleuchtete«. Denn Kindschaft ist die von allen vergleichbaren Religionen unterscheidende Wirklichkeit nach der christlichen Mystik. Auch hier ist es wie schon in der Vision in Ez 1,26: Mitten im Feuer wird das Angesicht eines Menschen erkennbar. In der romanischen Kunst wie in Dantes »Göttlicher Komödie« wird dieses personale Motiv immer wieder aufgegriffen. Schließlich wird auch alles, was Christen tun sollten, »Werke des Lichts« genannt. (Röm 13, 12f.)

Vor allem aber wird Licht genannt, was wir erhoffen. Und die Wahrheit, dass der Tag mit der Nacht beginnt und dass das Licht aus der Nacht erst geboren wird, ist in den Bildern für unsere Hoffnung zu einem festen Zyklus geronnen. Deshalb sind unsere Kirchen nach Osten gerichtet. Die Gemeinde steht in Erwartung der aufgehenden Sonne, und Christus heißt Sonne der Gerechtigkeit. Seit den Propheten erwarten wir den »Tag des Herrn«, nämlich den endgültigen Sieg des Lichts über die Finsternis. So kann man auch das, was als Weltgericht erwartet wird, am besten mit der Metaphorik des Lichts erläutern: Es wird sich alles klären. Die wahren Größenverhältnisse und die wahren Zugehörigkeiten werden sichtbar werden. Nichts bleibt verborgen, es wird offenkundig werden, dass Gott die bessere Hälfte der Wirklichkeit war und ist. Schon im Benedictus singt Zacharias, der Vater des Johannes: *»Denn unser Gott hat mit uns Erbarmen. Wenn er zu uns kommt, wird es sein, wie wenn die Sonne aufgeht. Er wird leuchten für uns, die wir in des Todes tiefem Schatten sitzen, und er lenkt uns auf den Weg des Friedens«* (Lk 1,78f. Übersetzung Berger/Nord). Diese Übersetzung schien meiner Frau und mir deutlicher als das in den üblichen deutschen Übersetzungen zu findende »aufgehende Licht aus der Höhe«, das »die Füße« lenkt.

Die Spannung von Licht und Finsternis kommt vor allem im Kathedralenbau der frühen Gotik zum Ausdruck. Himmelwärts lassen die Fenster das Licht das Tages herein, unten dagegen im Kirchenschiff ist es die meiste Zeit dunkel. Ein Bild für den Abstand des heiligen Gottes von uns Menschen im Dunkel von Sünde, Tod und Zweifel. Dieser Vertikalen entspricht die Horizontale, in der der menschgewordene und gekreuzigte Gott den Beter oder die Beterin vom Kreuz her liebevoll umschlingt. Dem Kontrast von Licht und Finsternis steht etwas gegenüber, das sich jetzt in der Metaphorik der Liebe bestimmen lässt: Die Sehnsucht Gottes nach dem Menschen und die Sehnsucht des Menschen nach Gott. Im Übrigen hat unsere Metaphorik der Aufklärung sehr viel zu tun mit der Geschichte der christlichen Lichtmystik. Als G. E. Lessing seinen Traktat über die »Erziehung des Menschengeschlechtes« schreibt, beruft er sich auf das dritte Zeitalter Joachims von Fiore († 1202). Doch er säkularisiert es. An die Stelle des Lichts des Glaubens setzt er das Licht der Vernunft, an die Stelle der Gebote die Tugenden und Werte, an die Stelle der Kirche den übernationalen Staat der Gelehrten. An die Stelle des Heiligen Geistes setzt er den menschlichen Geist. Wie wäre es, wenn man fünf Minuten vor Lessing noch einmal einsetzte und das Licht der Kinder des Lichts wieder in Geltung setzte?

5.7 Jesus und der dreifaltige Gott

Wir haben uns daran gewöhnt, dass der Dalai Lama ein selbstverständlicher Gast auf dem Kirchentag ist, dass seine Schriften in konfessionellen Verlagen erscheinen und dort hohe Auflagen erreichen. Hat nicht auch der Papst mit dem Dalai Lama in Assisi um den Weltfrieden gebetet? Warum nicht in die Breite gehen und die Fülle auf dem Markt religiöser Möglichkeiten wahrnehmen? Ökumenismus als Begaffen von und Schnuppern an. Da hat sich viel getan, bedenkt man, dass ekstatische Derwische, seelenreisenkundige Schamanen, trommelnde Indianerhäuptlinge und wiedergeborene Dalai Lamas vor noch nicht allzu langer Zeit einfach als Heiden galten. Religiöse Kontakte scheute man, oder es hätte sich ein dem Dalai Lama gewachsener Theologe mit ihm um die Wahrheit gestritten, dass die Fetzen geflogen wären. Das Wort Heide nimmt man derzeit besser nicht in den Mund – es gilt als pejorativ, als Beleidigung. Die Achtung vor dem Anderen kippt in ein christliches Understatement um, das zu solch genierlicher Bescheidenheit gefunden hat, dass ihm das Wort »Mission«, das immerhin zentral bei Jesus verortet ist, schlicht abhanden gekommen ist. Eine überholte Bildungsstufe, eine Peinlichkeit aus prätoleranter Zeit. Was heißt da eigentlich Missionsbefehl? Unser saft- und kraftlos gewordenes mitteleuropäisches Christentum hat die Kraft zur Mission verloren und identifiziert Mission mit Fundamentalismus, überlässt daher dann auch oft genug die Werbung für den Glauben eben Anhängern solcher Richtungen.

Ich habe nichts gegen Sufis, Derwische, Schamanen, Indianerhäuptlinge und orange gewandete Mönche. Aber ich bekenne: Es ist mir als Christ und Neutestamentler ein Gräuel, wenn ich sehe, wie manche Christen buddhistischen Riten des Dalai Lama begeistert folgen, gar verbunden mit der Feststellung: »Nein, so eine hohe Spiritualität kennt man bei uns gar nicht!« Ob diese Leute jemals die Feier des Stundengebets in einem kontemplativen Kloster erlebt haben? Da geht man konsequent den Weg vom Interkonfessionellen zum Interreligiösen und mag in der Tat religiös in irgendeinem Sinne sein. Aber den Protagonisten fehlt das prophetische Element der Nicht-Gleichgültigkeit. Klare Rede: Diese Art von Religion kann mir gestohlen bleiben. So schwer ich mich mit dieser Spezies neuer Christen tue, so unbefangen würde ich einem Gespräch mit Gläubigen anderer Religionen entgegensehen, um mit ihnen über den Gott Jesu, den wir als den dreifaltigen Gott kennen, zu sprechen. Das nämlich ist der Skandal im interreligiösen Gespräch, dass wir Christen nicht umhinkönnen, vom dreifaltigen Gott zu sprechen, wenn wir den Gott Jesu (und nicht eine philosophische Deduktion oder eine inhaltsleere Vokabel) ins Spiel bringen. Jüngst wurde mir das im Gespräch mit moslemischen Repräsentanten deutlich: Die christliche Dreifaltigkeit ist nicht irgendeine Spekulation, sondern dieser Glaube sagt etwas aus über die ganz überraschende Nähe, in die Gott uns gegenüber eingetreten ist. Denn im Sohn ist er nicht nur leibhaftig unter uns, wir alle sollen Gottes Tempel sein wie der Sohn. Und als Heiliger Geist ist sich Gott nicht zu schade, unter uns zu wohnen.

Jesu Weg zu Gott ist für mich entscheidend. Seinen Gott nehme ich ihm ab. Ich möchte mir keinen Gott erfinden, ihn nicht herausselektieren aus dem Markt der Möglichkeiten. Jesu nächtliches Sprechen mit dem Vater ist für mich wie die Erstbesteigung eines hohen Berges. Ist sie einmal geglückt, dann können sich andere auf diese erfolgreiche Route begeben. Jesu Weg und Geschick wird dann »demokratisiert«, wird zum Muster für uns, so wie Jesus auch nach Paulus der Erstgeborene unter vielen Geschwistern ist.

Werbetechnisch scheint Jesus schlecht beraten zu sein, dass er *seine Form interreligiöser Annäherung* – sprich: den Taufbefehl in Mt 28 (Geht hin und lehrt alle Völker und tauft sie ...) und den damit gegebenen Missionsauftrag – mit dem kompliziertesten und auf den ersten Blick dunkelsten Mysterium der Heiligen Schrift verband: der Auffassung vom dreieinigen Gott. Das kann nicht ohne tieferen Sinn sein. An diesem heute reichlich unbeliebten Glaubensartikel müsste man deutlich machen können, was biblische Spiritualität sein könnte und was wir »den Heiden« zu »bieten« haben.

Als Neutestamentler wehre ich mich zunächst gegen die Meinung, die Dreieinigkeit Gottes sei spekulativ aufgepfropfte, späte Dogmatik. Fangen wir mit dem Ende der Formel unseres Bekenntnisses an, dem *Heiligen Geist*. Gott begegnet uns in seiner ganzen Majestät, ungeteilt und unfasslich als Heiliger Geist. Denn er ist der Schöpfer und der Neuschöpfer, als der Geist befreit er uns von Sünden und macht er die Toten lebendig. Er ist die Kraft, die uns das Gesetz erfüllen lässt. So ist er Gott, der der Welt und den Menschen Gestalt und Leben, Vitalität und Ordnung verleiht. Er erlöst aus dem Schweigen und schenkt im Jubel das höchste glückliche Sich-selbst-Vergessen, Gott als Heiliger Geist schafft die Gestalt und ist die Freude. Er ist immer das letzte Darüberhinaus einer Kreatur und zugleich schon das innerste zarteste Flämmchen all ihrer Hoffnung. Man kann nur in äußersten Gegensätzen von ihm reden. Denn er ist die Kraft, die zusammenfügt und zusammenhält, was auseinander strebt. Insofern Schöpfer, Erhalter und Erlöser. Wir Menschen sind wie ausgedörrt in der Sehnsucht nach ihm. Jesus selbst handelt aus und lebt in Heiligem Geist, doch dieser Geist ist nicht ein Etwas; er hat eine Dichte, die ansprechbar ist in göttlicher Personalität.

Und der *Sohn* ist Gott, ungeteilt und ganz tritt in ihm uns Gottes

Geheimnis vor Augen. Denn dieses war die Erfahrung der Menschen mit Jesus: So liebevoll und so verbindlich, so zärtlich und so streng, so ernst im nächtlichen, einsamen Beten und so fröhlich beim Feiern, so herrscherlich kompromisslos gegenüber den Dämonen und so brüderlich gegenüber Frauen und Kindern, so heilig in der absoluten Entfernung von Filz und Schmutz, so befreiend in der Vergebung gegenüber Sündern, so ist nur Gott, und so ist sicherlich Gott. Daher war es ein Glücksfall, Jesus zu begegnen und das Ende aller Verkrampfung und Krankheit zu erleben. Jesus kämpft gegen Satans Reich wie ein Feldherr, gegen Krankheit, Hunger und Tod wie ein Arzt und gegen sinnlose Trennungen zwischen den Menschen wie ein Weiser. Vor allem aber ist Gott hier leibhaftig gegenwärtig, konzentriert wie eben im Segenswort, nur viel mächtiger. Weil Jesu Machtworte aus Kranken Gesunde machen, weil seine Befreiungsworte Sünden vergeben, weil seine Worte nicht leer sind, sondern wie heilige Glut, die aus Tonklumpen haltbare Gefäße brennt, deshalb sagt man: Jesus in Person ist das Wort, durch das alles geworden ist. Es ist schon ungeheuerlich, den einen und unfassbaren Gott in dieser menschlichen Gestalt zu glauben. Erleichtert wird das nur, weil diese Präsenz Gottes auf die allermenschlichste Weise geschieht, als Freundlichkeit und Leiden, als Zuwendung und Hingabe. Aber eben auch als Freiheit von Korruption und in einer unglaublichen Freiheit gegenüber allem, was uns sonst Sorgen macht, wie Nahrung, Kleidung und Gesundheit. Der Lebensstil Jesu nach Mt 6 ist von göttlicher Sorglosigkeit geprägt. Hier liegt auch die wesentlichste Verheißung. Seit den Tagen des Paradieses beherrscht das »Ihr werdet sein wie Gott« die Fantasien der Menschen. Hier wird es unerwartet Wirklichkeit – in der seligen Kindschaft Jesu gegenüber dem Vater. Gott ist uns in Jesus als Mensch und menschlich begegnet, damit wir wie Gott werden, endlich erlöst von der Allmacht des Todes.

Und Gott ist da als der *Vater,* der Ursprung, als der Mutterschoß alles dessen, was ist und wird – die Bibel schließt ein sexistisches Missverständnis durch die Wahl der Bilder nachdrücklich aus. Am klarsten sagt es die Offenbarung des Johannes: »Ich bin das Alpha und das Omega [der letzte Buchstabe des griechischen Alphabets], der Anfang und das Ende.« Welchen Sinn hat diese Rede vom Anfangs- und Zielpunkt? Auch Paulus stimmt dem zu, indem er sagt, dass »aus« Gott alles ist und dass es »auf ihn hin« existiert, und zwar so, dass am Ende er alles in allem ist (1 Kor 15,29). Einerseits sind Ursprung und Ziel, nimmt man sie global für alle Dinge an, gar nicht vorstellbar, nur das, was dazwischen ist, kann mehr oder weniger begriffen werden. Doch es bedeutet etwas für alle Dinge, dass sie Anfang und Ziel haben. Sie sind dann nämlich nicht selbst Gott, sondern haben bestenfalls Anteil an ihm. Wenn sie von Anfang und Ziel umgriffen werden, bedeutet das, dass alle Dinge aus Gott sind, auf ihn hin und in ihm geborgen.

Diese drei Gesichter hat Gott; so wie man sagt, eine große Stadt habe mehrere Gesichter. Auch das ist ein Bild, uns vielleicht verständlicher als das Wort »Person«. Es ist aber erlaubt, von Gesichtern zu reden, weil im Griechischen das Wort Gesicht dasselbe ist wie das Wort »Person«, und auch unser Personbegriff kommt aus dem lateinischen Wort »Gesicht«. In einer Kapelle bei Montreux am Genfer See ist deshalb die Dreieinigkeit dargestellt wie drei Gesichter nebeneinander – mit drei Nasen, drei Mündern, aber zusammen nur vier Augen. Das mittlere Angesicht hat ein Auge mit dem rechten und eines mit dem linken Antlitz gemeinsam. Auch das nur ein Bild.

Bleiben wir bei dem Bild von der Stadt mit den mehreren Gesichtern. Hilft uns der Glaube an den dreieinigen Gott? Ja, in vielfacher Hinsicht. Zum einen lässt dieser Glaube Gott als noch unfassbarer, geheimnisvoller erscheinen. Denn eine Stadt mit mehreren Gesichtern verbirgt und offenbart sich zugleich in diesen Gesichtern. Zweitens macht diese Rede deutlich, wie Gott zugleich über aller Zeit und gleichzeitig als der Mensch Jesus einer von uns sein kann. Denn darauf liegt der Akzent: Dass es wirklich Gott ist, der in Jesus ist. Dass es Gott sein konnte, denn er hat mehrere Gesichter. Die Rede vom dreieinigen Gott dient vor allem der Plausibilität des Geheimnisses Jesu. Und beim Heiligen Geist geht es drittens noch einmal um Gottes ansteckende Nähe, und zugeich um das Geheimnis der Kirche (und zugleich jedes einzelnen Christen!) als Tempel des Geistes Gottes. Welches Recht haben wir Christen, den Gott Jesu Christi schamhaft zu verschweigen?

5.8 Kann man bei Jesus beten lernen?

Beten war und ist die Nagelprobe des Glaubens. Erst eine jeglicher Mystik beraubte Religion kann auf den Gedanken verfallen, es handle sich beim Akt des Glaubens um eine Art von Ethik oder Lehre, die zu gewinnen man einen historischen Abstand überbrücken oder zustimmende Einsicht in ein Denkgebäude erlangen müsse. Beten ist die lebendige Annahme einer göttlichen Gegenwart und der Kontakt mit ihr.

Wie betete Jesus? Jesus betet nie mit den Jüngern zusammen, sondern immer allein. Das ist sicher auch maßgeblich für den Christen. Er darf und soll allein mit seinem Vater reden. Denn das ist der Ort seiner Individualität, deren Geheimnisse nur er kennt. Indem diese zur Sprache kommen, werden sie im Dialog zwischen der Person des Beters und der Person Gottes erst wirklich eingeholt. »Jesus hatte an einem abgeschiedenen Ort gebetet«, so hören wir hier. An anderer Stelle heißt es: *Früh am Morgen, es war noch dunkel, stand Jesus auf und ging in die Einsamkeit hinaus, um dort zu beten* (Mk 1,35).

Jesus betet allein in der Wüste oder, was sachlich dasselbe bedeutet, auf einem Berg. Noch haben wir vom jüngsten Geiseldrama her die faszinierenden Bilder der Sahara in Erinnerung, die reinen, eleganten Formen, die der Wind in den Sand geschnitten hat. Jesus musste zu Anfang seines Weges erst 40 Tage in der Wüste sein, den Teufel besiegen und die Einsamkeit aushalten. Alle großen Erfahrungen macht Israel in der Wüste, vom brennenden Dornbusch über den Sinai, vom Manna in der Wüste bis hin zur Predigt des Täufers in der Wüste und zur Verklärung Jesu auf dem Berg. In der Wüste gewinnt Israel die Kraft zum Leben. Und das gilt im übertragenen Sinn auch von der Kirche: Wann immer sie in die Wüste verbannt wurde, kehrte sie reich geschmückt von dorther zurück. Wo in Todeslagern Christen für ihren Glauben starben, bedeutete das einen Zustrom an Gewissheit, bedeutete es glaubwürdiges, Leben schaffendes Zeugnis.

Wer noch nicht in der Wüste war, bekam vielleicht eine Ahnung davon durch ein Stranderlebnis, einen Aufenthalt am Meer, stille Spaziergänge durch urtümliche Dünenlandschaft. Da gibt es nichts als Sand und Wind, Wolken und Meer. Das ist biblische Landschaft, und man kann biblische Erfahrungen machen. Denn die Wüste hat etwas mit Gott zu tun, weil es nur noch die Weite gibt und uns selbst. Wie still muss ein Mensch werden, um wirklich Gott sprechen zu hören? In der Wüste geht es um Leben und Tod, um die erste Frage der Philosophie, wie es sein kann, dass überhaupt etwas ist und nicht vielmehr nichts. Von Jesus wissen wir: Dort, wo die Stille beginnt, gibt es nicht nur Gott, sondern auch den Teufel, und der steht für reine Verzweiflung und schäbige Sinnlosigkeit. Und wer nur noch den Sand unter sich und den Himmel über sich wahrnimmt, begreift das apokryphe Jesuswort, nach dem er gesagt hat: Wer mit Gott zu tun haben will, braucht zehn Dinge, neun Teile Schweigen und einen Teil Einsamkeit.

Schweigen ist unabdingbar, um nicht Gottes Wort mit dem eigenen zu verwechseln. Denn beim Gebet in der Einsamkeit hält Jesus nicht Gott einen Vortrag, sondern er schweigt, bis er Gott reden hört. So ist es eben mit den Geheimnissen der Wüste: Schon wer sich auf die Wüste einlässt, ist bereits ein anderer geworden. Die Wüste und die Erfahrungen in ihr leben von extremen Gegensätzen. Die Kälte der Nacht steht in schreiendem Gegensatz zur Wüstenhitze des Tages. Das Schweigen der Landschaft ist dröhnend laut. Und weil das Äußere immer gleich ist, geschieht das Entscheidende drinnen, im Inneren der Menschen. Genau deshalb ist hier die Eintönigkeit höchst spannend, weil unser Herz diese Weite bevölkert, sich in dieser Weite zunächst einmal überhaupt wiedererkennt.

Noch einmal das Stranderlebnis: In der Weite der Dünenlandschaft finden wir am leichtesten uns selbst. Leben ist etwas Konzentriertes, rund um unser Herz gebaut, sehr einmalig und sehr vergänglich. Die Geschichte der Wüste dagegen ist in Jahrtausenden zu berechnen. Auch die Dünen, die mehr nach innen liegen, sind oft hunderte von Jahren alt. So lernen wir durch die Kontraste der Wüste neu verstehen, was Leben ist: kostbare Ausnahme in diesem riesigen Weltall, das zu 99 Prozent aus Wüsten zu bestehen scheint, selbst auf dem Mars. Leben ist reine Gnade, reines, unersetzliches, nicht machbares Geschenk.

Neun Teile Schweigen, das heißt: Wir fangen dann wieder an, unsere Worte als reife Früchte zu begreifen, so wie es Jesus tut, wenn er zu unseren Worten sagt, sie seien wie Disteln oder Trauben. Trauben müssen lange reifen, bevor sie genießbar sind. Auch in der Stille einer Dünenlandschaft können Worte und Redestücke reifen, die wir nach den Ferien wieder sagen müssen. In der Einsamkeit der Dünen halten wir unsere Worte im Brutkasten. Die berühmte Frage, was Jesus in den ersten 30 Jahren seines Lebens gemacht hat, lässt sich wohl mit dem Wort des Pfarrerssohnes Friedrich Nietzsche beantworten: Wer Blitz sein will, muss lange Zeit vorher Wolke sein. Auch in den Fetzen des Betens, die uns in der Dünen-Einsamkeit in den Sinn kommen mögen, müssen wir ja gar nicht viel sagen, nicht die Masse, sondern die Klasse macht es. So ist das Vaterunser nach Lukas noch kürzer als das nach Matthäus. Die einzelnen Sätze, die wir gehört haben, hören sich an wie reife Früchte aus langen Zwischenräumen des Schweigens.

Die Jünger haben Jesus gebeten, er möge sie beten lehren. Beten kann man also lernen. Und wenn nach den Angaben des Lukas Jesus selbst vorher gebetet hat, dann wird er den Jüngern nichts anderes beigebracht haben als das, was er selbst vorher zu seinem himmlischen Vater gesagt hat. Daher kann man wohl sagen: So, genau so, hat Jesus selbst gebetet. Aus den langen einsamen Nächten, in denen Jesus gebetet hat, verrät er uns diese Worte. Es handelt sich sozusagen um eine exklusive *homestory*. Jesus formuliert diese Worte zum ersten Mal. Sie sind Frucht seiner sehr persönlichen Beziehung zum Vater.

Vielleicht ist auch das, was uns im Sterben und nach dem Tod erwartet, wie eine Wüstenlandschaft. Alles liegt dann an dem, was wir in unserem Herzen mitgebracht haben an Bildern, an Setzlingen empfangener Liebe. Das ist der Proviant, der uns die Weite ertragen lässt. Die Faszination der Wüste besteht in der Spannung zwischen dem Mitgebrachten und der Weite, zwischen unserer Kleinheit und der Unermesslichkeit außen. Wer in der Einsamkeit betet, steht direkt vor Gott, nichts lenkt ab, nichts steht dazwischen, so wie man direkt mit dem Tod konfrontiert ist. So kann es dem einsamen Psalmenbeter ergehen, als spräche er die Texte, wie er sie sprechen würde direkt in seiner letzten Stunde, in der es nur noch Gott gibt. Da lernt er, in der Zeit die Ewigkeit zu bedenken und dabei nicht traurig, sondern viel reicher zu sein als die meisten anderen. Denn durch die Berührung mit der Ewigkeit wird man zum Meister der Zeit, steht an dem großen Wasser-Reservoir, aus dem die Zeit sich speist.

Die Mönche vor 1000 Jahren haben den gregorianischen Gesang eine *meditatio mortis continua* (ein beständiges Bedenken des Todes) genannt. Tod, weil es wie der Gesang in der Wüste ist und weil diese Weisen historisch gesehen ja auch bei den Wüstenvätern ihren Ursprung haben. Und wenn es uns im Tod ergeht wie in einer Dünenlandschaft, dann wird auch verständlich, warum man das Abendmahl für Sterbende »Wegzehrung« nannte, *viaticum*. Proviant für eine weite Reise, mit dem Ziel des Lichts.

Die beständige Meditation des Todes, die wie ein Gesang im Rhythmus der Dünen ist, macht nicht traurig oder depressiv, sondern macht gelassen, weil sie in die Weite führt. Letztlich lässt sie erkennen, dass auch der Tod nur zu dieser endlichen Schöpfung gehört, dass aber Gott wie die Sonne ist, ein Leben ganz anderer Qualität.

Die immer gleichen Melodien der Gregorianik, die eintönig zu sein scheinen, haben viel mit der Wüste gemeinsam, sind wie eine Dünenlandschaft, jede scheint der anderen zum Verwechseln ähnlich. Das ist wahr: Die Mönche lernten im Gesang, dem Tod ins Auge zu blicken. Sie lernten, dass der Tod darin besteht, dass nichts mehr uns von Gott trennt. Das hat dem alternden Martin Heidegger, der längst philosophischer Atheist war, an den Mönchen bleibend imponiert. Deshalb fuhr er immer wieder nach Maria Laach, weil er wusste: die Nacht und der Tod werden hier nicht verdrängt. Man rechnet mit ihnen, und daher ist der Glaube der Mönche wahr wie sonst keiner, denn die entscheidende Tatsache, die wir immer wieder abdrängen, dass wir sterblich sind, wird einbezogen, wenn die ganze Welt zum Gesang aufgerufen und vor Gott versammelt wird. Kommt, ihr Tiere und Berge, ihr Felder und Wälder, lobt mit mir, mit uns zusammen den Herrn.

Warum betet Jesus einsam vor Gott, nicht mit den Jüngern zusammen? Wenn ich in meinem Zisterzienserkloster zu Gast bin, mitsingen und mit im Kapitelsaal sitzen darf, um ein Kapitel aus der Regel zu hören, dann ist für mich der eindrücklichste Teil immer, in der

Reihe der Mönche frühmorgens durch den Kreuzgang zu gehen, einer hinter dem anderen, der Abt oder Prior an der Spitze, wie eine Schar Gänse hinter dem Gänserich her. Jeder Einzelne geht für sich, eingerahmt von Vorder- und Hintermann. So steht jeder einzeln vor Gott. Den Hintermann sieht man nicht, vom Vordermann nur den Rücken. Die anderen gehen mit, aber letztlich ist jeder in dieser Reihe an seinem Ort und muss seinen Weg gehen. Steht unvermittelt vor Gott. *Meditatio mortis* auch an dieser Stelle.

Dass jeder allein für sich geht, hat wie alles in der Welt seine positive und seine negative Seite. Die negative Seite: Jeder begegnet Gott allein, stirbt allein, muss sich allein verantworten. Die anderen, auch der liebste Mensch, können nur dabei sein, können nur stützen. Die positive Seite: Jeden Einzelnen liebt Gott, für jeden Einzelnen ist er Mensch geworden, jedem Einzelnen ist er näher, als dieser sich selbst ist. Wenn Gott, der Schöpfer von Milliarden Planetensystemen, so unendlich groß ist, darf auch jeder Einzelne damit rechnen, dass ein unfassbar großes Stück Liebe Gottes nur ihm gehört.

Ich denke, dass in Jesu Praxis, nur allein und in der Wüste zu beten, genau dieses zum Ausdruck kommt. Und wenn wir bei Markus hören: *Früh am Morgen, es war noch dunkel, stand Jesus auf und ging in die Einsamkeit hinaus, um dort zu beten* (Mk 1,35), dann meint die Zeitangabe: Jesus liebt das Morgenrot des anbrechenden Tages. Offenbar ist es für ihn ein Bild des kommenden Tages des Herrn. Denn so, eben »Tag«, nennt das Alte Testament das Kommen Gottes am Ende der Welt. Das Morgenrot jedes Tages ist ein Zeichen dafür, dass Gott sicher kommen wird, dass er alles gerade richten und klären wird. Deshalb hängt Jesu nächtliches Beten ganz früh am Morgen zusammen mit seiner Botschaft vom Reich Gottes. Statt Reich Gottes kann man auch Herrschaft oder Friede Gottes sagen, wenn man den vollen Sinn von Schalom ausschöpfen will. Denn so wie das Morgenrot den neuen Tag sicher ankündigt, ist Jesus unter uns Menschen als Person das Morgenrot der Friedensherrschaft Gottes. Er erlebt das Neue, das siegreiche Licht, jeden Morgen. Und mit ihm beginnt das Neue. In Gerhart Hauptmanns Stück »Vor Sonnenaufgang« wird auch für moderne Menschen diese Stunde null jedes Tages wieder bewusst gemacht. So sicher wie in jeder Nacht auf das Dunkel der

Tag folgt, so sicher ist mit Jesus das Morgenrot der erneuerten Welt gekommen. Es ist nicht mehr als ein Silberstreif am Horizont. Vielen dauert das zu lange, bis es Tag wird. Die meisten hören deshalb nicht auf, sich zu wundern und zu klagen, dass auch in der Kirche die Schatten der Nacht noch so kräftig sind. Der einzige Trost ist Jesus in Person, das Licht in der Osternacht, dargestellt im Anzünden der Osterkerze in der Osternacht.

Und wir merken, dass Jesu Gebet durchaus zu dem passt, was er sonst gesagt hat. In vielen Gleichnissen, aber auch weit darüber hinaus, hat Jesus vom Reich Gottes gesprochen, von der Sache des Vaters. Es ist befreiend und entlastend für mich, dass es im Vaterunser nicht um unsere Sorgen und Interessen geht, wenn man von der Brotbitte einmal absieht. Jesus bittet um Gottes Reich und Namen, er erbittet eine versöhnte Gemeinde derer, die einander vergeben haben. Nicht wir stehen im Vordergrund und unsere kleinen Sorgen, sondern Gottes große Sorgen um die Welt.

Denn das bedeuten diese Bitten heute:

- *»Lass uns und andere deinen Namen ehren und heilig halten«:* Gottes Namen ehren wir, indem wir ihn allein anrufen und zu ihm beten. Gottes Namen heiligen wir, indem wir nicht schwören und so den Namen Gottes nicht in zweifelhafte Dinge herabziehen.
- *»Lass uns und andere deine Herrschaft anerkennen«:* Gottes Herrschaft erkennen wir an, indem wir seine Gebote befolgen. Dazu gehört zum Beispiel: Du sollst nicht Embryonen töten. Denn seit wann soll das gelten: Je schwächer, desto weniger Mensch?
- *»Vergib uns unsere Sünden, denn auch wir vergeben allen, die uns etwas schuldig geblieben sind«:* Erstaunlicherweise steht hier, dass wir zuerst vergeben, dann kann auch Gott uns vergeben. Denn bei uns geht es um kleine Dinge, die wir einander schuldig geblieben sind. Bei Gott aber ist unsere Schuld größer, denn er ist heilig, wir aber sind weit weg von ihm. Wenn es um Gottes Herrschaft und Reich geht, machen wir schlechte Reklame, wenn wir als Gottes Truppe ein zerstrittenes Häufchen sind. Und es ist am Rande der Heuchelei, wenn wir schon mal gemeinsam Abendmahl feiern, ohne die uralten Fragen von vorgestern wirklich friedlich gelöst zu haben.

- *»Führe uns an der Versuchung vorbei«:* Man muss so übersetzen, denn sonst kommt ein falsches Gottesbild heraus. Wenn man die Übersetzung »Und führe uns nicht in Versuchung« im üblichen Sinn versteht, dann denken viele, Gott hätte vielleicht Spaß daran, uns zum Kippen zu bringen, zum Erliegen in der Versuchung, und er werde nun im Gebet aufgefordert, dieses sein Hobby zu unterdrücken. Aber nach dem ganzen Neuen Testament ist es niemals so, dass Gott versucht. Das besorgen unsere Triebe und der Teufel, der sich dieser bedient. Nein, Gott führt nicht in Versuchung, er muss deshalb auch nicht gebeten werden, das bitte zu lassen. Er hat kein zweifelhaftes und vielleicht halb teuflisches Angesicht. Gott soll uns führen wie ein guter Hirt seine Schafe führt. Wenn wir erst einmal darin sind in der Versuchung oder Anfechtung, dann haben wir leicht Ausreden zur Hand, warum wir nachgeben sollten und dürfen.
- *»Vielmehr befreie uns von dem Bösen«:* Wie beim Auszug aus Ägypten, so wird Gott auch jetzt und für immer der Befreier sein. Der Böse, das sind Sünde, Tod und Teufel.

Das Wichtigste am Vaterunser ist für mich: Wir dürfen zu Gott *Vater* sagen und um Ausbreitung seines Königreiches, seiner Königsherrschaft bitten. Denn wir sind Königskinder. Wenn die Bibel sagt, wir seien die Königskinder, dann meint sie nicht veraltete Formen von Monarchie, sondern dann heißt das: Wir sind die Freien. Denn Könige waren in der Zeit Jesu die einzigen Freien. Wir sind die ersten Freigelassenen der Schöpfung. Jesus war nur der Erste in der Reihe dieser Königskinder. Er geht voran wie beim Gänsemarsch im Kreuzgang. Weil wir Königskinder sind, dürfen wir auch wissen: Gott wird alles gut machen, wir sind seine Kinder. Das Vaterunser sagt uns, wer Gott ist und wer wir sind. Wer Gott ist: Gott hat große Sorgen. Er ist heilig, aber die Menschen wissen nicht mehr, was heilig ist und schaffen alle Tabus ab. Er ist der Herr, aber die Menschen tun so, als gäbe es kein Gebot. Und das Vaterunser sagt, wer wir Menschen sind: unfähig zu Vergebung und Frieden. Und sehr bedürftig, angewiesen darauf, dass Gott uns jeden Tag das schenkt, was wir zum Leben brauchen.

Kehren wir noch einmal zu dem Jesus zurück, der vor Sonnenaufgang einsam in der Wüste oder auf dem Berg betet. Er betet in der absoluten Gewissheit, dass gerade dann, wenn kein anderer Mensch in der Nähe ist und ihn ablenkt, Gottes Wirklichkeit, der gegenwärtige, reale Gott umso stärker da ist, umso unübersehbarer. In der Einsamkeit wird die reale Gegenwart Gottes zu einer schreienden Stille, zu einer handgreiflichen Unsichtbarkeit, zu einer liebevollen Überwältigung. Und während Jesus betet, wird es Morgen, die Vögel wachen auf, die Sonne erhebt sich über den Horizont, die morgendlichen Hymnen des Stundengebets sagen: Die Dinge gewinnen ihre Farbe wieder. Sicherlich hat Jesus diese Situation des Sonnenaufgangs im Kopf, wenn er sagt, dass Gott als der Schöpfer immer noch wirkt und jeden Tag Nahrung für alle beschafft, dass er die Lilien des Feldes prächtig kleidet und dass alle Kreatur in seiner Hand ruht. Wenn es ganz still ist und die ersten Vögel anfangen zu singen, dann haben das die Psalmenbeter aller Zeiten gedeutet als den Lobpreis Gottes zu Beginn des Tages, und wir Menschen haben versucht, da einzustimmen. Daher der Lobpreis der Mönche am frühen Morgen.

Wer betet, betet allein, aber nicht für sich – er steht stellvertretend da, steht ein für alle anderen, auch für die, welche, in sich verkrümmt, kein Wort mehr aus sich herausbringen. Und jedes Gotteshaus, in dem das ja permanent geschieht, wird zur Mitte der ganzen Region, einer ganzen Landschaft. Denn hier ereignet sich das Entscheidende, wie wenn man in den Kompass die Nadel einfügt: Geheiligt werde dein Name.

Was aber ist mit den Gebeten, die nicht erhört werden? Zu den erstaunlichen Dingen in der Verkündigung Jesu gehört die unbedingte Zusicherung der Gebetserhörung. Zwar werden hin und wieder Bedingungen genannt (man soll im Namen Jesu bitten; man muss sich mit dem Nächsten zuvor versöhnen; man darf nicht zweifeln, dass Gott das Gebet erhört; Christen sollen sich einig sein im Beten), doch es gibt genügend Stellen, an denen Jesus zusichert, Gott werde ganz sicher das Gebet erhören. Zwei Begründungen werden aus den Texten – zu denen auch ein offensichtlich jüdischer gehört – erkennbar: Gott erhört das Gebet seiner Kinder, weil Eltern ihren Kindern nichts versagen. Und Gott erhört das Gebet seiner Freunde, weil Freundschaft es nahelegt, auf Bitten des Freundes einzugehen.

Dennoch ist es offenkundig, wie oft Gebete anscheinend nicht erhört werden, wenn man das so vorsichtig sagen darf. Diese Vorsicht ist geboten, denn niemand kann wissen, *in welcher Weise* Gebete erhört werden. Manche verändern den Beter, manche werden zu dessen Bestem anders erfüllt, als er sich das gedacht hat. Der ganze Bereich des Unsichtbaren und der Zukunft ist uns verborgen. Aber vielleicht handelt es sich bei der Zusage der Gebetserhörung doch um eine jener ganz massiven, himmelsstürmenden Provokationen Jesu. Könnte diese Zusicherung nicht so herausfordernd gemeint sein wie vergleichsweise die Auferweckung des Lazarus oder die Salbung mit Öl, der Jesus zustimmt, statt das Geld den Armen zu geben?

Vielleicht meint Jesus das so: Nehmt diese Verheißung als Zeichen für eine neue Einstellung Gottes zu euch. Nicht als leeres Zeichen, sondern als Symptom. Nehmt diese Verheißung ganz ernst, aber betrachtet sie nicht isoliert, sondern als Teil meiner Botschaft im Ganzen. Fragt euch: Wie wäre es, wenn das wirklich wahr wäre? Würde eben diese Gewissheit oder auch nur ein Bruchteil davon euer Gottesverhältnis revolutionieren?

Diese Verheißung selbst ist ein Stück Evangelium, etwas, das bereits selbst die Wirklichkeit verändert. So wie wenn man einen anderen Menschen sehr lieb gewinnt, auf ein Zeichen von ihm wartet – und dieser andere erklärt nun: Ja, ich liebe dich, darauf kannst du dich verlassen. Würde, wer dies hört, nicht Luftsprünge machen vor Freude? Er wäre doch am Ziel seiner Wünsche. Zwar kann er sich für diese vier Worte: »Ja, ich liebe dich« im Augenblick noch »nichts kaufen«, denn sie sind ja erst Ankündigung. Aber diese Worte verändern ihn, haben ihre erfreuliche Wirkung. Denn wenn einer dem anderen sagt »Ja, ich liebe dich«, ist das eine Verheißung für ein ganzes langes Leben. So ist auch der Satz »Der Vater erhört euch sicher« wie eine grundsätzliche Liebeserklärung. Sie ist die traumhafte Erfüllung des Verhältnisses zwischen Mensch und Gott. War nicht in allen Religionen und in all den überlieferten magischen Papyri der hellenistischen Zeit dieses die große Sehnsucht: dass Gott oder die Götter den Menschen erhören in seinem Beten und Flehen? Nehmen wir diese Sätze als ernsthafte Ankündigung eines paradiesischen Gottesverhältnisses, einer schlechthin unglaublichen Zuwendung Gottes. Dann fiele die Erhörung der Gebete in eine ähnliche Kategorie wie Sündenvergebung und Auferstehung.

Gebetserhörung gehört, so glaube ich, genau in diese Serie von Unglaublichkeiten. Sie ist »fantastisch« und radikal wie die Vergebung der Sünden und die Auferstehung der Toten. Mit diesen zusammen weist sie auch auf dasselbe Zentrum: auf die unbegrenzte Freigebigkeit Gottes. Dass Gott eben nicht geizig ist, sondern den Menschen wie seinesgleichen begegnen will, wie Vater oder Freund. Genau das ist die Revolution im Gottesbild, die eigentlich auch eine große Offenheit, Großzügigkeit und Freigebigkeit des Menschen gegenüber anderen Menschen zur Folge haben müsste.

Ein weiterer Aspekt des Betens Jesu ist das Wachen – am ergreifendsten dort, wo Jesus in der Ölbergnacht wachend und betend den kommenden Ereignissen entgegensieht. Die Nachfolger Jesu, insbesondere die Mönche, haben dieses Motiv aufgegriffen; Nachtwachen und nächtliche Anbetungen gehören zum mystischen Repertoire der Kirche seit zwei Jahrtausenden. Der Verzicht auf Schlaf gehört wie andere Güter, auf die man verzichten kann und soll, zu einem idealen Gebet. »Wachen und Beten« gehören genauso zusammen wie »Fasten und Beten« und »Besitzverzicht und Beten«. Paulus nennt auch »Sexverzicht und Beten« zusammen (1 Kor 7,3). Und bei der Formel »Arbeiten und Beten« steht das Müßiggehen im Visier der Kritik. Schlafen, Essen, Besitz, Sex und Muße sind alle lebenswichtig. Nachts zu wachen ist nicht romantisch, sondern ein Kampf gegen Kälte und Müdigkeit. Daran kann man sich auch nicht gewöhnen. Nur wenn man ganz stark von etwas mitgenommen ist, kann man nachts wachen. Dieses aber ist offenbar das Ziel des Evangeliums, dass wir ganz stark mitgenommen sind von der Frohen Botschaft, sie erneut bedenken, um ihre Kraft gegen Schlaf und Kälte wirken zu lassen.

Wenn ich nach einer persönlichen und gleichzeitig allgemeinen Manifestation von »Wachen und Beten« suche, fallen mir die Bombennächte in Luftschutzkellern ein. Krieg und Vertreibung gab es auch vorher schon; die eigentliche Neuerung ist der Krieg aus der Luft gegen alles. Und dieser Krieg wurde wegen der Flaks zumeist noch nachts geführt. Eine meiner frühesten und bleibenden Kindheitserinnerungen ist die nächtliche Flucht in den Luftschutzkeller des Miethauses, in dem wir wohnten; wenn die Sirenen ertönten, eilten wir aus dem dritten Stock hinunter in die vermeintlich sichere Zufluchtsstätte. Natürlich war, während die Nachbarhäuser unter Bomben in Schutt und Asche sanken, an Schlaf nicht zu denken. Das waren die Bombennächte meiner Kindheit: Binnen 24 Stunden verlor meine Heimatstadt Hildesheim damals 800 Fachwerkhäuser. Die ganze mittelalterliche Stadt gab es von einem auf den anderen Tag nicht mehr. Erst wenn es Tag wurde, konnte man aufatmen.

Menschen müssen wachen um ihr und anderer Leben willen – am Krankenbett und anderswo. Das bricht den Trott auf, reißt uns aus der Normalität, ist gewissermaßen gemein. Gemein deshalb, weil das Recht auf Schlaf zu den ganz elementaren Grundrechten des Menschen gehört. Das Neue Testament ist äußerst skeptisch gegenüber derartigen lebensnotwendigen und elementaren Vorgängen. Auch Zeugen und Gebären, Essen und Trinken, Kaufen und Verkaufen gehören dazu. Braucht man nicht alles dies? Gewiss, ja! Aber der selbstgenügsame Kreislauf der Dinge, der uns vorgaukelt, es hätte alles seine schönste Ordnung und es sei rund und gut so im Wiederkäuen des Immergleichen seit Menschengedenken, ist eine trügerische Totalität. Das Evangelium stört den innerweltlichen Frieden, bricht den Kreis von oben auf. Der Sinn des Zeugens ist nicht das Zeugen, der Sinn des Essens nicht das Essen, der Sinn des Handelns nicht das Handeln. Jede Herrschaft und auch jede Tyrannei bauen auf diese Grundvollzüge und dass sie sich durchsetzen werden – »Erst kommt das Fressen und dann kommt die Moral«, so hat es Bert Brecht auf den Punkt gebracht. Und wir wissen: Gefährlich waren und sind Leute, die kaum schlafen, kaum essen, nicht heiraten. Leute, die um ihrer Ideale oder des Himmelreiches willen wach bleiben konnten. Gefährlich, verdächtig, unheimlich waren sie. Ihnen ist es ergangen wie dem Hungerkünstler, der sich einst auf dem Oktoberfest bestaunen lassen wollte und der fast gelyncht wurde.

Um des Lebens willen muss man auf solche elementaren Bedürfnisse auch einmal verzichten können. Wer immer nur seine acht Stunden schlafen muss, wird nie die halbe Nacht mit Liebe zubringen können, wird nie kleine Kinder versorgen oder Kranken beistehen wollen. Und große Sorgen oder wichtige Projekte rauben einem den Schlaf. Wer hätte das nicht schon erlebt? Von daher versteht man ganz gut, wenn in der Bibel das »Wachet!« hervorgehoben wird. Wo Leben bedroht ist, verzichten wir auf Leben und Rechte, anders ist Leben nicht zu erhalten. Für das Daseinsgefühl Jesu und seiner Jünger war dieses offenbar ganz wichtig: Es kommt etwas auf uns zu, das unser Recht auf Schlaf dezimiert. Es gibt etwas, das wir nicht verschlafen dürfen, und zwar ab jetzt und für immer. Das, was da auf uns zukommt, ist nicht nur angenehm, sondern vielmehr zweideutig wie das meiste im Leben, riskant, denn es kann so oder so ausgehen. Wacht um eures Lebens willen! Die Bilder, die immer wieder vorkommen: Sklaven, die auf ihren Herrn warten – nicht etwas, das für sich genommen erfreulich wäre. Oder der Hausherr, der bereit sein muss, weil er nicht weiß, wann der Einbrecher kommt – eine jedenfalls unangenehme Erfahrung. Aber bevor man den Einbrecher, der sicher kommt, alles ausräumen lässt, bleibt man schon um seiner Klamotten willen auf. Wenn wir schon um deretwillen auf Schlaf verzichten, wie sehr erst, wenn unser Leben in Gefahr ist, nicht nur unser leibliches, sondern unser Leben überhaupt.

So ist Jesu Zeitverständnis: Vor Tagesanbruch teilt er mit den Jüngern die Nacht. Niemand weiß, wie spät es wirklich ist. Umgeben sind sie von Dunkel und seinen tausend Möglichkeiten. Jesus ist gewiss: Angesichts dieser Möglichkeiten, Ungewissheiten und Gefährdungen kommt es jetzt darauf an, nüchtern und konzentriert Kurs zu halten, sich nicht gehen zu lassen, sondern sich jetzt für den Weg zu entscheiden, der dem Licht des kommenden Tages standhält.

Und noch einmal Luftschutzkeller: Die vielen Menschen aus dem großen Haus saßen eng beieinander, nachts in dem kleinen Raum. Dort hatte ich nie Angst. Menschen saßen lange zusammen, die sonst nur aneinander vorbeihasteten. Die Gefahr schloss sie zusammen, aller Streit um Kleinigkeiten war vergessen. Keiner fror, die Menschen teilten die Wärme. Die Gottesdienste der frühen Christen in den Katakomben waren ähnlich – tief unten im Friedhofsgewölbe fanden sie statt, natürlich in der Nacht. Die Teilnehmer: eine Verschwörergruppe, einer stand Schmiere. Und wer schon einmal ein Mithrasheiligtum gesehen hat, findet dort das gleiche Bild: Menschen, die den Lichtgott anbeten, finden sich ein im Gewölbe unter der Erde, um nachts zu feiern, um gemeinsam den Morgen zu erwarten. Wir sitzen zusammen, alle in einem Boot, die Nacht umschließt uns. Wir wissen nicht, was kommt, wann es kommt. Wir wissen nur, dass die Nacht die Herzen eint und die Gewalten beugt. Auch wenn wir im Morgengrauen aufatmen, die Zeit, in der wir leben, ist doch ingesamt eine große Nacht. Das Fieber erreicht seinen Höhepunkt und flaut ab. Es wäre gefährlich, das Bild der Nacht aus unserer Existenz zu verdrängen. Damit fiele auch die Hoffnung auf den Tag.

KAPITEL 6

Jesus und das menschliche Glück

6.1 Auf der Seite der Opfer

Man fragt sich, wie das nebeneinander sein kann: Ein Jetset, der sein Vermögen auf sündhaft teuren Yachten durchbringt – und Kinder, für deren Aidsmedikamente kein Geld da ist. Wie kann das sein, dass die einen von der Frage bewegt werden, wie sie den morgigen Tag überleben sollen, und die anderen – die auf der Sonnenseite des Lebens – sich bloß noch fragen müssen, welche Rotweine einen alten Barolo toppen und ob das Täschchen nun von Gucci oder Versace sein muss. Kismet? Schicksal? Glück gehabt – Pech gehabt? Welch ein Zynismus! Auf diese ungeheuerlichen Fragen, die letztlich ganze Gesellschaften betreffen, können nicht nur die politischen Antworten gegeben werden, die sich in der Tradition von Marx des Themas angenommen haben. Letztlich bleibt das Konkrete: Ein behindert geborenes, armes Kindchen, das sich wenige Jahre in Schmerzen durchs Leben schleppt, um dann elend zu sterben – neben dieser Art von Armut sind wir alle die Reichen, selbst wenn wir mit größter Liebe und unter Aufbietung bedeutender materieller Mittel einen Ausgleich zu schaffen suchen. Gibt es eine ausgleichende Gerechtigkeit? Gibt Jesus, gibt das Evangelium darauf eine Antwort?

Es hört sich wie aus dem Märchenbuch an, wenn Jesus sagt: *»Selig die Armen, die Hungernden, die Verfolgten und Gehassten, denn ihnen gehört Gottes Zukunft.«* Halten wir uns zunächst an die Fassung in Lk 6. In der Tat fällt auf: Armut, Hunger und Weinen werden nicht im Geringsten spiritualisiert oder moralisiert. Jesus fragt nicht, warum diese Menschen arm, hungrig und traurig sind, welche politisch-gesellschaftlichen Verhältnisse daran schuld sind und wie man die Verhältnisse verändern könnte. Wichtig in der Ansage an die Armen ist allein dieses, dass Gott ihr Geschick wendet. Gott wird das tun, wie es in der Offenbarung des Johannes von seiner neuen Schöpfung heißt: *Alle Tränen wird er von ihren Augen abwischen. Es wird keinen Tod mehr geben, und keine dumpfe Trauer, keine Verzweiflungsschreie und keinen peinigenden Schmerz. Denn alles, was früher war, ist vorbei.*

Die durchweg feststellbare Neigung der Bibel, nicht nach dem Woher von Leid und Elend zu fragen, schlägt auch hier durch. Die Bibel fragt vielmehr immer danach, was Gott daraus machen wird, wenn es einmal so weit gekommen ist. Auch bei Lazarus und im Magnificat ist es so: *Die Mächtigen hat er vom Thron gestürzt und die Elenden aufgerichtet. Die Hungrigen hat er satt gemacht und die Reichen leer ausgehen lassen.* Und auch bei Lazarus heißt es nicht, dass er besonders fromm oder gerecht war. Die Begründung für diese Logik lässt Lk 6,24 erkennen: *»Aber wehe euch, ihr Reichen, ihr habt euren Anteil schon kassiert!«* Ähnlich ist es auch mit den nach außen hin Frommen in der Bergpredigt: *»Amen, ich sage euch, sie haben damit ihre Belohnung schon«* – diese Leute kommen auch so auf ihre Kosten.

Damit aber ist deutlich, dass es sich hier bei den Seligpreisungen und Weherufen nicht um moralische Rede handelt. Denn das ist ja keine Leistung – hungrig sein oder weinen oder verfolgt werden. Anders als in den Seligpreisungen in Mt 5,1–12 geht es bei Lukas nicht um den Lohn für gerechtes Verhalten der Menschen wie Friedenstiften usw. Bei Lukas ist *Gottes Gerechtigkeit* das Thema. Wie bei Lazarus wird Gott für Ausgleich sorgen: Der reiche Mann, der den todkranken »Penner« Lazarus vor der Tür ignorierte, lebte üppig und in Freuden. Lukas antwortet auf die Frage nach der ausgleichenden Gerechtigkeit, eine Frage, die uns auch heute in all den Varianten, wie wir sie eingangs geschildert haben, auf den Nägeln brennt. Lukas sagt: Gott wird den Vorwurf, er behandle Menschen ungleich, durch Umkehrung der Verhältnisse ausräumen. Und den scheinbaren Nachteil, dass die Armen zuerst arm sind und erst dann reich, wird er durch die Dauer der Zeiten ausgleichen, denn auf die kurze Zeit irdischer Leiden folgt im Fall Lazarus die ewige Glückseligkeit.

Auch die Sätze über die Verfolgten, die leiden müssen wie die Propheten, beziehen sich nicht auf den Lohn für Gerechtsein und Wohlverhalten der Verfolgten. Auch hier heißt es: Gott wird ihr Geschick wenden. Man kann in diesen Aussagen über Gottes Gerechtsein und den Ausgleich, den er schaffen wird, eine ausgeweitete und konsequent zu Ende gedachte Märtyrertheologie sehen. Denn die Lebenszeit des Märtyrers wurde drastisch verkürzt, und Gottes Gerechtsein erfordert es geradezu, dass der Märtyrer eine Kompensation erhält. Und so wird es allen ergehen, die in diesem irdischen Leben nichts als Elend sahen. Denn Gott ist gerecht. Daraus entwickelte sich auch die Auffassung vom noch in dieser Weltzeit ausstehenden Tausendjährigen Reich, denn dieses ist die Zeit, in der alles das ganz gerecht abgegolten und ausgeglichen wird, was noch aussteht. Das ist nach Offb 20 die Zeit, in der deshalb die Märtyrer eine erste Auferstehung erleben werden. Wenn Gott gerecht ist, wird er diesen Ausgleich schaffen.

Wir hätten freilich gerne, und das zeigt auch die Auslegungsgeschichte, wenn auch das Moralische hier mit untergebracht wäre. Das betrifft besonders die Reichen, von denen Jesus sagt: »Wehe euch, ihr habt euren Anteil schon kassiert.« Sind wir damit gemeint? Wir möchten gern reich *und* gut sein und meinen, Jesu Wort sei nur auf die bösen Reichen gemünzt. Aber davon steht hier nichts. Bei diesem Text könnte sich vielmehr durchaus um eine Skizze unserer Wohlstandskirche handeln: »Wehe euch, die ihr jetzt volle Bäuche habt, ihr werdet hungern. Wehe euch, die ihr jetzt ein lustiges Leben führt, denn ihr werdet jammern und heulen. Wehe euch, wenn euch die anderen Schmeichelhaftes sagen. Denn genauso haben ihre Voreltern die falschen Propheten behandelt.« Wir westeuropäischen Christen sind nicht abgrundtief böse, uns geht es halt nur sehr gut auf der Welt. Dafür werden wir – folgt man dem Text – auch nicht bestraft, Gott schafft nur Ausgleich und lässt auch die anderen einmal drankommen.

Wir stehen damit hier vor einer besonderen Auffassung der Frage, wie Gott Böses zulassen kann. Man darf wohl davon ausgehen, dass auch in der Perspektive Jesu in einem »normalen« Leben Freude und Leid sich abwechseln und ein gewisses Gleichmaß herrscht. Hier, in den Seligpreisungen und Weherufen dagegen werden die Extreme in den Blick genommen: Es geht um diejenigen, denen es wirklich so gut geht, dass man sie reich nennen kann, und diejenigen, die einfach arm sind und heulen. Jesus spricht von den Extremen, um für beide – so wie es schon das Magnificat tut – zu sagen: Ihr beiden Gruppen werdet in besonderer Weise die Führung Gottes zu spüren bekommen. Dabei sind, und nur von daher wird dieser Abschnitt im Evangelium eigentlich verständlich, die verfolgten Jünger Jesu der eigentliche Anlass für Jesu Rede. Hier liegt der alleinige Schwerpunkt: »Selig seid ihr, wenn die anderen euch hassen, euch ausstoßen, euch beschimpfen und euren Namen mit Abscheu nennen, weil ihr zu Jesus gehört, dem Menschensohn. Freut euch und jubelt, wenn man euch das antut. Denn im Himmel werdet ihr reich entschädigt.«

Jesus tröstet seine Jünger, die verfolgt und geschmäht sind. Er verweist sie darauf, dass sie sich durchaus nicht in schlechter Gesellschaft befinden. Ihnen ergeht es nicht anders als den Propheten. Jesus tröstet sie mit dem Gedanken an die zukünftige Umkehr des Geschicks und den zu erwartenden gerechten Ausgleich. Das ist fast wie eine Definition des Glaubens an Gott: Ich glaube an den, der das kann und tun wird. Ich glaube an den Gott, der im Magnificat Mariens gelobt wird. Er ist der Herr der Geschichte. Er wird die extremen Verhältnisse von Macht und Ohnmacht verkehren. Ja, ich glaube also daran, dass es eine Gerechtigkeit in der Welt gibt, und dass sie ein persönliches Antlitz hat, das Antlitz dieses Gottes. Denn nicht Zufall oder Schicksal bestimmen das Auf und Ab der Geschichte, die tiefen Täler und die großen Höhen. Das wäre letztlich blinder Zufall, eine zynische Vergiftung allen Lebens, eine Beimischung von Galle in jeder Form von Freude und Genuss. Nein, ich glaube an den Gott, der Gerechtigkeit will und der diese Gerechtigkeit durch seinen Sohn Jesus Christus uns kundgetan hat. Und weil er es gesagt hat, ist es nicht irgendeine vage Hoffnung, sondern Auskunft über Gottes Willen, die Hoffnung macht und die Erniedrigten auf tiefster Talsohle erreicht.

Wenden wir uns nun der Fassung der Seligpreisungen in Mt 5 zu, in denen es um Gottes Verheißung für die Reinen und Friedfertigen geht. Nach dem ersten Evangelium sind es die Armen und Gequälten, die Traurigen, sind es Menschen, die sich nicht wehren, die sich wirklich nach Gerechtigkeit sehnen, sind es die unschuldig Verfolgten, Beschimpften und Verleumdeten, zu denen sich so sonderbare Menschen gesellen wie schlicht und einfach Barmherzige, wie Friedensstifter und solche »reinen Herzens«. Eine merkwürdige Mischung von Opfern, Naiven und Idealisten. Jesus stellt das auf den Kopf, was man bürgerliche Werte- und Verhaltensordnung nennt. Wenn uns solche Menschen begegnen, sind wir dann nicht versucht zu sagen: Sie werden es schon selbst verschuldet haben? Wir sollten nicht vorschnell sagen, dass wir doch längst die christliche Wertordnung des Evangeliums internalisiert hätten. Ich möchte das bezweifeln. Wer versucht, ein Kind dazu zu erziehen, sich nicht physisch zu wehren, wird sein blaues Wunder erleben. Nein, die Maßstäbe, die Jesus hier auf den Kopf stellt, sind noch immer die unsrigen. Mit ein wenig Ehrlichkeit können wir das leicht feststellen.

In der Umwertung der konventionellen Denkweise durch Jesus sind es diese Menschen, denen wahrhaft die Zukunft gehört, sind es diejenigen, die Gott einfach liebt. Denn Erwählen heißt im Hebräischen nichts anderes als »Lieben«. Gott steht auf ihrer Seite, er hat ohne Grund und Anhaltspunkt einen »Narren an ihnen gefressen«. Warum das so ist, sagt Jesus nicht. Gott ist eben so, er hat »Charakter«; Gott ist keine wesenlose Gottheit. Die Begründungen, die Jesus für die Seligpreisungen gibt, sind kühne Verheißungen, aber nicht Begründungen im logischen Sinn. Für die Betroffenen hat die Umwertung, die uns proklamiert wird, jeweils unterschiedliche Folgen: Nach dem Evangelium liegen sie hauptsächlich in der Zukunft.

Wie wäre es, wenn wir uns darauf besinnen könnten, dass wir zur Kirche der großen Heiligen gehören? Zur Kirche der Aufopfernden, der Helden unbedingter Nächstenliebe, zur Kirche einer Mutter Teresa, eines Maximilian Kolbe, eines Damian de Veuster, der unter Leprakranken wirkte, bis er selbst vom Aussatz aufgefressen wurde? Jesus meint hier – nach Matthäus – beide Gruppen, solche, die physisch leiden und die in jeder Hinsicht fertig gemacht werden, und andererseits diejenigen, die freiwillig draufzahlen – Sanftmütige, Friedfertige etwa. Jesus meint zunächst physische und nervliche Not, er spricht von den durch Übergriffe Verängstigten. Die »Armen im Geist« müsste man wiedergeben als die »armen Menschen, die gequält werden«; seit den Texten von Qumran wissen wir nämlich, dass »arm im Geist« der ist, den man nervlich fertig macht. Noch einmal: Jesus hat sie alle im Blick, die körperlich und seelisch Leidenden und diejenigen, die freiwillig Leid auf sich nehmen, weil sie die Umwertung Jesu jetzt schon vollziehen und ein Stück des verheißenen Ausgleichs jetzt schon zum Ereignis machen durch gelebte Solidarität.

Das Evangelium nach Matthäus hat generell eine bestimmte, sich zuspitzende Tendenz: Jesus selbst ist sanftmütig, er selbst ist verfolgt und wehrt sich nicht, er weigert sich in seiner Passion, Engel zur Hilfe zu rufen. Und so wie er Sohn Gottes ist, wird dasselbe Wort auch für alle diejenigen in Anspruch genommen, die ihm und damit Gott ähnlich sind: »... damit ihr Kinder eures himmlischen Vaters seid.« Die Umkehrung der bürgerlichen Werteordnung setzt direkt bei Jesus an, denn er erweist durch Leiden und Kreuz, dass er zu Gott gehört. So, wie diese Welt nun einmal ist, kann Zugehörigkeit zu Gott auch kaum anders demonstriert werden, als dass man ihre Werte auf den Kopf stellt – und ihre brutale Macht schlicht erleidet und das Spiel nicht auch noch mitspielt.

Wir fragen: Sind die Verheißungen der Seligpreisungen nicht doch lauter leere Versprechungen? Sind die Leute in Jesu Gesellschaft, die Armen und Verfolgten, wirklich glücklich zu preisen? Auffallend ist nämlich: Es heißt nicht »glücklich *werden* sein ...«, sondern »glücklich *sind*« – eine zeitenthobene Aussage also. Wie das zu verstehen ist, sagt uns eine Stelle aus dem 1. Petrusbrief, der ja in der Anbindung an die Autorität des Petrus dem Matthäusevangelium besonders nahe steht: *Und wenn ihr jetzt beschimpft werdet, weil ihr Christen seid, dann gilt: Selig seid ihr, weil der Heilige Geist Gottes jetzt schon auf euch ruht, der Geist der Herrlichkeit* (4,14). Wenn also einer leidet und dennoch dabei selig ist, dann ist das nicht perverse Lust, sondern Gottes Geist, der ihn tröstet und trägt, der ihn durchsichtig macht für das, weswegen der leidet. Ähnlich wie Dietrich Bonhoeffer in der Stunde der Verurteilung zum Tod erklären konnte: »Dies ist das Ende. Für mich der Beginn des Lebens.«

In dem soften Jesus der Schlafzimmerbilder des 19. Jahrhunderts haben wir uns getäuscht. Er ist nicht weich und zum Vergehen sanft. Der Jesus der Seligpreisungen ist hart im Nehmen. Gewiss geht Leiden wie Mitleiden an die »Nerven«. Nerven von der Art zu haben, wie sie Jesus hat, das kann einen jetzt schon in Leid und Verfolgung zum Lächeln bringen. Wir drücken das oft ganz schlicht aus: Es ist alles Sache der Einstellung. Diese Einstellung heißt auf Christlich »Glaube«. Und im normalen (nicht-biblischen) Griechisch ist Glaube ganz einfach dasselbe wie Treue und Geduld. Und derjenige, der weiß, was das für einer ist, dem er treu ist, der ist selig über jede Art und Weise, in der er eindeutig zu ihm gehören kann. Auch wenn es Leid und Verfolgung sind, die schon immer die eindeutigste Botschaft des Christentums waren. Eindeutig deshalb, weil sie durch sich selbst verkündigten: Diese Welt der Ungerechtigkeit ist nicht das Letzte, sondern immer nur das Vorletzte. Ihre Tage sind gezählt, ihre Zukunft hat sie schon lange hinter sich.

6.2 Jesus, Männer, Frauen, Paare, Kinder

In einer Gesellschaft, in der sich die traditionelle Form der Ehe sukzessive auflöst, in der Männer, Frauen und Kinder in losen Assoziationen, Patchwork-Familien und Lebensabschnittsgemeinschaften durcheinander gewirbelt werden wie noch in keiner menschlichen Gesellschaft zuvor, suchen wir neu nach den Fundamenten gelingenden gemeinschaftlichen Lebens. Ist es wirklich so, dass alles, was Männer, Frauen und Kinder zu Beziehung, Gemeinschaft, Liebe, Ehe, Familie verbindet, bloß durch Funktionen bestimmt ist? Durch Sex, Langeweile, Produktion von Nachkommenschaft, Gemeinschaftsbedürfnis, sozialen Kitt, durch Rente und Generationenvertrag? Sind wir letztlich nur einsame Individuen, die sich von Mal zu Mal zu Einheiten assoziieren, um rasch wieder auseinander zu streben und in Einsamkeit zurückzufallen, wenn der Zweck erfüllt ist? Sind wir Single-Atome, die immer nur kreisen und sich niemals wirklich verbinden? Bleibt uns nichts anderes übrig, als zu leben im Modus »synchronisierter Einsamkeiten« (Klaus Hemmerle)?

Ich glaube das nicht. Beziehung, Gemeinschaft, Ehe ist *mehr*. Eine persönliche Beziehung unter Menschen ist nicht die Addition von zuvor isolierten Personen. Keine Familie ist ein Zweckverband, eine Art funktionaler Genossenschaft; sie entsteht nicht durch bloßes Nebeneinandersetzen und Addieren. Denn weder haben hier Mann und Frau sich zusammengetan und als zwei selbständige Personen ein Kind gezeugt, ohne dass etwas qualitativ Neues entstünde, noch ist das Kind etwas scheinbar Überflüssiges, das auch genausogut fehlen könnte, wie es uns modische Partnerschaftskonzepte suggerieren. Auch Jesus als Kind ist nicht sozusagen sekundär zu seiner Familie hinzugekommen.

Wenn wir über Gemeinschaft unter Menschen reden, sollten wir zunächst einen kleinen Umweg machen und auf Gott schauen. Denn wo wir es mit Gott zu tun haben, muss unser Getrenntsein in viele Einzelne (man kann auch sagen: Singles) nicht erst künstlich zur Einheit werden, sondern alles entsteht aus der Einheit Gottes heraus. Die Welt lässt sich im Horizont des Glaubens von dem einen Urgrund her verstehen, und der entfaltet sich in die Vielfalt und Mannigfaltigkeit der geschaffenen Dinge. Der *eine* Gott entfaltet sich zur Zweiheit und Vielheit hin. Dieser Gedanke ist für den schwierig nachzuvollziehen, der in Gegensätzen zu denken gewohnt ist, in den Oppositionen von Mann und Frau, Gott und Welt, Zeit und Ewigkeit. Da müssen wir immer aus vielen Einzelheiten mühsam eine Einheit werden lassen. Und jeder Versuch, auf diese Weise Frieden, Versöhnung, Gemeinschaft in der Welt zu schaffen, zeigt, wie unendlich mühsam und frustrierend es sein kann, wenn man bei der Vielheit einsetzt und von ihr ausgeht.

Die Menschwerdung Gottes zeigt den anderen Weg: Von der Einheit her wird die Vielfalt begründet, in ihr ist sie legitim und denkbar. Der *eine* Gott ist Anfang und Ziel, der eine Mittler steht auf dem Weg zu diesem Ziel. Der Sohn ist vom Vater *getrennt*; im Geist ist er aber ganz *eins* mit ihm. Eine besondere Bedeutung hat dabei die Mitteilung des einen Geistes an die Christen, denn es ist der *eine* Schöpfungsgeist, der sich in die Gaben und Dienste entfaltet. Damit wir Leute des *einen Gottes* uns nicht in der *Vielheit* verlieren, brauchen wir stete Erinnerung an unsere Herkunft, brauchen wir die Gebete und Hymnen (Lieder) der Gemeinde: Sie sind »geistliche« Erinnerung an das Paradies, Rückkehr zur anfänglichen Einheit. Damit sind sie zweitens auch Vorgeschmack mitten in der Zeit und Wegmarke auf dem Weg zu einer Einheit in Herrlichkeit. Deshalb werden Gebet und Hymnus auf das Wirken des Geistes selbst zurückgeführt. Deshalb wird auch der menschliche Leib Jesu durch den Schöpfergeist regelrecht ganz neu geschaffen, weil Jesus der Prototyp des neuen, erlösten Menschen sein wird. Aber es geht eben um Schöpfung, ein anfängliches Tun Gottes im Nachvollzug der Menschen. Wo wir es mit Gott zu tun bekommen, erinnert alles Getrenntsein an die Einheit, aus der wir (sie verloren habend) herkommen und (sie im Glauben gewinnend) hinstreben. Jede Form der Überwindung von Getrenntsein – das Synonym dafür ist »Liebe« – hat daher einen Schimmer des Göttlichen. Beziehungsvolle, treue Menschen erinnern an Gott, an das Paradies, geben einen Vorgeschmack auf die Vollendung.

Wo Einheit und Frieden so gestiftet werden, da sind sie leicht, weil sie organisch aus Gott hervorgehen und nicht erst durch Konstruktion gesucht werden müssen. Sie werden leicht, wenn man sich nur an Gott orientiert und wenn man vor ihm im Gebet mit ihm gemeinsam ringt. Dann führt das Gebet schnell und direkt zu seinem Ursprung in Gott zurück.

Was bedeutet es eigentlich, dass Gott ein Kind geworden ist? Ich habe eine gewisse Vorliebe für Texte des Mittelalters. Sie sind die Frucht tiefer Meditation – und wenn wir uns auf ihre eigentümliche Sprache einlassen, sagen sie uns in höchster Präzision, worauf es ankommt. So heben die mittelalterlichen Gebete zum Fest der Heiligen Familie hervor, worin das Geheimnis bestehe: … dass der Gott, den die Welt nicht fassen könne, in einer Jungfrau Schoß habe wohnen wollen, dass der unfassliche Gott als Kind gehorsam geworden, und dass er, der selbst das Gesetz gegeben hat, dem Gesetz und den Eltern ergeben, ihnen gehorsam gewesen sei und so die Demut gelehrt habe. Das Wort »sich unterwerfen« (Lk 2: Jesus war seinen Eltern »untertan«) spielt hier eine große Rolle.

Dass der große Gott sich Menschen unterwirft, ist der Geheimtipp für den Frieden in jeder künftigen menschlichen Gesellschaft. Solange wir Frieden als Arrangement unter Mächtigen verstehen, bleibt es ein ewig blutiges Machtgerangel. Frieden schaffen ist aber Dienst an den Kleinsten, Unterwerfung unter die Ohnmächtigen. Wenn Gott selbst demütiges (dienst-mutiges) Kind ist, dann sind damit alle Größen- und Rangverhältnisse, die je auf der Erde bestanden haben, radikal ins Gegenteil verkehrt. Klein sind die Potentaten, Tyrannen, Minister, Aufsichtsräte; groß, ja das Größte ist das Kind. Nur wenige, wirklich Weise haben sich bislang konsequent auf diesen Weg einzulassen gewagt.

Gott ist Kind geworden – was besagt das in einer Gesellschaft, die so kinderfeindlich ist wie nie und nirgends je eine Gesellschaft? Es besagt zwangsläufig, dass noch nie Menschen so weit entfernt waren wie wir Heutigen von Gott. Es sagt auch, dass die spezifische Qualität der Kinder – nämlich: Staunenkönnen und alles von anderen zu erwarten – bei uns keine Schande zu sein hat, sondern eine Tugend, ja etwas Göttliches. Deshalb heißt es in den alten Gebeten: Josef und Maria haben über alle Maßen gestaunt, als sie sahen, dass er Gott war und zugleich Kind. Gott ist Kind geworden, damit ab jetzt die Zuwendung zu einem Kind und die Sorge für ein Kind und die Liebe zu einem Kind angerechnet wird wie die Zuwendung zu Gott selbst. Damit fortan Staunen und Fragen mehr gilt als vieles zu wissen.

Und dies ist sicher das bleibend Anstößigste: Dass Gehorsam und Unterordnung göttlich sind und nicht Selbstverwirklichung und Emanzipation von was auch immer. Allein schon das zu sagen ist Verstoß gegen jede *correctness* und ein Ärgernis, wie es damals das Kreuz war, als man es noch nicht vergoldet an Halskettchen trug. »Gehorsam« – darin steckt: Hören auf … – ist das Unwort schlechthin. Die Kritische Theorie erzeugte eine Pädagogik mit dem Höchstwert »Kritikfähigkeit« und schuf ein Leitbild vom rotzigen, aufsässigen, um Gottes willen nicht »hörenden« Kind. Wir verbinden Gehorsam noch immer mit dem Kadavergehorsam des Großen Friedrich, mit den knallenden Stiefeln der SS. Es gibt aber nicht nur die Gräuel geistlosen Gehorsams; es gibt auch den licht- und geistvollen Gehorsam der bedingungslosen Unterwerfung unter das Wahre, den Gehorsam derer, die sich für die Wahrheit lieber umbringen lassen, als sie zu beugen. Es gibt den Gehorsam der Ordensfrauen, die sich für ihre geistig behinderten Kinder lieber ins KZ bringen ließen als sie an die Nazischergen auszuliefern. Wir pflegen noch immer zu meinen, es gehe beim Gehorsam um Lebensuntüchtigkeit, Duckmäuserei und gebrochenes Rückgrat. Insofern wirkt die wütende Polemik der Nazis gegen christliche Demut noch immer fort unter uns, der Germanenstolz gegen angeblich römisch-klerikale Sklavengesinnung – noch immer auch ein Stück Kulturkampf. Trotzdem könnte es sein, dass die Demut das Wichtigste ist, wenn sie sich durch zwei Schwestern führen lässt: Durch das Eingeständnis, nicht immer und vielmehr nur manchmal Recht zu haben und durch etwas, das neulich jemand katholische »Sündenfreudigkeit« genannt hat, das Geheimnis nämlich, Sünder und fröhlich zugleich sein zu können, was dann doch stark auch an Martin Luther erinnert.

Das wirft ebenfalls ein Licht auf die Familie, wie sie heute gelebt werden kann. Dass Jesus, obwohl er Sohn Gottes ist, sich seinen Eltern »unterwirft«, bedeutet: Die Menschwerdung Gottes zerstört nicht die menschlichen Ordnungen, sondern der Gottessohn fügt sich ihnen demütig ein. Ähnlich sagt Paulus, Jesus habe »unter dem Gesetz« gelebt und habe das Gesetz erfüllt. Und nach Mt 3,15 muss Jesus gemeinsam mit dem Täufer »alle Gerechtigkeit erfüllen«, nämlich das, was von jedem Christen erwartet wird. Umfassend hat Paulus das, was gemeint ist, im Philipper-Hymnus formuliert: Jesus wurde als Mensch »gehorsam«, und zwar sogar bis hin zum Tod am Kreuz. Auffällig ist: Immer im Zusammenhang mit der Menschwerdung des Gottessohnes wird sein Gehorsam gegenüber Eltern und Gesetz hervorgehoben. Gott ist nicht nur Mensch geworden, sondern er hat sich auch in die Ordnungen der Menschen eingefügt. Er zerstört nicht, sondern heilt. Und er heilt von innen her.

Der Kontrast: Später löst sich Jesus in mancherlei Hinsicht von seiner Familie, und er fordert auch seine Jünger zu ähnlicher Aufsässigkeit auf. Aber auch das gehört schließlich zu jedem Menschenleben. Wenn einer erwachsen wird, kann er nicht das gedankenlose Imitat seiner Vorgänger sein; er wird und muss Neues in die Welt setzen, ein Eigener sein. So finden wir bei Jesus beides, und zwar alles zu seiner Zeit: Gehorsam als Ausdruck des Geborgenseins in der Kindheit und frühen Jugend, kritische Distanznahme als Zeichen des Erwachsenwerdens – bei Jesus verläuft diese Phase denkbar heftig.

Die notwendige Ablösung des Kindes wird bis heute von vielen Eltern falsch verstanden und von manchen Kindern gar nicht geschafft. Die Pubertät ist für die meisten Familien eine Zeit heftiger Leiden und beidseitiger Verletzungen – es reißt sie in die Krise, wird als Unglück gedeutet, das die Familie sprengt. Und doch *muss* es so sein, *muss* sich das Kind aus den Projektionen seiner Eltern befreien, *muss* umso heftiger opponieren, je tiefer es mit liebender Vorsorge umgeben ist. Bei Jesus – auch er stürzte seine »Familie« in die Krise« – ist es so: Offenbar gibt die empfangene Geborgenheit ihm überhaupt die Kraft, später neue Wege zu gehen. Auch insofern also wächst Jesus auf wie ein »normaler« Mensch.

Ein Stück der Emanzipation Jesu von seiner Familie ist der Bericht, wonach der zwölfjährige Junge bereits alle Wissenschaft beherrscht und die Profis der Schriftgelehrsamkeit im Tempel düpiert, ein Moment, das man in diversen antiken Lebensberichten wiederfindet (übrigens muss deshalb Lk 2 nicht unwahr sein, sondern im Gegenteil: Begabungen zeigen sich eben in diesem Alter, und auch darin ist Jesus durchaus »normal«). Doch Lk 2,41–52 schildert nicht nur eine »Familienidylle« und den frühreifen, hoch begabten Jesus. Lk 2 zeichnet vielmehr auch einen Konflikt, der später das Leben Jesu bestimmt. Jesus »gehorcht Gott mehr als den Menschen« (vgl. Apg 5,29). Er muss dort sein, wo sein himmlischer Vater sein Haus hat. Er liebt den Tempel. Das erinnert an Ps 121(122): *»Ich habe mich gefreut, als man zu mir sprach: Wir pilgern zum Hause Jahwes! Es standen dann unsere Füße in deinen Toren, Jerusalem … Eine Ordnung ist es für Israel, zu preisen (daselbst) den Namen Jahwes.«* In Joh 2,17 wird Ps 69,10 zitiert, um Jesu Handeln zu bewerten: *»Der Eifer für dein Haus verzehrt mich.«* Es kann daher keine Rede davon sein, dass Jesus den Tempel habe abschaffen wollen und die Beseitigung des Tempelgottesdienstes ersehnte. Wahr ist vielmehr, dass dieses eine interessengeleitete Auffassung ist, mit der die eigene Ablehnung von Kult und Liturgie mancher Ausleger in das Leben Jesu eingeführt wird. Als habe Jesus den Tempel nie besucht (außer Lk 2, vergleiche Mk 12), als habe seine

»Säuberungsaktion« (das Vertreiben der Viehhändler und Wechsler) dem Tempelkult selbst gegolten.

Dass Jesus aus seiner Familie positive Erfahrungen mitbringt, zeigt die Wahl seiner Bilder und Gleichnisse. Besonders ist hier an Lk 11,11–13 zu erinnern: *Wenn ein Kind zu seinem Vater kommt und ihn um einen Fisch bittet – meint ihr, der Vater würde ihm statt des Fisches eine Schlange in die Hand drücken? Oder das Kind bittet um ein Ei. Meint ihr, der Vater wird ihm einen Skorpion geben? Wenn schon ihr sündige Menschen euren Kindern doch nur Gutes zu geben wisst, um wie viel eher wird dann euer himmlischer Vater denen Heiligen Geist schenken, die ihn darum bitten!*

Man darf auch fragen, welche Bedeutung wohl Maria für den heranwachsenden Jesus gehabt hat. Diese Frage ist auch deshalb angebracht, damit wir die Rolle Mariens nicht auf die Dogmatik (Jungfräulichkeit, Empfängnis, Geburt) beschränken. Denn wir wissen aus allen Zeugnissen des damaligen Judentums, was sich auch für den gesunden Menschenverstand nahelegt, welch unvergleichlich große Bedeutung die Mütter (und Großmütter) für die Charakter- und Wissensbildung der Kinder hatten. Man darf daher fragen: Was für eine Mutter passt zu einem solchen Sohn? Eine eigene jüdische Sprachgattung bewahrt die Erinnerung an die Bedeutung der Mütter für die religiösen Führer Israels: die Seligpreisung der Prophetenmutter. Sie ist im Judentum häufig belegt und findet sich im Neuen Testament gleich an zwei Stellen auf Maria angewandt, im Magnificat Lk 1,48 *(Von jetzt an werden mich selig preisen alle, die geboren)* und in Lk 11,27 *(Selig der Leib, der dich geboren …)*.

Fragen wir nun, welche Bedeutung Jesus der Ehe zumaß. Für Jesus ist die Familie ein Bild für die Gottesherrschaft. Jesus denkt sie nach dem Bild der Ehe zwischen Gott und seinem Volk, bei ihm in der originellen Neuauflage »Messias und Volk«. Er selbst ist der Bräutigam, seine Jünger sind die Freunde des Bräutigams, Johannes der Täufer ist »der« Freund des Bräutigams, der sich über die Hochzeit freut. Gott und sein Volk – das ist eine Verbindung »for ever«, eine Zusage, die durch nichts, keine Verfehlung, kein nachlassendes Gefühl, keine denkbare Entfremdung aufgehoben wird. Daher erklärt sich unter anderem auch das wiederholte Verbot der Ehescheidung. Die Familie ist die Kernzelle des Reiches Gottes. Die Hochzeit von Kana wird zum Zeichen für die messianische Fülle, die Jesus bringt.

Was ist zur Ehescheidung zu sagen? Kaum etwas macht heute mehr Skandal, als dass sich die katholische Kirche mit ihrer restriktiven Praxis auf Jesus beruft. War er wirklich so unbarmherzig, so unmenschlich? Kürzlich beklagte sich eine Frau bei mir darüber, dass der Papst praktizierte Homosexualität als »widernatürlich« bezeichnet habe. Ich habe ihr geantwortet: »Und Jesus hat bereits die Ehescheidung (mit Neuverheiratung) widernatürlich genannt.« Denn Jesus nennt zur Begründung seines Verbots die Grundstruktur der Schöpfung, dass Gott nämlich alles Lebendige »männlich und weiblich« schuf. Denn so sagt er in Mk 10: *»Mose hat erlaubt, sich von der Frau nach Ausstellung eines Scheidungsbriefes loszusagen ... Dieses Gebot hat Mose für euch geschrieben, weil ihr so hartgesotten seid. Gott aber hat Mann und Frau vom Anfang der Schöpfung an als* einen *Mann und* eine *Frau erschaffen ... Was Gott nun so verbunden hat, darf der Mensch nicht trennen.«* Jesus wertet damit das Gebot über den Scheidungsbrief in Dtn 24 als einen Kompromiss. Er selbst dagegen geht auf die Ordnung der Schöpfung zurück. Dass man zur Zeit Jesu auf die Schöpfungsordnung zurückgeht, also auf das Naturrecht, hat sicher auch seinen Grund darin, dass die damalige stoische Philosophie die vernünftige Ordnung der Natur kritisch gegen positives staatliches Recht gestellt hat. Die Radikalisierung des Gesetzes auf Gottes Schöpfungswillen bei Jesus trifft sich daher mit dem stoischen Gedanken der vernünftigen Ordnung in der Natur. Beides stärkt sich wechselseitig. Scheidung mit Wiederheirat ist gegen die Natur, weil die Welt paarig männlich/weiblich geordnet ist und in Gott *ein* Mann und *eine* Frau zu einem Neuen verbunden werden. Gott selbst ist der Brautführer für Adam und Eva gewesen, so sagt es das Judentum, und das bedeutet: Er ist es immer neu auch für jedes Paar. Deshalb lautet auch das Wort Jesu: Was Gott verbunden hat, darf der Mensch nicht trennen.

Dazu kommt noch etwas, das ganz eng an die Person Jesu gebunden ist. Jesus nennt sich immer wieder den Bräutigam des erneuerten Israel. Auch bei Paulus, im Epheserbrief und in der Offenbarung des Johannes wird er so apostrophiert – eine sehr alte und offenbar weit verbreitete bildliche Rede über die Rolle Jesu. Er ist der Bräutigam, der um seine Braut, das erneuerte Israel, wirbt. Seine Wiederkunft ist der Termin der Hochzeit. Diese bildliche Rede von Jesus als Bräutigam wurde in der Verkündigung der Neuzeit stark vernachlässigt, von der Theologie ganz zu schweigen. Aber in diesem Bild von Bräutigam und Braut wird das ältere, tief in der Heiligen Schrift des Alten Testaments verankerte Bild von der Ehe zwischen Gott und Israel wieder aufgenommen. Denn Gott ist nicht verheiratet, seine Partnerin ist das Volk Israel. Immer wieder klagen die Propheten über die Zerrüttung dieser Ehe wegen der Untreue Israels. Jesus erneuert dieses Bild. Als Messias wird er das wiederhergestellte Volk nun neu ehelichen. Theologisch bedeutet dieses: Das Verhältnis zwischen dem Messias und seinem Volk ist durch einen (Ehe-)Bund bestimmt, also juristisch definiert, und es beruht auf Liebe und Treue. Freilich handelt es sich um eine Liebe im biblischen Sinne familiärer Solidarität.

Vielleicht kann man von daher erklären, warum Jesu Wort über das Verbot der Ehescheidung (mit Wiederheirat) das am häufigsten (fünfmal) zitierte Jesuswort im Neuen Testament ist. Denn Jesus sieht in der ehelichen Treue und Liebe ein reales Abbild des Verhältnisses zwischen Messias und Volk. Wenn die Ehe zwischen Menschen zerstört ist, dann kann Ehe kein Realsymbol mehr für das kommende Reich Gottes sein. Das ist ähnlich wie bei der Versöhnung: Erst wenn Menschen einander vergeben haben, kann auch Gott vergeben. So wie die Vergebung unter Menschen Kern und Vorbedingung der von Gott erhofften Vergebung ist, genauso ist die Sanierung der menschlichen Ehen die Vorbedingung für die Erneuerung der Ehe Gottes mit den Auserwählten. In beiden Fällen ist das geheilte Verhältnis zwischen Menschen mehr als nur ein Symbol, nämlich Kern und Vorbedingung zugleich. Daher kann man sicherlich im Sinne Jesu sagen: Die gesundete Ehe und Familie ist der Kern, die Keimzelle des Gottesreiches. Daher gibt es hier von Jesus auch eine »geheime« Jüngerbelehrung »im Haus«. Das lässt darauf schließen, dass Jesus selbst sein Wort über die Ehe und die Sünde des Ehebruchs auch auf der Ebene des Geheimnisses in Richtung Gottesreich verstanden wissen will. Gewiss gibt es ein Scheitern von Ehen, denn es sind fehlbare Menschen, die Ehen eingehen. Aber je tiefer man weiß, dass eine christliche Ehe radikal über sich hinausweist, dass ihre Treue nur das schwache, aber doch das wirkliche, mit höchster Leidenschaft zu verwirklichende Abbild göttlicher Treue zum Menschen ist, desto vorsichtiger wird man sein, das flotte Trennen (»Wir haben uns nichts mehr zu sagen«) zu bagatellisieren. Dass in der Kirche freilich ehelich Gescheiterte – seien sie nun schuldig oder unschuldig am Desaster – häufig geächtet und als Christen zweiter Klasse behandelt wurden, steht auf einem anderen Blatt.

Die Evangelien berichten, dass Jesus eine besondere Beziehung zu *Kindern* hatte. Das ist insofern schon einmal beachtenswert, als man weiß, dass Kinder und Frauen in der Antike nicht zählten. Von Jesus wird berichtet, dass er Kinder herzte. Die Gleichnishandlung mit dem Kind, das Jesus in die Arme schließt (Mk 10,13–15), lässt zum wiederholten Male ein Kind zur anschaulichen Demonstration der Botschaft Jesu werden. Nicht die angebliche Unschuld von Kindern ist es, die Jesus imponiert hat, sondern dass sie in ihrer Lage ganz und gar abhängig sind und alles von den »Großen« erwarten müssen. Nicht das, was Kinder »an sich« sind, ist also wichtig, sondern ihre einseitige Beziehung zu den Erwachsenen. Unser Text nimmt aus dieser Beziehung ein Element heraus: Ihre Abhängigkeit lässt Kinder zum schwächsten Glied in einer durchsetzungsfreudigen Gesellschaft werden. Wer aber Kinder »aufnimmt«, der dient ihnen. Jeder, der heute Gäste einlädt und nicht über ein Heer von Sklaven verfügt (wer tut das schon?), weiß, dass Gäste zu haben bedeutet, ihnen zu dienen. Wenn wir Gäste haben, müssen meine Frau und ich Flaschen mit allerlei Getränken sowie Berge von teurem und aus meiner Sicht sinnlosem Knabberzeug heranschaffen. Jesus meint das Dienen sicher so konkret. Wie wenn ein Professor einen Kindergeburtstag zur Gänze organisieren muss (auch darin habe ich Erfahrung). Also selbst denen noch zu dienen, die als die Allerschwächsten gelten. Im Sinne unseres Textes hat man es so gesagt: Wer glaubt, beugt seinen Rücken nur noch *vor* Gott und nur noch *für* die Schwächeren. So sprach man im Mittelalter vom »*Herrn* Kranken«. Diese Worte Jesu bedeuten eine soziale Revolution. Sie macht nicht den Egoismus oder das Prinzip Umverteilung zum Maßstab wie spätere Versuche zu sozialer Neuordnung. Sondern der Maßstab ist Gott im Sinne der Theologie des Magnificat und den Weg Jesu. Langsam dämmert es uns, dass nicht nur die Zukunft im Himmelreich, sondern schon die Zukunft unseres Volkes davon abhängt, wie wir mit den Allerschwächsten umgehen.

Wenn Jesus deutlich sagen will, was Leiden und Dienen bedeutet, stellt er in die Mitte der Jünger ein Kind. Und wenn Jesus sagen will, warum er Ehescheidung ablehnt, stellt er in die Mitte wiederum ein Kind. Sozialgeschichtlich gilt sicher zuerst dieses: Unter einer Ehescheidung müssen zuerst die Kinder leiden. Jesus aber liebt die Kinder. Wer Kinder liebt, muss die Institution der Ehe stärken. Die heutige Situation in unserer Gesellschaft zeigt, wie beides, Ehe und Kinder, immer zugleich leiden. Überdies findet sich in Mk 10 der Ausdruck »Reich Gottes« zweimal (V.14.15), und das bestätigt unsere These, wonach Jesus hier die eheliche Treue als Vorbild für die Treue Gottes in seiner Zusage des Gottesreiches ansieht. Und wenn Jesus die Kinder berührt und segnet (V.16), dann tut er das Gleiche wie Gott mit Adam und Eva, denen er den Ehesegen spendet. Im Paradies hieß der Ehesegen Gottes: »Seid fruchtbar und vermehrt euch.«

Vor allem aber: Was hat die Art der Kinder, das Reich Gottes anzunehmen, zu tun mit der Treue in der Ehe? Wenn einer die Herrschaft Gottes akzeptieren soll wie ein Kind, dann kann er es nicht als lästige Pflicht betreiben, dann muss er dies als höchstes Gut, als kostbaren Schatz, als konkurrenzloses Glück betrachten. Denn Kinder sind stets die radikal Abhängigen, die alles vom anderen erwarten. Diese Grundsituation des totalen Angewiesenseins, ja des Sich-Auslieferns auf Gedeih und Verderb, zugleich auch des reinen Empfangens vom anderen her, diese Grundsituation gilt mithin auf drei Ebenen: Erstens von Kindern hinsichtlich der Erwachsenen, besonders in ihrer Großfamilie, zweitens von Eheleuten im Miteinander und drittens im Verhältnis zwischen Gott und seinem Volk, erneuert im Verhältnis zwischen Messias und dem erweiterten Israel. In diesen drei Beziehungen ist beständige Treue das Existenznotwendige. So wie die Augen des Kindes auf seine Ernährer gerichtet sind, so sind es die Augen des Mannes auf seine Frau und der Frau auf ihren Mann, so sind es die Augen des Gottesvolkes auf Gott. Die Wahrnehmung dieser Abhängigkeit und die praktische Konsequenz daraus sind die Grundstruktur des Annehmens des Reiches Gottes.

Ein Letztes: Immer wieder (und gerade in jüngerer Zeit) wird versucht, die reine Lehre Jesu zu unterscheiden von einer niederrangigeren Ebene der Moral, die nicht eigentlich »Religion« sei. Jesus sei es um die Verkündigung der anbrechenden Gottesherrschaft gegangen – und nicht um irgendwelche regulativen Prinzipien in Hinsicht auf Sex und dergleichen. Diese Ansicht kann sich auf vieles berufen, nur nicht auf die Schrift. Gewiss war Jesus kein Morallehrer, aber doch einer, der die konkreten menschlichen Grundvollzüge in den Kontext Gottes stellte. Darin unterscheidet er sich nicht vom Alten Testament. Religion und Volk sind in der Bibel genauso eng aufeinander bezogen wie Religion und Sexualität, bzw. Religion und Ehe. Das heißt: Das Verhältnis zu Gott (sprich: die Religion) existiert nicht unabhängig von den Größen Volk, Sexualität, Familie und Ehe. Das Ärgernis ist nicht neu. Schon die heidnischen Hörer des Evangeliums werden oft gefragt haben, ob und warum es denn Konsequenzen aus ihrem Glauben an Gott für die Bereiche Politik, Macht, Sex und Ehe geben sollte. Die Antwort des Neuen Testaments ist: Gerade diese Bereiche sind nun nicht mehr autonom, wie ihr Heiden meintet. Gerade für diese Bereiche ist der Glaube an Jesus Christus, an den Gott Israels von höchster Brisanz. Denn hier muss und wird sich eine Menge ändern. Diese Felder haben »ihre Unschuld verloren«. Gott will hier verbindlich herrschen und bestimmen. Und eben deshalb darf eine mutige Kirche »in die Schlafzimmer hineinregieren«. Zu behaupten, diese Bereiche seien weiterhin autonom, wie gehabt, ist pures Heidentum.

6.3 Jesus, der Wein und die Lebensfreude

Ein hartnäckig sich haltendes Vorurteil besagt, dass Christentum mit einem nicht zu tun habe: mit Lebensfreude. In ihrem Einflussbereich vermutet man Asketen, Blaustrümpfe, Sauertöpfe und vor allem die Absenz von Genuss, Erotik und Humor. Wenn auch lange schon

Krüge schwingende Mönche auf den Etiketten von Bierflaschen eingesetzt werden, so schien in Friedrich Nietzsches Christentumserfahrung doch das puritanische, lebensverneinende Element so beherrschend gewesen zu sein, dass er so gar nichts Erlöstes darin entdecken konnte. Die lebensgierigen Generationen nach Nietzsche wollen sich erst recht keinen Strich durch die Spaßrechnung machen lassen und bis zur Neige ausschöpfen, was das bisschen Leben hergibt. War Jesus der Erste dieser Neinsager und Miesmacher?

»Fresser und Weinsäufer« wird Jesus von den Juden genannt, und er denkt nicht daran, diese Attribute zu bestreiten. Wir fragen im Folgenden nach der Archäologie des Weines in der Umwelt Jesu. Diesseits der Alpen und in ganz Nordeuropa geht die Geschichte der Ausbreitung des Christentums Hand in Hand mit der Verbreitung des Weinstocks. Während das Brot, das zum Abendmahl verwendet wird, immer ohnehin erstrangiges Grundnahrungsmittel war, ist der Wein etwas sehr viel Spezielleres. Denn Wein erfordert nicht nur sorgfältigste Züchtung und Herstellung, Lagerung und Dosierung (!), sondern er ist – anders als Wasser oder Bier – nie Grundgetränk, sondern immer etwas Besonderes; ein Hauch von Fest und Luxus umgibt ihn. Darin ist er dem anderen christlichen Grundsymbol, dem Öl, durchaus vergleichbar.

Wie vermehrt sich biblischer Wein? Man senkt eine Rebe, natürlich eine mit einem Weinstock verbundene, in die Erde. Dort schlägt sie Wurzeln. Dann wird sie vom Weinstock getrennt. Man unterscheidet aufrecht stehende und kriechende Weinstöcke. An die aufrecht stehenden kann man noch heute wie zur Zeit, da Gen 49,11 aufgeschrieben wurde, Esel anbinden, denn sie sind zwar vom Aussehen her schwach, aber zäh in der Konsistenz und nicht leicht auszureißen. Den Weinberg umgibt man mit Steinwällen, in seiner Mitte steht oft ein Turm, auf dem ein Wächter für die Abwehr hungriger Vögel und Füchse zuständig ist. Oft pflanzt man Feigenbäume in Weinberge (z. B. Lk 13,8). Der Weinberg erfordert das ganze Jahr über Pflege. Besonders vor dem Winterregen muss man ihn umhacken. Nach dem rabbinischen Sprichwort gilt für die intensive Pflege: »Der Weinstock ist eine Dame, die Olive eine Beduinin, der Feigenbaum eine Bäuerin.«

Die geernteten Trauben werden von Knaben und Männern mit bloßen Füßen, aufgeschürztem Unterkleid und hochgezogenen Unterhosen getreten. Es ist dennoch nicht zu verhindern, dass sich das Gewand rot färbt (Jes 63,1f.). Wegen der roten Farbe heißt der Traubensaft auch Traubenblut. Erst im frühen Mittelalter züchtet man helle Trauben. Jesus hat beim Abendmahl jedenfalls Wein aus dunklen Trauben verwendet. Im Mittelalter wird man für den Gebrauch beim Abendmahl dann aber Rotwein verbieten, damit die Menschen nicht glauben, sie tränken wirkliches Menschenblut.

Wein macht fröhlich (Ps 104,15; Koh 10,19), er enthüllt, was im Herzen des Menschen ist. Er lässt das Elend vergessen (Jer 16,7), bei alledem ist er nützlich für den Magen (1 Tim 5,23). Nach dem Gleichnis vom barmherzigen Samaritaner dient Wein neben Öl zur Wundbehandlung. Man berauscht sich in der Nacht (1 Thess 5,7), aber sollte es nicht am Morgen tun (Apg 2,15). Und es gilt: »Wer zu viel trinkt, vergisst seine 248 Glieder.«

Wein wurde in der biblischen Antike also hoch geschätzt. Besonders anschaulich sind rabbinische und patristische Legenden über die Stiftung und Entstehung des Weinstocks. Ein Engel war es, der Adam und Eva aus dem Paradies vertrieb. Adam und Eva weinten. Mitleidig lehnte sich der Engel an seinen Stab. Die Tränen, die der Engel aus Mitleid mit Adam und Eva vergoss, fielen beim Stab zu Boden. Der Stab trieb Wurzeln, und die Früchte waren süß wie die Tränen des Engels. Das war der erste Weinstock.

Nach verbreiteter Legende war die verbotene Frucht im Paradiesgarten, von der Adam und Eva aßen, nicht etwa der Apfel, sondern der Weinstock. Daher hatte nach der Sintflut Noah Bedenken, den Weinstock erneut zu pflanzen. Doch Gott kündigte ihm an: So, wie die Stammeltern wegen der Frucht des Weinstocks aus dem Paradies vertrieben wurden, so werden sie wieder in das Paradies hineingelangen, wenn die Frucht des Weinstocks zum Blut des Erlösers wird. So entspricht das Instrument des Unglücks dem Instrument der Erlösung. Als Noah ging, einen Weingarten zu pflanzen, kam Satan, stellte sich vor ihn hin und sagte: Was pflanzt du? Noah erwiderte: Einen Weingarten. Seine Früchte sind süß, sowohl frisch als getrocknet, und man macht davon Wein, der die Herzen erfreut. Da sagte der Satan: Komm, lass uns Partner sein bei diesem Weingarten. Noah sagte zu. Da brachte Satan ein Lamm, tötete es unter dem Weinstock, dann einen Löwen, ein Schwein, schließlich einen Affen und ließ ihr Blut auf den Weingarten tropfen. Das hatte zur Folge, dass der Mensch einem unwissenden Lamm gleicht, ehe er vom Wein trinkt, einem löwengleichen Helden, wenn er ihn mäßig genießt, einem Schwein, das sich mit Urin und anderem beschmutzt, wenn er zu viel trinkt, einem Affen, der tanzt und scherzt, öffentlich Törichtes redet und nicht weiß, wenn er betrunken ist. So sagt man: Ein Becher macht zum Schaf, zwei Becher machen zum Löwen, drei und vier Becher zum Schwein.

Nach Gen 49,11 wird das Zeichen des Patriarchensohnes Juda sein: *An den Weinstock bindet er seinen Esel und an die Rebe seiner Eselin Junges. Er wäscht im Wein sein Kleid und im Traubenblut sein Gewand. (12) Seine Augen sind dunkler als Wein …* – Das heißt: Dort, wo Juda herrscht, wird es viel Wein geben, der dunkle Wein wird sein Erkennungszeichen sein. Der Messias aber kommt – jedenfalls nach der überwiegenden Auslegung – aus dem Stamm Juda. Entsprechend betet die Gemeinde nach dem Segensgebet der Didache (Lehre der Zwölf Apostel) um das Jahr 60 (zitiert nach Berger/ Nord: Das Neue Testament und frühchristliche Schriften, 1999) über dem Becher mit Wein bei der Feier des Abendmahles: »Wir danken dir, unser Vater, für den Messias. Er ist der heilige Weinstock aus König Davids Geschlecht. In Jesus, der dir gehorcht, hast du ihn uns geoffenbart. Denn dein ist die Herrlichkeit für allezeit« (Kapitel 9). Der Messias Jesus selbst ist hier der Weinstock, und der Wein im Becher ist daher etwas, in dem er sich selbst gibt. Hier ist das Becherwort stärker als sonst im frühen Christentum inhaltlich parallel zum Brotwort: Jesus selbst gibt sich den Jüngern, er ist für die Jünger und Jüngerinnen da. Schon das Judentum hatte die Verheißung über den Messias als Weinstock entweder positiv oder im kriegerischen Sinne aufgenommen.

Positiv aufgenommen wird das Bild in der (außerkanonischen) Apokalypse nach Baruch, in der der Messias selbst ein Weinstock genannt wird. Weil man aus dem Holz des Weinstocks keine Waffen machen kann und weil er ununterbrochener Zuwendung bedarf, ist er schon von der Zucht und Pflege her ein Bild des Friedens. So geht es in dieser apokalyptischen Schrift um einen durch und durch friedlichen Messias. Im Unterschied zu anderen Mächtigen, heißt es, kommt der Messias friedlich wie ein Weinstock daher. Positiv aufgegriffen wird das Bild des messianischen Weinstocks auch in zahlreichen Texten über die Enderwartung (den so genannten Apokalypsen), nach denen in der kommenden Heilszeit die Menschen »Korn und Wein und Öl« in Fülle haben werden. Dabei wird geschildert, dass jeder Weinstock viele Trauben und jede Traube viele Beeren haben – und dass schließlich jede Beere unvorstellbar viel Saft für Wein geben werde. Formulierungen dieser Art sind geradezu ein Markenzeichen für apokalyptische Texte vom 1. Jh. n. Chr. bis in die Reformationszeit hinein. Während die offizielle Lehre der Kirche die Aussagen über das Ende im Wesentlichen auf Antichrist, Verfolgung und Wiederkunft Christi bezieht und nach den Vorzeichen forscht, an denen man das Ende erkennen kann, bleibt in der »Untergrundliteratur« der Traktate über die Endzeit diese recht irdische Heilserwartung bestehen. Sie geht ein in sehr krasse Erwartungen vom Tausendjährigen Reich und lebt besonders in Byzanz, aber selbst bei den Mandäern (irakische Taufreligion, nicht jüdisch, christlich oder moslemisch) fort. Für mich ist es anrührend zu sehen, wie hier Christen und andere sich ein Bild von einer Zeit auf Erden bewahren, in der Frieden und Wohlstand herrschen werden. In Byzanz hat sich das mit der Vorstellung eines Endkaisers verbunden, der fast wie ein Heiland erwartet wird, ähnlich wie in Deutschland die Wiederkunft des Barbarossa aus dem Kyffhäuserberg.

Doch die oben zitierten Erkennungszeichen Judas (»Er wäscht im Wein sein Kleid und im Traubenblut sein Gewand«) können auch im kriegerischen Sinne ausgelegt werden. Dann ist das Traubenblut zum Zeichen wirklichen Blutes geworden. Wir finden eine derartige Auslegung in Offb 19, wo es vom Wort Gottes, dem wiederkommenden Messias heißt: *(15) Aus seinem Mund kommt ein scharfes Schwert, mit dem er die Heiden schlagen soll. Er wird sie mit eiserner Knute regieren und zertreten wie Trauben in der Presse, in welcher der Zornwein Gottes gekeltert wird, der Herr ist über alles.* Das Zertreten der Weinbeeren in der Kelter ist hier zum Bild der Grausamkeit und Gewalt geworden. Der Zornwein entstand aus den im Zorn zertretenen Beeren. So ist das Bild gedacht: Wenn einer richtig in Wut gerät, dann richtet er ein Szenario an wie beim Keltern von Trauben. Auch das im Mittelalter geläufige Bild von Christus in der Kelter schließt hier an. Denn die Leiden, die Jesus in der Passion erdulden muss, werden ihm von zornigen, wütenden Menschen zugefügt. Nur ist es im Unterschied zu Offb 19 hier das Blut des Gerechten, das fließt, nicht das Blut von Menschen, die das Zorngericht verdient haben.

Auch Jesus ist ohne die biblische Kultur des Weines nicht zu denken. Der Wein ist, wie wir sahen, ein Zeichen von Luxus. Jesus macht ihn zu einem Realsymbol seines messianischen Wirkens. »Realsymbol« meint ein Zeichen, dem eine Wirklichkeit entspricht, ein Begriff, der keine bloß nominalistische Konvention ist: Einerseits spricht Jesus vom Wein zum Beispiel im Gleichnis von den bösen Winzern in Mk 12,1–10 oder im Gleichnis von den Arbeitern im Weinberg Mt 20,1–10. Der Weinberg ist ein Symbol für Israel, die Frucht des Weinbergs, also die Trauben, stehen für den Segen Gottes über der Arbeit der Menschen, der Wein ist selbst dann die äußerste Verdichtung der messianischen Freude. Insofern ist der Wein immer ein Symbol. Andererseits aber trinkt Jesus mit den Menschen, die er aufsucht, Wein zum Zeichen dessen, dass nun wirklich ganz leibhaftig bessere Zeiten für Leib und Herz angebrochen sind.

Ganz charakteristisch ist hier – auch zur Unterscheidung zwischen Jesus und Johannes dem Täufer – das Gleichnis von den schmollenden Kindern Mt 11,17–19: *Die einen sagen: »Wir wollten mit euch Hochzeit spielen und haben Musik gemacht, aber ihr wolltet nicht dazu tanzen.« Die anderen sagen: »Wir wollten Beerdigung spielen, aber ihr wolltet nicht mitheulen.« (18) Das bedeutet: Johannes der Täufer trat wie ein Trauernder auf und verzichtete auf Brot und Wein, aber ihr habt ihn von euch gestoßen und gesagt, er sei ein Besessener. (19) Dann kam der Menschensohn, der Freude hatte am Essen und Trinken. Doch ihr habt ihn von euch gestoßen und gesagt: Der frisst und säuft, er kumpelt mit Zöllnern und Gottlosen.* Was wir hier mit »frisst und säuft« übersetzt haben, wird sonst als »Fresser und Weinsäufer« wiedergegeben. Jesus gibt hier mit nicht zu überbietender Deutlichkeit zu, dass er im Unterschied zu Johannes dem Täufer in seinem Wirken Essen und Weintrinken sehr hoch einschätzt. Die Gastmähler, die Jesus abhält, sind direkte Heilsgabe an die Menschen, und wir wissen, dass es häufig korrupte Kollaborateure mit der römischen Staatsmacht (»Zöllner«) und Gottlose, bzw. Atheisten (»Sünder«) waren, mit denen Jesus tafelte. Jesus meint mit seiner Einladung zu innigster Gemeinschaft – was sonst bedeutet »miteinander essen und trinken«? – offenkundig gerade diese religiös nicht qualifizierten Menschen, meint also: das ganze Volk Israel. Man geht allerdings wohl zu weit, wenn man sagt, es seien *nur* die Randgruppen und Ausgestoßenen gewesen, mit denen sich Jesus eingelassen habe – das ist moderne Sozialromantik. Nein, Jesus wendet sich den ganz normalen, teils schäbigen, teils gleichgültigen, den ganz üblich habsüchtigen und korrupten Menschen zu, die so waren, wie wir alle es sind. Wer die Teilnehmer an Jesu Mahlzeiten auf Huren und Zöllner beschränkt, nimmt sich selbst dabei aus.

Nach dem Johannesevangelium ist Jesu erstes Wunderzeichen das Weinwunder bei der Hochzeit von Kana (Joh 2,1–11). Jesus bewirkt hier eine ungeheure Weinschwemme. Da man die Größe der damaligen Weinkrüge aus Funden kennt und die mittlere Teilnehmerzahl an einer Hochzeit schätzen kann, ergaben sich aufgrund des geheimnisvollen Wirkens Jesu etwa 70 Liter pro Person. Da braucht man schon eine Weile, bis man diesen Schatz ausgetrunken hat. Jesus bringt mit dieser Weinfülle zum Ausdruck, dass grenzenlose Fülle und Segen das kennzeichnende Merkmal des Messias ist – und dass er es ist, auf den sich diese Rede bezieht. Gott gibt und schenkt ohne Einschränkung, das will er eigentlich – jetzt schon und erst recht am Ende aller Zeiten.

Doch es geht noch weiter. Da gibt es wohl so etwas wie Jesu eigene Hochzeit. Was es damit auf sich hat, darüber gibt das recht häufige Bild vom Bräutigam Auskunft. Im Anschluss an Joh 2 erscheint sogleich in Joh 3 das Bild vom Bräutigam. Johannes der Täufer sagt: *(29) »Bräutigam ist, wer bei der Braut ist. Der Freund des Bräutigams steht draußen vor dem Brautgemach und freut sich, wenn er den Freudenruf des Bräutigams hört. Ich freue mich von ganzem Herzen. (30) Je heller die Sonne leuchtet, umso mehr verblasst der Mond. So ist es mit ihm und mir.«* Jesus ist offenbar deshalb hier (und in der angedeuteten erotischen Konnotation) der Bräutigam, weil, wie es heißt, alles Volk zu ihm hinströmt

(Joh 3,26b). Denn wenn der Messias der Bräutigam ist, dann heißt das: Gottes Volk ist die Braut, der Bräutigam muss sich die Braut nur neu suchen und sie vorbereiten auf die Hochzeit. Das alte Bild von Gott als Ehemann und Israel als Ehefrau wird hier neu aufgelegt.

Doch bis es so weit ist, bis die Hochzeit kommt, muss der Messias noch für eine Zeit »weggehen«. So nämlich kündigt Jesus seinen Tod an (Mk 2,20). Mit den Jüngern feiert er in der Gegenwart seines Wirkens auf Erden schon einmal »Vor-Hochzeit«, d.h. in der Zeit, in der der Bräutigam noch ohne Braut ist, will der künftige Bräutigam seinen Freunden schon »mal einen ausgeben«.Von daher ist die Diskussion in Mk 2,18–20 zu verstehen. Das Fasten ist ein Wein-Fasten, und so schließt dann auch das Bild der Weinschläuche im Folgenden (Mk 2,21–22) an.

Zentrale Bedeutung erlangt der Wein bei Jesu letztem Abendmahl. Ganz unabhängig von der Frage, ob dieses Mahl ein Passahmahl war oder nicht, ist doch unstrittig, dass Jesus zum Becher mit Wein einen besonderen Trinkspruch formuliert hat. Nach dem Neuen Testament hat Jesus – ich gebe es dem Sinne nach wieder – gesagt: Wenn ihr diesen Wein jetzt trinkt, dann werdet ihr alle mit Gott und untereinander zum Volk des Neuen Bundes zusammengeschlossen.

Wie auch sonst Weintrinken ein Zeichen von Gemeinschaft ist, so geht es hier um eine besonders feste Gemeinschaft, eben um einen Bund, den Gott stiftet. Dieser Bund wird am Kreuz abgeschlossen, also mit Blut besiegelt. Der Rotwein jetzt beim Mahl bildet dieses Blut ab und macht es sofort wirksam. Das Trinken des Weines verschafft den Eingeladenen einen unmittelbaren Anteil am Kreuzesblut; damit wird der Bund geschlossen. Der Unterschied von Kreuz und Abendmahl wird uns deutlich, wenn wir bedenken, dass es auch bei modernen Verträgen (Bundesschlüssen) eine Stunde des Abschlusses gibt (die Regierungschefs unterzeichnen ein Dokument) und davon unterschieden eine Stunde der Ratifizierung des Vertrags (zum Beispiel durch das Parlament). Abgeschlossen wird der Neue Bund am Kreuz, ratifiziert wird er – vorher schon – im Kreis der Jünger beim letzten Mahl. Das bedeutet: Der Wein beim Abendmahl ist direkte Vermittlung eines Anteils am Tod Jesu, insofern dieser Abschluss des Bundes durch Versprengen von Blut ist (wie Ex 24,8).

Dass hier aber Wein verwendet wird (und nicht etwa ein indianisches Blutsbrüder-Ritual herangezogen wird), weist darauf hin, dass der Neue Bund Freude bedeutet. Daran sollte man beim Herrenmahl öfter denken: Der Wein ist Zeichen messianischer Freude. Diese ist tief, im Kreuzesgeschehen, begründet. Aber nirgends in der Bibel ist Wein ein Zeichen von Tod und Trauer. Hier bei Jesus, in der Überblendung von Blut und Wein, taucht ein Signal von Lebensfreude auf, das die Lebensfreude, die wir uns gerne in der Banalität fröhlicher Zecher denken, wegwischt. Die Lebensfreude Jesu integriert das Leiden, begreift den Tod mit ein, lässt Blut und Tränen, die wir gemeinhin im Alkohol ersäufen, im Wein der Freude aufgehen.

6.4 Fasten und Feiern

Fasten ist wieder in Mode gekommen. Entdeckt haben es die Schlankheitsapostel, die darin ein probates Mittel zur Erlangung eines attraktiven Erscheinungsbildes sahen. Mittlerweile weiß man, dass man durch Fasten keineswegs dünn wird; die hungrigen Zellen holen sich das Fett bei nächster Gelegenheit zurück und füttern sich erst recht ein Polster an. Das nennt man dann Jo-Jo-Effekt. Während die Gesundheitsapostel wieder vom Fasten abrücken, gibt es neuerdings vermehrt Menschen, die aus spirituellen Gründen fasten. So ist eine neue Offenheit für das entstanden, was Fasten im christlichen Kontext sein könnte.

Im Mittelalter hat man noch wirklich gefastet. Ich beneide die damaligen Menschen um diese tiefe Erfahrung der Sinnlichkeit des Evangeliums. Und entsprechend großartig erfasst die alte Liturgie den inneren Zusammenhang, der scheinbar nebeneinander stehenden Themen Fasten, Versuchung und Reich Gottes. Wenden wir uns zunächst dem Schatz dieser Gebete zu. Die Typologie Adam–Christus wird auf das gegensätzliche Verhalten zur Speise bezogen: »Was Adam durch Essen verlor, wird durch das Fasten wiederhergestellt.« Und immer wieder wird auf das 40-tägige, die Gottesbegegnung vorbereitende Fasten von Mose und Elija verwiesen. Oder man bedenkt die Situation der Wüste und die Rolle der Menschen darin: »In der Wüste dieser Welt wollen wir uns enthalten wie Gäste und Fremdlinge.« Der Verzicht auf Speise wird durch Jesus als Speise ausgeglichen: »Wir können fasten, weil du selbst das Brot bist, das unsere Herzen stärkt.« Wer fastet, weiß, dass sich bald eine Heiterkeit und Gelassenheit einstellt, die ganz nach dem Ideal des Neuen Testaments ist. Das wissen auch die Fastenpräfationen: »Selig, die hungern und dürsten nach Gerechtigkeit, heiter sind sie und in den Himmel erhoben, sie dürsten nach Heil, der Heiligkeit der Seelen.« Schließlich der Bezug zum Gottesreich: »Der eingeborene Sohn hat das Fasten geheiligt, um das verloren gegangene Reich durch Fasten wiederzugewinnen und Vergebung der Sünden zu schaffen.« In Agraphon 14 (Ungeschriebene Jesusworte nach »Das Neue Testament ...« Berger/Nord) sagt Jesus: »Wenn ihr gegenüber der Welt nicht fastet, werdet ihr das Königreich nicht finden. Wenn ihr den Sabbat nicht haltet, könnt ihr den Vater nicht sehen.« Hier steht das Fasten parallel zum Einhalten des Sabbat (im 1. Jahrhundert noch selbstverständlich, neben der Feier des Sonntags), weil beides ein Einüben der künftigen Welt ist, und zwar das Fasten ganz allgemein gegenüber der »Welt« als Distanz und Abstandnehmen, also eher in negativer Hinsicht, das Sabbathalten dagegen positiv als Vorgeschmack der künftigen Welt. Noch im hohen Mittelalter geht man davon aus, dass im Himmel ständig Sabbat gefeiert wird. Das Fasten steht hier für das, was Paulus im Sinne der Distanz zur Welt als Mitgekreuzigtsein mit Christus bezeichnet.

Das Reich, das Jesus verkündet, beginnt er selbst erstens mit Fasten und zweitens mit einer Abwehr des Satans. Neu ist für uns: In beiden Punkten sehen wir Jesus im Kampf, nicht einfach als strahlenden Sieger. Er vollzieht das, was er von uns erwartet, um uns zu zeigen und zu beweisen, dass beides nicht sinnlos, sondern gesegnet ist. Ganz so ist auch die vorangehende Taufe Jesu zu begreifen: Nicht weil Jesus sie nötig hätte, lässt er sie vollziehen, sondern um den Weg abzustecken, zu dem die Zeichen gehören.

So umreißt Markus im ersten Kapitel seines Evangeliums im Ganzen den Eintritt ins Christentum, das Christwerden. Jesus geht uns in Taufe, Fasten, Versuchung und Bewährung, in der Unterwerfung unter Gottes Herrschaft genauso voran wie später auf dem Weg des Bekennens, Leidens und Sterbens. Seit Jesus sind wir in allen diesen Stationen nicht mehr allein. Und indem Jesus sie auf sich nimmt, stellt er genau das dar, was die Antike unter einem vorzüglichen Lehrer verstand. Das ist einer, der selbst vorexerziert, was er lehrt und fordert. So ist das Markusevangelium von Anfang an ein Lehrer-Schüler-Traktat. Das Reich Gottes – also dass Gott seine Herrschaft über uns ausüben kann – beginnt mit Fasten. Darin hat es eine ganz einschneidende leibliche Dimension. Wie alles, was mit Gottes Herrschaft zu tun hat, steht diese in Beziehung zu Freiheit. Denn wer an Gottes Herrschaft Anteil hat, der ist selbst frei geworden, herrscherlich, ein König. In der Welt der Antike – das sollte man immer bedenken – ist der König der jeweils einzige Freie. Es ist also gar nicht so, dass derjenige, der fastet (gegenüber Nahrung und den vorgeblichen Werten der Welt) durch dumpfe Reglements versklavt würde. Es ist vielmehr so: Wer fastet, beweist mit jedem Schritt seine Freiheit. Daher gilt auch: Fasten in der Nachfolge Jesu ist selbst schon Gnade und in jeder einzelnen zeichenhaften Maßnahme ein kleiner Sieg über vermeintliche Sachzwänge. Nicht als ob Leib und Welt vom Teufel wären, aber sie dürfen uns, die Freien, nach Freiheit Strebenden, nicht beherrschen. Und das sind zwei verschiedene Dinge!

Zum Weg Jesu gehört vor allem auch der Kampf gegen den Teufel in der Versuchung. Versuchungen durchziehen das Leben Jesu: Schon gleich zu Anfang fordert der Teufel Jesus dazu auf, seine Macht zu eigenen Zwecken zu benutzen, Gott herauszufordern oder gar die Herrschaft über die Welt zu erstreben. Später, als Jesus Petrus als Satan tituliert und erst recht in Gethsemane, muss Jesus mit der Versuchung kämpfen dem Leiden und der Geduld auszuweichen. Am Kreuz schließlich widersteht Jesus der sehr nahe liegenden Versuchung, alles hinzuwerfen und für sinnlos zu erklären, genauer gesagt: er widersteht der Versuchung des Atheismus.

Gerade für den also, der sich zu Gott bekennt, liegen diese Versuchungen nahe – die Versuchung zum eigennützigen Einsatz der Vollmacht, die Versuchung, hemmungslos Herrschaft anzustreben, die Versuchung, eigenes Leiden zu vermeiden. In allen diesen Fällen geht es um »Macht pur«. Die Versuchungen beziehen sich merkwürdigerweise nicht auf das Liebesgebot. Es ist auch nicht vom Machtgebrauch auf Kosten von anderen Menschen die Rede. In Gethsemane könnte doch die Versuchung im Gebrauch von Gewalt bestehen, aber ausdrücklich wird das nicht genannt. Nein, bei dem »Macht pur« liegt der Akzent auf etwas anderem: auf der Frage, ob Jesus seine Vollmacht *zu seinen Gunsten ausüben und ohne Einschränkung besitzen* oder genießen will, so als gäbe es Gott und dessen Auftrag, also Jesu Sendungsauftrag, nicht. Jesus hätte sich dann ganz normal wie unsereiner verhalten. Denn auch wir betrachten die Macht, die jeder hat, als eigengesetzlich und fügen uns der festen Regel von der Selbsterhaltung jeglicher Macht.

Für uns heißt das dann immer: Wer die Macht haben kann, darf sie auch benutzen. Wer den Menschen gentechnisch verändern kann, darf das auch tun. Wer mit der Tötung von Embryonen vielleicht der Forschung dienen kann, braucht nicht nach Rechtfertigung zu fragen. Wer die Macht hat, Präventivkriege zu führen, kann das tun, um die Macht zu erhalten. Nun sind wir immer besonders froh, wenn wir andere finden, denen wir Machtmissbrauch vorwerfen können, den USA zum Beispiel. Dabei ist moralische Verurteilung anderer – auch dann wenn sie gerechtfertigt ist – nur ein billiger Weg, sich auf der eigenen Seite dem zu entziehen, was längst fällig ist. Genau das ist unsere Versuchung, mit billigem Moralismus im Sinne der *correctness* den Schuldigen ganz einfach jenseits unseres Selbst und unseres eigenen Bereichs zu finden. Doch genau so entschärfen wir das Evangelium nachhaltig.

Jesus entgeht diesem Moralismus. Nirgends wirft er den wahrhaft machtgierigen Römern seiner Zeit vor, dass sie Machtgelüste haben. Nein, er entdeckt dieses bei sich selbst und bei seinen Jüngern. Versuchungen sind keine moralische Frage, sondern zielen auf die religiöse Grundfrage: Basteln wir uns unsere Wirklichkeit zusammen, vorbei an der unübersehbaren Präsenz Gottes? Hier wird eine große Frage hingestellt: Ob wir zum Genießen da sind und für den Selbsterhalt unserer Macht – oder ob wir uns als unnütze Sklaven Gottes betrachten. Wenn wir Gottes Wirklichkeit ernst nehmen, wird etwas Unglaubliches geschehen, für mich eines der bewegendsten Bilder des Evangeliums: Gott selbst wird so begeistert von uns sein, dass er uns zu Tisch bittet, sich selbst die Kellnerschürze umbindet und uns bedient (Lk 12,37). Ein Bild nur – doch welch ein unglaublicher Vorgang! Aus der Art, in der Jesus von Gott spricht, können wir selbst etwas abgucken über die Freiheit, Gewohntes auf den Kopf zu stellen. Macht pur dagegen ist Genuss ohne Zukunft.

Fasten ist nie Selbstzweck, es dient also nicht dem puren Abnehmen. Es ist vielmehr ein Stück biblischer Leibhaftigkeit und Ganzheit, es ist die körperliche Seite einer umfassenden Vorbereitung. Immer fastet man vor etwas Wichtigem, und daher ist es auch Teil dessen, was die Bibel »sich heiligen« nennt. Bevor Gott auf dem Sinai mit Moses spricht, befiehlt er dem Volk: *»Sie sollen sich heute und morgen heilig halten und ihre Kleider waschen«* (Ex 19,10). Und bevor die Gemeinde in Antiochien eine Offenbarung des Heiligen Geistes über die erste Aussendung zur Mission empfängt, betet und fastet sie: *Als sie eines Tages fasteten und Gottesdienst hielten, inspirierte der Heilige Geist einen von ihnen zu folgendem Wort: »Gebt mir Barnabas und Saul für eine besondere Aufgabe, zu der ich sie berufen habe.« (3) Die Gemeinde fastete und betete erneut, dann legten sie den beiden die Hände auf und ließen sie ziehen* (Apg 13,2–3). Auch später dient das Fasten immer der Vorbereitung auf die Epiphanie, die Begegnung mit Gott. So hatte das Fasten vor der Priesterweihe einen guten Sinn. So sitzt der jüdische Mystiker zur Vorbereitung auf die Berührung mit dem Himmel 20 Tage auf dem Boden, isst nur Grünzeug und trinkt nur Wasser, blickt keine Farben und keine Frau an und wiederholt stündlich hebräische Gebetsworte. Auch die ganze Existenz Johannes des Täufers, der auf Wein und auf Fleisch verzichtet, ist eine einzige Vorbereitung auf das, was kommt, auf den Tag des Herrn. Und wenn es in einem apokryphen Jesuswort (Agraphon) heißt: »Fastet gegenüber der Welt« – dann ist das ganze Verhalten der Christen in der Welt angesichts der kommenden Welt gemeint.

Deshalb stehen Fasten und Beten immer zusammen, als zwei gleichzeitige Aktionen. Dahinter steht eine tiefe Erfahrung: Ich kann mich zumeist nicht einfach per *salto mortale* dem Himmel zuwenden (nur für ein Stoßgebet reicht es immer), sondern ich muss mich darauf vorbereiten wie auf ein Fest. Fasten ist deshalb zur Vorbereitung auf die Begegnung mit Gott geeignet, weil es geradezu im buchstäblichen Sinn Platz schafft im Menschen für eine andere, neue Erfahrung. Jedes Stück alltäglicher Normalität, auf das wir verzichten – und dazu gehört das Essen –, gibt Raum für andere Wahrnehmungen, macht frei dafür. Das ist nicht Abwertung des Leibes, sondern Öffnen des Leibes für ein Stück geistlicher, mystischer Wahrnehmung. Auch im Neuen Testament geht es nirgends (!) um den Gegensatz zwischen Leib und Geist, sondern immer um den Gegensatz zwischen irdisch und himmlisch, Vergänglichkeit und Heiligem Geist. Jesus kennt das Fasten, wendet es selbst an, ist deshalb jedoch kein Asket, kein Anhänger selbstzwecklichen Fastens. Als Jesus für 40 Tage in die Wüste geht, tut er es gewiss nicht aus Neugier auf satanische Erfahrungen. So wie es auch später von ihm berichtet wird, geht er in die Einsamkeit, um zu fasten und zu beten. Doch anstelle der Erfahrung Gottes, seines himmlischen Vaters, meldet sich eine ganz andere, widerwärtige Erfahrung: der Teufel.

In den alten Kulturen war *Fasten* tief eingebunden in die sinnvolle Gestaltung menschlicher Zeit. Fasten war Ausdruck einer ernsten Zeit der Vorbereitung auf ein Fest oder eine Freudenzeit; das Gegenteil davon, nämlich das *Nicht-Fasten,* also alles essen und trinken zu dürfen, war das Zeichen des Festes, das Zeichen der Heilszeit. *Nicht-Fasten* oder *Fasten* ist daher jeweils Symptom für den Charakter einer ganzen Epoche. Die Nahrungsaufnahme wird zum Indikator der geringeren oder höheren Lebensqualität einer Zeit.

Mit dem Schema *Fasten* und dem *Nicht-Fasten* geht Jesus auf ganz eigene Weise um; er charakterisiert damit gleich drei unterschiedliche Zeitordnungen, die mit seiner Gegenwart unter den Menschen zusammenhängen. *Zeitordnung 1:* Die Zeit, in der er auf Erden wirksam ist – eine Phase der Freude. *Zeitordnung 2:* Die Zwischenzeit, in der er nicht unter den Jüngern sein wird, ist die ernste Zeit der Vorbereitung auf *Zeitordnung 3:* das Fest am Ende, wenn er wiederkommen wird, wo natürlich von Fasten keine Rede mehr sein kann, wo reine Freude herrscht.

Die ganze Zeit von der Auferstehung oder Himmelfahrt Jesu bis zu seiner endgültigen Wiederkunft ist insgesamt Zeit der Fasten und Vorbereitung, oder umgekehrt: Wenn in dieser Zeit gefastet wird, dann steht dieses Fasten symbolisch für diese ganze zweite Zeitordnung. Aus den wenigen Versen in Mk 2,18–20 erfahren wir etwas über Jesu Auffassung von Geschichte: *»Können denn Hochzeitsgäste fasten, wenn der Bräutigam unter ihnen ist?«* Natürlich hat man auch hier vermutet, diese Verse seien typisch nachösterlich und sollten den nach Ostern im Zuge eines angstbesetzten Rückfalls ins Judentum wieder eingeführten Brauch des Fastens in der Kirche rechtfertigen. Man hält es durch die Bank für unmöglich, dass Jesus über die Zeit seines Erdenwirkens hinausgeblickt haben könnte. In der evangelischen Kirche hält sich aus Gründen der Werkgerechtigkeit immer schon eine stark fastenkritische Tradition. In der katholischen Kirche gibt es eine 2000 Jahre währende ungebrochene Fastentradition. Leider gibt es aber auch viele katholische Bibelausleger, die die »Ergebnisse« der historisch-kritischen Forschung im fastenkritischen Sinne zum unbefragten, nicht kritisierbaren Ausgangspunkt und Fundament ihrer Auslegung machen.

In diesem Fall sprechen zwei Gründe schon gegen diese hypothetische Annahme: 1. Muss Jesus wirklich so »beschränkt« gewesen sein, dass er im Unterschied zu anderen nicht über den Tellerrand seiner eigenen Zeit hinausgeblickt haben darf? Und 2. Wäre das nicht ein geradezu infamer Akt der frühen Kirche, in Abweichung von Jesu eigener Praxis und offenbar gegen seinen Willen eine gegenteilige Gemeindepraxis einzuführen und dafür auch noch ein Jesuswort zu erfinden? Doppelter Ungehorsam also schon am Morgen der Kirche? Kann es den Versuch gegeben haben, auf diese Weise Jesu eigene Praxis auszutricksen und den eigenen, noch dazu beschwerlichen Weg – Fasten ist schließlich nicht lustig! – mit Lüge und Unterstellung zu rechtfertigen? Das glaube, wer will.

Nein, ganz im Gegenteil ist die Gliederung der Zeiten von Jesu eigenen Voraussetzungen her höchst sinnvoll, nämlich von einer etwas aus der Mode gekommenen Christologie (besser: Selbstauffassung) her, die Jesus hier formuliert. Er spricht von sich als dem Bräutigam und von den Jüngern als den Freunden des Bräutigams, ein Aspekt, den ich im folgenden Kapitel noch näher beleuchten werde. Über dieses Bild erfahren wir sehr viel über Jesus. Er versteht sich als Bräutigam des endzeitlich erneuerten Israels. Ähnlich hatten viele Propheten Gott als den Ehemann des Gottesvolks bezeichnet. Denn der Gott Israels ist nicht verheiratet, seine Partnerin ist das Gottesvolk. Viele Propheten (z. B. Hosea und Jeremia) deuten die Probleme zwischen Israel und Gott als die Schwierigkeiten einer langen Ehegeschichte. Und jetzt, da der Messias Jesus kommt, wird das Ehebündnis zwischen Gott und seinem Volk neu gestiftet, indem der Messias der Bräutigam ist und Gottes erneuertes Volk mit ihm bei Anbruch der messianischen Heilszeit Hochzeit feiern wird. Wir haben direkte Zeugnisse davon im Johannesevangelium (Kap. 3: Jesus der Bräutigam, der Täufer als dessen Freund), bei Paulus (2 Kor 11,2: Paulus als Brautführer, der kommende Christus als Bräutigam: Zum Volk Gottes gehören hier ganz selbstverständlich auch die Heidenchristen) und beim Seher Johannes (Offb 21f.: Hochzeit des Lammes mit dem Volk der Zwölf Stämme aus Juden und Heiden). Großes Gewicht liegt hier auf Jesu Wiederkommen. Nach allen Zeugnissen ist erst dann die Hochzeit. Die Basis des Verhältnisses des Messias zu seinem Volk ist die gegenseitige Liebe und Treue. Der Gerichtsgedanke tritt hier bei der Wiederkunft Jesu ganz zurück. Alles liegt auf der Betonung des großen Freudenfestes, auf das die Geschichte zuläuft. Eine heitere, fröhliche Anschauung von Jesus, die wichtige Züge aufgreift.

Auch sein Erdenwirken ordnet Jesus in dieses Bild von der kommenden Hochzeit ein: Sein gesamtes Dasein auf Erden bis zur Auferstehung bzw. Himmelfahrt deutet Jesus als das, was man im Judentum »Vorhochzeit« nennt – eine Phase, die wir auch heute noch oft im Leben eines Bräutigams biografisch festmachen können. Wenn er seinen Freunden mitteilt, dass er heiraten will, muss er »eine Runde ausgeben«. Das ist dann heute gewissermaßen das feierliche Ende der Junggesellenzeit. Im Judentum wird diese Vorhochzeit – in der Tat zumeist in Abwesenheit der Braut – vom Bräutigam mit seinen Freunden gefeiert. Danach ist dann erst einmal wieder Alltag, bis der Tag der Hochzeit anbricht.

Vor diesem Hintergrund haben wir den Text in Mk 2,22 zu verstehen. Das Bild von Wein und Schläuchen ist schon deshalb hier nicht zufällig, weil es bei dem Fasten, das hier verhandelt wird, wohl sicher zumindest wesentlich um die Enthaltsamkeit von Wein geht. Bestätigt wird das übrigens in Mk 14,25; Mt 26,29, wo Jesus selbst dann kurz vor seinem Lebensende nach dem letzten Mahl dem Wein feierlich entsagt. Denn erst bei Anbruch des Reiches Gottes wird er, so Mt 26,29, den Wein wieder mit den Jüngern gemeinsam trinken – nämlich beim Hochzeitsmahl im offenbar gewordenen himmlischen Reich. Mk 14,25 ist daher ähnlich wie Mk 2 auch als verhüllte Leidensansage aufzufassen. In Mk 14 par liegt der Ton auf Jesu eigenem Trinken, hier auf dem der Jünger. Beides gehört zusammen. Die Botschaft dieser Worte ist: Jetzt ist noch nicht die Zeit der Hochzeit, sondern die Zeit der Vorbereitung. Das Feiern, das Jesus als Form seiner Verkündigung praktiziert hat, gab einen Vorgeschmack auf künftige Freuden. Die Worte vom Wein und den Schläuchen bedeuten dabei ihrer Logik nach ganz schlicht dies: In jeder Zeit geziemt sich das, was zu dieser Zeit gehört. Jetzt passt nicht das, was demnächst angemessen ist. Das wäre, wie wenn man Unpassendes zusammenfügte, nämlich neuen Wein in alte Schläuche oder alten Wein in neue Schläuche oder einen alten Flicken auf ein neues Gewand usw. In allen diesen Bildern geht es um Dinge, die nicht zusammengehören wollen.

Welchen Anlass gab es für Jesus, die Jünger zu ermahnen, den Charakter der Zeiten in diesem Sinne zu unterscheiden? Offenbar fürchtet Jesus im Voraus, dass die Jünger weiterfeiern wollen – also nicht etwa unbedingt fasten wollen oder müssen, dies im Unterschied zur Annahme der liberalen Exegese. Sehr bald beginnt, so sagt Jesus, eine Zeit, in der ihr nicht feiern könnt und dürft, aber auch diese Zeit gehört dazu, wie eben Leiden der Freude und die Nacht dem Tag vorausgeht. Hier hilft uns Mk 14,25 weiter. Jesus trennt hier die Zeit des Feierns von der Zeit des Leidens und der schmerzvollen Trennung vom Messias. Auch für Mk 2 gilt: Wer nur feiern will, mag nicht leiden. Insofern stehen Weintrinken und Fasten je symptomatisch für je eine ganze Zeitordnung: Der hochzeitlichen Freude ist die Zeit des Leidens vorgelagert. Beides ist nicht zu verwechseln, nur wer sich jetzt bewährt, wird auch die Hochzeit mitfeiern dürfen. Mt 25,1–10 wird dieses mit dem Bild des ausreichend gebunkerten Öls auf seine Weise von der Geduld sagen. Auch in einem anderen Fall muss Jesus die Jünger die Unterscheidung der Zeiten lehren: Das Gleichnis vom Unkraut unter dem Weizen lehrt die Jünger, dass jetzt die Zeit des Wachsens und Wachsenlassens ist, nicht die des Ausreißens und der Ernte.

6.5 Von der Hochzeit und den schönen neuen Kleidern

Jesus hat gern gefeiert. Er muss sich auf Hochzeiten »in seinem Element« gefühlt haben. Hier dürfte der Lebenshintergrund zahlreicher Gleichnisse und Bildworte Jesu liegen. Einen Schlüssel zum Verstehen speziell des Gleichnisses vom Hochzeitsmahl (Mt 22,1–14: Ein Herr lädt zum Hochzeitsmahl ein, aber die Geladenen lassen sich entschuldigen; deshalb dürfen die »von den Hecken und Zäunen« an der Tafel Platz nehmen) bietet die Heilsweissagung über Sion in Jes 62,5: *Wie sich nämlich der junge Mann mit der jungen Frau vermählt, so vermählt sich mit dir dein Erbauer; wie der Bräutigam sich freut über die Braut, so freut sich über dich dein Gott.* In der Anschauung des Alten Testaments, dass Gott der Herr der Bräutigam und Ehemann Israels sei, liegt der biblische Ursprung der Bilder über Hochzeit und Bräutigam in der Verkündigung Jesu.

Das ist folgenreich, bis hinein in die Diskussion um die biblische Möglichkeit oder Unmöglichkeit der Frauenordination: Israels Gott ist nicht verheiratet, darin unterscheidet er sich von allen Göttern sonst. Damit wird er grundsätzlich nicht sexuell vorgestellt. Für Israel, ansonsten kein asexuelles Volk, ist Sex nicht göttlich. Jahwes Partnerin ist keine Göttin, sondern sein Volk. Das ist zweifellos keine sexuelle Beziehung. Wenn Gott Ehemann oder Bräutigam heißt, das Volk aber Frau oder Braut, dann ist das eine bildhafte Aussage über einen (Ehe-)Bund zwischen sehr verschiedenen Partnern. Das kirchliche Amt bildet in seinem Verhältnis zur Gemeinde Gott ab. Das ist seit Ignatius von Antiochien (um 110 n.Chr.) sicher belegt. Um ein solches Abbilden geht es auch in der Liturgie. Der Zelebrant bildet Gott ab, sein Gegenüber ist die Gemeinde, und sie wird weiblich dargestellt und entsprechend auch in Maria verkörpert. Amt und Gottesdienst sind daher inszenierte Botschaft.

Jesus nimmt als Messias Gottes Stelle ein, er tritt als Bräutigam Israels auf. Die jetzt moderne Beachtung der »metaphorischen Christologie« müsste hier zu dem Ergebnis kommen, dass Jesus wirklich Gottes Rolle einnimmt; daher liegt hier eine unvergleichlich »hohe« Anschauung über Jesus vor. Ähnlich vollzieht Jesus auch in den Wundern Gottes eigene Taten, die für die Endzeit erhofft werden. In diesem Gleichnis greift Jesus zielsicher auf das biblische Bild der Ehe zwischen Gott und Volk zurück. Diese Ehe wird er als Messias neu eingehen – so wie auch Jes 62,5 eine Verheißung ist. So wird deutlich, warum Jesus überhaupt das Bild des Hochzeitsmahles verwendet. Es hat wichtige theologische und christologische Bedeutung. Wie auch die vorangehenden Gleichnisse von den bösen Winzern und den ungleichen Söhnen negativ enden, geht Jesus offenbar davon aus, dass die geschilderte Katastrophe die Menschen schockiert und deshalb interessiert. Denn schließlich wird ein Hochzeitsgast im wahrsten Sinne des Wortes gefeuert und in ein dunkles Loch – ein Bild für die äußerste Gottferne – geworfen. Jesus appelliert damit an den Katastropheninstinkt seiner Hörerinnen und Hörer.

Auch im Blick auf die vorangehenden Gleichnisse könnte das Gleichnis in Mt 22,1–14 folgende Stadien abbilden: Die Zuwendung und Einladung an Israel, Ablehnung und Martyrium der Boten durch Israel, Bestrafung der Stadt Jerusalem, Einladung der Heiden (hier: die Menschen an den Wegkreuzungen), Bestrafung des Menschen, der die »in der Garderobe angebotene hochzeitliche Kleidung« verschmähte (war es doch üblich, dass allen Gästen auch Festgewänder zur Verfügung gestellt wurden). Israel ist mehrheitlich gescheitert, aber auch den Heidenchristen wird es kaum besser ergehen, wenn sie die Gnade, die ihnen doch angeboten wird, nicht ergreifen. Daher sollen sich die Heidenchristen auf ihre Ersatzrolle für die Erstberufenen nichts einbilden. Gott bleibt weiterhin anspruchsvoll, zumal ja das Anlegen eines zur Verfügung gestellten Kleides nicht besonders mühsam ist. In dem Bild dieses vom Einladenden gestellten hochzeitlichen Kleides kann man die den Christen in der Taufe geschenkte Gnade und Gerechtigkeit erblicken. Diese Deutung wird bestätigt durch die Offenbarung des Johannes, in der das hochzeitliche Gewand (hier ist es das der Braut!) ebenfalls eine große Rolle spielt und auf die Werke der Christen bezogen wird. Aus Mt 22 wird erkennbar, dass die guten Werke von Gott geschenkt sind, aber eben angenommen und getan werden müssen. Im Bild gesprochen: Man sollte das Gottesgeschenk wenigstens auspacken und damit das eigene Ja zu Gottes Einladung zum Ausdruck bringen. Gott stellt zur Verfügung. Der Mensch nimmt an. Das Bild meint ein Geschehen in der Garderobe.

In der Offenbarung des Johannes liegen die Aspekte etwas weiter auseinander: Im Blut des Lammes werden die Kleider gewaschen – und zugleich sind sie die guten Werke der Christen, also ein Geschehen zwischen »großer Wäsche« und »Bügeln« des Kleides.

Bei Matthäus fällt der Blick stärker auf den Einzelnen in seinem Versagen, beim Seher Johannes steht viel stärker die Gemeinde im Ganzen im Blick. Dennoch gilt auch für Matthäus: Die Feier ist nur als gemeinsame Hochzeitsfeier der Kirche vorstellbar. Das Negative ist (ähnlich wie in Mt 18,15–18) Tat des Einzelnen. Doch stärker als die Katastrophe »am Rande« ist die große Verheißung. Das Reich Gottes wird als großes Fest offenbar, das die Versöhnung von Gott und Mensch endgültig besiegelt. Die Weltgeschichte endet nicht mit frommen Sprüchen, sondern mit dem Bild einer großen Hochzeitsfeier. Wenn gesagt wird, dass die Berechtigung zur Teilnahme nicht automatisch gilt, sondern erst in der Bewährung wahr gemacht wird, dann ist diese Bedingung angesichts des Zustands der Kirche nur allzu berechtigt. Im Mittelalter betete man, alle Berufenen (Getauften) möchten auch zu den Auserwählten (Seligen) gehören. Gott lässt sich in seiner Güte nicht zum Narren halten. Und Gnade und Sakramente sind kein Freibrief für die Fortsetzung eigener Bosheit. Ähnlich wie in Mt 18, 21–35 kann man auch hier fragen, warum Gottes Erbarmen und sein strenges Gericht so nahe beieinander liegen können. Ist es wirklich wahr, dass der hinausgeworfen wird, der den Festanzug verachtet? Ist das wirklich so schlimm?

In schöner Regelmäßigkeit kann man lesen: »Die religiöse Praxis der Christen bricht immer mehr weg.« Die Ratlosigkeit, wie Christentum in der Gesellschaft zu Gehör zu bringen und umzusetzen ist, nimmt zu. Das Gleichnis vom Hochzeitsmahl gibt genau dazu einen Kommentar: Gott bleibt anspruchsvoll, das Christentum ist keine

Lebensversicherung, den Festanzug anlegen heißt: etwas wagen. So wie es in der Nazizeit und in den Nachkriegsjahren in meiner Heimatgemeinde ein ausgesprochenes Zeichen des Mutes war, bei der Prozession zu Fronleichnam mitzugehen – neugierig bestaunt oder zornig angestarrt von zahlreichen Passanten der »Reichsbauernstadt« der Nazis. Zugeschaut haben alle – und in ihrem tiefsten Herzen haben die Zaungäste vielleicht die Treue der Standhaften bewundert, sie darum möglicherweise sogar beneidet. Wo ist dieser Mut geblieben, gegenüber einer überwältigenden Mehrheit risikoreich Farbe zu bekennen? Das eindeutige Hineinwirken in die Welt ist offenbar nur dann möglich, wenn der eigene Glaube nicht ständig problematisiert und in Salamitaktik kleingeschnitten wird, sondern wenn er in sich klar und geklärt ist. Wohl nur dann kann es Mut und die notwendige Radikalität und Zielsicherheit geben. Deshalb ist heute mehr denn je die Stunde der Orden und der neuen geistlichen Bewegungen. Für mich persönlich ist es die Stunde, in der das Erbe des heiligen Benedikt eine große Rolle spielen kann, weil es zur leidenschaftlichen Konzentration auf die Mitte und das Wichtige einlädt.

6.6 Burnout – oder: Die Ferientherapie Jesu

Es gibt eine bestimmte Sorte von (Berufs-)Christen, die ihr Christsein vor allem in rastlosem Tätigsein glauben erweisen zu müssen; sie fühlen sich dann erst richtig christlich, wenn sie einen proppenvollen Terminkalender herumzeigen können und vor lauter Betriebsamkeit kaum mehr zum Atemholen kommen. Keiner kann sie stoppen, so voller Eifer und Sorge sind sie. Ihnen würde ich zunächst empfehlen, sich ein wichtiges, häufig übersehenes Element der Jesusüberlieferung vor Augen zu führen, den sorglosen Jesus nämlich, der Gott preist wegen der Lilien des Ackers und aller ihrer Pracht. In diesen Aussagen ist das Verhältnis zwischen Gott und Schöpfung durch kein dunkles Wölkchen am Horizont getrübt. Der Vater sorgt für alle Kreatur, und der sorglose Sohn, der sich um Nahrung, Kleidung und seinen Tod nicht kümmert, steht inmitten dieser heilen, behüteten Schöpfung. Wie ein Königssohn lebt er nach dem Grundsatz »Papa wird's schon richten.« Sein Übermut zeigt sich noch in dem nur arabisch erhaltenen Jesus-Agraphon (Nr. 280 Berger/Nord), nach dem Jesus zwei sehr unterschiedliche Jünger hatte; der eine, Petrus, war oft traurig und weinte, als sei schon alles verloren. Der andere, Johannes, war so ausgelassen und fröhlich, als hätte er das Himmelreich schon in der Tasche. Nach beiden befragt, sagte Jesus: Johannes ist mir lieber.

Sodann sollten die Sorger und Eiferer Gottes gelegentlich in das Markusevangelium schauen. Dort gibt es eine Stelle, in der Jesus zu den Jüngern sagt: *»Zieht euch zurück in die Einsamkeit und ruht etwas aus«* (Mk 6,31). Zur Begründung: »Denn sie hatten mit so vielen Menschen zu tun gehabt, dass sie noch nicht einmal Zeit zum Essen gehabt hatten.« Der Satz fällt völlig aus dem Rahmen des sonst strengen Jüngerbildes der Evangelien.

So sieht dieses rigide Bild aus: Die Jünger werden berufen, ohne sich gar verabschieden zu dürfen. Sie werden ausgesandt ohne irgendeine Form von Ausrüstung. Und sie fallen wie Schafe den Wölfen zum Opfer. Ihr Weg geht auf das Martyrium zu. Doch hier plötzlich das Gegenteil von Gehorsam, Martyrium und Askese: Den Jüngern wird Zeit zum Ausruhen und zu einer ordentlichen Mahlzeit gegeben. Wie oft habe ich Pfarrer erlebt, die buchstäblich wie die Jünger hier keine Zeit zum Essen hatten. Das Markusevangelium bewahrt hier einen sehr menschlichen Zug Jesu, der ein Herz hat für überlastete und ausgebrannte Christen (und Seelsorger). Auch sie dürfen Pause und Ferien machen. Nur der Evangelist Markus hat diesen Zug überliefert.

Jesu Ferientherapie ist interessant: Das Erste heißt: Einsamkeit. Die Einsamkeit dient offensichtlich zunächst einmal dazu, überhaupt zur Ruhe zu kommen. Dass Einsamkeit dann, gewissermaßen nach dieser ersten Phase, auch der Ort des Gebets, ja des Kampfes mit dem Teufel ist, wissen wir aus zahlreichen Notizen der Evangelien. Hier wird ein Stück geistlicher Praxis Jesu sichtbar: Wer in die Einsamkeit geht, soll zunächst ruhig werden und Kraft schöpfen, dann kann er sich Gott wieder zuwenden. Auch von den Sibyllen (im Namen des Gottes Israels prophezeienden heidnischen Frauen) wird übrigens ausdrücklich berichtet, dass sie nach Empfang und Weitergabe von Offenbarung Ruhe brauchten und ausruhen durften. Die Ruhe, die dem Verkündiger gebührt, hat daher offensichtlich die Funktion, ihn nicht nur beim Empfangen der Botschaft (von Gott, von Jesus her) und bei deren Weitergabe an die Menschen zu fördern, sondern ihn seine eigene Mitte wiederfinden zu lassen. Er ist nicht nur Empfänger und Sprachrohr – sonst wäre er bald ausgebrannt. Die schon zitierte Sibylle berichtet ausdrücklich vom Burnout-Syndrom.

Das Wort »Ruhe«, »Ausruhen« hat biblisch einen sehr hohen Stellenwert. Denn das Gelobte Land, das Israel verheißen ist und das es auf seiner langen Wanderung anstrebt, wird mit demselben griechischen Wort als »Ruheort« umschrieben. Hebr 3–4 erörtert dieses Thema, und aus der Hand Gerhard von Rads gibt es einen lesenswerten Aufsatz zum Thema »Es ist noch eine Ruhe vorhanden über dem Volk Gottes«, in dem er zeigt, dass dieser Ruheort im Laufe der Zeit immer weiter in die Zukunft und dann in die unsichtbare Welt Gottes hineingerückt wird. Im Hebräerbrief und im frühen Christentum ist der »Ruheort« stets der Himmel. Noch nicht so bei Markus. Aber immerhin erzählt er genau die Abfolge von Wanderung und Ruheort, die auch schon das alttestamentliche Grunddrama ist: Israel ist auf dem Weg, und dieser Weg führt eines Tages wirklich ins Gelobte Land. Vom Weg der Jünger als Wandermissionare hatte Markus ja in 6,7–13.30 berichtet. Er wird zum Abbild des Weges Israels durch die Wüste auf das Land der Verheißung zu. Die Wandermission und die abschließende Ruhe der Jünger wird somit theologisch im Rahmen einer Israel-Typologie erfasst. Dass die Jünger mit Jesus im Boot fahren (Mk 6,32), hat deshalb Bedeutung, weil alle Bootsgeschichten und -berichte sich nicht nur auf Szenen im Alltag Jesu beziehen, sondern zugleich auch symbolisch darüber hinaus auf die Zeit der Kirche weisen. Salopp gesagt: Mk 6,32 schildert Jesus mit den Jüngern auf dem notwendigen Weg in die Jahres-Exerzitien.

Bemerkenswert ist sodann Vers 34: Jesus sah die Menschen; sie »taten ihm von Herzen Leid, denn sie waren wie Schafe, die keinen Hirten hatten«. Das ist die Überschrift zu den dann folgenden Akten der Wortverkündigung und Speisung (Brotvermehrung; Mk 6,37–44).

Die Ruhe in der Einsamkeit hat also jedenfalls nur kurz gedauert. Der heilige Beda Venerabilis bemerkt in seiner Markusauslegung, die Not des Volkes sei entstanden, weil Johannes der Täufer enthauptet worden war. Jesus wird den Hirten nun durch seine Person ersetzen, und zwar in der für ihn typischen Verknüpfung von Evangelium und Speisung. Insbesondere das Letztere geht weit über Johannes hinaus, denn bei ihm war Bußfasten und waren nicht Gastmähler angesagt. Er wirkte nach dem Neuen Testament keine Wunder. Das Bild des Hirten schließt dagegen jetzt beides ein: Predigt und reale Stillung des Hungers. Auch diese Verse zeigen einen sehr »menschlichen«, mitfühlenden Jesus. Denn aufgrund des eigenen Mitleids, nicht aufgrund der göttlichen Sendung reagiert Jesus hier. Wo immer in den Evangelien das Erbarmen Jesu geschildert wird, tritt seine Göttlichkeit hervor. Denn es ist Gottes Erbarmen, das hier aufscheint. Hier geht es nicht um Gottes Missionsauftrag an Jesus, sondern Jesu Erbarmen steht hier als die letzte Instanz im Mittelpunkt. Man kann von hier aus einen direkten Bogen schlagen zur Herz-Jesu-Verehrung. Sie meint auch nichts anderes als Jesu Erbarmen als letzte und entscheidende Zuflucht für uns Menschen. In Friedberg, in der Nähe von Augsburg, gibt es eine wunderschöne, von den Brüdern Asam erbaute Wallfahrtskirche, die »Herrgottsruhkirche«. Seit dem Mittelalter und bis auf den heutigen Tag kommen Menschen zu einem Gnadenbild, das Jesus während einer Ruhepause auf seinem Leidensweg darstellt. Die Menschen kämen nicht, würden sie in diesem Bild nicht das Erbarmen Gottes erkennen, der ihnen mitten in der Bedrängnis und den Leiden des Alltags ein Atemholen schenkt.

Freilich würde ich Sätze wie »Jesus liebt dich« nur in ganz extremen Situationen formulieren. Denn solche Sätze wirken für gewöhnlich viel zu direkt, platt und vereinnahmend. Sie entstammen der Erweckungspredigt (wie auch Darstellungen von »Jesus klopft an die Türe deines Herzens«) und sind nicht unbedingt jedermanns Sache. Das rührt wohl daher, dass ein Satz wie »Jesus liebt dich« allzu leicht wie das Gekritzel auf der Mauer verstanden wird: »Felix liebt Gundula.« Vom Geheimnis Gottes, vom Offenbarsein und zugleich Verborgensein seiner Liebe, von der Unfasslichkeit und Andersartigkeit im Vergleich zu jeder menschlichen Liebe ist dann zu wenig die

Rede. Ganz anders ist es, wenn in der mittelalterlichen Zisterzienserkunst der Gekreuzigte den Beter umarmt und nicht mit ausgebreiteten Armen am Kreuz hängen bleibt. Hier wirkt die komplexe hochsymbolische Überbietung der traditionellen Kreuzessymbolik als deren Steigerung ins Unfassliche. Bei Sätzen wie »Jesus liebt dich« war dagegen in der erwecklichen Rede nicht der Gottessohn, sondern nur der Mensch Jesus gemeint, der Freund und Bruder, aber nicht der Gott und Mensch zugleich. Daher würde ich es so sagen: In Jesus, durch ihn hindurch, in seinen Reden und Taten spüren wir die unfassliche Liebe des einen, dreieinigen Gottes. Um sie halbwegs verständlich zu machen, braucht man eine Vielzahl von Bildern, aber nicht eine einzige allzu platte Formel.

Dazu kommt dieses: Jesus erweist uns gerade nach dem Wortlaut der folgenden Speisungsgeschichte seine Liebe durch das Tun der Jünger. Sie werden beauftragt, sie verteilen und sammeln das Übriggebliebene. So kann keine Rede davon sein, dass Gott nach den Evangelien auf jegliche Mittler und Zwischeninstanzen verzichtet. Genau das Gegenteil ist der Fall. Gerade indem Gott uns so persönlich, zeitlich und leiblich nahe kommt, setzt er umso mehr Mittler ein, nämlich die menschliche Natur Jesu und die Jünger, unter deren Händen Gott das Speisungswunder wirkt. Die größte Nähe Gottes schließt Mittler nicht aus, sondern ein, ja braucht und gebraucht sie. Die Mittler und Vermittler stören nicht, sondern intensivieren, indem sie gewissermaßen die Landefläche, die Berührungsfläche mit Gott vergrößern und verbreitern. Das gilt nicht nur für Jesu Jünger bei der Speisungsgeschichte, sondern dieses ist ein Merkmal der neutestamentlichen Radikalität der Zuwendung Gottes. Gott bedient sich vieler Hände, braucht viele Helfer, indem er durch Jesus und auf ihn hin Jüngerinnen und Jünger beruft, die die ganze Fülle seiner Liebe weitergeben. Alle Zuwendung aller Helfer Gottes zusammen erst kann eine Ahnung geben von der Weite seines Herzens.

6.7 Die Freunde Jesu – oder: Meditation über den Vorgarten Gottes

In der dörflichen Architektur an der Nord- und Ostsee ist bis heute der Vorgarten die Visitenkarte eines Bauernhofes. Er wird sorgfältig bepflanzt und gestaltet. Hier ist der Ort für Blumen und alles, was das Herz erfreut. Gott bleibt nicht im Himmel. Zu seinem Haus, seiner Wohnung, schafft er einen Vorgarten, durch den man ihn erreicht; der Weg zum Hauseingang führt nur durch diesen Vorgarten. Und vor dem Vorgarten wird hier ein weiterer Vorgarten angelegt, auch dieser gilt als Ausweis des Reichtums des Hausherrn. Dazu muss er schön und gepflegt sein. Der erstgenannte Vorgarten ist – im Bild gesprochen – Jesus, das zweite, zur Straße hin vorgelagerte Gartenstück sind die Jünger, die Freunde Jesu.

Denn dieser Gott bindet das Kostbarste, das er der Welt geben kann, seine liebevolle Zuwendung, exklusiv an den Mittler Jesus Christus; nur durch ihn gibt es einen Weg zum Vater. Aber auch der zweite, äußere Vorgarten ist nach dieser Regel angelegt: Die Jüngergemeinde ist der Weg zu Jesus. Die Weise, wie es unter den Jüngern zugeht, ist alles andere als eine marginale Veranstaltung – die Jünger und wie sie sich verstehen und darbieten (vgl. Joh 15,9–17), das ist die Visitenkarte für ihren Herrn, für Jesus, für Gott. Und deshalb gilt im Vierten Evangelium: »Wie der Vater mich …, so … ich euch.« Und das betrifft die Liebe, die Sendung und die Gabe der Herrlichkeit (Verherrlichung).

Dass der Weg zu Gott exklusiv durch den ersten und zweiten Vorgarten führt, ist auch das Neue und typisch Christliche nach dem Evangelium des Johannes. Über dieser Szenerie liegt nicht die Atmosphäre düsteren Zwanges, sondern – eben wie bei Vorgärten – eine Verheißung von Leben und Licht. Gott wohnt nicht direkt an der Straße; er mutet den Menschen nicht einfach zu über alle Gräben hinweg, an ihn, den Unsichtbaren zu glauben, sondern durch die beiden Vorgärten kann man sehen wie er ist. Er lockt durch die geschwisterliche Gemeinschaft der Jünger und durch sein Abbild Jesus zum Eintritt in sein Grundstück. Und er ist sehr gastfrei in seinem Haus. Denn bei Gott ist immer Frühling. Die beiden Vorgärten wollen nicht ausschließen, sondern einladen. Nur so ist die Exklusivität im Vierten Evangelium zu verstehen.

Wir werden gewissermaßen »durchgereicht«. Das Prinzip der Weitergabe »Wie der Vater mich, so ich euch« gilt in besonderer Weise auch von der *Freude*. Jesus spricht hier bei Johannes von seiner Freude und der Freude der Jünger, die »vollkommen« ist, ohne Grenze und Trübung. Diese Freude ist in den Evangelien immer die Spur der Anwesenheit Gottes. Sie entspricht dem, was in jedem Garten Sonne und Regen, die Vielfalt und die Farben, das Wachsen und der Segen auf den Früchten ist – so wie wir von einer »lachenden Flur« reden. Nirgendwo im Neuen Testament wird die Freude definiert. Sachlich am nächsten stehen die Bilder in Offb 21,3f.: *Hier wohnt Gott gemeinsam mit den Menschen … Alle Tränen wird er von ihren Augen abwischen. Es wird keinen Tod mehr geben und keine dumpfe Trauer, keine Verzweiflungsschreie und keinen peinigenden Schmerz. Denn alles, was früher war, ist vorbei.*

Für die griechischen Leser des Vierten Evangeliums war es gut verständlich, wie Jesus hier von Freundschaft und Freundesliebe spricht. Für den Philosophen Aristoteles ist Freundschaft schließlich die Basis aller Sozialformen. Und für die ganze Antike ist das »Sterben des Freundes für den Freund« der höchste Erweis der Freundesliebe. Daher greift Jesus in Joh 15,13 eine sehr bekannte Denkform auf. Auch Jesu Jünger dürften dieses Bild intuitiv verstanden haben. Nebenbei bemerkt gibt es viele gute Gründe für die Annahme, Jesus habe nicht nur Aramäisch, sondern genauso gut Griechisch gesprochen. Joh 13,15 ist freilich noch umfassender formuliert. Der Ausdruck »sein Leben einsetzen« bedeutet nicht nur das Leben im Martyrium zu riskieren, sondern noch etwas ganz anderes, darüber Hinausweisendes: Jesus hat sein ganzes Leben als Dienst an den Jüngern verstanden; er hat es ihnen geweiht und geschenkt. Und er hat sie »bis zum Ende geliebt« (Joh 13,1). Das heißt: Er wollte nichts anderes sein als Gabe des Lebens für die Jünger, er persönlich. Das konnte er sein als »Gefäß« für Gottes Wort, Vollmacht und Herrlichkeit.

Zu dieser Freundesliebe gibt es einen etwa 850 Jahre alten Text von Bernhard von Clairvaux, der mich immer schon tief beeindruckte: »Niemand hat eine größerer Liebe als einer, der sein Leben für seine Freunde gibt: Du, o Herr, hast eine größere gehabt: Du hast es für Feinde hingegeben! Als wir nämlich noch Feinde waren, sind wir durch deinen Tod mit dir und dem Vater ausgesöhnt worden … Kaum jemand stirbt für einen Gerechten: Du hast für Ungerechte gelitten und bist unserer Sünden wegen gestorben. Du bist gekommen, die Sünder, ohne dass sie es verdient hätten, gerecht zu machen, Knechte zu Brüdern, Gefangene zu Miterben, Verbannte zu Königen zu machen … dass er sein Leben dem Tod preisgab und die Sünden vieler trug …, dass er sogar für die Schuldigen betete« (Predigt am Mittwoch in der Karwoche). Bernhard verbindet hier die parallelen Gedanken bei Paulus (Röm 5,8–10) und im Vierten Evangelium. Dabei ist klar erkennbar: Für Paulus geht es um den Gegensatz zwischen Freund und Feind, für das Vierte Evangelium um den zwischen Sklave und Freund. Für beide Autoren ist aber die radikale Gabe des Lebens durch den Freund der Maßstab, an dem das Evangelium gemessen wird.

Da Bernhard überdies weiß, »dass die Liebe des Herzens eine gewisse Ähnlichkeit zu körperlicher Liebe« hat, kann er es wagen, das Hohelied des Alten Testaments als direkten Kommentar zu den Liebesaussagen im Johannesevangelium zu lesen. So interpretiert er beide Texte durch den jeweils anderen: »Als Bräutigam sagt er dies (das Hohelied), nicht als Herr. Wie? Er ist der Schöpfer und gibt sich als Gefährte aus? Die Liebe spricht hier, die keinen Herrn kennt. Es ist ja ein Liebeslied, und dieses durfte nur von Worten der Liebe getragen sein. Es liebt also Gott, und er hat das nicht von irgendwoher, sondern er selbst ist die Quelle der Liebe. Und daher liebt er umso stürmischer, da er nicht so sehr Liebe besitzt, als dass er diese selbst ist. Die er aber liebt, behandelt er als Freunde, nicht als Sklaven. Zuletzt wird er vom Lehrer zum Freund: Er würde seine Jünger nämlich nicht Freunde nennen, wenn sie es nicht wären« (Bernhard von Clairvaux, 59. Predigt zum Hohelied). In seiner 67. Predigt zum Hohelied nimmt Bernhard einen weiteren Vers unseres Textes auf, nämlich V.16: »Gott sagt zum Menschen: Nicht du hast mich erwählt, sondern ich habe dich erwählt; und zum Entschluss, dich zu erwählen, bin ich nicht durch deine Verdienste gekommen, sondern ich bin ihnen zuvorgekommen. Deshalb habe ich mich mit dir im

Glauben verlobt und nicht durch die Werke des Gesetzes, und ich habe mich dir in Gerechtigkeit verlobt, doch in jener Gerechtigkeit, die aus dem Glauben kommt, nicht aus dem Gesetz.« Wenn man heute diesen Text liest, in dem Paulus und das Vierte Evangelium verknüpft werden, kann man zwei Dinge verstehen: Dass Martin Luther Bernhard für den größten Theologen hielt – das wäre eine theologische und eben nicht minimalistische Basis für Ökumene. Und ferner: Hier wird sichtbar, wie man auf die Idee kommen kann, das Vierte Evangelium und Paulus auch historisch nahe zueinander zu rücken (vgl. oben zu Röm 5,8–10). Ich habe daraus die für manche Vertreter der Zunft schockierende Konsequenz einer Frühdatierung des Vierten Evangeliums gezogen (»Im Anfang war Johannes«, 2. A. 2003). Hat es sich doch als Standardbehauptung durchgesetzt, Johannes stehe spät, weit weg von den historischen Ereignissen und griechisch-fremd im Corpus der neutestamentlichen Schriften. Wie dem auch sei, in jedem Falle ist man sich darüber einig, dass das Verhältnis zwischen Paulus und Johannes das interessanteste theologiegeschichtliche Problem des Urchristentums ist.

Im Übrigen hat der heilige Bernhard bemerkt, dass es zu dieser Rolle der »Freunde« in den Abschiedsreden des Johannesevangeliums eine Entsprechung im Matthäusevangelium gibt: Nach Mt 28,10 spricht Jesus mit einem Male nicht mehr von den Jüngern, sondern von den Brüdern, denen die Osterbotschaft auszurichten sei. Und in Joh 20,17 nennt der Auferstandene Gott »meinen Vater und euren Vater«. Das hatte er nie zuvor getan. Den drei Stellen liegt die Erinnerung zugrunde, dass Jesus in der Abschlussphase seines Lebens ein innigeres Verhältnis zu seinen Jüngern gewonnen hat als je zuvor.

6.8 Christentum als Absage an die Normalität?

In einem gewissen Alter entwickeln Kinder eine Art Normalitätsdruck. Eltern bekommen das zu spüren, gerade wenn sie originell sind und nicht den Standards der Mode, der Umgangsformen, der herrschenden religiösen (Nicht-)Übung und der materiellen Zielsetzungen hinterherlaufen. Kinder finden das »peinlich«. Gott sei Dank werden sie älter und entdecken, dass das »Normale« auch ganz normaler Wahnsinn sein kann, von dem man sich, will man denn Mensch sein, nach Kräften abheben muss.

Ist Christsein eigentlich anormal? Diskriminiert das Christliche den anständigen Otto Normalverbraucher, der niemand etwas zu Leide tut? Die »normalen« menschlichen Verhaltensweisen werden in Mt 16,21–27 alle genannt: sich gegen Leiden wehren, sein Leben und damit sich selbst zu »retten«, sich verwirklichen, sich immer mehr Ansehen schaffen, bis einem die Welt zu Füßen liegt. *»Denn wer sich selbst als Ziel hat, wird sich verfehlen. Wer sich aber aufgibt für mich, der wird sich selbst finden. Was nützt es, wenn einem die ganze Welt zu Füßen liegt, man aber mit seinem Herzen dafür büßen muss? Was hat der Mensch Kostbareres als sein Herz?«* Auf der Gegenseite werden ein paar höchst unpopuläre Verhaltensweisen empfohlen: das Leiden, das Ertragen von Kreuz und Schande, das Sich-Aufgeben für Jesus. Das, so sagt Jesus, sind Gottes Gedanken. Und sie stehen in denkbar striktem Kontrast zu dem oben geschilderten normalen menschlichen Denken. Dergleichen Normalität ist, gerade weil sie so vernünftig ist, teuflisch. Warum um alles in der Welt aber soll das normale Streben nach Gesundheit – im Kontrast zu Leiden, nach Ansehen – im Kontrast zur schändlichen Kreuzstrafe, nach Gewinnen der Herzen von Menschen – im Kontrast zum Fremdsein unter den Menschen – warum soll das alles teuflisch sein? Auch für Jesus ist dieser Weg sichtlich hart, denn nur deshalb wird Petrus so harsch kritisiert, weil er (wie einst der Teufel) Jesus mit lauter Ansinnen versucht, die ganz normal und vernünftig sind. Ist es wirklich teuflisch, den normalen Wertvorstellungen und »gesunden« Lebensinstinkten zu folgen? Fängt das Christentum nicht an dieser Stelle an, verdreht zu werden? Erst wenn wir diese Frage hier in aller Ernsthaftigkeit stellen, können wir überhaupt begreifen, warum das, was Petrus sagt, auch für Jesus eine Versuchung ist.

Wir versuchen ein wenig, dieser »Logik Gottes« nachzugehen. Leiden, Kreuz und Schande sowie Verzicht auf Selbstverwirklichung und Anerkennng sind Anti-Werte. Sie orientieren sich grundsätzlich an einem tief greifenden Kontrast und Konflikt zwischen Gott und

Welt. Und nur in diesem Rahmen – nicht an und für sich und unter dem Motto betrachtet, »als gäbe es Gott nicht« – sind sie Anti-Werte. Also sind nicht Leiden, Schande und Kreuz an sich etwas Großartiges, sondern nur dann, wenn es Gott gibt und weil es ihn gibt, weil die »Welt« in ihrer Verstiegenheit und Gottferne eben die Gerechten leiden lässt und kreuzigt. Nicht das Leiden an sich ist heilig, sondern das Leiden derer, die zu Gott gehören. Nicht Verzicht auf Lebensinstinkte an sich ist gut, sondern schlecht ist nur das gottlose Ausleben einer Vitalität, die keinen Himmel über sich kennt.

Im Grunde geht es also darum, dass Christen ganz grundlegende menschliche Verhaltensweisen wie Streben nach Gesundheit, Ansehen und Selbstverwirklichung nicht mehr (aus-)leben können, als stünde dies alles nicht in engster Beziehung zum Gottesglauben. Nur unter diesen Vorzeichen wird verständlich, dass Jesus sich so quer gegen das Normale stellt und sagt: Alles Streben nach diesen vitalen Bedürfnissen ist grundverdächtig. Denn überall will der Mensch sich selbst, sein eigenes Wohlergehen und seine eigene Macht. Für den, der versucht, sich an Gott zu orientieren, sind seit Jesus alle diese Dinge tief problematisch geworden.

Doch hier gilt es, ein verbreitetes Missverständnis abzuwehren: Christentum bedeutet nicht Lust am Leiden, Freude am Nein zum Leben. Gott quält uns nicht mit Widernatürlichkeiten. Zur Zeit unserer Großväter galt das manchmal als katholische Aszese: Wenn einer etwas von sich aus wollte, dann sollte er es gerade nicht tun dürfen, denn das Ziel der Erziehung war, den Willen zu brechen. Nein, der Vers Mt 16,25 sagt es genau: *»Wer sich aber aufgibt* für mich*, der wird sich finden.«* Es ist also durchaus Gottes Wunsch und Ziel, dass wir uns finden, dass wir das Leben bewahren, uns selbst verwirklichen. Lebensfeindlichkeit wäre das Letzte, was dem Gott der Bibel anstünde. Gott will durchaus das Leben, und zwar in Lust und Fülle.

Aber wer dabei nur auf dem schnellen und direkten Weg an sich selbst denkt, verfehlt das Ziel mit Sicherheit. Warum? Weil der Mensch sich als Kern und Mitte des Universums setzt, um das alles kreist, ja kreisen muss, wenn es keinen anderen Pol gibt. »Was habe ich denn davon?«, ist die menschlich letzte Frage in einer Welt, in der es keinen Gott gibt. Es muss dann rücksichtslos um das Durchsetzen der eigenen Vitalität gehen. Man hat ja nur dieses eine Leben. Rousseaus guten Menschen gibt es nicht. Unsere Vitalität ist nicht unschuldig, sondern seit Adam und Eva ist sie raffgierig, egozentrisch, kurzatmig, sie hat keine Zeit, sondern will auf kürzestem Wege nur für sich selbst sorgen. Und sie verfehlt ihr Ziel, weil nur für sich selbst niemand glücklich ist. Nach biblischem Denken, und das ist auch der Weg Jesu, führt nur der Weg zum Ziel, auf dem man nicht kurzfristig zum vordergründigen Ziel gelangen will, sondern der Weg, auf dem man zunächst den Anti-Wert ansteuert.

Noch einmal die Logik, die hier zugrunde liegt: Erstens kann angesichts des Gegensatzes von Gott und Welt nur der Anti-Wert, der Widerspruch zum ganz normalen Egoismus, zu Gott gehören. Denn die Welt lügt und betrügt, mordet die Gerechten und widerspricht Gott. Was vor Gott gilt, kann nur das Gegenteil sein von dem, was hier Ansehen schafft. Und zweitens ist Weltlichkeit nicht nur ein Attribut der anderen, sondern eben auch des eigenen Egoismus: Wir selbst sind tendenziell und real die Lügner und Betrüger, die Mörder und Verräter der Gerechten, der Widerspruch zu Gott. Daher geht die Veränderung der Logik durch unser eigenes Herz. Es geht darum, den Vitalitätstrieb dem Gebot Gottes zu unterstellen. Gottes Gebot aber heißt nicht raffen, sondern schenken und warten. Gottes Weg besteht darin, dass er lange, eine ganze Weltzeit lang, seine Sonne aufgehen lässt auch über seinen Feinden. Er schenkt aus vollen Händen. Und auf unsere Verse angewandt heißt das: Wer wie Gott handelt und Gott ähnlich handelt, der kommt durch Wegschenken zum Ziel, durch Sich-Verschenken an die anderen, durch Aushalten und Ertragen zum Sieg, durch Tragen der Schande zum Ansehen.

An dieser Stelle wird deutlich, dass der Weg Jesu mit Zeit zu tun hat. Alles, was kurzfristig erstrebt wird, bleibt auch nur kurzfristig bestehen. Alles, was ich an mich raffe, zerfällt rasch in den gierigen Armen. Die Sünde besteht immer darin, dass wir keine Zeit haben. Geld ist etwas Gutes, nur der Bankräuber will sofort zu Geld kommen; Sex ist etwas Schönes, nur der Vergewaltiger will sofort und ohne Rücksicht auf Verluste am Ziel sein. Ansehen ist etwas Schönes, nur der Ehrgeizling will es so schnell, dass er, wie Jesus es ausdrückt, »seiner Seele schadet« oder »mit seinem Herzen dafür büßen muss«. Alle Sünde ist kurzatmiges Raffen. Das Herz kann nicht mitwachsen, es wird buchstäblich überfahren. Durch das Raffen wird der Mensch nicht nur betrogen, am Ende macht dieses Handeln auch ihn selbst kaputt.

Man hat den Weg Jesu den indirekten genannt. Auch der Weg Jesu will Ganzheit, Lust, Fülle, Erfolg, Reichtum, Glück, Liebe, Herrschaft, Leben ohne Grenzen, das große Fest. Er will es in nie gekannter Radikalität. Wer den Weg Jesu wählt, wer leben will, *kommt* zum Leben, aber er kommt zum Leben durch Kreuz und Tod hindurch. Wer sich finden will, kommt zu sich, indem er ganz und gar nicht an sich denkt. Wer Ruhm erstrebt, wähle den Weg der Schande – und dieser Ruhm ist dann ewige Herrlichkeit. Der Weg Gottes führt durch das Gegenteil. Er geht auf die Nacht zu, um das Licht zu finden. So ergeht es auch Gott selbst und seinen Boten in der Welt: Er und sie werden missachtet. Und die Früchte ihrer Handlungen werden erst am Ende offenbar. Die dagegen jetzt geachtet sind, werden schnell gestürzt werden.

In Mt 10,39 ist Jesu Lebensweisheit explizit formuliert: Nur der kann sich selbst finden, der gründlich lernt, sich selbst zu vergessen. Und das geschieht eben im Gebet, in der Arbeit, wenn sie mit Geist und Begeisterung getan wird, und vor allem in jeder Liebe. Die Selbstfindung im Sinne Jesu ist keine Selbstverwirklichung im Fokus maximalen Spaßerwerbs. Sich selbst gewinnt man, indem man von sich selbst absieht und auf Gott (Jesus Christus) oder den Nächsten blickt. Es ist ganz eindeutig die Frage nach Glück, die Jesus hier angeht. Glücklich wird, wer sich selbst vergessen kann. Glücklich ist man, wenn man ganz bei der Sache ist und nicht neben sich steht. Das geschieht in der Liebe, die ganz beim anderen ist – jeder weiß es, der schon einmal ein Liebespaar gesehen hat, das sich die Wünsche von den Augen abliest. Es geschieht in der Arbeit, wenn wir die Zeit darüber vergessen. Und beim Gebet, wenn wir uns ganz der Gegenwart Gottes anvertrauen. Das alles bedeutet Befreiung vom kurzsichtigen Egoismus des Ich und den Zwängen, denen es sich selbst ständig aussetzt. Selbst die Konzeption der neuzeitlichen Menschenrechte greift zu kurz, wenn sie allein auf der Vorstellung basiert, der Einzelne habe Rechte, die er durchsetzen müsse. Die

Menschenrechte als Verteilkampf von isolierten Rechtebesitzern? In Wahrheit beginnen die Menschenrechte erst zu leuchten, wenn die Gottesrechte am Menschen ins Spiel kommen, wenn ich und der andere uns nicht mehr selbst gehören. Nach Ansicht der Bibel hat Gott ein Recht am Menschen. Isoliert für sich betrachtet kann sich der Mensch daher auch weder erlösen noch befreien. Am meisten hindern ihn seine eigenen festgefügten Vorstellungen und Lebenspläne daran, er selbst zu werden. Er muss sich schon an die Hand nehmen lassen und die Mauern, die er selbst aufgerichtet hat, in der Kraft von oben her überspringen.

Jetzt verstehen wir besser, was das Sich-Verlieren und das Schultern des Kreuzes in der Verkündigung Jesu bedeutet: Es befreit von kurzsichtigen Festlegungen unserer Lebensziele auf alles das, was man angeblich tun muss. So geht es hier weder um Autonomie (Selbstverwirklichung um der Selbstverwirklichung willen) noch um Heteronomie (Gesetzen und Pflichten der Familie oder des Staates unterworfen zu sein, dem »Man-tut-es-so« zu gehorchen, Muster und Verhaltenscodices zu befolgen), sondern um Theonomie. Und das heißt: wirklich aus sich herauskommen, weil Gott uns hilfreich im Rücken steht. Er steht nicht vor uns, um uns Vorschriften zu machen. Nur wenn sein warmer Hauch uns lebendig macht, kommen wir aus unserem Schneckenhaus heraus, in das wir uns fröstelnd zurückgezogen haben. Wie man eine Schnecke durch warmen Atem dazu bringt, aus sich herauszugehen, so ist es auch mit uns Menschen und unserer Festlegung auf uns selbst.

Dieser indirekte Weg hat deshalb etwas mit Gott zu tun, weil es für den »normalen« Menschen, der ohne Gott auskommen will, keineswegs ausgemacht ist, dass Weggeben und das Kreuz zu wählen wirklich der bessere Weg ist, zu sich selbst zu kommen. Es könnte ja sein, dass alle diese Aufforderungen zum Sich-Verschenken nur formaler Altruismus sind, ohne Verheißung, ohne Hoffnung, einfach nur masochistischer moralischer Triumph. Nur wenn das Ganze an Gott orientiert ist, nur wenn es einen Gott gibt, dem die Zukunft gehört, der am Ende auch die Gerechtigkeit selbst ist, nur dann ist selbstloses Handeln nebst Verzicht auf Macht und Ruhm letztlich individuell sinnvoll. Deshalb halte ich die Aufforderung zum Altruismus (Handeln ist dann gut, wenn es um des anderen willen selbstlos ist) in sich selbst betrachtet für gefährlich, weil er den Täter definitiv zum Verzicht auf sich selbst auffordert. Selbstlosigkeit kann es letztlich nicht geben. Wie sollte ein Wesen, das von Gott geschaffen und für gut befunden ist, auch auf sich selbst verzichten können, ja dürfen? Im Neuen Testament dagegen soll niemand auf sich selbst verzichten, sondern sich nur lösen und befreit werden von Scheingütern und höchst vergänglichen Werten.

6.9 Die Weisheit Jesu

Das altertümliche Wort »Weisheit« erfuhr in den letzten Jahrzehnten ein erstaunliches Comeback. Erst nahmen sich die Beatles einen Guru, dann auch Normalsterbliche. Weisheit musste vornehmlich ein Importartikel aus Ostasien sein, um flotten Buchabsatz in Westeuropa zu generieren. Inzwischen ebbt die Rezeption esoterischer Weisheiten ab und macht der Entdeckung von Weisheiten aus der eigenen, der Christentumsgeschichte Platz, wo Weisheiten von mittelalterlichen Mönchen wieder in Schwung kommen. Das wirft uns auf Jesus zurück. War er am Ende ein Weisheitslehrer?

Doch zuvor: Wozu braucht man Weisheit, wenn man exakte Wissenschaft hat? Was hat sie, was diese nicht hat? Weisheit ist nicht Logik. Logik ist folgenlos. Wer nicht will, der will nicht. Weisheit hat mit dem Herzen zu tun, mit ganzheitlicher, auch den Willen erfassender Einsicht, mit Wahr-Nehmung. Weisheit ist ein (manchmal recht drastisches) Bewusstmachen; Weisheit »sagt wie es ist« – schonungslos und realistisch, Weisheit erschließt Erfahrungen, wirft ein erhellendes Licht auf bestimmte Dinge, sieht etwas im Zusammenhang des ganzen Lebens. Der Intelligente ist vielleicht klug, aber der Weise ist verständig. Nach dem heiligen Bernhard gilt: »Ein Weiser (lat.: *sapiens*) ist, wem die Dinge so schmecken (lat.: *sapere*), wie sie sind.« Weisheiten sind oft unverblümt, voller Pointen, sodass man im blitzartigen Genauso-ist-es der Erkenntnis über sich und die Wirklichkeit lächeln muss. Ich staune manchmal, wie viel christliche

Weisheit in Werbeslogans steckt: »Come together« ist eine Urbotschaft des Christlichen, ein genialer Claim für das Abendmahl. »Auf diese Steine können Sie bauen!« ist fast wörtlich aus der Bergpredigt entnommen, wo davor gewarnt wird, sein Haus auf Sand zu bauen. Auch wir »machen den Weg frei für die Zukunft« – gründlicher noch als eine gescheite Bank. Jesus selbst beherrscht diese Art werblicher Ansprache, die für die alte Weisheit nicht untypisch ist: *»Auf! Zu mir alle, die Mühe haben und Lasten tragen!«* (Mt 11,28)

Eine überraschend große Anzahl von Jesusworten enthält »Lebensweisheiten«. Sie sagen unverblümt, wie das Leben ist. Jesus hat offensichtlich Menschen genau und zielsicher beobachtet und möchte sie warnen, ihr »Leben« zu verfehlen. Einige dieser Sätze sind direkt und wörtlich zu nehmen und auf das alltägliche Verhältnis zwischen dem Lehrer und seinen Jüngern ausgerichtet. Dazu gehört zum Beispiel der Satz »Der Schüler ist nicht über dem Lehrer«, was bedeutet: Der Schüler kann nicht besser sein als sein Lehrer. Konsequenz: Der Lehrer hüte sich daher beim Verurteilen. Daher finden wir diesen Satz unter der Überschrift »Richtet nicht« (Lk 6,37.40). Weitgehend wörtlich zu nehmen sind auch Jesu Aufforderungen zum Wachen und Beten, so etwa: *»Wacht und betet, damit ihr nicht in Versuchung geratet«* (Mk 14,38). In der Regel sind jedoch die Lebensweisheiten Jesu bildlich zu nehmen.

Lebensweisheiten sind unmittelbar einleuchtend und gelten ganz selbstverständlich im Alltag. Neu ist, dass sie nun auch im Bereich zwischen Gott und dem menschlichen Herzen gelten sollen, im unsichtbaren, doch wichtigeren Feld des Lebens. Es scheint dies ein sehr wesentlicher Zweck der frühchristlichen bildlichen Rede überhaupt zu sein: Etwas, das im Leben gilt, kann überraschenderweise auch auf die Beziehung zwischen Gott und Mensch übertragen werden. Wenn man diesem Ansatz nachgeht, kann man an den Worten Jesu, die aus Lebensweisheit schöpfen, viele ungewohnte Beobachtungen machen. Damit diese Überraschungen nicht missverstanden werden, ist zuvor auf Folgendes hinzuweisen:

- Jesus redet so aus Sorge um die Menschen. Er spricht realistisch, drastisch, schockierend, weil es um eine Menge geht: Man kann sein Leben verfehlen! Goethe für *Eckermann* ist nicht zu erwarten.

- Jesus bezieht sich auf das, was die Menschen in Wahrheit wollen. Diese Sehnsüchte, sagt er, werden nicht erreicht *by business as usual*, sondern nur, wenn man auf ihn hört.
- Es geht hier um *bildliche* Rede. Die Sätze gelten, jedoch so, wie sie übertragen im Rahmen der Botschaft zu verstehen sind.
- Die Lebensweisheiten Jesu sind in der Regel extrem provokant. Um sie vor Missverständnissen zu schützen, müsste man sie im Giftschrank aufbewahren. Dennoch eröffnen diese weisheitlichen Sätze überraschende und ernste Perspektiven auf Jesus und sein Wirken. Wer sie nicht wahrnehmen mag, sollte sich erst selbst fragen, ob er richtig verstanden hat, was gemeint ist.
- Noch eine Warnung: Hier agiert kein softer Nazarener-Jesus, sondern der gern versteckte skandalisierende Jesus – Jesus, der freilich etwas vom Leben versteht.

Sich durchsetzen!

Jesus spricht tatsächlich vom *Sich-Durchsetzen.* Wenn er sagt: »*So wie die Witwe den Richter physisch bedrängt, sodass er ihr Recht verschafft aus lauter Furcht, sie könnte ihm das Auge einschlagen, so sollt ihr unverschämt und zudringlich Gott im Gebet bestürmen*« (Lk 18,1–7). Und er sagt: »*Wenn man ein Haus ausrauben will, dann muss man zunächst den Besitzer fesseln*« (Mt 12,29). So erklärt er Exorzismen: Das Haus, das der Dämon bewohnt, ist der besessene Mensch. Es gilt, den Dämon zu bannen, um dann den Menschen von seiner Herrschaft zu befreien. Die Technik aber, erst den Besitzer zu fesseln, dann auszuräumen, hat Jesus aus Kriminalgeschichten seiner Zeit gelernt.

Karriere machen!

Auch das ist überraschend: Jesus spricht davon, wie man zu etwas wird, wie man zum *Aufsteiger* werden kann. Er sagt: Auch bei Gott ist es so, dass man sich zunächst bewähren muss und dann durch erwiesene Kompetenz nach oben kommt. Also: Wer mit dem Geld hier, mit den anvertrauten Pfunden, richtig umgehen kann, der wird von Gott dereinst mit umfassender Vollmacht und Freiheit belohnt

(Lk 16,11.12, 12,44). Wehe dem Sklaven, der mit den anvertrauten Pfunden hier nicht ordentlich wuchert (Lk 19,20–21). Wie aber kommt man zu Reichtum? Jesus sagt, dass es nicht günstig ist, in dieser Welt reich zu sein, denn dann kann man nur noch ärmer werden. Der Umschwung kommt bestimmt. Daher hat kein Reicher etwas Gutes zu erwarten. Und auch dies: Jesus weiß, dass man nur dann aufsteigt, wenn man »kuscht«. So ist das Leben. Besonders Juden haben diese Erfahrung in der Alten Welt immer wieder gemacht. »Durch Dienen gelangt man zum Herrschen.« Jesus sagt: Ihr müsst nur vor dem Richtigen kuschen, und das nennt man Demut. Im Aristeasbrief aus dem hellenistischen Judentum wird diese Weltklugheit mit Händen greifbar: »Wie kann man unter Fremden Anerkennung finden? Indem man sich allen Menschen gleichstellt und sich eher geringer als seine Gastgeber zeigt denn ihnen überlegen. Denn auch Gott pflegt seiner Natur gemäß das anzunehmen, was sich erniedrigt, und die Menschen sind freundlich zu den Untergebenen.«

Hinten anstellen!

Eine ähnliche Weisheit bezieht Jesus aus der alltäglichen Situation einer Einladung zu einem Abendessen: Solange man noch nicht weiß, wo man sitzen wird, soll man sich nicht gleich den besten Platz aussuchen, sondern den niedrigsten. Umso ehrenvoller, wenn man dann den Ehrenplatz einnehmen darf (Lk 14,7–11). Gerade so, sagt Jesus, ist es auch bei Gott. Wer sich niedrig einstuft, kommt zu Ehren, der Hochmütige kommt zu Fall. Ein anderes Bild für Sich-Durchsetzen ist der Sauerteig (Lk 13,21). Er erreicht sein Ziel nach dem Prinzip: Steter Tropfen höhlt den Stein. So, sagt Jesus, erreicht Gott sein Ziel, so erreicht man in vieler Hinsicht überhaupt etwas.

Clever investieren!

Jesus weiß auch, dass es klug ist, auf das zu setzen, was bleibt. Jeder Anlageberater wird ähnlich argumentieren. Jesus sagt: Legt euren Schatz dort an, wo nicht Rost und Motten ihn verzehren können, wo er nicht durch Wertverlust und Inflation gefährdet ist (Lk 12,33; Mk 10,21). Jesus meint daher: Schafft euch euer Konto dort, wo es keinen Wertschwankungen ausgesetzt ist, also nicht bei einer labilen

No-name-Bank, sondern legt es bei einem zuverlässigen Institut an, am besten bei der Landeszentralbank selbst. Er appelliert an das grundlegende Sicherheitsbedürfnis von Menschen.

Zusammenhalten!

Jesus weiß auch, dass ein geteiltes Reich keinen Bestand hat, dass nichts so sehr einer Institution schadet wie Uneinigkeit. Das gilt nach Jesus auch für die Taktik des Widersachers Gottes. Der könne doch nicht so dumm sein und im Bündnis mit Jesus seine eigenen Vertreter, die Dämonen, vertreiben. Nein, Jesus kann allein schon aus diesem Grund nicht mit Satan im Bunde stehen. Die Rede vom geteilten Reich, das keinen Bestand haben kann, gilt für Gemeinden, Orden, letztlich auch die konfessionell geteilte Kirche, wiewohl die Zusage gilt, dass die Pforten der Hölle keine Macht über sie haben.

Auf das Fundament kommt es an!

Auf Bleibendes setzen, das gilt besonders beim Hausbau. »Auf diese Steine können Sie bauen«, entspricht ziemlich genau Jesu Appell am Schluss der Bergpredigt Mt 7,24–27und der Feldrede Lk 6,47–49: Das Haus nicht auf Sand, sondern auf festen Grund zu bauen, meint: Es geht nur, wenn man ein Vorhaben auf seine Worte baut, die Übereinstimmung mit dem Willen Gottes sucht.

Augen auf!

Nahe verwandt ist das Sicherheitsstreben. Jesus veranschaulicht es am Bild des Hausherrn und des Diebes. Vor Dieben kann man sich kaum wirksam schützen, weil man nicht weiß, wann sie kommen. So ist es mit dem Kommen Gottes auch. Da hilft nur aufzubleiben, nicht einzuschlafen (Lk 12,39; Mt 24,43).

Keine halben Sachen!

Die ganze Härte des Lebenskampfes kommt zum Ausdruck in dem öfter von Jesus wiederholten Satz: »*Wer hat, dem wird gegeben, wer aber nicht hat, dem wird auch das noch genommen, was er hat*« (z.B. Mk 4,25). Das ist härtester Kapitalismus: Die Reichen werden immer reicher, die Armen immer ärmer. So war es zur Zeit Jesu, so ist es heute.

Jesus kritisiert diesen Satz nicht. Er sagt: So ist das Leben. Und insbesondere gilt dieses vor Gott. Ja, hier gilt dieser Satz erst richtig und eigentlich. Denn es gilt vor Gott nichts Lauwarmes. Nur wer sich radikal auf Gott einlässt, kann sich selbst gewinnen. Nur das Ganze wird akzeptiert, nichts Halbes. Ein bisschen Christsein gibt es nicht, man kann es nur ganz sein. Gerade so wie es nicht ein bisschen Lebendigsein gibt, sondern nur Lebendigsein oder Totsein. Die Radikalität Jesu ist ein für ihn wesentlicher therapeutischer Zug. Denn nur der radikale Weg befreit.

Nicht vor dem Feierabend ausruhen!
Unerbittlich ist das Leben auch hinsichtlich der Rolle der Christen. Sie dürfen nicht damit rechnen, nach getaner Arbeit ruhen zu dürfen. Wenn ein Sklave tagsüber gearbeitet hat, bricht nicht sogleich der Feierabend an. Nein, zunächst muss der Sklave dann noch den Herrn bei Tisch bedienen. Erst spät in der Nacht dann hat er Ruhe (Lk 17,7–8). Vom Privatleben des Sklaven ist nicht die Rede. Er wird förmlich ausgenutzt. Eine Zumutung. So, sagt Jesus, ist das Christenleben. Überhaupt ist das von Jesus immer wieder als Bild herangezogene Verhältnis zwischen Herr und Sklaven nicht Abbild einer Idylle. Die Leibeigenschaft des Sklaven ist vielmehr der härteste Beruf, den es gibt. Eigentlich kein Beruf, sondern ein zumeist nicht gerade erquickliches Los.

Erst denken, dann handeln!
Wer bestehen will, muss Kräfte und Größenverhältnisse richtig einschätzen. Voll Einsicht in katastrophal missglückte Unternehmungen warnt Jesus vor Bauruinen aufgrund von Geldmangel (Lk 14,28–30) und stellt vor Augen, dass es den Tod ungezählter Soldaten bedeutet, wenn sich ein Feldherr in der Truppenstärke des Gegners verschätzt hat (Lk 14,31–32). Ist der Gegner weitaus stärker, dann ist nur ein Massaker zu erwarten. Wenn man Größenverhältnisse nicht richtig einschätzen kann, führt das zu Quälerei und Grausamkeit. So, sagt Jesus, müsst ihr auch bei der Entscheidung für das Reich Gottes wissen, wie es um eure Kräfte bestellt ist. Seid ihr dem Risiko gewachsen? Im Grunde ist dies ein geschicktes Werben für das Reich. Denn

eine anspruchsvolle Sache, nur sie, ist interessant. Andererseits soll man auch nichts unnütz riskieren. So mahnt Jesus: Seid klug wie die Schlangen, das heißt: Seid vorsichtig wie sie. In Gefahr stellt euch tot oder flieht blitzschnell, aber setzt euch nicht überflüssigerweise der Gefahr aus (Mt 10,16).

Keine Perlen vor die Säue werfen!

Wichtig ist auch zu wissen, *was nicht zusammenpasst.* Jesus verwendet drastische Bilder: Wenn man edle Perlen als Fraß für Säue verwendet, ist das nicht nur Vergeudung, sondern die Säue werden überdies wütend (Mt 7,6). So passt auch nicht gesegnetes, heiliges Brot als Fraß für die unreinen Hunde (Mt 7,6). Die sollen sich mit den Krümeln zufrieden geben. Diese Bilder von Dingen, die nicht zusammenpassen, weisen die Christen hin auf Dinge und Verhaltensweisen, die ihnen nicht stehen. So passt es nicht zu ihnen, andere ungerecht zu beurteilen und sich selbst dabei auszulassen und für gerecht zu halten. Nicht zusammen passen auch alter Wein und neue Schläuche, neuer Wein und alte Schläuche, neuer Flicken und altes Kleid, alter Flicken und neues Kleid. In allen diesen Fällen gibt es sonst kleine Katastrophen, Explosionen oder Risse (Mk 2,21–22). Ebenso passt Fasten nicht in der Freudenzeit und Schwelgen nicht während der Trauer.

Prioritäten setzen!

Man muss auch einen Blick für das gewinnen, *was wirklich wichtig ist.* Daher geht es darum, nicht mit großem Aufwand viele Dinge zu betreiben, sondern das einzig Wichtige zu tun (Lk 10, 41–42). Jesus korrigiert so einen Aktionismus, bei dem die Menschen nicht mehr wissen, wozu sie tun, was sie leisten.

Eine letzte Chance geben!

Wer lebensklug ist, versteht es auch, wenn Grund zur Hoffnung besteht, eine letzte Chance zu geben. Wie bei einem Früchte tragenden Baum, um den herum der Gärtner die Erde lockert, so auch bei den Kindern Israels (Lk 13,6–8).

Ein Näschen haben!
Jesus weiß auch, was »sicher ist wie das Amen in der Kirche«, wir würden sagen: Schnell und sicher haben Findige herausbekommen, wo in größeren Städten die »Szene« ist, in der sie nicht ganz lupenreine Geschäfte abwickeln können. Sie haben eine Nase dafür. So ist es mit den Geiern. Kaum fällt jemand um, schon sind sie da, um die »Selbstreinigung der Natur« zu besorgen (Lk 7,37). So sicher findet euch das Gericht. Schnell und sicher wird es kommen.

Mit allem rechnen!
Wer *mit der grundlegenden Wende rechnet,* ist klug genug, klein anzufangen, denn die Wende wird die Großen stürzen. Man muss sich daher im wahrsten Sinne des Wortes opportunistisch verhalten und daher in diesem Äon klein anfangen, eben nicht reich, sondern arm sein (Lk 6,20–25, 16,19–31). Der ungerechte Verwalter aus dem Gleichnis in Lk 16,1–10 ist ein Beispiel für alle, die angesichts kommender Not und Bedrängnis *rechtzeitig für Beziehungen sorgen.* So tut es der Kriminelle mit dem weißen Kragen. So tut es aber auf der Ebene des Evangeliums der Christ, indem er mit dem Geld, das er hat, Beziehungen stiftet.

Die richtigen Waffen verwenden!
Jesus weiß, dass man in den Besitz von königlicher Macht in der Regel durch *Putschversuche und Gewaltstreiche* gelangt. Dem zumeist als »rätselhaft« geltenden Jesuswort *»Das Königreich Gottes wird mit Gewalt ergriffen und Gewalttätige rauben es«* (Mt 11, 12) liegt zunächst nichts weiter als diese schlichte Erfahrung zugrunde. Königliche Macht wird durch Gewalt erlangt. Die meisten Könige der damaligen Zeit sterben eines gewaltsamen Todes durch die Hand ihrer Amtsnachfolger. Beim Königreich Gottes ist die angewandte Macht freilich von besonderer Art. Der Gewaltstreich, der zum Erwerb dieser königlichen Macht führt, ist Gewaltlosigkeit. Jesus nach Matthäus lässt keinen Zweifel daran, dass allein die Sanftmütigen und Verfolgten, die Geschmähten und um Jesu willen Leidenden diese Macht erlangen werden. Denn zwischen Gott und Welt liegt im Machtgebrauch ein grundsätzlicher und schwer wiegender Unter-

schied vor. Es ist der Unterschied zwischen Gott und Welt überhaupt. Daher gilt auch: Nur wer sich demütig erniedrigt, kann in der Zukunft, die Gottes ist, groß sein. Im Mittelalter wird man sagen: Durch Gebet und Umkehr ist das Reich Gottes einzunehmen.

Vitamin »B« verwenden!
Schließlich ist es wichtig, die *Zwänge genau zu kennen, die ein sozialer Status mit sich bringt,* und sie schamlos auszunutzen. Dem Freund, der mitternächtens klingelt und etwas ausleihen will, kann man die Bitte nicht abschlagen, weil er der Freund ist (Lk 11,5–10), auch wenn der Zeitpunkt unmöglich ist; den Kindern gibt man nicht Tödliches zu essen, sondern Nützliches (Lk 11,11–13), man tut ihnen nur Gutes (Mt 7,11). Um wie viel mehr wird Gott da für seine Kinder sorgen. Daher kann man ihn ruhig bitten. Man versteht alle diese Sätze nur richtig, wenn man dahinter den Seelsorger Jesus erkennt. Er will von Nebensächlichem befreien, fordert dringend, auf dem allein wichtigen Feld aktiv zu werden.

6.10 Jesus und die Altruisten

Wir können zusammenfassen und auswerten: Im Verhältnis zur Weisheit der Sprüche Salomons oder Sirachs ist die von Jesus hier gebotene Weisheit äußerst realistisch und menschennah. Er setzt ungeschönt voraus, wie das Leben wirklich ist, ohne es zu bewerten; und er beschränkt sich nicht darauf zu sagen, welch angenehme Konsequenzen gutes Tun – und was für schlimme Folgen böses Tun hat.

Wir beobachten, dass Jesus sehr häufig lebenskluge Regeln auf die Ebene des Ewigen Lebens überträgt. Dadurch entsteht der Eindruck: Auch vor Gott gelten die Regeln, die sonst im Leben gelten. Das Verhältnis zu Gott ist nicht ein Ausnahmebereich; Religion ist keine Kuschelecke. Was im Lebenskampf gilt, gilt dort erst recht. Leben im Einflussbereich Gottes ist *nicht* »ganz anders«; wir werden dort nicht in Watte gepackt und kalmiert. Die Herausforderung wird eher noch verstärkt. Man denke nur an den ganzen Bereich der Beziehung zwischen Herr und Sklave, der zum Bildfeld für das Verhältnis zu Gott wird. Diese harten Alltagsregeln stehen in Analogie zum Verhältnis Mensch–Gott. Ferner: Der Christ tut das Gute nicht um seiner selbst willen, als reines Verschenken und demütiges Verlöschen angesichts der Größe des getanen Guten, sondern durchaus zur Existenzsicherung seiner selbst. Er tut es auch nicht dem Nächsten zuliebe, sondern weil er im Nächsten den Richter, den Menschensohn erkennt (Mt 25,31–46). Dass dem anderen geholfen wird, ist hier nur ein Nebeneffekt.

Wir staunen und stellen fest: Jesus ist nicht der Guru der Altruisten und selbstlos Weggeknickten, die so gar nichts für sich haben wollen; Jesus anerkennt durchaus das wahrhaftige menschliche Eigeninteresse. Alles Lieben und Almosengeben bewirkt auch für den Täter etwas Sinnvolles. Es geht um ihn – und auch dem Nächsten geht es gut dabei. Auch Gott selbst und das Gebot, Gott zu ehren, sind kein Selbstzweck. Oft sieht das Christentum so aus, als solle alles für einen völlig unnötigen fremden Despoten buchstäblich aus dem Fenster geworfen werden. Dabei geschieht alles, was Gott fordert, nur zu Gunsten der Menschen. Dieser Herrscher ist nicht Selbstzweck; er beutet nicht aus. Gott ist der einzige Selbstlose; nur dieser Herrscher kann es sich leisten, *nicht* auf den eigenen Vorteil zu schauen, sondern nur auf den der Menschen. Aufgrund dieses Gottesbildes spricht Jesus in den oben genannten weisheitlichen Worten die menschlichen Lebens- und Überlebensinstinkte an. Man soll sich in seinen innersten Wünschen darin wiedererkennen. Jeder Einzelne kommt zu seinem Recht, indem er seinen Sinn findet. Aber nur Klarheit, nur Konsequenz, nur Radikalität befreit.

Wenn das zutrifft, dann lautet hier die generelle Mahnung: Setzt Prioritäten! Legt lieber ein himmlisches Konto an als ein irdisches, und das Erstere könnt ihr mit Almosen erreichen. Dient Gott, nicht dem Mammon. Das ist im Sinne wirklicher Alternativen verstanden. Denn es bedeutet: Nehmt die irdischen und alltäglichen Weisen der Daseinssicherung nicht so ernst, kümmert euch um das, was weitaus wichtiger ist. Jesus will, dass Menschen den Fokus ihrer Aktivität verlagern. Kümmert euch um das Eigentliche, um das, was bleibt!

Kuscht nicht vor eurem Abteilungsleiter, kuscht vor Gott. Demut nennt man das. Kuschen ist nötig; so ist das Leben. Die Spielregel der Welt ist im Ganzen nur eine, daher gibt es auch nur ein einziges Leben. Es kommt nur darauf an, in die andere, wahre Hälfte zu investieren. Das »Ewige Leben« ist nichts Transzendentes, sondern nur der unsichtbare Teil des einen Lebens, deines einen Lebens. Weil die Welt nur eine ist, gibt es auch nur die eine Spielregel, wird Ewiges Leben hier gewonnen oder gar nicht. Ein pharisäischer Ansatz ist das übrigens, denn auch für sie entscheidet sich das Verhältnis zu Gott nicht in der »Kirche«, sondern mitten im Alltag.

Wenn dagegen Religion nur die spirituelle Alternative zum (gottlosen) Alltag ist, das rituelle Abheben bei Rotwein und Bachkantaten, bevor wir wieder in den Ring steigen und heftig austeilen, wenn Gott nur Übermutter und reine Liebe ist, und fern und jenseitig, dann bleibt die gesamte Alltagswelt unangetastet, sind wir dort in fataler Ungeteiltheit bei der Sache. Keine Aktivität wird von da abgezogen, wenn vor Gott nur Passivität gilt. Jesus meint es anders. Wenn man sich zuerst um das Reich Gottes und seine Gerechtigkeit kümmern soll, verlieren die übrigen Bereiche des Daseins an Gewicht, sind wir auch nicht mehr mit Haut und Haaren den Wechselbädern von Enttäuschung und Ruhm, Angst und kurzer Freude ausgesetzt, sondern verlagern in der Tat unsere Aktivitäten und so auch unsere Hoffnungen. Darauf kommt es Jesus an.

Dies ist die Voraussetzung, die Jesus mit dieser Art »Weisheit« macht: Das »Leben« ist überall gleich erbarmungslos. Die Bilder verschonen uns nicht mit Grausamkeiten: Schläuche platzen, Kleider reißen ein, Blinde fallen in die Grube. Vor allem und immer wieder gilt: Wer hat, dem wird gegeben. Feldzüge scheitern im Chaos mangels ausreichender Anzahl von Soldaten, Bauruinen entstehen, der Angeber wird degradiert, Beten wird mit dem Instrument der Erpressung verglichen. Selbst Beten ist Kampf.

Jesus zeigt mit seinen Worten auf, dass der eigentliche Lebenskampf im »unsichtbaren Teil« der Wirklichkeit geführt werden muss, dass dort das eigentliche Risiko zu bestehen ist. Jesu Weg appelliert hier an die Vitalinstinkte der Menschen. Das ist seine Therapie. Er deckt die Menschen gerade nicht mit Gnadenerweisen zu, tröstet sie gerade nicht. Er baut auf die Zukunftshoffnungen, darauf, dass Menschen leben wollen. Die Weltklugheit ist auch Himmelsklugheit. Und der Himmel ist nicht fern, sondern nah, es geht um das Leben, die Identität jedes Einzelnen. Immer wieder ist in dieser Therapie die Befreiung entscheidend, und zwar als Befreiung aus dem Filz und Mief des Familienverbundes, als Befreiung aus der Sklaverei gegenüber dem Geld, gegenüber Statusdenken und Besitzstandwahrung.

Mit alledem appelliert Jesus an die Lebensklugen, die Aktiven, die Risikobereiten (welch ein Unterschied zum Bild mancher Sonntagsgemeinden!). Wir dagegen meinen, Christentum müsse hauptsächlich Geborgenheit bieten und trösten. Jesus setzt voraus, dass »das Leben« überall ein Bewährungsaufstieg ist, überall nach dem Schema »Wer hat, dem wird gegeben« verläuft, wir dagegen verkünden, bei Gott sei alles anders, hier gebe es gerade kein Risiko. Jesus richtet sich an die Aktiven, er ermuntert sie, auf dem eigentlichen und richtigen Feld zu investieren, er ist der wahre Anlageberater. Wir dagegen meinen zumeist, Christentum sei vor allem für Menschen, die am Boden liegen, für die Geächteten, die Randgruppen, die Minderheiten und Verachteten. Das ist, ohne jede Wertung gesprochen, eine grundsätzlich andere Sicht. Jesus setzt auf den freien Willen, er fordert auf zu wahrer Welt- und Himmelsklugheit, wir dagegen verneinen jede Leistung vor Gott, und oft gewinnt man den Eindruck, die Passivität des Menschen sei das Idealbild, weil der Verzicht auf Leistung davor bewahre sich zu rühmen.

Wir meinen seit Jahrhunderten, Altruismus sei dasselbe wie Christentum. Jesus spricht aber das legitime Eigeninteresse des Menschen an. Wir machen aus dem Christentum eine Tröstungsreligion. Jesus appelliert aber an diejenigen, die mitten im Leben stehen und Verantwortung tragen. Es ist wohl kein Zufall, dass wir Menschen, die etwas bewegen, die mitten im Leben stehen, die in Wirtschaft und Politik kämpfen, in dem kleinen Häuflein Kirchenbesucher kaum oder gar nicht finden. Wir meinen, die Religion müsse Menschen auffangen. Jesus dagegen reizt sie – er sieht Menschen um sich, die nicht umschlungen, nicht von Liebe erdrückt, sondern frei und mündig sein wollen. Kommt vielleicht auch daher das Gefühl der Atembeengung in den Kirchen, weil sie zu viel von Fürsorge und Bemutterung reden?

Ist die christliche Standardrede von der bedingungs- und vor allem perspektivenlosen Liebe am Ende hohles, schriftfernes Geschwätz? Denn es geht Jesus gerade nicht um ein Verlöschen in Liebestaten, um eine Duckmäusermoral des ewigen »Bitte, nach Ihnen«. Es geht ihm um Auferstehung, damit auch um sich selbst. Das heißt: Bei Jesus ist überall, im Unterschied zu uns, eine wirkliche Zukunftshoffnung gegeben. Kann die Welt wirklich dadurch besser werden, dass wir um des Nächsten willen etwas Gutes tun? Jesus bezweifelt das offenbar. Er muss in der Schilderung des großen Weltgerichts (Mt 25,31–46) sagen, dass wir in jedem Armen, Bettler, Hungrigen, Nackten ihm selbst begegnen, dem Richter, und er muss so reden, damit wir überhaupt etwas tun. Um all der unsympathischen Nächsten willen tut kaum einer etwas – hier ist die Bibel Alten wie Neuen Testaments sehr realistisch. Und wir sollten den Mund nicht so voll nehmen, wenn wir vom Guten um seiner selbst willen oder um des Nächsten willen reden. Das sind hehre Postulate aus der Philosophie Kants und seiner Nachfolger im 20. Jahrhundert. Und wie es geworden ist nach all der hehren Ethik, wissen wir selbst. Wir benötigen da schon stärkeren Tobak.

Wir haben uns diese von Jesus sehr grundsätzlich abweichende Ansicht schon seit vielen Jahrhunderten angewöhnt. Im Mittelalter gaben die Sakramente das Gefühl, im Dasein gesichert und geborgen zu sein. Taufe, Firmung, Eheschließung und Krankenölung säumten das Leben. Eucharistie und vor allem die Buße, die Möglichkeit, immer wieder zu beichten, neu anfangen zu können, gaben das Daseinsgefühl einer gewissen Risikolosigkeit. In der Reformation hat die »Gnade« diese sakramentalen Sicherungen abgelöst. Und beides, Sakramente wie Gnadenlehre, haben die Aufforderungen Jesu zur bedingungslosen Lebenssicherung erheblich abgemildert. Es mag gut so sein, dass es diese beiden Wege auch heute noch gibt, aber ein Blick auf den Jesus der Evangelien lässt von beidem in seinen Appellen nichts erkennen.

Nun ist das, was wir hier entdecken, alles andere als ein düsteres, gnadenloses Jesusbild. Denn es geht auch hier um Erlösung, die wie ein Geschenk ist: Jesus sagt uns, führt uns vor, wie Freiheit zu erlangen ist. Er klärt uns rechtzeitig darüber auf, wie es im Weltgericht zugehen wird: dass wir ihn in jedem Bettler, jedem Stehengelassenen, jedem Obdachlosen, jedem Fremden wiedersehen werden. So können wir rechtzeitig unser Verhalten darauf einrichten. Er appelliert an unsere Kraft zur Hoffnung, aber er deckt uns nicht zu mit Gnadenmitteln oder Gnadensprüchen. Ist es nicht vielleicht doch eine viel höhere Meinung vom Menschen, an seine Eigenverantwortlichkeit zu appellieren, statt ihn zur Passivität gegenüber Gott förmlich zu verurteilen?

Und Jesus spricht von der Freude, wenn jemand den Schatz im Acker gefunden hat. Dann geht er hin und verkauft alles vor Freude. Er meint keine freudlose, düstere Religion, sondern macht aufmerksam auf den wahren Schatz, auf die wahre Freiheit. Auch diesen Zug imitiert moderne Werbung. Wenn man einen neuen Staubsauger auspackt, findet man einen Zettel: Wir beglückwünschen Sie zu diesem neuen Sauger! Sie haben eine hervorragende Wahl getroffen! Der Mensch soll nicht mehr wollen als das Beste für sich: seinen wahren Vorteil – und Gott wird diese schlichte Klugheit über und über belohnen. Ist das nicht etwas von dem, was Jesus mit dem Wort meint, dass sein Joch leicht und seine Bürde sanft sei?

Die Aktualität dieser Auslegung muss man nicht lange suchen. Sie richtet sich gegen die moderne Auffassung von der Kirche als einem Dienstleistungsbetrieb, der flächendeckend Versorgung für jedermann garantiert.

Sich selbst zu finden, das ist das höchste Thema der Weisheit. Jesus spielt in Mt 25,40 mit einem Spruch darauf an, der, wie alte Quellen zeigen, einstmals zu den Worten gehörte, mit denen ein Feldherr vor der Schlacht an die Soldaten appellierte. *Wer sein Leben retten will, wird es verlieren. Wer aber sein Leben verliert wegen mir und des Evangeliums, wird es retten.* Die groteske Logik solcher Aufforderungen war: Wer feige ist, verliert sein Leben. Nur wer in vorderster Front mutig kämpft, bleibt am Leben. Den Draufgänger begünstigt das Glück. Es mag sein, dass alte Haudegen darin ein Körnchen Wahrheit erkennen.

Aber ist das nicht doch eine höchst fragwürdige, eine martialische, Leben und Menschen verachtende Gedankenführung – dazu angetan, Menschen in der Schlacht zu »verheizen«, eine Aufforderung zum Vabanquespiel? Das ist so. Aber Jesus greift diese an sich wirklich fragwürdige Philosophie auf und gibt ihr neuen Sinn. Jesus liebt solche mutigen und in gewisser Hinsicht frechen, provozierenden, missverständlichen und gefährlichen Worte. Er will damit aufwecken, zum Nachdenken anstacheln, aus der Ruhe bringen. Denn auch in der Aufnahme dieses Spruches durch Jesus geht es um nichts Beschauliches, sondern um höchst Riskantes, den Verlust des Lebens, die Rettung des Lebens. Welches Risiko gibt es denn sonst noch, wenn nicht dieses eine? Das Leben gewinnen und nicht verfehlen, das wollen wir doch alle. Leben gewinnen, das heißt: Uns selbst gewinnen, unser eigenes Maß an Glück erreichen, eine ungefähre Deckungsgleichheit zwischen unseren Träumen und dem, was wir erlangen könnten. Und schließlich möchten wir auch in Frieden – mit Gott und der Welt versöhnt – sterben, satt an Tagen. Leben gewinnen heißt auch und vor allem: Das Glück haben zu wissen, wozu man da ist. Auch wenn man nicht viel bewirken kann, dann doch seinen Platz ausfüllen dürfen. Kein Zweifel: Sein Leben finden ist Gnade.

6.11 Der Umweg zur Selbstverwirklichung

»Selbstverwirklichung« war und ist das große Schlagwort aller Emanzipationskonzepte. Die Frauenemanzipation seit Simone de Beauvoir ist nur eine Spielart von Emanzipation. Alle diese Emanzipationen wollen, dass Menschen aus falscher Abhängigkeit und Fremdbestimmung herausgehen und ihr Leben selbstbestimmt in die Hand nehmen. Heute sind viele Emanzipationsbewegungen individualisiert, und es gibt eine ganze Berater- und Coachingindustrie, die dem Einzelnen helfen will, sich selbst zu finden, »sein eigenes Ding« zu machen, seinen Sinn zu erschließen. Aber wie gelangt man zu sich selbst? Wie findet man den roten Faden, der all das Unterschiedliche zusammenhält? Wie soll es möglich sein, nicht nur den »Sinn des Lebens« im Allgemeinen zu finden – wie finde ich persönlich den Sinn meines Lebens? Die Lebensweisheit Jesu bezieht hier profiliert Position. Jesus sagt nicht: Indem ihr euch verwirklichen wollt, werdet ihr euch finden. Er sagt: Indem ihr euch verliert, werdet ihr euch verwirklichen. Sich verlieren – an eine Sache, eine Aufgabe, einen Dienst, einen Menschen, eine Menschengruppe. Indem ihr euch gerade *nicht* als letztes Ziel anstrebt, indem ihr *nicht mehr* nur immer euch selbst wollt, werdet ihr euch finden.

Jesus bietet den indirekten Weg an sich zu gewinnen. Es geht dabei um Sein oder Nichtsein. Es geht um mich selber. Wie gewinne ich das, was ich sein könnte? Man verliert sich leicht, und schnell geht ein Leben in die Brüche. Viele gescheiterte Leben säumen unseren Weg wie zerschossene, ausgebrannte Panzer auf der Straße von Basra nach Bagdad. Gestrandete Menschen, die den Weg zu sich selbst nicht fanden. Die Direktstrategie zu mir selbst (»Jeder muss selbst sehen, wo er bleibt!«), führt zu keinem Erfolg. Wer nur sich selbst sucht, bleibt unterwegs stecken, kann sich nicht finden, nicht gewinnen. Jeder Versuch es so zu tun, bleibt bloße Nabelschau, wirkt wie Münchhausens Unternehmen, sich selbst aus dem Sumpf zu ziehen. Das Geheimnis geglückten Lebens beruht immer auf einem Umweg. Der direkte Weg wäre offenbar unmenschlich. Ich kann mich nicht selbst gewinnen. Das Geheimnis ist der Umweg.

Über Schilder, auf denen das Wort »Umleitung« zu lesen steht, sind wir in der Regel nicht gerade glücklich. So ist es auch im Leben. Wie sollen wir über ein undurchschaubares System von Umleitungen zu dem Einzigen kommen, auf das es ankommt, zu unserem Glück? Umleitungen weisen scheinbar von unserem Ziel weg. Und sie kosten Zeit, Kraft und Nerven. Wie soll jemand sich selbst gewinnen, der sein Leben scheinbar vergeudet? Der in der Wissenschaft Kärrnerarbeit leistet, in einer aussichtslosen Bürgerinitiative kämpft, den Müll anderer im Wald aufliest, in der Krankenpflege »nicht auf seine Kosten« kommt oder für das Glück einer geliebten Frau alles daransetzt? Jesus würde sagen: Nur so gewinnt man sich, nur so, indem wir uns selbst vergessen, erreichen wir das Ziel. Wie der Ruderer, der mit dem Rücken zum Ziel rudert. Am Ende geht es um das Gegenüber des lebendigen Gottes. Denn das Prinzip des indirekten Weges wird im Glauben an Gott auf die Spitze getrieben.

Aber ist das nicht töricht und irrsinnig? Jesus würde sagen: Nur so habt ihr eine Chance, euch selbst zu gewinnen, überhaupt nur so. Dann werdet ihr frei von allen Dingen. Dann lernt ihr alles auf eine Karte zu setzen. Wer das nicht kann, der versteht nicht zu leben. Denn leben können heißt, ganz nackt und frei von allen Fremdbestimmungen, frei von der Abhängigkeit von Dingen sagen zu können, was man will, wer man ist. Frei soll der Mensch sein, sich nicht verbiegen, weil dieser oder jener uns so oder so haben will. Vor allem: Frei soll der Mensch sein von sich selbst, von der eigenen Suchtgewalt nach sich selbst, sei es im Genuss, sei es in der Selbstverwirklichung. Radikal frei soll der Mensch sein, um radikal etwas zu wollen, von dem alles abhängt. In dessen Gnade ich glücklich sein kann. Am Ende heißt das also: Lieben können.

In der Direktmethode der Selbstverwirklichung liebt der Mensch nur sich selbst, kreist er verzweifelt, seine Kräfte erschöpfend, um sich selbst. Das ist deshalb aussichtslos, weil wir auf diesem Weg gerade *nicht* wirklich frei werden, weil wir uns so nur immer weiter verkrampfen. Und das wahre Glück bestünde doch im Gelassen-Sein, im Lassen-Können. Nicht mehr mit Gewalt etwas werden zu wollen, auch nicht sich selbst zu wollen, sondern fähig zu sein, alles sein zu lassen und die Fähigkeit zu gewinnen, sich auf etwas einzulassen. Ein Projekt zu haben, nennt man das heute.

Zu uns selbst finden wir nur über all die Umleitungen, die von uns selbst in eine ander Richtung weisen. Im Klartext heißt das: Wir finden uns selbst nur, indem wir lieben, uns selbst an etwas, an eine Sache, eine Idee, ein Projekt, einen Menschen, letztlich an Gott hingeben. Gott dagegen will uns über alle Maßen ganz. Er treibt das Prinzip des indirekten Weges auf die Spitze, könnte man sagen. Auf den ersten Blick ist es *shocking*: Aber Religion bedeutet immer Leibeigenschaft gegenüber Gott und Kompromisslosigkeit gegenüber seinem Willen. Und weil das so ist, liegt in der Forderung nach radikaler Hingabe an diesen Herrn auch der sicherste Weg zu sich selbst. Man muss sich auf diesen Schock einlassen. Religion ist nicht billig mitzunehmen; sie ist eine persönliche kopernikanische Wende.

Gerade die rabiateste Umleitung, die direkt darauf zielt, dass wir wirklich alles, ja uns selbst lassen, die also die radikale Antithese zum Habenwollen ist, gerade sie und sie allein führt dazu, dass wir uns gewinnen.

Freilich hat die isolierte Aufforderung zu Selbstlosigkeit (traditionell gesprochen zum so genannten »Opfer«) auch das Christentum und christliche Moral nachhaltig »verdorben«, besonders wenn all dieses von irdischen Machthabern, geistlichen oder weltlichen, für die eigene Herrschaft und zu deren Zementierung ausgenutzt wurde. Hingabe ist gerade kein Selbstzweck. Opfern um des Opferns willen bedient nur scheinchristliche Fehlformen von Sadismus und Masochismus, ist also gefährlicher Unsinn. Es fehlte dann etwas, das für Jesus, aber auch für Paulus und Johannes untrennbar mit aller Hingabe verbunden ist: die Freude. Jesus spricht in dem Wort vom Sich-Gewinnen nicht direkt davon, aber er ist nicht in der Rolle dessen, der Macht hätte Schenken zu erzwingen. Die Freude muss spätestens überall dort hervorgehoben werden, wo der Verdacht der Äußerlichkeit entstehen kann. So sagt schon das Judentum, dass Gott nur den freudigen Geber liebhaben könne. Und beim Almosengeben, beim Schenken also, gilt das Murren als Verbrechen. Sich zu freuen über die Freude des Beschenkten, das macht das Weggeben erst menschlich. So erst wird das Ganze aus der Selbstquälerei herausgehoben und ist es des Menschen würdig. Nur so geht es nicht um grenzenlose Vertröstung. Indem man sich freut über die Freude, die man anrichtet, hat man sich schon selbst gewonnen. Die Freude beim Schenken, das wiegt die Geburtswehen des Selbst auf. Denn wir gewinnen uns, indem wir uns lassen, wir finden uns, indem wir uns verlieren. Wir sind glücklich, indem wir glücklich machen und uns am Widerschein freuen. Zu wissen, dass man glücklich macht, das ist das Glück. Und daher ist die Freude der einzige und der eigentliche Sinn jedes menschlichen Projekts, jeder einzelnen Lebensgeschichte.

6.12 Über die Selbstverwirklichung Jesu

Wer ist Jesus, der so redet? Zunächst einmal erkennen wir am Geschick Jesu, welcher Zusammenhang besteht zwischen Gewinnen des Selbst, Auferstehung und Freude. Am Ende der Wirksamkeit Jesu wird die Umleitung dramatisch. Nach kurzem Auftreten wird er hingerichtet. Er hat das Leben verloren. Wie kann man sagen, er habe es trotzdem gewonnen? Der indirekte Weg der Christen hat Auferstehung geradezu als notwendige Konsequenz. Auferstehung ist die dramatische Entfaltung davon, dass derjenige sich selbst gewinnt, der es versteht sich loszulassen. Und umgekehrt erfahren wir von Jesus, was Auferstehung ist: Auferstehung ist nicht irgendein obskurer Wunderglaube oder eine pharisäische Marotte – Auferstehung ist Gewinnen des Selbst. Auferstehung ist Ausdruck dafür, dass derjenige, der schenkt, sich nicht im Schenken verliert, nicht im Nichts verlischt wie eine Wunderkerze, die brennt und vergeht. Der Schenker *gewinnt* – sein Leben, seine Identität. Auferstehung ist der Erweis der unbesieglichen Liebe zum Leben. Auferstehung setzt diejenigen ins Recht, die Leben verstreichen lassen, ohne es krampfhaft und egoistisch raffen zu wollen. Und wo immer wir Freude wahrnehmen bei dem, der schenkt, ist es eine Freude, die für das steht, was fromme Leute das Ewige Leben nennen. Freude als Widerschein der Auferstehung in der Gegenwart, Freude als der Sinn schon jetzt.

Es geht hier nicht um fromme Mutmaßungen, sondern um etwas sehr Nüchternes, den harten Kern menschlicher Identität. Es gibt – aus meiner Sicht – keine Alternative zu dieser Regel: Man kann sich nicht auf dem direkten Weg des Habenwollens gewinnen, sondern nur auf dem Umweg über die Liebe. Jede Liebe, schon jedes Verliebtsein heißt Weggeben von Leben, Wegschenken, weil Verliebtsein so schön ist. Und das Geheimnis jeder Liebe heißt Auferstehung. Das ist nichts anderes als die Hoffnung, sich selbst auf diesem Weg zu gewinnen und sich nicht zu verfehlen. Gott scheint auf als derjenige, der nichts anderes will und fordert als genau dies. Gott ist der Umweg, der zu uns selbst führt. Freude ist wie ein leuchtendes Wegzeichen, wie der Widerschein der Wahrheit, der Hinweis, dass wir auf dem richtigen Weg sind.

Die Offenbarung des Johannes greift in der Rede vom »Sieger« ein wichtiges Stück von Jesu Botschaft auf. Sich selbst gewinnt, wer Nein sagt bei den vielen kleinen Gelegenheiten, sich durch Kompromisse anzupassen. Lebende Fische erkennt man daran, dass sie gegen den Strom schwimmen können. Alle Machthaber der Welt wollen unsere Seele. Ihnen bis aufs Blut zu widerstehen, das nennt die Offenbarung des Johannes »siegen«. Im Kampf um die Seele des Menschen ist das Christentum ein wahrhaft aktueller Beitrag, möglicherweise die einzige Alternative. Welches Risiko gibt es denn sonst noch, wenn nicht dieses eine, Leben zu gewinnen oder zu verlieren? Die Mutter aller Schlachten gibt es nicht im Krieg, sondern immer dort, wo das Bekenntnis zu Jesus gefordert ist. Denn hier entscheidet sich Gewinnen oder Verlieren des Lebens. Dieses Wort ist von Jesus oder in seinem Namen in einer Situation gesprochen worden, in der das Bekenntnis zu Jesus lebensgefährlich war. Auch im 20. Jahrhundert gab es solche Situationen in großer Fülle. Darin besteht die größte innere Verwandtschaft zwischen dem 1. und dem 20. Jahrhundert nach Christus.

Aber es geht nicht nur um den Extremfall des Martyriums. Unser Leben gewinnen und es nicht verfehlen wollen – das ist das ureigenste Interesse jedes Menschen. Es geht um die *ars vivendi* – den Wettstreit um die große Lebenskunst, zu der Jesus den entscheidenden alternativen Beitrag liefert. In dieser Lebenskunst ist die Liebe zu Gott deshalb weise, weil Gott als Einziger eine Liebe fordert, die grenzenlos ist. Alle Kreatur kann unsere Liebe nur begrenzt ertragen. Selbst menschliche Liebespartner brauchen hin und wieder Ruhe voreinander. Sie können nur begrenzt geben, weil sie nur begrenzt empfangen können. Wer in der Liebe vom anderen »alles« fordert, wird ihn garantiert überfordern (vielleicht boomen darum die Scheidungen?). Nur Gott kann »alles« geben, »alles« fordern. Gott ist die Selbstverwirklichung des Menschen. Siehe Jesus, siehe die Auferstehung dessen, der alles gegeben hat, um alles zu bekommen.

Wirklich arm wird durch seine Spendefreudigkeit keiner, ins Gefängnis werden wir wegen unseres Glaubens auch kaum gehen müssen, ins Martyrium wohl schon gar nicht. Selbst im Kinderkriegen halten sich auch gut katholische Familien sehr zurück. Nur ein wunder Punkt ist geblieben, ein wirklich großes Ärgernis, nur eine Straße führt an einen Abgrund: geistliche Ehelosigkeit der Christen. Nur hier ist das Evangelium wirklich einschneidend, nur hier scheint es Ungeheuerliches als besonders markanten christlichen Weg vor Augen zu stellen.

Nun ist das kein spezifisch katholisches Problem. Die Mönche (nicht nur) auf dem Athos und die orthodoxen Bischöfe, Dutzende evangelischer Kommunitäten und Klöster halten es ebenso. Immerhin leben in der christlichen Ökumene fast eine Million Menschen in geistlicher Ehelosigkeit.

Doch die Mentalität bei uns läuft in andere Richtung. Man tut so, als sei der Zölibat in der westlichen katholischen Kirche kurz vor dem Kippen. Er scheint keine Begründung mehr zu haben. Die meisten führen ihn auf Sexualfeindschaft zurück. Je mehr die Kirchen sich ökumenisch annähern, umso eher fragen sich Katholiken, die gerne Theologen werden möchten, warum in aller Welt sie den Zölibat halten müssen. Ich kenne viele Studenten, die katholisch getauft und nach eigenem Bekenntnis »ökumenisch« aufgewachsen sind, die aber nun evangelische Theologie studieren, und zwar nach dem Motto: Wenn alles ohnehin ganz ähnlich ist, wozu noch den Zölibat halten? Auch bei den katholischen Weltgeistlichen ist die Motivation so weit abgesunken, dass man das Diktum hört: »Heute will niemand mehr heiraten, katholische Geistliche ausgenommen.« Dabei ist die Ehe ja längst nicht mehr das, was sie früher war, bei 40 Prozent Scheidungen und geplanter Kinderlosigkeit.

Doch Jesu Eunuchenwort und die paulinische Kreuzestheologie, vor allem aber Jesu Wort vom Kreuztragen ermöglichen ein neues und besseres Verständnis geistlicher Ehelosigkeit im Christentum. Es ist aus meiner Sicht theologisch möglich, das Anliegen der geistlichen Ehelosigkeit neu zu sehen und zu stärken. Ich sehe Gestalten vor mir wie Jesus, Johannes den Täufer, den Herrenbruder Jakobus, Paulus.

Jesu Eunuchenwort

Jesus hat gesagt: *»Es gibt Eunuchen, die so geboren wurden. Und es gibt Eunuchen, die sind von Menschen dazu gemacht worden. Doch es gibt auch Eunuchen, die freiwillig auf die Ehe verzichten wegen der Herrschaft Gottes. Sie haben sich sozusagen selbst zu Eunuchen gemacht. Denkt gut darüber nach!«* (Mt 19,12)

Das Wort »Eunuche« ist damals wie heute nichts Schönes, sondern bezeichnet Krankes, nicht Normales.

Wer sich selbst zum Eunuchen macht, setzt sich dem Spott anderer aus. Denn er verzichtet auf das Normalste, auch das Kostbarste – eine Familie. Wer um des Himmelreiches willen dieses darangibt, hat Gottes Herrschaft als den größeren Schatz erkannt. Jesu Aufforderung: *»Denkt gut darüber nach!«* verweist darauf, dass es sich hier um ein Geheimnis handeln könnte, das sich erst dem erschließt, der sich länger damit auseinander setzt.

Paulinische Kreuzestheologie

Paulus geht davon aus, dass das Kreuz als die schändlichste Hinrichtungsart gilt. So wird ein Sklave oder Bandit zu Tode gebracht. Während er sich stundenlang quält, wird er öffentlich ausgestellt. Im Unterschied zum äußerlich ähnlichen Aufhängen kann der Todeskampf hier sehr lange dauern. In 1 Kor 1 nennt Paulus eine Reihe von Merkmalen, die gleichfalls Schande bedeuten: Schwäche, Machtlosigkeit, Armut, Dummheit, fehlender Adel, fehlendes Ansehen. Wer solches zu erleiden hat, steht als Christ auf der Seite des Gekreuzigten. Für Gott sind aber gerade solche Menschen wertvoll. Deshalb ist auch der gekreuzigte Jesus der Messias und der geliebte Erwählte Gottes. Das Wort *Kreuz* markiert bei Paulus immer den direkten Gegensatz zu den öffentlichen bürgerlichen Wertvorstellungen, und zwar damals wie heute. Wer deshalb zu Jesus Christus gehört, teilt mit ihm den Weg des Kreuzes, er hat den Mut, sich von dem, was gilt und mächtig ist, grundlegend zu unterscheiden. Diesen Weg beginnt man nach Paulus mit der Taufe. Sie ist ein Mitgekreuzigtwerden.

Jesu Wort vom Kreuztragen
Jesus sagt: *»Wenn jemand hinter mir gehen will, soll er nicht an sich selbst denken, sondern nach meinem Vorbild Kreuz [und Schande] auf sich nehmen«* (Mk 8,34).

Im Griechischen steht nur »Kreuz«. Entscheidend ist bei diesem Jesuswort die Zugehörigkeit zum Gekreuzigten, also Nachfolge, Jüngerschaft und Schicksalsgemeinschaft. Hier geht es nicht um Jesu Stellvertretung oder Sühne. Sondern Gemeinschaft mit dem Gekreuzigten bedeutet, seine Schande zu teilen, Anteil zu haben an der Verächtlichkeit, der er ausgesetzt ist. Entsprechend wird der Anfang betont, das Auf-sich-Nehmen, der Entschluss dazuzugehören.

Das entspricht übrigens der Rolle des Kreuzes in Röm 6,1–8. Auch dort ist das Thema der Beginn der Schicksalsgemeinschaft – in der Taufe –, und zwar als Mitgekreuzigtwerden und Mitsterben. Das heißt: Radikale Abkehr von dem, was in der »Gesellschaft« etwas gilt, damit auch von der Familie. In Jesu weiteren Worten über die Bedingungen von Nachfolge und Jüngerschaft wird das ganz deutlich.

Nimmt man diese drei Texte zusammen und wendet sie auf die heutige Situation an, dann gilt: Nicht Ehelosigkeit ist die Schande, sondern ehrenrührig ist es, keinen »Partner« zu haben.

Wer keinen »Partner« hat, der hat eben keinen »abgekriegt«, ist ein Mauerblümchen ohne Attraktivität, Ausstrahlung und Charme. Ob er freiwillig verzichtet hat oder nicht, ist dabei ganz egal.

Wer keinen Partner hat, wird vor allem verdächtigt, biologische oder nervliche Mängel zu haben, frigide, impotent oder eben ein Eunuch zu sein. Er wird verdächtigt, pervers, schwul oder lesbisch zu sein oder Kinder zu missbrauchen. Oder im Sinne des »Seelenbräutigams« Sexualität zu sublimieren.

Das Urteil der Mitmenschen schwankt zwischen Verdacht auf Behinderung oder Perversion. – Im Eunuchenwort Jesu zeigt sich genau diese Einschätzung: Eunuch ist das Letzte, genau das, was man nicht sein darf. »Tu uns doch keine Schande an«, diesen Satz könnte man sich als Ausruf eines Vaters vorstellen, dessen Kind den zölibatären Lebensweg beginnen will.

So kann man sagen: Wer ohne Not diese Urteile oder Verdächtigungen auf sich zieht, weil er ungeteilt für den Herrn da sein will, der hat besonderen Anteil an dessen Kreuz. Hier wird Kreuzestheologie umgesetzt.

Gewiss kann man auch auf andere Weise ganz dem Herrn gehören. Aber der Verzicht auf Partner ist ein ganz besonderes Zeichen, ein prophetisches, wie es eben prophetische Zeichenhandlungen waren. Aber es ist ein Zeichen mit besonderem Verkündigungscharakter über das, was Glauben überhaupt bedeutet. Schon immer hatten Ehe und Sexualität in Israel diesen hochsensiblen Zeichencharakter.

Eine Verkündigung ohne dieses Zeichen wäre ärmer, oder – wie die katholische Kirche denkt – entscheidend ärmer. Sie sieht dieses Zeichen bei Johannes dem Täufer, Jesus und Paulus.

Die Motivation zu diesem Zeichen ist nicht asketisch im engeren Sinne, als müssten die Triebe überwunden werden. Sie kann auch nicht moralisch sein, denn die Ehelosen sind nicht die Vollkommeneren. Sondern sie ist theo-logisch im strengen Sinn: Eine letzte und radikale Konsequenz der Differenz zwischen Israel und den umgebenden heidnischen Religionen. Überall dort war Sexualität göttlich, Fruchtbarkeit der Segen schlechthin. Nur in Israel ist Sex nicht göttlich und folglich auch der Mensch mehr als nur Sexualpartner oder der zur Erhaltung der Sippe Bestimmte.

Auf den Partner zu verzichten ist nicht nur Zeichen für andere, sondern auch für den Verzichtenden selbst: Eine Orientierung in Richtung auf das hin, was er versprochen hat.

Gewiss gibt es Analogien dazu, etwa das in radikalen Orden gepflegte Einsamsein oder das Gefangensein. Wenn der heilige Damian de Veuster Seelsorger bei den Aussätzigen werden wollte, dann nahm er auch die Ansteckung mit Aussatz in Kauf.

Immer mit der Zielsetzung: Keiner, der unfreiwillig Eunuch oder krank oder einsam oder gefangen ist, darf sich hinfort allein gelassen fühlen. Er soll wissen, es gibt Menschen, die freiwillig, um des Herrn willen, bereit sind, den Leidenden Gemeinschaft zu leisten. Die zeigen, dass man diesen Weg mit dem leidenden und gekreuzigten Herrn sinnvoll gehen kann. Etwa dadurch, dass sie freiwillig ins Gefängnis gehen. Es gibt strenge Orden mit strenger Klausur, die sich in nichts von einem Gefängnis unterscheiden. Auf dass allen Gefangenen der Welt gezeigt werde, wie man Gefangenschaft als konsequente Nachfolge Jesu verstehen kann. Dass selbst lebenslängliche Gefangenschaft nicht sinnlos sein muss, sondern dass es auch Nachfolge Jesu sein kann, zu den Letzten zu gehören. Dann gewinnt man die Kraft, auch ein Gefängnis durchzustehen.

Wie aber ist der Zwangszölibat zu beurteilen?

Meistens sagt man: Nur wenn der Zölibat freiwillig ist, mag er sinnvolles Zeichen sein. Aber den Zölibat an die Priesterweihe zu binden sei unsinnig. Nun, abgesehen davon, dass niemand gezwungen wird, Geistlicher zu werden, gilt: So genau kann man die Unterscheidung zwischen Freiwilligkeit, biografischen Entwicklungslinien und nur äußerlich auferlegtem Zölibat nicht machen. Die katholische Kirche verlangt hier ein einschneidendes, radikales Zeichen. Sie erwartet, dass die Zugehörigkeit zu Jesus und die Nachfolge in dieser besonders einschneidenden Hinsicht als Kreuzesweg sichtbar werde.

Die Grundentscheidung ist: zu den Letzten zu gehören, seine Ehre im Kreuz zu suchen. Die Schande wählen, um Gott Raum zu geben.

In der Ostkirche hat man als Theologe die Wahl. Wenn man Mönch oder Bischof werden will, muss man auf Ehe verzichten, wenn man gewöhnlicher Pfarrer werden will, kann man vor der Weihe heiraten. Die westliche Kirche kennt diese Freiheit nicht. Sie mutet daher dem Geistlichen nicht nur Verzicht auf Partner zu, sondern überhaupt den Verzicht auf die Freiheit, die Alternative zu wählen. Im Westen ist daher mit dem Verzicht auf den Partner zusätzlich eine Art Freiheitsberaubung verbunden.

Zwangszölibat ist wie ein Gefängnis zusätzlich. Wer einwilligt, geht freiwillig in eine Gefangenschaft plus Ehelosigkeit. Er gehört zu den Letzten, gefangen und ohne Partner und Familie. Sein Geheimnis ist der verborgene Schatz, das Reich Gottes, für das er alles andere lässt, auch seine Freiheit. Dazu kann man sich frei entscheiden.

KAPITEL 7

Jesus und die Frauen

7.1 Jesus und seine Mutter Maria

Wenn wir als Kinder bei Freunden zum Geburtstag eingeladen waren, dann gehörte es sich einfach, auch der Mutter des Geburtstagskindes einen – wenn auch kleinen – Blumenstrauß mitzubringen, ganz gewiss, um sie zu ehren. Denn Menschen gibt es nie »für sich«, sie wachsen in Gemeinschaften auf. Auch Jesus wuchs in Gemeinschaft auf, wofür das »Volk«, das sich immer schon lebhaft für den Kontext Jesu interessierte, nicht selten einen besseren Sensus als die spekulative Theologie besaß.

Die Bedeutung Mariens liegt erstens darin, dass sie nachhaltig an die Menschwerdung Gottes erinnert. In der Theologie muss man das durchaus laut und vernehmlich sagen. Denn in der westlichen Theologie liegt seit sehr langer Zeit das Hauptgewicht auf Kreuz und Auferstehung. In der Volksfrömmigkeit ist das anders, hier spielt Weihnachten ungebrochen die Rolle des Lieblingsfestes, auch wenn man von der Menschwerdung Gottes, »auf dass wir Menschen Gott werden« nur selten hört. Dabei hängt Mariens Schwangerschaft mit dem Heiligen Geist zusammen. Dieser erfreut sich in der Theologie ebenfalls einer mangelnden Aufmerksamkeit. Die Ostkirche betont beides stärker: Die Menschwerdung Gottes wie den Heiligen Geist. Und deshalb fällt es dort auch sehr viel leichter, Maria gebührend zu ehren.

Die Bedeutung Mariens liegt demnach zweitens darin, dass hier die gesamte Lehre vom Heiligen Geist stärker ins Blickfeld kommt. Bei Paulus gibt es noch einen Art Gleichgewicht: Er plädiert genauso für die Beachtung des Todes und der Auferstehung Jesu, wie er den Blick nach vorne richtet, auf die Wirksamkeit des Heiligen Geistes.

Drittens steht Maria immer für den begnadeten Menschen, gewissermaßen als Prototyp des erlösten Menschen. Auch Martin Luther und Philipp Melanchthon heben hervor, was von Maria gesagt sei, gelte immer auch von allen Christen. Die ökumenische Bedeutung Mariens zur Beschreibung dessen, was die Kirche ist, kann man daher kaum unterschätzen. Maria ist einerseits Einzelfigur, andererseits repräsentiert sie »alle«. Im Bild einer Ellipse lässt sich das gut fassen. Ihre persönliche Einmaligkeit und ihre Bedeutung als Darstellung aller ergänzen sich und schließen sich nicht aus. Auch einige protestantische Forscher sehen in der Szene unter dem Kreuz nach dem Evangelisten Johannes Maria als Mutter der Kirche betont (»Siehe da, deine Mutter«).

Viertens bringt Maria gerade die Weiblichkeit als Menschliches in das Heilsdrama ein. Gott kommt nicht ohne Jesu Mutter in die Welt. Menschwerdung Gottes bedeutet die »Annahme« alles Menschlichen, wenn man von der Sünde absieht. Eine Theologie, die immer nur den »Mann« Jesus traktiert, hinterlässt eine seltsame humane Leerstelle und ruft solche kuriosen pseudofeministischen Blüten auf den Plan, wonach Jesus das Weibliche vollkommen in sich integriert habe.

Fünftens hat Maria uns Jesus als Juden geboren. Von ihr hat er die jüdische Religion, Sprache, Denkweise und Kultur gelernt und übernommen. Von ihr hat er zuerst die Lektüre der Thora gelernt. Zur Menschwerdung gehört nicht allein die menschliche Natur, sondern eben die Religion und Kultur des auserwählten Volkes. Im Hymnus Simeons wird ausdrücklich gesagt, dass durch die Geburt des Heilands aus Maria Israel mit Herrlichkeit gekrönt wurde. Die gattungsmäßige Verankerung der Empfängnis Mariens in der Tradition der »Gefährdung der Ahnfrau« setzt die Empfängnis Mariens in direkte Linie mit den alttestamentlichen Väter-, Richter- und Prophetenberichten.

Sechstens: Mit Maria beginnt ein Stück Kreuzestheologie, wie die Rede vom Schwert zeigt, das durch ihr Herz geht. Um Jesu willen erträgt sie die Schmach der »unehelichen Mutter«, dazu die Angst um die Entlassung durch Josef. In der Kreuzestheologie geht es immer darum, dass derjenige, der auf der Seite Gottes steht, regelmäßig etwas erleidet, das ihn zum »letzten« aller Menschen macht – aus der Sicht der geltenden menschlichen Wertvorstellungen. Eine uneheliche Mutter war damals allgemein das »Letzte« – und das ist es bei vielen Menschen heute noch.

Siebentens: Die Ähnlichkeit der Verkündigung an Maria mit prophetischen Berufungsberichten verweist auf die Ähnlichkeit zwischen Maria und Propheten. Sie hat Gottes Wort ausgetragen, wie es auch die Propheten taten. Diese Ähnlichkeit besteht in der Abfolge von Begrüßung – Botschaft – Einwand – Wiederholung der Botschaft (mit Hinweis auf Zeichen) – Einwilligung.

Achtens: Dass der Koran sehr ausführlich und in Übereinstimmung mit dem Neuen Testament auf Maria eingeht, ist eine der entscheidenden Brücken zwischen Christentum und Islam. Dass in der Mariologie keine Differenzen vorliegen, weckt die Hoffnung, Maria könnte einmal der Weg sein, auf dem auch Muslime zu Christus finden.

Neuntens: Was Maria im Magnificat besingt, ist Gottes Wirken an ihr speziell und auch in der menschlichen Geschichte überhaupt. Das Magnificat ist daher ein Hymnus auf Gottes Wirken in der menschheitlichen Geschichte. In diese gehört Maria als Ausnahme wie als Musterfall hinein.

Zehntens: Die Schwangerschaft Mariens ist ein direktes Eingreifen des Schöpfergottes und -geistes in die Geschichte der Welt mit leibhaftigen, biologischen Konsequenzen in der Entstehung eines Menschen. Das sagt erstens etwas Allgemeines über das analoge Wirken Gottes bei der Entstehung jedes einzelnen Menschen und zweitens etwas über die Vorstellbarkeit und Möglichkeit von Auferstehung. Denn auch in der Auferstehung Jesu kommt Gott ihm mit leibhaftigen Konsequenzen absolut nahe. Entstehung wie Auferstehung Jesu werden im Neuen Testament auf den Heiligen Geist zurückgeführt. Schon im Fall der Menschwerdung Jesu wird die Theologie zu einem radikalen Entweder-oder herausgefordert: Entweder gilt die Annahme, dass Gottes Geist in die Welt hineinwirken kann – oder es gilt die Annahme, dass Gott Gott ist und die Welt die Welt ist. Dann sollten wir auch besser aufhören bittend zu beten – es ändert sich sowieso nichts. Gott greift nicht ein.

7.2 Frauen – Lockmittel des Bösen?

Jesus hat kein neues Frauenbild geschaffen. Doch alle Evangelien atmen den Geist der Dankbarkeit an Frauen und der liebevollen Zuwendung zu Frauen. Dabei ist die unmittelbare Umwelt Jesu gekennzeichnet von einer durchgängig vorhandenen Abwertung der Frau. Der Kontext Jesu ist voll von Ansichten über die »Gefährlichkeit« von Frauen. Dieses Denken über Frauen ist das Denken gieriger, machtfixierter Männer. Frauen werden nicht an sich als schlecht dargestellt, aber sie sollen arbeiten, im Hintergrund sein, für Sex und die Aufzucht der Kinder zur Verfügung stehen, ansonsten werden sie überspielt, ignoriert, ihre Welt nicht zur Kenntnis genommen. Aber Frauen üben doch eine geheimnisvolle Macht über Männer aus, sind verführerisch; man kann ihnen verfallen. Sind sie das Lockmittel des Bösen?

Was wir aus den Evangelien über Jesus und die Frauen wissen, ist theologisch noch immer nicht wirklich ausgewertet. Denn es enthält Anregungen für eine Theologie, die recht anders aussehen könnte als die gängige Standardtheologie. Denn es gibt etliche Auffälligkeiten, die sich in der Summe der Berichte über Frauen bemerkbar machen:

- Alle Totenerweckungen des Neuen Testaments geschehen an Frauen oder zu ihren Gunsten (wie beim einzigen Sohn der Witwe von Nain).
- Wo immer Jesus berührt wird, geschieht es durch Frauen (Blutflüssige, Salbung, Umschlingen der Füße).
- Frauen spenden von sich aus Geld oder große Kostbarkeiten (Salböl, Vermögen nach Lk 8,1–3).
- Oft geht es bei Frauen um kleine Münzen, geringe Beträge, die aber in den Augen Jesu wichtig sind (Frau und Groschen in Lk 15; Scherflein der Witwe; Witwe Anna im Tempel nach Lk 2). Damit

ist das Thema Geld neben dem Bereich leiblicher Berührung weitgehend durch Frauen besetzt; dem entspricht das Zeugnis über das Wirken von Diakoninnen.

- Der Vollzug von Diensten wird – außer von Jesus – nur von Frauen berichtet (Maria und Martha; Schwiegermutter des Petrus; Fußwaschung nach 1 Tim 5).
- Frauen sind treue Jüngerinnen (Kreuzigung, Grablegung, Ostermorgen, Ersterscheinung vor Frauen nach Joh 20 und Mt 28).
- An mehreren Stellen wird die emotionale Beteiligung, das Weinen von Frauen erwähnt (beim Tod des Lazarus; nach Lk 7,36–50; bei Jesu Weg zur Hinrichtung; bei der Kreuzigung).
- In den Worten Jesu über die Ehescheidung (fünfmal belegt) wird die eheliche Treue zum Bild für das Verhalten Gottes bzw. des Messias zu seinem Volk, das als seine Braut vorgestellt wird.

Eine Theologie, in der diese Beobachtungen wirklich aufgegriffen werden, würde fragen, was dieses Frauen in besonderer Weise zugeschriebene menschliche Tun mit Gottes Herrschaft zu tun hat, warum Jesus auf diese Sorgen und Nöte so besonders achtet.

An einem Zug der synoptischen Apokalypse wird Jesu Einfühlungsgabe besonders deutlich. Nach Mk 13,17 sagt er: »*Wehe den Schwangeren und den stillenden Müttern. Betet, dass es nicht im Winter geschieht.*« Jesus weiß um die besondere Bedeutung des Sterbens (von Verwandten) für Frauen, um die bürgerliche Schmach der ertappten Ehebrecherinnen, über die Schmach der Frauen mit schlechtem Ruf, der Geschiedenen, der unehelichen Mütter. Er weiß etwas über die Solidarität zwischen Frauen, besonders zwischen Schwangeren, über das Elend der Witwen, die Sorge um die Kranken, er weiß um die Schlichtheit des Dienens (und ist der einzige Mann, der sie selbst auf sich nimmt, siehe Fußwaschung). Er beobachtet Frauen beim nächtlichen Mahlen an der Handmühle, die man nur zu zweit bedienen konnte, und beim Herstellen des Brotteigs. Er weiß, was es bedeutet, wenn Frauen krank sind, wenn sie mit wenig Geld auskommen müssen. Und schließlich kennt er die Last der Menstruation, besonders wenn sie nicht aufhören will. Und er selbst genießt die Zärtlichkeit der Salbung. Denn gesalbt haben regelmäßig Frauen.

Neben Salböl stehen Blut und Tränen als die Flüssigkeiten, die ganz intensiv mit dem Leben einer Frau zu tun haben.

Alle diese Dinge betreffen nicht oder nur in Ausnahmefällen Leben oder Sterben – es geht dabei also nicht um die nackte Existenz, aber sie sind das, was doch diesem Bereich am nächsten liegt. Die Verkündigung Jesu hat die Voraussetzungen dafür geschaffen, dass dieses alles sichtbar wurde und so deutlich in den Evangelien steht. Johann Baptist Metz hat immer wieder für eine Theologie geworben, die vom Leiden der Menschen ausgeht, von der großen, völkerverbindenden Gemeinschaft des Schmerzes – jedenfalls wäre dies eine Theologie, die nicht im dritten Himmel spielt, sondern auf der Erde. Hier geht es nun nicht um Leiden und Schmerz allein, sondern um die Ebene »darüber«, um jene Zonen, die in das Elementare hineinreichen, aber doch auch das Leben im Haus auf Dauer bestimmen, und zwar auf einer relativ niedrigen Ebene. Man kann es so umschreiben: Hier ist Jesus einer, der sich fürsorglich und sensibel um die Lebensbedingungen der Menschen, besonders der kleinen Leute, kümmert; und die Evangelisten (besonders Lukas) übernehmen diese Betrachtungsweise. Lateinisch würde man das *cura* nennen, jene Fürsorge und Sorgsamkeit, die bedacht ist um die Bedingungen des täglichen Lebens.

Theologisch gesehen bildet Jesus so den himmlischen Vater ab, der jeden Tag für alles Lebende sorgt. Oder anders gesagt: Er hat den Blick dafür, dass gerade die Frauen es sind, die in dieser Hinsicht dem himmlischen Vater ähnlich sind in ihrem ganz alltäglichen Tun. Im Folgenden sind diese Gesichtspunkte zu vertiefen. Dabei ist das erste besondere Thema die in der Tat zweideutige Rolle der Sünderin in Lk 7.

7.3 Jesus und die Zärtlichkeit der Hure

Frauen, Liebe und Sex sind das Thema ungezählter Tischgespräche der Weltliteratur. So berichtet beispielsweise das 3. Esrabuch, eine außerkanonischen jüdischen Schrift, über einen Disput beim Gastmahl am Hofe des Perserkönigs Darius. Man unterhält sich über das, was am mächtigsten sei. Antwort: die Frau. Begründung: »Arbeitet und quält ihr euch nicht, um alles den Weibern zu geben und zu bringen? Alles bringt der Mensch der Geliebten. Viele sind um der Weiber willen um ihre Sinne gekommen und um ihretwillen Sklaven geworden ...« Das berühmteste Tischgespräch der Welt, das Gastmahl mit Sokrates, das Platon schildert, handelt von nichts anderem als von der Liebe, von der Urgewalt der Sehnsucht, die Mann und Frau zusammenbringt.

Thema Numero eins wird auch beim Gastmahl lebendig, das Lukas schildert (7,36–50) – und zwar in Gestalt einer stadtbekannten Edelhure, die zu Jesus kommt. Mit derselben Masche, mit der sie immer Männer anmacht, versucht sie es auch bei Jesus: Die Berührung mit den Haaren, das Küssen und das Eincremen gehören dazu. Die Tränen, die sie vergießt, sind zumindest vieldeutig. Sie sagt nichts dabei. Jesus verbietet es nicht, er wertet ihr Tun als Liebe. Er akzeptiert sie so, wie sie ist. Und vor allem so, wie sie liebt. Die Motive dieser Liebe werden nicht aufgeschlüsselt. Man darf sie wohl ambivalent nennen. Die Frau legt daher auch nicht irgendein Glaubensbekenntnis ab, nicht das leiseste. Auch unsere Motive, zu Jesus Kontakte zu haben, dürften vieldeutig sein. Wie oft gehen Jugendliche in die Kirche, weil sie dort jemanden treffen, für den sie schwärmen. Wie oft haben Menschen den Glauben erst entdeckt, weil er einem Partner wichtig war. Den reinen Glauben hat niemand, die reine Liebe wäre nicht von dieser Welt. Und das ist das Tröstliche an dieser Geschichte: Jesus akzeptiert auch unsere »gemischten Gefühle«. Die reine Liebe, das perfekte Bekenntnis wäre die Vereinfachung, die eben Religion nicht ist. Wenn wir nur nicht *gegen* Jesus sind – er greift schon auf, was da ist. Er kann auch auf krummen Zeilen gerade schreiben. Das ist in Wahrheit Vergebung, dass eben auch unser Glaube nicht perfekt sein muss.

Jahrhunderte hindurch haben Theologen über die Spannung gestritten, die in unserer Erzählung besteht. Denn im Gleichnis heißt es: Der liebt am meisten, dem der Herr am meisten erlassen hat. Liebe also offenbar im Nachgang zu erwiesener Vergebung. Und später heißt es über die Frau: Ihre vielen Sünden werden ihr vergeben, weil sie viel geliebt hat. Also war hier offenkundig die Liebe früher. Man darf das nicht harmonisieren: Liebe als Bedingung und Liebe als Folge der Vergebung. Dennoch hat der Erzähler hier sichtlich keinen Widerspruch erblickt. Und vielleicht ist das, was uns heute stört, sogar der Schlüssel zum Verständnis der Erzählung. Soll denn wirklich die dogmatische Frage diskutiert werden, ob man erst lieben oder erst Sünden vergeben bekommen muss? Die Liebe der Frau »vorher« und das »Nachher« der Sündenvergebung – das ist doch eine Einheit! Denn es geht von Anfang an um die eine und entscheidende Begegnung mit Jesus – und nicht um eine lehrmäßige Begründung der Spielarten von Liebe und Reue.

In der Begegnung mit der Sünderin sind die Rollen klar verteilt: Liebe und Dankbarkeit für diese eine, unteilbare Begegnung auf Seiten der Frau von Anfang an. Und Akzeptieren und Heilschenken bei Jesus von Anfang bis zum Ende. Weder geht es bei der Frau um Liebesreue noch um sonst etwas Abstraktes, sondern darum, dass in der Person Jesu alles Heil präsent ist. Es kommt nur darauf an, ihm zu begegnen. Und wenn man nur nicht *gegen* ihn ist, so akzeptiert er die Rolle, in der man ihm begegnet. Jesus ist in seiner Person das Heil, und wer darauf reagieren kann – wie auch immer das geschieht – und nicht stumpf und tot ist, dem wird es auch geschenkt. Die Gnade liegt darin, dass wir Gemeinschaft haben dürfen mit Jesus. Die Liebe zu Jesus hat viele Motive, wenn sie nur ihn meint und bei ihm endet. Denn das Heil ist physische Gegenwart Jesu, ohne dass Jesus Besonderes dazutut. Und diese Gegenwart Jesu ist wichtiger als die verschlungenen Motive des Liebens. Auf unserer Seite gibt es meistens eine ganze Menge schiefer und falscher Voraussetzungen, weshalb wir zu Jesus kommen. Er »heilt« sie alle von Grund auf, wenn wir nur bei ihm bleiben.

Diese leibhaftige Präsenz, die unsere irrtümlichen Voraussetzungen annimmt und zugleich überkleidet, gibt es bei uns in der Eucharistiefeier. Und das gilt ganz unabhängig davon, wie man Jesu Anwesenheit genau erklären möchte. Denn wenn wir vom Neuen Bund sprechen, dann ist gemeint, dass Gott sich zu unseren Gunsten für immer festgelegt hat und dass er bei uns ist, wenn wir uns in seinem Namen versammeln und wenn sein Geist über Brot und Wein angerufen wird. Gottes Zusage ist stärker als unsere defekten Liebesversuche. Was heißt hier Liebe? Warum akzeptiert sie der Herr auch ohne klares Bekennen? Wer kann schon sagen, dass er Jesus liebt? Selbst Wilhelm von Saint-Thierry, der Freund des heiligen Bernhard von Clairvaux, sagt: Ich *möchte* gerne lieben. Allzumenschlich ist nämlich unsere Liebe, und die großen Worte sollten wir gerade angesichts der realen Präsenz des Herrn vermeiden. Auch Glaube ist kein Werk. Vielmehr gilt: Auf die Richtung kommt es an. Es genügt vielleicht schon, dass man sich unter dem Kreuz wohler und freier fühlt als anderswo. Das klingt oberflächlich und frech – aber vielleicht ist die Wahrnehmung von Freiheit und Geborgensein doch schon die ganze Wahrheit; sie betrifft nämlich das Herz. Und das »heilsnotwendige Lieben« (theologisches Wortungetüm) geschieht in, mit und unter all unserem egoistischen Lieben. Das ist sicher dann der Fall, wenn wir kleine Lücken lassen, durch die wir wahrnehmen können, wie sehr wir beschenkt werden. So wird auch unser im Großen und Ganzen egoistisches Lieben akzeptiert, wenn es Elemente der Sehnsucht bewahrt, wenn es durch nichts auf Erden zufrieden gestellt werden kann. Und das ist dann keine Leistung, sondern es verbindet sich mit Kindlichkeit und Staunenkönnen. Mehr braucht man nicht.

7.4 Unfeine Frauen in Jesu Stammbaum

Das Leben verläuft nicht nach den Regeln bürgerlicher Wohlanständigkeit, nicht einmal in der Familie Jesu. Der Stammbaum Jesu nach Mt 1 ist vorwiegend an den Männern orientiert. Doch spielen Frauen darin eine bedeutende Rolle – Frauen mit recht sonderbaren Lebensgeschichten. Der Stammbaum läuft von Abraham über David bis auf Josef, den Mann Mariens, die Jesus geboren hat. Nur fünf Frauen werden genannt. Sie alle waren schwanger, aber nicht von ihrem Ehemann. Thamars Sohn wurde vom Schwiegervater der Thamar gezeugt, die sich als Hure verkleidet hatte. Rahab, die ihr Kind von Salomo empfing, war nicht dessen Ehefrau. Die Moabiterin Ruth empfing ihr Kind nach dem Tod des Ehemannes in der Institution der Leviratsehe. Nach Mt 1,6 wurde Batseba Mutter der Nachkommen Davids. Aber sie war nicht Davids Frau, sondern mir Urias verheiratet. »Die Ehebrecherin, die Hure, die beiden zielbewusst aufdringlichen Witwen« (Martin Mosebach, FAZ 24. 12. 1999) sind jedenfalls außergewöhnliche Frauen im Stammbaum Jesu. Wo doch Stammbäume sonst der Hort des Gesitteten und Legitimen sind!

Auch Maria ist nicht von ihrem Ehemann schwanger. In den »Defekten« der vor ihr genannten Frauen liegt eine Vor-Andeutung der außergewöhnlichen Weise, in der Jesus zur Welt kommt. Die Schwangerschaften, die außer der ordentlichen Regeln oder für Witwen berichtet werden, weisen auf die Handschrift Gottes in der Geschichte, der auch auf ungewöhnliche Weise sein Heil realisiert. Der Apostel Paulus wird in Röm 9 der Sache nach gar von einer zeitweiligen großen Koalition zwischen Gott und Sünde sprechen, durch welche Gott schließlich zum Ziel der universalen Heilsgeschichte kommen wird. Ohne den Ungehorsam der Mehrzahl der gegenwärtigen Juden wäre eine Völkermission gar nicht denkbar. Gott gebraucht diesen Ungehorsam als Trittstelle für seinen großen Schritt zur Versöhnung der Heiden.

Die illegalen oder »indezenten« Frauen in Jesu Stammbaum bilden das neutestamentliche Heil ab, welches eines für die Heiden (wie Ruth) und Sünder sein wird. Bei Gott muss man darauf gefasst sein, dass er das Zelt seines Heils auch mitten unter Sündern aufschlägt. Auch Jesus wird Partei ergreifen für Sünderinnen und Ehebrecherinnen. Nie wird er Sünde oder Ehebruch gutheißen. Aber an diesen Frauen zeigt er auf, was aus Menschen noch werden kann. Unter den Männern gibt es ebenfalls unsichere Kantonisten und moralische Wackelkandidaten – in nenne nur die eindrücklichen Gestalten des Zacchäus und des gerechten Schächers, vor allem aber Petrus.

In einem griechisch-orthodoxen Rituale heißt es in einem Hochzeitsgebet über die Brautleute: »Gott, der du der Dirne Rahab verziehen und der du die Umkehr des Zöllners Zacchäus angenommen hast, schenke auch diesen beiden hier den Sinneswandel des Zöllners und die Tränen der Dirne, das Sündenbekenntnis des Schächers.« Wenn Gott also schon zuvor so Großes getan hat, dann wird er auch den beiden Brautleuten die Möglichkeit zur Umkehr geben, die jetzt vor ihm erschienen sind. Dieser Text ist voller Humor! Wer würde es wagen, eine herrlich aufgeputzte Braut mit einer Dirne und den ehrsamen Bräutigam mit Zöllner und Räuber zu vergleichen? Auch diese beiden sind keine Engel, sondern Schlingel. Und wenn sich ihr Herz bewegen kann – gerade jetzt wäre die geeignete Stunde dafür. Rührung macht uns menschlicher. Wir sollten uns wenigstens öfter an unsere Tränen erinnern.

7.5 Die Frau und der Groschen

Mit einer – vorsichtig formuliert – etwas ungewöhnlichen Frau hat es Jesus auch im Gleichnis vom verlorenen Groschen (Lk 15,8–10) zu tun: *»Eine Frau hatte zehn Groschen. Einen hat sie verloren. Sie zündet ein Licht an, fegt das ganze Haus und sucht sorgfältig, bis sie die Münze findet. (9) Als sie sie wiedergefunden hat, ruft sie ihre Freundinnen und Nachbarinnen zusammen und ruft: ›Freut euch mit mir! Der Groschen, den ich verloren hatte, ist wieder da! Ich habe ihn wiedergefunden.‹ (10) Ich versichere euch: Genauso werden sich Gottes Engel freuen über einen einzigen Gottlosen, der umkehrt.«* Jesus schildert hier eine Frau, die gewisse Züge von Unvernunft an sich hat. Wegen 20 Cent kehrt sie ihr ganzes Haus um. Das könnte man noch verstehen. Ich suche manchmal Zettel auch nur aus Wut darüber, dass ich sie nicht finde. Aber dann ruft die Frau auch noch ihre Nachbarinnen und fordert sie zur Mitfreude auf, feiert vermutlich ein Fest mit ihnen. Und die kommen und sagen: Wo es einen Anlass gibt, da feiern wir gerne mit, auch wenn man die Anlässe buchstäblich mit der Lupe suchen muss. Eine merkwürdige Nachbarin haben wir schon – ihre Freude in allen Ehren. Aber irgendwie übertreibt sie ein wenig. Wie kann man sich über 20 Cent so freuen?

Oder ist es vielleicht dies: Wenn man etwas verzweifelt gesucht hat und es schließlich findet, dann ist die Freude riesengroß, weil man die Hoffnung schon fast aufgegeben hatte. Und dann kommt es gar nicht auf die Größe an, sondern darauf, dass es doch gefunden wurde. Wie vernarrt nach etwas suchen und es dann doch finden. Für mich ist es, wenn eine lange Suche zum Ziel führte, immer auch Bestätigung des Selbstwertgefühls. Etwa in dem Sinne: So verlottert, dass etwas einfach weg ist und bleibt, ist nun mein Haus gottlob doch noch nicht. Und im Gleichnis steht das Selbstwertgefühl der Frau für das des Himmels, für das der Engel. Ein merkwürdiges Bild. Dass arme Frauen oft zu wenig im Selbstwert bestätigt werden, weiß man und kann es sich vorstellen. Aber in der gleichen Lage sind offenbar die Engel des Himmels. Von wegen Stolz und machtvolle Herrlichkeit. Der Himmel weint um jeden, der verloren geht, und er freut sich über jeden, der gefunden wird. Offenbar sind die Engel zur Zeit Jesu in ähnlicher Lage wie heute. Fast alle haben nur Spott übrig, wer bekehrt sich schon? Himmel und Engel sind verachtet.

Das Gleichnis handelt aber von Gott. Im Bild dieser Frau steht seine närrische Suche im Zentrum, seine, Gottes wahnsinnige Freude. Denn er, der Herr der Welten, ist auf der Suche nach jedem verlorenen kleinen Menschen. Er kehrt das Haus um, auf dass er den Letzten finden kann. Die normale Weltordnung ist hier verkehrt worden: Nicht wir müssen Gott suchen, den mächtigen und barmherzigen, sondern er sucht uns. Verzweifelt fast, um jeden Preis. Und wer sein Haus umkehrt, um einen Groschen zu suchen, der tut es auf Knien. Nicht wir knien hier, sondern Jesus schildert hier Gott auf Knien. Ein merkwürdiger Gott – versteht der denn gar nichts von Würde? Sollte er es nicht lieber mit manchen Pfarrern halten, die sagen: Wenn die Menschen etwas von mir wollen, sollen sie ins Pfarrhaus kommen. Warum aber ist Gott so närrisch? Ist sein Suchen nur Pedanterie eines Menschen, der Frühjahrsputz macht? Wohl nicht. Gott hat Sehnsucht nach Freude über Gefundenes. Gott und Freude sind identisch.

Wenn der Lebensmaßstab Gottes also die Freude ist, dann sieht manches anders aus. Die schönste Auslegung der Frau mit dem Groschen bietet die mozarabische Liturgie, die von der Osterkerze in ihrer Version des Exsultet, des feierlichen Hymnus auf die Osterkerze, sagt: »Dies ist das Licht, das die Frau entzündete, um den verlorenen Groschen zu suchen.« So ist Christus erstanden, den Gott auferweckt hat. Er ist auferstanden, um den letzten Sünder zu suchen und zu finden. Denn die Osterkerze stellt den Auferstandenen dar. Sie vertreibt das Dunkel und er besiegt die Sünde. Das Licht der Kerze steht für die unbändige Lebensfreude Gottes. Gott wird hier in seiner Verletzlichkeit und als Verachteter und Belächelter dargestellt, und wohl gerade deshalb auch im Bild einer Frau.

7.6 Das Aufatmen der Ehebrecherin

Wer es unternimmt, den Text über Jesus und die Ehebrecherin (Joh 7,53–8,11) zu inszenieren, wird staunen dürfen über die dramatische Kraft der kurzen Erzählung. Vor allem darüber, wie die männlichen Beteiligten verstummen, wie Einzelne sich aus der Gruppe lösen und weggehen. Keiner konnte sie nach Jesu Anfrage, ob sie denn ohne Sünde seien, verurteilen. »Auch ich verurteile dich nicht«, fügt Jesus hinzu. Am Ende bleiben Jesus und die Frau allein übrig. Er hat sie vor der öffentlichen Bloßstellung und Verfluchung, also vor dem Rufmord, gerettet. Was er ihr zu sagen hat, wird er ihr persönlich sagen: »Nun geh und sündige nie wieder!«

Denn wer auf Jesus trifft, wird nicht verurteilt, sondern gerettet. Es ist Art der Menschen, durch Abgrenzen und Ausgrenzen die Gesellschaft, in der man lebt, übersichtlich zu machen. So sortieren wir Anständige und aus unserer Sicht Untragbare. Jesus unterlässt das, nicht weil ihm die Menschen egal sind, sondern weil er sie gewinnen will. Er könnte sie ja alle verurteilen, die Männer wie auch die sündige Frau. Alle sind Sünder. Aber das Besondere unter Menschen besteht darin, dass einige trotz dieser Lage sich zu Richtern über andere aufwerfen und meinen, sie be- oder verurteilen zu müssen. Paulus versucht im Römerbrief durch das wiederholte »Richtet nicht!« die Spannungen in der Gemeinde zu beheben – Spannungen zwischen Strengen, Gesetzestreuen und Liberalen, Aufgeklärten. Denn wenn Gott die Menschen gerecht gesprochen hat, haben die Menschen keinen Grund mehr, über andere zu richten. Genau an der Stelle der paulinischen Rechtfertigung steht in Joh 8 die Umkehr, die Jesus fordert und ermöglicht, da er nicht verurteilt, sondern alles dafür tut, dass ein Neuanfang möglich ist. Der Leser kann das Aufatmen der Frau geradezu spüren.

Moralische Verurteilungen treffen immer die im allgemeinen Gerangele Schwächeren. Diese Waffe also, die moralische Verurteilung, schlägt uns Jesus aus der Hand. Wer Joh 8 zu Herzen nimmt, kann die Menschen um sich herum nicht mehr danach ordnen, ob sie moralisch gut oder böse sind. Denn alles Urteilen verblasst angesichts der Freiheit, die Jesus uns gegenüber den Schatten der Vergangenheit ermöglicht.

Ist es denn wahr, dass wir keinen Sünder verurteilen dürfen? Tun unsere Gerichte das nicht ständig, Gerichte, bei denen sogar das Kruzifix im Gerichtssaal hängt? Diese Frage bietet eine Chance, die Beichte neu zu verstehen. Denn bei ihr geht es zwar um ein *forum* (Gerichtsszene), doch eines, bei dem am Ende jedes Verfahrens der Freispruch steht. Diesen ungeheuren, alles auf den Kopf stellenden Unterschied zum staatlichen Gericht hätte man stärker betonen müssen, dann wäre die Beichte nicht so in Misskredit geraten. Nicht irgendeine Anarchie, sondern die Beichte ist die direkte und allein sachgemäße Auslegung dieses Textes. – Die Geschichte der Beichte ist in ganz spezieller und tragischer Weise (vgl. Ablass und Reformation) mit der Geschichte der Kirche identisch. Wenn man dieses nur beachtet hätte: Dort, wo staatliche Gerichte und Moral à la Kant nur verurteilen können, nämlich in allen Fällen offenkundiger Schuld, dort bietet die Kirche seit 2000 Jahren im Namen Jesu immer wieder den Freispruch durch den heiligen Gott an, die glückliche Möglichkeit zum Neuanfang. Dabei wird übrigens auch dieses Element ganz ernst genommen, das der damaligen Steinigung so sehr anhaftete, der soziale Tod. Welch wunderbares Geschehen, dass in unserer Kirche Menschen, die sich durch ihre Tat ins Abseits gestellt haben, nach der Beichte wieder voll und ganz und ohne Rest dazugehören können. Eben weil es nicht um Moral geht, sondern um den heiligen Gott.

7.7 Die Solidarität der Schwangeren

Die Begegnung der beiden schwangeren Frauen Maria und Elisabeth (Lk 1,39–45) hat die alten typologischen Ausleger immer gereizt. Denn diese Begegnung ist voll von »heiligen« Gegensätzen, hat doch Jesus den Täufer später als den größten und bedeutendsten Menschen bezeichnet (Lk 7,28). Die beiden Frauen hier reihen sich ein in die lange Liste typologisch gegenübergestellter Frauen wie Hagar und Sara, Maria und Martha, die Hure Babylon und die Braut des Lammes, Ekklesia und Synagoge. In der Philosophie wurden Königtum und Tyrannei in zwei Frauengestalten versinnbildlicht. Sie sind jeweils anschauliche Prototypen und verkörpern jeweils gegensätzliche Richtungen oder Zeiten. Bei Lukas stellen sie Johannes den Täufer und Jesus in ihrer Ähnlichkeit und Gegensätzlichkeit dar.

Denn es begegnen sich die durch Gottes Wundertat Gebärfähige und die vom Heiligen Geist Schwangere, und man wird in Elisabeth die letzte Verkörperung des Alten, in Maria die erste Verkörperung des Neuen Bundes sehen. »Die Jüngere besucht die Ältere, die Jungfrau begrüßt die Ehefrau. Denn je keuscher, desto demütiger … Die Demut der Großen ist die Erhebung der Geringen« (Beda Venerabilis). »Die höherstehende Person (Maria) kommt zur Niedrigeren, um ihr zu helfen, so kam denn auch später der Herr zur Taufe, um die Taufe des Johannes zu heiligen« (Ambrosius). Denn nicht das ehrwürdige Alter zählt, sondern das jüngere Kind ist der »Herr« des älteren, ja noch mehr, das jüngere Kind ist der »Herr« der älteren Frau. So sind alle Rangverhältnisse auf den Kopf gestellt. Das ist schon Theologie des Magnificat.

Nur die Begrüßung berichtet unser Text. Sie wirkt wie feierlicher Ritus voll Zärtlichkeit und Ehrerbietung, wie ein ekstatisch-prophetisches Geschehen und schließlich ist sie ein Vorzeichen, das die künftige Größe des jüngeren Kindes ahnen lässt. In diesem feierlichen Ritual erklingt zum ersten Mal der zweite Satz des Ave Maria: *Auf dir liegt Gottes Segen, mehr als auf allen anderen Frauen, und gesegnet ist dein Kind* (1,42). Die Segensformel zu Beginn des üblichen Grußes ist hier ausgeweitet und wird zu einer Proklamation einzigartiger Auserwählung und Begnadung. Das, was der Leser schon ab Vers 41 weiß, wird hier nun zum Indiz dafür, dass »die Mutter meines Herrn zu mir kommt« – *Denn als ich deinen Gruß hörte, hüpfte das Kind in meinem Leib vor Freude und Jubel* (1,42). Das Hüpfen im Leib wird als Huldigung verstanden. Diesen Jubel des Täufers deuten die Väter als Vorankündigung der geistlichen Weihnachtsfreude (Bischöfliche Segensgebete, 769). Der Täufer hat Jesus erkannt, und wir Christen sollen Jesus mit derselben Hingabe lieben (ibid., 1730).

Zum Treffen der beiden Frauen bemerkt Martin Luther im Anschluss an Ambrosius, Beda und andere: »Da findet eine Demut die andre. Maria demütigt sich und Elisabeth hält sich für unwert, dass sie zu ihr kommen soll. Dabei ist sie fröhlich und hat's von Herzen gerne so. Da ist gewisslich der Heilige Geist.« Anschaulich schildert Luther Mariens Demut: Sie ist »geistlich Gottes Tochter«. Dennoch will sie ihre Muhme (altdeutsch für: Tante) besuchen, um ihr zu dienen. Sie »nimmt einer Kindsmagd Wesen an« – »Jetzt, da sie vertraute Braut und Mutter Gottes ist, geht sie übers Gebirg und dient der Muhme. Das soll jedes Weib schamrot machen … Die Kindsmägde sollten sich rühmen, dass Maria auch eine gewesen ist.« Schon Bernhard nahm (mit Ambrosius etc.) an, dass Maria drei Monate lang Elisabeth »gedient hat« und sieht dieses als Vorabbildung davon, dass auch Jesus sich unter den Täufer demütigt, denn nach Mt 3,15 sagt er bei der Taufe: *»Lass es nur zu, denn so sollen wir die Gerechtigkeit erfüllen.«* Charismatisch-prophetisch ist diese Begrüßung, denn das Kind hüpft »vor Freude und Jubel«, und letzteres Wort gebraucht die Bibel nur von einer Freude, die sich nicht mehr einkriegt. So kommt auch »der Heilige Geist über« Elisabeth, als sie Maria begrüßt. Denn der, der dem Herrn begegnet, wird mit Heiligem Geist erfüllt. Maria ist hier Christus-Trägerin wie später die Apostel. Denn auch wenn sie predigen und den Herrn auf diese Weise zu den Menschen bringen, werden diese mit Heiligem Geist erfüllt. So berichtet es die Apostelgeschichte etwa auf die Predigt des Petrus hin: (Apg 10,44). Denn wer immer dem Herrn begegnet, sei es direkt, sei es in der Verhülltheit in Mariens Leib oder im Wort der Apostel, hat Anteil an ihm in der Weise des Empfangens des Heiligen Geistes. Maria ist daher hier die Christus-Trägerin schlechthin.

Zum prophetischen Charakter der Begegnung sagt Luther: »Und

an diesen zwei Weibsbildern, Maria und Elisabeth, magst du sehen, wie ein trefflich Ding es ist um einen rechten Glauben; denn er verändert den Menschen nicht nur nach seiner Seele, sondern auch nach dem Leibe. Elisabeth ist eine andre Frau worden, geht in solcher Freude dahin, dass sie's nicht ausdrücken kann, und Leib und Zunge werden so fröhlich, dass sie Prophetin wird.« Luther bemerkt auch, dass Elisabeth die Erste ist, die Mariens Schwangerschaft feststellt: »Maria war noch jung und man konnt's am Leibe nicht sehen, dass sie schwanger war. Das ist höchste Erkenntnis, dass sie sie als Mutter preist und als eine, die eine Frucht trägt über alle Früchte. Und sie stellt sie über alle Frauen in Ewigkeit. Denn, spricht sie, du trägst einen Sohn, der unser aller Herr ist ... Das ist die erste Predigt auf Erden, dass Maria die Mutter des Herrn ist, und kommt von der alten ehrlichen Matrone ... ›Herr‹ ist der Name des rechten Gottes.« – »Maria ist ihr nun auch nicht mehr das vorige Nichtlein, sondern sie trägt Gottes Sohn, der in einem Augenblick wahrer Mensch und wahrer Gott geworden ist. Wenn der Heilige Geist leuchtet, so wird's hell in einem Augenblick, gleich wie die Sonne in einem Augenblick die ganze Welt erhellt.«

Schließlich ist die Begegnung ein Vorzeichen, denn Johannes hüpft im Leib der Elisabeth, nicht Jesus im Leib Mariens. Johannes bewegt sich, Jesus nimmt diese Bewegung und Ehrerbietung gewissermaßen an. Solche Art Begegnung zwischen Ungeborenen liest man in der Antike, auch im damaligen Judentum, als Vorzeichen (Prodigium) für die künftige Beziehung zwischen den beiden Kindern. Die Präfation Nr. 992 sieht es anders: »Er jubelt im Bauch seiner Mutter, um in ihrem Leib die Herzen der Juden durch die Verkündigung des kommenden Königs zu erschüttern.«

Die zärtliche Begrüßung endet mit einer Seligpreisung: »Du bist glücklich zu preisen, weil du daran geglaubt hast, dass Gottes Verheißung in dir in Erfüllung geht.« Im unmittelbar darauf folgenden Magnificat nimmt Maria diesen Lobpreis auf: »Gnädig nimmt er mich an, mich unwürdige Frau, sodass mich nun glücklich preisen alle, die je geboren.« (Lk 1,48). Diese Seligpreisung wegen des Glaubens an die Verheißung findet ihre nächste Entsprechung im Glauben und in der Rechtfertigung Abrahams nach Gen 15,6. Denn hier heißt es, dass Gott Abraham als Gerechten akzeptierte, weil er an die Verheißung Gottes geglaubt hatte. Nichts Geringeres geschieht hier, als dass Maria neben Abraham gerückt wird. Denn beiden wird zu Lebzeiten das Privileg zuteil, wegen ihres Glaubens als gerecht, bzw. selig angesprochen zu werden. Maria hat sich auf die Verheißung Gottes eingelassen wie Abraham. Nicht zufällig wird dann im direkt folgenden Magnificat, nämlich in Lk 1,55 Abraham genannt werden. Auch Luther kennt den Vergleich zwischen Abraham und Maria, wenn er zu Lk 1,50 bemerkt: »Diese Barmherzigkeit höret nimmer auf. Bei Abraham hat sie begonnen und währet bis auf Maria und durch die ganze Welt.« Bernhard von Clairvaux sagt zu Mariens Worten: »Sie ist es ja, deren Gruß sogar diejenigen vor Freude frohlocken läßt, die noch im Mutterschoß eingeschlossen sind (Lk 1,41). Wenn aber schon die Seele eines kleinen, noch ungeborenen Kindes bei den Worten Marias dahinschmolz, wie groß wird dann wohl der Jubel bei den Himmelsbewohnern sein, wenn es ihnen geschenkt wird, ihre Stimme zu hören, ihr Gesicht zu sehen und sich ihrer beseligenden Gegenwart zu erfreuen?« (zum Fest Mariä Himmelfahrt).

7.8 Die Tränen der Maria von Magdala

Eine besondere menschliche Beziehung bestand zwischen Jesus und Maria von Magdala (Joh 20,11–18). Am Schluss des Evangeliums nach Johannes wird diese Freundschaft besonders gewürdigt: Wir wissen nicht viel über Jesus, über sein Temperament, ob er liebenswürdig war oder streng. Wir wissen es nicht. Doch man konnte um ihn weinen. Nicht wie berufsmäßige Klagefrauen, sondern allein steht Maria aus Magdala vor uns; sie bleibt nicht introvertiert und ängstlich im Haus zurück. Mutig geht sie an den Ort des Todes. Ihr Weinen zeigt im Widerschein, wer Jesus war. Nicht als ihren Freund beklagt sie ihn, sondern ehrfürchtig als ihren Herrn.

Über Jesus wird viel geredet, aber niemand weint um ihn. Man analysiert seine Worte, macht ihn zum Gegenstand der Christologie, des Bekenntnisses. Das ist alles recht. Aber der Schlüssel ist die Klage. Bei Maria von Magdala wie bei Petrus. Petrus klagt nach einem verzweifelten Umweg, Maria direkt, spontan. Jesus war die Mitte ihres Lebens. Maria weint, weil Jesus weg ist, jetzt sogar ohne Spur, ohne Hinweis auf sein Verbleiben. Maria weint, weil die Welt ihn gemordet hat, ihn, das Leben selbst. Als Frau steht sie auf der Seite des Lebens. Weint fassungslos wie Mütter, Witwen und Kinder von Soldaten und Polizisten, Märtyrern und erschossenen Politikern seit Menschengedenken. Die Frauen bleiben übrig. Sie können uns etwas erzählen über die Sinnlosigkeit unseres Tötens.

Warum muss die Welt immer wieder morden? Warum muss ausgerechnet Jesus, bei dem man eine Ahnung von Gott bekommen konnte, einem Justizskandal zum Opfer fallen? Nein, das hätte man ihm nicht antun dürfen, ihm, dem Besten von allen. In ihre Tränen mischt sich ohnmächtige Wut über dieses Schicksal, über Gewalt und schreiende Ungerechtigkeit. Wer darüber nicht geweint hat, wer nicht ebenfalls diese unbändige Wut im Bauch hat, kann nicht Christ werden. Denn das ist eine Sache des Herzens, nicht nur der Vernunft. Das ist zuallererst eine Sache der Wut, der Tränen, der Klage. Der Weg zum Neuen führt durch die Tränen, bei Maria von Magdala wie bei Petrus. Wo Menschen am Ende sind, in der Schlucht der Trauer, da beginnt es. Jesus redet Maria von Magdala einfach an, direkt, spontan.

Er nennt sie bei ihrem Namen, daran erkennt sie ihn. »Maria« muss er oft zu ihr gesagt haben; sie kannte den Klang ihres Namens aus seinem Mund. So, wie nur er es sagen konnte. Jesus war also doch kein aalglatter Theologe, kein dozierender Lehrmeister; es gab da eine vertraute, freundschaftliche, liebevolle Beziehung zu dieser Frau. Sie ist aufgehoben im Zauber dieses einen Wortes »Maria«. Für alle Zeiten wissen wir jetzt, wie Jesus zu ihr zu sagen pflegte auf den langen Wegen durch Galiläa, in Not und Ermüdung, im Alltag, beim Feiern. Hat er sie angeblickt, als er in Gleichnissen redete, bei der Frau mit der Lampe und dem verlorenen Groschen etwa?

Sonst wissen wir nur, dass er sie geheilt hat. Heute würde man sagen: Sie war eine geheilte Psychopathin. Sicher kein Aushängeschild, keine Topfrau, würden wir sagen. Keine Frau, die man zur Landesbischöfin oder Kirchentagspräsidentin macht. Kein Zweifel: Unbedeutende, schwache Frauen sind in der Kirchengeschichte in der überwältigenden Mehrzahl – wie auch mediokre und genauso unbedeutende Männer. Mit dem Unterschied, dass auf den viel geschmähten alten Omas (etwa den Babuschkas im kommunistischen Russland) immer die Aufgabe geruht hat und ruht, das Christentum weiterzugeben. Wir lästern gern über Frauen, die um die Kanzel herum sitzen. Doch ohne sie könnten wir schon seit Ostern den »Laden dichtmachen«.

Seine Mutter redet Jesus nur mit »Frau« an – ein Zeichen der Distanz. Überhaupt spricht Jesus nur selten Menschen mit ihrem Namen an – nur beiläufig den Zachäus, den Philippus, den toten Lazarus, von den Vertrauten nur Petrus. Zu Maria Magdalena aber sagt er dieses eine emotionsgeladene Wort »Maria«. Wie man es auch dreht und wendet: Jesus hat sie geliebt und ihr vertraut, unter den Frauen nur ihr. Aber sie fällt Jesus nicht um den Hals, sondern möchte ihm um die Füße fallen, um ihn kniefällig als ihren erhöhten Herrn zu verehren. Doch Jesus lässt es nicht zu. Denn noch ist er Bote nur, nicht der Herr neben Gott Vater. Es ist, wie wenn er die Anbetung noch einen Augenblick hinauszögern möchte. Noch nicht anbeten, bitte. Noch einen Augenblick lang die vertraute Freundschaft. Es ist die Szene des Abschieds, daher kein Osterjubel.

Es gibt keine Moral von dieser Geschichte außer dieser: Maria von Magdala lehrt uns, um Jesus zu weinen. Einen Moment innezuhalten und zu klagen über das, was man Jesus angetan hat. Und mit ihm alle Frauen zu sehen, die man allein hat stehen lassen als Opfer menschlichen Mordens. Den, der geheilt hat, bringen wir um. Den, der Halt gibt, klagen wir an. Den, der uns beim Namen nennt, verleugnen wir. Jesus ist wirklich Mensch gewesen. Er hat persönliche Beziehungen und Vorlieben gehabt. Diese geheilte Irre hat zu ihm gestanden. Nur sie. Alle Männer sind geflüchtet, haben gelogen und ihn verraten oder ihn verurteilt. Petrus, Judas, alle Jünger außer dem Lieblingsjünger, Herodes, Pilatus, der Soldat mit der Lanze. Diese Frau, die er Maria nannte, blieb bei ihm. Sie muss ihn aus Dankbarkeit und Bewunderung sehr geliebt haben. Können wir ihren Schmerz verstehen?

KAPITEL 8

Der dämonische Kontext Jesu

8.1 Das Böse oder der Böse?

Zu den größten Peinlichkeiten für moderne Zeitgenossen gehört die Tatsache, dass Jesus in den Berichten der Evangelien umgeben ist von einer ganzen Komparserie dämonischer Gestalten. Vom Teufel ist die Rede, von Satan, von besessenen Menschen, von Dämonen, die Jesus austreibt – und einmal darf eine ganze Schar von ihnen sogar in eine Schweineherde fahren. Jesus spricht – das ist nicht zu leugnen – mit unreinen Geistern und er kann sie austreiben. Das alles – und vor allem, dass Jesus offenkundig selbst ein veritabler Exorzist war – brachte die moderne Theologie in gehörigen Erklärungsnotstand. Kein Wunder, dass sich auf diesem Feld die Entmythologisierung Rudolf Bultmanns gründlichst umtat, ohne dass es ihr freilich gelang, die störenden Züge dauerhaft aus dem Jesusbild zu entfernen. So versuchte man, die Texte hin- und herzudrehen, um schließlich erklären zu können, Jesus habe lediglich vom Glauben an die Dämonen befreien wollen, keineswegs aber von diesen selbst. Denn wie sollte man Jesus mit etwas so Degoutantem wie Dämonenglauben in Verbindung bringen, wo man doch ganz sicher war: Dämonen wie auch Engel gab es nicht. Wie leicht konnte man der Kirche vorwerfen, der Teufels- und Dämonenglaube habe zur größten ökumenischen Aktion des 17. Jh. geführt, zur Hexenverfolgung nämlich, der noch um 1650 in Magdeburg tausende Frauen zum Opfer fielen. Und war nicht überdies der Hinweis auf Dämonisches ein Mittel, sich selbst jeweils aus der Verantwortung zu stehlen und äußere Mächte zu beschuldigen? Ist nicht durch die Psychologie jede Art Geisterkunde obsolet?

Nun kann man über die »dämonischen« Texte der Evangelien trefflich streiten. Die Auslegung der Berichte über Jesu Exorzismen macht aber nur dann Sinn, wenn wir damit nicht lediglich etwas Vergangenes rekonstruieren. Die Texte hätten dann ihre Zukunft schon gehabt. Vielmehr geht es mir darum, mich besonders von den steilen Aussagen provozieren zu lassen und vielleicht zu entdecken, dass die Botschaft Jesu gerade in diesem Punkt weiterführt und neue Horizonte eröffnet. Ich glaube, dass die Welt der Exorzismen eine ganz notwendige Bereicherung ist, auf die man vor allem nicht ungestraft verzichtet. So ist untrennbar mit Exorzismen eine Auffassung von Wirklichkeit verknüpft, wonach eben nicht der Mensch mit seiner Psyche der Mittelpunkt aller Dinge ist – das ist nicht mehr als ein modischer Mythos, der seine beste Zeit schon hinter sich hat –, wonach er vielmehr eingebettet ist in Beziehungen zu Personen und Mächten außerhalb seiner selbst. Der Mensch ist daher im Krankheitsfall nicht nur mit sich selbst zu versöhnen und in sich selbst zu integrieren. Vielmehr gibt es unsichtbare Wirkfaktoren innerhalb wie außerhalb seiner selbst. Unter diesen Bedingungen kann er, wenn es um ihm feindliche Mächte geht, von ihnen befreit werden oder »Nein« zu ihnen sagen. Und eben darin besteht der Vorteil dieser Betrachtungsweise: Man kann von diesen Mächten getrennt werden. Das Fremde »sitzt« in mir, aber kann, weil es das Fremde ist, endgültig hinausgeworfen werden – vergleichbar dem Krebs, der in mir und von mir lebt, aber doch da nicht hingehört und beseitigt werden kann.

Doch sehen wir genauer hin. Die heidnische Frau, die sich (nach Mk 7; Mt 15) an Jesus herandrängt, hat ein Kind, das (in jüdischen Augen) nicht nur gleichfalls heidnisch unrein ist, sondern zusätzlich von einem unreinen Totengeist, einem Dämon, besessen ist. So häufig und so zentral berichten die Evangelien von Exorzismen Jesu, dass man sie als roten Faden seines irdischen Wirkens bezeichnen kann. Freilich ist da zunächst die Frage der Personalität von Teufel und Dämonen. Zur Zeit Jesu und bis zu den Konzilien des 4. und 5. Jahrhunderts hatten die Menschen einen weiteren Personbegriff als wir: Alles, was Lärm machte und schrie, was eigenwillig und widerspenstig war, galt schon als Person. (Daher hat man auch Glocken als Personen angesehen und getauft.) Hier von personhaften Mächten zu reden, hatte den Vorteil, dass diese dunklen Mächte fassbar wurden, dass man sie ansprechen, sich sprachlich von diesen Mächten befreien konnte.

Nun ist das Personsein von Teufel und Dämonen auch schon im Neuen Testament ungefestigter als die Annahme von Gottes Personalität. Denn Teufel und Dämonen nennt man auch wahlweise »Mächte und Gewalten«. Und Paulus spricht genauso von der Versklavung unter die Sünde (Röm 7), wie die Evangelien von der Besessenheit reden. Jesus will diese Mächte bekämpfen und ihre Herrschaft brechen – zugunsten der Herrschaft Gottes. Es ist ein Kampf um jeden Einzelnen, jeder Einzelne muss befreit werden, damit Gottes Herrschaft an die Stelle der Besessenheit tritt. So haben wir in unserem Text beides: den Kampf der Frau und den Kampf Gottes durch Jesus gegen die »Mächte«.

Exorzismen gab es im Neuen Testament bei Jesus, bei den Aposteln, in der frühen Kirche, im Mittelalter und der Neuzeit – freilich zunehmend auch in Formen, in denen das Aufspüren und magische Bannen des »Teufels« wichtiger wurde als das befreiende Wirken Gottes im Einflussbereich des Bösen. Der alte Exorzismus ist heute zumeist durch gemeinsames Gebet von Geistlichem und Krankem ersetzt. Für dieses Beten sollten ganz klare Grundsätze gelten. Erstens darf keine Rede vom Teufel je die Funktion haben, Menschen zu belasten oder zu verteufeln. Zweitens: Wer heilt, hat Recht. *Theological correctness* wurde und wird düpiert durch Erfahrung; sie haben wir im Blick auf die ganze Bandbreite des Heilens in unterschiedlichen Kulturen zur Kenntnis zu nehmen, auch wenn sie in keine Schublade aufgeklärten Denkens passen will. Wenn Worte helfen und heilen, haben sie ihren Dienst im Sinne des Evangeliums erfüllt. So muss man das Böse nicht in die Seele integrieren, es zur Nachtseite jeden Charakters erklären, sondern es gibt Lösung, Befreiung und Sieg. Dabei hat weder die Bibel noch je ein Theologe versucht, Menschen durch die Behauptung; sie seien eben »besessen«, zu entschuldigen. Immer wieder ist es der Mensch, der mit dem Bösen kooperiert.

Im Blick auf das ganze Zeugnis des Neuen Testaments und der Kirche kann man sagen: Wenn der Mensch sich durch böse Mächte von außen her bedroht fühlt, liegt die Wahrnehmung einer personhaften Bedrohung nahe. Immer geht es dabei um die Erfahrung: »Das bin doch nicht ich!«, eine Erfahrung, die scharf zu trennen ist von psychopathologischen Störungen. Psychotherapie und Theologie haben es nicht mit derselben Materie zu tun, haben nicht denselben Gegenstand. Und noch eine dritte Unterscheidung ist anzubringen: Wo der Mensch durch seine eigene innere Schwäche und durch egoistische Triebhaftigkeit bedroht wird, spricht man nicht von Teufel und Dämonen, sondern von Begierde, bösem Herzen oder Sünde.

Die Entpersonalisierung des so genannten Bösen (das Böse als eine Qualität an etwas zu betrachten, es nicht als Person zu denken), wie es Herbert Haag und eine Reihe anderer Theologen vorschlagen, wird der Erfahrung nicht gerecht, dass dem Bösen eine besondere Intelligenz zu Eigen ist, die Infamie und Tücke bedeutet. Das Böse ist mehr als die Folge des Missbrauchs menschlicher Freiheit. Daher hat der Böse personhafte Strukturen, ähnlich wie der Schöpfergott selbst auch; nur sind sie schwächer ausgebildet, da der Böse nicht Schöpfer, nur Zerstörer ist. Es greift einfach zu kurz, wenn wir beim Bösen nur an Verstöße gegen abstrakte Regelhaftigkeit denken. Das Böse ist nicht nur Übertretung von Geboten und Regeln, sondern es ist in der Erfahrung von Menschen packende Gewalt von außen, ist tückische, hinterhältige, raffinierte, suchtgefährdende Macht. Wenn man das bedenkt, kann man eher von personhaften Zügen sprechen. Dabei geht es hier – ich möchte es noch einmal betonen – nicht um den modernen Personbegriff, sondern um den antiken, der vor den Konzilien des 4. und 5. Jahrhunderts galt. Die Pluripersonalität der Dämonen (dass sie »viele« sind) – auch das sei erwähnt – ist meines Erachtens nicht im Sinne eines verkappt polytheistischen »naiven« Volksglaubens zu werten, sondern – ähnlich wie bei den Engeln – als differenzierte Erfahrung von Macht und Mächten.

Sicherlich darf man Menschen nicht mit der Aussage belasten, sie seien besessen. Der Sinn der Rede von Dämonen im Neuen Testament besteht nicht darin, Angst zu machen, Menschen zu erniedrigen oder zusätzlich zu quälen. Das Neue Testament redet ausschließlich deshalb von Dämonen, weil es sich um Mächte handelt, die als Belastung erfahren werden, die aber durch Jesus besiegt werden können. Hier sind sie eingebunden in ein Drama, in dem sie sich nicht verselbständigen dürfen. Jesus will diese Mächte bekämpfen und ihre Herrschaft brechen – zugunsten der Herrschaft Gottes. Es ist ein Kampf um jeden Einzelnen, jeder Einzelne wird ein Stück befreites Territorium. Auch wenn es windschnittigen Theologen und Kirchenführern peinlich ist: Bei Jesus ist der Exorzismus fast eine Art Sakrament (= Heilszeichen, das bewirkt, was es anzeigt). Die Paxis seiner Verkündigung besteht ganz wesentlich darin, Menschen durch autoritative Worte in Vollmacht (die delegierbar ist) von der Macht des Teufels zu befreien. Vor allem im älteren Taufritual lebte diese Praxis Jesu fort. Da fragte man: »Widersagst du dem Satan?« – »Ich widersage!« Diese Formulare hat man in den letzten Jahren vielfach abgeschafft, weil sie nicht mehr zumutbar seien. Man begnügt sich weithin damit, in der Taufe den Menschen zu wünschen, sie möchten freundliche und anständige Zeitgenossen werden. Das, was Jesus, was der Mönchsvater Antonius (und viele andere Mönche und Nonnen), was der schwäbische evangelische Pfarrer Christoph Blumhardt d. Ä., oder der Pfarrer von Ars, Johannes Maria Vianney, erlebten, hält man für »vormodern«. Man führt es im Rahmen der Psychologisierung der gesamten Seelsorge auf innerpsychische Konflikte zurück. In einem neuen evangelischen Taufritual heißt es nun wieder: »N.N., an dir soll der Dämon der Macht kein Recht haben dich zu verführen zur Lieblosigkeit, dich wegzulocken von der Wahrhaftigkeit, dich einzuspinnen für die Propaganda der Lüge …« Das ist gut gesagt, denn die Sprache hier ist genau die der alten Exorzismen. Man kehrt zurück zur Tiefendimension der alten Formulare.

Wer sich einmal vertieft in die Sprache der alten griechisch-orthodoxen und katholischen Exorzismen, wird es möglicherweise überraschend finden, darin nichts Unbiblisches zu entdecken. Diese Exorzismen sind gesättigt von der Sprache der Psalmen. Schon zur Zeit Jesu deutete man die Feindpsalmen auf die geistlichen Feinde des Menschen. So heißt es: »Du hast deinen eingeborenen Sohn in diese Welt gesandt, um den brüllenden Löwen zu vernichten. Wende dich eilends uns zu, errette diesen Menschen, den du nach deinem Ebenbild erschaffen hast, aus seinem Unglück, befreie ihn vom Dämon, der sich am Mittag anschleicht. Jage Schrecken ein dem Untier, das deinen Weinberg verwüstet. Gib denen, die an dich glauben, Zuversicht, damit sie mutig gegen den bösen Drachen kämpfen« (Rituale Romanum).

Freilich darf man nicht mehr den Teufel in Menschen anschreien. Aber mit ihnen gemeinsam um Befreiung von namenlosen, aber mächtigen Mächten beten, das sollte man tun. Einfach deshalb, weil nicht alle Wirklichkeit flach und harmlos ist. Viele Menschen kennen nur die freundliche Oberfläche, bis eines Tages das Grauen sie überwältigt. Die Wirkung von Teufel und Dämonen ist letztlich Menschenhass und Mord. Gegen diese unheimliche Gewalt rufen wir die stärkere Macht Gottes an. So beten die alten Exorzismen: »Ich beschwöre dich bei dem, der auf dem Rücken des Meeres gehen konnte wie über festes Land, der den Sturm und die Winde bedrohte, dessen Blick die Meeresgründe trockengelegt hat und dessen Drohen die Berge schmelzen lässt: Fürchte dich, fahre aus … Sieh, Gott, der Herrscher kommt. Loderndes Feuer läuft vor ihm her und verzehrt seine Feinde ringsum.« Exorzismen schließen immer mit der eindrucksvollen Formel: »So sage ich im Namen dessen, der kommen wird zu richten die Lebenden und die Toten und die Welt durch Feuer.«

Die Rede vom Teufel und von der Absage an ihn hat gegenüber den psychologischen Erklärungsversuchen gewichtige Vorteile: Vom Teufel und seiner Macht kann man befreit werden, man kann Nein sagen. Man muss das Böse nicht in die Seele integrieren, sondern es gibt die Lösung, Befreiung und Sieg. Dabei ist übrigens kein Theologe je darauf verfallen, den Menschen durch Besessenheit zu entschuldigen. Immer reicht der Mensch zuerst den kleinen Finger, und dann ergreift der oder das Böse die ganze Hand. Und im Übrigen endet jedes Vaterunser mit einer exorzistischen Bitte: »Erlöse uns von dem Bösen« meint philologisch ziemlich eindeutig »den Bösen« und nicht »das Übel«. Martin Luthers herzhaftes Verhältnis zum Teufel ist nicht zuletzt getragen vom siegreichen Erlebnis der Gnade. Und im Unterschied zum diffusen und oft verharmlosenden Reden vom »Bösen« hat die Rede vom Teufel den Vorzug, dass das Böse einen Namen bekommt. Wer vom Teufel redet, meint die Erfahrung des Bösen in ihrer Abgründigkeit. Denn schon die Griechen wussten, dass eine (menschliche) Person unendlich vielschichtig und unergründbar ist. Wenn aber die Tiefe des Herzens ein Bild ist für schillernde Abgründigkeit, dann hat es auch der Böse verdient, dass er Person genannt wird.

Viele fragen: Kommt das Böse, kommen Erdbeben und Flugzeugkatastrophen direkt vom Teufel? Antwort: Der Teufel steht biblisch nicht für alles, was wir als negativ empfinden. Dass diese Schöpfung begrenzt und endlich ist, dass auch in diesem Sinne Naturgesetze wirksam sind und Ressourcen begrenzt, das ist Gottes Werk in seiner vorläufigen Schöpfung. Vom Teufel reden wir dort, wo es um Heimtücke geht, um blinde Zerstörung, um Gottes- und Menschenverachtung. Ein tieferer Blick in die Geschichte lehrt, dass die Abgründe des Bösen, in die man in Auschwitz genauso blickte wie in der Ukraine der Stalinzeit, über das Menschenmögliche hinausgehen (ohne Menschen deshalb zu entschuldigen), weil sie in etwas Namenloses, etwas Letztböses verweisen.

8.3 Die vergessene Dimension des Kampfes

Wer die Existenz wirksamer Mächte und Gewalten erfahren hat, wer mit Dämonen/dem Dämonischen rechnet, nimmt damit eine Art Dualismus (Zweigeteiltheit der Wirklichkeit) an. Da geht es um einen Kampf, um Ja oder Nein, um einen Herrschaftsbereich Gottes und einen solchen des Teufels. Nicht so, als ob nicht von vornherein klar wäre, wer der Herr, Schöpfer und schließliche Sieger sein wird – aber doch so, dass ein Kampf um den Menschen zwischen ihm günstigen und gegnerischen Mächten geführt wird. Dabei paktiert der

Mensch häufig mit den ihm feindlichen Mächten, die ihn dann wie durch Sucht und Verblendung an einem weiteren positiven Weg und Werden hindern. Als dämonisch wird daher stets der trügerische Schein angesehen. Auch die Vorstellung von einem Kampf hat entscheidende Vorteile. Zum einen bewahrt sie vor der Illusion, es käme in einer relativ gutwilligen Welt am Ende darauf an, ein netter, unauffälliger Mensch zu werden. Nein, in dieser Welt geht es nicht um mehr oder weniger große Nettigkeit, sondern unter der *Business-as-usual*-Oberfläche verborgen spielt ein dramatisches kämpferisches Geschehen für oder gegen Gott und den Menschen. Jeder, der öffentlich für Christus und die Kirche kämpft, wird von solchen elementaren Erfahrungen der Feindschaft gegen Gott berichten können. Das ist alles andere als harmlos. Dafür gibt es auch in unserer Gesellschaft zu viele, die das Christentum nicht wollen und es hasserfüllt bekämpfen.

Dennoch ist von Dämonen nur deshalb die Rede, weil sie in einem Drama vorkommen, an dessen Ende ihr Besiegtwerden steht. Mit ihrer Existenz zu rechnen, dient daher nicht dem Angstmachen, sondern bedeutet Ausblicke auf den Sieg über alles, was uns bedroht und einschüchtert. Dieser »Dualismus« macht nicht traurig und lässt ebensowenig die Welt im Düstern. Die exorzistischen Texte des Neuen Testaments strahlen einen unglaublichen Optimismus aus. Das gilt auch deshalb, weil hier gerade der Einzelne mit seinen Krankheiten direkt Jesus begegnet. Das Christentum spielt nicht nur in der Welt der großen Köpfe und großen Heiligen, sondern erreicht jeden Einzelnen in seiner je eigenen, auch geistigen Not. Mit klaren Mitteln und Machtverhältnissen kommt Licht in ein Leben, das sonst fern der großen Heilsgeschichte zu stehen scheint. Exorzismen gibt es nur »Mensch für Mensch«, nicht kollektiv. Von daher ist die große innere Nähe zwischen Exorzismus und Taufe begründet. Sie äußert sich auch in der Liturgiegeschichte der Ost- und Westkirche bis heute. Auch das »Widersagst du dem Satan …?«, auf das man nicht verzichten sollte, hat exorzistische Züge.

Im Aufbau des Evangeliums nach Markus sind die Exorzismen eindrückliche Zeugnisse für die Vollmacht, die Jesus als Gottes Sohn zukommt. Laut Mk 1,11 hatte ihn der Vater durch eine »Himmelsstimme« ganz persönlich als geliebtes Kind angesprochen. Dieses worthafte Element der Proklamation kommentiert das visionäre Element, das zuvor berichtet worden war, die Herabkunft des Heiligen Geistes auf Jesus. Dem Heiligen Geist Gottes ist nun der unreine Geist entgegengesetzt, dem Jesus nach Mk 1,25 befiehlt, den Kranken zu verlassen. »Unrein« heißt dieser Geist deshalb, weil er eigentlich ein Totengeist ist, und alles Tote ist unrein. Dämonen sind im Denken der Zeit eine besondere Sorte von Totengeistern, nämlich die Geister jener Riesenkinder, die aus der Verbindung von Menschentöchtern und Engeln nach Gen 6 hervorgingen. Der Gegensatz von Heiligem und unreinem Geist ist ganz klar »dualistisch« zu nennen.

Auffällig ist nun, dass an der Befehlsgewalt Jesu nicht der geringste Zweifel besteht. Als Träger des Heiligen Geistes ist er mühelos den anderen Geistern gewachsen. Und der einzelne Mensch wird als das zwischen unreinem und Heiligem Geist »strittige« Territorium angesehen. Ein mittelalterliches Segensgebet bringt das gut zum Ausdruck: »Der Gott Emmanuel ist, um uns Menschen sichtbar zu werden, als Wort Fleisch geworden und wollte unter uns wohnen. Er mache euch zu einer würdigen Wohnung für den Heiligen Geist, damit er, der euch als Schöpfer gegenübersteht, auch im Inneren eures Herzens bleibe« (Bischöfliche Segensgebete 694a). Dieses Gebet stellt auch den gesamtbiblischen Zusammenhang her. Denn dass Gott bei den Menschen wohnen will und wird, ist seit alters der Inhalt der so genannten Bundesformel. Jeder Einzelne (und alle zusammen) sollen Haus und Tempel Gottes sein. Das erübrigt den Tempel in Jerusalem nicht, macht es aber notwendig, dass der Mensch selbst auch rein wird. Und weil der Heilige Geist in Jesus ist, nennt der Dämon ihn »der Heilige Gottes« (Mk 1,24).

Das entspricht ganz dem Kontext und dem Wirken Jesu, es schlägt auch die Brücke zur Richterzeit, denn »Heiliger Gottes« ist auch der Titel des als Nasiräer lebenden Simson (Ri 13,7; 16,17 nach Handschriften der Septuaginta, der griechischen Bibel). Daher geht der Ausdruck »Nazarener« hier wohl auf »Nasiräer« zurück und nicht auf Nazareth. Denn die Nasiräer galten – zumal für die Zeit ihres Gelübdes – als heilig. Dass die Dämonen offenbaren, wer Jesus ist und so zu Zeugen für Jesus werden, ist darin begründet, dass Heiliger Geist und unreine Geister innerhalb derselben Wirklichkeit existieren. Geist wird nur durch Geist erkannt (1 Kor 2,11–15), auch wenn es sich um konträre Geister handelt. Exorzistische Dialoge sind in der Umwelt Jesu sehr selten und daher ein besonderes Merkmal des Auftretens Jesu und seiner unbedingten Vollmacht.

Halten wir fest: In der Botschaft Jesu wird nicht planmäßig Angst verbreitet, sondern Angst, die den Menschen übersteigt, ihn besetzt, beim Namen benennt und besiegt. Dieser Sieg kommt nicht aus der Tiefe des Menschen, sondern von Gott. Jesus ist der Befreier und der Sieger. Das gilt gegenüber allem, was Angst macht.

8.4 Die satanischen Erfahrungen Jesu

Als Jesus für 40 Tage in die Wüste geht, tut er es gewiss nicht aus Neugier auf satanische Erfahrungen. So wie es auch später von ihm berichtet wird, geht er in die Einsamkeit, um zu fasten und zu beten. Doch anstelle der Erfahrung Gottes, seines himmlischen Vaters, meldet sich eine ganz andere, widerwärtige Erfahrung, der Teufel. Wie erfährt Jesus den Teufel?

Mönche und Einsiedler aller Zeiten – auch heutige Kontemplative (!) – heben hervor: Das, was einen heimsuchen kann, wenn man doch eigentlich beim Fasten beten will, ist genau so, wie Hieronymus Bosch die Versuchungen des Heiligen Antonius in der Wüste dargestellt hat. Das Widerwärtige besteht in der Aufdringlichkeit. Das, was der Teufel von Jesus möchte, sieht so aus, als sei es eigentlich nur gut für ihn. Der Teufel verlangt nichts Absurdes von Jesus – er verlangt nur, dass er sich etwas Gutes antut, auch einmal an sich selbst denkt. Das sind genau die Dinge, die wir gerne als Entschuldigung für alles Mögliche anführen: »Sei ein bisschen nett zu dir selbst!«

Jesu Versuchungen zu Beginn der Evangelien lassen Grundlegendes über das Wirken des Teufels in Versuchungen erkennen: Nach 40 Tagen Fasten darf man wohl Hunger haben, und es ist höchst normal, wenn man sich dann mit der Kraft, die man hat, etwas zu essen

»zaubert«. Und wenn man schon Gott ist, wie es Jesus ja in der Taufe vorher gerade zugesichert worden war, dann muss man das auch beweisen und darf den Dienst von Engeln in Anspruch nehmen wie einen Dienstwagen; so meint der Teufel die Versuchung: »Auf deinen Händen werden sie dich tragen …« Und er argumentiert nach dem Motto: Versuch's doch mal, ob es wirklich klappt. Der Hebräerbrief zeigt zum Beispiel in Kapitel 1,4–14, wie eindeutig nach der Schrift der Sohn über die Engel erhaben ist; sie sind nur dienstbare Geister. Und universale Vollmacht über die Reiche der Welt kommt Jesus sicher zu; in Mt 28,18 wird er es selbst sagen (»Mir ist gegeben …«). Warum muss er bis zur Auferstehung warten, wenn der Teufel ihn schon jetzt damit ehren will?

Dass übrigens der Teufel es ist, der die Reiche der Welt, ihre Beherrschung und ihren Glanz zu vergeben hat, ist eine tiefe, bittere Einsicht, die Jesus aus der Wüste mitbringt. Und dass Jesus mit dem Teufel einen schriftgelehrten Disput führt, weist dezent darauf hin, wie leicht manipulierbar das Wort der Schrift ist, wenn man die Zitate ohne ihre Mitte, ohne Gott, zu lesen und zu verwenden versucht. Im Kontext des Matthäusevangeliums wird das jedem christlichen Schriftgelehrten (Mt 13,52) ins Stammbuch geschrieben. Man beachte: Jesus soll sich, so wäre es dem Teufel recht, einfach ganz normal verhalten, ein ganz klein wenig gesund egoistisch (Brot), auf Prestige bedacht (Tempelzinne) oder opportunistisch (Reiche der Welt). In diesen Normalitäten liegt das Teuflische. Dann wird es immer so weiter gehen. Das ist das Aufregende an der Spiritualität der Mönche; dass hier Christen sind, die nicht zuallererst auf ihr Wohlergehen bedacht sind. Das macht sie für den Teufel gefährlich. Und deshalb wird der Teufel ihnen gefährlich. Wer sich aus dem Normalen herauswagt, steht alsbald in gefährlichen Feuern.

Zum Stichwort Teufel: Sein Aussehen ist unwichtig; vermutlich ist er unsichtbar, sein Wesen ist seine Macht, seine Intelligenz, wie sich eben an den Pseudo-Schriftbeweisen zeigte, die er eingibt und die so wunderbar verführerisch wirken. Der Teufel ist hier zu erfahren als intelligente, suggestive Macht und damit als fast so etwas wie eine Person. Im Übrigen ist auch die Gegenseite gut vertreten: Die Engel, die Jesus tragen könnten, stehen für die Schutzengel.

Wo wir vom Teufel (den Mächten des Bösen) sprechen, sollten wir auch von den Engeln (den Mächten des Guten) sprechen. Sie »dienten« Jesus im Anschluss an seine Versuchung in der Wüste. Mit ihnen hat es eine besondere Bewandtnis, denn wir schlagen hier eine Brücke zu Adam und zu Röm 5. Zum jüdischen Dauerthema Mensch und Engel gehört die Überzeugung, dass im Anfang, vor dem Sündenfall, die Engel Adam und Eva dienten. Wovon die Engel übrigens nach jüdischer Überlieferung nicht begeistert waren und wogegen sich Luzifer angeblich empörte, weil er aufgefordert wurde, in Menschen als Gottes Ebenbildern seinen Herrn und Gott anzubeten. Daher waren die Engel heilfroh, als Adam und Eva gesündigt hatten. Da erübrigte sich der Dienst. Adam und Eva hatten der versucherischen Schlange bekanntlich nicht widerstehen können. Nun aber, da in Jesus Christus ein Mensch nicht auf die Versuchung des Teufels hereingefallen ist, lebt die Dienstbarkeit der Engel gegenüber dem Menschen wieder auf. Jesus als Sohn Gottes ist der wiederhergestellte paradiesische Mensch. Die frühchristlichen Briefe werden diesen lang ersehnten Triumph darstellen. Denn mit seiner Erhöhung triumphiert Jesus über alle Engelmächte, zieht siegreich an ihnen vorbei. Insofern bildet die Versuchungsgeschichte mit der Schilderung des Dienens der Engel bereits den Abschluss der irdischen Geschichte Jesu im Vorhinein ab. Denn da wird Jesus der Versuchung am Kreuz widerstehen und dafür über die Engel erhöht, sie werden ihm unterworfen. Die Versuchungsgeschichte stellt genau diesen Weg im Kleinen dar. Deshalb bekommt Jesus beide Male denselben Satz zu hören: »Wenn du der Sohn Gottes bist … (dann tue das und das)« (Mt 4,3.6;27,40). Dass die Menschen seit und mit Jesus wieder über die Engel gesetzt sind, ist der selige Trost, der von dieser Erzählung ausgeht: Gott liebt die Menschen und kann auf alle Herrlichkeit der Engel gut verzichten. In Röm 5 wird die Entsprechung Adam–Christus als eine systematische Überbietung Adams durch Jesus Christus geschildert. Denn Paulus spricht hier über den gefallenen Adam. Jesus aber ist Gottes Sohn, und die Kraft seiner Universalität übertrifft die Adams bei weitem.

8.5 Die erste und die letzte Versuchung Jesu

Nicht als ob Leib und Welt vom Teufel wären, aber sie dürfen uns nun einmal nicht beherrschen – das sind zwei verschiedene Dinge! Zum Weg Jesu gehört auch der Kampf gegen den Teufel, der Kampf gegen die Versuchung. Versuchungen durchziehen das Leben Jesu: Schon gleich zu Anfang fordert der Teufel Jesus dazu auf, seine Macht zu eigenen Zwecken zu benutzen, Gott herauszufordern oder gar die Herrschaft über die Welt zu erstreben. Später, als Jesus Petrus als Satan tituliert und zurückweist, vor allem aber in Gethsemane, muss Jesus mit der Versuchung kämpfen dem Leiden auszuweichen. Am Kreuz schließlich widersteht Jesus der sehr nahe liegenden Versuchung, alles hinzuwerfen und für sinnlos zu erklären, der Versuchung des Atheismus.

8.6 Wie der Teufel erfahrbar wird

Mit dem Teufel ist es manchmal wie mit einem Wrack, das vor einer Insel liegt und das nur bei extremer Ebbe sichtbar wird. Es ist da, aber nur manchmal wird es sichtbar. Vom Teufel gesprochen: Es gibt Situationen, in denen kondensiert sich die Erfahrung des Bösen auf eine personhafte Figur – nicht nur angesichts von Auschwitz und Buchenwald, auch übrigens angesichts überragender Heiligkeit, etwa bei Jesus, jedenfalls also in extremen Situationen. Nach Ansicht der Bibel ist der Teufel am ehesten dort erfahrbar, wo Menschen sich zu gemeinem und sinnlosem Mord hinreißen lassen. Der Hass um seiner selbst willen, der Mord an unschuldigen Menschen, das ist das Teuflische selbst. Man kann die Wirkung auch mit einer Seuche oder einer Sucht vergleichen, denn oft ist das Teuflische mehr als ein nur individuelles Vergehen, es wird schnell epidemisch, eine überindividuelle Größe.

Jesus diskutiert sechs Wochen lang mit dem Teufel. Nachdem er bei der Herabkunft des Heiligen Geistes den Himmel hatte offen gesehen, hätte er vielleicht in der Wüste eine erneute intensive Gotteserfahrung erwarten können. Statt dessen 40 Tage lang kluge, verlockende Argumente, alle sind sie ganz vernünftig und aus der Schrift begründet. So sind die Versuchungen, die Jesus durchmacht, nicht besonders exotisch: Es liegt nahe, sich etwas Brot zu besorgen, wenn man so lange hungert. Es liegt nahe, Ps 91 wörtlich zu nehmen und auszuprobieren, ob die Engel einen wirklich auf Händen tragen. An Jesus drängt sich etwas heran, das durchaus intelligent ist.

Während im Alten Testament der Teufel (etwa bei Hiob und in Sach 3) als eine Art Staatsanwalt an der langen Leine Gottes auftritt, der testet, ob Fromme echt sind, und der Anklage erhebt, wenn sie es nicht sind, gewinnt der Teufel besonders unter dem Namen Beliar in den Texten von Qumran die Statur einer nicht nur menschenfeindlichen, sondern regelrecht bösen Macht, die Gottes Werk zerstören will. Der Teufel läuft Gott aus dem Ruder, und mit ihm seine Engel, die oft als Dämonen gedacht werden. Und er wird politisiert. Das Neue Testament nennt ihn öfter den wahren Herrscher der Welt.

8.7 Der Teufel in der Politik

Was das aktuell bedeutet, wurde kürzlich an einer offen gewaltverherrlichenden Kunstausstellung in Herford deutlich. Der Künstler, der Norweger Bjarne Melgaard, hat im Begleittext erklärt, der Teufel sei eine »dunkle und starke, instinktive und lebendige Kraft, die Zerstörung, ständige Veränderung und Chaos sucht. Diese Kraft wird im Gegensatz zum Guten als konstruktiv geschätzt, das schwach und zögerlich ist«. Bekämpft wird darin ausdrücklich das »skandinavische Modell der Sozialdemokratie«. Die wahre heidnische Kultur des Nordens dagegen verachte alle Schwäche und Kränklichkeit. Mut und Ehre seien die wahren Werte, verabscheut werden kultivierte Schwäche, Nächstenliebe und Mitleid. Man kann auf diese Zumutungen – übrigens im Rahmen einer öffentlich geförderten Ausstellung – schlecht antworten, Mitleid sei eben doch notwendig, und eines Tages erwarte man es selbst. Man sollte stattdessen sagen:

Mit einer derartigen nordischen Weltanschauung hatte das Christentum schon einmal, vor 1000 Jahren zu tun. Damals sagte man: Wir können uns auf eine Macht berufen, die noch viel stärker ist als die zerstörerische Macht des Bösen (man baute damals Kirchen zu Ehren des Erzengels Michael). Nach Offb 12 konnte Michael im Auftrag Gottes Satan aus dem Himmel hinauswerfen. Im Schutz Sankt Michaels, des Heerführers Gottes, verging den Christen die Angst vor der mörderischen Macht des Teufels. Sie ist nur die zweitstärkste Macht.

Damit rühren wir freilich an eine Seite des Christentums, die generell verschüttet zu sein scheint. Denn in allen Kirchen solidarisiert man sich mit den Schwachen, Marginalisierten und Ausgestoßenen. Das ist nichts Schlechtes, im Gegenteil. Aber wer nur dieses tut, arbeitet der verbreiteten Klage- und Jammermentalität in die Hand. Diese findet am eigenen Glauben nur Wurmstichiges, kann über die Kirche nur klagen und sucht Erbauung im Fernöstlichen oder Esoterischen. Nein, es feht im Christentum neben dem offenen Eingeständnis des Versagens eben auch die Kraft und die Herrlichkeit. In der Welt geht es um nackte Macht. Als ob das Christentum da nicht mitreden könnte (freilich nicht mit betroffen machenden Denkschriften)! Wir haben eine Macht zu verkündigen, die stärker ist als die Macht des Bösen. Auch aus Auschwitz konnte das Böse Gott eben gerade nicht vertreiben. Überall dort, wo der Geist Gottes »Charismen« im paulinischen Sinne schenkt, überall dort, wo in gemeinsamem Gebet (»konprekativ«) Christen um Befreiung von der Macht des Bösen flehen, immer dann, wenn Märtyrer in der Kraft ihres Glaubens leiden, wird ein Stück von dieser siegreichen Herrlichkeit sichtbar.

8.8 Jesus, die Engel und der schützende Gott

»Von guten Mächten wunderbar geborgen« oder »still und treu umgeben« – Christen glauben an Gott, nicht an Engel, aber sie machen Erfahrungen der Hilfe, der Führung, des Schutzes – und sie suchen einen Namen dafür. »Engel« sind zurzeit das religiöse Thema Nummer eins, wobei die Esoterik das Ihre getan hat, diese Wesen aus dem jüdisch-christlichen Kontext zu vereinnahmen. Man darf sich auch wundern, dass die Statistik etwa doppelt so viel Menschen ausweist, die eine Existenz von Engeln annehmen, als solche, die an die Auferstehung Jesu glauben. Im theologischen Studium haben wir gelernt, und vor allem Handbücher (für den Unterricht) verkünden es bis heute: Engel gibt es nicht. Man kann sich nur über die Sicherheit wundern, mit der das dekretiert wird. In einer bestimmten Sorte von Theologie haben die Engel etwa die Wertigkeit und den Realitätsgehalt von Feenwesen, wie wir sie aus dem Märchen kennen.

Gewiss: Glauben ist erst einmal Vertrauen auf Gott. Aber Jesus ist im Zeugnis der Evangelien quasi von Engeln umstellt; sie berichten von Anfang bis zum Ende von Engeln – besser gesagt: gerade am Anfang und am Ende, dann nämlich, wenn sich alles entscheidet über Jesus und unseren Glauben an ihn. Denken wir nur an den Versuchungskampf Jesu in Gethsemane: Ein Engel kommt und stärkt ihn (Lk 23). Wo es um das Letzte geht, wird erkennbar, wie dünn die Wände sind, die uns vom unsichtbaren Bereich Gottes (und des Teufels) trennen. Es liegt alles gar nicht weit auseinander. Es hat keinen Sinn, unsere Wirklichkeit durch den methodischen Ausschluss von Mystik gegen Engel abzudichten. Der Blickwinkel der Postmoderne sollte uns vorsichtig machen. »Sag niemals nie!« – das gilt besonders von Engeln und Wundern. Beide haben gemeinsam, dass es überraschende Begegnungen mit Gottes Wirklichkeit im Alltag sind.

Wo tauchen Engel denn auf? Da, wo Gott in den vielen profanen Situationen des Alltags hilfreich oder strafend gegenwärtig ist, da genau ist der Ort der Rede von den Engeln. Denken wir etwa an die Offenbarung des Johannes. Das Wirken der Engel zeigt, wie Gott noch einmal auf ganz andere Weise wirkt als in den »großen« Ereignissen der Heilsgeschichte. Das geschieht keineswegs durch Wunder, sondern durch natürliche Ereignisse – nach der Offenbarung des Johannes durch Allerweltskatastrophen. Ist dieses ein theologisch wirklich ernst zu nehmendes Eingreifen Gottes? Sind die Engel so etwas wie die schnelle Eingreiftruppe Gottes? Haben sie die Funktion von Ordnungshütern? Hat die Theologie wirklich recht daran getan, das Wirken der Engel in der Geschichte so zu vernachlässigen?

Die Frage stellen heißt sie verneinen. Denn die Engel sind ein ganz wichtiges Bindeglied zwischen Gott und Welt. Das betrifft vor allem ihre Funktion als offenbarende Instrumente Gottes. Sie dienen der Überbringung göttlicher Information an den Menschen. Sie vermitteln den Menschen Einsicht in das, was Gott wirkt oder eben in das, was von Gott her notwendig ist. Auch die Einsicht in Gottes Willen vermitteln sie. Sie stehen dafür, dass dem Menschen viele Geschehnisse, welcher Art sie auch immer sind, nicht stumm entgegentreten. Die Engelerfahrung steht für geschenkte Einsicht. Mustergültig kann man diese Rolle der Engel beim Ostergeschehen beobachten. Nach Mt 28,2–4 steht die Epiphanie des Engels (Erdbeben, Wegrollen des Steines, strahlende Gestalt) in Kontrast zum unsichtbaren Wirken Gottes bei der Auferstehung Jesu, die nach Matthäus sicher aus dem verschlossenen Grab heraus geschah. Das »große« Wirken Gottes (die eigentliche Auferweckung Jesu) ist unsichtbar und unerfahrbar. Der Engel aber bringt durch die Massivität der Erscheinung und durch seine Botschaft den Menschen sichtbare Offenbarung vom Wirken Gottes. Auch das ist ja Einsicht, wenn bestimmte Ereignisse wie die Katastrophen der Offenbarung des Johannes dadurch aus ihrer scheinbaren Sinnlosigkeit befreit werden, dass sie als Wirken von Engeln erkennbar werden. Dass ein Engel erfahrbar wird, bringt auch Gottes schützendes Handeln am Einzelnen im Alltagsleben ans Licht. Der Engel vermittelt uns das innere Wissen: Es ist Gott, der uns führt.

Um welches Handeln Gottes geht es da? Einmal um Gottes unfassbares Handeln jenseits der Gesetzmäßigkeiten von Geschichte und Natur, zum anderen aber auch um Gottes persönliche Verbindung zu uns in unserem alltäglichen Leben. Gott ist unfassbar – aber daneben gibt es doch Wahrnehmbarkeiten, Andeutungen, Vermittlungen, Fingerzeige durch das Wirken der Engel. Es ist ein leises, verborgenes Wirken. Die Rede von Engeln steht dafür, dass wir von diesem göttlichen Wirken doch Spuren entdecken, dass das Geheimnisvolle licht für uns wird. Das hat Martin Luther in seinem Abendsegen so gefasst: »Dein Heiliger Engel sei mit mir, dass der böse

Geist keine Macht an mir findet.« Oder wie es Tob 5,22 sagt: »Ein guter Engel wird mit ihm ziehen.« Aber selbst im Tobitbuch offenbart sich der leibhaftige Freund erst im Nachhinein (12,15) als Engel Gottes. Das beobachteten wir auch sonst: Immer erst im Nachhinein erweist sich, ob in einem Vorgang Gottes »Hand« im Spiel gewesen ist.

Nach der rationalistischen Purgierung der Engel hängen heute wieder vermehrt Schutzengel-Bilder in den Kinderzimmern. Ist das nostalgisch-romantischer Kitsch? Nein – man kann durchaus Mt 18,10 für die Schutzengel-Vorstellung in Anspruch nehmen: »Hütet euch davor, einen von diesen Kleinen zu verachten! Denn ich sage euch: Ihre Engel im Himmel sehen stets das Angesicht meines Vaters.« Der Ton liegt an dieser Stelle allerdings darauf, dass der Engel jedes einzelnen Christen direkt vor Gott steht, also ein Angesichtsengel ist. Das bedeutet: Wer diesen Christen behelligt, soll bedenken, dass dieser Christ über seinen Engel »sehr gute Verbindungen« zu Gott hat. Über den Engel hat jeder Christ einen »kurzen Draht« und einen nur kleinen Weg zu Gott. Im Falle, dass der Christ bedroht ist, wird daher Gott für ihn Partei ergreifen.

Die »andere Hälfte« der Schutzengel-Vorstellung wird belegt durch Ps 91 *(Seinen Engeln hat er ja zu deinem Schutz befohlen, dass sie dich behüten auf allen deinen Wegen, dass du mit deinem Fuß nicht stößt an einen Stein)*. Doch hier erscheinen die Engel im Plural. Daher kann man sich für die Anschauung, dass jeder Einzelne seinen Engel hat, auf Mt 18,10 stützen, für den Schutz vor allem Bösen aber auf Ps 91. Dieser Psalm wird vom Teufel in der Versuchungsgeschichte nach Mt 4/Lk 4 zitiert, und zwar in dem Sinn, dass Jesus – das mutet ihm der Teufel zu – sich absichtlich in Gefahr begeben soll, um Gottes Wirken auf die Probe zu stellen und »herauszufordern«. Indem Jesus diese Herausforderung strikt ablehnt, wendet er sich nicht gegen die Schutzengel, sondern nur dagegen, den Schutzengel durch tollkühne Akrobatik herauszufordern. Dass im Handeln des Engels dann in der Tat Gott selbst handeln würde, macht Jesus in seiner Antwort deutlich: Du sollst Gott nicht versucherisch herausfordern!

Die Art, in der die wissenschaftliche Theologie mit Engeln, insbesondere mit Schutzengeln, umgeht, offenbart zweifellos eine große

Praxisferne. Der bekannte Kommentator des Matthäusevangeliums Ulrich Luz erklärt dazu in der ökumenischen Kommentar-Reihe: Die Schutzengel-Vorstellung wurzele »in einem vergangenen Weltbild«, und man müsse deshalb auf die konkrete Schutzengel-Vorstellung verzichten. Mt 18,10f. besage nur etwas über die besondere Nähe Gottes zu den Niedrigen und Verachteten (Evangelisch-katholischer Kommentar Bd. 1/3 32f.). Dieser sozialethischen Entsorgung der Schutzengel-Vorstellung steht u. a. die reformatorische Tradition entgegen. Martin Luther pflegte am 29. September, dem Fest des Erzengels Michael, über Schutzengel zu predigen.

Überhaupt ist zu bedenken, ob die Frage nach (der Existenz von) Engeln in Abhängigkeit vom Wechsel bestimmter Weltbilder beantwortet werden muss. Das ist doch wohl nicht der Fall. Die Existenz von Engeln ist nicht davon abhängig, ob die Erde um die Sonne kreist oder umgekehrt. Sie ist eine Frage des Gottesbildes, eine Frage nach dem Verhältnis zwischen Gott und Mensch, eine Frage danach, ob und wie Gottes Wirken in der Welt Spuren hinterlässt oder nicht.

Es geht mir in der Folge darum, eine Brücke zu schlagen zwischen der immer noch sehr volkstümlichen Vorstellung vom Schutzengel und der »hohen Theologie«. Offenbar hat sich die Theologie wissenschaftlich nur mit den »großen« Themen (z. B. Versöhnungslehre) abgegeben, hat aber die individuelle Seelsorge weitgehend der Psychologie überlassen. Sie redet zwar von Gottes Liebe zur Menschheit, hat aber keine Bilder und Kategorien zur Hand, wo es um den konkreten Schutz des Individuums durch Gott geht. Sie hat sich sozusagen mit dem Makrokosmos beschäftigt, aber übersehen, dass der Einzelne und Gottes Sorge um ihn einen Mikrokosmos darstellen, der das Große »im Abbild« des Kleinen ist. Für unser Thema ist das deshalb wichtig, weil die Art, in der sich Gott um jeden Einzelnen kümmert, ein Spiegelbild seiner Weltregierung im Ganzen ist. Gott liebt nicht nur die »allgemeine Menschheit«, sondern ist konkreter Schutzherr jedes Einzelnen.

Die Bibel und auch die Volksfrömmigkeit nehmen an, dass die Art, in der sich der große Gott um Kleines kümmert, durch die Vermittlung der Engel geschieht. Man muss das nicht annehmen, aber man darf das tun. Vielleicht erleichtert es den Glauben an den großen Gott, wenn wir uns seine konkret schützende Macht im biblischen Bild der Engel denken dürfen. Denn sonst könnten Menschen fragen: Wie ist es möglich, dass sich der unendliche Gott gerade um meine Kleinigkeiten in dieser lächerlichen Situation kümmert? Das ist doch Glaube: seine sanfte, große Macht gerade in solchen »kleinen« Situationen entdecken! Sind Engel also nur eine Vorstellungshilfe? Die Frage ist falsch gestellt. Hier kann man nicht trennen zwischen der »eigentlichen Sache« und der »bloßen Vorstellung«. Denn die »eigentliche Sache« ist für uns Menschen, abgesehen einmal von Visionen und Auditionen, nicht greifbar. Und dass es sich um »bloße Vorstellungen« ohne Realitätsgehalt handelt, ist durch die Verankerung in der Offenbarung ausgeschlossen. Folglich wird man anders deuten müssen: Die Erfahrungen von Macht und Geborgenheit, von Schutz und Behütetsein drängen sich geradezu auf. Sie werden gedeutet im Lichte der Aussagen der Bibel. So werden Erfahrungen geklärt, religiös eingeordnet und notfalls auch kritisch beurteilt. Die Offenbarung ist der Maßstab.

Die Klärung und Sortierung unserer Erfahrungen und Vorstellungen durch die Bibel ist ein Vorgang, der durchaus mit Wahrheitsfindung zu tun hat. Denn im Licht der Bibel geht es hier nicht um diffuse, dunkle oder neblige Mächte, sondern um helle Mächte, die so etwas wie Gottes verlängerter Arm sind.

Wenn wir, was Gottes Vorsehung betrifft, zwischen Mikro- und Makrokosmos unterscheiden und den Schutzengel dem Mikrokosmos zuordnen, zeichnen wir ein Stück Religionsgeschichte des Gottesvolkes nach. Denn im alten Israel ist Gott der Gott dieses Volkes und damit aller Kinder Abrahams. Sein Engel, der zum Beispiel zu den Erzvätern gesandt wird, hat immer Bedeutung für den Einzelnen und für alle anderen Kinder Abrahams. Spätestens seit dem Exil ändert sich das: Man erkennt immer mehr, dass Gott, der Schöpfer auch bleibend für die ganze Welt zuständig ist, ja seine Herrschaft am Ende universell durchsetzen wird. Hand in Hand mit dieser Globalisierung ereignet sich eine steigende Bedeutung Gottes für jeden Einzelnen.

Damit wird die Fürsorge Gottes einerseits weltweit, andererseits erfasst sie jeden Einzelnen. Im Zusammenhang mit der Rolle des

Einzelnen wächst auch die Bedeutung der Engel. Durch sie wird der universale Gott spürbar. Wo also früher der Gott des Volkes Israel stand, nimmt man jetzt den Gott an, der die ganze Weltgeschichte lenkt und zugleich den Weg jedes Einzelnen.

KAPITEL 9

Jesus und das menschliche Leid

9.1 Ist der Gott Jesu ein Zyniker?

Ja, man darf so fragen: Wenn Jesus einen Gott der Liebe verkündet und weiterhin so viel Leid geschieht, wird da Jesus nicht im Kern seiner Botschaft widerlegt? Und zwar jeden Tag, in den Nachrichten, in der persönlichen Lebenserfahrung, den Millionen von menschlichen Leidgeschichten, die ganz ohne Sinn und Erklärung bleiben. Ist Gott nicht, wie man sagt, spätestens in Auschwitz gestorben? Was ist von einem Gott zu halten, der so wenig ändern will oder ändern kann? Ist er am Ende ein Zyniker? Und was ist von diesem Jesus zu halten, der Wunder wirken kann, aber seine Macht an so scheinbar sinnlose Dinge verschwendet wie auf dem Meer zu gehen? Hätte Jesus nicht lieber einen einzigen Krieg verhindern sollen?

Für die Neuzeit nach der Aufklärung ist die Frage nach Gott weithin identisch mit der Frage nach dem Ursprung des Bösen. Nicht ob es Gott gibt, ist das Kernproblem, sondern dass da Menschen im Angesicht von so viel Leid immer noch behaupten, es gäbe ihn – und zwar als einen Liebenden. In der klassischen Theologie hat diese Frage den Namen »Theodizeeproblem« (Verteidigung Gottes angesichts des Leids in der Welt). Bei Johann Baptist Metz tritt die Frage nach dem Leiden in den Mittelpunkt der Gottesfrage. Entsprechend gehört er zu den ganz wenigen Theologen, bei denen Gottesfrage und apokalyptische Eschatologie (Erwartung eines Endes in der Geschichte) zusammenhängen. Dabei meint er mit »Apokalyptik« den Tag des Herrn als die allein von Gott gesetzte Erlösung der Welt. Diese Erlösung steht ganz wesentlich noch aus, sie muss nicht in das bestehende Stöhnen der Welt (Röm 8,22–26) hineingemogelt werden. Sowohl geschichtstheologischer Individualismus (»Mir geht es ja gut«) als auch falscher Sinnoptimismus (»Alles hat einen guten Zweck«) werden konsequent ausgeschlossen. Erst wenn der Tag des Herrn kommt, werden die Christen ihr Haupt erheben dürfen. Ein Christentum ohne Apokalyptik werde zur »Siegerideologie«. »Apokalyptik« – das heißt: Erst dann, noch nicht jetzt. Denn es gibt einen großen Unterschied zwischen dem Dann und dem Jetzt. Die Mächtigen werden vom Thron gestürzt und die Niedrigen erhöht. Gott wird die Lazarusse in die Arme schließen. Denn Gottes Herrschaft ist nicht Fortsetzung der irdischen Machtverhältnisse, sondern deren Umkehrung. Metz empfiehlt, in das Gottesverhältnis Israels einzusteigen: »Dieses kleine, politisch-kulturell eher unbedeutende Wüstenvolk unterschied sich von den Hochkulturen seiner Zeit durch seine Art der leidvollen Verstrickung in die Wirklichkeit, durch seine ›tiefe Diesseitigkeit‹, oder anders ausgedrückt: durch seine Unfähigkeit, sich durch Idealisierung, durch Mythologisierung und durch Kompensationsdenken von den Schrecken der Wirklichkeit erfolgreich zu distanzieren ... Das kennzeichnet Israels Armut im Geiste. Diese Armut ist die Voraussetzung und ist der Preis für seinen Gottesgedanken.« Denn dieses ist die Substanz des jüdischen Gottesbildes: Gott ist der Schöpfer, alles andere ist Geschöpf. Alles Geschaffene ist nur Kreatur und in keiner Hinsicht göttlich, jedenfalls bis jetzt und von Natur aus. Daher kann man es nicht künstlich verklären, es sei denn, Gottes Gnade selbst griffe ein.

Mit Vehemenz weist Johann Baptist Metz damit jeden Versuch ab, konkretes Leiden zu überspielen. Weder der Glaube noch die Theologie dürfen je dazu dienen, Zugefügtes oder Erlittenes durch Wortgeplänkel seiner Brisanz zu berauben. Im Hintergrund steht auch die Frage nach dem, was authentisch (echt und menschlich glaubwürdig) ist. Die Antwort, die Metz gibt: Authentisch ist in Richtung Gott nur der Schrei des Schmerzes. Alles andere ist schon wieder nur Begütigung und falscher Trost, ist der Versuch, Erlösung durch Gott allein überflüssig zu machen. Um der Ehrlichkeit der Rede von Erlösung willen und damit sie ganz und gar authentisch sei, hält die Apokalyptik die Erlösung gewissermaßen mit beiden Händen fern von der Gegenwart, lässt sie sie um Gottes willen zukünftig sein. Der Anspruch an wirkliche Erlösung ist damit sehr groß. Gott wirkt eher in der Zukunft als in der Gegenwart, in der der Schrei der Gottverlassenheit ertönt. Und ich füge hinzu: Alles, was wir dennoch schon jetzt von Gottes Heil spüren, ist Angeld, Vorauszahlung, Anzahlung. Es reicht nicht vorn und nicht hinten. Aber es gibt Hoffnung.

Was auf der Negativseite apokalyptischer Erfahrung zu nennen ist, trifft sicherlich vollständig zu. Auschwitz gehört meines Erachtens deshalb in die Apokalyptik hinein, weil es hier wie dort um das Entwöhntwerden von jeder Art von Vorstellbarkeit geht – Auschwitz sprengt sie. Alles Kategoriale (durch unsere Denkwege Erfassbare) ist verlassen. Die Konsequenz wäre dann aber, wenn man Apokalyptik hier wirklich theologisch weiterdenkt, dass der Satz, nach Auschwitz dürfe man keine Gedichte mehr schreiben, geradewegs umzukehren ist: Nach Auschwitz darf man als Christ über die Zukunft des Heils eigentlich nur noch Gedichte schreiben oder strukturelle Vorarbeiten dazu leisten – in gläubiger Erwartung des zukünftig hereinbrechenden Abwischens aller Tränen. Nur noch Gedichte schreiben, das meine ich einerseits als Bild, andererseits auch als Weise zu sprechen, also auch ein bisschen wörtlich. Denn die Zukunft »liegt uns nicht vor«, die Hoffnung können wir nicht analysieren, das Heil haben wir nicht »im Griff«, und es ist nicht ein Ding wie die Dinge der Welt. Zugänglich ist es nur als Vision, wie in der Offenbarung des Johannes oder wie in Dantes »Göttlicher Komödie«. Mit Dichtung meine ich nichts Unwirkliches, nur Geträumtes oder Subjektives. Wir können die Zukunft nicht mit Paragraphen beschreiben. Deshalb beginnt jedes Stundengebet – welcher Tageszeit auch immer – mit einem Hymnus (Lied in Strophen), der in der Regel eineinhalb Jahrtausende jünger ist als die Psalmen, die dann folgen. Denn diese Hymnen sind normalerweise von Lehrern der Kirche verfasst. Und sie sind wirklich Dichtung, nicht präzise Unterscheidungen der Dogmatik, aber sie erfüllen die Rolle, die Kirchenlieder seit Ephraem dem Syrer (4. Jahrhundert) und Ambrosius (4. Jahrhundert) bis hin zu (wenigen) Kompositionen neuerer Kirchentage haben, nämlich als Ohrwürmer die Menschen (als Gemeinde) mitzureißen auf dem Weg des Herzens zu Gott. – Und da hat auch die Klage ihren Ort – oder auch die Sehnsucht. Viel zu selten singt die Kirche »Veni ...«, »Komm«, aber wenn sie es tut, dann immer voll Sehnsucht und Vorfreude, wie in den O-Antiphonen des Advent (den welchselnden Einrahmungen des Magnificat der Vesper an den letzten sieben Tagen vor Weihnachten) oder zu Pfingsten. Das soll heißen: Wenn jedwede Vorstellung als Maß der Theologie verlassen wurde und mit ihnen sichere Gebäude im Sinne der Subjekt/Objekt-Spaltung, wenn das Unvorstellbare längst eingetreten ist, gilt danach etwas anderes, nämlich die »Sprache der Kehre«. Wissenschaftlich-kategoriale Theologie müsste sich dann als *praeparatio ad mysticam* (Vorbereitung zu einer christlichen Spiritualität) begreifen.

Mit Subjekt/Objekt-Spaltung meine ich die spätneuzeitliche Weise des Menschen, mit den Dingen und der Umwelt so umzugehen, als gehöre er selbst nicht dazu, also sie auszubeuten. Der Philosoph Martin Heidegger hat in seiner letzten, dichterischen Phase vorgeschlagen, diese letztlich selbstzerstörerische Abtrennung des Menschen vom Naturgeschehen auch sprachlich zum Ausdruck zu bringen, eben in einer stärker dichterischen Form von Philosophie. Heideggers eigene Versuche erscheinen oft als eigenbrötlerisch verengt. Er hätte wahrnehmen können, dass im Universum der christlichen Bildersprache sein Anliegen schon immer aufgenommen wurde, bis hin zur Lauretanischen Litanei. Die zukünftige Theologie wird sich wieder stärker auf diese Bilder zurückbesinnen müssen. Sie gewinnt dadurch den Weg zu den Herzen zurück, von dem die Kirche im Ganzen oft abgekommen zu sein scheint. Doch wenn überhaupt jemand diesen Schlüssel zu den Herzen der Menschen haben könnte, dann sie. So beginnt man, wie schon erwähnt, nun mit einer Frage nach der »metaphorischen Christologie«, auf Deutsch: Wo ist von Jesus in Bildern die Rede wie »Ich bin der Weinstock« – und wie redet man als Theologe darüber?

Bekanntlich bereitet die Frage nach dem Wie des Weltendes vor allem deshalb große Schwierigkeiten, weil das, was man zusammenfassend so beschreibt – nämlich das Vergehen des Alten, die Wiederkunft Christi, die Auferstehung, das Gericht und die neue Schöpfung – weil alles dieses mit der bestehenden Wirklichkeit nicht zu verbinden ist. Für den, der die »normale« sichtbare Wirklichkeit für die einzig mögliche hält, wäre es tatsächlich unsinnig, auf das Eintreten der oben genannten Ereignisse zu hoffen oder sie voll Furcht zu erwarten. Doch schon das Neue Testament enthält genügend Hinweise darauf, dass die kommenden »Ereignisse« nicht einfach in Fortsetzung des Bestehenden geschehen. Vielmehr geht es recht deutlich um Ereignisse im Bereich dessen, was sonst visionäre (mystische) Erfahrung heißt. Nur wird diese Erfahrung universalisiert, auf alle Menschen ausgeweitet. Jeder Einzelne wird betroffen sein durch den visionären Charakter der Ereignisse, ferner durch die Plötzlichkeit des Ereignisses.

Nichts Geringeres als die Verbindung von frühchristlicher »Mystik« und Eschatologie ist so gefunden. In meinem Buch »Wie kommt das Ende der Welt?« (1999) habe ich diesen Zusammenhang darzustellen versucht. Kurz gefasst sieht er so aus: Wie das Ende der Zeiten sein wird, wissen wir nicht. Jedenfalls gibt es nur noch Gott und uns. Das Neue Testament spricht für die Zukunft von Offenbarung, und das heißt nichts anderes als Offenlegung, Klärung der Größenverhältnisse und der Zugehörigkeiten. Etwas ganz Ähnliches geschieht aber auch schon in den Visionen des Neuen Testaments, daher kann man das, was kommt, beschreiben als Mega-Vision, als umfassenden Einbruch der Wirklichkeit Gottes in diese Welt. Beispiel: Paulus wird zum Apostel berufen, indem ihm »der Sohn Gottes offenbart wird«. Das Ende der Welt aber beschreibt er als »Offenbarwerden der Kinder Gottes«. In diesem Sinne ist das Ende der Welt die ausgeweitete, global gewordene Vision.

Die Ereignisse bei der Verklärung Jesu und zu Ostern (Visionen), die Bekehrung des Paulus und das Kommen des Tages des Herrn stünden so in einem unlösbaren Zusammenhang, und zwar im Verhältnis von Teil und Ganzem. Ähnlich ist es mit dem Heiligen Geist auch: Die Christen haben eine Anzahlung empfangen, der Rest folgt. Es geht daher nicht um »Vorwegnahme« (Antizipation) – diese Kategorie ist der Bibel fremd. Sondern das, was geschehen ist, gehört zu dem großen, universalen Gesamtgeschehen dazu. Es ist wie ein erster Akt. Trifft die These zu, dann ist jedem Fundamentalismus gewehrt. Denn »fundamentalistisch« wäre der Zwang, die Endereignisse mitten unter anderen normalen Ereignissen denken zu müssen. Allerdings ist dieses klar: Um eine besondere, die »Augen verdrehende« Wahrnehmungsweise geht es nicht dabei, sondern jedenfalls um waches und gesundes Sehen. Kein mystischer Text des frühen Christentums lässt die Vermutung zu, hier werde Irrationales zum Thema.

Gewiss ist Johann Baptist Metz darin Recht zu geben, dass nach der Offenbarung des Johannes und nach Lk 18,1–8 (Zudringlichkeit der Witwe gegenüber dem gottlosen Richter; »Sollte Gott seinen Auserwählten, die Tag und Nacht zu ihm schreien, nicht zu ihrem Recht verhelfen, sondern zögern?«) Gott sehr viel zu tun hat mit dem Aufschrei und dem Recht der Misshandelten. Dass Lazarus Recht widerfährt, ist geradezu identisch mit dem biblischen Gottesverständnis. Und in diesem Zusammenhang ist nochmals daran zu erinnern, dass die Theodizeefrage neutestamentlich nicht ohne die Dimension der Auferstehung zu bestimmen ist. Doch man wird an Metz die Frage richten dürfen, welchen Stellenwert dann angesichts der radikalen Apokalyptik die Gabe des schon für jetzt verheißenen Angelds des Geistes hat, mit ihr die Gabe der Charismen und – auf anderer Ebene – die Sakramente und Gottes unwiderruflich geschlossener Neuer Bund. Wenn das alles nicht nichts ist, kann man nicht sagen, in Auschwitz sei »das Christentum gestorben«. Denn diese Zeichen und Zusagen bedeuten doch, dass der Mensch mit aller Grausamkeit nichts ausrichten kann gegen Gottes Geschichte gewordenen Erlösungswillen. Nun ist das ein altes Spiel (charismatisch-sakramentale Erfahrung versus Apokalyptik oder auch: moralische Glaubwürdigkeit versus Sakrament). Allerdings sieht Johann Baptist Metz das Phänomen »Auschwitz« nicht in erster Linie moralisch (Metz ist kein Betroffenheitstheologe), sondern als Anfrage an Gott, eben als Theodizeeproblem.

Was hat das alles mit Jesus zu tun? Das, was Jesus sagt und was er tut, wird im Ganzen als Zeichenhandlung erkennbar. Gemeint ist: Das bisher sichtbare messianische Werk ist eher Vorgeschmack als Erfüllung. Der Vorgeschmack lässt den Zustand der Welt erst recht hervortreten. Der Ruf der Gottverlassenheit Jesu am Kreuz (»Wozu hast du mich verlassen?«) gibt wirklich den Zustand der Welt wieder. Mit den ersten Christen werden wir mit großem Ernst darauf verwiesen, auf die zweite Ankunft Christi zu warten. Erst dann, in der Wiederkunft des Messias, in der Auferstehung und Neuen Schöpfung klärt sich die Frage wirklich, wie Gott Leid zulassen konnte.

Wer den Blick auf die Gegenwart und die Vermittlung nicht verlieren will, kann und darf die Kirche als Raum der Theodizee nicht vergessen. Die Kirche hat Gott durch heilende, rettende, göttliche Taten zu verteidigen. Denn durch die Vollmacht der Kirche (Sünden zu vergeben, die bösen Mächte zurückzudrängen, das menschliche Zusammenleben exemplarisch und wie einen Sauerteig für die ganze Welt darzustellen, »im Ganzen und auf Dauer zu heilen«) kann Stück um Stück Gottes Herrschaft erweitert werden. Ich möchte daher die Theodizeefrage eschatologisch beantworten – also nicht nach dem Warum fragen, sondern nach dem Wozu. Und mit der paulinischen zweiten Schöpfung möchte ich argumentieren: Gott ist (unter Mithilfe der Menschen) dabei, das Böse und Lebensfeindliche zu vertreiben. Er ist schon Herr über das Böse, hat aber seine Herrschaft noch nicht universal durchgesetzt. Weil sich Gottes Herrschaft aber von Anfang an nicht als allgemein neue Menschheit manifestiert, sondern sich immer nur auf schmalem und begrenztem Weg realisiert, kann man sagen: Der Ort, an dem Übel und Verantwortung zu diskutieren sind, ist nicht die Moral, sondern die Kirche.

Die Kirche ist der Ort, an dem die messianischen Zeichenhandlungen Jesu fortgesetzt werden. Nach dem Neuen Testament übergibt Jesus deswegen den Jüngern Vollmacht. Und das Sakrament des Herrenmahles soll gefeiert werden, »bis dass er kommt«. In der Kirche soll Menschen aufgehen, dass es im allgemeinen Zynismus einen Raum gibt, in dem zukünftiges Heil sich schon jetzt ereignet.

9.2 Der Allmächtige und seine Abwesenheit

Im traditionellen Katechismus-Unterricht wurde die Frage nach Gottes Eigenschaften behandelt. Als wichtigste Eigenschaften waren zu memorieren: Gott ist allmächtig, allwissend, allgegenwärtig. Diese merkwürdige Gotteslehre ist mittlerweile in Verruf gekommen, und zwar als denkerischer Ansatz, nicht etwa weil man mehr über Gott wüsste. Die genannten Eigenschaften werden zwar in Hymnen und Bekenntnissen verwendet. Doch ist es etwas anderes, wenn man die Prädikate dort herausbricht und daraus systematische Schlussfolgerungen zieht. Auch hier manifestiert sich wieder der Kontrast zwischen einer allgemeinen (der Philosophie entlehnten) Gotteslehre und dem historischen Aufscheinen »Gottes« im jüdisch-christlichen Zusammenhang. Für das hebräische »Herr der Heere« wählt die griechische Bibel das Wort *pantokrator*, das im Lateinischen dann mit *omnipotens* bzw. »allmächtig« übersetzt wird. Im Übrigen bedeutet *pantokrator* nicht »allmächtig«, sondern jemand, der überall und am Ende der Stärkere ist.

Nun ist es zwar richtig, hymnisch alles Erdenkliche Gott, *quo maius cogitari non potest* (von dem Größeres nicht gedacht werden kann), zuzuschreiben, doch eine andere Sache ist es, solche Rede aus dem Hymnus zu lösen und im konkreten Einzelfall darauf bestimmte Qualitäten, Forderungen oder Erfordernisse zu gründen. Kurzum: Wer mit einer Allmacht Gottes rechnet, nach der Gott jederzeit alles anders wollen oder machen könnte als es ist, der ist beim biblischen Gott an der falschen Adresse – der mag sich einen Gott suchen, der in seinem Sinne allmächtig ist. Der biblische Gott ist dieses nicht und will es offenbar auch nicht sein.

Eben deshalb besteht die Botschaft Jesu nicht aus Allgemeinbegriffen, sondern nur aus (gefüllten) Zeichen: Jesus macht nicht flächendeckend alle gesund, er erfindet noch nicht einmal das Aspirin. Dennoch sagt Gott durch ihn, was er mit uns vorhat: allen sinnlosen, zur Verzweiflung bringenden Schmerz und allen Tod zu beseitigen.

Ein Gottesdenken von Allmacht, Allwissenheit und Allgegenwart rief konsequent die Frage hervor: Wo ist dann dieser allmächtige, allwissende, allgegenwärtige Gott? Antwort: Er ist abwesend. Der katholische Fundamentaltheologe Döring hat das Thema der »Abwesenheit Gottes« als Erster akademisch salonfähig gemacht. Das Thema der »Abwesenheit in der Anwesenheit« ist seither ein beliebter Topos in der Nähe moderner *theologia negativa* (= einer Theologie, die aus der Not, von Gott positiv nichts aussagen zu können, eine

Tugend macht und nur davon spricht, wie Gott *nicht* ist). Nun kann man sagen, dass das Thema der Gegenwart Gottes ein zentrales Thema der ganzen Bibel ist, und zwar gerade deshalb, weil Gott offenbar auf sehr verschiedene Weise gegenwärtg ist: in der Schöpfung, in seinem Volk (wo zehn Juden zusammen sind, wo zwei oder drei sich im Namen Jesu versammeln), in den Elementen der Eucharistie, im Herzen des Glaubenden.

Gegenwart Gottes setzt voraus, dass Gott in der Welt tatsächlich handeln *kann* – und diese Frage betrifft nicht nur die Theodizee-Problematik (Kann Gott nicht helfend eingreifen?), sondern sie ist eine generelle Anfrage an das herrschende naturwissenschaftliche Weltbild (Darf Gott dazu die innerweltlichen Kausalzusammenhänge verletzen?). Hier lassen sich in der Diskussion deutlich zwei neuere Phasen unterscheiden: In der *älteren* Phase, vertreten durch Karl Rahner, sucht man den Befreiungsschlag gegenüber einem frömmelnden Wunderglauben und sucht den Anschluss an das naturwissenschaftliche Denken. Daher heißt die Auskunft: Gott wirkt überhaupt nicht in der Welt. Niemals ist die Folge von Ursache und Wirkung verlassen – beide sind innerweltlich. Gott aber kann niemals ein innerweltlicher Faktor sein. Er ist nie eine Ursache unter den anderen in der Welt. Gott kommt für diese Sicht nur als außerweltliche Erstursache infrage. Dieser Standpunkt ist dem von R. Bultmann sehr ähnlich. Auch nach der existenzialen Theologie wäre eine Rede vom innerweltlichen Handeln Gottes »unsachgemäß«. In der *neueren* Diskussion wird ein anderer Standpunkt angegriffen: Mit Recht bezeichnet man die Formulierung »innerweltlich« als fragwürdig: »Das Nicht-Welt-Sein Gottes impliziert nicht, dass er nur außer der Welt ist«, und nicht jedes In-der-Welt-Sein bedeute, dass der Betreffende damit auch schon Teil der Welt sei.

Ich möchte mich mit den folgenden Bemerkungen in die Diskussion einmischen: Je nach Wirklichkeitsbereich ist die Weise, in der Gott wirksam ist, ganz verschieden. Gehen wir einmal aus von dem in meiner Hermeneutik gebotenen Modell der verschiedenen Wirklichkeitsbereiche (Vier-Zimmer-Modell), dann ist das erste Zimmer der Bereich und die Zugangsweise zur Wirklichkeit, in der Naturgesetze, Kausalität und die Regeln der historischen Kritik gelten. In einem zweiten Zimmer ist das Thema die Wirklichkeit der Weisheit und es geht um das, was sich im Zusammenleben bewährt. In einem dritten Zimmer geht es um den Glanz der Schönheit und das »Glück«. In einem vierten Bereich (Gebet, Wunder, Vision, Heiliger Geist) steht konzentrierte Macht, die eher zeichenhaft vermittelt und wirksam wird, im Blick. Hier ist die Kausalitätsfrage nicht zu stellen.

Angenommen, es gäbe zum Beispiel diese vier Bereiche, dann würde Gott in ihnen auf unterschiedliche Weise wirksam:

In Zimmer I:
Gott wirkt als der, der die Schöpfung bewirkt hat und ihre eigengesetzliche Wirkmacht erhält, aber nicht in ihr wirkt. Gottes Wirken ist die Logik der Naturgesetze. Hier gilt Kausalität. Gott hält die Schöpfung nach diesem Bereich »an einer sehr langen Leine«. Er wirkt in der Tat nicht direkt ein, aber das gilt nur für diesen Bereich.

In Zimmer II:
Im Bereich der Weisheit und Werte ist Gott in gewissem Sinne als Garant von Tun und Ergehen anzusehen. Vielleicht kann man auch sagen: In diesem Sinne stürzt Gott die Mächtigen vom Thron und sorgt dafür, dass kein Unrechtsstaat lange überlebt.

In Zimmer III:
Im Bereich des Glückes und der Schönheit wirkt Gott, indem er den Glanz verleiht und Menschen jenes Quäntchen zu ihrer allgemeinen Befindlichkeit schenkt, das man Glück nennt. Es geht hier um Glanz und Segen.

In Zimmer IV:
Im Bereich von Mystik und Magie, von Wunder und Neuer Schöpfung durch Gottes Geist, ist der Zügel, mit dem Gott lenkt, gewissermaßen ganz kurz. Auch wenn die Wirkungen manchmal (wie bei Heilungen) innerweltlich spürbar sind, so ist es doch die Ursache keineswegs.

Um Missverständnisse zu vermeiden: Diskutiert werden hier nicht »Teile der Welt«, sondern Zugangswege, Schneisen gewissermaßen, in die eine umfassende Wirklichkeit und damit auch zu Gott, der als die *coincidentia oppositorum* (Zusammenfall der Gegensätze) gedacht wird, als der, der Einheit und Zusammenhang stiftet zwischen den verschiedenen Bereichen und über sie hinaus. Dieses Modell kann seine Herkunft aus der Postmoderne kaum verleugnen. Wie bei Nicolaus Cusanus (†1464) ist dieses Gesamtmodell hingeordnet auf eine mystische Einheitskonzeption.

Wir sind im Grunde dem Modell von Wirklichkeit gefolgt, das der Cusaner als Physiker, Kirchenpolitiker, Dogmatiker, Bischof und Mystiker entworfen hat. Am Beginn der Neuzeit hat er als Erster exemplarisch die relative Autonomie der Teilbereiche der Schöpfung bzw. Wissenschaft erkannt und bestehen lassen, ohne sie lächerlich klerikal zu vereinnahmen.

Für unsere Frage nach der Bedeutung Jesu für heute besagt dieses: Dem, der Jesus nur mithilfe des Schemas von Ursache und Wirkung erfassen will, bleibt er im Ganzen unverständlich. Das gilt für seine Menschwerdung, seine Wunder, seine Auferstehung und Wiederkunft. Gerade die Frage nach der Existenz von Bösem und Leid sagt auch etwas über den inneren Zusammenhang dieser vier Bereiche: In Entstehung, Wundern und Auferstehung wird zeichenhaft angekündigt, was bei der Wiederkunft sein soll: Die Welt wird gerichtet und richtig gemacht, die Leiden werden ausgeglichen und die Opfer rehabilitiert.

9.3 Letzte Fragen – Biblische Antworten

Ist Gott die Ursache unseres Leidens? Die Fragen sind bekannt:

Ist er allmächtig, aber nicht gut – oder umgekehrt? Denn wenn Gott allmächtig ist und gut, darf er kein Leiden zulassen. Wenn er gut ist, aber nicht allmächtig, ist er nicht Gott (Epikur).

Oder: Wenn Gott allmächtig ist und gut, wenn er Gott ist, warum lässt er dann die Menschen elend sterben und leiden?

Oder: Entweder ist Gott nicht allgütig, oder er ist total unverständlich. Hat er seit Anfang der Schöpfung auf alle Macht verzichtet? Kommt beides von Gott, Liebes und Leides, oder ist er abwesend, und es gibt keine Spur von ihm?

Oder mit dem Philosophen Boethius: Wenn es keinen Gott gibt – woher kommt das Gute? Wenn es aber einen Gott gibt – woher kommt dann das Böse?

Und wir hören Einwände: Wenn es den Tod nicht gäbe, würden keine neuen Menschen geboren werden, dann gäbe es keine Entwicklung. Oder man hört: In der ganzen Schöpfung herrscht eine umfassende Ordnung des Stirb und Werde. Der Einwand zum Einwand: Warum hat Gott die Welt dann nicht gleich vollkommener geschaffen?

Muss man sich begnügen mit dem Satz Karl Rahners: »Die Unbegreiflichkeit des Leids ist ein Stück der Unbegreiflichkeit Gottes«? Oder verpassen wir eine entscheidende Chance miteinander zu reden, wenn wir hier schweigen?

So gehen wir vor: Ich versuche, die Antwort auf die gestellten Fragen mithilfe der Bibel zu geben, nicht aus philosophischen Quellen. Dabei lege ich – und das ist das Neue an diesem Versuch – den Ton nicht auf die Hiob-Frage, wie das schon oft versucht worden ist, sondern auf die Zeugnisse des Neuen Testaments. Dass bei dem Versuch, die biblischen Gedanken systematisch einander zuzuordnen, die Größe »Gebet« eine herausragende Rolle spielt, ist gegenüber der neutestamentlichen Forschung der letzten beiden Jahrhunderte eine sicher zunächst recht irritierende Neuerung.

»Das Böse« ist im Folgenden die umfassendste Bezeichnung. Leiden, Sünde, Katastrophen sind dem Bösen ein- und untergeordnet. *Das Böse* ist ein Ordnungsbegriff, eine Kategorie, mit deren Hilfe wir uns in der Wirklichkeit zurechtfinden. Ein wirklich hilfreicher Begriff, wie es scheint, denn so wird alles das zusammengefasst, was die Ordnung des Lebens bedroht oder zerstört. Das Böse ist der Feind allen Lebens und umgekehrt. Das bedeutet: Leben ist bedroht, ein geradezu fragiler Ausnahmezustand. Wie Kulturland ist es von Wüste umgeben, die tot und bedrohlich ist. Wo so viel Tod ist, bedarf Leben des Schutzes. Dem dient die Unterscheidung gut – böse.

Wenn wir versuchen, das Gute, Lebenfördernde und das Böse, Lebenvernichtende von der zentralen Botschaft der Bibel her zu bestimmen, dann heißt das: Der Gott Israels ist der lebendige Gott, von ihm kommt alles Leben, und seine Thora dient diesem Leben. Der Gegenpol des Bösen ist das Gute, alles, was im Sinne dieses Gottes Leben, Miteinanderleben unter Menschen, mit der Erde und unter Gottes Himmel fördert. Der Vorzug dieser Begriffsabgrenzung liegt in einer gewissen Nähe zu Überlegungen der modernen Biologie. Denn offenbar ist für die Gestalt sehr vieler Lebensvorgänge entscheidend, ob sie zweckmäßig im Sinne der Erhaltung des Lebens sind.

Zunächst möchte ich feststellen: Wir müssen über Hiob hinaus gehen, wenn wir von der Bibel eine Antwort auf den Sinn des Leidens erhalten möchten. Hiob hatte nur leiden müssen, nicht aber sterben. Der Tod war ausgeklammert. Vielmehr wird der biblische Hiob am Ende in all seine Güter wieder eingesetzt. Wie aber, wenn der Gerechte zusätzlich auch noch sterben muss? Wenn also nichts wieder einzusetzen ist? Wird Gott einen unschuldig Hingerichteten wieder lebendig machen?

Doch nicht nur zum Negativen hin schlägt das Pendel weiter aus. Was ist mit den echten Märtyrern, deren Tod und Blut gen Himmel schreit? Da wird von einer Gotteserfahrung berichtet, die für jeden einzelnen Menschen, der sich zu Gott hält, von der unverbrüchlichen Liebe Gottes spricht, die über den Tod hinaus dauert. So ist die Rede vom »Ewigen Leben« und von der »Auferstehung der Gerechten«. Schon in den späteren Schriften des Alten Testaments und im Frühjudentum gelangt man zu dieser Sicht. Damit verändert sich die Einschätzung des irdischen Leidens grundlegend. Das konkrete Leiden und Sterben wird dadurch nicht gemildert, aber es wird in einen größeren Zusammenhang eingeordnet.

Über Hiob hinaus führen daher zwei Dinge. Das eine: Wie reagiert Gott, wenn keine irdische Möglichkeit besteht, den, der gelitten hat, wieder zu seinem Recht kommen zu lassen? Und das andere: Wenn Gott irgendjemanden geliebt hat, dann wohl seinen Sohn. Wird er es zulassen, dass der Tod diese Liebe beendet? Wird Gott ihn wegen Pilatus fallen lassen? Über Hiob hinaus führt daher das Geschick Jesu Christi. Sein Leiden und Sterben wird zu einer Anfrage, wie Gott auf dieses Unrecht, das alles andere überbietet, reagieren wird, da er doch andererseits erklärt, seine Liebe zu Jesus überbiete die zu jedem anderen Menschen. Tod und Auferstehung Jesu werden daher zwangsläufig einzuordnen sein in die Frage: Wie kann Gott Leid und Katastrophen zulassen?

Stellen wir zunächst die Urfrage: *Warum trifft es gerade mich?* Besonders bei einem Leid, das zufällig, unvorhergesehen oder heimtückisch ist, suchen wir nach einer Begründung: Warum gerade ich? Warum trifft es gerade mich? Vor allem bei Kindern, die leiden müssen, stellen wir besonders dringlich die Frage: Warum trifft es sie, die ohne Schuld sind und die noch nicht lange leben konnten?

Vielleicht geht es auch in diesem Fall nicht darum, dass der Theologe die *Ursachen* besser erkennt und sortieren kann. Woher sollte er das können? Denn vielleicht geht es, wie so oft, überhaupt nicht um die Frage nach dem Warum? und Woher? und nach dem: Wie ist das zustande gekommen? und nach dem: Wie kann ich das erklären? Geht es nicht viel eher darum, dass Gottes Offenbarung lehrt, alle Geschehnisse, gleich welcher Art, auf unterschiedliche Weise in das Gespräch mit Gott einzubeziehen? Man beachte: auf unterschiedliche, nicht auf gleiche Weise.

Wenn ich daher als Einziger verschont werde, habe ich Anlass, Gott zu danken. Wenn mich Leid trifft, so ist das Anlass, mein Leben zu bedenken oder mich fester an Gott zu klammern. Wenn Gott unübersehbare Wirklichkeit ist, dann hat alles, was mir begegnet, etwas mit dem grundlegenden Verhältnis zu ihm zu tun. Dann kommt diese meine Situation in diesem meinem Verhältnis zu Gott vor, wird Teil meines Redens mit Gott, meines Danks oder meiner Klage, meines Schreiens oder meines Jubels, des »Sammelns meiner Wege« vor ihm, wie Augustinus es nennt, oder des Bekennens von Schuld. Und wenn ich nun Anlass habe zu fragen, warum ich, warum trifft es gerade mich, dann gehören diese Fragen als Erstes vor Gott. Sie sollen, können und dürfen Teil des Gesprächs zwischen Gott und mir sein. Dazu sind diese Ereignisse da. Denn wenn wir auch die Ursache nicht erklären können, so lässt sich doch das Wozu angeben. Was mir geschieht und besonders das, was mich aufwühlt, ist dazu da, Teil des Redens mit Gott zu werden.

Gerade die unterschiedliche und so zufällige Streuung von Leid und Katastrophen wird für mich zum Hinweis darauf, dass der geheimnisvolle Gott so etwas ist wie eine Person. Eine Person deshalb, weil er eben nicht von einer mechanischen Gleichheit aller vor ihm ausgeht, sondern mit jedem Menschen einen eigenen Weg haben kann und will. Nochmals: Es geht nicht darum, dass er jedem sein »Päckchen« schickt – das wissen wir einfach nicht, und es bleibt dunkel. Aber was wir als Christen sagen können, ist dies: Jedes Päckchen ist dazu da, dass jeder einzelne Mensch seinen eigenen Weg mit Gott haben kann und soll. Jeder Mensch ist einmalig und kann daher eine sehr individuelle Antwort geben auf das, was ihm widerfährt. Nach unserem Christenglauben richten sich alle diese Antworten, wie auch immer sie ausfallen, an Gott. Er ist das Wozu aller Widerfahrnisse, die Antwort vor ihm ist der letzte Sinn. Sinn heißt, dass keine Antwort verloren ist, sondern dass alle einzeln geliebt und geborgen sind in diesem geheimnisvollen Gegenüber. Wenn ich sage »Gedächtnis des Sinns«, so meine ich damit Gedächtnis und Gedenken im Sinne der hebräischen Bibel: Wenn Gott eines Menschen gedenkt, dann ist das nicht Theorie, sondern dann ist der betreffende Mensch vor Gott wirklich, dann handelt Gott für ihn und nicht gegen ihn.

Die nächste Frage, auch eine solche Urfrage, lautet: *Gibt Gott dem Leiden einen Sinn?* Ich möchte so vorgehen, dass ich in fünf einzelnen Antworten darauf eingehe. Diese Antworten beziehen sich auf die Themenkomplexe »Schuf Gott das Leid?«, »Leid als Versuchung«, »Bezwingendes Leid« sowie »Leid als vorletzte Wirklichkeit«. Alle diese Themen beziehen sich direkt auf biblische Aussagen über Gott. Wir werden sehen, dass die Frage nach dem Leiden ganz zentral die Frage nach Gott selbst ist.

9.3.1 Schuf Gott das Leid?

Hat Gott die Welt nicht so geschaffen, dass er sie »gut« nannte? Heißt es nicht in der Schöpfungsgeschichte immer wieder »Und Gott sah, dass es gut war«? Sollte man nicht dies betonen – und dann die Herkunft des Bösen schlicht als Geheimnis bezeichnen? Aber wird man mit einer solchen Antwort der Bibel gerecht, die vielfach über das Böse spricht, es jedoch nirgends einfach »Geheimnis« nennt? Wenn Gott die Welt zwar gut erschaffen hat, könnte es dann nicht sein, dass all das Böse erst im Verlauf der weiteren Geschichte hinzutrat? Das wäre der einfache Weg der Erzählung der Geschehnisse, wie die Bibel sie liefert.

Spitzen wir die Dinge zu: Warum wurde der Mensch so geschaffen, dass er sündigen konnte? Da die Bibel (auch das Neue Testament) keine »Freiheit zu ...« im Sinne der Selbstbestimmung kennt, sondern nur eine »Freiheit von ...«, kann man die Tatsache, dass der Mensch sündigen kann, nicht als eine ihn auszeichnende Freiheit verstehen. Die Bibel spricht von einer Freiheit »von« der Verurteilung durch das Gesetz, von einer Freiheit »von« der Vergänglichkeit, aber nicht von Freiheit zu Selbstverwirklichung und »Autonomie«. Solches Denken wäre ein neuzeitlicher Eintrag in den Text, daher nicht biblisch zu nennen. Die Möglichkeit zu sündigen ist, wenn man überhaupt im Horizont der Bibel darüber nachdenken will, keine Freiheit oder Auszeichnung, sondern ein Mangel. Wie kommt es, dass die Bibel die Entstehung des Bösen nicht erklärt? Ist es nicht möglicherweise ein Missverständnis, dass man nach der »guten« Schöpfung den Sündenfallbericht als eine Art Vorgeschichte zur Schilderung der Sintflut las und also mit fortschreitender Verschlechterung rechnete, die nach dem guten Anfang dann dem Menschen zur Last gelegt wurde? Könnte der Bericht über den Sündenfall nicht eher eine Ätiologie sein, das heißt eine in Erzählung gekleidete Erklärung gegenwärtiger Zustände? Man erzählt eine Geschichte, um zu erklären, warum »die Welt ist wie sie ist«; und die Erzählung ist dann ein Baustein in einer Verfallsgeschichte.

Und weiter: Warum hat Gott die Schlange (das heißt zumindest die Vertreterin des Bösen) erschaffen, die die Menschen verführte? Die Antwort gab man mithilfe eines mehr oder weniger komplizierten Mythos vom Engelfall: Eine Gruppe von Engeln wurde vom Himmel gestürzt, weil sie neidisch waren, dass Gott den Menschen bevorzugte. Der Mensch wurde Gottes Ebenbild genannt, in ihm war Gott zu verehren. Das konnten die Engel nicht tun. Also wurden sie, die sich gegen die Bevorzugung des Erdenwürmchens namens »Mensch« »empörten«, in die Finsternis gestürzt. Dieser Mythos begegnet uns in verschiedenen Formen, zuerst im »Leben Adams und Evas« etwa im 1. Jahrhundert n. Chr. Hier wird die Frage nach der Entstehung des Bösen in die Engelwelt verlagert. Damit haftet den Engeln der Mangel an, den man sonst auf Seiten des Menschen vermutete. Aber warum wurden dann die Engel mit Mängeln erschaffen?

War das Böse vielleicht nötig, um Gottes Gnade umso leuchtender erscheinen zu lassen? Hier wird die Frage nach dem Ursprung des Bösen nicht geklärt, es wird lediglich ein Ziel und insofern ein Sinn »am Ende« angegeben. Insoweit ist dieser Versuch wenigstens »biblisch« gedacht.

Führt vielleicht die Einsicht weiter, dass auch das Böse eine Art Gutes ist, nur ein Scheingutes? Denn erstrebt wird immer ein Gut, zum Beispiel Leben. Auch Lust ist etwas Gutes. Daher wird die Verführung des Menschen durch die Schlange als Betrug dargestellt. Aber: Warum konnte der Mensch betrogen werden? Warum wurde er nicht mit schärferer Kraft zur Unterscheidung ausgestattet?

Oder noch einmal mit anderem Akzent: Gelten die Aussagen »Und Gott sah, dass es gut war« nur von der Schöpfung, und ist dann erst in der Geschichte alles durch menschliche Schuld so elend verlaufen? In welchem Verhältnis stehen überhaupt nach biblischem Denken Schöpfung und Geschichte zueinander? Ist die Geschichte nicht Teil der geschaffenen Welt? Oder verselbständigt sie sich gegenüber der anfangs gesetzten Ordnung?

Die Schöpfungserzählungen im Buch Genesis stimmen darin überein, dass Schöpfung als Ordnung vorgestellt wird. Bei allen einzelnen Schöpfungstaten Gottes geht es weniger um die materielle Herstellung der Geschöpfe als um einen Vorgang der Scheidung und Unterscheidung, der Einteilung und Anordnung. Das heißt: Schöpfung ist primär ein Herstellen von Ordnung. Daher wird unterschieden zwischen Himmel und Erde, zwischen Licht und Finsternis. Die Ordnung des Ungeordneten und Ungeschiedenen ist also der Hauptgesichtspunkt, unter dem die Schöpfung erzählt wird. Denn das Alte Testament kennt die »Erschaffung aus dem Nichts« noch nicht. Erst später, in frühjüdischer Zeit (seit 2 Makk 7,28), ist der Gedanke belegt, dass Gott die Welt aus dem Nichtseienden, aus Nichts erschaffen habe. Dass dieser Gedanke vorher nicht zu finden ist, bedeutet für das Alte Testament: Erschaffen ist vor allem Ordnen. Und auch die »Neue Schöpfung«, von der schon die späteren Jesaja-Kapitel sprechen, ist vor allem eine Neuordnung der bestehenden Welt.

»Schaffen« geschieht immer auf dem Hintergrund vorgegebener Unordnung. Anders wären auch die Aussagen des Paulus über das Existieren der anderen Götter (1 Kor 8,4f.) gar nicht begreiflich. Denn wozu sollte Gott sie erschaffen?

Trifft das alles zu, dann sind die Kommentare »Und Gott sah, dass es gut war« bezogen auf die Sinnhaftigkeit jener Ordnung Gottes, die er jeweils einführt. Über diese Ordnung besteht kein Zweifel. Nur dann, wenn Gott schlechterdings alles, von dem die Rede sein kann, aus dem reinen Nichts erschaffen hat, ist er auch für dessen Qualität »verantwortlich«. Eben dieses meint die Bibel aber an keiner Stelle. Gott der Schöpfer ist derjenige, der Ordnung stiftet, und diese Ordnung gewinnt am Ende im Gesetz des Mose ihre vollendete Gestalt. So wird Gott an verschiedensten Stellen der Bibel, besonders in den älteren Schöpfungsberichten, die einige Psalmen bieten, als derjenige geschildert, der (abgekürzt gesagt) den Chaosdrachen besiegt habe und der aufgrund dieses Sieges auch je und je wieder neu um Hilfe angerufen werden kann. Dies ist ein sehr altes Bild. Es stellt Schöpfung nicht als ein Herausrufen aus dem Nichts dar, sondern als einen Kampf gegen destruktive, lieblose und verwüstende Mächte, deren fortdauernde Wirksamkeit niemand bezweifelt.

Es gab im Umkreis der Bibel eine ganze Reihe verwandter Chaos-Mythen, die in verschiedenen Texten des Alten Testaments ihren Niederschlag gefunden haben. Nur zwei Texte seien als Beispiele genannt: Ps 89,10–12: *Du bändigst des Meeres Übermut, das Toben seiner Wellen beruhigst du. Rahab hast du zertreten wie einen Erschlagenen, mit deinem starken Arm deine Feinde zerstreut. Dein ist der Himmel, dein auch die Erde; die Welt und was sie erfüllt, du hast sie gegründet.* Gottes Schöpfung bedeutet zugleich einen Sieg über das Meer, die bedrohliche Urflut. Dieser Sieg steht Pate beim späteren Vorgehen Gottes gegen Israels Feinde. Ps 74,13–18: *Du hast in deiner Kraft das Meer erschüttert, auf den Fluten die Köpfe der Drachen zerschmettert. Du hast des Seedrachen Köpfe zerschlagen, gabst ihn den Haien zum Fraß. Du ließest aufbrechen Quelle und Bach und legtest nie versiegende Ströme trocken. Dein ist der Tag und dein auch die Nacht, du hast Leuchte und Sonne befestigt. Du hast alle Zonen der Erde bestimmt, Sommer und Winter hast du gemacht. So denke daran: Der Feind schmäht den Herrn, ein törichtes Volk lästert deinen Namen.* Die Schlange im Paradies, die mit Adam und Eva zu tun hat, ist eine Art »Taschenausgabe« dieses Urdrachens.

Wir halten fest: Nach einem wichtigen Zweig der biblischen Überlieferung von der Schöpfung der Welt ist der Sinn der Schöpfung das Stiften einer Ordnung. Alles, was diese Ordnung zerstört, ist böse. Und das Geschaffene ist »gut«, weil es von Gott geordnet ist. Das aber bedeutet: Nicht das Böse ist das zu Erklärende, es ist das Vorgegebene. Erstaunlich und nur auf Gottes Eingriff zurückzuführen ist vielmehr das Gute und die Ordnung. Die gute Schöpfung reicht so weit, wie Gottes Ordnung reicht. An verschiedenen Stellen und immer wieder kommt die naturgegebene Unordnung zum Vorschein.

Das Frühjudentum knüpft an dieser Stelle an: Der Himmel hat diese »chaotische« Grundeigenschaft nicht, nur die Erde. Folglich ist Gottes Herrschaft und Regiment im Himmel schon ganz durchgesetzt, nur auf der Erde währt der Kampf noch. Diese Sichtweise bedeutet im Einzelnen: Gottes Ordnung ist im himmlischen Bereich ganz und gar verwirklicht. Denn alle Engel sind Gott untertan und führen seine Befehle aus. Sie sind über die verschiedenen Werke der Schöpfung »gesetzt«, zum Beispiel über Regen, Schnee, die Gestirne usw. Vom intakten Himmel her wird also alles das gesteuert, was sehr gut funktioniert. Und ähnlich ist es um die auf der Erde bestehenden Ordnungen bestellt. Sofern die Ordnungen bestehen, etwa die Gattungsunterschiede unter den Tieren, läuft die Schöpfung geregelt. Die Thora ist nichts weiter als ein Ordnungsinstrument. Nur weiß schon die Schrift, dass die Menschen diese Ordnung nur unvollkommen erfüllen.

An zwei Stellen ist diese Auffassung auch im Neuen Testament bewahrt, und hier ergeben sich direkte Zusammenhänge zur Frage nach dem Bösen: Im Vaterunser betet Jesus: *Dein Wille soll getan wer-*

den, wie schon immer im Himmel, so nun auch auf Erden. Das heißt: Im Himmel ist Gottes Wille und Herrschaft schon immer durchgesetzt, nur auf Erden noch nicht ganz. Gottes guter Schöpferwille ist auf Erden noch nicht ganz durchgedrungen. Und in Offb 12 berichtet der Seher Johannes, dass Michael den Drachen schon besiegt und auf die Erde gestürzt hat. Das heißt: Im Himmel ist Gottes Herrschaft schon hergestellt und durchgesetzt. Auf Erden aber noch nicht. Alles Böse auf Erden wird jetzt eben dadurch geradezu erklärt, dass der prinzipiell schon besiegte Feind hier noch den Rest seines lebensbedrohlichen Chaos auslebt. Die Erde ist der Bereich, in dem Gottes Herrschaft noch nicht ganz durchgesetzt ist.

Gottes Reich ist nichts anderes, als dass die Menschen die Ordnung des Schöpfers und Gesetzgebers verwirklichen. Damit erkennen sie Gott als Herrn und königlichen Regenten an. Böse ist alles, was diese Ordnung stört, was sich gegen Gott als König und Gesetzgeber richtet. Deutlich ist immer, dass es um keine andere als um die verwirklichte Schöpfungsordnung geht. Von daher ergibt sich auch, dass Jesus als der Verkündiger des Reiches Gottes Gebote kritisiert, sofern sie der Schöpfungsordnung entgegenlaufen. Seit der Schöpfung ging es schon immer um Gottes Reich. Die Schöpfung ist gut, sofern sie Gottes Reich beginnen lässt als Ordnung und als Unterscheidung.

Diesem Ansatz entspricht, dass Paulus, insbesondere nach 1 Kor 15 (und Röm 8), erst mit der Besiegung des Todes durch Jesus Christus – er ist der neue, »zweite Adam« – die Schöpfungsgeschichte wirklich als erfüllt betrachtet. Denn die beiden Schöpfungsberichte von Gen 1 und Gen 2 sind nach Paulus so zu denken, dass die Schöpfung nach Gen 1 noch ausstand und erst mit Jesus Christus verwirklicht wurde, zum Teil auch Wirklichkeit erst noch werden wird. Mit ihm wird der Tod besiegt und werden die Menschen durch den Geist Gottes auferweckt. Paulus spricht hier sehr deutlich vom Schöpfungshandeln Gottes, und es ist tatsächlich so, dass die Schöpfung Gottes nach der Bibel erst teilweise in die Tat umgesetzt worden ist. Für die Frage nach dem Bösen bedeutet das eine neue, überraschende und befreiende Perspektive: Da Gott mit der Schöpfung noch nicht fertig ist, kann man sie auch gar nicht abschließend beurteilen. Was Gott noch tut, besteht in der Besiegung der lebensfeindlichen Mächte. Das geht vor allem aus 1 Kor 15 hervor, denn es heißt dort in Vers 25f., Christus müsse als Erhöhter regieren, *bis Gott ihm alle Feinde zu Füßen gelegt hat. Als letzter Feind wird der Tod vernichtet, denn alles hat er ihm zu Füßen gelegt.* Und in 15,45–49 zitiert und deutet Paulus die Schöpfungsgeschichte: Der erste Adam »entstand als lebendige Seele«, der letzte Adam als Leben schaffender Heiliger Geist. Entgegen der Reihenfolge der Erzählung war aber nicht der Adam aus Heiligem Geist der Erste, sondern Adam, der nur Seele war. Erst danach kommt der Adam aus Heiligem Geist ... Und wie wir Abbild des irdischen Adam waren, so werden wir auch Abbild des himmlischen sein.

Aber hat nicht Gott nach Gen 1,1 »alles« geschaffen, eben Himmel und Erde, und damit auch die bedrohlichen Mächte? Oder geht es bei diesen Mächten nicht doch um später abgefallene Mächte, wie Legenden im Judentum und bei den Kirchenvätern es wollen (Sturz der Engel aus Hochmut usw.)? Antwort: Es fragt sich, ob »schaffen« bedeutet: aus dem Nichts hervorzaubern. Diese Denkmöglichkeit (Entstehung aus Nichts) bestand, wie wir schon sahen, für die hebräische Bibel gar nicht. Wenn die Bibel daher »schaffen« sagt, meint sie es ähnlich wie man von einem Baumeister sagt, er habe ein Palais »geschaffen«. Schaffen heißt biblisch: aus vergleichsweise gestaltlos Vorgegebenem eine Gestalt bilden, wie der Töpfer es aus Ton tut. Die Bibel spricht nicht von der Erschaffung »der Materie«; auch diese abstrakte Redeweise kennt sie nicht. Schon die Erschaffung von »Himmel und Erde« im ersten Vers der Bibel bedeutet ein Ordnen und Organisieren, eben eine Einteilung in zwei Bereiche, wie es sich ähnlich später bei Festland und Meer wiederholt.

Und wenn es in Jes 65,17 heißt: *Siehe, ich will einen neuen Himmel und eine neue Erde schaffen, dass man der vorigen nicht mehr gedenken und sie nicht mehr zu Herzen nehmen wird,* so setzt dies doch nicht voraus, dass zuvor die alte Welt vollständig vernichtet und wieder zu Nichts geworden ist. Sondern nach dem gesamten Kontext wird Gott durch seine Thora und sein Volk der Welt eine Neue Ordnung geben. So versteht auch das Judentum immer die Rede von der »Neuen Schöpfung«. Deshalb kann Paulus jemanden, der Christ geworden ist, als

»neue Kreatur« bezeichnen, ohne dass er zuvor in Nichts zerfallen müsste.

Wir halten fest: Die Bibel begreift Schöpfung als einen fortwährenden, erst mit der Besiegung des Todes im zweiten Adam abgeschlossenen Schöpfungsvorgang. Erschaffen bedeutet, dass Gott die lebensbedrohenden Mächte am Ende eindämmt. Er hat sie nicht aus dem Nichts herbeigerufen, aber er wird sie vernichten. Denn Schöpfung ist ein ganz und gar zielgerichteter Vorgang. Die Bibel führt also keinen Gottesbeweis. Die guten und die bösen Mächte sind einfach gegeben. Weder das eine noch das andere muss bewiesen werden.

Ebensowenig wie die Bibel einen Gottesbeweis versucht, unternimmt sie es, eine Theorie des Bösen aufzustellen. Die Frage, woher das Böse kommt, wird weder gestellt noch beantwortet. Sicher ist nur: Böses besteht außerhalb des Herrschaftsbereiches Gottes. Das Böse als das Lebensfeindliche ist damit schlicht gegeben. Der Gott Israels hat klar den Weg gezeigt, wie es zu meiden ist. So gibt die Bibel keine metaphysische Theorie über das Böse – man könnte von einem biblischen Positivismus sprechen –, wohl aber nennt sie immer wieder eindeutig die Bedingungen des Lebens und damit der Vermeidung des Bösen.

Die Position des biblischen Gottes gegenüber den anderen Göttern, die es noch gibt, hat etwas mit der Frage nach Gut und Böse zu tun. Denn die schillernde Vielgestaltigkeit menschlicher Irrwege spiegelt sich in der Götterwelt. Diese anderen Mächte existieren zwar, aber als zu unterwerfende Feinde des einen Herrn. Die anderen Götter außerhalb des Gottes Israels werden zu »Mächten« oder Dämonen herabgestuft. Sie bringen nur Unheil, bringen kein Leben, verkörpern das Böse. Von daher ist die Frage des Bösen eine Frage der exklusiven Zugehörigkeit zum Gott Israels, denn sofern man zu ihm gehört, steht man im Kreis des Lebens. Aus dieser Tradition heraus wird verständlich, dass man sich den Teufel als ein Engelwesen oder als einen Dämon vorstellte.

Das Neue Testament denkt den erhöhten Jesus als den Überwinder dieser Mächte und damit als entscheidenden Kämpfer für Gottes Reich. Zu diesen Mächten gehört am Ende auch der Tod.

Fazit: Alles was über die Schöpfung berichtet wird, erklärt das Böse nicht. Vielmehr fordert die Bibel dazu auf, das Wunder der Ordnung des Lebens zu bestaunen wie eine Oase inmitten der Wüste. Es wird deutlich, dass die Sichtweise der Bibel unserer modernen Betrachtung geradezu entgegengesetzt ist. In der Bibel wird die gefährdete, bedrohte, zwiespältige Existenz des Menschen in der Welt als gegeben vorausgesetzt. Gesucht wird ein Zusammenleben, das diese negativen Merkmale nicht aufweist, gesucht wird der geschützte Garten, wo ringsum nur Wüste ist. Das Böse und Unsichere ist vorgegeben, der Gott Israels schenkt die Ausnahme. Man fragt nicht in einer für »gut« erklärten Welt danach, woher plötzlich das Böse kommen kann. Darauf gibt es keine Antwort. Wir halten fest: Das Lebensfeindliche, Chaotische und Böse, die Wüste sind vorgegeben und nicht zu erklären, auch nicht durch irgendeine Aktivität Gottes. Damit wenden wir uns gegen die (stets misslungenen) Versuche, aus einer »an sich« guten Schöpfung dann doch noch das Böse entstehen zu lassen. Vielmehr heben wir Gottes Kampf gegen das Böse hervor.

Thema dieses Abschnitts war damit Ursprung und Ziel von Gottes Schöpfung. Gott steht von Anfang an dem Lebensfeindlichen und Lieblosen gegenüber. Er bekämpft es und wird es am Ende besiegen. Der Gott der Bibel ist unter allen Umständen ein Gott des Lebens, der den Tod des Sünders nicht will. Und der Gott der Herrlichkeit ist vom ersten bis zum letzten Buch der Bibel auch und vor allem ein Gott der Barmherzigkeit. Dass er dieses »vor allem« sein will, unterscheidet ihn vielleicht von anderen Göttern, sicher aber von den Mächten und Gewalten. Der Kampf Gottes gegen die Chaosmächte ist ein Kampf gegen die Zwangsläufigkeit des Todes. Das Ziel der Schöpfung ist eine Überwindung dieser Regel. Und genau aufgrund dieser Erfahrung spricht besonders das Neue Testament von der Auferstehung der Toten. Denn wenn auch der leibliche Tod, der jeden trifft, eine fortdauernde Altlast aus der Frühzeit dieses Kampfes ist, so ist doch die Vermeidung des entscheidenden »zweiten Todes« das Schöpfungsziel Nummer eins. Die einzige Bedingung ist freilich, dass Menschen Gottes Ziel und Vorhaben eine Chance geben. Ohne ihr Ja kann dieses Ziel nicht Wirklichkeit werden.

9.3.2 Leid als Versuchung

Nach Auffassung insbesondere des Neuen Testaments haben die Leiden, die dem Menschen begegnen, ihm etwas zu sagen. Sie sind, gerade weil sie nicht die Ordnung der Herrschaft Gottes darstellen und »nicht in Ordnung« sind, für den Menschen wie Wegweiser in Richtung auf Gott. Sie sind in dieser Rolle rings um den einzigen Punkt angeordnet, der im Leben eines Menschen wichtig ist: um seine Hinwendung zu Gott. Treffen sie ihn vor der Hinwendung zu Gott, dann sagen sie genauso etwas, wie wenn sie ihn nachher treffen. Die Hinwendung zu Gott aber ist der Punkt, an dem der einzelne Mensch Gottes Herrschaft (sein Reich) anerkennt. Insofern sind alle Leiden, die dem Menschen überhaupt begegnen, hingeordnet auf die Herrschaft und das Reich Gottes. Die Bibel nennt die Leiden, die den Menschen in diesem Sinne treffen, *Versuchung.* Diesen Begriff hat man oft gründlich missverstanden. Wir unternehmen es, ihn neu zu interpretieren. Diese Sichtweise ist neu; sie macht es möglich, die Frage nach dem Wozu des Bösen und des Leids direkt im Zusammenhang mit dem Zentralthema der Botschaft Jesu zu beantworten. Denn alles Leid in dieser Welt ist nur ein Vorspiel, ein Vorspiel für das, was noch schrecklicher ist oder sein könnte, nämlich sich auf immer selbst zu verfehlen.

In Joh 5,14 sagt Jesus, nachdem er den Lahmen geheilt hat, der 38 Jahre lang krank war, erstaunlicherweise: *»Sieh hin, du bist gesund geworden. Sündige nicht mehr, damit es dir nicht noch schlechter ergeht.«* Diese scheinbar zynische, jedenfalls aber unverständliche Rede Jesu bedeutet: Wenn er sündigt, wird es dem Geheilten noch viel schlimmer gehen als in den 38 Jahren der Krankheit. Jesus führt hier nicht die lange Krankheit auf Sünde zurück. Vielmehr macht er deutlich, dass die Folge des Sündigens noch schlimmer ist, als 38 Jahre lang gelähmt und ohne Aussicht auf Heilung dazuliegen. Sündigen heißt hier: Gottes Lebensangebot in Jesu Person missachten, sich weigern, das Gebotene und den Geschenkten anzunehmen. Aus der Katastrophe, die noch größer ist als endloses Siechtum, wird der Mensch nicht ohne diesen einen Funken an »Selbstbeteiligung« erlöst. Er muss wollen und aufhören, er muß das Angebot annehmen. Aus diesem

Grunde fragt Jesus auch vorher (in 5,6): »*Willst du gesund werden?*« Die Ausleger haben sich über diese Frage schon immer gewundert. Bei einer so langen Krankheit ist es doch klar, dass ein Mensch gesund werden will. Bei der noch schlimmeren Krankheit, nämlich der Sünde, ist das aber leider nicht so klar. Daher ist Jesu Frage: »*Willst du gesund werden?*« schon ein Vorspiel auf die zweite, noch ernstere Hälfte der Geschichte. Denn dort gilt erst recht und vor allem: Willst du aufhören zu sündigen? Willst du von der Sucht frei werden? Oder anders: Wenn du nicht willst, kannst du nicht frei und gesund werden. Was bei der leiblichen Krankheit selbstverständliche Sehnsucht ist, sollte und müsste bei der anderen Krankheit, der Sünde, ebenso sein. Im Übrigen wird der Geheilte von der Sünde befreit, indem er sich zu Jesus bekennt und so in die Lebensgemeinschaft mit dem Menschensohn eintritt, was nichts anderes bedeutet, als nach der Regel des Himmels zu leben, von oben her neu geboren zu sein, Einheit und Friede unter den Geschwistern zu bewahren.

Als Ergebnis dieser Überlegungen kann man so zusammenfassen: Von sich aus sprechen die Leiden nicht. Sie stören, quälen, machen ratlos. Sie wecken auf und lassen uns Fragen stellen. Das Buch Hiob und seine Vorläufer und Nachfahren schildern solche Fragen. Das Frühjudentum und das Neue Testament versuchen nun, diese Fragen aufzunehmen und sie nicht einfach mit dem Hinweis auf Gottes unerforschlichen Willen abzutun. Sie wissen nicht mehr über Gott und das Warum des Leidens als wir. Aber sie kommen einen Schritt weiter in der Frage nach dem *Wozu*.

Erstens teilen sie mit dem Alten Testament die Auffassung, dass das Böse und das Leiden nicht aus Gott kommen, sondern vorgefunden werden. Zweitens aber haben Juden zur Zeit des Frühjudentums seit der Entstehung des Buches Deuteronomium sowie verwandter Schriften ein wichtiges Stück der prophetischen Botschaft aufgegriffen und geradezu ein theologisches Programm daraus gemacht, das sich in zwei Wörtern zusammenfassen lässt: Umkehr, Bekehrung.

Von diesem (die Bibelwissenschaft nennt es »deuteronomistischen«) Programm her wird nun das Leiden des Menschen und das Böse in der Welt neu und »in einem Wurf« gedeutet: Es wird der Umkehr des Menschen zugeordnet. Das kann man schon an der Neudeutung der Gestalt Hiobs im Frühjudentum sehen. Hiob wird gedeutet als jemand, der sich zum Gott Israels, zum Judentum hinwendet und bekehrt. Seine Leiden und der Tod seiner Kinder werden als notwendig im Kontext dieser Bekehrung aufgefasst. Hiob wird vom Satan versucht, weil dieses der Weg ist, auf dem sein Glaube Gestalt gewinnt und vertieft wird. Hiob erfährt dabei so intensiv wie nie zuvor, wer dieser Gott ist. Und im frühen Christentum werden ganz entsprechend alle Leiden des Menschen entweder vor oder nach seiner »Umkehr« oder »Bekehrung« angesetzt. Das bedeutet: Sie erhalten einen Sinn in Bezug auf das Eine, das Gott vom Menschen will. Vorausgesetzt ist immer: Dieser Gott hat gesprochen. Mose und die Propheten verkündeten sein Wort. Der Mensch will aber nicht hören. Angesichts dessen greifen diese späteren Schriften das Leiden in der Welt auf und können nun die Fragen, die entstehen, wenigstens im Sinne eines Wozu beantworten. Der Akt der Unterbrechung und Richtungsänderung ist notwendig.

Was bedeutet das für das Thema Leiden? Auch das Leiden ist eine Unterbrechung des Gewohnten. Oft genug bedeutet es Änderung der Lebensgewohnheiten, immer aber ist es Krise, Anfrage, Aufbrechen des Selbstverständlichen. Zu Recht nimmt man meistens an, dass es keinen direkten Zusammenhang zwischen moralischen Versäumnissen (»Schuld«) und Leiden gibt. Dennoch stellt man die Zeit vor Beginn des Leids oder Leidens nahezu automatisch infrage. Erfahrung von Leiden und Hinwendung zu Gott gehören daher nicht nur im Exil des jüdischen Volkes zusammen, sondern überhaupt. Denn wer leidet, ruft nach Änderung. Der Gott der Bibel bietet die Möglichkeit zu umfassender Therapie und Änderung an. Denn auch das irdische Leben ist nur ein Teil in dem größeren Ganzen eines unteilbaren (zeitlichen und ewigen) Lebens. Leiden ist in diesem Sinne ein Signal, sich Gott anzuvertrauen, um so den »totalen Tod« zu vermeiden. Dabei geht es also nicht um das Warum, sondern um das Wozu des Leidens.

Immer betrifft irdisches Leiden noch nicht die letzte denkbare Katastrophe. Noch immer geht es um das Vorletzte, das der Mensch im Leiden erduldet. Eben aus diesem Grunde sind alle Leiden, die den Menschen treffen, nur Zeichen. Denn ein Zeichen ist nur Teil eines umfassenderen Ganzen, es weist auf das Größere.

Auch der leibliche Tod – etwa der Tod Jesu am Kreuz (hier verstanden als Versuchung) – ist nach Auffassung des Frühjudentums und des Neuen Testaments nur ein Zeichen und nicht das Ganze.

Interessant ist nun, dass so, wie die Leiden Zeichen sind, auch die im Sinne der Bibel notwendige Antwort des Menschen in Gestalt von Zeichen gegeben wird. Denn wenn der Mensch sich überhaupt zu Gott hinwendet, dann so, dass er »Gott die Ehre gibt«, das heißt: Er lobpreist ihn mit den Worten des Bekenntnisses. Alle (Glaubens-) Bekenntnisse haben ihren Ursprung in solchen Lobpreisungen. Worte werden hier zu lebendigen Zeichen der Zugehörigkeit zu Gott. Sie stehen für den ganzen Menschen und sind insofern Zeichen. Und wenn der Mensch nach der Hinwendung zu Gott durch Leiden getroffen wird, die sein Gottvertrauen in neue Dimensionen hineinführen, dann ist der Weg des Menschen, auf dem er bestehen kann, das Gebet. Wie beim Bekenntnis geht es um Zeichen mit Worten.

Wir halten fest: Sowohl die Leiden, die den Menschen auf Erden treffen, als auch deren Beantwortung gehören in den Bereich der Zeichen. Denn die Leiden betreffen einen Teil des Ganzen, das nicht verloren gehen soll, und Bekenntnis und Gebet stehen für den ganzen Menschen, der geheilt und gerettet werden soll. Beide, Gefährdung und Rettung, spielen sich im Vorfeld, auf der Ebene der Zeichen ab. So wird darauf hingewiesen, dass das Ganze auf dem Spiel steht.

Unser bisheriger Weg in den beiden Abschnitten »Schöpfung« und »Versuchung« lässt erkennen, dass man zum Verständnis biblischer Aussagen gegen zwei Fronten ankämpfen muss. Einerseits ist es wichtig (Abschnitt »Versuchung«), Gott nicht zum Prinzip und zum »rein Guten« zu machen. Denn er ist eigenwillig, für Menschen nicht durchsichtig und hat deutlich Züge des »verborgenen Gottes« Luthers, der indes nicht der Zwielichtige, vielleicht doch Bösartige ist, sondern lediglich der stets überraschend Handelnde. Damit kämpfen wir gegen weisheitliche, philosophische und deistische Vorstellungen, nach denen Gott der »Gute« oder das Prinzip Liebe sei. Hier geht es uns um die Person Gottes, um seine Hoheit, Verborgenheit, auch Unverrechenbarkeit. In diesem Sinne kann es sehr wohl auch das Böse im Zusammenhang von Gottes Handeln geben, freilich ohne dass Gott dessen Ursache wäre, aber er lässt geschehen; der sterbende Jesus kann sagen, Gott habe ihn verlassen. Nach Jes 45,7 »schafft« Gott das Böse, indem er Strafgerichte kommen lässt. Andererseits (Abschnitt »Schöpfung«) aber ist das Lebensfeindliche, Chaotische und Böse, die Wüste vorgegeben und nicht zu erklären, auch nicht durch irgendeine Aktivität Gottes. Damit kämpfen wir gegen die (stets misslungenen) Versuche, aus einer »an sich« guten Schöpfung dann doch noch das Böse entstehen zu lassen. Hier geht es gerade um Gottes Kampf gegen das Böse.

Rein theoretisch betrachtet, kann sich beides zumindest teilweise widersprechen. Unsere Absicht ist indessen nicht, eine in sich abgeschlossene, widerspruchsfreie Theorie zu bieten, sondern die Geschichte Gottes mit den Menschen nach den Aussagen der Bibel zu »verstehen«. Wie in der großen Politik gibt es, sehr kühn formuliert, beides: Prinzipientreue *und* große Koalitionen. Wer realistisch ist, rechnet mit beiden Möglichkeiten.

Beide Wege könnte man auch so zusammenbringen, dass man sagt: Bei dem zweiten Thema (»Versuchung«) geht es um die Erfahrung mit Gott im Verlauf der Geschichte. Sie ist mehrheitlich dunkel und undurchschaubar. Bei dem ersten Thema (»Schöpfung«) ging es um »Ursprung und Ziel«, weil von Anbeginn Gott dem Lebensfeindlichen gegenübersteht und es am Ende besiegen will und wird. Statt »Versuchung« sollte man übrigens lieber »Herausforderung«, »Provokation« sagen; sie ist ein »Stachel«, der den Christen auf seinem Weg antreibt, damit er im Glauben wachse, in das neue Verhältnis zu Gott hineinwachse.

Eines aber ist mit Versuchung nicht gemeint: Sie ist kein Spielchen, in dem Gott den Menschen testen möchte. Es geht keineswegs darum, dass Gott auf diesem Wege wissen möchte, »wie weit er es treiben kann«, bis der Mensch zusammenbricht. Nicht Gott quält den Menschen, sondern der Mensch gerät in der Welt, wie sie ist, in Umstände, die sein Verhältnis zu Gott auf die Probe stellen. Etwas versucht, sich zwischen Gott und Mensch zu schieben, und in dieser Situation kann sich der Mensch nur an Gott halten.

Andererseits jedoch bekommen die Leiden und auch der sinnlose

Tod für den Menschen eine andere Qualität, wenn er zu Gott gehört. Leiden und Tod werden für ihn zu einer grundsätzlichen Anfrage. Denn bei so schmerzlichen Erfahrungen stellt sich die Frage, ob nicht alles sinnlos sei, schärfer denn je zuvor. Sollte man diesem Gott, der so kühne Hoffnungen weckt und ein Himmelreich verspricht, nicht angesichts fortdauernder Katastrophen alles vor die Füße werfen? Erwacht nicht Religionskritik gerade dann, wenn Hoffnungen und Ansprüche zu hoch sind? Die Erklärung, im Christentum gehe es nun um »Heilige«, die bald (!) Erben eines Königreiches würden, wird doch schnell fragwürdig, und so wird die Sinnfrage bis zum Äußersten verschärft, wenn man auf das Elend der Welt blickt. Es besteht also eine Beziehung zwischen gesteigerter Liebeszusage Gottes an den Menschen und der so genannten Versuchung, die am Ende immer eine Versuchung zum Nihilismus ist. Die im frühen Christentum besonders ausgeprägte »Naherwartung«, dass man alsbald mit dem Ende aller Dinge zu rechnen habe, gewinnt für diese Frage eine Bedeutung. Denn es wird öfter darauf hingewiesen, die Zeit des Leidens, das der Erprobung diene, sei nur kurz (1 Petr 1,6 und 5,10).

Wir halten fest: Gerade das christliche Gottesbild und die Aussagen der Bibel über Gottes Liebe haben angesichts der fortdauernden Gräuel der Weltgeschichte die Sinnfrage auf die Spitze getrieben. Bleibt am Ende wirklich nur die Auskunft, dass Gott tot sei? Jedenfalls wird verständlich, dass die hoch gesteckten Ansprüche und Erwartungen des Christentums den Nihilismus gleich welcher Spielart begünstigt haben.

Die Bibel kennt dieses Phänomen genau und nennt es *Versuchung.* Besonders überraschend ist, dass nach der Darstellung der Bibel gerade Jesus selbst wiederholt diese Art Versuchung erlebt hat. Wenn Gottes Sohn, oder wie auch immer Jesus sich selbst verstanden haben mag, so schmerzlich kurz nur wirken kann und so offensichtlich sinnlos zu Tode kommt, dann ist damit die Frage nach dem Wirken Gottes in der Geschichte bis zum Äußersten verschärft.

Versuchung hat aber auch etwas mit Glauben zu tun: Glauben heißt in der Bibel, Stabilität in Gott zu gewinnen, sich auf Gott zu gründen, in ihm seinen Halt zu suchen. Immer wieder sprechen die Bilder vom Festsein, von der Standfestigkeit oder auch von der

Treue, wenn vom Glauben die Rede ist. Die Erprobung des Glaubens – und darauf beziehen sich alle Versuchungen – betrifft nicht die formulierten Bekenntnisse der »Konfessionen«, sondern – allerdings sehr zentral – die Frage nach dem Sinn überhaupt. Hat das gesamte Dasein trotz Leiden, Katastrophen, Sünde und Tod einen Sinn oder nicht? Nur unter diesem Aspekt, nicht im Sinne einer dogmatischen Gotteslehre, ist hier auch die Frage nach Gott wichtig. Denn an Gott glauben heißt einen Sinn bejahen. Die Versuchung ist dann die schonungslose Anfrage an den Leidenden und Sterbenden, ob nicht vielleicht doch alles sinnlos sei. Es ist die feste Überzeugung der biblischen Schriften, dass der Mensch nur dann stabil ist, wenn er sich auf den festen Boden gründet, der Gott selbst ist. Wenn das so ist, dann kann die Versuchung, die an den zum Glauben Gekommenen herantritt, dadurch überwunden werden, dass dieser sich umso fester, umso eindeutiger und umso klarer an Gott hält. Beim alttestamentlichen Hiob wird die Frage nach dem Warum und Wozu nur in Bezug auf die irdischen Leiden gestellt. Im Neuen Testament tritt für Jesus die Dimension des Todes hinzu. Die Versuchung Jesu in Gethsemane geht eben dem Tod Jesu voraus. Die Todesangst, der sichere Tod vor Augen, das ist die letzte und größte Versuchung Jesu.

Recht besehen gilt das nicht nur für Jesus. Der Tod ist die größte Provokation für jede Aussage über einen Sinn. Dass sie den Tod – und damit die Auferstehung – in die Fragestellung der Theodizee (Verteidigung Gottes angesichts des Leides in der Welt) einbeziehen, darin liegt der Gedankenfortschritt der Judenchristen gegenüber dem Judentum. Der Tod ist immer das sinnloseste aller katastrophalen Ereignisse. Im Widerstand gegen diese Versuchung gewinnt besonders das Gebet des Sterbenden große Bedeutung. Denn in dieser äußersten Zuspitzung der Sinnfrage bedeutet es Festhalten am Sinn oder zumindest äußerstes Einfordern des Sinns, indem es an Gott gerichtet ist wie der Ruf Jesu am Kreuz: »*Mein Gott, wozu hast du mich verlassen …?*«

Wie jede Versuchung, so kann auch der Tod als eine Begegnung mit Gott verstanden werden. Wir sahen bereits beim Thema »Schöpfung«, dass der Mensch im Tod Gott begegnet. Auch beim Thema Versuchung kommt dieser Aspekt vor, jedoch in ganz anderem

Sinne. Im Sterben versucht Gott den Menschen, und er fragt ihn: Willst du trotz meiner überwältigenden und schier zermalmenden Macht festhalten an der Zusage meiner Liebe? Wie in einer dramatischen Liebesgeschichte kommt alles darauf an, dass im entscheidenden Augenblick der eine Partner sich ganz auf die zugesagte Liebe des anderen verlässt. Nur dann und nur so wird er gerettet. Das Gegenargument gegen diese Liebe, bereits gegen ihre schlichte Möglichkeit, ist die absolute Hoheit des Gegenübers. Sie wird zur Versuchung, an Gott zu zweifeln. Eine Versuchung, die nicht von Pappe ist, da der Tod eine absolut überwältigende Realität besitzt. Im Tod erfährt der Mensch die Herrlichkeit Gottes und den Abstand zwischen Gott und Mensch schonungslos und ohne jede Schutzwand.

Nun ist freilich Jesus der Letzte, der im Sterben von Gott verlassen ist. Alle Christen nach Jesus dürfen den Tod als Übergang vom Exil in die Heimat auffassen, denn Jesus Christus ist schon dort. Paulus kann sagen, dass er sich darauf freut, beim Herrn zu sein. Denn wenn er stirbt, wartet dort drüben einer auf ihn, der ihn mit offenen Armen empfängt. Das gilt für alle Christen, es gibt für uns keine tödliche Unterbrechung.

Ähnliches meinte wohl Martin Luther, wenn er »allein« den Glauben und das Vertrauen so hoch stellte: Man muss gegen allen Augenschein auf Gottes eigenste Liebe vertrauen. Denn der Tod scheint alle Lebenszusagen des lebendigen Gottes zunichte zu machen. Der Mensch kann Gottes würdig sein, wenn er sich im entscheidenden Augenblick der Sinnanfrage auf Gottes Liebeszusage verlässt. Für den einzelnen ist also der Tod eine Versuchung, eine Probe, ob er angesichts des äußersten Grauens, Leidens und Schreckens an Gott festhält.

Obwohl die Schöpfung Gottes »gut« ist, kann gleichwohl nur das Stabile überleben. Es ist zweifellos ein »Kampf ums Dasein«. »Wer das Angebotene verweigert, gleicht dem Suppenkasper« (O. Bayer). Glaube ist weit mehr als eine freundliche Gesinnung Gott gegenüber. Er ist das Gewinnen lebensrettender Stabilisierung. Wenn das Herz des Menschen fest geworden ist, so die Überzeugung der Bibel, dann kann er überleben.

Nach den Evangelien des Markus und des Matthäus ist das letzte Wort Jesu am Kreuz der Satz: *»Mein Gott, mein Gott, wozu hast du mich verlassen?«* Dieser Satz ist ein Zitat aus Ps 22,1. Jesus klagt vor Gott, als er in unvorstellbaren Schmerzen am Kreuz hängt. Niemand rettet ihn. Das letzte Wort Jesu ist diese Klage der Gottverlassenheit. Gottverlassen nennen wir trostlose Orte. Da ist es wieder, das Motiv der lebensfeindlichen Wüste. Jesus klagt vor Gott, er fügt sich nicht einfach in das, was geschieht. Seine Worte sind zugleich auch Anklage. Doch entscheidend ist: Jesus wendet sich Gott zu. Denn in dem, was ihm widerfährt, erblickt er Gottes Tun, Gottes Handschrift. Dass es sich um ein nicht ganz untypisches Verhalten Gottes handelt, also wirklich auch in diesem Sinne um seine Handschrift, weiß der Gekreuzigte auch. Daher zitiert er den Ps 22. Jesus teilt diesen Ruf aus der Gottverlassenheit mit vielen anderen. Er reiht sich solidarisch in den langen Zug derer ein, die sterbend diesen Psalm gesprochen haben. Jeder erlebt zumindest einmal im Leben diese Situation: Der unschuldig Leidende erfährt, dass der Himmel stumm bleibt, wie Blei auf ihm lastet. Gott schweigt gerade dann, wenn er nicht schweigen dürfte. Jesus erfährt seinen nahenden Tod daher als eine sehr zweifelhafte, ja skandalöse »Begegnung« mit Gott. Gott hat Jesus nicht nur ohne Hilfe gelassen, ihn den Menschen »übergeben«, er macht sich auch jetzt, da Jesus am Kreuz hängt, unterlassener Hilfeleistung schuldig.

Ich treffe oft Menschen, die diese Lesart des Gebets Jesu für zu kühn halten. Voller Harmoniebedürfnis weisen sie darauf hin, dass Ps 22 in seinen dann folgenden Passagen, die Jesus oder der Evangelist mitgemeint habe, auch Tröstliches enthalte. Sie mögen den Gedanken der Gottverlassenheit weder für sich noch für Jesus ertragen. Aber: Von den anderen Versen dieses Psalms sagt Jesus hier nichts. Und er sagt eben auch nicht »Lieber Gott, ich freue mich auf den Ostermorgen« (man muss es sich so klar machen, um nicht die falschen Schlüsse zu ziehen). Menschen weigern sich heute oft, den Tod, wie es Ps 22,1 tut, als Gottverlassenheit zu sehen, weil der Glaube an eine Auferstehung so schwierig zu sein scheint. Denn den Tod kompromisslos als Gottverlassenheit ansehen kann nur jemand, der die feste Hoffnung hat, dass Gott sich in der Auferstehung ihm wieder zuwenden wird. Die Gottferne wird nur erträglich, wenn Gott sein Verhalten ändern kann und sich dem Beter wieder nähert. Wer das nicht glauben mag, der wird den Gedanken, der Tod sei Gottverlassenheit, immer zurückweisen. Die Zeiten scheinen vorbei zu sein, da man auf die Grabsteine schrieb: »Der hier ruht, wartet auf seine fröhliche Auferstehung«. Dem, der nicht auf diese Fröhlichkeit hoffen kann, darf man wohl die Gegenwart nicht zu realistisch darstellen, da er sie womöglich nicht erträgt.

Aber so ist es bei Jesus: Indem er schreit, klagt er auf Wiederaufnahme des Verfahrens. Er ruft nach Gott, wie wenn er sagen wollte: Das kann doch noch nicht alles gewesen sein, Herr! Ohne Zweifel: Er sieht den Tod als eine Begegnung mit Gott, grausam, wie dieser Tod ist. Und obgleich er doch irgendwie zufällig zustande gekommen ist, erfüllen auch die Mörder, wie wir sehen werden, in bestimmtem Sinne Gottes Willen. Der so schreit, denkt nicht, dass Gott tot ist. Gott ist fern, aber nicht tot. Jesus appelliert an den lebendigen Gott. Er weiß, dass Leben nur dort ist, wo man in der Nähe zum lebendigen Gott lebt. Gott ist wie eine Quelle in ödem Land. Je näher an der Quelle man wohnt, umso leichter ist jegliches Leben. Wohnt man fern von ihr, so erstirbt alles. Nähe oder Ferne zu Gott sind gleichbedeutend damit, dass man leben kann oder sterben muss. Jede Not ist ein Stück Tod.

9.3.3 Bezwingendes Leid

Bisher stand nur die eine Seite des im Neuen Testament »Versuchung« genannten Leidens im Blick: das Leiden, das Christen so zuteil wird, dass sie ihr Christsein infrage stellen. Das Neue Testament kennt aber auch Leiden, das »an den Glauben heranführt«, das also den Menschen vor dem Christwerden trifft. Sowohl in der Jesusüberlieferung als auch in der Johannesoffenbarung gibt es die Vorstellung, dass Leid (oft: fremdes Leid) Schrecken einjagt und auf diese Weise zur Anerkennung Gottes zwingt. Diese Vorstellung mag uns fremd sein. Wir wollen sie daher zunächst näher betrachten und dann sehen, was sie uns sagen kann. Zu nennen sind Lk 13,1–3

(Meint ihr, dass nur diese Galiläer Sünder waren, weil das mit ihnen geschehen ist ... Ihr alle werdet genauso umkommen, wenn ihr euch nicht bekehrt) und Offb 6–9. In diesen Texten geht es nicht um die Frage, wie der Mensch vom Leiden freikommt, sondern ob es einen Sinn des Leidens gibt. Diese Frage wird so beantwortet: Entgegen dem ersten Augenschein ist Leiden nicht sinnlos und dumpf. Es wird einem auch nicht »wahllos« aufgebürdet oder ist nur ein erster Schub auf der abschüssigen Bahn zum Tod hin. Keineswegs öffnet es ein Fenster »auf das Nichts hin«.

Vielmehr gilt es, Leiden nicht nur zu erfahren, sondern zu verarbeiten. Das geschieht auch sonst in der Bibel, und üblich ist der Hinweis auf den Zusammenhang von Tun und Ergehen. Dieser Zusammenhang ist hier zumindest stark abgewandelt, und zwar so, dass für eine erste Gruppe von Menschen das verdiente Gericht schnell und »vor der Zeit« kommt, während es für eine zweite Gruppe, den Rest, noch aussteht. Das sind die, die durch die Bestrafung der ersten Gruppe gemahnt und gewarnt werden sollen. Das Gerichtshandeln Gottes ist daher zeitlich zerdehnt. Das hat den guten Sinn, dass so die zweite Gruppe Menschen lernen und sich auf kommende Dinge vorbereiten kann. Denn das Leid der ersten Gruppe führt die zweite Gruppe möglicherweise zu einer Änderung ihres Verständnisses von Wirklichkeit. Der Sinn des *fremden* Leids ist, dass man sich dadurch bewegen lässt und seine Sicht der Wirklichkeit korrigiert. Im Sinne der Bibel ist dieses eine Korrektur angesichts der wahren Wirklichkeit (Gott) und auf sie hin. Die Leiden nehmen den Menschen jede Illusion über ihre Allmacht. Dass die Menschen ihre Zukunft ohne Gott sichern könnten, erweist sich als schöner Schein.

Insofern leisten diese Texte Aufklärung. Sie erklären: Es ist alles schlimmer, als wir dachten. Hinter der Fassade droht allen der Untergang. Oder anders gesagt: Noch schlimmer als alles, was die erste Gruppe der leidenden Kreaturen jetzt trifft, ist es, grundsätzlich auf dem falschen Weg zu sein. Das geschehene Leid ist immer nur ein kleiner Vorgeschmack dessen, was droht, wenn man mit dem fortfährt, was man schon immer getan hat. So ist auch die Aufforderung Jesu an den Geheilten in Joh 5,14 zu verstehen: *»Geh und sündige nicht mehr, damit es dir nicht noch schlimmer ergehe.«* Man kann auch sagen:

Hier geht es um »Frieden durch Wahrheit«. Denn »Wahrheit« wird durch Wahrnehmung und Anerkennung der wahren Größen- und Machtverhältnisse angeeignet: Der Mensch leidet und erkennt zumeist keinen Sinn darin. Das ist sein Ausgangspunkt. So ist die Welt nun einmal, dass Unsägliches darin geschieht. Wie wäre es, fragt er, wenn gerade dieses Unmaß an Leid nicht sinnlos wäre und nicht zum Verzweifeln? In dem Leid, das uns begegnet, will Gott etwas von uns.

Nicht Willkür und Anerkennungssucht veranlassen Gott zum »Zwiebeln«. Er will den Menschen durch die Leiden aus seinen Illusionen wecken und ihm die Chance zu einer realistischeren Einschätzung der Wirklichkeit geben.

Und die Anerkennungssucht dieses Gottes ist kein Selbstzweck. Sondern wer den Schöpfer und Regenten ehrt, hat die Ordnung des Ganzen verstanden und fügt sich in sie ein. Wer sich so einfügt, betet eben nicht den römischen Kaiser an, wird nicht Räuber, Mörder, Lügner oder Vergewaltiger. Der Lobpreis Gottes, den der Seher Johannes vor Augen stellt, ist nichts weiter als ein Sich-Hineinsingen in die Ordnung Gottes.

Diese Ordnung ist verletzlich. Wer sie angreift oder zerstört, bestraft sich selbst. Denn er zerstört, was ihn und alles Leben erhält. Dass diese Ordnung nicht anonym ist, sondern einen personalen Regenten hat, ist von Vorteil für die Menschen. Denn so sind sie nicht nur ihren Fehlern ausgeliefert. Dieser Gott spricht vielmehr zu ihnen, durch die Offenbarung des Sehers Johannes und durch die Leiden in der Geschichte. Und den, der treu zu ihm steht, vermag er überschwänglich zu lieben, besonders im Leiden.

Damit wird nochmals deutlich: Das Problem ist nicht die Existenz Gottes, über die der Mensch irgendwie zu befinden hätte, sondern die *Anerkennung* dieses Gottes. Dass Menschen irgendwelche Götter haben, ist vorausgesetzt. Zur Anerkennung dieses Gottes soll der Mensch durch Deutung seiner Leiden gebracht werden, bei ihr soll er, sich tiefer auf Gott einlassend, bleiben. Die Anerkennung dieses Gottes geschieht im ersten Schritt wesentlich durch Gebet.

9.3.4 Leid als vorletzte Wirklichkeit

Der entscheidende Unterschied der vorgetragenen neutestamentlich-christlichen Antwort auf die Frage nach dem Wozu des Leids sowohl gegenüber der Antwort des Buches Hiob als auch zu allen Stellungnahmen von Philosophen ist hier noch einmal für sich darzustellen und zu begründen. Dieser Unterschied liegt darin, dass für den Christen Leid und Tod nicht letzte, sondern nur vorletzte Wirklichkeiten sind. Aus diesem Grund können sie, so anstößig das klingt, relativiert werden, denn der Verlust des Selbst, des Ich, des »Ewigen Lebens«, der von den Rabbinen und im Neuen Testament so genannte »zweite Tod«, diese im Grunde identischen Größen, sind das eigentlich Bedrohliche. Im Verlust des »Ich«, wie wir es abgekürzt nennen, liegt die größere Gefahr. Diese Relativierung kann so weit führen, dass Franz von Assisi im »Sonnengesang« vom Bruder Tod sprechen kann (dazu gleich mehr). Noch anstößiger ist, dass Leid und Tod auch funktionalisiert werden, wie wir es darstellten. Denn wenn Leid und Katastrophen von Gott gewissermaßen herangezogen werden, wenn er sie an sich zieht, um sie zu Zeichen werden zu lassen, dann erhalten sie einen Sinn in größerem Zusammenhang. Das ist für moderne Menschen empörend, weil der Verdacht entsteht, all die Schrecklichkeiten der Welt würden hier nur instrumentalisiert. Damit aber würden sie dann, so könnte man argwöhnen, auch verharmlost, »entböst« oder »entübelt«, wie man sagt.

Zunächst ist gegen diesen Vorwurf zu sagen: Niemand will Leiden kleinreden. Judentum und Christentum zeichnen sich unter vielen modernen Weltanschauungen gerade dadurch aus, dass sie dem Leid offen ins Auge sehen. Nur wenn sie nicht verniedlicht werden, können Böses und Leid ihre Zeichenfunktion erfüllen. Nur wenn sie in ihrer letzten Tiefe begriffen werden als zerstörtes Leben oder als gescheiterte Liebe, können sie sprechen und kann es auch weitergehen im Leben der »Betroffenen« oder der Zeugen. Ein Leid wird nicht dadurch kleiner, dass ich auf etwas hinweise, das noch umfassender, noch schrecklicher ist. Aber vielleicht wird es durch die hier vorgeschlagene »Funktionalisierung« tatsächlich auch gemildert, in seinen Folgen geheilt, und das ist etwas anderes als »Entbösung«.

Man kann beobachten, dass die Frage der Theodizee in der Neuzeit genau von dem Punkt an zum Problem wird, an dem man an Auferstehung oder Ewigem Leben nicht mehr festhält. Für den Rationalismus und eine Philosophie, die nur die Vernunft und die bestehende Welt kennt, wird die Frage, wie der »gute« philosophische Gott, der Inbegriff der Weltvernunft, sich zum unvernünftigen und gemeinen Bösen verhalten soll, eine Grundsatzfrage und zugleich unbeantwortbar. Aber welche Überzeugungskraft hat denn die Rede von einem unsichtbaren, unzerstörbaren Ich, von Auferstehung und Ewigem Leben? Kurz gesagt: Es geht um die Frage, ob mit dem Tod »alles aus« ist oder nicht. Auferstehung oder Ewiges Leben ist daher nicht die Antwort auf die Frage, was aus meinen Knochen wird, sondern ist ein »Fall von Liebe«. Gott verstößt die, die zu ihm gehören wollen, auch im Tod nicht aus seiner Gemeinschaft. Er hat sie »in seine Hände geschrieben«, er vergisst sie nicht, und wenn Gott eines Menschen gedenkt, dann bedeutet das Leben für diesen Menschen. Liebe ist stärker als der Tod. Auferstehung hat daher mit der Personhaftigkeit Gottes und auch der jedes einzelnen Menschen zu tun. Man kann sagen: Unser abendländisches Verständnis von Person verdankt sich auf einzigartige Weise diesem Glauben: Gott liebt jedes seiner Kinder in unverbrüchlicher Treue, und diese »Dauerhaftigkeit« stiftet eine »Person«. Sie währt auch über den Tod hinaus.

Es geht also nicht darum, dass Christen nicht mit der Endlichkeit »zufrieden« wären oder dem Ideal einer »Welt ohne Tod« anhingen. Der leibliche Tod gehört zur Welt. Er soll nicht durch endlose Lebenszeiten abgelöst werden. Das ist nicht der Kern der christlichen Hoffnung. Die zentrale Aussage ist vielmehr: Auch der Tod kann von der Liebe Gottes nicht trennen. Nach Röm 8,38 kann uns nichts, auch nicht der Tod, von der Gemeinschaft mit Gott trennen. Das ist eine kühne, überaus gewagte Aussage, die zu schade ist, als verstaubter Topos in Dogmensammlungen zu verkommen. Freilich wird nach meiner Erfahrung jeder, der sich heute »noch« zu diesem Glauben bekennt, direkt des Fundamentalismus verdächtigt. Lassen wir diesen dummen Allerweltsvorwurf einmal beiseite. Könnte es nicht sein, dass Jesus und Paulus, die von Auferstehung redeten, mehr von Gott und von »Liebe« verstanden als wir? Ist ein Glaube dieser Art wirklich durch das »moderne Weltbild« widerlegbar?

Verständlich wird jetzt, wenn Franz von Assisi vom Tod als Bruder spricht und ihn deutlich vom zweiten Tod abgrenzt. Denn wenn die Liebe Gottes so greifbar ist wie physische Wirklichkeit – und genauso haben sie unsere »Großen«, Abraham, Mose, Jesus, Paulus, Franziskus und andere erfahren – dann ist der leibliche Tod nur eine Station.

9.3.5 Ergebnis

Erschaffen der Welt dauert etwas länger. Gott ist noch nicht damit fertig. Wer aufgrund der Auferstehung Jesu eine Auferstehung der Toten erhoffen kann, der weiß: Erst mit der Neuen Schöpfung, die wie erwarten, wird Gott den Tod besiegen. Wo Menschen auf die Auferstehung hoffen können, gibt es eine Antwort auf Jesu Frage »Wozu hast du mich verlassen?« Diese Antwort Gottes heißt: Ich habe nichts gegen deinen Tod unternommen. So halte ich es mit den anderen Menschen auch. Aber das tat ich deshalb, weil ich Größeres mit dir vorhabe. Mein Ziel ist die Besiegung des Todes in dem zweiten, abschließenden Akt der Schöpfung. Die einzige Frage, die bleibt, ist die nach der Größe unserer Geduld. Aber wenn alle Sünde aus Ungeduld kommt, dann zeigt sich aller Glaube vornehmlich in Geduld. Deshalb heißt Glaube auch soviel wie Treue. Nichts formt uns so sehr wie die Geduld.

9.4 Wie kann Jesus beim Leid der Welt zuschauen?

Im Frankreich und England der jüngeren Neuzeit entstand eine merkwürdige Lehre namens »Deismus«; darunter begreift man den Versuch einer natürlichen, philosophischen Religion, die gewissermaßen über allen Fronten steht. Auch die Anhänger dieser Lehre mussten sich natürlich mit der Frage auseinander setzen, wie denn

Gott und Leid zusammenpassen. Ihr Resultat ist viel sagend: Gott gibt es, aber er hat resigniert, hat sich von der Welt zurückgezogen, lebt in absoluter Transzendenz.

Das Deismus-Problem ist uralt und es schimmert auch in der empörten Frage der Jünger an Jesus durch: *Meister, lässt es dich ganz kalt, wenn wir ertrinken?* (Mk 4). Hier wird nicht nur die pittoreske Geschichte einer gefährdeten Überfahrt erzählt, hier stellt auch die Gemeinde der Jünger (gewissermaßen stellvertretend für alle späteren Gemeinden) die Theodizeefrage, die Frage also, wie Gott oder Jesus es zulassen können, dass die Jünger so in Not kommen. Gott scheint es nicht zu kümmern, wenn die Kirche in höchster Bedrängnis ist. Zumindest ein Psalm (44[43],24–27) verwendet das gewagte Bild vom schlafenden Gott, der durch die Psalmsänger geweckt wird. Natürlich ist gerade bei diesem Bild die Unähnlichkeit in der Aussage über Gott größer als die Ähnlichkeit. Gewiss, Gott schläft nicht. Aber vielleicht will er geweckt werden? Wie meine Frau morgens zärtlich in die Arme geschlossen werden will und das »Wecken« nennt. Vielleicht ist es so im Sinne bernhardinischer Mystik. Gott sehnt sich danach, von uns angesprochen zu werden. Nur auf der Ebene der Sehnsucht sind Gott und Mensch wohl am Ende vergleichbar. Denn auch der Mensch wird nicht durch Werke gerechtfertigt, sondern durch Sehnsucht. Nein, sagt uns diese Textstelle, Jesus ist kein Zuschauer; Gott schläft nicht. Jesus ist bereit einzugreifen, aber er will angesprochen werden. Wenn wir Gott einbeziehen in unsere Ängste, wenn wir ihn anrufen, dann leisten wir einen Beitrag an der Herbeirufung des Heils; dann ist die Welt schon wieder etwas mehr in Ordnung gebracht. Jedes Unrecht schmerzt Gott, jeder Mord betrifft ihn direkt. Das Gegenteil zu behaupten, ließe ihn als unmenschlich erscheinen.

Aber warum greift er dann so spät oder gar nicht ein? Warum dauert es so endlos lange, bis er reagiert? Falls er nicht will – wie kann er dann noch der gute Gott sein? Falls er nicht kann, wie sollte er dann noch allmächtig genannt werden? Mit Johann Baptist Metz ist zu fragen, ob unsere Art, theologisch zu reden, sich ausreichend die Leiden der Menschheit bewusst macht und deren unverrechenbare Dignität achtet.

Vielleicht ist die Frage nicht, ob Gott will oder ob er kann. Beides ist wohl der Fall, aber das Ersehnte kann nicht ohne uns, über unsere Köpfe hinweg, geschehen. Und dass es so lange dauert, könnte den Sinn haben, unsere Geduld und Treue unter Beweis zu stellen; man nennt das Spiritualität der Geduld. Oder Gott lässt das Böse zu, weil er Besseres mit uns vorhat, so wie es mit Jesus und Lazarus in Joh 11 war. Vielleicht soll unser Glaube mündig werden, erwachsen werden, sodass wir mit Jossel Rakover aus dem brennenden Warschauer Getto von 1944 sagen: »Ich glaube an dich, dir zum Trotz. Ich sterbe als von Gott Verlassener, auch wenn ich unerschütterlich an dich glaube.« Ist der Sinn des Leidens auch der, dass wir klagen lernen, dass unser Glaube nicht mehr naiver Kinderglaube bleibt, sondern in »die Trotzphase« kommt, die zum Erwachsenwerden notwendig ist?

Andererseits zeigt das Bild vom schlafenden Jesus im Bauche des Schiffes, dass der Jesus der Evangelien seinen Jüngern nicht als der überwache, allzeit bereite Meister aller Lebenslagen erschienen ist. Wir erfahren vielmehr von einem Jesus, der ermüden konnte, der ein Recht auf Schlaf hatte. Lesen wir nicht bei Paulus: *Wenn wir gerettet werden, heißt das, dass wir mit dem Herrn zusammenleben, und dann ist es ganz gleich, ob wir wachen oder schlafen …* (1 Thess 5,10)? Schützt nicht das Vorbild des schlafenden Herrn auch seine Jünger vor allem Verbalradikalismus? Ist nicht jedes Mal, wenn wir uns in Sorgen und nach halb getaner Arbeit schlafen legen, seine göttliche Sorglosigkeit für uns das angemessene Vorbild? Denn mitten in das Bild der apokalyptisch zu begreifenden Stürme ragt hier ein anderes Element der Jesusüberlieferung hinein, das sonst ein wenig abseits zu stehen scheint: der sorglose Jesus, der Gott preist wegen der Lilien des Ackers und all ihrer Pracht. In diesen Aussagen ist das Verhältnis zwischen Gott und Schöpfung noch ganz paradiesisch, durch nichts bedroht. Ist das nicht der Gott, auf den zu vertrauen wir lernen können, lernen müssen?

9.5 Warum musste Jesus leiden?

Wer die Geschichte der Darstellung des Gekreuzigten betrachtet, sieht, dass es ganze Zeitalter gab, die mit der Darstellung des leidenden, am Verbrecherholz erniedrigten Jesus wenig anzufangen wussten, die ihn lieber als den erhöhten Herrn und König der Welt sahen, was sicher nicht falsch, aber nur die halbe Wahrheit ist. Erst durch Bernhard von Clairvaux und Franz von Assisi rückte der Erniedrigte, in seiner Niedrigkeit barmherzige Herr in den Blick. Heute gibt es Tendenzen, den Gemarterten aus den Klassenzimmern zu entfernen; man könne das zarten Kinderseelen nicht zumuten. Ähnlich ergeht es Petrus mit Jesus nach dessen Bekenntnis, er werde leiden müssen und getötet werden: *Da nahm ihn Petrus beiseite und machte ihm Vorwürfe* (Mk 8,32b). Dass ausgerechnet dieser Messias leiden muss, kann er nicht verstehen. Auch für Griechen war vor allem das unbegreiflich: Götter können, eben gerade weil sie Götter sind, nicht leiden. Warum »muss« Jesus als der Menschensohn leiden?

Die Ankündigung Jesu, er müsse leiden, steht unmittelbar vor einem Text, in dem Jesus von der Nachfolge spricht; es geht Jesus hier also weniger um sein eigenes Geschick, sondern um das, worin die Gemeinschaft der Jünger in der Nachfolge mit Jesus besteht. Jesus antwortet dem Sinne nach: »Wer sein Leben gewinnen will, das heißt sich selbst, der muss bereit und frei sein, es daranzusetzen.« Wir fragen: Warum ist das so, warum kann nur der sich finden, der sich verschenken kann, der alles riskiert und eben nicht immerzu alles Wollen auf den Erhalt und Genuss seines kleinen Stückchens Leben richtet?

Leidensbereitschaft und Schenken-Können rücken hier eng zusammen, stehen auf einer Linie. Jesus leidet um Gottes willen, die Jünger leiden um Jesu und des Evangeliums willen. In beiden Fällen, bei Jesus und bei den Jüngern, wird durch Leiden und die Bereitschaft, sich zu verschenken, nur eines sichtbar: Die bedingungslose Liebe zu Gott. Er ist allein wichtig, für ihn allein lohnt sich jeder Kreuzweg.

Der Text ist hart und lässt keine andere Deutung zu: Wer zu Gott gehört, muss leiden. Auch andere müssen oft leiden, aber der, der zu

Gott gehört, geradezu zwangsläufig. Das ist die Erfahrung der Propheten und Märtyrer, das ist durch die Geschichte hindurch immer wieder die Erfahrung Israels: Gottes Volk muss den Hass der ganzen Welt gegen Gott ertragen. In Jesus ist sein ganzes Volk »konzentriert«, und daher aller Hass der Welt gegen Gott. Wer radikal zu Gott gehört, den kann die Welt nicht ertragen. Der Gegensatz zwischen den Mächtigen in der Welt und Gott ist grundlegend. Deshalb kann der Anständige, der zu Gott gehört, nur leiden, solange die Welt besteht. Daher erweist sich die Zugehörigkeit zu Gott, wenn eine entsprechende Botschaft hörbar wird, ganz sicher vor allem im Leiden. Oder allgemein gesagt, darin, dass einer ohne Rücksicht auf sich selbst die Botschaft von Gott als dem wahren König in der Welt zu sagen wagt, dass er Sorgen um sich, um Nahrung, Kleidung und Gesundheit nicht kennt, dass ihm nur eines wichtig ist: die Wirklichkeit Gottes und ihren Anspruch in der Welt anzumelden.

In den Markuskapiteln 8–10 geht es immer ähnlich zu: Jesus kündigt sein Leiden an. Die Jünger aber begreifen nicht, was Jesus meint, sie reagieren nur mit Angst, fragen deswegen nicht nach und überdies leisten sie sich groteskes Fehlverhalten. Sie streiten sich um die Rangfolge. Dann aber weist Jesus die Jünger auf das Dienen oder die Gastfreundschaft hin – in beidem drückt sich Jesu Umwertung aller Werte aus. Bei Jesus macht der Karriere, der (be-)dient, der sich verschenkt, der sein Kreuz auf sich nimmt. Das Leiden und die Auferstehung des Menschensohnes Jesus werden in diesen Texten direkt für die Jünger umgesetzt und angewendet. Denn dem Leiden entspricht das Dienen und der Verzicht auf Posten, konkret: das Aufnehmen von Kindern und gewöhnlichen Christen. Niedrigkeit, Leiden und selbstloser Dienst stehen daher im Licht der Verheißung. Das ist nicht automatisch der Fall in der Welt. Aber das ist so, weil es Gott gibt, weil er derjenige ist, der die Mächtigen vom Thron stürzt und die Niedrigen erhöht. Und genau das ist das Geheimnis des Menschensohnes, das die Jünger nicht verstehen.

Überall beim Ausdruck »Menschensohn« geht es um die Spannung zwischen Niedrigkeit und Hoheit. Diesen »Wesir« (= Vertreter, Statthalter) Gottes wird man, so sagen es die Evangelien, verkennen, denn er kommt wie ein gewöhnlicher Mensch daher. Deshalb kann sich leicht in seiner Identität täuschen, und daher ist übrigens auch die »Sünde gegen den Menschensohn« vergebbar. Man kann verkennen, dass Jesus der Menschensohn ist, denn Jesu Identität als Menschensohn ist in der Rolle der Endereignisse noch nicht klar sichtbar. Zu der verborgenen Identität Jesu gehört auch das Leiden. Eine größere Niedrigkeit und Erniedrigung ist nicht denkbar, als dass der Menschensohn, Gottes Wesir in der Welt, ans Kreuz genagelt wird. Auch Paulus berichtet über diese Fehleinschätzung: Wenn die Mächtigen der Welt Jesus erkannt hätten, dann hätten sie den »Herrn der Herrlichkeit« nicht gekreuzigt (1 Kor 2,8). Für Paulus ist diese falsche Ansicht über Jesus ein Symptom für die Gegensätzlichkeit von Gott und Welt, zwischen dem himmlischen König und den irdischen Potentaten. Dieser Kontrast ist auch für das Verstehen der synoptischen Menschensohnworte von großer Bedeutung. Dabei geht es nicht nur um Irrtum, Selbsttäuschung, verbrecherischen Umgang mit der Macht und Fehleinschätzung Jesu. Vielmehr ist der eigene Weg des Menschensohnes der Weg von Niedrigkeit zu Hoheit, zugleich auch der »rote Faden« für die Jünger. Es ist der Weg zur Auferstehung und zum Heil.

Dieser Punkt lohnt nähere Betrachtung. Denn dieser Weg zum Heil ist uns nicht gerade geläufig. Traditionellerweise kam es für die meisten, grob gesagt, darauf an, durch Glauben und Halten der Gebote »in den Himmel zu kommen«. Am »roten Faden« Jesu zu bleiben, unten anzufangen, durch Niedrigkeit, durch »Demut«, Dienstmut, nach oben zu kommen, wurde abgedrängt, Demut höchstens als Geisteshaltung aufgefasst und weniger als konkretes Handeln. Das Gottesbild des Magnificat fordert von uns aber nicht eine demütig-schiefe Kopfhaltung. Gott erhöht nicht »Niedrigtuer«, sondern die Niedrigen. Denn jeder, der sich aufspielt, rührt an die Größe Gottes. Jesus verkündigt daher auch hier in neuer Variation das erste Gebot. Wie leicht hält sich der Mensch für göttlich und verletzt damit die strenge Grundlage biblischen Glaubens, dass nur einer Gott ist, der Gott Abrahams, der allein angebetet werden will. Keinen anderen Gott darf es neben ihm geben. Wer den Gott Abrahams und Jesu Christi daher in Selbstzurücknahme und frei gewählter Niedrigkeit anerkennt, den kann er erhöhen.

Man kann fragen: Hat Gott es nötig, so eifersüchtig auf die Hierarchie zu pochen, seinen Vorrang zu verteidigen und seine »Lakaien« zu honorieren, die vor ihm »im Staube kriechen«? Ein einziger scharfer Blick auf die Geschichte von der Kreuzigung Jesu bis Auschwitz, von modernen Diktaturen bis zur Euthanasie zeigt, wie absolut überzeugend dieser Anspruch Gottes darauf ist, *allein Gott zu sein*. Wo immer der Mensch sich selbst zur letzten Instanz macht, sich selbst sich zum Herrn des Lebens erklärt, sich selbst vergottet – da entsteht namenlose Barbarei. Der Glaube an den einen und einzigen Gott, den Schöpfer des Lebens und den Vater Jesu Christi ist daher absolut notwendig. Die absolute Herrschaft Gottes und die daraus folgende Entmythologisierung aller Menschenherrschaft ist das Geschenk des Glaubens an die Welt. Jede Alternative ist fürchterlich. In polytheistischen Religionen, für die man neuerdings wieder schwärmt, fehlt dieses herrschaftskritische Moment. Es gibt zwar ein diffuses Religiöses, aber man kann die Götter gegeneinander ausspielen. Nur der eine und einzige Gott gibt Gebote, die Leben oder Tod bedeuten. Und denen man nicht ausweichen kann, weil er unausweichlich der einzige Gott ist. Die Rede von der Niedrigkeit in den Evangelien hat daher den Sinn, das Gottsein Gottes zu sichern und alle menschlichen Neigungen zu Ungehorsam als praktischen Atheismus zu entlarven.

Nicht alle Jünger müssen den Weg über die Kreuzigung gehen. Aber für alle gilt der Weg des Dienens. Aus Mk 10,45 wird dann deutlich werden, dass auch der Menschensohn selbst seinen Weg als Dienen begreift: *»Denn auch der Menschensohn ist nicht dazu da, sich bedienen zu lassen, sondern er ist dazu da, zu dienen und sein Leben einzusetzen stellvertretend für alle.«* So macht dies Jesuswort generell deutlich, dass tatsächlich das Leiden des Menschensohnes und das Dienen der Jünger zusammengehören. Jesus leidet, damit das Leiden der Menschen aufgewertet wird, damit das Ganz-Unten in endzeitlicher Perspektive nach oben geholt wird.

Auch die Gleichnishandlung mit dem Kind, das Jesus in die Arme schließt (Mk 9,37), demonstriert noch einmal die Botschaft. Selbst denen ist noch zu dienen, die als die Allerschwächsten gelten. Im Sinne unseres Textes hat man es so gesagt: Wer glaubt, beugt seinen

Rücken nur noch *vor* Gott und nur noch *für* die Schwächeren. So sprach man im Mittelalter vom »*Herrn* Kranken«. Diese Worte Jesu bedeuten eine soziale Revolution. Sie macht nicht den Egoismus oder das Prinzip Umverteilung zum Maßstab (wie es spätere Versuche zu sozialer Neuordnung tun). Sondern der Maßstab ist Gott im Sinne der Theologie des Magnificat und der Weg Jesu. Langsam dämmert es uns, dass nicht nur die Zukunft im Himmelreich, sondern schon die Zukunft unseres Volkes davon abhängt, wie wir mit den Allerschwächsten umgehen.

9.6 Hatte der Vater Jesu Tod nötig?

Nach verbreiteter Auffassung »musste« Jesus deshalb sterben, weil einer, nämlich er, das verdiente Unheil abbüßen musste. Gott hat nach dieser Auffassung Jesus das Gericht erleiden lassen, weil zumindest einer alles tragen musste, was die Menschen sich seit Adam und bis heute eingehandelt hatten. Eng mit dieser Auffassung verbunden ist die andere, wonach das Leiden Jesu Gottes Plan entsprang. Gott hatte von Anfang an vor, den Sohn für uns leiden zu lassen. Denn nur so konnten wir erlöst werden. Verwandt ist die frühmittelalterliche Auffassung, wonach Gott seine verletzte Ehre durch den Tod des Sohnes wiederherstellen musste. Dieses Gottesbild hat sich auch in vielen Kirchenliedern niedergeschlagen, nach denen der Vater den Sohn »schlug« oder sich über das gehorsam vergossene Blut des Sohnes »freute«. In jedem Falle bestimmt dieses Denken ein extremes Ordnungsbedürfnis. Sowohl der zuvor festliegende Plan Gottes als auch das notwendige Zornesgericht über den Sohn spiegelt ein Gottesbild wider, nach dem auf jeden Fall bei Gott alles seine Ordnung hat und haben muss. Gott wird der Anwalt und Vollstrecker strenger Strafgerechtigkeit. Nichts darf Zufall sein, alles muss Gottes Allwissenheit und seinem ewigen Plan entsprechen. Mit dem Tod des Sohnes ist daher auch der Schuld der Menschen im strengen Sinne des Wortes Gerechtigkeit widerfahren – und unter keinen Umständen Barmherzigkeit.

Es ist aufschlussreich, dass sich diese Anschauung über Jesu Tod von Anfang an im deutschen und angelsächsischen Bereich findet (Anselm von Canterbury und dann teilweise in der Reformation), kaum je darüber hinaus. Offenbar ist hier das Ordnungsdenken besonders ausgeprägt, und man kann sich keinen Herrgott vorstellen, der aus reiner Barmherzigkeit Sünden vergibt. Das Gericht über den Sohn macht den alten Grundsatz wahr: Jeder bekommt das als Strafe, was er verdient hat. Der Sohn konnte demnach als Schuldloser alle Strafe tragen. Für »geregelte Entsorgung« der Schuld ist daher gesorgt. Das Ordnungsdenken kommt gänzlich auf seine Kosten.

Nun ist nicht zu bestreiten, dass es sich bei der Annahme, der Tod Jesu sei ein Sühnetod für unsere Schuld – das belegt das ganze Neue Testament zweifelsfrei – um eine geregelte Entschuldung handelt. Darin beruht ja auch theologisch gesehen der große Vorzug dieser Lösung: Die Erlösung durch einen Sühnetod verletzt nicht die Gerechtigkeit. Das ist plausibel. Es verbindet aber auch Barmherzigkeit mit Gerechtigkeit: Der Sohn wird aus Barmherzigkeit gesandt. Die Gerechtigkeit trifft ihn infolge dieser Sendung. »Dass« es einen gibt, der alle Schuld tragen kann, ist dann weiterhin Werk der Barmherzigkeit Gottes.

Das Problem besteht nur in der Annahme von Gottes Plan und dem Postulat, gerade so und nicht anders sei die Erlösung zu bewerkstelligen gewesen. Denn dieses Schema macht Gott zu dem, der es nötig hat, den eigenen Gesetzmäßigkeiten durch Opfern des Sohnes zu entsprechen. Jeder Satz, der beginnt mit »Gott konnte nicht anders, als …« entspringt ausschließlich menschlicher Fantasie und damit unserer eigenen Konsequenzenmacherei. Eine Selbstfestlegung, an die Gott dann sklavisch gebunden wäre, würde Gottes Handlungsfreiheit und seinen Handlungsspielraum völlig zunichte machen.

Ein erneuter Blick auf die Texte zeigt vielmehr, dass erstens die alttestamentlichen Leidensweissagungen der allgemeine Rahmen sind, in dem Jesus sich selbst und die Gemeinde sein Leiden deutet, und zwar als das Leiden des unschuldigen Gerechten. Aber dass diese Texte, z.B. Jes 53, nun speziell und exklusiv auf Jesus bezogen werden müssten, macht aus den Propheten bloße Wahrsager. Und zweitens steht bei keiner der »Muss«-Aussagen eine Angabe darüber, dass nur so Sündenvergebung erfolgen konnte. Vielmehr drücken diese »Muss«-Aussagen überhaupt keinen Zwang aus, dass Gott nur so habe vergeben können. Was da mit »es musste geschehen« beschrieben wird, ist das Leiden des Gerechten, wie wir es bis heute formulieren: »Ein Gerechter muss viel leiden.« Damit meinen wir dann aber nicht, dass Gott etwas nötig hat, sondern wir meinen eine Art Weltgesetz, dass Gerechte und Gute als Störfaktoren im normalen Getriebe schlechte Behandlung auf sich ziehen.

Schließlich aber lassen die Evangelien erkennen, dass auch angesichts von Jesu Kreuz und Leiden keineswegs »nur so« die Sünden vergeben werden könnten. Weder die Taufe Johannes des Täufers »zur Vergebung der Sünden« noch die Lossprechung Jesu nach Mk 2 noch das Gleichnis vom verlorenen Sohn sind so dogmatisch, dass sie sagen würden: Nur über das Kreuz konnten Sünden vergeben werden. Gott tut es de facto auch auf anderen Wegen – allerspätestens von der Wassertaufe des Johannes an werden Sünden auch ohne Kreuz vergeben. So vergibt Jesus auch der Sünderin (Lk 7). Man kann dann natürlich fragen, wozu Jesu Tod am Kreuz denn überhaupt »nötig« war. *Nein, nötig war er eben nicht.* Er war freie Bosheit der Menschen. Und Judas war auch nicht ein Gott willkommenes Instrument der Erlösung, die ohne ihn dann gar nicht denkbar wäre. Dann müsste man Judas und Pilatus als Instrumente des Planes Gottes auch noch heilig sprechen. Nein, deren Bosheit und Opportunismus ist in gar keiner Hinsicht notwendig für Gottes Vergebung.

Vielmehr *wiederholt* Gott aus freier Gnade angesichts des Mordes an Jesus seine schon durch Jesus selbst verkündete Vergebungsbereitschaft. Er wiederholt diese Bereitschaft, die nun angesichts des Todes Jesu zum Siegel seines Bundes mit den Menschen wird. Aber auch das war nicht notwendig, sondern freie Gnade Gottes. Er hat den Hass der Mörder gegen Jesus mit Feindesliebe beantwortet. Das war nicht »notwendig«, sondern freie Reaktion Gottes. Dadurch wurde freilich die Gewissheit der Sündenvergebung nun selbst zum Inhalt des Neuen Bundes.

Merkmal der neutestamentlichen Geschichtstheologie ist daher nicht die Rede vom ehernen Plan Gottes, sondern die Frage: Wenn es schon so weit gekomen ist, dass sogar Jesus am Kreuz ermordet wurde – wie wird Gott den Weg fortsetzen können, den er eingeschlagen hat? Wie kommt Gott dennoch zu seinem Ziel? Antwort: Gerade angesichts des Mordes an Jesus kommt er noch herrlicher zum Ziel, als er es je zuvor gedacht hatte (wir wissen es nicht) oder als es denkbar war. Denn ein »Bund« verleiht uns eine sehr viel größere Gewissheit der Vergebung.

9.7 Leiden als Nagelprobe des Glaubensbekenntnisses

Eines der größten Rätsel des Markusevangeliums ist das so genannte »Schweigegebot«. Warum verbietet Jesus immer wieder denjenigen, die erkannt haben, dass er der Sohn Gottes ist, dies auch weiterzusagen? Warum gebietet er Menschen und Dämonen Schweigen? Man hat mit den Schweigegeboten Jesu die abenteuerlichsten Unterstellungen verknüpft. Die bekannteste stammt von William Wrede um 1901: Jesus habe Jüngern, Geheilten und Dämonen darum Schweigen geboten, weil es das Bekenntnis zu Jesus vor Ostern schlicht und einfach gar nicht gegeben habe. Der Evangelist Markus habe – geschickter Fälscher, der er sei – die in Wahrheit nachösterlichen Bekenntnisse in die Jesusüberlieferung hineingeschmuggelt – eine grandiose Vertuschungsaktion. Mit dem theologischen Trick »Man wusste zwar, aber Jesus hat es zu sagen verboten« habe Markus diese historische Scharte ausgewetzt. Markus steht mithin als genialer Geschichtsklitterer da. Und für ungefähr so genial hielt und hält man den Entdecker Wrede, der offenbar seinen Beruf als Krimi-Autor verfehlt hat. Wrede nannte das ganze »Messiasgeheimnis«. Man höre und staune: Diese Theorie ist bis heute eine der tragenden Säulen der herrschenden Ansicht, alle Bekenntnisse über Jesus seien nachösterliche Eintragungen. Wie modern doch Markus war, dass er genau die Wünsche der liberalen Jesusforscher kannte! Denn diese Wünsche waren: Jesus hat nur von Gott und seinem Reich geredet. Alles andere, insbesondere das anstößige Bekenntnis zu Jesus selbst, sei nachösterliche Erfindung der Gemeinde. Der betrügerische Retuscheur Markus habe durch die anachronistische Konstruktion in seinem Evangelium der Gemeinde ideologisch auf die Sprünge geholfen. Natürlich, so meint man, könne es nicht so gewesen sein, wie es das Evangelium berichtet.

Das halte ich für an den Haaren herbeigezogen. Es war doch wohl ganz anders. Jesus wie auch andere frühe Christen, zum Beispiel der »Herrenbruder« Jakobus, sind aus Erfahrung misstrauisch gegenüber bloßen Lippenbekenntnissen. Das Misstrauen gilt Bekenntnissen, denen keine Taten folgen. Jesus macht eine solche Erfahrung mit Petrus. Der formuliert zwar mit Gottes Hilfe das richtige Bekenntnis. Dennoch nennt ihn Jesus direkt danach »Satan« (Mk 8,33), weil Petrus die Bewährung im Leiden nicht nur selbst scheut, sondern auch Jesus davon abhalten möchte. Ebenso warnt Jesus in der Bergpredigt vor Leuten, die zwar »Herr, Herr« sagen und sogar Wunder vollbringen, aber Gottes Gebot nicht tun. Dasselbe gilt auch für Dämonen nach dem Jakobusbrief. Dafür, dass auf Glaube Werke folgen müssen, führt er als negatives Beispiel die Dämonen an: *»Glaubst du einfach nur, dass der eine und einzige Gott existiert? Herzlichen Glückwunsch! Auch die Dämonen glauben das und zittern doch vor Angst«* (Jak 2,19f.). Eigentlich handeln die Dämonen richtig; auch das Zittern wäre angemessen vor der Hoheit Gottes. Doch die Dämonen zittern nur aus Angst vor den negativen Folgen ihrer Taten und weil sie keine guten Werke tun. In diesen Texten scheint mir der Schlüssel für eine Deutung der markinischen Schweigegebote bei Jesus zu liegen. Beginnen wir mit den Dämonen. Ihr Bekenntnis ist zwar zutreffend, aber nur ein Ablenkungsmanöver. Sie wollen mit dem Bekenntnis schnell und für sie selbst gefahrlos Frieden schließen mit ihrem mächtigen Herrn. Sie haben ihm ja die Ehre zuteil werden lassen, die ihm gebührt, und im Übrigen bleibt alles beim Alten. Sie meinen offensichtlich, mit diesem verbalen Bekenntnis dem Herrn gegenüber sei es genug; damit seien sie sicher. Konsequenzen sind nicht in Sicht. Jesus will daher das zutreffende Bekenntnis nicht weiter hören und mahnt vielmehr das allein wichtige Tun an: »Geh raus hier!«

Genau darum geht es auch in der Bergpredigt (Mt 7): Ein Bekenntnis, nach dessen Lautwerden alles beim Alten bleibt, ist das Letzte, was Jesus wollen kann. Auch die Schweigegebote an die Jünger haben wohl eine ähnliche Funktion. Denn die Jünger haben sich noch nicht im Leiden bewährt. Am Beispiel des Petrus, das erst jetzt an Leuchtkraft gewinnt, kann der Leser im Lauf des Evangeliums verfolgen, wie nötig das Bekenntnis zum Leiden Jesu inklusive eigener Leidensbereitschaft ist. Wie eng beides zusammengehört, zeigt auch die Abfolge von Petrusbekenntnis und dem Wort von der Kreuzesnachfolge und Selbstverleugnung. Wenn Jesus daher den Jüngern nach der Verklärung gebietet, sie dürften erst nach der Auferstehung Jesu das Bekenntnis weitersagen, so hat dieses nach dem Gesagten folgenden präzisen Sinn: Erst dann wird das Bekenntnis jemand hören wollen, wenn die Jünger in Anfechtung und Leiden oder eben im Versagen demonstriert haben, was ihnen ihr Bekenntnis selbst wert ist. Dass Petrus nach seinem Versagen bereut, wird von hier aus für das Bekenntnis ganz wichtig. Von allen Jüngern wird berichtet, sie seien geflohen. Nur von Petrus wird gesagt, dass er sich – als der Hahn krähte – durch Reue besinnt. Das Bekenntnis zum Leiden und noch mehr das Leiden selbst überfordert die Jünger. Wenigstens die spätere reuige Einsicht gibt ihnen die Chance, gleichwohl mit einem Rest an Glaubwürdigkeit das Bekenntnis zu Jesus zu vertreten.

Die Dämonen müssen nach ihrem Bekennen ausfahren – das Bekennen selbst hat ihnen nichts geholfen. Die Jünger müssen nach ihrem Bekennen leiden, das Bekennen bliebe sonst leer. Dem Entweichen der Dämonen entspricht daher das Thema Leiden bei den Jüngern. Beides ist notwendige, durch Jesus selbst entweder erzwungene oder nahegelegte Konsequenz aus dem Bekenntnis zu ihm. Immer folgt das Entscheidende auf das Bekenntnis hin – oder eben nicht. Das Bekenntnis »an und für sich« hat keinen eigenen Wert, so wahr es auch sein mag. Hieran wird erkennbar, wie zentral für die christliche Kirche von allem Anfang an die Glaubwürdigkeit ist. Es ist nicht nur eine Glaubwürdigkeit im Allgemeinen gefordert, sondern eine durch Leiden erwiesene und gehärtete Glaubwürdigkeit – erst der leidensbereite und für das Bekenntnis gelitten habende Bekenner hat das Recht den Mund aufzumachen. Schwätzer bleiben außen vor.

Für uns heute übersetzt heißt das: Christentum gibt es nicht zum

Nulltarif. Wer es nicht wagt, dem Strom der Zeit entgegenzuschwimmen und erhebliche Nachteile in Kauf zu nehmen, dessen Rechtgläubigkeit hilft ihm nichts. Auch heute gibt es viele Menschen, die die Richtigkeit ihres Glaubens über jeden Erweis der Liebe stellen. Die meinen, sie seien Elite, weil sie strenge Ansichten hegen, hauptsächlich über das, was andere sind und tun sollten. Ebenso ausgeprägt ist die Gefahr, die von denen ausgeht, die zwar streng denken, es aber nicht offen zu sagen wagen. Denn sie wollen Ruhe bewahren. In jedem Falle liegt das verbale Einverständnis immer unter der Schwelle des Mutes. Erst dort, wo Mut gefragt ist, beginnt es überhaupt interessant zu werden.

KAPITEL 10

Das politische Konzept Jesu

10.1 Worum es der Bergpredigt geht

Sozialdemokratische wie christsoziale Politiker berufen sich gerne auf die »Bergpredigt« Jesu, wie sie der Evangelist Matthäus (Kap. 5–7) überliefert. Sie sehen darin ein ethisches Fundament, eine Art Generallinie im Einsatz für die Opfer und Schwächeren in unserer Gesellschaft, die im Überlebenskampf der Systeme nicht unter die Räder kommen sollen. In der Tat preist Jesus die Gewaltlosen, die Barmherzigen, die Friedfertigen. Aber das ist nicht die ganze Bergpredigt. Wer sich allein auf diese Perspektive einlässt und meint, über das verbale Bekenntnis zur »Bergpredigt« sei eine Utopie einer Gesellschaft angesprochen, in der auch Platz für die Marginalisierten geschaffen würde, hat sie nie gelesen. In der Bergpredigt geht es zentral um etwas scheinbar Abseitiges, um den »Schatz im Himmel« (Mt 6,19–21), den es zu gewinnen gilt, den »Schatz«, der eine Umwertung aller Werte erfordert und gewissermaßen in einem bedeutenden Nebeneffekt der Hinwendung zu Gott eine andere Gesellschaft erschafft. Die atheistische Beschwörung der Bergpredigt ist ein Unding. Der absolute Wert – der Schatz – ist für Matthäus die Anerkennung der Herrschaft Gottes und die bedingungslose Unterwerfung des Menschen unter sie. Die Alternative wäre: Keine Zukunft und keinen Schatz im Himmel haben. Am Ende geht es um ein »Ewiges Leben« nach dem individuellenTod und dem Tod der Welt.

Gott – nicht der Mensch – steht im Zentrum der Bergpredigt. Und nach Jesus gibt es eine eigene Logik des Handelns angesichts der Herrschaft Gottes: Wer so handelt, wie es angesichts der absoluten

Priorität Gottes angebracht ist, der hat einen Schatz im Himmel, einen Überschuss, einen nicht abgegoltenen Lohn. Die Bergpredigt verkündigt keine Leistungsethik, wonach soziales Engagement und das Vollbringen heroischer Werke in sich und für sich gut, ja gewissermaßen der wahre Jesuanismus wäre. In erster Linie geht es *nicht* um die Werke; ja wer schon auf Erden für seine Werke Ansehen genossen hat, der wird hier vor den Kopf gestoßen: Er hat nichts mehr zu erwarten. Die Seligpreisungen installieren eine Anschauung, nach der es ein hoher Wert ist, durch sein Verhalten oder Leiden (es geht nicht nur um die »Täter«!) jetzt in einen neuen, heilvollen Zusammenhang von Tun und Ergehen einzutreten, also in eine *Verheißung.*

Gott ist das/der Wichtigste – und dazu passt es, sich von den religiösen und rechtlichen Normen ganz erfassen zu lassen (Prinzip »aus ganzem Herzen«). Nichts Halbes gilt. Bisher haben jüdische Lehrer sich mit Kompromissen begnügt. Die reichen aber nicht, wenn es um das Himmelreich geht – darum, Gott selbst in die Augen sehen zu dürfen. Gefordert ist beispielsweise Gerechtigkeit: Das bedeutet, durch Erfüllen des Willens Gottes einen Beitrag leisten, um zu seinen Auserwählten zu gehören. Gerechtsein bedeutet hier: die Konvivenz, das Zusammenleben (mit Gott und Menschen) aktiv zu fördern. Wer mit Gott und den Gerechten zusammenleben will, muss sich den strengen Regeln dieses Zusammenlebens unterwerfen. Diese bestehen in einer radikal ausgelegten Thora – keine Abstriche an den Geboten. Weil Gott auch seinerseits gerecht ist, wird er jedenfalls für alles ungerechtfertigte Leiden einen Ausgleich schaffen (verteilende Gerechtigkeit). Zudem muss aber, weil Gott so radikal barmherzig und gerecht ist, jeder selbst gerecht sein. Sonst vollzieht Gott das Gericht nach der Talio (Regeln des gleichen Maßes: Nicht richten, damit man nicht gerichtet wird).

Wir können daraus eine Regel ableiten: Wenn Gott (das/der Wichtigste) im Zentrum der Anstrengung steht, regelt sich das Zweitwichtigste (Gerechtigkeit unter den Menschen) wie von selbst. Vor den letzten Wert, nämlich Gott in seiner Liebe und Vollkommenheit zu entsprechen, ist eine Reihe von zweitwichtigsten (»vorletzten«) Zwischenwerten gelagert.

Diese Werte sind:

- Eine Reinheit und Heiligkeit, die die der Pharisäer übersteigt. Dabei war es doch schon das erklärte Ziel der Pharisäer, überall im Alltag Gottes Willen zu befolgen. Jesus fordert mehr: den ganzen Menschen, sein Herz.
- Eine Abgrenzung und Unterscheidung von anderen (Gottlosen, Zöllnern, rein irdisch Orientierten).
- Eine Radikalität und Totalität: Kein menschlicher Bereich darf ausgenommen werden aus der Beziehung zwischen Gott und Mensch.
- Nur das Gerechtsein gilt, das von Herzen kommt.
- Das Erkennungszeichen »Freude« als präsentisches charismatisches Element (siehe: Mt 5,11f.).
- Eine Leidensbereitschaft, die bis zum Martyrium geht.
- Eine Ähnlichkeit mit Gott bei der Feindesliebe (dieses ist freilich nur eine Variation der Zugehörigkeit zur Herrschaft Gottes).

Wo diese Zwischenwerte aufscheinen, wo sie gelebt werden, da ereignet sich die neue Wirklichkeit, die mit Jesus angebrochen ist. Matthäus bedient nicht das, was heute theoretisch wünschbar wäre. Aufgrund des ausgeprägten Lohngedankens liegt dem Jesus der Bergpredigt jeder Gedanke an Altruismus fern. Die Bergpredigt enthält keine Barmherzigkeitsethik, sondern eine am Überleben orientierte Ethik der Herrschaft Gottes. Überleben heißt: Durch das Handeln auf Erden genug Schätze im Himmel und himmlischen Lohn, also noch ausstehende Vergeltung ansammeln, sodass die Gerechtigkeit es erfordert, dass man in den Himmel kommt. Prägend ist der Gedanke der Gerechtigkeit und des absoluten Vorrechts und Beispiels Gottes. Die Seligpreisungen und Antithesen sind jeweils Beispiele für Grundsätze. Die Bergpredigt sagt: Wer vollkommen sein will, der strebe eine »Ähnlichkeit« mit Gott an.

Damit sind wir auf eine wichtige Grundlinie gestoßen: Überall im Neuen Testament geht es um die Ähnlichkeit mit Gott. Bei Paulus und im Vierten Evangelium heißt das »Gotteskindschaft«. Bei Paulus wird sie durch den Heiligen Geist erlangt, im Johannesevangelium durch das Neugeborenwerden aus Wasser und Geist, also ebenfalls wesentlich durch Gottes Geist. In der Bergpredigt durch Gewaltverzicht und Nachahmung von Gottes gütigem, verzeihendem Handeln. Auch bei Paulus und Johannes sind Sanftmut und Güte erstrangige »Früchte« des Heiligen Geistes. Matthäus ist daher im Unterschied zu Paulus und Johannes streng ergebnisorientiert. Paulus und Johannes dagegen betonen die von Gott gesschenkte neue Gabe, die dazu die Kraft gibt.

10.2 Soll nach Jesu Absicht mit der Bergpredigt ein Staat regiert werden?

Wenn man die radikalen Forderungen der Bergpredigt liest, besonders die auf Gewaltverzicht hin orientierten, stellen sich einige unbequeme Fragen: Hat Jesus das wirklich so gemeint? Für wen soll das gelten? Nach meinen eigenen Erfahrungen kann man ein Kind jedenfalls so nicht erziehen; versucht man es dennoch, so wird das Kind vom ersten Tag im Kindergarten an zusammengeschlagen werden; das Kind erklärt dann den Eltern: Euch glaube ich nie wieder etwas. Ist die Bergpredigt etwa nur auf Erwachsene gemünzt? Und was ist mit der Notwehr? Ist es wirklich zumutbar, sich einfach bestehlen zu lassen und nichts dagegen zu tun? Ich nenne ein beliebiges Beispiel: Um 1804, also vor 200 Jahren, mussten Mönche des Klosters Metten zusehen, wie die kostbare Bibliothek ihres Klosters geraubt wurde und großenteils »vor die Hunde ging«. Sie haben sich nicht gewehrt. Noch schlimmer: Muss man wirklich zusehen, wenn die eigene Ehefrau vergewaltigt und ausgeraubt wird? Wenn die Kinder misshandelt oder missbraucht werden? Kann ein Staat nach der Bergpredigt handeln und darf er also keine Gewalt gegenüber Räubern anwenden? Muss ein christlicher Staat Polizei und öffentliche Gewalt abschaffen?

Immerhin bedenke man aber auch das: Nietzsches Freund, der Theologe Franz Overbeck, hat gesagt: Die Oberkirchenräte in Berlin erklären, die Bergpredigt sei unerfüllbar. Ihm imponierten im Kontrast dazu die Wüstenväter, die Mönche des christlichen Altertums, die »das Unmögliche wenigstens versucht hätten«. Franz Overbeck weist meines Erachtens durchaus in die richtige Richtung.

Es hat keinen Zweck, sich der Bergpredigt dadurch zu entziehen, dass man erklärt, sie gelte nicht, sei so radikal nicht gemeint, müsse im übertragenen Sinn verstanden werden oder solle uns nur nachdrücklich unser Scheitern vor Augen führen. Die Funktion der Bergpredigt ist es aus meiner Sicht, dass wir alle Kompromisse, die wir immer wieder schließen, stets neu an der Bergpredigt messen. Dass wir fragen, ob wir radikal genug sind und absolut ehrlich. Die Bergpredigt ist radikaler Maßstab und konstante Herausforderung. Sie ist – ähnlich wie der Bericht von der Auferweckung des Lazarus – das bleibende Ärgernis, eine Art rauer Stein, an dem wir uns ein Leben lang reiben sollten, damit wir nie selbstzufrieden werden. Bei der Lazarusgeschichte sollen wir uns fragen: Wie wäre es, wenn das wahr wäre? Und bei der Bergpredigt: Was müsste daraus folgern, wenn dieses und nichts anderes der uns zugemutete Wille Gottes wäre?

Sinnvolle Eingrenzungen für Notwehr und den Fall der Gewaltanwendung gegen Familienmitglieder gibt es genug. Aber größer ist das Feld, auf dem Gewaltverzicht ein Risiko ist, das uns frei macht. Denken wir nicht zuerst an die Kriege der USA aus neuerer Zeit, denken wir an unsere Prozesse mit Geschäftspartnern. Es ist hinreichend klar, dass der Kreislauf der Gewalt privat wie öffentlich immer neues Unrecht gebiert. Glücklicherweise hat es in der Kirche immer wieder Kommunitäten gegeben (monastischer Art), die versucht haben, Gewaltverzicht und Prozessverzicht glaubwürdig zu leben. Sie wurden dadurch lebendige Beispiele christlicher Freiheit und gelöster Heiterkeit. Denn nichts, noch nicht einmal das eigene Leben, kann man mitnehmen aus dieser Welt. Nur Weniges kann man hier erwerben, das »auch drüben« gilt. Gesucht ist also eine Währung, die auch über die Todesgrenze hinweg gültig ist. Jesus sagt, diese Währung sei nicht ausgeübte Gewalt und nicht geltend gemachte Besitzrechte, nicht durchgesetzte Ansprüche nach dem Schema »gib, damit du empfängst«.

Die Christen sind in puncto Gewaltverzicht in der Welt die »sanften Versager«, die das Spiel der Macht nicht begriffen haben. Die Situation der Minderheit, die so gar nicht zu einer allgemeinen Humanität (etwa im Sinne von »Weltethos«) passt, wird gleich zu Anfang deutlich: »Liebt eure Feinde, tut denen Gutes, die euch hassen. Segnet, die euch verfluchen. Betet für die, die euch misshandeln.« Folgende Situation wird speziell in diesen Sätzen vorausgesetzt: Die auserwählte Gemeinde steht in der Mitte. Sie empfängt massiv Feindschaft, Hass, Verfluchung und Misshandlung. Aber sie bricht darunter nicht zusammen. Aus der geheimen Mitte ihrer Existenz, von Gott her, empfängt sie die Kraft, all das Negative und Scheußliche, das sie empfängt, umzuwandeln in das Gegenteil. Sie verwandelt die empfangene Feindschaft in Liebe, die Verfluchung in Segen. Sie hat eine unglaubliche und wunderbare verwandelnde Kraft. Eine Analogie zu Gottes »Verhalten« angesichts der Kreuzigung Jesu drängt sich unmittelbar auf: Gott beantwortet den Hass der Menschen mit Liebe, er reagiert auf Gemeinheit und Mord an seinem Sohn mit umso größerer Feindesliebe, indem er sagt: Jetzt liebe ich euch erst recht. Paulus wird in Röm 5 die Kreuzigung Jesu als den Anlass für Gottes Feindesliebe darstellen. Die Kraft, die empfangenen Hass in verschenkende Liebe verwandelt, ist daher immer Gott selbst. Nur er, betrachtet als die geheime Mitte der Gemeinde der Jünger, kann das, was ihm angetan wird, so vergelten. Vergebung ist göttlich.

Für die Theologiegeschichte des frühen Christentums wird an dieser Stelle Wichtiges erkennbar: Schon in der Feldrede bzw. Bergpredigt Jesu wird genau das Denkmodell vorbereitet (und zwar ganz ohne christologischen Zusammenhang), das dann später bei der Kreuzigung auf Jesu und Gottes Tun angewandt wird. Gott wird auf den Mord an seinem Sohn ganz genauso reagieren, wie es hier von den Jüngern gefordert wird. Und hinter beiden Traditionen dasselbe Bild: Gelitten wird nicht um des Leidens willen, sondern das Leiden des Gerechten bzw. der Verfolgten wird zu aktiver Liebe umgewandelt. Gott ist das Segenszentrum der Welt. So verwandelt seine Kraft auch unsere Sterblichkeit in seine Unsterblichkeit. Mit so etwas konnte und wollte Kant »innerhalb der Grenzen der Vernunft« nicht rechnen.

Der berühmte Satz, dass unsere liberale, pluralistische Gesellschaft doch die Grundlagen, von denen sie moralisch lebt, nicht selbst legen und bestimmen kann, dieser Satz bedarf einer neutestamentlichen Verschärfung: Nur wenn man den tiefsten Personkern anspricht – Sehnsucht, Liebe und die letzte Freiheit – und nur dann, wenn man andererseits ein endzeitliches Ziel bestimmt, gelingt es überhaupt, Menschen in Bewegung zu setzen. – Die Bergpredigt will beides: Sie spricht den Menschen tiefer an als nur auf sein bürgerliches Wohlverhalten hin, sie nennt die feinen Regungen von Herz und Auge, Zunge und Hand. Und sie will auch mehr: Gottes Reich auf Erden.

Und wenn wir uns umschauen: Mit Appellen zu Wohlverhalten und Einhaltung der öffentlichen Ordnung ist kein Frieden zu gewinnen, ist kein Egoismus wirklich zu besiegen. Und übrigens: Die Lufthoheit über den Kinderbetten hatte bei uns nicht eine Partei, sondern das Kreuz und Stefan Lochners Madonna im Rosenhag. Geht es am Ende doch nur mit dem Evangelium?

Und noch eines: Sowohl bei Jesus wie bei Paulus ist »Gerechtigkeit« der Schlüsselbegriff. Ähnlich wie »Reich Gottes« ist auch der paulinische Schlüsselbegriff »Gerechtigkeit« nicht zuerst auf den Einzelnen zu beziehen, sondern meint grundsätzlich Ähnliches wie das alttestamentliche *sedaqah:* dem anderen das Zusammenleben ermöglichen. Entscheidend ist also das Zusammenleben, die Konvivenz. Der Römer bildete von diesem Wort den Ausdruck *convivium,* das Mahl. Konvivenz als Frucht der Gerechtigkeit bildet sich daher rund um das *convivium,* qualifiziert gesprochen: um das eucharistische Mahl.

Alle anderen Aspekte der paulinischen Gerechtigkeit sind der Konvivenz untergeordnet, nämlich die Stiftung durch Gott, die Aufhebung von ausgrenzenden Hindernissen, die differenzierte Wechselseitigkeit der Beziehung, die Grenze der Gemeinschaft und damit der Ausschluss nicht Dazugehöriger, das Verheißungsgut *(bonum commune)*, Symbole, an denen die Gemeinschaft sich wiedererkennt.

Wer von der kommunitären Struktur der Gerechtigkeit ausgeht, dem wird es auch leichter werden, Brücken von der Rechtfertigungslehre zur Kirche zu schlagen. Das ist politisch wichtig, denn wenn die Kirche nicht glaubwürdig Gemeinschaft vorlebt und darstellt, wird ihr auch die soziale Botschaft niemand abnehmen.

Fazit: Mit der Bergpredigt lässt sich kein Staat machen. Eben darum sollten wir es versuchen.

10.3 Ist mit Jesus überhaupt Staat zu machen?

Der Traum der römischen Kaiserzeit ist die Figur eines Kaisers und universalen Weltherrschers, der durch seine Person das Reich zusammenhält. Der römische Kaiser war geheimnisvollen »göttlichen« Ursprungs und zumindest nach seinem Tod wurde er jeweils postwendend unter die Götter aufgenommen. Er verkörperte daher die Einheit von Himmel und Erde, von Menschen und Göttern, von Profanem und Sakralem, die Einheit der verschiedenen Völker. Er war in dieser Hinsicht das Zeichen der Versöhnung. Die Christen sagen: Nein, genau diese Rolle des gottmenschlichen Superkaisers, des Hauptes und Führers, des Friedensfürsten, diese Rolle kann nur einer wahrnehmen, der vom Himmel selbst gesandt ist. Jesus Christus steht daher gegen allen Starkult und jede Herrschervergötzung, gegen jeden Führerkult und jede nur ideologische Versöhnung von Politik und Religion. Den Traum von der Einheit der Menschheit und von einem wahrhaft gottmenschlichen Herrscher stellt nur er dar. Seine Apostel sind die Herolde seines Friedensreiches. Und dieses sollten wir daraus besonders festhalten: Die Kirche kann aus allen diesen Gründen nicht Teil der Gesellschaft sein, sondern ist die Alternative dazu.

Nach dem Evangelisten Matthäus wird genau diese Hoffnung schon an einer Episode aus der frühen Kindheit Jesu deutlich erkennbar erfüllt. Dem König Herodes ist das Geheimnis verborgen, wer der künftige Friedensfürst über alle Völker sein soll. Wieder das Phänomen des geistlich blinden Herrschers! Nur ein paar heidnische Magier, Astrologen, sind ahnungsvoll einem Stern gefolgt und haben das Kind angebetet. Denn der Stern ist immer Zeichen eines neuen

Herrschers. Bis heute spricht man in diesem Sinne von einem »Star«. Dass das Geheimnis der Welt den Mächtigen und Herrschern verborgen ist, sagt in diesem Sinn auch Paulus, und er führt sogar die Kreuzigung Jesu darauf zurück: *Wenn ich von Gottes Weisheit rede, meine ich eine für gewöhnlich verborgene Weisheit, die Gott schon hervorgebracht hat, bevor die Welt wurde. Gott will uns teilhaben lassen an seiner Herrlichkeit – das ist das Geheimnis der Welt. Keiner der Mächtigen dieser Welt kannte dieses Geheimnis. Sonst hätten sie Jesus, den Herrn der Herrlichkeit, nicht gekreuzigt. Doch dieses sonst unzugängliche, herrliche Geheimnis ist, so heißt es in der Schrift, für uns bestimmt* (1 Kor 2,7–9 Übersetzung Berger/Nord).

Die Texte in 1 Kor 2 *(Gottes Weisheit ist den Mächtigen verborgen)* und Eph 3 *(Den Mächten und Gewalten muss die Weisheit Gottes erst kundgetan werden)*, die Weisheit und Macht auseinander dividieren und nur für den Idealfall zusammendenken, erklären auch, warum aus den Magiern in Mt 2 dann Könige wurden. Denn nur wer Gott anbetet, hat Anteil an seinem Königtum. Auf dieselbe Tradition vom Geheimnis nimmt der heilige Ignatius (um 115 n. Chr.) in seinem Brief an die Epheser Bezug: *Ein Stern strahlte auf am Himmel, heller als alle anderen, unbeschreiblich hell leuchtete er, ein fremder, neuer Stern. Alle anderen Gestirne, auch Sonne und Mond, standen ringsherum. Er aber strahlte heller als alle anderen. Alle fragten verwundert: Woher kommt dieser neue, unvergleichliche Stern? Das war das Ende aller Sterndeuterei. Alle Fesseln der Bosheit wurden gesprengt. Wer nichts über Gott wusste, wurde belehrt, das alte Reich des Bösen wurde zerstört. Denn Gott war als Mensch erschienen, Leben für immer neu zu machen. Gott setzte seinen Plan in die Tat um. Weil es dem Tod an den Kragen ging, geriet alles in Bewegung* (An die Epheser 20,2f.).

Dieser Text bei Ignatius macht wie Eph 3 bei Paulus und die Analogien in der römischen Kaiserideologie deutlich: Das Entscheidende im Bericht des Matthäus ist die Kniebeuge, ja (entsprechend dem Ritus antiker Audienzszenen) noch mehr: die Anbetung, die dem Kind gezollt wird, indem man sich auf dem Boden vor ihm niederwirft. Denn er ist Gott und Mensch zugleich. In ihm beteten die Magier den einen und einzigen Gott an. Vor dem »Superstar« Jesus Christus verblasst jeder andere Star. Der alte Traum des neuen, göttlichen

Menschen ging in ihm in Erfüllung. Ignatius hat es ganz richtig erfasst: Einheit von Gott und Mensch ist nicht Selbstzweck, sondern heißt am Ende Besiegung des Todes.

Die Menschheit hat in der Folge vielfach die Botschaft von Mt 2 überhört und den Traum nicht aufgegeben, anderswo nach dem neuen Menschen zu suchen: in Nietzsches Konzept vom Übermenschen, im neuen kommunistischen Menschen, im befreiten Menschen der Jugendbewegung, im Arier, im voll mit sich selbst integrierten Menschen der Psychologie. Das alles füllte Bibliotheken, blieb Schall und Rauch oder brachte nur Tote hervor. Das ist das alte System. Wie groß der Gegensatz zur neuen christlichen Botschaft ist, wird besonders daran erkennbar, dass Jesus nicht Tote produzierte, sondern selbst Märtyrer wurde. Wiederum unter einem Fürsten namens Herodes, wie die Evangelien wissen.

Nur mit dem einen wahren Gott Abrahams, Isaaks und Jakobs konnte der Traum der Menschheit in Erfüllung gehen. Man kann fragen: Wieso konnte man an dieser Erfüllung vorbeisehen? Die Antwort: Keiner kann Herrscher sein ohne ein Volk. Wir haben Jesus vereinsamen lassen, ihn zum »Messias-ohne-Volk« werden lassen. Wir haben es den Priestern der Karfreitags- und der Weiheliturgie überlassen, sich vor ihm niederzuwerfen. Wenn wir ihn anbeten, werden wir seine Kraft spüren, der Gottesdienst ist der Ort der Volksversammlung des Volkes Gottes. Wenn wir uns darüber klar werden, dann wird auch deutlich: Angesichts der Tyrannen dieser Welt kann es keine Kompromisse geben: In Jesus haben wir es mit Gott selbst zu tun.

Die alten Liturgien haben es gerade zum Fest der Epiphanie immer wieder in unübertrefflicher Schönheit gesagt: »Er ist den Hirten erschienen, er, den die benebelten Herzen der Weisen nicht erkannten. Ein Stern von ungewöhnlichem Glanz führte die Könige, ging ihnen voraus, wurde ihr Führer hin zum Erlöser, der als wimmerndes Kind in der Krippe die Reiche der Könige gebeugt hat.«

Wenn wir diesen Herrn wider alle Herren dieser Welt haben – was ist dann aber mit staatlicher Herrschaft? Wie sollen sich Christen zu den Kaisern, Königen, Tyrannen, Kanzlern und Präsidenten verhalten? Jesus sagt: *»Gebt Gott, was Gottes ist, und dem Kaiser, was des Kai-*

sers ist.« Meint diese Auskunft Jesu einen schiedlich-friedlichen Ausgleich zwischen Gott und Kaiser? Der damalige Denar, den Jesus sich in diesem Zusammenhang zeigen lässt, zeigte auf der Vorderseite das Brustbild des Kaisers Tiberius geschmückt mit ein Lorbeerkranz. Dazu die Inschrift: »Tiberius Caesar, Sohn des göttlichen Augustus«. Die Rückseite des Denars zeigte den römischen Oberpriester *(pontifex maximus)* mit der Mutter des Kaisers. Diese hielt in den Händen Zepter und Ölzweig. Durch den Letzteren wird sie als Trägerin des himmlischen Friedens *(pax)* gekennzeichnet.

Gegen den ersten Augenschein meint Jesus in Mt 22,21 keine Aufteilung der menschlichen Aufmerksamkeit in 50 Prozent für den »Staat« und 50 Prozent für »Gott«. Der Satz scheint eine kasuistische Faustregel zu sein. Doch schon der Umstand sollte stutzig machen, dass Jesus hier von Gott spricht, obwohl er danach nicht gefragt wurde. Die Oberfläche täuscht also. Denn was in der äußeren Form nebeneinander liegt, bezieht sich inhaltlich auf zwei ganz verschiedene Ebenen. Die Frage nach den Steuern und Jesu Antwort darauf ist vielmehr nur ein Anlass, die Gegner an ihr Verhältnis zu Gott zu erinnern. Das Steuernzahlen wird zum Bild für das Verhältnis zu Gott. So wie man dem Kaiser Steuern zahlt, so soll man Gott geben, was Gottes ist – ist nicht alles sein Eigentum? Allein die zweite Hälfte des Satzes stellt im Rahmen der Verkündigung Jesu wirklich den aktuellen Imperativ dar. Die Sorge der Gegner um die Steuern ist nur ein Bild und verdeckt die Sorge, die sie eigentlich haben sollten, nämlich Gottes Gebot zu erfüllen. Wenn sie schon das eine tun, wie sehr müssten sie dann das andere ernst nehmen!

Der erste Imperativ (»Gebt dem Kaiser …«) ist daher bedeutungsmäßig dem zweiten nicht gleichgeordnet. Statt »und gebt« müsste man korrekt übersetzen: »... aber gebt vielmehr.« Die beiden Imperative sind daher nicht im Sinne einer Addition der Pflichtbereiche zu verstehen; die Aufforderung liegt vielmehr auf dem letzten Glied. So allein fügt sich dieses Wort auch in den Zusammenhang der Botschaft Jesu ein. Es handelt sich nicht um eine staatspolitische Belehrung im Sinne eines Kompromisses zwischen Theokratie und Römerreich. In Röm 13,7, wo dieselbe Tradition zitiert wird, nun aber in staatspolitischem Zusammenhang, fehlt bezeichnenderweise ein ausdrücklicher Hinweis auf das zweite Glied, also das »Gebt Gott, was Gottes ist«.

Auch im Mittelalter hat man klar erkannt, dass es sich hier nicht um eine Fifty-fifty-Regel handelt. »Christus der wahre Lehrer … möge euch so in seinem Dienst verharren lassen, dass ihr unserem Herrn Jesus Christus selbst den Denar des gesetzlichen Gehorsams und des Befehls des Evangeliums abliefert. Und so möge der allmächtige Gott die Inschrift und den Aufdruck seines Abbildes behüten, nämlich euch, eure Herzen, dass jetzt und in Zukunft euch immer seine Majestät verteidige und seine Treue beschütze« (Bischöflicher Segen Nr. 1414). In diesem Text fällt die römische politische Begrifflichkeit auf – so ist von der »Majestät« und der »Herrschertreue« Gottes die Rede. Gott ist jetzt der wahre Kaiser. Was der römische Kaiser nicht leisten konnte, wird allein von Gott erwartet. In seinem Namen gilt auch der gesetzliche Gehorsam. In einem anderen bischöflichen Segensgebet heißt es: »Wie ihr das Bild des Kaisers [in Gestalt der Steuermünzen] als Zeichen des Sklavendienstes dem Kaiser gebt, so möget ihr das Bild Gottes [eure Herzen] rein und ohne Flecken zurückgeben in der Freiheit von Gott angenommener Kinder.« An diesem Text fällt der Gegensatz zwischen Sklavendienst und Freiheit auf. Das Gebet macht Ernst damit, dass das irdische Steuerzahlen nur ein Bild ist (»Wie …, so …«). Beachtenswert ist die Beziehung zu Röm 13,7: *Gebt jedem, was ihr ihm schuldig seid und was ihm gebührt: Gebt dem Steuern, dem Steuern gebühren, gebt dem Zoll, dem Zoll gebührt, bringt gegenüber dem Angst auf, dem Angst gebührt, und Ehrfurcht, wem sie gebührt.*

Man kann daher sagen: Das Neue Testament bietet Sätze, in denen die Pflichten der Christen in der Ordnung gegenüber Gott und menschlichen Instanzen geregelt sind. Die Angesprochenen haben vielfältige Pflichten. Und auch wenn die Pflichten gegen Gott erheblich von den Pflichten gegenüber Menschen unterschieden sind, so ist die Zuordnung dieser unterschiedlichen Bereiche auffällig, auch auffällig staatstreu. Auch wenn die Pflichten gegenüber Gott weitaus umfassender sind, so werden doch die irdischen Adressaten des pflichtschuldigen Handelns nicht abgewertet. Jesus ist kein Zelot, der Steuerzahlen ablehnt. Mit Paulus und 1 Petr, welche die entsprechenden, nahe verwandten Regelungen nicht Jesus zuschreiben, teilt Jesus die Auffächerung der Pflichten und eine grundsätzliche Bejahung des Steuerzahlens. Wenigstens für die Tempelsteuer geht das auch aus Mt 17,24–27 hervor. Wer die Pflichten gegenüber allen bürgerlichen Instanzen so deutlich wahrt, ist kein gewaltbereiter Revolutionär (gegen Robert Eisenman und »Kollegen« in der Qumran-Debatte).

Der positive Ertrag: Jesus verkündet die Herrschaft Gottes. Sie ist jetzt verborgen und wird demnächst offenbar. Die Herrschaft Gottes relativiert zwar jede irdische Herrschaft. Aber da sie eine Herrschaft der Gerechtigkeit ist, bejaht Jesus die allgemeinen sozialen Pflichten. Weil man diesen Satz *Gebt jedem, was ihr ihm schuldig seid und was ihm gebührt* (Röm 13,7) als ein Stück Gottesherrschaft bezeichnen kann, umschließt die Gottesherrschaft auch ein Respektieren der bürgerlichen Pflichten. Sie hebt diese Pflichten nicht auf, sondern fordert sie geradezu, wenn sie denn Ausdruck von Gerechtigkeit im Sinne des Erhalts des Sozialwesens sind. Weil also die Herrschaft Gottes, von der Jesus spricht, diesen wichtigen und wesentlichen moralischen Aspekt besitzt, deshalb ist Steuerzahlen geboten. Wo es aber nicht um die moralische Regelung des Miteinanders geht, sondern um Religion, da muss der Ansatz Jesu jeden religiösen Anspruch der Staatsgewalt auf Anbetung oder auch nur Verehrung ablehnen. Die Herrschaft Gottes umschließt und begrenzt daher menschliche Ordnung. Die mittelalterlichen Gebete haben das noch konsequent und großartig begriffen.

Natürlich hat Jesu Rede vom »Reich Gottes« auch eine politische Dimension. Dieser politische Aspekt ist in der Offenbarung des Johannes wohl am besten bewahrt. Denn der Seher Johannes wagt auszusprechen, was die Konsequenz der Botschaft von Gottes Reich ist: Wenn dieses offenbart wird, muss alle irdische Herrschaft endgültig vergehen. Irdische Herrschaft ist geliehene Herrschaft, Herrschaft aus zweiter Hand, Herrschaft auf Zeit. Die Evangelien hüten sich vor dieser relativierenden Konsequenz, der Seher Johannes wagt sie. Er hat nichts zu verlieren. Seine Praxis und Theologie sind durch das Blut von Märtyrern bestimmt. Christsein findet seinen Maßstab im Martyrium.

Andererseits kann die Botschaft Jesu auch ohne eine apokalyptische Geschichtstheologie auskommen. Denn die Botschaft Jesu ist konsequentes Ernstnehmen des Ersten Gebots und insofern mit jedem Schritt bereits Kritik an jedem irdischen Anspruch auf Allmacht. Jedes Ansinnen dieser Art wird entlarvt, denn es steht auf tönernen Füßen. Die positive Seite der Botschaft lautet: Werdet Gott ähnlich in seiner Schöpferfürsorge, Feindesliebe und Barmherzigkeit. Bleibt ihm um Gottes willen unähnlich in seiner Rolle als Richter und als der, der alles in Ordnung bringt und irdische Herrschaft für sich reklamiert. Maßt euch in dieser Hinsicht, also in Bezug auf die letzten Dinge, nicht Gottes Kompetenz an. Hier gilt es genau zu unterscheiden: Seid Gott ähnlich – bleibt ihm unähnlich, lasst ihm seine Heiligkeit, aber eifert ihm nach in seiner Liebe.

Jesus sagt wenig über Herrscher, und wenn, dann nichts Gutes: Sie beherrschen die Völker und nutzen sie aus, sie schaffen Märtyrer (ein Martyrium erwartet Jesus in Jerusalem seitens des »Fuchses« Herodes) und zetteln Kriege an. Alles Hohe aber wird erniedrigt werden. Die einzige Chance, in dieser Welt zu Gott zu gehören, ist Dienen, nicht Herrschen. Deshalb schwebt mir ein kirchliches Amt vor, dass seine Legitimität zugleich im Dienen – konkret gesagt: in dem, was man »Diakonie« (Dienst an den zu kurz Gekommenen) nennt – erweist.

10.4 Hat Jesus ein soziales Programm?

Seit geraumer Zeit ist der Zusammenhang zwischen dem persönlichen Egoismus und dem globalen Unrecht in der Welt ein umstrittenes, lösungsoffenes Thema. Hat es wirklich Sinn, an den Einzelnen zu appellieren, wo es doch eher zunehmend der ganzen Erde schlechter geht? Sind nicht die christlichen Projekte wie Tropfen auf den heißen Stein? Und schlimmer noch: Hat die fortschreitende Misere nicht auch die »Spender« von einst eingeholt? Sollten wir nicht lieber an unsere Arbeitslosen hier denken als an Völker der so genannten Dritten Welt? Sollten wir lieber nur für unsere eigene Altersvorsorge sparen, humaner formuliert: ... um unserer Enkel willen nicht so viele Schulden machen? Gibt das Neue Testament für die Verteilungsgerechtigkeit wenigstens theologische Grundlinien vor? Ich möchte festhalten:

1. Krieg und Hungersnot sind unter allen Schrecknissen in der Zeit der Gottesferne entschieden die schlimmsten.
2. Die Werke der Barmherzigkeit nach Mt 25,31–46 gegenüber Hungernden, Kranken, Gefangenen und Mittellosen sind weltweit angesagt. Wem auch immer sie zugewendet werden, sie haben eine Wertigkeit, wie wenn sie dem Menschensohn selbst getan werden. Wenn irgendwo in der Welt jemand einem Notleidenden hilft, dann gilt seine Hilfe letztlich Gott. Und weil der Menschensohn der Richter ist, kommt natürlich alles darauf an, zu diesem Richter schon vor dem Gericht eine gute Beziehung zu haben. Es ist aber nicht zu leugnen, dass Hilfe gegenüber Christen (Mt 25,40 mit den »geringsten Brüdern«; Gal 6,10 mit den Hausgenossen des Glaubens«, bei Berger/Nord: »Christenfamilie«) tendenziell oder ausdrücklich Vorrang genießt. Man kann das »Solidarität der Christen« nennen.
3. Aus Mt 25 und aus dem Gleichnis vom barmherzigen Samaritaner ist zu erkennen, dass Jesus die spontane Hilfeleistung über alles schätzt und sehr wohl um die Mechanismen der ideologischen Abdrängung von geforderter Hilfeleistung weiß.
4. Man muss nicht Christ sein, um aufgrund geleisteter, spontaner Hilfe in den Himmel zu kommen. Aber der Vorteil der Christen ist, dass wir um diese Einlassbedingungen wissen und uns darauf einstellen können. Viele aus den Heidenvölkern werden dagegen überrascht sein, wenn sie hören, dass in Wahrheit der Menschensohn der Adressat ihres Tuns geworden ist.

Im religionsgeschichtlichen Kontext fällt auf, wie gering die nationale, exklusiv jüdische Anbindung des christlichen Gebotes der Nächstenliebe schon im Neuen Testament ist. Sie wird mit der Sprengung der Grenzen zugunsten des auf die Heidenvölker geöffneten Evangeliums noch immer geringer. Dass hier das Judentum wirklich weltweit geworden ist, stellt daher für das jüdische Alltagsverhalten die eigentliche christliche Revolution dar. Sie bedeutet weltweite Ausrichtung der praktischen Liebe zum Notleidenden im Zeichen der weltweiten Zuwendung von Gottes Barmherzigkeit durch Vergebung der Sünden und Verheißung der Auferstehung. Dass ausgerechnet das Judentum mit der weltweit stärksten Betonung exklusiver Auserwähltheit in Gestalt des Christentums zum absoluten und konkurrenzlosen Vorreiter internationaler Hilfeleistung wurde, war schon für die frühen Christen ein überzeugendes, mitreißendes Argument dafür, hier den Geist Gottes am Werk zu sehen. Letztlich gründet es theologisch darin, dass Gott als der Schöpfer auch wirklich nun die ganze Schöpfung bejaht, indem er sich dieser uneingeschränkt zuwendet. Die Universalität der christlichen Botschaft von Liebe und Gerechtigkeit hat daher direkt etwas mit dem Kommen Gottes am Ende der Zeiten zu tun. Denn Gottes Kommen in die Welt wird und muss definitiv universal sein.

Doch ein Element wird auch dann bleibendes Merkmal des Weges Gottes zu den Menschen sein: Immer geht Gott den partikularen Weg der Zuwendung zum Einzelnen. Niemals gibt es bei Gottes Eingreifen in die Geschichte das Gießkannen-Prinzip. Das heißt: Keine allgemeine, anonyme, per Steuer oder allgemeinem Weltgesetz eingefordete generelle Hilfeleistung, sondern immer die Zuwendung zu jedem Einzelnen. Das ist der Weg, und daher ist die Einzelbekehrung unersetzlich. Und daher ist jeder Einzelne von Geburt an geliebt. Und nach der Regel der Einzelbekehrung wird sich auch wohl die Einheit aller Christen dereinst vollziehen. Denn in Hinsicht auf die Herzen der Menschen wird keine allgemeine Regel Geltung haben. Gott wird nie pauschal »alle Menschen« lieben, sondern immer nur jeden Einzelnen. Das ist das Muster auch für die Zuwendung der Christen zu den Menschen. Gottes Wege werden wie bisher partikular sein, nur werden sie eben dann alle Menschen kreuz und quer miteinander verknüpfen.

Auch für die Vorbereitung auf Gottes universales Kommen hilft keine Konstruktion einer künstlichen Universalreligion, wie es die Bahai-Bewegung versucht hat. Das Einzige, was wir wissen, ist das »Wer« und das »Wo«. Es ist Jesus, unser Herr, der kommen wird, und zwar nach Jerusalem. Und alle Juden werden ihn anerkennen. Welch ungeheure Freude und Versöhnung wird das sein! Aber zum Ausgleich für diese beiden Dinge, die wir wissen, ist das »Wie« uns ganz schleierhaft. Advent besteht darin, diese Verhülltheit auszuhalten.

Für jetzt gilt: Nicht den Himmel stürmen, so sinnvoll das Martyrium als Zeugnis auch ist, sondern den Menschen dienen. Unter »Dienen« versteht die Bibel alle Drecksarbeit zugunsten anderer. Zum Beispiel den Gästen die Füße zu waschen. In der ganzen Antike war dieses Aufgabe der Frauen, so auch bei der Sünderin in Lk 7 und bei den Witwen in 1 Tim 5. Jesus aber ist der erste Mann, von dem berichtet wird, dass er anderen die Füße wäscht – und er fordert dazu auf, seine Praxis nachzuahmen. Die liturgische Nachahmung in der Liturgie des Gründonnerstags ist als Predigt gemeint – eine Predigt revolutionären Inhalts, der man selten genug gefolgt ist.

10.5 Jesus und der schnelle Weg zur Macht

Jesus ist ein Vertreter der Langsamkeit, der Geduld. Er ist kein Hauruck-Revolutionär, kein Freund rascher Veränderung, und er weist seine »schnelleren« Gefolgsleute in die Schranken. Nimmt man die einschlägigen Stellen zusammen, so waren die Zebedaiden (Johannes und Jakobus, die Söhne des Zebedäus) unter den Zwölfen die Anwälte des »kurzen Prozesses«, der schnellen, alsbald eintretenden Reaktion des Himmels; daher heißen sie wohl auch »Donnerer« (»Donnersöhne«). So wie sie das Gericht über das samaritanische Dorf gleich vollziehen wollen, möchten sie in der Ewigkeit per Martyrium auch stante pede die Plätze rechts und links erlangen. Sie sind ungeduldig. Vor allem aber erstreben sie die wichtige eigene Funktion und wollen dafür auf der Stelle Gewissheit. Jesus achtet ihre Bereitschaft zum Martyrium, aber er kritisiert sie heftig. Auch Jesus selbst strebt nicht direkt das Martyrium an. Seine Schweigegebote, die wir nach Wundern finden, sollen auch den verhängnisvollen Kontakt mit der jüdischen Obrigkeit nach Kräften hinauszögern. Die

Devise heißt: Nicht den Himmel stürmen, so sinnvoll das Martyrium als Zeugnis auch ist, sondern den Menschen dienen. Damit wird, um es in traditioneller Menschensohn-Dogmatik zu sagen, die Zeitspanne der Niedrigkeit des Menschensohnes vor der zu erwartenden Hoheit ausgedehnt.

Hatte Jesus nicht davon gesprochen, der Jünger müsse sein Kreuz auf sich nehmen und ihn nachahmen? Übersetzt ins Heute, könnte das heißen: Geht den Weg durch die Instanzen! Drückt euch nicht vor den notwendigen Leiden! Durch die Art seiner Kritik ordnet Jesus für sich wie für jeden anderen Jünger das Martyrium in einen größeren Rahmen ein. Dieser Rahmen heißt: Dient erst einmal! Seid nützlich! Macht nicht den letzten Schritt vor dem ersten! Ein Martyrium kann dieses Dienen nicht ersetzen, es wohl aber, wo es nötig ist, vollenden. Der gewaltsame Tod wird in Kauf genommen, aber er ist nicht der einzige Sinn des Lebens. Allerdings ist das Martyrium die Vollendung des »Gehorsams«, dieser so wichtigen Kategorie für Jesus – siehe Phil 2,8: *... gehorsam bis zum Tod am Kreuz.* Gehorsam war Jesus sein ganzes Leben lang, nicht erst im Tod am Kreuz.

Die Geschichte der westlichen Frömmigkeit und Theologie hatte immer wieder die Neigung, Jesu Tod von seinem Leben zu isolieren, die Strecke seines Wirkens unter den Menschen zu überblenden durch die Ereignisse in Jerusalem. Wir blicken auf den Karfreitag und übersehen oft, dass sein ganzes, langes Leben darauf zuläuft – ein Leben so voller Dienste an den Menschen. Der Satz Mk 10,45: *»Denn auch der Menschensohn ist nicht dazu da, sich bedienen zu lassen, sondern er ist dazu da, zu dienen und sein Leben einzusetzen stellvertretend für alle«* sagt deshalb nicht nur etwas über Jesu Tod, sondern Entscheidendes über sein ganzes Leben. Der Dienst Jesu ist ganz umfassend zu verstehen. Zwar weisen viele darauf hin, mit der Hingabe des Lebens sei die Bereitschaft zum Tod gemeint. Doch der griechische Sprachgebrauch legt einen anderen Akzent nahe. In Apg 15 heißt es von Paulus und Barnabas, die zu diesem Zeitpunkt noch leben (!), sie hätten ihr Leben eingesetzt für den Glauben (wörtlich: ... das Leben gegeben). Und wie man sein Leben einsetzen kann als Lösegeld (eben stellvertretend) für andere, zeigt der Qumrantext aus der so genannten Sektenregel, Kolumne 8, wo es von den zwölf Gerechten heißt: »Ihre Gerechtheit macht alle Schuld Israels wett.« So ist es bei Jesu nun in der Tat: Er ist der einzige wahrhaft Gerechte. Und weil er makellos ist, kann sein Leben – man denke an eine Waage – alle Schuld aufwiegen. Und auch wenn man Mk 10,45 nur auf Jesu Tod bezöge, so könnte er doch nur aus diesem selben Grund Sühne (= eine Tat des Ausgleichs) sein, weil Jesus der ganz und gar Gerechte ist. Wo immer von Stellvertretung gesprochen wird, ist dies das Grunddatum, das notwendig vorausliegt.

Bezieht man Mk 10,45 nicht nur auf Jesu Tod, sondern auf sein Leben einschließlich seines Sterbens, dann wird der Satz im Rahmen des damaligen Judentums verständlicher. Dann praktiziert Jesus eben das, was er den beiden Jüngern hier auch rät: einen lebenslangen Dienst. Was ist »Dienen«? Dienen ist grundsätzlich die Art zu leben, durch die Jesu Leiden unter den Jüngern und also auch in der Gemeinde eine konkrete Entsprechung findet. Der Kontrast ist Egoismus, sind Rangstreitigkeiten und überhaupt Rangsucht unter den Jüngern. Aber diese Weise der »Anwendung« auf das Jüngerverhalten greift auch über auf die Deutung des Todes Jesu selbst. Wir können hier lernen, in welcher Weise Jesus selbst oder spätestens die frühe Gemeinde die Biografie Jesu angewendet, ausgelegt, auf sich bezogen hat. Niedrigkeit und Hoheit, Schmach und Herrlichkeit stehen in dieser Deutung der Passion Jesu im Vordergrund. In doppelter Hinsicht ist daher Dienen nicht selbstquälerische Erniedrigung für die Jünger, sondern eine sinnvolle, neue Lebenskunst: Wer dient, tut der Allgemeinheit etwas Gutes. Und wer dient, ist nach der revolutionären Umkehrung der Rangordnung durch Jesus ab sofort der Erste. Denn jedes Dienen ist Übernahme öffentlicher Aufgaben im Dienst der Allgemeinheit.

Dienen, das war damals wie heute etwas Erniedrigendes. Dienen ist eine Schande; man kann nicht den Herrn spielen, man übernimmt Arbeiten, um die sich niemand reißt; man räumt auf. Die Schande tragen, das macht Jesus ähnlich. Denn so, wie die Welt ist, kann die Herrlichkeit Gottes nur im radikalen Kontrast zu dem bestehen, was in der Welt als Ehre und Rang gilt. Nicht wer haben will, ist der Mächtigste, sondern wer schenken kann. Nicht der, der nimmt, ist der Reichste, sondern der, der gibt. Das kann aber nur dann sinnvoll sein, wenn es kein heroisches Verlustgeschäft ist. Der letzte Platz, die Erniedrigung, die freiwillige Sklaverei – das ist ein Übergangsstadium, das Jesus nur darum von seinen Jüngern einfordert, weil zuvor feststeht, dass der Menschensohn sicher, so sicher wie auf die Nacht der Tag folgt, der Träger der Hoheit in der Zukunft ist. Wer jetzt dient, wird mit ihm erhöht werden. Zu Jesus gehören heißt: Nach oben kommen, auch wenn es den schnellen Weg zur Macht nicht gibt. Der Weg Jesu führt durch alle Täler des Dienstes; er führt aber unfehlbar nach oben.

Es ist hier der Ort, etwas generell zum Ausdruck Menschensohn und zu seiner Bedeutung zu sagen. In der so genannten liberalen Theologie begnügte man sich, die Menschensohnworte Jesu in Gruppen einzuteilen, sie in – künstlichen – Gegensatz zur Reichgottesbotschaft zu setzen (vgl. nämlich schon Dan 7) oder eben überhaupt Jesus abzusprechen, so besonders im Alterswerk angesehener katholischer Theologen. Aber gibt es eine einheitliche theologische Linie in diesen Worten? Warum nennt Jesus sich so? Warum sind alle Evangelisten davon so überzeugt?

Menschensohn ist eine apokalyptische Konzeption, das heißt: Wer damit gemeint ist, hat Anteil an der ungeheuren Spannung zwischen Jetzt und Dann, zwischen der Welt und der großen Wende, zwischen dem sorglosen, gottlosen Tun der Menschen und dem Gericht. Im Gericht wird der Menschensohn Repräsentant Gottes sein. Daher kann der Menschensohn jetzt nur verkannt sein, heimatlos sein, ausgeliefert werden und schrecklich leiden. Im Übrigen gilt aber: Wer sich erniedrigt, wird erhöht werden. Doch unscheinbar Leidende gibt es genug in der Welt; ich denke an den »missratenen« Lebenslauf eines alternden Fräuleins in unserem Mietshaus, selbst freche Kinder griffen sie tätlich an.

Beim Menschensohn merkt man an drei Punkten etwas von seiner Zukunft: Weil er der Richter ist, hat er auch Auslegungskompetenz über die Normen, nach denen das Gericht urteilen wird, so über das Sabbatgebot. Und zweitens: Weil er der künftige Richter ist, kann er auch Sünden erlassen und vergeben, denn auch das ist richterliche Kompetenz. Nur glaubt ihm das jetzt noch keiner. Und drittens: Das

Gericht vollzieht sich natürlich nach der Talio (Wer zur Unzeit richtet, wird gerichtet werden. Wer ihn bekennt, zu dem wird er sich bekennen). Aber er ist nicht nur Richter, sondern auch Anwalt für die Seinen. Und weil der Tag der Rechnungslegung das Gericht ist, wird dann auch deutlich werden, was es heißt, dass er, der Anwalt, sein ganzes Leben eingesetzt hat als sühnenden Ausgleich für seine Jüngerinnen und Jünger (Mk 10,45). Fazit: Alle Aussagen über den Menschensohn werden verständlich im Rahmen seiner künftigen Richtertätigkeit. Dazu gehört auch eine letzte: Nach Mt 25,40 trifft man in jedem Geringen und Leidenden auf ihn. Nicht nur er ist unscheinbar leidend, er solidarisiert sich in wahrhaft globaler Weise mit allen, denen es ähnlich ergeht, also auch mit dem Fräulein aus unserem Mietshaus. Er sagt: In jedem »armen« Menschen trefft ihr mich. Das ist die Revolution.

Im Unterschied zum Menschensohn geht es bei dem Titel »Sohn Gottes« stets um den Träger von Gottes Lebensgeist. Dieser Geist macht zum Sohn Gottes, er lässt aus Toten Lebendige werden, lässt Jesus im Leib Mariens entstehen und ist als Gottesgeist den Dämonengeistern, die eigentlich Totengeister sind, entgegengesetzt. Und noch der Hauptmann unter dem Kreuz bemerkt die Vitalität des Sterbenden, der laut schreit.

Blicken wir noch einmal auf Jesus: In Mk 10,45 *(»Der Menschensohn ist dazu da, … zu dienen und sein Leben einzusetzen stellvertretend für alle«)* hatte Jesus auf seinen lebenslangen Sklavendienst hingewiesen. Dass Jesus sich wirklich als Slaven betrachtet, bestätigt die Art, wie Jesus mit dem blinden Bettler umgeht. Jesus handelt so, als wäre dieser sein Herr: *»Was möchtest du, was soll ich für dich tun?«* (Mk 10,51). In Mk 10,35 hatten die beiden Zebedäussöhne Jesus unter Druck setzen wollen: *»Wir wollen, dass du tust, was wir uns von dir wünschen.«* Ihren Wunsch hatte Jesus nicht erfüllen können. Plätze im Himmel hat er nicht zu vergeben, aber Blinde sehend zu machen, das ist seine Aufgabe. In Jes 35,5 heißt es: *Dann werden die Augen der Blinden aufgetan.* Jesus bereitet die Menschen vor für den Tag des Kommens Gottes. Später wird vom Einzug Jesu in Jerusalem berichtet. Zweimal rufen ihm die Menschen zu: »Sohn Davids, erbarme dich meiner.« Wie einst Salomo, Davids Sohn, der Krankheiten heilen und Dämonen beherrschen konnte, wird Jesus Sohn Davids genannt und ist so die endzeitliche Entsprechung zu König David. In jüdischer Perspektive ist David der große Sieger. Und nun besiegt Jesus alles, was den Menschen bedroht und ihm Angst macht. Mit seinem jüdischen Kolorit ist unser Bericht schon ganz auf den Tempel hingeordnet. Denn dieser ist noch immer der (wiederaufgebaute) Tempel Salomos, des Sohnes Davids. Der heilende Sohn Davids realisiert sein Anrecht auf die Befugnisse des Hausherrn im Tempel.

Zusammen mit Mk 8,22–26 (Heilung des Blinden von Bethsaida) bildet die Blindenheilung die Klammer um die Jüngerbelehrungen in Mk 8–10 vor dem Einzug nach Jerusalem. Die Blindenheilungen sind hier wie auch sonst zusätzlich Symbole für das den Jüngern geschenkte Verstehen. Und dass die Blinden Jesus nicht sehen, sondern nur hören, weist über die Geheilten hinaus auf die späteren Christen, die ebenfalls von Jesus nur noch hören. Insofern sind die Evangelien die Bilderbücher des Glaubens. Innerhalb des Berichts besteht eine Spannung zwischen der Aufforderung »Los, auf, er ruft dich!« und dem Erbarmen Jesu.

Jesus heilt den künftigen Jünger mit dem Satz: »Zieh hin, dein Glaube hat dir geholfen.« Dieser Satz, der häufiger in Wundergeschichten vorkommt, lohnt ein Nachdenken. Denn nicht Jesus war es, der den Blinden von außen her – etwa durch Berührung – heilte, vielmehr wird dessen eigener Glaube zum entscheidenden Auslöser. Der Satz »Dein Glaube hat dir geholfen« ist nur so etwas wie ein konstatierendes Machtwort. Jesus sagt dieses Wort, weil er sich erbarmt (Mt 10,48f.). Erst diese Feststellung setzt das Wunder frei. Jesus stellt etwas fest, das damit zugleich Realität wird. Der Satz »Dein Glaube hat dir geholfen« besagt: Der Blinde glaubt an Gott, der ihm in Jesus nahekommt. Jesus ist der Anlass für diesen Glauben. Er hat ihn geweckt. In dem Blinden wird durch Jesus, durch den Glauben an Gott in der Person Jesu eine Kraft geweckt, die ihn wieder ganz macht. So findet der Blinde durch Jesus indirekt sich selbst. Jesus nimmt die Blockade weg, die Blindheit bedeutete. Er setzt, so könnte man mit gebotener Vorsicht sagen, in dem Blinden die Kräfte zur Selbstheilung frei. Denn offenbar bedeutet die Begegnung mit Gott, dass der Blinde seine körperliche Ordnung wiederfindet.

Nach biblischer Anschauung bestehen alle Krankheiten darin, dass der Mensch für eine Zeit (und im Tod endgültig) die Kontrolle über sich selbst, die Selbstbestimmung, verliert, dass er kein eigenes intaktes Kommandozentrum mehr besitzt, sondern zur herrenlosen Beute schädlicher Krankheiten und Dämonen wird. So löst sich seine innere Ordnung, seine Gesundheit auf. Der Kranke steht *machtlos* der Krankheit gegenüber, macht- und führerlos. Durch Jesus findet er sein Führungszentrum wieder. In seinem Glauben hat der Kranke jetzt Anteil an dieser stabilisierenden, festigenden, gegenüberstehenden Autorität. So löst sich der innere Krampf des Menschen in nichts auf. Anders gesagt: Vor ihm und außerhalb von ihm steht heilende Macht, steht positive Führungskraft, die der Blinde durch seinen Glauben für sich annimmt. Glaube ist biblisch gesprochen immer Anteilhabe an der Stabilität Gottes. Im Falle von Krankheit und Gesundung ist dieses eine ordnende Stabilität, aufgrund deren der Mensch »sich wieder einrenkt« in seine innerliche Ordnung, eben weil er nun nicht nur auf sich fixiert ist und so erst wahrhaft gelassen wird.

Krankheit ist Machtlosigkeit, Unordnung und taumelnde Führungslosigkeit. Glaube ist Anschluss an die Macht Gottes und darum in jedem Falle heilend. Glaube ist mehr als subjektives Vertrauen. Er ist objektive Teilhabe an der lebendig ordnenden Festigkeit Gottes. Glaube stellt den Menschen wieder her, da er jetzt dank Gottes Nähe ein geheiltes Kontrollzentrum besitzt. Man kann auch sagen: Indem Jesus als der Herr die natürliche Ordnung restauriert (und eben nicht zerstört), gibt er den Menschen erst Freiheit und Selbstbestimmung. Auch in der Aussage über die heilende Kraft des Glaubens liegt daher ein Stück der christlichen Grundaussage, dass nur der Blick von sich selbst weg den Christen erlöst. Der Glaube heilt, weil im Blick auf Gott – und nur so – der Mensch seine Ordnung wiederfindet. Weil der Glaube durch Jesus hindurch auf Gott gerichtet ist, ist er in jedem Fall in dem hier beschriebenen Sinn *rettend.* Denn auch Sünde ist ja ganz ähnlich wie Krankheit Verlust der Selbstbestimmung und Selbstkontrolle; auch hier gerät der Mensch unter eine fremde Macht.

Bezeichnend dafür, dass die Jünger in Jesus göttliche Macht erkennen, ist auch die Anrede »Rabbuni« (aramäisch: »Mein Lehrer/Herr«);

sie findet sich nur zweimal im Neuen Testament, nämlich in Mk 10,51 und in Joh 20.16. Namentlich bekannte Jünger sprechen Jesus so an. Diese Anrede ist sachlich deckungsgleich mit der Anrede »Herr!« (griech. *Kyrie*), wie Mt 8,25 im Vergleich mit Mk 4,38 (»Lehrer!«) zeigt. Im Berliner Papyrus 11710 sagt Nathanael: »Rambiu (= Rabbi) Kyrie.« Das hat einen vergleichbaren Stellenwert, wie wenn Thomas in Joh 20,28 Jesus mit »Mein Herr« anredet. Um den besonderen Wert dieser aramäischen Anrede »Rabbuni« richtig einzuschätzen, ist zu bedenken, dass Aramäisch nach damaliger Auffassung die heilige Sprache, die Sprache der Engel, ist. Wer Jesus so anspricht, will damit den schädlichen Einfluss böser Mächte fernhalten. Das ist bei einer Auferstehungserscheinung (Maria Magdalena, Thomas) auch bitter nötig, damit teuflischer Trug ausgeschlossen ist; aber das gilt auch für den Blinden, der durch Verwendung der heiligen Sprache den störenden Einfluss von Dämonen auf Blindheit (vgl. Mt 12,22) ausschließen will. Und auch die Anrede an Jesus im Seesturm (Mk 4,38; Lk 8,24; Mt 8,25) möchte Jesus nicht einfach als Lehrer ehren, auch wenn die Jünger hier griechisch reden.

10.6 War Jesus ein Radikaler?

Der geißelschwingende Jesus, der die Geldwechsler aus dem Tempel treibt, hat die Fantasie der Schwärmer und politischen Theoretiker nachhaltig befasst. Immer wieder wurde und wird ein Bild von einem im Grunde revolutionären Jesus gezeichnet, dessen weltverändernder, sozialer Impetus durch die Kirchen domestiziert und dogmatisch verfremdet worden sei. War der historische Jesus ursprünglich vielleicht ein Radikaler, dem wir nur noch im Nippes heutiger Verkündigung begegnen – zahnlos, brav, seines Stachels beraubt?

Fragen wir zunächst: Was heißt Radikalität im Urchristentum? Mit Johannes dem Täufer hatte es angefangen. Sein Stil, seine Nahrung und Kleidung, besonders aber der Inhalt seiner Botschaft verdienen das Attribut »radikal«. Johannes war kein Kasuist, der das große Gesetz in kleine Münze umschmolz; er forderte uneingeschränkte, eben radikale Umkehr angesichts eines drohenden gnadenlosen Feuergerichtes. Seine Art zu leben, seine Botschaft gaben fortan den Maßstab für das vor, was man im frühen Christentum »radikal« nennen könnte. Wo es um das strenge Gericht, wo es um alles oder nichts geht, kann nur der ganze Mensch gefordert sein. Im Grunde sprach Johannes der Täufer nur das Hauptgebot von Dtn 6,4f. neu aus: Gott zu lieben aus ganzem Herzen, aus ganzer Seele und mit aller Kraft. Die Rabbinen der Zeit Jesu und später übersetzten: … auch mit deinem ganzen finanziellen Vermögen. Der Mensch ist total gefordert. Fortan wird dieses als spezifisch »religiös« gelten: Nur die unbedingte, schrankenlose Befolgung des Gesetzes ist der religiösen Sehnsucht nach Liebe angemessen.

Doch es gibt auch einen neuen Grund für frühchristliche Radikalität: Anders als nach den alttestamentlichen Geboten ging es nun nicht mehr nur darum, »dass du lange lebest auf Erden«, dass man schließlich »satt an Jahren« stirbt. Das neue Ziel bestand vielmehr darin, in den *Himmel* zu kommen, in das Reich der Himmel zu gelangen. Dafür aber reichte das normale Tun nicht mehr hin; dafür bedurfte es eines Tuns, das einen auf Erden unabgegoltenen und unabgeltbaren Überschuss an Leistung erbrachte. Das Leitbild für diese neue Radikalität war der »Märtyrer«. Dass er, Gott bezeugend, stirbt, wird ihm auf der Erde nicht honoriert. Sein Tun durchbricht den Kreislauf von Geben und Nehmen. Er ist der Prototyp des Christen, dessen Handeln dadurch bestimmt ist, dass er eine Vergeltung auf der Erde nicht erwartet. Das Neue Testament spricht hier explizit von »Lohn«. Freilich mögen wir seit der Aufklärung das Wort »Lohn« in der Religion nicht mehr hören, da wir doch alle mehr oder weniger Lohnempfänger sind und wohl damit in der Kirche nicht wieder konfrontiert werden mögen. Hier soll alles anders sein. Je stärker unser Leben in Hierarchien eingebunden ist, umso weniger wollen wir davon in der Kirche hören. Das wird sie freilich nicht durchhalten können. Doch nennen wir das Gemeinte vorläufig anders: Über einem Handeln, für das wir hier in unserem Leben keine ersichtliche Vergeltung empfingen, von dem wir keinen Erfolg sahen, über einem solchen Handeln steht das Morgenrot einer Verheißung.

Wie man es auch dreht und wendet: Die durch Jesus angestiftete Bewegung hat nicht gerade volkskirchliche Züge; sie war und ist eine radikale Bewegung. Jesu Jünger sind so etwas wie eine charismatische Elite, freilich keine Leistungselite oder eine intellektuelle Oberschicht, aber Menschen, die alles, Besitz und Familie, lassen und dafür alles empfangen, Vollmacht und das Himmelreich. Diese charismatischen Züge gelten für die beiden Grundlinien der Jesusbotschaft, für die streng auf das Ende der Welt bezogene Linie wie für die weisheitliche Sohn-Gottes-Linie. Für die streng auf das Ende der Welt bezogene Linie gilt: Alles verlassen und dafür alles bekommen, das heißt: die Familie und allen Besitz aufgeben und dafür das Ewige Leben erhalten. Das ist der Gegensatz zwischen den beiden Weltaltern. Wer in dem einen gibt und sich klein macht, kann im anderen empfangen und groß werden.

Die andere Linie, die weisheitliche, ist seltener beachtet und seit der Wiederentdeckung der Endzeitbotschaft Jesu vor rund 100 Jahren fast vergessen. Denn nach diesen Jesusüberlieferungen ist die Schöpfung ganz intakt und treibt keineswegs auf eine Katastrophe zu. Gott kleidet die Lilien des Feldes mit aller Schönheit und sorgt für Tiere und Menschen als guter Vater, gestern, heute, immer. Keine Krise und noch weniger ein Ende der Welt ist in Sicht. Aber die Konsequenz ist auch hier radikal. Zum Zeichen dafür, dass er die Wirklichkeit Gottes, des sorgenden Vaters, ganz ernst nimmt, verzichtet Jesus auf jede Vorsorge für Nahrung und Kleidung, sorgt sich nicht einmal um den eigenen Tod; keinerlei Verteidigungsrede bereitet er vor. Gerade nach Auskunft dieser vergleichsweise hellen und fröhlichen Linie ist Jesus Sohn Gottes, der sein Leben ohne Wenn und Aber in Gottes Hand legt.

Diese beiden Linien stehen keineswegs unverbunden nebeneinander: Zusammen bilden sie die große Radikalität des Urchristentums: Denn ohne gastfreundliche Menschen, ohne Ansätze von Gemeinden »vor Ort«, wären auch noch so radikale Wandermissionare sehr bald buchstäblich auf den Hund gekommen. Die Forschung hat vor lauter Begeisterung für diese »Wanderradikalen« die ortsansässigen Christen der Urzeit fast ganz aus dem Blick verloren. Das ist nicht ganz untypisch und zeigt nur wiederum die gehörige Verachtung, die Wissenschaft einem eher schlichten, unauffälligen, freilich in seiner Gastfreundschaft durchaus radikalen Christentum angedeihen lässt. Vergessen wir nicht: Auch Gastfreundschaft ist eine Form von Radikalität. Auch für sie gibt es nämlich – zumindest im Urchristentum war das die Regel – keine Vergeltung auf Erden. Daher ist die Gastfreundschaft in allen ethischen Katalogen der Anfangszeit so wichtig. Es ist gut verständlich, dass man alle offen sichtbaren radikalen Elemente der Botschaft Jesu immer wieder in ihrer Bedeutung abgewiegelt und in ihren Konsequenzen verharmlost hat. Die Gründe sind unterschiedlich:

Da ist einmal eine Konsequenz, die man aus der Rechtfertigungslehre ziehen zu müssen meint. So versteht man die Bergpredigt, die – exegetisch gesehen – zweifellos radikal gedacht ist, dann nur noch als ein Programm, das dem Menschen lediglich sein Scheitern vor Augen führen soll. Oft scheint das Motto zu gelten: Bloß keine Leistung verlangen, man könnte sich ja überfordert fühlen. Ich halte diese Konsequenz für fatal. Wo die Lauheit theologisches Programm wird, ist die Kirche nicht zu retten. Ehrlichkeit im Umgang mit der Radikalität Jesu würde bedeuten: Wir verzichten auf ermäßigende Manipulation der Texte. Wir stellen fest, dass diese Texte gelten und dass nur unser Herz oft nicht heiß genug brennt. Wir betrachten dann die Texte nicht als Gesetz, sondern als Herausforderung, sich immer mehr auf Gott einzulassen. Gott trägt uns dann auch durch. Wie beim Kinderspiel am Kiesgrubenteich: Es kommt darauf an, dass wir uns dem Floß anvertrauen, das uns trägt.

10.7 Der brennende Pfarrer und die political correctness

Im Jahre 1976 hat Pfarrer Oskar Brüsewitz sich – bekleidet mit der Amtstracht des Pastors, in Talar und Beffchen – vor seiner Kirche auf dem Marktplatz in Zeitz/DDR mit Benzin übergossen und selbst verbrannt. Er tat dies aus Protest gegen die Diskriminierung der Christen durch das SED-Regime und gegen den Opportunismus seiner eigenen, der evangelischen Kirche – ausdrücklich auch deswegen: wegen der opportunistischen Haltung seiner Kirche.

Nein, würden wir sagen, das tut man nicht, das ist nicht erlaubt. Man darf sich nicht das Leben nehmen. Die Moral ist dagegen, erst recht die Kirche und die Gewerkschaft. Wo kämen wir hin, wenn alle das machten? Nein, das dürfen nicht alle tun, schlimm genug, wenn es einer glaubte tun zu *müssen*. Andererseits: 260 000 offizielle Besucher aus der Bundesrepublik haben den Staatslenkern Ulbricht, Honecker und Krenz die Hand geschüttelt. Es ist nicht bekannt, dass einer von ihnen die dargereichte Hand ausgeschlagen hätte. So sind wir. Zurück zu Oskar Brüsewitz. Wir müssen nicht urteilen, nicht rechtfertigen, nicht gut oder schlecht finden. Was er getan hat, sollte ein Zeichen sein, und das ist es bis heute – ein überaus prekäres, beunruhigendes Zeichen. Denn wie wäre es, wenn wir nicht per se im Recht wären? Wenn dies ein Zeichen für etwas wäre an Gott, an dem Gott, dessen Bild Feuer ist – verzehrendes Feuer? Wie verzweifelt muss ein Pfarrer über seine Mitmenschen gewesen sein, wenn er das Feuer des Gerichts auf sich zieht, es stellvertretend auf sich selbst anwendet?

Ich möchte jetzt gerne ein Stoppschild aufstellen: Versuchen wir nicht zu rechtfertigen! Zeichen ergehen, sind vielschichtig, geheimnisvoll, gänzlich unerwartet. Oder denken wir etwa, Jesu gewaltsames Vorgehen gegen die Händler im Tempel sei gewaltlos, lieb, vernünftig und von Augenmaß geprägt gewesen? Das war es gewiss nicht. Jesus, sonst gegen Gewalt, übertritt hier die Moral wegen der Heiligkeit des Hauses Gottes. Er ist wütend und enttäuscht, weil die Größe Gottes verraten wird. Sei Ausbruch war nicht abgesprochen, nicht zu rechtfertigen, nicht moralisch. Und doch war er ein unvergessliches Zeichen. Rein moralisch hatten die Händler Recht. Gott ist aber mehr und weiter als unsere Moral. Sein Anspruch prallt oft genug mit dem zusammen, was wir uns als anständig zurechtgelegt haben. Gewiss, es war anständig und vernünftig, Honecker die Hand zu geben, 260 000-mal. Wir fragen nicht, wer Recht hatte, die 260 000 oder der eine. Wir sollten nur nicht zu sicher sein, dass Gott selbstverständlich auf unserer, der politisch korrekten Seite steht. Das, was man *correctness* nennt, ist längst an die Stelle der Zehn Gebote getreten. Wir haben uns gutnachbarlich mit der Welt arrangiert. Das meiste ist in Konkordaten geregelt. Da müssen wir uns doch nicht irritieren lassen?

10.8 Die schrägen Vorbilder Jesu

Zuletzt ist es nicht erst Pfarrer Brüsewitz, der irritiert. Es ist das Neue Testament selbst; es ist Jesus, der irritierend unschematisch handelt, der irritierende Gleichnisse erzählt – radikale, provokante, politisch inkorrekte Gleichnisse, in denen es ungerecht zugeht oder zuzugehen scheint. So etwa im Gleichnis von den anvertrauten Pfunden. Was bemüht Jesus da für schräge Beispielgestalten? Was ist das bloß für ein rigoroser Kapitalist, der den Angestellten, der nicht genügend investiert, an die Luft setzt? Sollen wir uns etwa ein Beipiel nehmen an einem, der von sich selbst sagt: Ich ernte, wo ich nicht gesät habe? Das heißt doch: Ich lasse andere für mich arbeiten und nutze sie aus. Das wusstet ihr doch – oder? Im Gleichnis vom unbarmherzigen Knecht setzt Gott den Sklaven, der nicht seinerseits vergeben will, für immer in den Schuldturm, denn er wird nie die Summe bezahlen können. Hätte Jesus doch geschwiegen! Viele Ausleger winden und drehen sich deshalb und behaupten kurzerhand, der Schluss dieses Gleichnisses könne unmöglich echt sein. So wird Bibelauslegung zu einer interessegeleiteten, im Grunde lächerlichen Veranstaltung! Was nicht sein kann, darf nicht sein. Wo es einem nicht passt, weil es zu scharf wird, erklärt man die Dinge einfach für unecht.

Da ist neulich ein medienerprobter und auch sonst schlagzeilenträchtiger Pfarrer in Verruf geraten, weil er gesagt hat: Gott ist wie ein Gangster, er ist mit allen Mitteln hinter mir her, will mich gefangen nehmen. Will alles, was ich habe, alle meine Freiheit für sein Reich. Dabei könnte dieses provokante Bild durchaus auch der Mystik einer spanischen Ordensfrau und Kirchenlehrerin aus dem 16. Jahrhundert, Theresia von Avila, stammen, die sich nicht scheute, die verrückte, leidenschaftliche Liebe Gottes im Brauch des Fensterlns zu spiegeln. Und dann empören sich die Leute und erst recht die Kirchenleitungen: Nein, Gott ist doch kein Gangster! Das darf nicht sein. Geschmacklos, Blasphemie! Aber schon in den Gleichnissen Jesu stehen lauter Dinge, die man nicht tun darf:

- Wer hat, dem wird gegeben. Wenn das nicht fragwürdig ist!
- Man darf nicht junge Mädchen nachts vor die Türe setzen, wie es der Bräutigam tut.
- Man darf nicht Schuldscheine fälschen, jedenfalls keinen Verwalter mit solchen Praktiken loben.
- Man darf kein Attentat verüben – wie im Bild für das Reich Gottes.
- Man darf nicht Sklaven freisetzen und einlochen, die nicht 100 Prozent Gewinn bringen – so tut es aber der unsoziale Chef.
- Man darf nicht Leute in den Schuldturm werfen, bis sie den letzten Groschen bezahlt haben – wie der Herr es in der Reaktion auf den unbarmherzigen Sklaven tut.
- Man darf auch nicht Menschen mit List einfangen und überwältigen – und was hat Jesus mit Paulus gemacht? Paulus wurde vor Damaskus vom Pferd geworfen; er ist zu Boden gestürzt; drei Tage war er blind.

Bei Gott geht es nicht zu wie im Mädchenpensionat älterer Prägung, in dem die Hausordnung noch identisch mit dem Willen Gottes war. Darum ist es hier an der Zeit, dass wir uns über den Unterschied von Moral und Religion neue, vielleicht ungewöhnliche Gedanken machen.

10.9 Über den Unterschied von Moral und Religion

Was haben wir aus unserem Gott gemacht, dass wir all das Geschilderte nicht mehr verstehen? Zu vermuten ist: Wir verwechseln Religion und Moral. Das ist so in Volkskirchen der Aufklärung, in denen man sich im Anschluss an Kants Kritik der praktischen Vernunft ein Bild gemacht hat, in dem nur noch gelten darf, was den Postulaten vernünftigen moralischen Handelns und dem daraus resultierenden gesellschaftlichen Minimalkonsens entspricht. Da wird alles und jedes nur noch moralisch verstanden. Und auch das Christentum wird über diesen Leisten gebügelt, wird auf Vernunft und Moral verkürzt. Aus den Bildern des Neuen Testaments jedoch spricht zum allerwenigsten Vernunft und Moral, sondern eben der lebendige, nicht einmal moralisch vereinnahmbare Gott. Wir halten etwas nur für erbaulich und religiös, wenn es moralisch nachzuahmen ist. Und wenn nicht, dann entrüsten wir uns. Unsere Verkürzung der Religion auf Moral erlaubt uns, als die dazustehen, die Steine werfen und ansonsten rundherum in Ordnung sind. Doch unsere Moral bringt es nicht weiter als bis zu einem ärmlichen Mäntelchen aus *correctness.*

Und ich stelle noch einmal ein Stoppschild auf: Lassen wir die Finger davon, alle Bilder von Gott bloß moralisch zu verstehen. Wir kommen in Teufels Küche damit. Wir möchten Gott gerne moralisch domestizieren und ihm vorschreiben, was er zu tun hat und was er nicht tun darf. Er darf nur der liebe Gott sein und nicht etwa auch der Abgründige. Er darf nur immer das Gute tun und nicht auf dem Weg über radikale Liebe, radikale Raffinesse, ja vielleicht auch radikale Verzweiflung zum Ziel kommen. Er muss immer nur wohlanständiges Vorbild sein. Das ist ja auch nicht falsch, aber es entspricht nicht dem jeweils und immer auch ganz anderen Gott, von dem jede Rede analog bleiben muss, will man sich nicht der Gefahr aussetzen, ein menschliches Bild an die Stelle des Geheimnisses zu setzen. Es gibt eine Stunde, von Gott als Vorbild zu reden. Und es gibt eine Stunde, in der er vor allem der Große, Unfassbare, der Heilige und Eigenwillige ist, von uns nicht zu richten und keinem Urteil zu unterstellen.

Wir verstehen die schrägen Bilder des Neuen Testaments nicht mehr. Deshalb gibt es auch den Konflikt zwischen der Religion, die auf Menschenrechte verkürzt ist, und der Bibel. Wir schätzen Autonomie und Freiheit – der Gott der Bibel ist aber selbst und allein souverän und er erwählt, wen er will, und er verstockt, wen er will. Wir haben eine Ahnung davon, dass es Gottes Ziel ist, sich aller zu erbarmen. Aber das ist doch keine Sache des Anstands und der Moral, sondern da spricht Gottes Herz, seine unfassbare Liebe.

Was ist der Unterschied von Religion und Moral? In der Moral geht es um das Maß, den Minimalkonsens vernünftigen Zusammenlebens für alle. Arthur Schopenhauer bringt dies ins Bild von den Stachelschweinen, die gerade so nahe beieinander sind, dass sie sich in der Herde noch wärmen, aber weit genug voneinander Abstand halten, dass sie sich nicht verletzen. Nichts ist über das Maß hinaus zu tun; niemand ist zum Äußersten verpflichtet. Niemand ist verpflichtet, auf Bananenkisten zu leben und den Rest den Armen zu geben. Und doch: Wenn es einer tut, beispielsweise aus »religiösen« Gründen, ist es ein Zeichen für Gott – erst dann. In der Moral gilt der kategorische Imperativ: Handle so, dass der Grundsatz deines Handelns jederzeit für alle gelten könnte. Nein, was Herr Brüsewitz getan hat, kann nicht für alle gelten. Aber in der Religion ist Kant am Ende.

Das muss man dreimal sagen in einem Land, in dem evangelische Christen seit 200 Jahren, aber neuerdings auch viele Katholiken ihr Weltbild eher auf Kant als auf Jesus bauen. Gott hat sich nicht geschont, er hat auch Jesus nicht geschont. Und was Menschen, die lieben, oft vermögen, dazu kann sie niemand (und schon gar keine Moral) verpflichten, oft ist es schier übermenschlich. Moralisch gesehen müsste man immer wieder sagen: Denk auch mal an dich dabei, überfordere dich nicht! Unsere Moral geht davon aus, dass niemand über seine Kräfte hinaus in Anspruch genommen wird. Und das hat einen guten Sinn. Niemand ist zu überfordern, niemand muss mehr geben, als er kann.

Wenn ich im Folgenden Moral sage, meine ich nicht christliche Moraltheologie, sondern die aufklärerische Vulgärmoral. Moralisch ist, wenn jeder zu seinem Recht kommt. Christlich ist es, wenn einer auch auf sein Recht verzichten kann. Moralisch ist, dass jeder unveräußerliche Rechte hat. Christlich ist, dass man mutig auch Unangenehmes fordert. Moralisch sind angemessene Bezahlung, Urlaub, Freizeit und Eigenheim. Christlich ist, ohne alles das auszukommen, wenn es denn nötig sein sollte. Moralisch sind Menschenrechte und freie Gewissensentscheidung. Christlich ist ein Gott, der ruft und überfällt, der verstockt und Menschen als seine Instrumente einfordert und gebraucht. Moralisch ist Toleranz. Christlich ist werbende, erfindungsreiche Liebe.

Moralisch ist: Mein Bauch gehört mir. Christlich ist: Ich gehöre Gott, inklusive meines Bauches. Auch ein behindertes Kind tragen wir Eltern gemeinsam. Moralisch ist: Bloß keine Opfer! Christlich ist: Durch Leiden wurde die Welt erlöst. Der gesamte Versuch, das Evangelium der Bergpredigt in Ethik umzuformen, ist das im Grunde a-theistische Bemühen gewesen, die Überforderung abzustellen. Aber was dabei herauskommt, ist dann eben etwas anderes als das, was Jesus wollte. Und das wollte Jesus: Nicht auf sich sehen, radikal von sich abzusehen, nicht auf das Maß achten, sich auf den maßlosen, übermoralischen Gott einlassen.

Eine ehelos lebende Ordensfrau von den »Barmherzigen Schwestern« verzichtet auf Ehe und Familie, auf Kinder und auch sonst fast alles, worauf Menschen ein gutes Recht haben. Niemand ist gezwungen, »Barmherzige Schwester« zu sein. Aber in einer Kirche, in der Schwestern aussterben, in der Pfarrer Prozesse gegen die Kirchenleitung führen, weil das Weihnachtsgeld halbiert wird, da herrscht zwar Moral, aber eben nicht mehr Religion. Eine von der Radikalität Gottes purgierte Kirche macht sich zum Abklatsch einer humanen Allerweltsmoral und eliminiert ihr Herzstück, den lebendig anwesenden, immer wieder auch maßlos einfordernden Gott. Ehelosigkeit um des Evangeliums willen, Martyrium, aufopfernde, selbstlose Liebe über das Maß hinaus – das alles sind Markenzeichen des Christlichen. Es kommt dort abhanden, wo die allgemeine Moral vor die Religion gestellt wird, sodass die Religion völlig verdeckt wird. Ein bloß moralisches Christentum muss immerfort andere Menschen im Sinne kleinbürgerlicher Anstandsregeln verurteilen. Sind wir zu Richtern über Rocklängen und *Loveparades* bestellt? Nein, sondern dazu, unser Herz zu öffnen und zu staunen über Gottes Wege.

Aber es ist gut, dass es beides gibt, begrenzende Moral und Gottes Grenzenlosigkeit. Dass es Moral gibt, ist besonders nützlich für Leute, denen man sagen muss: Denk auch mal an dich. Denn es heißt: Liebe deinen Nächsten wie dich selbst. Wie dich selbst – du darfst also auch dich selbst lieben, musst es sogar. Moral schützt uns auch, schützt die Opfer, schützt sogar die Täter. Allerdings haben wir mittlerweile genug an solchen Schutzmaßnahmen ergriffen. Vielleicht denken wir einmal wieder an das andere, dass es auch Gottes Grenzenlosigkeit gibt. Wie peinlich, wenn ein junger Geistlicher sagt: Ich muss jeden Tag etwas Gutes für mich tun. Ich bin Theologe geworden, weil ich das gerade nicht wollte. Ich wäre nie Theologe geworden, hätte es nicht einen Pfarrer gegeben, der Tag und Nacht Sprechstunde hatte und nicht bloß dienstags um drei. Der Gekreuzigte neigt sich vom Kreuz herab und schlingt die Arme um uns Menschenkinder, um jeden einzeln. Ein Liebender schont sich nicht. Gott gebe uns, dass wir die Stunde erkennen, je nachdem, ob wir zum Maß oder zur Maßlosigkeit gerufen sind.

10.10 Alles auf eine Karte setzen

Das Gleichnis vom »Schatz im Acker« (Mt 13,44–52) schildert uns einen Menschen, der gleich in mehrfacher Hinsicht »schräg« zu nennen ist. Zunächst: Raffiniert ist er und auf durchaus anrüchige Weise clever. Denn er findet einen Schatz, sagt aber dem rechtmäßigen derzeitigen Eigentümer nichts davon. Vielmehr erwirbt er das Grundstück zu marktüblichen Preisen. Er erwirbt es nur deshalb so günstig, weil er eben die entscheidende Tatsache verschweigt, dass er mit dem Grundstück auch den Schatz erwirbt. Ein unlauterer Heimlichtuer also. Er tritt dem Verkäufer nicht offen gegenüber, sondern ist nur tückisch, ja heimtückisch auf seinen Gewinn aus. Gewiss könnte er sich herausreden und darauf hinweisen, rein formalrechtlich sei noch alles in Ordnung, denn er müsse ja nicht alles sagen, was er wisse. Aber menschlich gesehen ist das unanständig. Er tut einfach so, als gäbe es den Schatz im Acker nicht. Es ist dieselbe Raffinesse in Gelddingen, die Jesus oft beschreibt und die ihn als Muster weltlicher Klugheit in gewisser Weise fasziniert haben muss. Ähnlich ist es, wenn Jesus vom lebenstüchtigen Verwalter (Lk 16) spricht oder von der Notwendigkeit, mit Vermögen fantasievoll zu arbeiten (Mt 25). Überall geht es um eine ganz gerade Linie: hemmungslos auf seinen Vorteil bedacht zu sein. Jesus bewertet das nicht, er sagt nur, dass man diese Art von Klugheit jetzt auf den eigentlich wichtigen Bereich, das Gewinnen des Ewigen Lebens bei Gott, übertragen sollte. Denn wir haben es ja mit einem Gleichnis zu tun, nicht mit einem Handbuch für Immobilienkauf. Doch gerade der Hauch von Kriminalität reizt Jesus hier, denn er lässt Menschen aufmerksam werden. Und intelligente (Wirtschafts-)Kriminalität ist etwas, das Jesus rein formal (!) bewundert, weil es von Fantasie und Engagement zeugt. Und die wünscht sich Jesus für die Frage, wie das Leben angesichts Gottes aussehen könnte.

Aber dieser Mann, der uns im Gleichnis vom Schatz im Acker begegnt, handelt auch unsinnig. Er verkauft buchstäblich alles, was er hat. Eine Haushaltsauflösung inklusive Geschäftsaufgabe mit Räumungsverkauf und Versteigerung des Wohnhauses stellen wir uns vor. Der Mann gibt alles daran, alles Ererbte und Vertraute, den Tisch der Eltern, das Geschirr der Küche. Nur so kommt es genau hin. Billiger geht es nicht, denn Immobilien sind damals wie heute das Feinste. Indem er alles weggibt, praktiziert er das, was wir Goldgräbermentalität nennen: alle Zelte abbrechen, um nur das eine zu gewinnen. Doch im Unterschied zu Goldgräbern kennt er den Schatz schon. Das ist wirklich ein Glücksfund. Manche Schätze aus der Zeit Jesu, die in der Erde vergraben lagen, blieben jahrhundertelang unentdeckt; ich denke an den römischen »Hildesheimer Silberfund« aus der Zeit Jesu, der erst 1868 gefunden wurde. Aber dieser Mann hat den Schatz nun schon, und das ist die überwältigende Hauptsache. Wie ein Goldgräber setzt er nun alles auf eine Karte. Hier werden wir also nicht vertröstet auf eine ungewisse Zukunft, wie man es sonst dem Christentum vorwirft, nein, dieser Mann hat den Schatz schon entdeckt. Steht dieser Schatz etwa für Gottes Liebe und die Befreiung von aller Angst?

Und noch etwas: Wenn man in einer Gesprächsrunde dazu auffordert, das Gleichnis vom Schatz im Acker nachzuerzählen, dann fehlt regelmäßig ein entscheidender Zug: »voll Freude« ging der Mann hin. Wir können uns das gar nicht vorstellen, dass man voll Freude alles verkauft. Denn wir hängen und kleben an unserem Besitz wie der reiche Jüngling. Dieser junge Mann war traurig, weil er sich nicht lösen konnte, weil er zur befreienden Freude nicht fähig war. Das gibt es sonst nur im Zusammenhang mit Liebe. Da finden wir das öfter, wie es schon die Bibel in ihren ersten beiden Kapiteln weiß, dass ein Mann Vater und Mutter verlässt, um mit seiner Frau zu leben. Jesus erwartet eben diese Fähigkeit von seinen Jüngern: Sie sollen aus Freude alles daransetzen, das eine zu gewinnen. »Brannte nicht unser Herz?«, fragen sich die Jünger bei Lukas.

Zum frühesten Christentum – bei Jesus, im Leben der Jünger, bei Paulus – gehört der freudige Befreiungsschlag, der Abschied von Besitz und Familie. Bei Paulus heißt das (in heute schwer verständlicher Terminologie) »Mitsterben« und »Mitgekreuzigtwerden« in der Taufe. Wenn jemand in der Frühzeit Christ wurde, sich taufen ließ, bedeutete dies den Ausstieg aus allen sozialen Sicherungsnetzen; es war dies, wie wenn man sagt: »Für dich bin ich gestorben.« Die frühen Christen sind nicht Menschen, die allseits geborgen sind und sozial gut versorgt, sondern sie sind durch die Narben des Abschieds gezeichnet. Der Schmerz prägte und prägt die Menschen, nicht das Wohlleben. Wir denken an Bischöfe und Pfarrer in den Ostblockstaaten zur Zeit der kommunistischen Diktatur. Gefängnis und Verfolgung hat sie kantig, eindeutig und durchsichtig für Gottes Reich werden lassen.

Von dem dänischen Philosophen Søren Kierkegaard stammt das Bild von den Wildgänsen. Die zahmen Gänse im Gatter sehen sie oben am Himmel fliegen, frei und elegant. Jesus hat für die Wildgänse optiert, nicht für die zahmen Gänse im Stall. Wenn die zahmen Gänse ihre wilden Verwandten aus dem selben Gänsegeschlecht fliegen sehen, dann ist es so, wie wenn der Flügelschlag des wilden Vogels sie unwillkürlich dazu bewegt, mit den Flügeln zu schlagen. Und dieser Flügelschlag bedeutet für sie Ängstigung und Lockung zugleich. Auch wenn wir Jesu Lebensstil nicht teilen – früher oder später kommt auch in unserem Leben die Stunde, da wir ein Stück von dieser Freiheit und siegreichen Sehnsucht gut gebrauchen können.

Das Ideal Jesu ist nicht der allseitig ausgeglichene und um Gesundheit und Ansehen besorgte Mensch. Jesus optiert für diejenigen, die das Risiko der Einseitigkeit eingehen und alles auf eine Karte setzen. Er hat Sympathie für den Menschen, der lebt wie jemand, der weiß, dass er nicht mehr lange zu leben hat – und irgendwie sind wir doch alle in dieser Lage – und der sich jeden Tag bewusst und ganz auf das Wesentliche konzentriert. Für Diktaturen sind solche Menschen gefährlich, die nicht auf die Uhr sehen und nicht immer darauf bedacht sind, ob sie auch ihr Quantum abbekommen. Es mag ja sein, dass man dann als schräger Typ gilt. Jesus jedenfalls hat Sinn für einen leicht schrägen Typ. Hier ist jemand, der auf den Schatz wie versessen ist, der gierig und verbissen nur an ihn denkt. Einer, der wirklich alles auf eine Karte setzen kann, der fähig ist, alles, wirklich alles zur Disposition zu stellen. Christentum ist keine langweilige Moral, bei der sich niemand überarbeiten soll. Wir finden uns nur, wenn wir frei zum Abschied werden und an den Punkt gelangen, an dem wir über Leben und Tod nachdenken, uns im Horizont Gottes aufs Spiel setzen. Nur nach einer solchen Radikalkur können wir Freude entdecken, besinnungslose Freude, bei der wir uns nicht einkriegen können. Der Preis für diese Freude ist der Schmerz des Abschieds. Wie mag das gewesen sein, als Jesus Abschied von seiner Mutter und seiner Familie nahm, um wandernd zu predigen und dann bald zu sterben? Was für ein Nebeneinander von Schmerz und Freude!

Im darauf folgenden Gleichnis von der Perle steht an der Stelle der »Freude« nun das Attribut »schön«. Von der Schilderung des neuen Jerusalem in Offb 21,21 her wissen wir, dass Perlen der Inbegriff von Schönheit waren. Bemerkenswert ist, wie unbefangen Jesus hier die Begeisterung für Schönheit in die Nähe des Glaubens rückt. Im Sinne dieser ästhetischen Dimension haben Liturgie, Musik und Kunst ihre unersetzliche Rolle als inszenierte Botschaft von Gott. Wenn eine Perle ganz schön ist, kann man alles dafür geben. Unser Glaube ist ebenso schön wie tröstlich. Denn irdische Schönheit wird zum Bild für Gottes Herrlichkeit.

10.11 Gerufen werden. Gehen.

Die Evangelien berichten von der Begegnung Jesu mit Johannes dem Täufer, der die Umkehr predigt. Jesus nimmt diese Botschaft zwar auf, aber in ihm ereignet sich ein entscheidendes Plus. Gottes Sehnsucht danach, mit und bei seinem Volk zu wohnen, ist ganz stark. Wer Jesus, seinen geliebten Sohn, hört, der kann schon ihn, Gott selbst hören. An dem, was Jesus tut, kann man bereits erkennen, was Gott demnächst an seinem Volk tun wird: Er wird dessen Arzt sein. Alle Zeichenhandlungen Jesu weisen in diese Richtung: Der Tempel wird gereinigt werden, die Heidenvölker werden dort anbeten. Ganz Israel wird sich bekehren, darauf weist die Jüngeraussendung vor Ostern. Gott ist in Jesus seinem Volk physisch, persönlich und zeitlich ganz nahe gekommen. Die politischen Konsequenzen sind noch verhüllt und die Bezeugung des Kommenden äußert sich in der harten Konsequenz des Martyriums. Aber in dem, was Jesus tut, besonders in der Stiftung des Neuen Bundes beim letzten Mahl, leuchtet überall das Neue auf. Ein zentrales Zeichen dieser neuen Zeit ist das Thema »Jüngerschaft«. Jesus beruft Menschen, zieht sie aus ihrem Alltag heraus, heißt sie im Vertrauen auf sein Wort mitzugehen.

Die Berufung der Jünger in Mk 1,19–20 hat eine direkte Parallele in der Berufung Elischas durch Elija in 1 Kön 19,19–21: *Und Elija ging fort von dort und fand Elischa, den Sohn des Safar, der mit Rindern pflügte. Und er ging auf ihn zu und warf seinen Mantel auf ihn … Und Elischa sagte: Ich will Abschied nehmen von meinem Vater und dir nachfolgen. Und er stand auf und ging hinter Elija her und diente ihm.* Es ist wie bei Markus. Der Rufer verändert seinen Ort, er trifft auf den namentlich genannten künftigen Jünger. Der ist gerade bei seiner normalen Arbeit. Durch eine Zeichenhandlung oder einfach einen Ruf wird der künftige Jünger angesprochen. Der Jünger folgt dem Propheten nach, wörtlich: er geht hinter ihm her, leistet ihm Hilfe, ist ihm gehorsam. Aber es gibt auch einen entscheidenden Unterschied: Bei Elija bittet der Jünger erst noch, Abschied von seinem Vater nehmen zu dürfen. Dieser Zug hat sich in der Jesusüberlieferung zwar nicht bei Markus, wohl aber in Lk 9,59–61 erhalten. Ein künftiger Jünger bittet dort: *Erlaube mir erst, wegzugehen und meinen Vater zu begraben*; und in 9,61 bittet ein anderer: *Ich will dir folgen, Herr, erst aber erlaube mir, Abschied zu nehmen von denen in meinem Hause.* In beiden Fällen verweigert Jesus diese Erlaubnis. Lukas sagt daher ausdrücklich, was Markus stillschweigend voraussetzt: Jesus ist strenger als Elija. Er lässt keinen

Einwand zu. Die Wunderberichte mit Parallelen in der Elijatradition zeigen ganz entsprechend eine Tendenz zur Steigerung der Vollmacht Jesu. Bei Speisungen und Totenerweckungen vollbringt Jesus das Wunder viel leichter und umfassend mächtiger als der Prophet. Und hier, bei der Jüngerberufung, äußert sich die größere *Vollmacht* als die größere *Strenge*.

Das Verhältnis von »Vollmacht« und »Strenge« ist ein bleibendes Thema unseres Glaubens. Man spricht anerkennend von »streng gläubig«, von »streng katholisch« oder von »strengen Orden(sregeln)«, wo es ausreichend Menschen gibt, die frei und glaubwürdig leben, was sie sagen und bekennen. Freie Strenge, Strenge ohne Diktatur, kann sich nur dort entfalten, wo es gewachsene, glaubwürdige Autorität gibt. An Jesus (siehe Mk 1) kann man erkennen: Solche Autorität gibt es am leichtesten im Bereich dessen, was man prophetisch oder wohlverstanden charismatisch nennt, was nicht im Gegensatz zu Recht und Ritus stehen muss. Die Kirche hat zu allen Zeiten gewusst, dass eine mit Jesus vergleichbare Autorität auf verschwenderisch geübter Liebe beruht oder auch auf dem Wissen, dass jemand Autorität einfordert, der sie durch geduldig ertragene Leiden für den Glauben erworben hat. Welches Ansehen hatte die Fakultät, an der ich lehre, in der Nachkriegszeit, da die Lehrer mehrheitlich im Kirchenkampf unter den Nazis erprobt waren! Atemlos hörten Studenten zu, wenn der Lehrer in der Vorlesung auf selbst erlebten Widerstand, auf Verfolgung, Gefängnis oder Verbannung unter den Nazis zu sprechen kam.

Das, was wir hier von Jesu Strenge zu hören bekommen, nennt man an anderen Stellen seine Radikalität. Mich hat diese Seite am Christentum immer am ursprünglichsten fasziniert, mehr noch als das Tröstliche, auch noch mehr als das Fröhliche. Denn in gelebter Radikalität ist doch die Geborgenheit am größten. Wo sie möglich oder direkt erlebbar ist, hört man das lebendige Herz des Herrn schlagen. Hier erfährt man unmittelbar, dass Gott lebt. Wo für Nebengedanken kein Raum ist, wird Gott im Schweigen vernehmbar, kann er den ganzen Raum erfüllen. Radikal ist ein Christentum, in dem man sich selbst vergessen kann, in dem man ganz leicht wird, weil man sich nicht so schwer nimmt. Wer radikal Jesus nachfolgt, ist eben deshalb geborgen, weil er die menschlichen Sicherheitssysteme kappt und sich ganz auf Gott verlässt, der ihn trägt und in die Arme schließt. Natürlich ist radikales Leben immer ein äußerliches und ein innerliches Risiko. Paradoxerweise kann nur der es bestehen, der sich ganz auf das »Spiel« einlässt: Sich oben auf der Rutsche loszulassen, um unten aufgefangen zu werden. Mich fasziniert es immer wieder, dass auch heute junge Menschen die Tollkühnheit besitzen, sich auf ein Ordensleben einzulassen oder Priester zu werden. Ich fühle dann den Pulsschlag des Evangeliums. Im Wagnis wird die Kirche jung, überspringt sie mühelos den Graben zwischen damals und heute.

In der nachkonziliaren Kirche gab es für vieles ehedem Strenge nun Erleichterungen, die vieles humaner machten, besonders für den Klerus. Eigenartigerweise kehrt die Jugend jetzt vielfältig zu den strengeren Formen freiwillig zurück. In Frankreich spricht man von einem Frühling der kontemplativen, strengen Orden, die scheinbar keinerlei Nachwuchsprobleme haben. Man sollte in aller Weisheit endlich wahrnehmen, dass es sich dabei um einen notwendigen Generationenkonflikt handelt. Für das Humanere wie für das Strengere kann man sich auf das Neue Testament berufen. Entscheidend ist nur, dass man, was auch immer man tut, es glaubwürdig und nicht in polemischer Abgrenzung vollzieht. Aus der Kirchengeschichte wissen wir allerdings auch, dass dem allfälligen neuen Anfang immer eine größere Strenge entspricht, wenn sie denn authentisch, frei und mit Begeisterung geübt wird. Viele Dinge, die ehedem klassisch katholisch, aber innerkirchlich in Verruf geraten waren, werden von außen wieder an uns herangetragen, so die Themen Wallfahrt, nächtliches Beten, Klöster und selbst der Rosenkranz. Jede Erneuerung wird nicht zuerst nach Erleichterungen fragen, sondern nach Substanz und Konsequenz. Gewöhnen wir uns das endlich ab, zuerst immer von den Erleichterungen zu reden! Reden wir von dem, was uns fordert, was uns begeistert und was uns binden kann.

10.12 Über den Umgang mit den Ressourcen

Der Bräutigam von Mt 25,1–13 ist ein Flegel. Er verfährt mit den jungen Mädchen unverhältnismäßig hart. Er, der zu spät kommt, hat es sichtlich nicht nötig sich zu entschuldigen und nimmt es doch anderen übel, dass ihr Lampenöl nicht für sein Ausbleiben reichte. Er schickt die eine Hälfte der zur Hochzeit eingeladenen jungen Damen nachts einfach weg. Taxis und Straßenbeleuchtung gab es nicht. Der Bräutigam behauptet gar, diese Frauen gar nicht zu kennen. Diese unverhältnismäßige Härte im Verhalten des Bräutigams zeigt, wie ernst die Mahnung ist, seine Bereitschaft zum Wachen dadurch zu beweisen, dass man von vornherein genug Öl mitbringt. Dann kann man auch ruhig schlafen, was ja auch die klugen Frauen tun. Das Christentum, das uns hier vor Augen gestellt wird, scheint eher eines der bösen Überraschungen zu sein, jedenfalls für Menschen mit schläfrigem Wesen. Die mitleidslose Strenge macht deutlich, dass das Gericht streng und radikal ist. Nichts wird geschenkt. Wer nur etwas Öl mitnimmt, hat soviel wie gar nichts. So hieß es schon in verwandten Gleichnissen: Wer hat, dem wird gegeben; wer wenig hat, dem wird auch das Wenige noch genommen.

Aber was soll nun das Öl bedeuten? Jesus deutet es mit keinem Wort an. Man hat vermutet, das Öl stehe für die *Liebe*, weil kurz zuvor, in Mt 24,12, von erkaltender Liebe die Rede ist, also auch von etwas, das langsam zu Ende gehen kann wie Öl in der brennenden Lampe. Oder man hat an *Geduld* gedacht, weil es nach Mt 24,13 auf Geduld ankommt in der Zeit vor der Wiederkunft des Messias. Für andere Ausleger wiederum geht es um *Glauben*, denn das Wort bedeutet im Griechischen auch »Treue« und damit etwas, das sich in der Dauerhaftigkeit bewähren muss.

Warum redet Jesus nicht eindeutig? Es ist wohl so wie in dem folgenden Gleichnis über die Talente. Auch hier sagt Jesus nicht, was die Jünger mit den Talenten tun sollen, er gibt keinen konkreten Auftrag. Die Jünger sollen selbst darauf kommen, was zu tun ist. Sie sollen ihrem Herrn gewissermaßen den Wunsch vom Munde ablesen. So auch hier. Jesu Rede vom Öl ist eine »Leerstelle« – der Leser soll sie mit wacher Fantasie ausfüllen. Kann es nicht zum Beispiel auch bedeuten, als Christ genügend Reichtum an guten Gedanken und Einsichten aufzuhäufen, Weisheiten wie einen Schatz zu bunkern? Das genau ist übrigens *Spiritualität*, nämlich buchstäblich aus solchen Einsichten zu leben, die man aus der geduldigen Bibellektüre oder dem treu geübten Gebet gewonnen hat. Ist das nicht die geistliche Kraft zum Durchhalten in schweren Zeiten, die andere an Christen oft neidisch bewundern? Junge Theologen ersehnen eine solche Nachhaltigkeit, weil sie wissen: Eine Kirche ohne Spiritualität wird nicht überleben. Nicolaus Cusanus († 1464) sagt in seinem Traktat »Über die Schau Gottes«: »Aus diesem Grund erkenne ich, dass du darum allen Geschöpfen unerkannt bist, o Gott, auf dass sie wie in einem unzählbaren und unerschöpflichen Schatz in dieser heiligen Unwissenheit umso größere Ruhe finden. Weitaus größere Freude erfüllt ja einen Mann, der einen Schatz findet, von dem er weiß, dass er unzählbar und unendlich ist, als einen, der einen zählbaren und endlichen findet … Du willst als mein Eigentum erfasst werden und zugleich unfasslich und unendlich bleiben, weil du ein Schatz voll von solcher Wonne bist, dass niemand nach deren Ende verlangen kann« (Kap. 16).

Es spricht etliches dafür, dass der Schatz, aus dem wir heute leben können, unsere Ressourcen in Schrift und Liturgie sind. Man eignet sich diesen Schatz in ständiger Wiederholung an, also gerade nicht in einer Kette von Neuheitserlebnissen und spannenden Events. Die Mutter der Spiritualität ist die Wiederholung. Das wissen nicht nur die Christen; das weiß man auch im Zen-Buddhismus, ja in allen Religionen. Es geht um das Abenteuer des eintönigen Lebens. Es gibt nun mehrere Arten von Eintönigkeit, solche, die uns kaputtmacht, und solche, die uns prägt und innerlich aufbaut. Die Wiederholung guter Worte nennt man Kontemplation. Carl Friedrich von Weizsäcker meint: »Der Beitrag, den der Kontemplative für die Gesellschaft leistet, besteht gerade in seiner Kontemplation. Ein ethisch so fragwürdiges, intellektuell so unerleuchtetes, durch und durch ambivalentes Gebilde wie die menschliche Gesellschaft der Hochkulturen bis auf den heutigen Tag kann nur dann das Abgleiten in die Selbstzerstörung aufhalten, wenn immer einige in ihr leben, die um der

Wahrheit willen die Teilnahme an ihren Tätigkeiten radikal verweigern. Und fast nur dort, wo Christen das wagten, blühte das spontane Verständnis der Bergpredigt auf, so bei Franziskus von Assisi.« So ist es der prioritäre Beitrag des Theologen und wohl auch der Geisteswissenschaft zur »Rettung der Welt«, das an andere weiterzugeben, was in der Kontemplation sich erschlossen hat, zugänglich geworden ist *(contemplata tradere)*. Durch Kontemplation, durch Wiederholung als Eintönigkeit der guten Sorte, wird unsere Zeit, die Zeit unseres Lebens, gefüllt, bis der Bräutigam kommt. Die Kontemplation ist ein Schatz von in wahrstem Sinne »erneuerbaren« Energien.

Das Öl der Lampen steht gerade nicht für blinden Aktionismus, denn schlafen dürfen nach diesem Gleichnis beide Gruppen Frauen. Es geht um nachhaltige Reserven, die reichen müssen für das Leben. Um den Text zu verstehen, erlaube ich mir an das Kinderbuch von der Maus »Frederik« zu erinnern. Zunächst wird der Sommer geschildert: Die übrigen Mäuse sammeln Vorräte, Körner und Schoten, Nüsse und Halme. Frederik sammelt scheinbar gar nichts und reizt damit den Zorn der anderen. Auf ihre Anfrage hin sagt er ihnen: Ich sammle Farben. Als dann im Winterquartier die Vorräte zur Neige gehen und die Mäuse schläfrig und zitterig werden vor Erschöpfung, beginnt Frederik, ihnen von den Farben zu erzählen, die er »gesammelt« hat. Und er erzählt Abende lang von Blumen, Gräsern, rauschenden Baumkronen und herrlichem Moos, von verwunschenen Mauern und großen Parks. Da klatschen die Mäuse in die Pfoten und rufen: Du bist ja ein Dichter, Frederik! Frederik hat aus seinem Schatz gelebt und andere daraus ernährt. Wer zum Beispiel aus der Bibel erzählen kann, von Abraham und vom Sinai, von Isaaks Brautwerbung und vom Zug aus Ägypten, der verfügt über einen Schatz von geheimnisvoll leuchtenden Geschichten, aus denen man leben kann.

Damit wandelt sich auch die Pointe des Gleichnisses. Nicht mehr der Hinauswurf der jungen Damen wird interessant, sondern die Erwartung der Hochzeit, in welcher der Messias mit seinem Gottesvolk verbunden wird. Die Hochzeitsfeier selbst wird in dem Gleichnis nicht geschildert. Wir sehen nur die Türe, und noch ist diese erst einen Spaltbreit geöffnet. Eine geradezu märchenhafte, sinnliche, verlockende Verheißung: Gottes eigentlicher, geheimster Wunsch – das Ende aller Dinge als großes, strahlendes Fest.

10.13 Wider den Dienst nach Vorschrift

Im Gleichnis vom anvertrauten Geld (Mt 25,14–30) tritt eine besonders anstößige Figur auf den Plan – ein Herr, der belohnt und bestraft nach freier Willkür. Barsch fordert er ein, was er gar nicht ausdrücklich verlangt hat. Er hätte doch froh sein können, dass der dritte Sklave – er hatte das Geld versteckt – das anvertraute Gut nicht verschleudert hat. Nein, der Herr ist nicht froh. Er hat Zins, Zinseszins und Wucher erwartet. Er belohnt nur den, der gewinnbringend investiert hat und ist gnadenlos zu dem, der nach seinen kapitalistischen Maßstäben versagt. Und dann wirft der Herr dem Sklaven auch noch vor, er habe ja gewusst, was für einen Herrn er hat. Dass er einer sei, bei dem es nicht auf braves Bewahren, sondern auf Kapitalwachstum um jeden Preis ankommt, auch um den leibhaftigen Preis von Mitarbeitern. Gott ist also – so zeichnet ihn dieses provokante Gleichnis – wie ein Kapitalist, wie ein Shylock in Shakespeares »Kaufmann von Venedig«, wie ein Banker in den oberen Etagen der Frankfurter City. Ist Gott so rabiat? Mir kommt als Analogie die Bergpredigt in den Sinn: Wenn eure Gerechtigkeit nicht die der Pharisäer bei weitem überragt, kommt ihr nicht in den Himmel. Und die Pharisäer sind wahrhaftig schon die Volksheiligen der damaligen Zeit. Der fordernde Gott als Gott Jesu – Fragezeichen, Ausrufungszeichen.

Man kann das alles sagen und man kann sich über dieses Gottesbild empören. Doch das ist erst die eine Seite. Denn angeredet sind doch Menschen. Und der so über Gott redet, will zugleich etwas über Gottes Gegenüber, die Menschen, sagen. Nicht Höchstleistung an sich ist nämlich hier das Ziel, sondern um das Zusammenspiel mit diesem Gegenüber geht es. Jesus sagt etwas über Gott und Mensch zugleich, aber im Sinne eines Spiels mit sehr verteilten Rollen. Aber worin liegt der Sinn von Gottes radikaler Forderung? Der

Herr sagt es selbst von sich: Ich ernte, wo ich nicht gesät habe. Genau das Umgekehrte aber soll der Sklave tun. Er soll säen, damit der Herr ernten kann. Der Herr handelt gerade nicht kreativ und produktiv; er ist außerhalb des Spiels; er sahnt nur ab und fordert. Nicht *er* muss überlegen, was er mit seinem Geld macht – das ist vielmehr Sache der Sklaven. Der Herr ist verreist. Er fordert Fantasie und Einsatz – nur von den Sklaven.

Gott ist der andere. Hier geht es einmal nicht um Entsprechung zu Gott oder um seine Nachahmung, sondern um die Entgegensetzung, um die Inkommensurabilität von Gott und Mensch. Nur als der andere reizt Gott uns zum Eigensten. Nicht als der Fantasievolle fordert er Fantasie. Sonst würden wir erdrückt werden. Ich selbst kann beispielsweise ziemlich gut mit Bauklötzchen umgehen und habe meinen Kindern immer die tollsten Sachen vorgebaut – mit dem Erfolg, dass sie nie einen Bauklotz in die Hand nahmen. So erdrückt man Fähigkeiten. Gott erdrückt uns nicht. Er gibt uns ein eigenes, offenes Feld, gibt uns Freiheit und eigene Verantwortlichkeit. Gott ist nicht immer nur Vorbild, er kann auch der ganz andere sein. Hier geht es also betont nicht um eine Verschiedenheit von Partnern auf gleicher Ebene, sondern als der »Herr« reizt er uns, fordert er uns heraus zur Wahrnehmung unserer eigenen Aufgabe. Seine Abwesenheit ist die Chance zu unserer Mündigkeit. Vielleicht hat alle Rede vom Kommen Gottes und davon, dass er noch nicht da ist, auch diesen Sinn, dass wir die Sache selbst in die Hand nehmen, ohne auf Kommandos zu warten.

Zwei Merkmale hat unser Wirken auf eigenem Feld nach unserem Gleichnis. Es ist von *ekstatischer Radikalität* und es geschieht *ohne (formellen) Auftrag*. Gott fordert auch dort, wo er keinen Auftrag gibt, wo kein Gebot hinreicht. Er ist jetzt nicht da, so müssen wir selbst überlegen. Die ganze Bergpredigt zeigt exemplarisch (!) diese weit über alles formell Gebotene hinausgehende Radikalität als Haltung, um Gottes Willen zu ergründen. Der Sklave sollte den Willen seines Herrn kennen und eben erahnen, was er will. Er soll ihm den Wunsch von den Augen ablesen können. Das ist weitaus mehr als was in Geboten zu fordern wäre: Vorausgesetzt ist ein sehr viel innigeres Verhältnis zwischen Sklave und Herrn als es bei ausdrücklichen Befehlen der Fall ist. Der Sklave sollte auch ohne Weisung den Willen seines Herrn erfüllen. Mit dessen Zielen soll er konform sein, gerade wenn er ihm selbst nicht ähnlich ist. Und welches sind seine Ziele? Dass sein Wille nicht nur im Himmel, sondern auch auf Erden getan werde. Sind wir hier am Nerv des Gleichnisses?

Ich nenne diese Radikalität *ekstatisch,* denn Dienst nach Vorschrift, *business as usual*, genügt eben nicht. Dann wären wir nur solche, die alles ordentlich bewahren. Dass wir entscheidend darüber und über uns selbst hinausgehen müssen, nenne ich ek-statisch. Denn nur wer aus sich herausgeht, wird er selbst. Wir kennen das von der Erfahrung einer heißen, leidenschaftlichen Liebesgeschichte her. Da kann man nicht bei sich bleiben, da ist man hingerissen, da liest man dem anderen den Wunsch von den Augen ab. Und indem man ganz beim anderen ist, kommt man an sein ureigenstes Ich. Zu uns selbst finden wir nur durch Hingabe an andere und anderes. Jesus sagt in diesem Gleichnis: Wenn ihr selig werden wollt, dann lasst euch von dem fordern, der bisweilen dieses *plus ultra* (»immer noch mehr«) von euch will. Denn so könnt ihr euer eigenstes Feld bestellen, eure und nicht seine Aufgabe wahrnehmen. Gott ist so streng, wie ihr es doch auch von der »Strenge« leidenschaftlicher Liebe her kennt. So ist die gnadenlose Strenge des Bankers nichts anderes als die Strenge, mit der wir radikal aufgefordert sind, angesichts des geheimnisvollen Gottes selig zu werden, uns selbst nicht zu verlieren. Es geht um Leben und Tod oder um das Himmelreich.

10.14 Ausgeschlafene Christen

Christen gelten gemeinhin nicht als Trendsetter, als besonders ausgeschlafene, wache, spürige Zeitgenossen. Das ist ein ernsthafter Vorwurf. Denn im Gleichnis vom Türhüter (Mk 13,33–37) spricht Jesus das Thema Wachheit explizit an. Die Türe zu hüten gehört zu den wichtigen Funktionen, die der Hausherr bei seinem Weggang verteilt. Jesus macht deutlich, was für die Apostel und dann auch für alle Christen gilt, nämlich dass sie wachen sollen, weil der Herr jederzeit kommen kann. Es wird Nacht sein, wenn er kommt. In der Nacht schläft man üblicherweise. Die Nacht steht für die ganze Zeit bis hin zum Kommen des Herrn. Die Nacht steht dem »Tag des Herrn« gegenüber. Wenn der Herr kommt, bricht das Licht seines Tages herein. Bis dahin herrscht das Dunkel der gegenwärtigen Weltzeit. Die Menschen sind geradezu blind im Dunkeln. Sie wissen nicht, was Wirklichkeit ist und begnügen sich mit dem kreatürlichen notwendigen Schlaf, der hier als umfassender Ausdruck ihrer Schwäche aufscheint. In der philosophisch geprägten Umwelt Jesu ist der Schlaf das Bild für das normale Dahindösen der Menschen und ihre Genügsamkeit in Bezug auf Wahrheit.

Wer es trotz Nacht auf sich nimmt wachzubleiben, tut etwas, das den meisten Menschen als widernatürlich erscheinen muss. Er »simuliert« lange vor Tagesanbruch mitten in der Nacht die Situation des Tages. Er nimmt den Tag in gewissem Sinne vorweg. Er transzendiert die ihn umgebende Nacht, denkt nur an den Tag. Er will es nicht verpassen, wenn der Herr kommt. So gibt es wenigstens einen, der auf den Herrn wartet. Wie der Wächter aufs Morgenrot (Ps 130,6) hofft, erwartet er den Herrn, voller Sehnsucht und Liebe. Er kann und will nicht schlafen, bis er endlich da ist. Jesus beschreibt in diesem Gleichnis genau das, was man *Spiritualität* nennt: Der geistliche Mensch ist der ganz wache, ganz auf den einen Punkt, den einen Herrn konzentrierte Mensch; er ist radikal darauf bedacht, mit wachem Auge auf das zu reagieren, was Gottes Wille in der jeweiligen Situation nahe legt. Der spirituelle Mensch ist zugleich der *adventliche* Mensch. Advent hat also nichts mit fernen Utopien oder überhitzten Fantasien über das Weltende zu tun. Es geht vielmehr nüchtern um die Frage »Hast du mich lieb, Petrus?« Bist du da? Bist du auf dem Posten?

Nach jüdischer und altchristlicher Auffassung sind diejenigen, die nicht schlafen, die Engel. Daher heißen sie griechisch die »Nicht-Schlafenden«, die »Wachenden«, die »Wächter«. Sie tragen deshalb diese Bezeichnungen, weil sie ausschließlich Gott im Auge haben, weil sie distanz- und zeitlos seinen Thron umstehen, ihn loben und auf seine Anordnungen hören. Jesus fordert von seinen Jüngerinnen und Jüngern daher nichts Geringeres als eine Angleichung an die

Existenzweise der Engel. Hier stoßen wir auch in der Verkündigung Jesu auf das Konzept der *Isangelie*, der Gleichheit mit den Engeln. Benedikt von Nursia, überhaupt das alte Mönchtum, kennt das Konzept vom engelgleichen Leben, das im Zusammenhang mit der Forderung nach der Unablässigkeit des Gebets seinen Mittelpunkt im Vorrang des Tag und Nacht umspannenden Gottesdienstes und Chorgebets hat. In der Kirche – in Byzanz wie in Rom – finden wir den Widerhall dieses Konzepts in Messe und Stundengebet. Mit den Engeln singen wir nach der Präfation das »Heilig, heilig, heilig …«. Aber da das ganze Leben der Christen Gottesdienst sein soll, gilt die Forderung der Engelgleichheit auch im Alltag. Zweifellos – Jesus fordert Radikales. Nur Gott im Blick zu haben und damit die Realität und die Maßstäbe des kommenden Tages mitten in der Nacht vorwegzunehmen, wo es sich doch alle gemütlich machen wollen …

Von daher wird erkennbar, dass die Konzeption des Wohlfühl-Gottesdienstes an der Sache vorbeigeht: ein wenig Bach (oder Sacropop), ein bisschen Lebenshilfe, die Seele baumeln lassen … Sich wohl fühlen und räkeln, das ist aber die direkte Voraussetzung zum Schlafen. Jesus fordert von seinen Jüngern, dass sie kompromisslos wachen Verstandes sind und das Erste Gebot radikal ernst nehmen. Es ist wohl wahr, dass man dieses dann am leichtesten kann, wenn man sich einlässt auf Gottes Liebe und den Wunsch verspürt diese Liebe zu erwidern. Doch Leute, die zur Unzeit schlafen, muss man aufscheuchen. Oder mit einem Wecklied (wie in Eph 5,14) aufrütteln. Das haben die Propheten getan, das hat Johannes der Täufer gemacht. Nur in unseren Tagen ist die kritische Einrede unbeliebt. Wir hätten es gerne kuschelig, trostreich, positiv. Wir sind beleidigt, wenn es ein Bischof, ein Pfarrer wagt, uns Leuten von der Herde ein wenig konkret ins Gewissen zu reden. Wer sich gegen Weckrufe immunisiert, möchte weiterschlafen. Wir kennen das: den Wecker abstellen und umdrehen zum Weiterschlafen. Oder den Wecker gleich in die Ecke feuern.

Die Forderung wach zu sein ist in vieler Hinsicht deckungsgleich mit biblischen Vokabeln, die früher eher Konjunktur hatten, wie »Buße tun« oder »Umkehr«. »Aufwachen« klingt positiver, weil es auf das Licht des Tages und die Freude an der Wahrheit zielt. Eine

»Kultur des Hinschauens« sei erforderlich, meinte jemand neulich im Blick auf die Realitäten an unseren Schulen. Genau darauf zielt Jesus. Freilich denkt er an ein Hinschauen im Sinn von Abgleichen: Wir sollen Gottes Wille und die jeweilige Situation miteinander abgleichen; es geht also um ein doppeltes Hinschauen. Damit steht das Christentum in denkbarem Kontrast zum (Neo-)Buddhismus, den man eine Philosophie des Schließens der Augen nennen könnte. Dort strebt man danach, alles Irdische loszuwerden, zuletzt auch sich selbst. Das Wort Mystik kommt ursprünglich von *myein*, »die Augen schließen«. Hätte das Wort nicht einen Bedeutungswandel durchgemacht, dürfte man im Christentum nicht von Mystik sprechen. Das Christentum ist die Religion nüchterner Wachheit. Wegtauchen, Desensibilisieren ist nicht erlaubt. Dagegen sollten wir die Augen öffnen, um Gott und den Nächsten als Gegenüber wahrnehmen zu können – und so auch uns selbst zu gewinnen und eben gerade nicht loszuwerden. An diesem Punkt haben wir auch das klare Unterscheidungskriterium, das christliche Meditation von ostasiatischer Meditation unterscheidet: Das eine ist konzentrierteste Wachheit und intensivste Wahrnehmung von Wirklichkeit, das andere Entselbstung, Aufgehen des Individuums im All-Einen.

Wer jetzt schon nach den Bedingungen des neuen Tages lebt und nicht in schläfriger Wohlspannung dahindämmert, der sorgt vor im besten Sinne des Wortes, der ist ein Kind der Zukunft. Der kommende Gott erwartet nicht, dass wir die Hände in den Schoß legen und auf den Punkt des Kommens starren. Er verlangt Wachsamkeit, weil er Gott ist und schon jetzt der Herr, auch wenn man diese neue Wirklichkeit kaum glauben kann.

10.15 Meditation in der Überforderung durch Jesus

Was Jesus in den Gleichnissen der Evangelien einfordert, ist so radikal, so anspruchsvoll, dass man – im Blick auf seine schwachen Kräfte – manchmal am liebsten die Segel streichen würde. Im Alten Testament, im Buch Hiob, findet sich ein Text, der diese seelische

Grundbefindlichkeit des Christen vor der Ungeheuerlichkeit des Geforderten gut zum Ausdruck bringt. Im Lichte des Evangeliums wird dieser Text daher zu einem Stück Evangelium. Er lautet:

Der Mensch, vom Weibe geboren, lebt kurze Zeit und ist voll Unruhe, geht auf wie eine Blume und fällt ab, flieht wie ein Schatten und bleibt nicht. Doch du tust deine Augen über einem solchen auf, dass du mich vor dir ins Gericht ziehst. Kann wohl ein Reiner kommen von Unreinen? Auch nicht einer! Sind seine Tage bestimmt, steht die Zahl seiner Monde bei dir und hast du ein Ziel gesetzt, das er nicht überschreiten kann: so blicke doch weg von ihm, damit er Ruhe hat, dass er sich wie ein Tagelöhner seines Tages freut (Ijob 14,1–6).

Bewusst stelle ich diesen Text an diese Stelle – und nutze ihn für eine sehr persönliche Meditation.

Es kann ja sein, dass andere bitten, du mögest auf sie blicken. Du mögest dich ihnen zuwenden und dein Auge auf sie richten. Du mögest dein Angesicht leuchten lassen über ihnen. Aber ich kann nicht so beten; ich bringe es nicht fertig. Ich kann nur sagen: Herr, schau *nicht* hin, guck weg, wende dein Angesicht anderswo hin, nur nicht auf mich. Lass mich, bitte, in Ruhe mit deiner Gegenwart, lass mich in Ruhe mit dir. Verschone mich mit deinem Angesicht. Schau weg. Vielleicht gibt es Menschen, die dich ertragen können, aber ich gehöre nicht dazu. Meine Schuld, auch die Schuld der Väter, holt mich immer wieder ein. Ich fühle mich wie gehetzt von einem Inkasso-Vollzieher, der den Leuten in die Wohnung rückt, um die Schulden einzutreiben. Denn du hältst dein Auge sehr wohl offen über mir, du kennst meine Schwäche und mein Versagen. Ein schlechtes Gewissen ist nichts gegen dich. Denn jeder Versuch der Verdrängung misslingt. Du holst mich ein wie durch eine Rasterfahndung. Alle meine Merkmale sind bei dir gespeichert. Alles Verdrängte wird nur zu tausend neuen Ängsten in anderer Gestalt. Du bist das Geheimnis, der Verborgene, vor dem mein Leben zerrinnt.

So bitte ich: Erkläre mich für prozessunfähig. Kannst du mir nicht gewähren, in einem toten Winkel zu stehen, wo du mich nicht siehst? Kannst du mich nicht vor dir und damit vor mir beschützen? Denn alle Unruhe, die es gibt in meinem Leben – es ist nicht die Unruhe des Gottsuchers, sondern dessen, der endlich in Ruhe gelassen sein will, der nicht mehr verantwortlich sein möchte. Ebenso wie der Tagelöhner, der in der Nische zwischen Sonnenuntergang und Nacht aufatmet und für den dieses die Zeit ist, in der er keinem Herrn untersteht. Abends hat er – anders als die Sklaven – keinen Herrn mehr über sich, ist er ohne Beaufsichtigung. Befreie uns von dir, von der ewigen Verantwortlichkeit vor dir. Um solche Art von Freiheit von dir und deinen Ansprüchen und Forderungen wage ich zu bitten.

Solche Freiheit ersehne ich. Wenn du wegguckst, übernimmst du für einen Augenblick die Verantwortung. »Werft eure Sorgen und Sünden auf den Herrn.« Vielleicht ist das *dann*, wenn du wegsiehst, wenn du uns einfach eine halbe Stunde in Ruhe lässt, wenn wir nicht immerzu verantwortlich sein müssen: Vielleicht wäre das der höchste Ausdruck geschenkter Freiheit und deiner Liebe? Könnte es sein, dass alles übrige Reden von deiner Liebe viel zu blumenreich ist? Ist Entlastung von unserer ewigen Verantwortung, ist die halbe Stunde des Tagelöhners am Abend nicht ein schlichteres und wahreres Bild? Vielleicht ist deine Liebe am größten, wenn du uns eine Atempause lang von dem Druck deiner Vollkommenheit und Heiligkeit verschonst.

Wir können immerzu nicht verantworten, was wir tun – du übernimmst die Verantwortung, wenn du wegsiehst. Wohl deshalb verwende ich die schäbigen Bilder vom Weggucken und vom Feierabend. Mehr geben wir nicht her. Gütige Eltern können das auch: nicht hinsehen, eine Grauzone zulassen, wo weder Recht noch Unrecht ist. Ich weiß, es wäre weder der Größe meiner Schuld noch deiner Größe angemessen. Ich fordere dich auf zu etwas recht Menschlichem, zu einer kleinen Inkonsequenz, zu mangelnder Dienstaufsicht. Ich weiß, es ist eine Zumutung für dich, der du der Anwalt der Gerechtigkeit selber bist, und eine Unverschämtheit angesichts meiner Schuld.

Von Sühne, Vergebung und Gnade wage ich kaum zu sprechen, das sind reichlich abgenutzte Wörter. Wenn ich dich vielmehr nur bitte wegzusehen, dann betrifft das doch in Wahrheit mich. Denn ich selbst bin es, der den Ernst der Erinnerung nicht ständig ertragen kann. Lass mich ehrlich sein und dies frei bekennen: Ich kann nicht ständig an meine Schuld denken. Denn auch das geschieht: Wer immer von Schuld redet, beginnt sehr bald sie zu verdrängen. Gerade die Jubiläen des Schreckens, die Erinnerung an das Naziregime, führten sie nicht zwangsläufig zum Verdrängen und Vergessen? Weil wir Fremdes nicht ertragen können, verdrängen wir auch die Irritation durch Schuld. Und ich sehe: Die Rede von Sünde ist geblieben, das Reden mit dir darüber ist abgebrochen. Und Vergebung fehlt. Gerade die Glaubwürdigeren unter uns sind wie gelähmt: Sie machen sich nur selbst fertig, finden nicht heraus aus aller Negativität. Finden wir, die Armesünderkirche, keinen Weg aus dem dunklen Tunnel heraus?

Auch das ist wahr: Wer immerzu von Sünder und Schuld hört, kann es am Ende nicht mehr hören, wagt einen mutigen Akt der Selbstbefreiung und erklärt sich für endlich frei von Schuld. Eben weil wir es nicht ertragen können, uns durchstreichen zu müssen, befreien wir uns von dir, von deiner stets überfordernden Gegenwart. Und es ist auch kein Ausweg zu sagen, dass es neben Schatten auch Licht gibt. Da müsste ich mich noch einmal schämen. Nein, ich bin schwach und prozessunfähig. Nur das eine: Solange ich noch mit dir reden darf, werde ich weder gejagt noch brauche ich zu vergessen. Das ist wie Ruhe mitten im Sturm. Wenn wir mit dir sprechen, drehst du dich zur Seite, wendest uns dein Ohr zu. Genau: Dann hörst du uns nur, siehst uns aber nicht, weil du zur Seite guckst. Solange wir mit dir sprechen, siehst du uns nicht. Und ich begreife: Mein Gebet steht in der Mitte zwischen Verdrängen, Vergessen und Gejagtwerden.

Auch dies gewahre ich dann: Wie zerbrechlich mein Alltag ist. Er ist wie ein Kartenhaus, leicht gebaut aus dünnem Holz und aus Pappe. Vielleicht äußert sich darin deine Liebe, dass es nicht immer nur die Folgen unseres Tuns gibt und dass du uns in harmloser Alltäglichkeit belässt. Dass du den Alltag bestehen lässt, das ist deine Liebe und dass wir nicht immerzu an unsere Schuld, an die Größenverhältnisse zwischen dir und uns, denken müssen. Du bewahrst uns vor der Unmenschlichkeit ständigen Erinnernmüssens und gibst uns die Möglichkeit zu beten, damit wir doch auch dem Verdrängen entgehen können.

Gejagtwerden und Verdrängen sind nur zwei Seiten desselben unglücklichen Weges. Vielleicht ist es der glücklichere Weg zu versuchen, mit dir darüber zu reden. Zwischen deiner Größe und meiner Schuld – beides sind Abgründe – liegt die Gnade der Alltäglichkeit. Alltägliches Dasein wird seelisch möglich als Unterbrechung. Aber das gibt es nur im Rahmen der Bitte an dich. Und wir müssen oft so bitten, damit es dir nicht doch wieder einfällt hinzusehen.

Denn zwischen Eingeholtwerden von Schuld und Verdrängung ist Alltag in Wahrheit nur möglich als Gebet vor dir, als Bitte, das zerbrechliche Kartenhaus bestehen zu lassen. Ist nicht all unser Denken zwischendurch mit den Fetzen von Sinn wie eine verschwiegene Rede vor dir und vielleicht mit dir? Ist nicht unser Denken wie ein Sammeln unserer Wege vor dem Geheimnis unseres Seins?

So ist das Wichtigste nicht der Kontrast zwischen deiner Größe und unserer Schuld, sondern dass wir mit dir darüber sprechen können und dankbar sein dürfen für jedes Weggucken. So kannst du uns vor dir selbst schützen. Weil du so wegsehen kannst, bist du stärker als unsere Schuld. Denn es ist ja schon erwiesen, dass deine Güte größer ist als aller Abgrund. Nur deshalb und unter dieser einzigen Bedingung ist reiner, kindlicher Jubel noch immer der einzige und absolute Sinn unseres Daseins.

KAPITEL 11

Jesus in Aktion

11.1 Warum Jesus kein Pazifist war

Wer von Pazifismus spricht, spricht von Gandhi und Albert Schweitzer und gewiss bald auch von Jesus, der in der Bergpredigt die Sanftmütigen selig preist. Jesus gilt als Pazifist schlechthin, und zwar wesentlich deshalb, weil das 19. Jahrhundert ihn als frommen Moralisten darstellen wollte, wozu die Nazarenermalerei das ihrige beitrug. Dieses Urteil der bedingungslosen Gewaltlosigkeit teile ich im Folgenden nicht. Ich meine, dass wichtige Züge des verkitschten Jesusbildes auch unserer Tage auf Missverständnissen beruhen. Diese Fehlurteile müssen von den Texten her korrigiert werden. Daher muss ich in diesem Abschnitt verhältnismäßig oft, was anderswo nicht geschieht, direkt auf Texte des Neuen Testaments eingehen. Die Gegenargumente würden sonst aus dem Ruder laufen.

Hat Jesus etwa gegen seine eigenen Prinzipien verstoßen? Hat er gegen die Bergpredigt gehandelt? Es gibt nämlich gewaltsame Züge im Wirken Jesus, und die Gewaltsamkeiten häufen sich anlässlich seines Kontaktes mit Jerusalem. Hier verflucht er den Feigenbaum zur Unfruchtbarkeit, hier stößt er die Tische der Wechsler im Tempel um. In Jerusalem gestattet er auch den Jüngern, dass sie insgesamt zwei Schwerter mit sich führen.

In seiner Verkündigung lässt Jesus Gewaltsamkeit erkennen, wo er mit der Feuerhölle droht, so beim Ärgernisgeben (Mk 9,42–48) und für den untauglichen Sklaven (Mt 25,30), oder wo er von ewiger Strafe redet, so etwa beim unbarmherzigen Knecht, der die Gabe der

Vergebung, die er empfing, nicht auch seinem Mitknecht selbst zugute kommen ließ. Um Gerichtsaussagen geht es auch, wenn Jesus den Einsturz eines Turmes oder den Mord an Volksgenossen als Vorlage für die Rede vom Gericht übernimmt (Lk 13,1–5). Allen Angeredeten wird es so ergehen, es sei denn, sie veränderten ihr Verhalten grundlegend und »kehrten um«. Nimmt Jesus den Mund nicht allzu voll, wenn er in dem – in der Echtheit schon in der frühen Überlieferung umstrittenen – Wort erklärt, er werde den Tempel zerstören (Mk 14,58; Apg 6,14; ThomasEv 71)? Schließlich spricht Jesus im Gleichnis des Thomasevangeliums (Log. 98) vom Attentäter, der den entscheidenden Stoß zuvor an der Wand seines Hauses übt. Dass sich dieser Gewalttäter vor seiner entscheidenden Tat prüft, ist ein Gleichnis für die notwendige Selbstprüfung, bevor man sich auf das Reich Gottes einlässt. Nicht besonders freundlich – für unsere Vorstellungen – geht Jesus mit Dämonen um, die er austreibt, und auch Petrus, der ihn vom Leiden abhalten will, schnauzt er regelrecht an, nennt ihn »Satan« (Mk 8,33).

Jesu Worte wie seine Taten scheinen der eigenen Botschaft vom radikalen Pazifismus zu widerstreiten. Jesus hätte demnach die bedingungslose Liebe und Vergebungsbereitschaft, den absoluten Gewaltverzicht und die Aufforderung zum Friedenschaffen weder selbst befolgt, noch von Gott erwartet, noch auch, wie das Schwerterwort zeigt, am Ende in Weisungen für die Jünger durchhalten wollen. Das Problem liegt daher in der Widersprüchlichkeit der Jesusüberlieferungen. Um dieses Problem zu lösen, gibt es übliche und weniger übliche Methoden oder, wenn man so will, schäbigere und ehrbarere.

Die üblichste Methode ist die schäbigere: Man erklärt kurzerhand die Jesustraditionen, die der Bergpredigt zuwiderlaufen, für unecht. Um Argumente zu finden, bietet sich die Literarkritik willfährig an. Kann man doch Aussagen über Gericht und Hölle leicht für redaktionelle Zusätze erklären, indem man einfach vorschlägt, den Text ohne diese Verse zu lesen. Und siehe da, es klappt. Man hat auch keine besonderen Skrupel, Jesu Auftreten gegen die Händler im Tempel für eine Legende zu erklären; damit solle das rätselhaft aggressive Jesuswort *Ich werde den Tempel zerstören …* (Mk 14,58) gewissermaßen szenisch illustriert werden. Und die Verfluchung des Feigenbaums hat man schon längst als »Legende« der frühen Gemeinde ausgemacht, durch die ein auffälliger, verdorrter Feigenbaum an einem Weg, den Jesus gegangen war, im Sinne einer Lokalsage durch Jesu Tun und seine Begegnung mit ihm »erklärt« werde. Ich erlaube mir, diese Lösungen als schäbig zu bezeichnen, weil sie doch insgesamt nur Produkte unserer eigenen modernen hermeneutischen Verlegenheiten sind.

Sie sind deshalb massiv angreifbar, weil sie von gänzlich unbewiesenen Voraussetzungen ausgehen, als da sind:

1. Man möchte, dass die Botschaft Jesu einheitlich im Sinne unserer heutigen Vorstellung von systematischer Ethik ist. Doch gleich der Einwand: Die Wahrscheinlichkeit, dass man auf diese Weise dem historischen Phänomen Jesus näher kommen könnte, ist extrem gering. Denn es gab es in der jüdischen Antike keinen einzigen widerspruchsfreien theologischen Systematiker im Sinne der »Summen« des Mittelalters oder im Sinne der Lehrentwürfe des 19. oder 20. Jahrhunderts. Es ist schon von daher ein unsinniges Unterfangen, mit dem Widerspruchsprinzip in der Hand den dichten Wald der Jesusüberlieferungen lichten oder sichten zu wollen.
2. Es ist gar nicht ausgemacht – es wäre vielmehr erst noch zu beweisen –, dass Jesus ein prinzipieller Pazifist war oder dass er Gewaltlosigkeit zum Grundprinzip seiner Ethik gemacht hat. Es ist also nicht nur zu fragen, ob Jesus überhaupt so etwas wie klare Prinzipien gehabt hat, mit deren Hilfe man ihn zu fassen bekommen könnte; es ist vielmehr auch zu fragen, ob es (selbst wenn die erste Frage positiv entschieden wäre) gerade *diese* Prinzipien gewesen sein müssen. Es klingt schon etwas verdächtig, wenn es ausgerechnet die Prinzipien des neuzeitlichen Pazifismus sind, die bereits Jesus fundamental bewegt haben sollen. Es hapert immer an der Begründung. Warum sollte Jesus gerade diese Leitgedanken zum Hauptprinzip gemacht haben? Findet sich in der Jesusüberlieferung auch nur ein Hauch der Idee von »Gewaltlosigkeit um ihrer selbst willen«? Was sollen dann all die Aussagen über Gottes Reich, wenn es im Kern nur um das Prinzip einer pazifistischen

Autorität geht? Wäre Religion samt der Rede von Gott dann nicht nur überflüssiger Überbau? Ähnelt ein solcher Entwurf nicht allzusehr einer häufig anzutreffenden Praxis von Diakonie im Rahmen der Volkskirche, bei der es den Anschein hat, als sei Religion bestenfalls ideologischer Überbau zur Motivierung einfältiger Mitarbeiter?

Ergebnis: Es ist aus methodischen Gründen unmöglich, die »gewaltbereiten« Aussagen und Handlungen Jesu aus der Jesusüberlieferung auszuscheiden. Wenn man überhaupt einen inneren inhaltlichen Ausgleich mit den übrigen Jesusüberlieferungen sucht, dann sollte man dieses nicht zu unseren Bedingungen, sondern zu den antik-palästinischen des Neuen Testaments tun. Dann werden freilich, und das ist ein Nachteil dieser Betrachtungsweise, die Aussagen der Evangelien für uns zunächst einmal *fremd*. Denn wir müssen und können sie nicht auf der Basis unserer Vorstellungen von Moral rechtfertigen oder abweisen. Wir können sie vielmehr ausschließlich auf dem Wege der Rekonstruktion zu verstehen versuchen. Was dann »übrig« bleibt, werden wir erst am Ende unseres Weges wissen. Wir rechnen damit, dass es sich um kritische Korrekturen gegenüber gängigen Meinungen handeln könnte, und auch Eugen Drewermann werden wir nicht unbedingt zustimmen können. Die Logik der damaligen Texte ist nicht unsere. Daher sind unsere Maßstäbe der Sachkritik von den Texten fernzuhalten. Andererseits ist das, was wir heute verkündigen, so zu sagen, dass es heute verstanden wird und seinen Zweck erreichen kann. Zwischen Exegese und Applikation (Anwendung) gibt es daher aus meiner Sicht nicht nur elementare Unterschiede und eine große Entfernung, sondern es besteht zudem auch die Möglichkeit, dass gerade deswegen die »Anwendung« kritische Anregungen aus der Exegese aufnimmt. Und es ist die Aufgabe des Exegeten, den jeweils in einer Zeit zu kurz gekommenen Seiten der Schrift wieder Geltung zu verschaffen, um den Monolog, der zur reinen Bestätigung zu werden pflegt, zu vermeiden.

Beginnen wir mit der zweifelsfrei *gewaltsamen* Rede Jesu in Mk 14,58: *»Ich werde abreißen dieses mit Händen gemachte Heiligtum und binnen drei Tagen ein anderes, nicht mit Händen gemachtes erbauen.«* Im Thomasevangelium ist nur die negative Fassung erhalten: *Jesus sprach: Ich werde [dieses] Haus zerstören, und niemand wird es [wieder] aufbauen* (Logion 71). Auch die Apostelgeschichte setzt ein in Ich-Form gesprochenes Wort Jesu voraus: *... Jesus, der Nazoräer, wird diesen Ort zerstören* (6,14). Nur die Fassung, die Markus bietet, wird als Falschzeugnis bezeichnet. Nur diese Fassung hat auch einen positiven Teil (Wiederaufbauen).

Man kann versuchen, das Wort von der positiven Weissagung her aufzuschlüsseln: Dass der Messias einen neuen Tempel erbauen wird, ist den Endzeithoffnungen der Juden nicht fremd. Wenn er es so schnell tut, nämlich in drei Tagen, dann kann er es nur mithilfe von Geistern tun (daher: nicht von Händen gemacht), und das entspräche dann apokryphen Salomotraditionen, wie sie das Judentum kennt: Salomo hat Macht über die Geister, die er zum Tempelbau zwingt. Oder er bringt Gott selbst dazu, ein Heiligtum vom Himmel her zu senden, wie es die Offenbarung des Johannes in Kap. 21 berichtet. Wie das himmlische Jerusalem würde es vom Himmel herabsteigen.

Da mit dem Tempel stets das Geschick Israels im Ganzen auf dem Spiel steht und gemeint ist und da jedes Gericht vom Tempel her seinen Anfang zu nehmen pflegt (1 Petr 4,17), bedeutet die Abfolge von Tempelzerstörung und Wiederaufbau zugleich auch die Ansage einer Abfolge von Heils- und Unheilszeit.

Aber was bedeutet es dann, dass Jesus den bestehenden Tempel »eigenhändig« zerstören wird? Ich kann dieses rätselhafte Wort nur erklären auf dem Hintergrund der »Fluchworte gegen Tempel und Stadt«. Die sind nicht ganz selten. Derartige Worte werden jeweils von einer prophetischen Figur gesprochen, und sie werden – wie Fluch oder Segen – als in sich und aus sich selbst wirksam verstanden. Insofern ist der Prophet, der solche Worte äußert, »ursächlich« am Untergang der Stadt beteiligt. In Jer 26 gibt es eine ganze Kollektion derartiger Fluchorakel über die Stadt (Jeremia, Micha, Uria). Ein jeder dieser Propheten hat mit seinem Orakel gegen die Stadt sein Leben riskiert. Denn er ruft aus charismatischer Vollmacht und daher wirksam Gottes Strafgericht auf die Stadt herab. Verweigert aber das Volk dem, der so spricht, die Anerkennung als Prophet Gottes, so hofft es, damit die Katastrophe abwenden zu können, indem es den Vernichtungsfluch auf den pseudo-prophetischen Sprecher selbst zurücklenkt und ihn umbringt. Da man weiß, dass diese Auffassung auch zur Zeit Jesu lebendig war, kann man annehmen, dass sie auch den Verstehenshintergrund für Mk 14,58 bietet. Vor allem wird so auch die Rolle dieses Wortes innerhalb des Vorgehens gegen Jesus deutlich, das ja eben auf den Tod hinausläuft.

Wir halten fest: Mit der ersten, der negativen Hälfte des Wortes über die Tempelzerstörung bedroht Jesus die ungehorsamen Juden. Er macht dabei auf seine eigene prophetische Wirkmacht aufmerksam. In der positiv wirksamen zweiten Hälfte des Wortes liegt der Ton auf der Ersetzung des gegenwärtigen Heiligtums durch ein anderes, himmlisches und damit unvergleichlich herrlicheres. Das Markusevangelium möchte dieses Wort Jesus absprechen, weil es jede Verwicklung Jesu in das bedrohlich sich abzeichnende politische Geschick Israels abweisen möchte – selbst um den Preis, dass man dann auch kein herrlicheres Heiligtum erwarten kann.

Die spektakulärste aggressive Handlung Jesu ist sicherlich *die Vertreibung der Händler aus dem Tempel*. Erneut geht es um den Tempel. Während es bei der ersten Überlieferung um Zerstörung ging, handelt es sich hier, wenn auch in verschiedener Ausprägung je nach Evangelium, um eine gewaltsame Reform, die Jesus zumindest ansatzweise durchführt. In beiden Fällen ruft das Heiligste, das es in Israel gibt, gewaltsame Handlungen Jesu hervor. Jesus hat, so könnte man sagen, demnach zumindest einen ausgeprägten Sinn für die Wirkung von provozierenden, skandalösen Worten oder Zeichen. Und wenn gerade das Heiligtum, das es üblicherweise mit heiliger Scheu zu verehren gilt (und das wie alle Heiligtümer davon lebt, dass alles so bleibt, wie es immer war), Gegenstand eines massiv verändernden Handelns Jesu wird, dann besagt das zumindest etwas über Jesu Anspruch auf Vollmacht. Wer radikal ändert, wo Bleiben und Beharren angesagt ist, ja wer zerstört, kündigt nicht nur eine ungute neue Zeit an, sondern verhält sich wie der Herr des Geschehens. Und dann kommt er entweder von Gott oder ist umzubringen.

Die Vollmacht Jesu zum Zerstören oder auch zum Aufbauen wie auch bei der Tempelreinigung ist in beiden Fällen prophetisch-charismatischer Art im weitesten Sinn. Doch die Ausrichtung des prophetischen Handelns Jesu bei der Tempelreinigung liegt gewiss nicht auf der Linie klassischer prophetischer Kultkritik. Sie ist extravaganter und massiver zugleich. In Joh 2,13–22 werden übrigens beide Überlieferungen miteinander verbunden – vielleicht nicht ohne historischen Grund oder Anlass.

An dieser Stelle sind die verschiedenen Fassungen der Evangelien über die Vertreibung der Händler ernst zu nehmen. Nach Joh 2,14–17 ist die Aktion Jesu recht umfassend: *Im Tempel sah er die Verkäufer der Rinder, Schafe und Tauben sowie die Geldwechsler dasitzen. Er flocht eine Peitsche aus Stricken und trieb sie alle aus dem Tempel, auch die Schafe und Rinder. Er schüttete das Kleingeld der Wechsler aus und warf ihre Tische um. (16) Den Taubenverkäufern sagte er: Weg mit diesen Sachen hier! Macht das Haus meines Vaters nicht zur Ramschbude. (17) Jesu Jünger erinnerten sich an die Schriftstelle »Der Eifer für dein Haus verzehrt mich«.*

Für Johannes ist entscheidend: Dem Sohn ist es nicht gleichgültig, was im Hause seines Vaters geschieht. Der Eifer für das Haus des Vaters erweist ihn geradezu als den Sohn. Nicht als Markthalle darf das Haus des Vaters dienen – das wäre Zweckentfremdung –, dieses Haus darf nur der Wohnsitz des Vaters sein, das der Sohn aus diesem Grunde aufsucht – ähnlich wie es bei Lukas heißt, dass der Sohn im Hause seines Vaters sein muss (Lk 2,49). Nur Johannes berichtet von der Anfertigung einer Geißel aus Stricken. Dass der Eifer um Gottes Haus Jesus aufzehren wird, kann man durchaus als Hinweis auf sein Leiden und Sterben ansehen. Die Juden erkennen den prophetischen Charakter der Zeichenhandlung und stellen sofort die Frage nach der Vollmacht (Joh 2,18b), die Jesus beglaubigen könnte.

Die zentrale Frage ist freilich: Warum äußert sich die Vollmacht Jesu über das Haus seines Vaters gerade in einer Aktion gegen die Händler und Käufer? Ohne Zweifel steht Sach 14,21b im Hintergrund, denn dort heißt es über die Heiligkeit Jerusalems am kommenden Tag des Herrn: *Und es wird im Hause des Herrn der Heerscharen keine Kaufleute mehr geben an jenem Tag.* Jesus stellt mit seiner Aktion diesen Tag her. Der Tag des Herrn ist jetzt da, ist mit seinem Tun angebrochen, und Jesus hat das am entscheidenden Ort, dem Tempel, ins Werk gesetzt. Die Herstellung der Heiligkeit des Tempels ist von daher nicht Selbstzweck, sondern eher Mittel zum Zweck: Sie erweist den eschatologischen Zeitpunkt und zugleich die Würde des Sohnes.

Anders bei Markus: Nach Mk 11,15–19 steht eine ganz andere Schriftstelle im Hintergrund, nämlich Jes 56,7: *Mein Haus wird Gebetshaus genannt werden für alle Völker.* Ähnlich wie bei Johannes angedeutet, suchen auch hier die jüdischen Autoritäten, *wie sie ihn vernichten könnten* (11,18). Aber anders als Johannes erinnert Markus daran, dass sich die Aktion Jesu im Vorhof der Heiden abspielte; dort war der Platz der Wechsler, die römische Münzen in die besondere Tempelwährung umwechselten. Dort konnte man auch die Opfertiere erstehen. Indem Jesus den Vorhof der Heiden von dieser Zweckentfremdung befreit, macht er deutlich: Der Vorhof der Heiden soll ab jetzt entsprechend der Erwartung des Jesaja heilig sein, denn er muss der Anbetung Gottes durch die Heiden dienen. Damit ist Jesu Tat die Ankündigung der unmittelbar bevorstehenden Hinwendung der Heiden zum Gott Israels. Der Evangelist Markus jedenfalls konnte diese Ankündigung in der christlichen Heidenmission verwirklicht sehen. Und da man an der Veränderung des Tempels immer die Veränderung der heilsgeschichtlichen Situation ablesen kann, gilt das auch jetzt: Jesus kündigt mit seiner Aktion die – wie auch immer geartete – Epoche der Hinzunahme der Heidenvölker an. Anders als bei Johannes steht damit nicht die christologische oder innerisraelitische Thematik im Vordergrund, sondern die missionarische Situation.

In den Versionen bei Matthäus (21,12–17) und Lukas (19,45–48) fehlt der markinische Bezug auf die Heiden. Jesus betont lediglich den Kontrast zwischen Gebetshaus und Räuberhöhle. Denn Gott spricht laut Schrift von »meinem« Haus, das Gebetshaus sein solle, man habe es aber zur Räuberhöhle gemacht. Hier liegt die Betonung ganz auf dem Kontrast zwischen Gottes Anspruch und dem Handeln der jüdischen Hohepriester und Schriftgelehrten. Von daher wird ihre Reaktion umso verständlicher: Sie wollen Jesus töten.

Bemerkenswert ist, dass Matthäus die negative Aktion Jesu nicht nur auch auf die Käufer im Tempel ausweitet (dies mit Markus) – auch sie treibt er hinaus –, sondern dass er Blinde und Lahme im

Tempel heilt und sie damit »heiligt«, sodass sie nicht aus der Heilsgemeinde ausgeschlossen bleiben. Denn nach zeitgenössischem Verständnis war die Liste derer, die nach Dtn 23 vom vollen sakralen Bürgerrecht ausgeschlossen sein sollten, um die Blinden und Lahmen erweitert worden. Wenn Jesus gerade sie im Tempel heilt, dann hat das Heiligtum dank seines Tuns den Charakter einer offensiven Heiligkeit zurückerhalten. Oder anders gesagt: Jesus vertreibt die aus dem Heiligtum, die nicht hineingehören, aber er nimmt diejenigen hinzu, die als Israeliten hineingehören könnten, indem er sie dazu – kultisch gesehen – in die Lage versetzt. Heilungstaten Jesu werden auf das Heiligtum bezogen. Entsprechend wirkt Jesus und wirken seine Jünger oft in Synagogen Heilungswunder. Der Tempel erscheint so als Mutter aller Synagogen und in diesem Sinne als Gebetshaus. Er ist so auch Mutter und Ziel aller Heilungsarten Jesu!

Wer dagegen im Gebetshaus Handel und Geldverdienen betreibt, der hat seinen Zweck umgedreht. Denn wie Jesus am Scherflein der Witwe deutlich machen wird (Mk 12,41–44): In diesem Haus sollen Menschen geben und schenken, nicht aber raffen und handeln. So ist bei den Synoptikern Jesu Handeln in seine Reichtumskritik einzubeziehen. Zugleich wird erkennbar, wo Jesu Reichtumskritik ihr theologisches Zentrum hat, nämlich beim Ersten Gebot. Wer Gott ehrt, kann nicht auf Geldverdienen um jeden Preis aus sein.

Wir halten fest: Jesu gewaltsame Aktion im Tempel wird von den synoptischen Evangelien offenbar als »prophetische Zeichenhandlung« aufgefasst. Bei Matthäus stellt sie eine Definition des wahren Gottesvolkes dar (Heilung der zuvor nicht Zugelassenen, Ausschluss der Habgierigen). Bei Markus kündigt sie die bevorstehende Zeit der Heidenbekehrung an. Wie in alttestamentlichen Handlungen ähnlicher Art ist die Kritik an Israel ausgeprägt. Jesus übt mit seiner gewaltsamen Aktion eine Art Notwehr gegen Räuber (ähnlich wie Lk 22,36, s. unten).

Voller Gewalt ist auch Jesu Verfluchung des Feigenbaums. Wie in den beiden vorangehenden Fällen handelt es sich auch hier um eine Aktion, in der Jesus gewissermaßen als »Besitzer« oder »Eigentümer« auftritt. Jesus macht sich zum Herrn über das Geschick des Tempels, er darf in den Tempelbetrieb eingreifen als dessen Hausherr, und ähnlich darf er auch mit einem beliebigen Feigenbaum machen, was er will, da ihm offenbar die Rechte des Schöpfers zustehen. So kann er den Feigenbaum behandeln wie einen Hoflieferanten, der nicht Tag und Nacht bereitstand, um den König zu beliefern. Er darf ihn schikanieren. Ist doch Jesu Verhalten gegenüber dem Feigenbaum vergleichbar einem Menschen, der im Februar in seinen Garten geht und sich beklagt, dass der Kirschbaum nichts bietet, um seinen Hunger zu stillen. Die Kirschen sind lange abgeerntet; es ist halt nicht die Zeit der Kirschen. Stellen wir uns vor, der Besitzer des Gartens würde den Baum so bestrafen, dass er in Zukunft niemals mehr Kirschen würde tragen können. So verhält sich Jesus gegenüber dem Feigenbaum. Er findet keine Feigen zu einer Zeit, da es keine Feigen geben konnte, und er verflucht den Baum zur »Erinnerung« daran, dass er Hoflieferant hätte sein können. Jesus ist der Besitzer.

Ähnlich führt sich Jesus übrigens auch nach Mk 11,2 als Eigentümer von Dingen auf, die ihm nicht gehören. Er fordert zwei seiner Jünger zum Diebstahl, vorsichtig gesagt: zur Enteignung auf. Denn sie sollen zwei angebundene Esel losbinden und ihm für seinen Einzug nach Jerusalem zuführen. An bürgerlichen Maßstäben gemessen ist dieses zwar keine Gewaltaktion, aber doch eindeutig Aufforderung zum Diebstahl. Daher entsteht die Frage: Wie kann Jesus sich so selbstverständlich über Regeln hinwegsetzen, die nach den Zehn Geboten doch für alle anderen Menschen zu gelten haben? Die Antwort kann nur darin legen: Als Sohn und Repräsentant des Schöpfers übt Jesus nichts anderes als Besitzerrechte in Hinsicht auf beliebige Stücke seiner Schöpfung aus.

Es geht in der Erzählung vom Feigenbaum (Mk 11,12–14.20–26) sicher nicht um eine symbolische Verfluchung Israels, obwohl fast alle Kommentare dies meinen. Davon ist nicht die Rede. Erkennbar wird die Intention der Erzählung (wie in der durch sie eingerahmten Geschichte über die Vertreibung der Händler aus dem Tempel) an einem gemeinsamen Stichwort. Dieses heißt: vollmächtige Rede. Man vergleiche dazu 11,14 (Fluch »Niemals in Ewigkeit ...«); 11,17 (Gebet); 11,21 (»verflucht«); 11,23 (»sprechen und nicht zweifeln«); 11,24 (»beten«); 11,25 (»beten«). Es ist ganz deutlich, dass dieses Stichwort das Kompositionsprinzip dieser Rede ist.

Das aber bedeutet: Jesu Gewalt gegen den unschuldigen (!) Feigenbaum hat wiederum die Funktion einer Zeichenhandlung. Auf extreme, nahezu arrogante Weise demonstriert er, dass er der Herr ist. Und sein Besitzrecht dokumentiert er evident dadurch, dass er mit seiner Schöpfungsvollmacht den Feigenbaum leichthin zum dürren Skelett machen kann. Jesus ist mithin nicht nur oder nicht primär Repräsentant des »lieben Vaters«, sondern zuerst Gesandter des Schöpfers. Und das bedeutet: Der Schöpfer hat unbegrenzte und vor niemandem zu rechtfertigende Verfügungsgewalt über seine Kreaturen. Ähnlich auch bei der Geschichte mit den zwei Eseln.

Der Fortgang des Textes (Mk 11,20–26) zeigt: Die Jüngerinnen und Jünger Jesu können sogar Anteil gewinnen an dieser Vollmacht. Denn wer »nicht zweifelt, sondern glaubt« (11,23) oder wer »glaubt, dass er empfangen hat, worum er bittet« (11,24) oder wer vor dem Gebet dem Nächsten »vergibt« (11,25), dessen Worte haben denselben staunenswerten Erfolg wie die Worte Jesu. Was Jesus mit seinen Flüchen bewirkt, können Jüngerinnen und Jünger unter bestimmten Bedingungen auch erreichen.

Dabei steht »Glauben« für das Einssein mit Gott; es ersetzt gewissermaßen die Sohnesqualifikation Jesu. Und nach dem Zwischenstück über den Tempel (11,15–19) werden ab jetzt auch Heiden diese Vollmacht des Gebetes erlangen können. Die Heiligkeit des Vorhofs der Heiden zeigt dieses symbolisch an. Wie die Vernichtung des Tempels, so weist auch die »Reinigung« des Vorhofes der Heiden als Symbol auf die neue Epoche im Ganzen hin. Nicht zufällig wird dann ab Mk 11,27f. die Frage der Vollmacht Jesu diskutiert. Die Verfluchung des Feigenbaums lässt daher dringlich die Frage nach der Vollmacht Jesu entstehen. Ist es wirklich die Schöpfervollmacht Gottes, die sich hier äußert?

Aber ist diese Geschichte nicht unsinnig? Sollte man als Exeget nicht wenigstens versuchen, die Erzählung für unecht zu erklären, um ihre unüberwindliche Anstößigkeit zu beseitigen? Man hat dies immer wieder getan, wie die Forschungsgeschichte zeigt. Doch scheint mir dies nicht die Aufgabe der Exegese zu sein. Im Gegenteil. Der Exeget sollte die Sperrigkeit des sperrigen Textes verteidigen und dem »Hinbiegen« einen Riegel vorschieben. Der Sinn der Erzählung von Jesu Gewaltanwendung gegenüber dem Feigenbaum scheint mir der zu sein: Gottes Macht ist zunächst einmal schrecklich und gebietet Ehrfurcht. Erst wenn man eine Ahnung von Gottes Majestät und von seiner Verfügungsgewalt erhalten hat, kann man auch seine gnadenvolle und heilsame Zuwendung in den Heilungswundern würdigen. Nur wenn Gott der Herr ist, kann man auch begreifen, dass seine Zuwendung ein Wunder über alle Wunder ist.

Jesus spricht und handelt nicht nur in aggressiver Weise. *Er erlaubt auch seinen Jüngern die Anwendung von Gewalt.* Wir erinnern uns: In der Passionsgeschichte heißt es, »einer der Dabeistehenden« (Mk 14,47) habe mit dem Schwert dem Knecht des Hohepriesters das Ohr abgeschlagen. Markus belässt es bei dieser Notiz. Bei Matthäus ist es *einer derer mit Jesus* (Mt 26,51), und Jesus ermahnt ihn: »*Stecke dein Schwert zurück an seinen Ort.*« Bei Lukas wird die Erzählung noch weiter ausgebaut: *Da aber die um ihn* [sc. die Zwölf, vgl. V.47] *sahen, was geschehen sollte, sagten sie: Herr, sollen wir mit dem Schwert zuschlagen? Und es schlug einer von ihnen den Knecht des Hohepriesters und hieb ihm das rechte Ohr ab. Jesus aber antwortete und sprach: Lasst ab! Bis hier! Und er berührte das Ohr und machte es gesund* (Lk 22,49–51). Nach Johannes ist es Simon Petrus, der Malchus das rechte Ohr abschlägt (18,10). Jesus weist ihn zurecht: »*Stecke dein Schwert in die Scheide! Den Becher, den mir der Vater gegeben hat, soll ich ihn nicht trinken?*« Nach Matthäus und Johannes weist Jesus die Gewaltanwendung zurück. Nach Lukas beendet er sie (»Bis hierher und nicht weiter«) und schafft durch ein Heilungswunder den Ausweg aus der Verlegenheit (nicht unähnlich dem Wunder mit dem Vierdrachmenstück im Fischmaul nach Mt 17,27).

Bleiben wir bei der Lukasfassung, so ist interessant, dass Jesus den Jüngern kurz zuvor den Gebrauch von Schwertern gestattet hatte. Denn nach Lk 22,36 hatte Jesus den Jüngern gesagt: »*Wer einen Geldbeutel hat, der trage ihn. Und ebenso mit einer Tasche. Wer kein Schwert hat, der verkaufe sein Gewand und kaufe ein Schwert.*« Die Jünger zeigen ihm zwei Schwerter, und Jesus sagt: »*Es ist genug*«, bzw. »*Das reicht.*« Der Hauptspruch *(»Wer einen Geldbeutel hat …«)* ist nach klassischem weisheitlichem Dreierschema aufgebaut, sodass man sagen muss: Der Ton liegt auf dem letzten Glied. Nur hier geht es ja auch darum, etwas zu erwerben, und zwar nachdem ein anderes wichtiges Gut, das Gewand, verkauft worden ist.

Das Wort steht in deutlichem Gegensatz zu den so genannten Aussendungsregeln (Mk 6,8f.; Lk 9,3; Mt 10,10; Lk 10,4), bei denen nach Lk 10,3 auch ausdrücklich auf die Wehrlosigkeit der Jünger hingewiesen wird: »*Siehe, ich sende euch wie Schafe in die Mitte der Wölfe.*« Es entsteht daher die Frage der Vereinbarkeit. Soll etwa eine Zeit der Sorglosigkeit abgegrenzt werden von einer anderen, in der wieder stärker die Bedingungen dieser Weltzeit gelten? Dann bestünde Verwandtschaft mit Mk 2,18–20: Die fröhliche Zeit des Bräutigams wird abgesetzt von der anderen, kommenden, in der wieder Fasten unter den Jüngern sein soll.

Im Kontext der dramatischen Passionsereignisse erklärt Lk 22,36 zumindest, wie es dazu kommen konnte, dass Jesu Jünger überhaupt Schwerter besaßen (22,49). Nur so konnten sie auch fragen: »*Herr, sollen wir mit dem Schwert zuschlagen?*« Auffällig ist: Jesus verhindert dies nicht von vornherein. Er sorgt nur für Heilung, wenn anderen Leid geschieht. Liegt hier etwa ein Rest von frühchristlichem Zelotismus (= politisches Eiferertum) vor? Dagegen spricht, dass die Ausrüstung mit einem längeren Messer zur Grundausstattung eines Wanderers gehört (wie heute die Taschenlampe, früher das »Fahrtenmesser«) und dass man damit sicher nicht römische Legionen im Angriffskrieg aus dem Land vertreiben oder gar ein Gottesreich errichten konnte. Von daher ist jede politische Motivierung ausgeschlossen. Auch wenn einer der Jünger »Simon der Zelot« gewesen ist (Lk 6,15; Apg 1,13), so war dies jedenfalls nur sein Beiname im Unterschied zu allen anderen. Und es ist auch nicht deutlich, ob sich der Beiname auf seine etwaige zelotische Vergangenheit oder vielmehr auf seine Mentalität bezog. In jugendlichen Gruppen heißt jemand auch nicht darum »der Professor«, weil er einer ist, sondern zum Beispiel, weil er eine Brille trägt und Nichtschwimmer ist. Es ist auch möglich, dass Jesu Wort nach Lk 22,36 im Ganzen symbolische Bedeutung hat und einfach auf veränderte Zeiten hinweisen soll. Ähnlich wie wenn ein Oppositionspolitiker der Gegenseite zuruft: »Zieht euch warm an!« Auch hier steht Bekleidungs- bzw. Ausrüstungsmetaphorik für den gesamten Status.

Wenn man aber mit dem für den Exegeten »unangenehmsten Fall« rechnet und in dem Wort Lk 22,36 eine Revision einer älteren Aussendungsregel erblickt, dann kann es sich um ein Wort handeln, das Jesu Jünger nicht einfach der Gewalt von beliebigen Straßenräubern aussetzen will. Dabei hat völlig offen zu bleiben, ob es sich um ein Wort Jesu handelt oder um eines, das man ihm nur zugeschrieben hat. Dafür, dass es sich jedenfalls um eine frühe Reflexion über die älteren Aussendungsreden angesichts von Jesu Geschick handelt, spricht Lk 22,37. Dieses Wort markiert, dass die Maßstäbe der unmittelbaren Umwelt Jesu durcheinander geraten sind und auf dem Kopf stehen. Denn wenn man Jesus, den Gerechten, für einen Gesetzlosen (nach Mk 15,28 laut Koine-Text: Räuber) hält, dann gilt Gewaltlosigkeit geradezu als Merkmal der Revolution. So täte man in solcher Situation als Jünger Jesu gut daran, ganz normal daherzukommen, um nicht auch noch als Räuber eingestuft zu werden. Das Wort wäre dann von ironischer Bitterkeit geprägt: Wenn man den total Unbewaffneten und Wehrlosen für einen Gewalttäter und Räuber hält, dann gilt Gewaltlosigkeit geradezu als Merkmal des Terrorismus. Um das zu vermeiden, muss man ganz normal und also auch mit einer Defensivwaffe ausgerüstet sein. Nur so kann man als friedlich gelten. Der historische Ort dieser Anweisung wäre dann: Jesus wird für einen Räuber gehalten. Der Gerechte gilt als gemeiner Gewalttäter. Wenn es schon so weit gekommen ist, dann hilft nichts, als das Image des Pazifisten abzulegen und sich schlechthin unauffällig zu verhalten. Der primäre Sinn dieses Wortes wäre dann christologischer Art: So weit ist es gekommen, dass man Jesus für einen Gewalttäter hielt. Wenn das dem friedlichsten Menschen widerfährt, dann ist nur noch eine kreuznormale Ausstattung unverdächtig.

Für unser Thema ist festzuhalten: Das schwierige Wort Lk 22,36 ist kein Bruch mit der Bergpredigt, sondern bescheinigt Jesus, das Gegenteil eines Räubers zu sein – er war der Gerechte. So reflektiert Lk 22,36 vielleicht über die Rezeptionsbedingungen für christliche Signale und will möglicherweise sagen: Diese Signale werden missverstanden und zu Ungunsten ihrer Aussender ausgelegt, ja in ihrem Sinn verkehrt. In jedem Falle will Lk 22,36 neue Märtyrer vermeiden helfen, sei es auf der Ebene der Einschätzung (Wer sich nicht als friedfertig ausgibt, kann auch nicht als Gewalttäter angesehen werden), sei es auf der Ebene der praktischen Befolgung (Christen sind im Besitz von Messern und nicht einfach Opfer von jedermann).

Auch die Gerichtaussagen Jesu sind oft von brutaler Härte. Da soll jemand mit einem Mühlstein um den Hals im Meer versenkt werden (Mk 9,42) oder in das unauslöschliche Feuer der Hölle kommen (Mk 9,43), wo *der Wurm nicht stirbt und das Feuer nicht erlischt* (Mk 9,48). Wer keine Barmherzigkeit übt, ist verflucht für ewiges Feuer, das dem Teufel und seinen Engeln bereitet ist (Mt 25,41), oder er kommt in ewige Bestrafung (Mt 25,46). Wer sich mit dem Bruder nicht versöhnt, wird ins Gefängnis geworfen und wird dort bleiben, bis er den letzten Pfennig seiner Schuld bezahlt hat (Mt 5,25). Wer sich nicht rechtzeitig von verführbaren Körpergliedern trennt, wird mit dem ganzen Leib in die Hölle geworfen (Mt 5,29). Nach Mt 18,34 wird der unbarmherzige Knecht den Peinigern übergeben, bis er all seine Schuld bezahlen kann – was er nie können wird. Der unbrauchbare, nicht investitionsfreundliche Knecht wird dorthin geworfen, wo Heulen und Zähneklappern ist, nämlich in die »Finsternis draußen« (Mt 25,30).

Eine besondere Gruppe bilden die bildlichen Aussagen, dass der Herr (oder der Tag des Herrn) kommen wird »wie ein Dieb« (1 Thess 5,2; Offb 3,3; 16,15). Ein Dieb ist nicht gerade eine sympathische Figur. Er kommt im Dunkeln, ist unberechenbar und ungreifbar. Weil das Kommen Gottes so ist, wird strikte Wachsamkeit empfohlen, nämlich Bereitsein. Wenn Gott so kommt oder Jesus so wiederkommt, dann hat das, so könnte man meinen, etwas Hinterhältiges und Tückisches an sich. Hier kann man nicht harmonisieren: Der Dieb ist tückisch und gemein. Es handelt sich daher zumindest um Gewalt gegen die psychisch-nervliche Seite des Menschen. Und man kann fragen: Warum ist Gott so unfair? Dem Exegeten, der diese Stellen nüchtern aufzählt, wird vorgeworfen, er (!) mache aus der Frohbotschaft eine Drohbotschaft und er (!) solle möglichst schnell diese Texte für unjesuanisch erklären, die Mittel dazu habe er doch. In der Tat hat er dazu die Mittel, und die ideologieabhängige Verwendung historisch-kritischer Argumente ist ein besonders interessantes Kapitel der Forschungsgeschichte. In Wahrheit besteht weder eine vernünftige Chance, diese Worte Jesus abzusprechen, noch eine Möglichkeit, sie als seine zeitbedingten Entgleisungen zu betrachten. Vielmehr muss die Echtheit offen bleiben und darf nicht etwa deshalb als zeitbedingt relativiert werden, weil es heute als anstößig oder als unangenehm gilt. Die Gerichtsworte sollen nicht etwas über die Willkür und Grausamkeit Gottes oder entsprechende Rachefantasien Jesu sagen. Sie schildern vielmehr nur, wie es ist, wenn Menschen sich selbst verfehlen, wenn sie weiter wie bisher die Sorge um ihre Psyche oder ihr Selbst schludern lassen. Der Mensch kann sich leicht verfehlen.

An die Hölle muss man nicht erst glauben. Ein Blick auf unglückliche oder verunglückte Menschen macht jede Schilderung von Feuerqualen überflüssig. Jesus ist wie ein Arzt, der die Menschen auf ihren Zustand aufmerksam macht. Die Bibel schildert Strafen nach dem Endgericht deshalb, damit sie nicht kommen oder eintreffen. Nicht Jesus ist brutal, sondern er weist darauf hin, dass der Tod viele Gesichter hat oder haben könnte, wenn der Mensch sich selbst verfehlt. Positiv ausgedrückt: Um sich selbst zu gewinnen, sollte man lernen, in selbstloser Liebe oder selbstloser Begeisterung von sich selbst abzusehen. Dann kann man sich finden (Mk 8,35). Die biblischen Strafen werden deshalb als »ewig« geschildert, um dem gegenwärtigen Augenblick nichts von seiner Bedeutung und von seinem unersetzlichen Wert zu nehmen. Wer die Folgen der Taten relativiert, macht die Gegenwart wertlos und verführt nur zum Vertagen notwendiger Änderungen oder Entscheidungen. Daher liegt der Ton nicht auf dem Ausmalen schrecklicher Strafen in der Zukunft, sondern immer auf dem Drängen, das Notwendige jetzt zu ändern und nicht später.

11.2 Jesus und die Gewalt – einige Thesen

1. Es ist nicht möglich, Aussagen über Gewaltgebrauch aus den Erzählungen über Jesus oder aus seinen Worten zu tilgen. Gewalt meint: Einwirken auf den anderen nicht allein durch Worte, sondern durch physische Bedrängnis.
2. Man sollte sich hüten, in die Bibel eine pazifistische Grundhaltung hineinzulesen, bzw. von ihr prinzipiellen Gewaltverzicht zu erwarten. Die Bibel selbst macht aus Gewaltverzicht keine Ideologie. Auch Jesus selbst spricht nicht so von Gewaltanwendung, als müsse man sie um jeden Preis vermeiden.
3. Jesu Exorzismen sind Gewaltanwendung gegen Geistermächte, und in diesem Sinn wird auch Petrus mit harten Worten (»Satan«) zurückgewiesen, als er Jesus versuchen will.
4. Jesus übt de facto Gewalt aus gegen Personen (Händler, Käufer, Wechsler im Tempel) und gegen Sachen (Feigenbaum; Auftrag zur Entwendung des Esels), oder er bringt gewaltsame Verheißungen (Zerstörung des Tempels durch ein Fluchwort) im Sinne prophetischer Zeichenhandlungen oder real-symbolischer Worte vor. Er gestattet den Jüngern Gewalt gegen Personen (Straßenräuber).
5. Die Gewalt gegen Personen und Sachen, die Jesus übt, rührt in jedem Falle aus Besitzansprüchen, die Jesus als Repräsentant des Schöpfers oder als »Hausherr« des Tempels wahrnimmt. Diese Besitzansprüche werden nicht fortwährend, sondern nur in einzelnen Worten und Handlungen angemeldet. Es fällt auf, dass dieses (jedenfalls nach dem Bericht der synoptischen Evangelien) sich insgesamt in der Schlussphase des Wirkens Jesu ereignet.
6. Feindesliebe und Gewaltverzicht werden den Menschen in der Bergpredigt und anderswo anempfohlen. Dass Jesus dennoch zu Gewaltanwendung kein prinzipiell negatives Verhältnis hat, rührt daher, dass er – angesichts des biblischen Verständnisses von Leiblichkeit – die paradoxe Intervention eben auch leiblich vollziehen kann. Paradoxe Intervention heißt: Der Prophet greift durch Aufzeigen einer Wirklichkeit in den Alltag ein (er interveniert), damit diese Wirklichkeit in ihren negativen Folgen nicht eintrifft.
7. Auf einer ganz anderen Ebene liegen Aussagen über die brutalen

Strafen des Gerichts oder über die Heimtücke, wonach der Tag des Herrn unerwartet kommen wird. Denn hier geht es im Grunde um das grausame Ergehen, das derjenige sich selbst wählt, der sich gegenüber der angebotenen Gnade unberührt zeigt. Außerhalb des Gartens des Lebens gibt es nur die Wüste des Todes. Die Bibel hält an diesem Dualismus fest, da der Mensch sehr gefährdet ist.

Bei näherem Hinsehen erweist es sich, dass unsere Themenstellung eingespannt ist in eine akute gegenwärtige Fragestellung: Geht es beim Christentum um einen prinzipiellen Moralismus – oder um mehr? Ist Gewaltverzicht um jeden Preis ein Wert, der isoliert als Block im Raum steht, der Letztwert und Höchstwert ist, der in der Toleranz als der verbliebenen aufgeklärten Form von Religion seine Entsprechung hat? Und der im Übrigen auch in der gewaltfreien Kommunikationsgemeinschaft als dem Fernziel der Frankfurter Schule seine Parallele besitzt?

Oder aber ist Religion noch mehr und etwas anderes als reine Moral, sodass Moral in sie eingebettet ist und von ihr her ihre Maßstäbe empfängt? Dann können Zeichenhandlungen sinnvoll werden, die für sich betrachtet und rein moralisch gesehen »gemein« sind, die aber als Störung der Normalität auf den hinweisen, vor dem alle irdische Normalität nur zerbrechliches tönernes Gefäß in der Hand des Töpfers ist. Wenn man ihn vergisst, muss diese Brüchigkeit deutlich werden. *Er ist der Herr*, und nicht wir sind unsere Herren – aber das Herrsein Gottes ist nicht autokratischer Selbstzweck, sondern eine Verbindlichkeit, die ausschließlich unserer Gesundung dient.

Wir können die Bibel nicht neu schreiben. Sie ist wie sie ist und nicht wie sie wäre nach einem Korrekturlauf letzter Hand zu Beginn des 21. Jahrhunderts. Die latente und offene Gewalt gegen Sachen und Personen in ihr ist gewiss eine drastische Form der Verkündigung, aber auch dieses Skandalon hat eine Botschaft: In dieser Religion geht es nicht allein und nicht isoliert um eine Veränderung des Bewusstseins oder des Selbstverständnisses. Es geht um den Leib und eine Welt, in der Leiber physisch aufeinanderprallen, sich verletzen, gar töten. Am Ende steht die Auferstehung des Leibes – aber in diesem Zeitalter existiert der Leib im Kontext der Gewalt, ist er bedrohend und bedroht da. Ähnlich wie die Erzeugung psychischer Angst als Resultat apokalyptischer Reden nur dazu dient, vor Schlimmerem zu bewahren, so sind auch die leiblichen, gewaltsamen Eingriffe Jesu Teil seiner Verkündigung, die wie homöopathische Impfungen vor Schlimmerem retten sollen, wenn denn die Adressaten im Sinne der Immunabwehr reagieren. Und genau darauf weist Jesus hin, wenn er von der Pein des Gerichtes spricht. Die Barmherzigkeit Gottes besteht darin, dass er uns nicht nur rechtzeitig warnt, sondern auch die Alternative mit Jesus aufzeigt, dessen Joch leicht und dessen Bürde sanft ist.

11.3 Zum biblischen Konzept des Friedens

In der Bibel bedeutet *schalom*, dass es an nichts fehlt und dass keiner unter den Tisch fällt. Frieden besteht immer im Ganzen und auf Dauer. Nur Gott kann so etwas schenken. Der »Weg des Friedens« ist daher die Einheit von göttlicher Gabe und menschlicher Einhaltung der Gebote. Daher hat Frieden in der Bibel einen anderen Gehalt als im gegenwärtigen Deutsch, wo Frieden oft mit Ruhe oder der bloßen Abwesenheit von Krieg und Gewalt oder auch mit Toleranz gleichgesetzt wird.

Die Bibel ist keine geschichtlich entfaltete Friedensbewegung. Allzu oft ist Frieden trügerisch, gefährdet oder vergänglich. Nur so sind Jesu Worte zu verstehen, dass er nicht gekommen ist, den Frieden zu bringen, sondern das Schwert. Die dualistischen Aussagen des Neuen Testaments sind durchaus nicht als »unpassend« weil vormodern abzuweisen. Denn zu diesen Aussagen gehört der Gegensatz von Gott und Mammon, von Lug und Trug gegen Wahrhaftigkeit und von Engeln gegen den Bösen. Wer ein wenig von der Welt versteht, weiß, dass Wahrheit erkämpft werden muss, weil der Widerstand des Bösen erheblich ist.

Da das Wort *schalom* einerseits einen hohen inhaltlichen Anspruch hat, andererseits aber gerade deshalb oft gefährdet ist, gilt es nicht als das höchste Gut. Das höchste Gut ist Gerechtigkeit. Sie ist Bedingung des Friedens. So ist letztlich die Befolgung von Gottes Gesetz und seine Gerechtigkeit die Bedingung des Friedens. So gilt für das Neue Testament: Der entscheidende, wahre Friede, der sich auch unter Menschen auswirkt, kommt von Gott her und wird durch den Tod Jesu bewirkt.

Entsprechend ist die Gruppe der Friedensstifter hier klein, machtlos und letztlich erfolglos nach irdischen Maßstäben. Aber in dieser kleinen Schar der Unbedeutenden beginnt das Wunder der Vergebung, und die ist göttlich. Wie verhalten sich Kampf und Versöhnung zueinander? Erst müssen klare Verhältnisse geschaffen werden, das heißt: Aufklärung über die wahre Situation des Menschen und die Wirklichkeit Gottes und seines Heilsangebots, dann kann es Versöhnung geben. Sonst gibt es nur brüchigen Scheinfrieden.

11.4 Frieden als Kunst der Unterbrechung

Die sentimentalen Konnotationen, die das Wort »Frieden« für uns bereithält, kommen vom Gesang der Engel in Lk 2,14: *... und auf Erden ist Friede bei den Menschen seiner Gnade.* Der Frieden von Betlehem – kaum ist er weihnachtlich beschworen, kommen schon wieder die anderen Nachrichten: Selbstmord-Attentat im Gaza-Streifen, neues Terroristen-Netzwerk entdeckt, Aufstand im Kaukasus. Und es rührt uns trotzdem in der Tiefe an – das Wort vom Frieden. Sentiment und das, was wir oft für Kitsch halten, gehören zum weiten Feld menschlicher Träume. Auch wenn sie rührend und ungeschickt sein sollten, so zeigen sie damit doch etwas von der Not und Zerrissenheit des Herzens und seiner unausrottbaren Sehnsucht nach *schalom*. Es geht um die »von unten her« gedachte Seite des Heils, um menschliche Träume, die sich sehr wohl eine Ahnung von dem bewahrt haben können, was unbedingt – und gegen alle Nachrichten vom Tage – sein soll und in der »Heiligen Nacht« in einem Vorgeschmack der Versöhntheit zu greifen ist: *Frieden*.

Der größte Friedensphilosoph Europas bis hin zu Kant ist der deutsche Kardinal Nikolaus von Kues. Er lebte im zerrissenen und zerstrittenen Europa des 15. Jahrhunderts und bemühte sich um die Einheit von West und Ost, von Rom und Byzanz. Friede unter den Menschen ist für ihn deshalb grundsätzlich möglich, weil alle *eins sind in ihrer Sehnsucht* nach Frieden. Diese Sehnsucht ist die gemeinsame Spur des Wirkens des Schöpfers an allen. Daher ist sie auch gemeinsame Sehnsucht nach dem Herzen der Dinge, nach dem, der Leib und Seele, Himmel und Erde, Menschen und Welt zusammenhält, gemeinsame Sehnsucht nach zukünftigem Frieden. Dieser Sehnsucht nach Einheit steht auf den ersten Blick die Verschiedenheit der Kreaturen unüberwindlich entgegen, Verschiedenheit auch der Völker, Kulturen und Religionen. Verschiedenheit ist immer das Wasserzeichen der Kreatürlichkeit. Wer Frieden und Einheit will, der kann die Kreatürlichkeit nicht einfach überspringen und überwinden. Vielmehr ist die Weise, in der Jesus Gott und Mensch zugeich ist, ein Vorbild und Urbild auch des Verhältnisses von Verschiedenheit und Einheit.

Das Geheimnis, dass Gott Mensch wurde, dass Jesus Christus wahrer Gott und wahrer Mensch ist, dieses Geheimnis ist zugleich das Geheimnis des Friedens in der Welt. Denn Frieden bedeutet: Einheit trotz aller Verschiedenheit, Harmonie trotz aller Vielstimmigkeit, Übereinstimmung trotz großer Abweichungen im Einzelnen. So wird die menschliche Verschiedenartigkeit von dem je und je die Einheit stiftenden Segen Gottes, von seiner Anwesenheit, zusammengehalten. Sie wird vor dem Auseinanderfallen bewahrt. So entsteht in aller Verschiedenheit nicht Unheil, sondern Bereicherung.

Der Frieden, von dem das Neue Testament spricht, ist nicht leicht, sondern nur über einen Umweg zu haben. Jedenfalls besteht der Friede nicht darin, dass wir uns einfach in einen Traum hineinsteigern dürften. Es ist kein romantischer Frieden und keiner aus der guten, alten Zeit. Jesus meint auch nicht, die Menschen trösten oder vertrösten zu müssen. Vielmehr hält er seine Mitmenschen für willensstark, belastbar und aktiv. Unmissverständlich stellt er seine Ansprüche. Der indirekte Weg, den er verkündet, ist immer zunächst ein harter, ja scheinbar ins Gegenteil führende Weg – ein Medikament mit Aspekten der Erstverschlimmerung. Jesus sagt es wiederholt auf ähnliche Weise: *»Ihr sollt nicht denken, ich sei ein Friedensapos-*

tel. Nein, ich bringe Ärger und Streit. Ab jetzt wird sich eine fünfköpfige Familie so zerstreiten, dass drei gegen zwei stehen und zwei gegen drei. Der Vater wird sich mit dem Sohn zerstreiten, die Mutter mit der Tochter und die Schwiegermutter mit der Schwiegertochter« (Lk 12,52f.). Streit und Ärger sind deshalb notwendig, weil radikale Parteinahme auch familiäre Bindungen sprengt. Jesus sieht offenbar in der jeweiligen Familientradition die Hauptursache für Filz und Stagnation, dafür, dass sich immer wieder überhaupt nichts ändert. Jesus kann hier sogar vom notwendigen Hass sprechen: »*Wer sich mir anschließt und mein Jünger sein will, der muss das Band zwischen sich und Vater, Mutter, Frau und Kindern, Brüdern und Schwestern zerschneiden, sie gleichsam hassen. Er muss auch sich selbst, sein eigenes irdisches Leben hassen.«*

Wo liegt hier die Logik? Wie soll Friede entstehen, wo Unfrieden gesät wird? Jesus hat mit unbestechlichem Blick erkannt, dass an sich so positive Dinge wie innige Beziehungen, wie Blutsverwandtschaft und Geschäftsfreundschaft auch eine negative Dynamik entwickeln können, wenn sie nämlich das notwendige Tun des von der Wahrheit Gebotenen in der Watte des Klüngels ersticken. Der jüdische Religionsphilosoph Walter Benjamin ist hier ganz nahe bei Jesus, wenn er bemerkt, die Unerlöstheit, ja geradezu die Hölle bestehe eben darin, wenn alles immer nur so weitergehe, wie es bisher war. Für Benjamin ist die *Unterbrechung des ewig Gleichen* die Pforte, durch die der Messias kommen kann. Denn im Rahmen des ewig Gleichen entsteht ein ungeheures Gewicht von Verpflichtungen für den Einzelnen gegenüber anderen. Und das bedeutet eben, dass man nie mehr frei tun kann, was die Stunde erfordert. Jesus agiert hier im Sinn Benjamins als Unterbrecher. Gerade für das Jetzt hat Jesus sehr viel Sinn. Er nennt die Fähigkeit, auf die Stunde zu reagieren, die »Wachheit« und fordert immer wieder dazu auf, die alltägliche schleichende Schläfrigkeit durch Wachheit zu überwinden. Das Mittel, dieses zu erreichen, ist für ihn das Gebet. In der Stunde der Notwendigkeit nach Gottes Willen reagieren zu können, das erfordert ein Maß an Freiheit, das wir vom Bereitschaftsdienst oder beim Ärzte-Notdienst kennen und fordern. So ist die Trennung von der Familie, die Jesus Entzweiung und Hass nennt, nicht Selbstzweck, sondern Voraussetzung für Freiheit, Ungebundenheit und Wachheit.

Wenn diese Dinge gegeben sind und wenn nicht tausend Rücksichten und Altlasten meine Beziehungen zu anderen immer schon festlegen, dann kann Neues entstehen, das den Namen Frieden verdient. Jemand hat neulich gesagt: »Wir haben das dritte Jahrtausend durch ein Feuertor betreten.« Nichts Neues also – es geht weiter wie bisher. Das ist nun der genaue Gegensatz zur Pforte, durch die der Messias eintreten wird in die Welt: Unterbrechung der Gewalt.

Jesus zerstört daher den Scheinfrieden, der das Wort »Frieden« nicht verdient hat, und er hat eine sehr bezeichnende, charakteristische Auffassung vom wirklichen Frieden, dass dieser nämlich die Fähigkeit voraussetzt, in der Stunde der Not authentisch reagieren zu können. Der barmherzige Samaritaner ist so ein Fall. Priester und Levit gehen an dem Verunglückten vorbei, entweder weil sie ihre Verpflichtungen haben oder weil sie sich einreden, hier bestehe die Gefahr der rituellen Verunreinigung. Offen für den Appell an die Mitmenschlichkeit, der aus der Situation direkt ergeht, ist allein der Samaritaner, der nichts zu verlieren hat. Er hilft nicht nur, sondern nach Jesu Worten schafft er Frieden, indem er die Distanz und Feindschaft zwischen Samaritanern und Juden überwindet und für den Juden zum Nächsten, das heißt zum Bruder, wird.

11.5 Von den Vorbedingungen des Friedens

Es gibt ein interessantes Wort Jesu, das unter den Agrapha, den in den Evangelien nicht enthaltenen Jesusworten, mehrfach überliefert ist: *Jesus hat gesagt: Werdet gute Geldwechsler. Prüft alles genau, und dann lehnt das Wertlose ab und behaltet das Gute.* Der antike Beruf des Geldwechslers setzte ein gutes, gesundes Urteilsvermögen voraus. Daher pflegten Geldwechsler auf ihnen vorgelegte Goldmünzen zu beißen, um die Härte des Edelmetalls zu prüfen. Kurzum: Der Geldwechsler hatte vor allem die Aufgabe, unter den angebotenen Münzen die wertvollen herauszufinden, die wertlosen aber zurückzuweisen. Seine Aufgabe ist daher das Unterscheiden und Scheiden. Im Vordergrund steht nicht, ob er genügend von der jeweils gewünschten anderen Währung zur Verfügung hat oder ob er einen gerechten Wechselkurs anbietet, sondern ob er bereit und in der Lage ist, das angebotene Geld zu würdigen und überhaupt in Zahlung zu nehmen. Das Jesuswort »Werdet gute Geldwechsler!« meint daher: Prüft genau, was man euch anbietet, unterscheidet streng zwischen echt und unecht, zwischen wertvoll und wertlos. Und damit sind wir wieder bei dem schon erwähnten Scheidungsprozess. Das, was sich umwechseln lässt, ist beständiges Metall, der Rest ist wertlos.

Durch das Scheiden und Unterscheiden leisten wir einen wichtigen Friedensdienst. Denn was nicht tragfähig ist, muss ausgeschieden werden. Frieden kann nicht auf »falschen Fuffzigern« erbaut werden, sondern nur auf Menschen, die ihn wollen und herbeisehnen. Jesu Wort von den Geldwechslern sagt uns, dass wir um eine strenge Scheidung und Unterscheidung der Motive nicht herumkommen. Denn keiner wird von sich aus zugeben, dass er statt Frieden Habgier meint. Jesus warnt vor den Wölfen im Schafspelz, und dieses Wort aus seiner Verkündigung hat eine Wirkungsgeschichte gehabt, die bis in unsere Tage reicht. Denn Frieden wollen sie angeblich alle, so weit trägt die allgemeine *correctness*. Im Kleingedruckten stehen erst die sehr unterschiedlichen Bedingungen.

Wer nach den Kriterien für Echtheit und Verlässlichkeit von Friedensbotschaften fragt, wird gerade in dieser Hinsicht von der Botschaft Jesu nicht enttäuscht. Denn Jesus spricht von Geduld. Kaum ein Wort ist in den letzten 50 Jahren so verkannt worden wie das Stichwort »Geduld«. Man hat daraus etwas Lächerliches werden lassen; man hat Geduld zum Inbegriff unredlicher Vertröstung gemacht und verwendet das Wort höhnisch oder zur Umschreibung des Umgangs mit Aussichtslosem und Hoffnungslosem. Wir neigen zum kurzen Prozess, zur Gewalt, wie sich nicht nur am Irak-Krieg ablesen lässt. Man hat übersehen, dass nur das Wenigste sich schnell lösen lässt, dass ein Hauruck-Verfahren nur ausnahmsweise zum Erfolg führt. Man hat ignoriert, dass Geduld nichts Passives ist, sondern behutsame, schonende, zärtliche Aktivität – kraftvolles Aushalten im vorschnell nicht Lösbaren. Geduld und Wachsenlassen gehören zusammen. Das Gegenteil ist immer dann gegeben, wenn man vor der Zeit verurteilt und die Hoffnung verliert. Geduld aufbringen zu können, setzt Stärke und einen Standpunkt voraus. Nur wer souverän ist, kann andere für eine Zeit an der langen Leine laufen lassen. Auch Jesus selbst hat rund 30 Jahre gewartet, bis er öffentlich auftrat. Eine unbekannte Dunkelziffer bezeichnet die Christen, die in chinesischen Gefängnissen zum Teil seit Jahrzehnten einsitzen. Wie einfach wäre es für sie, ihren Glauben aufzugeben. Dann könnten sie heute noch freikommen. Die Welt lebt von Menschen, die langmütig sind und langfristige Visionen verfolgen. Die Kette der kurzen Prozesse ist der längste denkbare Prozess – eine Schleife *ad infinitum*, außer es finden sich geduldige Unterbrecher dieser friedenfressenden Gewaltlogik.

11.6 Das Fremde im Eigenen entdecken

Wenn die Leute fragen, was sie denn konkret beitragen könnten zum Frieden unter Menschen in der Welt, auch zum Frieden zwischen den Religionen, dann ist zu antworten: Beginnen wir damit, das Fremde im Eigenen zu entdecken! Machen wir es uns zu Eigen und schützen wir es. Denn das Fremde steht uns oft unverständlich gegenüber, weil wir nicht wissen, dass es in bestimmter Weise zu uns gehört. Das Fremde im Eigenen finden, das würde für die Muslime bedeuten, die Suren über Jesus und Maria im Koran ernst zu nehmen, für den Christen aber, zu erkennen, dass auch der christliche Gott ganz strikt ein Einziger ist, wie es der Islam lehrt. Wenn ein Europäer entdeckt, wie viele Elemente seiner Kultur vermittelt sind durch die arabische Hochkultur des Mittelalters, dann kann gleichzeitig auch der Araber wahrnehmen, wie vieles im eigenen Haus Westimport war und ist. Das Fremde im Eigenen zu finden, würde für den Katholiken bedeuten anzuerkennen, dass Luther katholischer Mönch war, nämlich Augustiner-Eremit, und für den Protestanten, dass dieser Luther zeit seines Lebens an allen Marienfesten über die Muttergottes gepredigt hat. Die katholischen Augustiner-Eremiten sind bis heute stolz auf Luther, und es gibt sogar Zisterzienser, die stolz darauf sind, dass Luthers Frau, Katharina von Bora, einst eine von ihnen war. Und wer den »Heiligen Krieg« der Moslems als äußerste Scheußlichkeit brandmarkt und meint, Christen kennten doch dergleichen nicht, der sei nur auf die Kreuzzüge verwiesen, in denen viele sich mit dem Gedanken wappneten, man müsse dem bedrängten Jerusalem nach Offb 20 zu Hilfe eilen.

Es hat allerdings nicht viel Sinn, das Fremde als Fremdes lediglich zu bestaunen oder zu vergötzen. Nur dann, wenn man es im eigenen Haus, im eigenen Keller oder in der eigenen Wohnung entdeckt, weiß man, wie man damit leben kann und womöglich schon immer gelebt hat. Doch mit dem Fremden haben wir Deutschen schon immer die allergrößten Probleme. Vielleicht können uns diese Gedanken weiterhelfen:

Auch der Gott Israels begegnet seinem Volk immer wieder neu in der Gestalt des Fremdlings. Wiederholt wird gesagt, dass Gott den Fremdling lieb hat, selten wird dieses über Israel gesagt. Fremde Völker erscheinen nach den Worten der Propheten immer wieder als Instrumente der Strafgewalt oder des Heilswillens Gottes. Als Fremdling hat Israel selbst das Heilshandeln Gottes erfahren. Denn die Heilszeit war damals, als Israel Fremdling in Ägypten war. Und weil Gott dem Fremdling sein Heil zuwendet, bezeichnen sich Menschen im Tempel vor Gottes Angesicht gerne als »Fremdling«. So betet der Sänger des Psalms: *Höre mein Gebet, o Herr, vernimm mein Flehen! Schweige nicht zu meinen Tränen! Ich bin ja nur ein Gast bei dir, ein Fremdling wie alle meine Väter.* Zweifellos äußert sich darin heilige Scheu vor Gott. Und schließlich nennt der Prophet Jeremia Gott selbst einen Fremdling: *Du, Israels Hoffnung, sein Retter zur Zeit der Not, warum bist du wie ein Fremder im Lande und wie ein Wanderer, der zur Nachtruhe einkehrt? … Du bist doch in unserer Mitte, o Herr … Verlass uns nicht!*

Auf dramatische Weise schildert Paulus im Römerbrief, wie Gott in seinem Handeln jetzt seinem Volk fremd geworden ist. Gottes neue Gerechtigkeit, die auch den Heiden gilt, versteht sein Volk nicht mehr. Daher ist er für seine früheren Anhänger ein Ärgernis geworden. Er ist ihm fremd geworden, weil er es überrascht hat. Die Folge: Die Fremden, die ehemals Heiden waren, gehen den seit alters

Zugehörigen voraus, sie können eher zustimmen. Warum? Hat Gott sich eine fremde Seite zugelegt? Nein, Gott erwies sich wieder einmal als der, der mehr und größer ist, als Menschen es erwarten können.

Daher kann man sagen: Einerseits ist für die ganze Bibel die strikte Ablehnung fremder Religion und fremder Götter typisch, andererseits wendet man sich liebevoll der Person des Fremden selbst zu. Und wenn Israel sich selbst als schwach bezeichnet, sieht es sich in der Rolle des Fremden. Es handelt sich daher um eine eigenartige Mischung aus Abgrenzung und Zuwendung. Immer wieder ragen daher der Fremde und das Fremdsein mitten in Israels Gottesverhältnis hinein. Das Unvertraute, das Dunkle und Rätselhafte in der eigenen Identität vor Gott und in der Begegnung mit ihm wird als das Fremde begriffen. Für Israel war diese wiederholte Erfahrung immer wieder ein Anlass, Gottes Unverfügbarkeit anzuerkennen. Das Fremde, auch das Fremdreligiöse in der eigenen Religion anzuerkennen, bedeutet gleichzeitig immer ein Stück der Souveränität Gottes anzuerkennen – trotz aller Nähe und Auserwähltheit. Man kann sagen: Dass Israel in so besonderem Maße fähig war, Fremdheit als religiöse Dimension gelten zu lassen, hat eine Vereinnahmung Gottes als Nationalgott verhindert.

Zwei potenzielle Wege zum Frieden werden durch das Gesagte ausgeschlossen. Der eine ist der übliche Weg der Stammtische, wonach alle Religionen sowieso gleich sind und irgendwie an denselben Gott glauben. Diese Theorie wird schon dadurch widerlegt, dass kein ernsthafter Anhänger einer Religion dem zustimmen kann – nicht aus Systemblindheit, sondern aus Liebe. Liebe macht befangen, aber sie ist der einzige Sinn. Wer alle Religionen für gleich erklären will, ist genauso blind wie ein Mann, der erklären wollte, alle Frauen seien gleich. Das bedeutet übrigens nicht, dass man alles zulassen und jede Religion gewähren lassen müsste. Mein Urgroßvater mütterlicherseits zum Beispiel hat sich 1934 unter einem golden blinkenden Hakenkreuz begraben lassen. Seine Religion hieß Rasse und Volk, Deutsche Christen oder ähnlich. Solche Form von Religion kann keine Toleranz erwarten. Es sind eben nicht alle Religionen gleichberechtigt!

Der andere Weg, der auszuschließen ist, besteht darin, dass man immer häufiger gerade die monotheistischen Religionen, also Judentum, Christentum und Islam, beschuldigt, von ihnen ginge alle Grausamkeit und Gewalt aus. Man meint damit die Juden und Palästina, die Moslems und die Terroristen und schließlich die Christen und die Kreuzzüge. Gewalt in der Hand von Menschen ist in allen drei Religionen strikt auf Notwehr begrenzt. Alles andere ist Missbrauch und gegen den Geist dieser drei Religionen. Denn von der Logik dieser Religionen her bedeutet die Anerkennung des einzigen Herrn und Gottes, dass dieser Gott wirklich der gemeinsame Herr über *alle Menschen* ist. Und das heißt in der Konsequenz: Kein Mensch darf Herr über den anderen sein oder Gewalt über ihn ausüben. Es gibt daher ein gemeinsames *Gewaltmonopol Gottes*, wenn man diese drei Religionen recht versteht. Jede Herleitung von Gewalt als Mittel zum Zweck ist gegen Buchstabe und Geist dieser Religionen.

Der Glaube an den einen und einzigen Gott bringt nur dann Frieden, wenn wir uns an die Liebes- und Braut-Mystik dieser drei Religionen halten. Alle drei Religionen legen das Hohelied des Alten Testaments aus auf die Liebe zwischen Gott und Mensch. Sie sprechen von einer Liebe, die auf beiderseitiger Sehnsucht beruht. Daraus erst folgt die Nächstenliebe, so wie die Werke die Frucht des Glaubens sind. Denn das Herz ist unruhig, bis es Ruhe findet in Gott. Dieses ist die umgreifende Sehnsucht, aus deren Kraft wir immer wieder Menschen etwas abgeben. Glauben ist nicht blasses Fürwahrhalten, sondern es bedeutet eigentlich und wahrhaftig Liebe. Oft wird das Liebesverhältnis zwischen Gott und Mensch akademisch vergeistigt oder als bloße Lehre um seine Brisanz gebracht. Die Quintessenz müsste aber heißen: »Du geliebter Gott.« Der Weg zur Versöhnung der Religionen und zum Frieden führt nicht über eine Übereinkunft der Lauen, sondern über ein Wiederfinden im glühenden Kern des gemeinsamen Gottes, der alle vorletzten Unterschiede überstrahlt.

11.7 *Der gute Mensch Jesus, oder: Gibt es einen Humanismus Jesu?*

Das Bemühen mancher Theologen, Jesus vor dem Forum einer religionslosen Gesellschaft nützlich zu machen, hat in der Vergangenheit so kuriose Blüten getragen, dass man manchmal den Eindruck hat, man müsse Jesus mehr vor seinen Freunden als vor seinen Feinden in Schutz nehmen. Jesus hat niemals eine steilere Karriere gemacht als in den letzten 200 Jahren, in denen er zum Gutmenschen schlechthin avancierte. Es ist seit der Aufklärung und in der Dauerschleife des neo-aufklärerischen Populismus geradezu Standard geworden, Jesus jeglicher mystischer Bezüge zu entkleiden, ihn als guten Menschen, als Vorkämpfer der Humanität und der toleranten Menschenliebe zu zeichnen und ihn dergestalt runderneuert einem beifällig klatschenden säkularen Publikum neu anzudienen. Wer könnte etwas gegen ein solches »Vorbild« vollkommener Reinheit haben?

Dabei hat man die Rechnung ohne den Text gemacht, der bis zur Unkenntlichkeit zurechtgebogen werden musste, um zu erbringen, was man aus ihm herauslesen mochte. Der reine Gutmensch, der Humanist, das Toleranzidol, der Vorkämpfer der Menschenliebe – das alles könnte Jesus auch ohne Gott sein. Die Neupositionierer Jesu operierten stets unter methodischem Ausschluss des Heiligen Geistes. Damit versperrte man sich von vornherein den Zugang zur Dreifaltigkeit, damit zu einer Entfaltung von Sein und Bedeutung Jesu im Horizont einer Gottesbeziehung. Das alles galt als ideologischer »Überbau«, als Theologie im pejorativen Sinn. Und doch ist Jesu Selbstauffassung und Praxis nach dem Ausweis aller Texte eben darin begründet, dass in ihm und durch ihn der Heilige Geist wirkt, und dass darin seine »Reinheit« begründet liegt. Dieses Wirken ist nicht tolerante Humanität, sondern kämpferisches Verbreiten des Herrschaftsgebietes Gottes gegen die Machtsphäre des Satans. Gewiss hat es positive ethische Auswirkungen, wo der Heilige Geist Einzug hält. Aber das ist eben nicht alles. Es kommt darauf an, dass die Substanz eine andere geworden ist: Wer ein gutes Herz hat, ist von der Seite Satans auf die Seite Gottes gewechselt.

Ich möchte damit eindringlich vor einem moralistisch verkürzten Jesusbild warnen, bei dem dann folgerichtig für Jesu Macht- und Wundertaten kein Platz mehr ist. Nach unserem Ansatz ergeben sich diese konsequent daraus, dass die offensive Reinheit Jesu eben keine »moralische Leistung« ist, sondern Folge der Anwesenheit des dreifaltigen Gottes in ihm. Ganz ähnlich wird übrigens bei Paulus der traditionelle Konflikt im Menschen zwischen Leib und Geist grundsätzlich ersetzt durch den Konflikt zwischen dem alten Menschen und dem neuen, durch den Heiligen Geist gestifteten Menschen. Auch Paulus wirbt nicht um »das Gute im Menschen«, sondern um das Wirken des Heiligen Geistes Gottes in ihm. Vernunft und sanfte Moral sind im Namen der Bibel auf ihr eigenes Territorium einzugrenzen. Denn die Bibel handelt nicht zuerst von ihnen, sondern von Apokalyptik (Ende der Welt), von Mystik (Kontakt zum unsichtbaren Bereich Gottes), vor allen Dingen von Gott und damit vom Unfassbaren und Geheimnisvollen, das an erster Stelle steht. Ich will die Bibel als Störfeuer ins Gespräch bringen. Als Störfeuer gegen unsere ständigen Versuche, die Bibel als Steinbruch zu benutzen für unsere Humanität.

Gewiss ist die Bibel ein Schatzhaus der Humanität, aber wir sehen diese Schätze anders und suchen sie in anderen Zusammenhängen. Hier haben wir es gleich mit einem doppelten Missverhältnis zu tun. Einerseits kann man nämlich sagen: »Der größte Teil dessen, was menschlich ist, wird im offiziellen Kirchenchristentum der Gegenwart nicht mehr wahrgenommen und gilt als heidnisch oder magisch.« Es ist dagegen in der Bibel zweifelsfrei noch da, das Magische, die Sexualität, das Heidnische (das Magische beispielsweise in Form von Exorzismen). Die Haupttätigkeit Jesu nach Markus besteht darin, Dämonen anzuschreien: »Raus hier!«, Dämonen in Schweineherden zu jagen, den Jüngern Vollmacht über Dämonen zu geben. Sexualität – wer weiß schon noch, dass es in der Bibel ein ganzes Buch – das Hohelied nämlich – gibt, das ohne »fromme Floskeln« nur davon handelt? Und auch an heidnischen Elementen besteht kein Mangel. Zu erinnern wäre an die Bedeutung der Edelsteine etwa nach der Offenbarung des Johannes. Edelsteine galten nach Auffassung des damaligen Judentums und Christentums als beseelte Stücke aus dem Paradies. In der Endzeit wird Gott einen großen Schatz öffnen und den Menschen neue, heilende, beseelte Edelsteine zur Verfügung stellen und diese werden die Steine des himmlischen Jerusalem sein. Die magische Bedeutung des Namens kennen wir Modernen noch von »Rumpelstilzchen«, in der Bibel dagegen ist sie zentral für die Vorstellung von Gott, vom Segen, von der Gegenwart Gottes, von der Versammlung der Christen. Ausgerechnet derartige biblische Vorstellungen gelten, in Norddeutschland jedenfalls, als Aberglaube.

Die Bibel erscheint also als ein Buch, das Fremdes enthält; wir verstehen dieses Fremde im Eigensten der Bibel aber nicht. Stattdessen besorgen wir uns das, was an Menschlichkeit mit dem Magischen, Sexuellen, Heidnischen verbunden ist, aus anderen Quellen. Wir übersehen die menschlichen Züge der Bibel. Die Bibel ist für uns blind geworden wie ein alter Spiegel, in dem wir uns nicht mehr wiedererkennen können. Das Eigenste ist uns fremd geworden. Die nötigen magischen Elemente, die nötige freudige Bejahung der Sexualität, all das, was beispielsweise mit dem Namen und der bloßen Nennung des Namens zusammenhängt, das gibt es in der Esoterikszene massenhaft und ist mit Sehnsucht zusammengekauft; nur in der Bibel erkennen wir es nicht.

Andererseits gilt: Weder die Menschenrechte noch der Humanismus, was auch immer das sei, noch die allgemeine Humanität lassen sich aus der Bibel begründen. Humanismus habe ich auf einem entsprechenden Gymnasium kennengelernt. Im Sinne der Studienräte meiner Schulzeit war der Humanismus, der uns beigebracht wurde, eine Mischung aus Goethe, Wilamowitz-Moellendorff und Plato. Ich behaupte, dass alles dieses von der Bibel denkbar weit entfernt ist. Ich sage das nicht, weil ich als »Exeget mit feurigem Schwert« den Zugang zur Bibel bewache (ab und zu gibt es ja diese Exegeten-Attitüde, die sich darin gefällt die Bibel als ein Paradies zu schildern, dessen Schlüssel nur der Zunft gehört). Aber man darf doch festhalten: Die Bibel ist weder der Juden Sachsenspiegel, wie Luther meinte, noch eben eine Charta der Vereinten Nationen.

Nehmen wir als Beispiel die Gottesebenbildlichkeit. Was heißt das eigentlich in der Bibel? Von uns wird sie immer wieder bemüht als Begründung der Humanität. Ein Blick auf das Neue Testament zeigt, gottebenbildlich ist überhaupt nur Jesus – abgesehen von einer kleinen »Halbsatzstelle« in Jak 3,9 *(Mit der Zunge verfluchen wir Menschen, obwohl sie doch nach Gottes Ähnlichkeit bestehen).* Jesus allein, nicht alle Menschen sind Gottes Bild, so ist die Auskunft des Neuen Testaments. Das heißt also, aus dem Neuen Testament kann man in dieser Hinsicht für die allgemeine Menschheit gar nichts erwarten. In Kol 1,15 ist Christus – wie auch bei Paulus – Gottes Abbild, und Menschen haben, wenn man unbedingt will, daran Anteil, aber nur wenn sie zu seinem Leib gehören, ergo zur Kirche. Aber eine allgemeine Gottesebenbildlichkeit des Menschen gibt es auch hier nicht.

Und was heißt Gottesebenbildlichkeit im Alten Testament? Doch nur dies, dass die Menschen im Unterschied zu den Tieren Gott nahe stehen, weil sie den Götterbildern ähnlich sind, also den Darstellungen der Götter, die ja häufig als Menschen dargestellt wurden. Die Stelle ist Gen 1,26f.: *Und Gott schuf den Menschen nach seinem Bild …* Die Menschen sehen so aus wie Götter und daran kann man erkennen: Sie stehen ihnen besonders nahe; der Mensch ist Partner Gottes; Gott kann zu ihm sprechen, und deshalb hat er einen besonderen Auftrag, nämlich über die anderen Kreaturen zu herrschen, ihnen einen Namen zu geben. Allein von Menschenrechten ist nicht die Rede, denn der Auftrag zu herrschen ist ja nun keineswegs ein beliebig zu benutzendes Recht, sondern eher eine Pflicht, sorgsam und sachkundig mit den Kreaturen umzugehen. In Gen 5,1–3 heißt es: *Gott machte Adam nach seinem Bild … und Adam zeugte den Seth nach seinem Bild.* Nach dem bekannten Prinzip »Der Apfel fällt nicht weit vom Stamme« ist also derjenige, der dem Erzeuger oder dem Schöpfer oder dem Vater am ähnlichsten sieht, jeweils dessen »Bild«. »Bild« ist daher ein funktionaler und kein festgelegter Begriff. Wer jeweils am ähnlichsten ist, der ist »Bild«. Und da das im Neuen Testament Jesus ist und niemand anderes, ist *er* hier konsequenterweise das »Bild« und niemand anderes. An diesem Beispiel kann man sehen, wie eine biblische Aussage von uns vielfach missverstanden wird. Man macht dann eine große Theorie daraus, knüpft daran Elemente, die biblisch gesehen gar nicht dazugehören, wie »freier Wille« und »Vernünftigkeit«. Und so wird daraus etwas, das sich gegenüber der

Bibel verselbständigt und eine eigene Eigenmacht gewinnt: Bloß mit der biblischen Botschaft hat das nichts mehr zu tun.

11.8 *Für eine Hermeneutik der Fremdheit*

Damit sind wir bei einem Zwischenstück, nämlich einer Begründung der »Hermeneutik der Fremdheit«. Ich setze mich darum so stark für diesen Verstehenszugang ein, weil ich möchte, dass man der Bibel ihre eigene Stimme zurückgibt. Ich möchte nicht zulassen, das man sie einfach als »Steinbruch« vereinnahmt. Dabei geht es mir bei der Hermeneutik der Fremdheit nicht um eine Abschirmung der Bibel gegenüber Menschen, die sie schlicht lesen wollen. Mir geht es um eine *verstandene Fremdheit*. Damit meine ich: Die biblischen Vorstellungen sollen durchaus nicht abgelehnt werden, nicht ins Museum gepackt werden – das wäre die letzte Absicht; sie sollen vielmehr daraufhin befragt werde: Was können sie *aus sich heraus* heute beitragen? Ich möchte die ureigene Stimme der biblischen Botschaft zum Sprechen bringen. Worin besteht ihr eigenes Gewicht? Worin können sie uns bereichern, auf neue Aspekte weisen, Christentum wirklich bewegen? Die biblischen Texte sind eben nicht und eigentlich niemals nur Verstärkung einer andernorts generierten Theorie (so werden sie aber benutzt). In den Dogmatiken verschiedenster Provenienz beispielsweise findet man diese Herabwürdigung des Biblischen zur wohlfeilen Schützenhilfe zuhauf. Da kommen serienweise abgekürzt zitierte, »stützende« Bibelstellen, dass man als Exeget geradezu allergisch wird.

Um zu zeigen, was »verstandene Fremdheit« ist, ein paar Beispiele aus der neuen Bibelübersetzung Berger/Nord: Nach Joh 5 sagt Jesus zu dem Gelähmten: »*Steh auf, nimm dein Bett und wandle*« – so in allen Übersetzungen inklusive der Einheitsübersetzung. »Steh auf, nimm dein Bett und wandle«, wie soll man das eigentlich verstehen? Dieser Mensch, der 38 Jahre lang krank war, soll dann sein Bett nehmen und wandeln. Was heißt »sein Bett nehmen«? Ist er ein verhinderter Möbeltransporteur? Soll er mit seinem Bett – bei uns gehört ein hölzernes Bettgestell, ein eiserner Lattenrost, eine riesige Matratze mit Bettzeug, Kopfkissen und Wolldecken dazu – soll der Geheilte also das alles auf den Rücken packen und »wandeln«? Wandeln ist irgendetwas Leichtfüßiges. Untersuchungen, die zu dieser Stelle angestellt wurden, ergaben, dass die Leute damals keine komplizierten Betten hatten, sondern nur einen Strohsack. Deshalb haben wir an der Stelle übersetzt: »Steh auf, nimm deinen Strohsack und lauf« und nicht »Nimm dein Bett und wandle«. Das wäre verstandene Fremdheit. Der Strohsack ist das fremde Element, Verstehen heißt: Jetzt den Text wirklich zugänglich machen und nicht in dem belassen, was er nur suggeriert verstanden zu haben.

Oder was meint Lk 1,35? Wo der Engel zu Maria spricht, heißt es: *Die Kraft des Höchsten wird dich überschatten.* Überschatten? Das ist im Deutschen ein negatives Wort, so sagt man beispielsweise: »... war überschattet durch einen tragischen Unfall.« Deshalb übersetzen wir: »Die Gotteskraft wird dich umhüllen« – umhüllen, so wie Israel beim Auszug aus Ägypten durch die Wolke umhüllt wird. Gemeint ist doch nicht ein tragisches »Überschatten«, sondern ein »Umhüllen« als Ausdruck der gnadenhaften Präsenz Gottes. Oder nehmen wir Lk 1,48, wo man von Gottes Tun in den gängigen Übersetzungen sagt: *Er hat eingesehen die Niedrigkeit seiner Magd.* Was ist eine Magd, was die Niedrigkeit einer Magd? Was ist die Folge davon, dass Gott etwas »einsieht« oder »ansieht«? Nach üblichem Sprachgebrauch bleibt ein derartiges Tun ohne Folgen. Wir haben übersetzt: »Gnädig nimmt er mich an, mich unwürdige Frau.« Das ist vielleicht verständlicher, die Fremdheit ist gewahrt. Maria ist eine Frau, die sich vor Gott unwürdig fühlt. Das Fremde besteht also; Maria wird nicht gleich zu einer emanzipierten stolzen Doktorandin, sondern sie bleibt »eine unwürdige Frau«, aber sie ist eben keine Magd. Verstandene Fremdheit bedeutet also, dass reiner Biblizismus nicht möglich ist, der nur nach dem Lexikon verfährt und davon ausgeht, Luthers Übersetzung sei auch heute noch gut verständlich.

Das sind wichtige hermeneutische Grundentscheidungen, die bei mir auf das »Stuhlbeinmodell« hinauslaufen: Der Stuhl, auf dem wir sitzen, hat vier Beine, ein Stuhl mit weniger als vier Beinen ist schlecht zu handhaben und einer mit einem Bein gleich gar nicht.

Viele Christen tun so, als genügte ein Stuhl mit einem Bein, nämlich dem Bein der Bibelzitate. Vier Beine heißt: Es gibt für jede Frage nach der christlichen Wahrheit vier Instanzen, die zu hören sind:

- Das *erste Bein* ist eine geborene Instanz, nämlich die Schrift; sie ist zu hören nach dem Prinzip der Loyalität, also der freien (nicht gesetzlichen, nicht vorurteilenden) Treue zum Text. Diese Loyalität ist zu zeigen, so lange es irgend geht.
- Das *zweite Bein* wäre die lange Kette des Verstehens und der Auslegung in der kirchlichen Tradition und insbesondere das, was die offizielle Kirche dazu gesagt hat. Wir beginnen mit unserer Auslegung des Textes nicht beim Punkt Null. Wenn wir heute so gut sehen, dann darum, weil wir auf der Schulter von Riesen stehen.
- Das *dritte Bein* wäre die Sachkunde, der Sachverstand.
- Das *vierte Bein* ist die Plausibilität oder das, was daraus werden kann, also die mögliche Wirkung.

Ich möchte nun konkrete Beispiele dafür beibringen, welche Art von Fremdheit die Bibel uns zumutet. Fragen wir beispielsweise einmal danach, was aus dem Neuen Testament im Hinblick auf die Menschenrechte zu sagen ist.

11.9 Der fremde Jesus und die Menschenrechte

Wie steht es mit dem Menschenrecht auf *freie Entfaltung der Persönlichkeit?* Auf den ersten Blick ein enttäuschendes Ergebnis: Das Neue Testament hat sie überhaupt nicht im Blick. Wenn vom Menschen gehandelt wird, dann jedenfalls nicht in Hinsicht allseitiger Entfaltung seiner Ressourcen. Hier werden Menschen in Beschlag genommen, in den Dienst gestellt für das Reich Gottes. Entfaltung der Persönlichkeit, das spiegelt sich etwa in den Aufnahmebedingungen für ein Stipendium in der Studienstiftung des deutschen Volkes. Da muss man intelligent sein, sportlich, musisch, sozial, kurzum ein Aufsteiger schlechthin, eine Lichtfigur. Hole alles aus dir heraus, bringe deine Fähigkeiten optimal zur Geltung! Das ist heute Gesetz – und es zeigt sich schon im Tagesablauf unserer Vorschulkinder; die haben um 15.00 Uhr Geigenstunde, um 16.00 Uhr Ballett, aber um 17.00 Uhr Kindergruppe sowieso. Dass Kinder so umfassend gefördert werden, wird von Eltern und Pädagogen als Dienst am Menschenrecht angesehen. Merkwürdig ist dagegen: Im Neuen Testament geht es »monomanisch« nur um das Eine, um das Reich Gottes, um die Herrschaft Gottes und das heißt ganz konkret: Um die Frage nach Gottes Willen, um Gerechtigkeit, um Gottes Gebot, um das, was Gott ganz konkret von uns will, nämlich Gehorsam und Gerechtigkeit. Und dieses steht einer selbstbezogenen, allgemeinen Entfaltung der Persönlichkeit, besonders wenn man gar nicht weiß, wozu das alles gut sein soll, direkt entgegen. »Was wir in unserem Land brauchen, sind Heilige, nicht nur Leute, die besser in Mathe und Deutsch sind«, hat kürzlich mein alter Klassenkamerad Christian Rüß, Hauptpastor an St. Michaelis zu Hamburg, gesagt.

Die Schrift geht davon aus, dass Gott ein Schöpfer ist, der Menschen wie »Gefäße« schafft – und dies nach eigenem Gutdünken. Wir tun so, als sei Religion eine Sache unserer Entscheidung und als müsse man Kinder nur 14 Jahre alt werden lassen, damit sie ihre Religion selbst wählen könnten – das sei dann human. In der Bibel dagegen wird man von Gott in einen bestimmten Zusammenhang hineingestellt. Das heißt hier: »Recht des Schöpfers«. Hierüber hat der Mensch nicht mit Gott zu rechten. Das ist eben so, ist Gottes Verfügung. Am deutlichsten wird dieser Zusammenhang in Röm 9,6–33, einem dramatischen Kapitel, in dem es darum geht, dass Gott ohne menschliches Verdienst den einen liebt, den anderen hasst. Es heißt hier: *Den Pharao habe ich verstockt und dies war mein Recht*; und weiter wird von Gott gesagt: *Er schafft eben Gefäße des Zorns und Gefäße der Erwählung.* Vorher heißt es: *Er schafft Nachtgeschirr und Essgeschirr, beide Arten von Gefäß, und das ist allein sein Wille und es besteht kein Rechten darüber.* Paulus fragte in dem Zusammenhang: »Ist Gott etwa ungerecht?« Und er müßte sagen: »Ja, in der Tat.« Wir finden das befremdend, haben aber nicht die Möglichkeit, den Text mit einer anderen Intention zu versehen. Ich habe versucht, diesen befremdlichen paulinischen Text in ein Gebet umzusetzen:

»Herr, immer wieder muss ich es sagen; ich finde es ungerecht, wie du mit Menschen umgehst. Da ist von Gleichbehandlung oder auch nur Verhältnismäßigkeit keine Spur. Vielleicht bilden wir uns auch nur ein, dass du gerecht sein müsstest, wie wir uns das vorstellen. Aber damit wird das Problem nicht gelöst, denn die Frage lautet zumindest: Wie kann Paulus, die Schrift auch des Alten Testaments, so über dich denken? Ungerecht ist nicht nur, dass du die einen grundlos liebst, das könnte man noch verstehen, viel schlimmer ist, dass du andere ebenso grundlos hasst. Ich finde es ungerecht, dass du angesichts dessen von uns strikte Gleichbehandlung und Gleichachtung aller Menschen forderst, während du selbst es dir leistest, die einen zu erwählen, die anderen zu verstocken. Ich finde es nicht nur ungerecht, sondern auch für die Betreffenden entwürdigend, wie du Menschen nur als Instrumente benutzt, als Werkzeuge deiner Pläne. Du nimmst sie und legst sie weg, ohne dich um ihr Heil oder Unheil zu kümmern. Offenbar sind die, die du jetzt verstockt hast, gnadenlos dem Untergang geweiht. Niemand weiß, was aus denen wird, die du einfach zu Gefäßen des Zorns gemacht hast, und wir erhalten die Auskunft, du habest sie eben als Gefäße des Zorns bereitet und weiter sind sie nicht interessant. Sie dienen deinen Zwecken und haben damit ausgedient. Uns dagegen lehrt gerade das Christentum, einen Menschen niemals nur zum Zweck zu gebrauchen, und du tust es! Nach der Meinung des Paulus wird das ungläubige Israel der Gegenwart regelrecht verschlissen auf dem Weg zur Erlösung aller. Herr, wie kann es sein, dass du so mit Menschen wie mit Spielbällen umgehst, dass sie nur deinen Zwecken dienen müssen? Ist es so wie in orientalischen Ländern, in denen das Menschenleben nicht viel wert ist? Aber wie kann ich mich dann auf dich verlassen? Und das kommt noch hinzu, denn du tadelst und richtest die Menschen danach noch. Dann werden wir auch noch durch dich zur Verantwortung gezogen. Bist du hart und tyrannisch, verbrauchst du Menschen, spielen die Einzelnen keine Rolle?«

Am Beispiel des Paulus und der von Jesus berufenen Jünger kann man erkennen: Der Übertritt zum Christentum geschieht als Überfall und autoritärer Ruf, nicht als gewordene freie Entscheidung. Zu den Jüngern sagt Jesus: »Auf, folgt mir nach.« Abschied zu nehmen von den Eltern wird nicht erlaubt. Paulus wird, wenn man einmal der Darstellung bei Lukas folgt, in der Apostelgeschichte zu Boden geworfen; so vollzieht sich Bekehrung im Neuen Testament. Höchst autoritär also, unter Missachtung der Freiheit des Menschen. Ein anderes gutes Beispiel: »Segen und Fürbitte«. Sie geschehen noch immer autoritär und nicht per Abstimmung. Wir beten in der Kirche für andere Menschen, die wir nicht darum fragen, und meinen, das wäre ganz selbstverständlich. Wir bringen Kinder zur Taufe, die wir nicht darum fragen. Wir bitten die »Opfer« unseres (vermeintlichen) *goodwills* nicht um Erlaubnis, sondern verhalten uns autoritär.

Nehmen wir einen anderen Punkt – den *Umgang mit der Rache*. Wir haben sie aus dem Repertoire zivilen Umgangs ausgeschieden, vermuten sie noch in Sizilien oder Albanien, aber bitte nicht in der Bibel! Nun ist in der Bibel von grundsätzlichem Gewaltverzicht wenig auszumachen; bestenfalls lässt sie für Gott ein Gewaltmonopol gelten. Es ist eine Illusion zu meinen, das Evangelium des Neuen Testaments wäre ein Evangelium des Gewaltverzichts. Es geht nur darum, dass die Rache auf Gott allein geschoben wird. »Mein ist die Rache«, spricht der Herr, und das ist nicht nur im Alten Testament gesagt, sondern es steht auch in Röm 12,19, bei Paulus, der gerade in diesem Zusammenhang auch davon redet, dass man das Gute nicht mit Bösem und das Böse nicht mit Bösem heimzahlen soll, dass man sich also als Mensch nicht rächen soll: »Mein ist die Rache, spricht der Herr.« Das ist die Begründung. Der Racheverzicht in der Bergpredigt kann und muss ganz genauso begründet werden. Es wird also im Christentum dem Menschen nicht zugemutet, überhaupt und generell und unter allen Umständen auf Rache zu verzichten, sondern der Christ muss die Rache auf Gott schieben im Sinne einer Delegation seiner Sorgen: »Werft eure Sorge auf den Herrn.«

An dieser Stelle wird es vielleicht besonders deutlich, was wir im Zuge einer allgemeinen Psychologisierung aus dem Christentum gemacht haben. Wir konstruieren daraus ein Tabu jeglicher Gewaltanwendung, was, nebenbei bemerkt, die psychologische Folge hat, dass Rachegefühle christlich ortlos werden und sich wild manifestieren, denn sie sind ja da und können nicht völlig unterdrückt werden. Für uns sind Vorstellungen, dass Gott Gewalt üben könnte, dass Gott ein Gericht üben könnte, so schrecklich, dass man als Theologe größten Zulauf hat, wenn man sagt: »Diese Stellen sind nicht echt oder spätere Interpolationen oder eben keine echten Jesusworte.« Das betrifft alle Gerichtsvorstellungen. Dabei ist jedoch weder in Röm 12 noch bei den zahlreichen Gerichtsschilderungen Jesu eine Aufforderung gegeben, sich das Gericht in Rachefantasien auszumalen; darum geht es gerade nicht. Aber wir sollen Gott die Sache überlassen. Vor Gott dürfen wir auch sagen, wie schwer es ist, die Feinde zu lieben (und hier nicht in gewöhnlicher Heuchelei verharren).

Aber die *Feindesliebe* wird man doch wenigstens als Proprium christlicher Humanität herüberretten können? Das Gebot der Feindesliebe in der Bergpredigt gilt, und zwar in dem Sinne, dass man sogar den Feinden Gutes tun soll. Das griechische Wort *agapan*, lieben, ist immer im Sinne eines ganz konkreten Verhaltens gemeint. Dem rechtsradikalen Rentner mit Hund eine Etage tiefer einen Blumenstrauß vor die Tür legen – das heißt Feindesliebe. Wir müssen ihn nicht von Herzen umarmen. Dazu fordert das Neue Testament nicht auf. Feindesliebe widerspricht nicht dem, dass wir die Sorgen, die wir haben, und all das unvergoltene, unabgegoltene Unrecht in Gottes Händen gut aufgehoben wissen. Für viele Menschen, die Opfer der Geschichte sind, ist ja eben dieses das große Problem. Was wird mit all dem unabgegoltenen Unrecht, mit all den zerstörten Lebensläufen? Gibt es nur immer wieder die triumphierenden Sieger und was wird aus den Opfern? Das sind Fragen, die nicht nur von rechts kommen, sondern genauso auch von allen Menschen, die wirklich gelitten haben. Und hier denke ich, sind die alttestamentlichen Psalmen, die ja zum Teil sehr bösartig über die Gegner reden, hier sind sie im Sinne der Bibel psychologisch weise. Es gibt bei katholischen Theologen seit Jahren Untersuchungen über die »Betbarkeit« des Breviers, weil in diesem Gebetbuch die Psalmen im Mittelpunkt stehen und wenigstens in einem Drittel dieser Psalmen hässliche Aussagen über die Feinde vorkommen. Ich halte nach wie vor derartige Untersuchungen für verfehlt, weil wir Menschen diese Gefühle ja in uns haben und weil wir, wenn wir Psalmen beten, diese Gefühle auch zur Sprache bringen, äußern dürfen und sie auf Gott übertragen können. Das, finde ich, ist der eigentliche Fortschritt dabei, dass die Wut, die wir über andere Leute haben, einen Adressaten findet, einen absoluten Anwalt von Gerechtigkeit – und eben nicht, dass Rache nicht sein darf und für tabu erklärt wird. Welche Befreiung, darüber mit jemandem reden zu dürfen, bei dem man weiß, alles ist gut aufgehoben.

Die Menschenrechte basieren auf dem Grundsatz *allgemeiner Geltung* – Recht gilt für alle oder gar nicht. Die Bibel hingegen betont auch im Neuen Testament Gottes einseitige Erwählung Israels und nicht die der allgemeinen Menschheit. Das ist ein großes Ärgernis auch für Christen, die es hinzunehmen haben, dass Gottes erste Liebe immer vor ihnen rangiert, die wir durch die Ausweitung der Verheißung für die Heiden zum Heil gekommen sind. Religion heißt ja eigentlich: »Du bist mein und ich bin dein.« Aber hier gibt es immer die erste Liebe, die auch noch »mit in der Wohnung ist«. Nach allgemeiner Humanität müsste Gott gewissermaßen mit der Gießkanne vorgehen und allen Menschen gleiche Chancen, den gleichen Weg, die gleiche Liebe, die gleiche Gegenwart, den gleichen Trost zuteil werden lassen. Biblische Religion ist dagegen eine Religion der Geschichte, und deshalb verläuft sie auf einem nachzeichenbaren geschichtlichen Weg und nicht als allgemeine Menschheitsgeschichte, jedenfalls nicht im Sinne der Bibel, was nichts darüber aussagt, auf welchen Wegen Gott tatsächlich auch außerhalb seiner vorrangigen Erwählungen heilt und rettet.

Die Befreiung von der Menschheitsgeißel der *Sklaverei* gehört zu den Großtaten der zivilisatorischen Emanzipationsgeschichte, und zwar nicht nur im kolonialen Zusammenhang. Der Ausgang aus der selbstverschuldeten Unmündigkeit ist das Herzstück der Aufklärung, der *autonome Mensch* sein Ideal. Wir können uns nicht vorstellen, dass jemand uns besitzt. Der Mensch ist frei; er ist niemandes Eigentum. Wie steht es damit bei Jesus und in der Schrift? Das Menschenbild der Bibel kennt freilich »Leibeigenschaft«: Wir sind Besitz Gottes. Über Paulus wird diese Vorstellung sogar erneuert. Wenn es nach seinem Idealbild ginge, dann sollte der Mensch heilig sein an Leib und Seele, ganz Gott gehören, symbolisch verstärkt durch Eheverzicht. Er sagt: »Es ist leider nicht allen möglich und deshalb ist die Ehe ein Zugeständnis, damit nicht alle sich der Prostitution zuwenden.« Im Alten und im Neuen Testament wird das Verhältnis von Gott und Mensch gesehen im Sinne des Verhältnisses vom Herrn und Sklaven. Paulus sagt von sich, er sei »Sklave Jesu Christi«. Und auch für Jesus gilt in alten Gebeten: »... durch Jesus Christus, der dir gehorcht.« Jedenfalls läuft das Gottesbild der Bibel im Allgemeinen darauf hinaus: »Gott ist der Herr, Jesus ist der Herr« – und das bedeutet nicht, dass wir seine Freunde sind, sondern dass wir seine Sklaven sind. Und das heißt nun wieder: Nicht der Mensch hat Rechte, sondern Gott als der Schöpfer gibt ein Gesetz und dieses Gesetz gilt allgemein für die Natur und im Besonderen, noch einmal am Sinai erneuert, für die Menschen, die die Thora hören oder lesen.

Das Alte Testament ist ja so aufgebaut, dass es vom Allgemeineren zum Besonderen geht, dass in der Schöpfung die Regeln für alle aufgestellt werden und dass dann eine Zuspitzung gegeben ist wie in einer Pyramide – auf die Sinai-Gesetzgebung, auf den Tempel in Jerusalem (dort wird stellvertretend für alle Gottesdienst gehalten). Das Muster ist also nicht die Autonomie des Menschen, der selbst bestimmt, wohin er geht und was er tut, sondern die Einfügung in die Schöpfungsordnung, die in einer tempelzentrierten Weltordnung gipfelt. Das ist auch im Neuen Testament so, wenn wir an die radikale Konzentration auf seine Person denken, die Jesus von seinen Jüngern einfordert, oder wenn wir uns nur den Leib Christi als Tempel Gottes in der Welt denken.

Zu den bedeutendsten Errungenschaften der Neuzeit gehört die allgemeine Anerkennung der *Demokratie* als derjenigen Herrschaftsform, in der größtmögliche Gerechtigkeit für alle möglich ist. Für uns ist wichtig, dass Autorität kontrollierbar ist, dass sie bei Gewaltenteilung funktioniert, dass sie auch notfalls genommen werden kann. Jesus ist aber nicht von einem Team umgeben, das nach demokratischen Spielregeln funktioniert. Jesus ist ein autoritärer Entscheider, der sich nur in Hinsicht auf den Vater rechtfertigt. Jesus beruft, wen er will, und es sind keine Berufungen auf Zeit und Bewährung. Apostel ist man lebenslänglich und die Einsetzungen im Neuen Testament vollziehen sich nicht demokratisch, sondern bestenfalls durch ein Presbyterium. Von Gewaltenteilung ist keine Rede, d. h., die Vollmachten, von denen das Neue Testament berichtet, werden alle von oben nach unten verliehen, und so ist es in der Kirche auch weiterhin. Selbst bei der so genannten Ordination darf eben nicht jeder die Hände auflegen, sondern nur solche, denen selber die Hände zur Ordination aufgelegt worden sind.

Nicht unmittelbar zu den Menschenrechten, wohl aber zu den Grundoptionen der Moderne gehört der Satz: *Das Gute muss um seiner selbst willen getan werden.* Auch hier steht Jesu Denken und Art fremd und quer zu unseren ethischen Grundannahmen. Die biblische Ethik ist nämlich eudämonistisch. Auf gut Deutsch: In der Bibel geht es um Seligkeit und um Lohn. Beides mögen wir überhaupt nicht gerne hören, denn Kant ist der große Lehrer der evangelischen Kirche und durch Karl Rahner auch der Katholiken. Nach Kant ist alles, was auch nur im Mindesten Freude macht, ethisch verdächtig und abzulehnen, weil es nicht das Gute um seiner selbst willen ist, sondern weil es Spaß macht, und das genau ist unethisch, und das genau macht Ethik dann zum Vergnügen. Und das darf nicht sein. Wenn wir deshalb im Neuen Testament Aussagen finden wie in der Bergpredigt: »Die haben ihren Lohn schon auf Erden weg, die Leute, die sich hier bewundern lassen«, oder »Euer Lohn ist groß im Himmel«, dann versuchen wir immer, uns an diesen eindeutigen Lohnaussagen vorbeizumogeln, denn wir mögen doch nicht belohnt werden! Um Gottes willen! Lohnarbeit, das ist doch eine Sache, die wir, in der Kirche jedenfalls, nicht hören wollen. Es ist eine schöne Widerspiegelung dessen, dass wir in Wirklichkeit und tatsächlich alle lohnabhängig sind und Lohn bekommen.

Wir erwarten, dass es bei Jesus, beim Glauben und in der Kirche immer ganz anders sein soll als in Wirklichkeit. Nach Kant gilt, dass man das Gute nur um seiner selbst willen tun darf und dass alles andere privatistischer Individualismus und eigentlich zu verwerfen ist. In dieser Hinsicht sind wir wohl alle zumindest halbe Kantianer. Denn wenn jemand sagt: »Ich tue etwas, um dafür himmlischen Lohn zu bekommen«, dann blicken wir ihn schräg an. Oder wenn jemand sagt: »Ich engagiere mich im Altenheim, weil Jesu Wort gilt, selig die Trauernden, denn sie werden getröstet werden«, dann kommt uns das jedenfalls unverständlich vor. Die Bibel ist aber mit der ganzen Antike darin eins, dass man das Handeln des Menschen nicht ohne den Menschen denken kann, nicht ohne seine eigenen Interessen. Die biblische Weisheit besteht darin, dass man nicht an morgen denkt, sondern an übermorgen, dass es etwas länger dauert und etwas gemeinschaftlicher auch ist in der Auswirkung als nur bis morgen und auch nur für mich. Nach der Bibel hat unser Handeln mit Hoffnung zu tun – und nicht mit pseudo-ethischem Masochismus.

Schließlich: Die Bibel hat *keinen positiven Freiheitsbegriff*. Das ist ziemlich erheblich. Für uns gehört zum Menschen die Freiheit, vor allen Dingen die zur Selbstverwirklichung, die Freiheit, dass ich ich selbst werden darf, dass ich eben mich entfalten kann, und Freiheit bedeutet die Abwesenheit von Zwang. In der Bibel gibt es aber nur die Freiheit »von« etwas. Also von etwas, das mich belastet, wie die Angst vor dem Tod, die Folgen der Sünde, die Not, aber es gibt nicht in irgendeinem Sinne eine positiv gewertete Freiheit. Das kann man daran sehen, dass die Möglichkeit des Menschen zu sündigen nicht als eine Auszeichnung gesehen wird, sondern als eine Belastung. Er muss frei werden von der Sünde; es geht nicht darum, die Freiheit des Menschen zu reparieren, sondern es geht darum, dass er von Sünde und Tod frei wird.

Ich denke, dass die Bibel hier einen Schritt näher an der Wirklichkeit ist. Sie sieht uns – um ein Bild zu gebrauchen – in einer Art Notfallstation, in der Verkehrsopfer eingeliefert werden; da ist der Notarzt, der das Schlimmste verhüten muss im Kampf zwischen Leben und Tod. Für den Schwerverwundeten geht es gar nicht um die Chance zu mittelfristigen Entwicklungen; es wäre auch unpassend, dass er gefragt wird: »Willst du das alles?« Das Opfer ist gar nicht in der Lage, irgendwelche Formulare zu unterschreiben – gerade geht es um Leben und Tod und um einen, der Rat weiß in höchster Gefahr. Das ist die typische Situation des Menschen vor Gott nach der Bibel; so sieht Jesus den Menschen. Die grundsätzliche Freiheit des autonomen Subjekts, »Ja« oder »Nein« zu sagen, wird eher als etwas angesehen, das überhaupt nicht zur Debatte steht, das vielleicht einmal irgendwo am Horizont auftaucht, aber jedenfalls jetzt nicht wichtig ist.

In der Tradition des abendländischen Denkens und besonders im Deutschen Idealismus haben wir gelernt, alles auf die Vernunft, am besten gleich auf ein vernünftiges System zu begründen. Nur das Vernünftige, Vernunftbegründete hat ein Existenzrecht. Für Lessing, die Aufklärung unserer Schultraditonen galt ja: Je zeitenthobener um so wahrer, wahrhaftiger ist etwas. Nun geht es in der Bibel nicht um das, was Lessing die »Allgemeine Vernunft« und die »Allgemeinen Vernunftwahrheiten« nannte. Sie werden weder logisch deduziert noch in Gleichnissen erzählerisch inszeniert. Die Schrift hat aus sich kein Interesse an dem, was von der Vernunft her immer und überall notwendig geboten ist, will man nicht in Konflikt mit dem Widerspruchsgesetz und anderen Instrumenten der Vernunft geraten. So will die Bibel auch gar nicht als Philosophie, als logisches System gelesen werden. Das hat natürlich weit reichende Konsequenzen; denn wenn die Bibel selber nicht im Sinne allgemeiner Vernunftwahrheiten gelesen werden will, denn dann muss man auch nicht im Sinne eines allgemeinen Gesetzes auf sie hören.

Man möge mich nicht missverstehen. Ich will nicht neben und gegen die allgemeine Vernunftwahrheit unserer Humanität eine andere stellen, sondern nur sagen: »Die Bibel ist ein Entwurf, der sich gar nicht im Sinne allgemeiner Vernunft auffasst, sondern im Sinne eines ganz besonderen konkreten Blicks auf den Menschen, auf seine Situation, die jeweils neue Antworten erfordert.« Neulich hatte ich in einem Ort in Süddeutschland eine erregte Diskussion mit einem Philosophen, der meinte fragen zu müssen: »Ja, sagen Sie doch endlich: Was ist denn wahr am Christentum?« Da habe ich geantwortet: »Was ist denn wahr? Die Bibel ist kein Fundort für Dinge und Erkenntnisse, die zeitlos und noch in Millionen Jahren wahr sein werden. Die Wahrheit der Bibel ist von der Qualität von Wahrheit, wie sie in einer Liebesgeschichte aufscheint. In der Liebesgeschichte sagt man: Diese Frau oder keine. Und so geht es in der Bibel um diesen Gott oder keinen. Um diesen Jesus Christus oder keinen. Das Thema der Bibel ist Liebe und Geborgensein. Die Bibel ist kein Florilegium allgemeiner Wahrheiten, wie man sie besser bei Aristoteles und

Plato findet.« Das ist auch ein Beitrag zur Versöhnung von Glaube und Vernunft.

Ich bin da allerdings nicht so optimistisch wie manche modernen Systematiker. Den Exegeten als Theologen interessieren nicht verallgemeinerbare Vernunftwahrheiten; er sucht in der Bibeln auch nicht die allgemeine Erklärung über die Würde des Menschen, sondern er entdeckt Geschichten, die in ihm Fragen provozieren wie: »Wen liebt Gott jetzt und was will Gott jetzt von mir?« Das klingt zwar leicht zu fromm, ist aber im Sinne der Bibel historisch gemeint und nicht allgemein philosophisch. Wenn stimmen sollte, was ich gesagt habe, können wir vielleicht verstehen, warum nicht alle Kulturen – beispielsweise die Chinesen – unsere Rede von Menschenrechten verstehen. Wir setzen einfach voraus, dass alle Kulturen einen gleichmäßigen Zugang dazu haben müssen. Jesu Ethik kennt kein »Weltethos«, und schon gar nicht wendet Jesus dieses nur auf besondere Situationen an. Statt eine Kasuistik zu entfalten, fordert er nur »wachet!« *Nicht allgemeine Vernunftregeln, sondern Wachsamkeit in der Situation,* das ist sein Weg der Verbindlichkeit. Das entspricht auch seinem eigenen Gottesverhältnis, so nahe an Gottes Herz zu sein, dass er vernehmen kann, was Gott will.

11.11 Die Wunder – Symbole oder historische Fakten?

Der herrschende Zeitgeist findet nichts schlimmer als Dogmatismus. Gleichzeitig bildet er eine verschworene Glaubensgemeinschaft, die sich rund um eine kleine Anzahl aufgeklärter Dogmen versammelt, deren Heiligstes der Satz ist: »Es gibt keine Wunder!« Wunder gelten als Relikte eines magischen Zeitalters, hysterische, massenpathologische Phänomene, mit denen sich das Niedervolk in Lourdes und die Yellowpress abgeben mag. Nicht zuletzt den Theologen sind die Wunder nur noch peinlich; und sie sehen darauf, dass wenigstens die Bibel von solchem Spuk gereinigt wird. In steigendem Maße ist man bereit, die Wunderberichte der Evangelien als bloß symbolisch zu verstehende Ereignisse zu betrachten. »Nur symbolisch« heißt: Geschehen ist nichts, die Erzählung soll aber sagen, wie wichtig Jesus war.

Anlass zu solcherlei Vermutungen gaben zum Teil die Vorlagen der neutestamentlichen Berichte im Alten Testament. So stellt sich etwa das Verhältnis des Berichts über die Speisung in Joh 6,1–15 zur »Vorlage« in 2 Kön 4,42–44 wie folgt dar: An der Stelle des Elischa (»der Gottesmann«) steht in Joh 6 Jesus. Dem namenlosen Mann aus Baal-Schalischa entsprechen die zwölf Jünger Jesu. Den 20 frischen Gerstenbroten entsprechen in Joh 6 die fünf Brote, dem »Jungkorn« entsprechen die zwei Fische als Beikost. Im Zentrum beider Berichte steht der Befehl des Wundertäters (»Gib es den Leuten zu essen«) oder seine Tat (das Verteilen). In beiden Fällen gibt es einen Einwand wegen der großen Menge der zu Sättigenden. Während es sich in 2 Kön um 100 Menschen handelt, sind es bei Johannes gleich 5000. In beiden Berichten ist davon die Rede, dass die Menge satt wurde und dass sogar noch etwas übrig blieb. Das Zahlenverhältnis zwischen Broten und Gesättigten ist im Alten Testament 20:100, im Neuen Testament 5:5000. Die Zahl der Helfer steht im Verhältnis 1:12 zueinander. Daraus ergibt sich, dass die Wunderkraft Jesu der Elischas weit überlegen ist. Jesus ist »mehr« als Elischa. Dass die Menschen Jesus als Propheten bezeichnen, ist angesichts der Parallele in 2 Kön 4 nur zu gut verständlich. Freilich erwartete man nicht das Wiederkommen des Elischa, sondern das seines Lehrers Elija. Aber wie es öfter bei Figuren ist, deren »Antitypus« (im Sinne der Entsprechung) man für die Endzeit erwartet, so wird auch hier der Wiederkommende nach der »Vorlage« des direkten irdischen Nachfolgers gezeichnet. Wir kennen das von Moses und Josua (griech. Jesus; Ankündigung in Dtn 18,15), von David und Salomo (Jesus als »Sohn Davids« hat Macht über die Geister wie einst Salomo) und eben hier von Elija und Elischa, ansonsten auch für Adam und Seth bezüglich des neuen, zweiten Adam (Weisheit und Gerechtigkeit). Der für das Ende der Zeit erwartete »Wiedergänger« trägt jeweils auch Züge des direkten irdischen Nachfolgers. Denn die prophetische Vollmacht wird als eine Art Paket angesehen, das unvermindert vom Meister auf den Schüler übergeht.

In der heutigen Auslegung des Textes überwiegt dagegen die moralische Tendenz: Die Jünger hätten bereitwillig von ihrem Proviant abgegeben (»Teilen lernen«). Nun ist der »moralische Schriftsinn« einer der vier alten Schriftsinne (Literalsinn = wörtlicher Sinn; allegorischer Sinn in Hinsicht auf die Dogmatik; moralischer Sinn in Hinsicht auf die Ethik; anagogischer Sinn in Hinsicht auf die darin enthaltene Hoffnung). Doch wenn man ihn gegen das Historische ausspielt und den Bericht zur Legende macht, die unter gar keinen Umständen historisch zu nehmen sei, dann hört meine Begeisterung für das Erwachen der vier Schriftsinne auf. Unter allen Umständen ist zunächst und zuerst der *Literalsinn* gegen jede Verflüchtigung zu bewahren. Und das nicht zuletzt deshalb, weil hier nicht von märchenhaften himmlischen Backöfen die Rede ist, in denen Engel die Brote gebacken hätten. Die Speisungsberichte sind zunächst einmal leibhaftig zu nehmen, denn sie verstehen sich als eine schockierende, überwältigende Begegnung mit Gott. Jedes moralische Hinbiegen (was wird dann mit den zwölf Körben mit Resten?) oder legendarisches Verflüchtigen (die Geschichte lehre »eigentlich« nur, dass Jesus die Güte Gottes predige) verkürzt und verkleinert die Geschichte. Wenn es um die Begegnung mit Gott geht, haben Ausleger nichts zurechtzulegen, um die Geschichte irgendwie zu erklären und für den Verstand fassbarer zu machen. Nicht die Geschichten sollten wir kleiner machen, sondern uns selbst vor den Berichten, und das nennt man Demut. Das bedeutet nicht, dass wir den Verstand an der Kirchtüre abgeben müssten. Nein, wir sollen ihn schon mit hineinbringen in die Kirche und dort seine Grenzen erkennen. Schon eine »große Liebe« zwischen Menschen ist unfasslich, wie dann erst, wenn wir Gott begegnen. Wer diese Geschichten aufs Erträgliche hin reduziert, treibt ihnen den Bezug auf Gott aus. Übrig bleiben leere und letztlich uninteressante Hülsen. In den Speisungsgeschichten begegnet uns der unfassbare große Gott. Es bleibt nur das Staunen, und für Menschen, die sich an dieser Stelle über Mirakel lustig machen, ist diese Welt nicht geschaffen.

Gewiss hat dann dieser Bericht *auch* eine symbolische Bedeutung. Menschen zu speisen wird immer wieder damit verglichen, dass man sie belehrt. Worte können nahrhaft sein wie Brot. Und die Zwölfzahl der Körbe weist wohl sicher auf die zwölf Jünger als die

Lehrer hin, die Jesu Worte weitergeben; in Mk 8,19–21 macht Jesus die Jünger ausdrücklich auf diese Symbolik aufmerksam. Diesem Bericht entspricht, dass in Joh 6 (nur hier!) die Jünger lediglich die Reste einsammeln. Beim Verteilen ist Jesus allein. Daher wird dann die Speisung zum christologischen Symbol: Jesus ist wie das Manna vom Himmel herabgestiegen, und Jesus an- und aufnehmen ist Leben, das den Tod überwindet. Das eine ist so real wie das andere. Das sichtbare Essen ist (wie bei der Eucharistie) ein Teil des Ganzen, die sichtbare Spitze eines Eisbergs. Wer das Sichtbare abwertet und für »nichtig« erklärt, ist ein Jünger Platos, nicht ein Jünger Jesu. Nach dem Johannesevangelium ist stets das Woher der Vollmacht und Sendung Jesu mit dem Wohin und dem Ziel des Weges Jesu und seiner Jünger verbunden. Das Sichtbare, das wir jetzt sehen können, ist immer nur ein Bruchstück zwischen Ursprung und Ziel. Aber ein Bruchstück, das nicht wertlos ist, denn hier beginnt alle Verwandlung.

Allein wegen der Entsprechung zu 2 Kön 4 sind nun die Speisungsgeschichten Jesu nicht etwa unhistorisch, »abgekupfert« oder reine Legende. Welcher Logik entspricht es, dass eine Wiederholung deshalb nicht sein kann, weil sie eine Wiederholung ist? Offenbarung ist nicht immer das Brandneue, sondern sie wiederholt sich mit Steigerungen. Und Wunder dieser Art sind Konfrontation und Begegnung mit der unbegreiflichen Macht Gottes selbst. Natürlich hat die Exegese rührende Versuche unternommen, diese Unbegreiflichkeit zu ermäßigen, um sie nicht als totale Überforderung an den menschlichen Verstand aufrechterhalten zu müssen. In einem falschen Eifer für die Harmonisierung von Glaube und Naturgesetzen versuchte man also diese Geschichten moralisch zu deuten. So wird erklärt, die Jünger hätten in einem Akt von Altruismus ihr Hasenbrot unter die Menge verteilt. Und dann entfaltet man wortreich, in dieser Geschichte gehe es überhaupt ums Teilen; in ihr sei eine Art Imperativ enthalten, der in Richtung sozialer Gerechtigkeit des Teilens zu verstehen sei. Nun ist nichts, wirklich gar nichts gegen Teilen und soziale Gerechtigkeit zu sagen. Aber diese hochgradig wünschenswerten Verhaltensweisen gerade in dieser Geschichte unterzubringen erscheint mir absurd. Das hätten selbst biblische Orientalen schneller sagen können und weniger gewunden. Eine derartige moralisierende Auslegung fast aller Wundergeschichten beherrscht freilich die Handbücher zum Religionsunterricht im gesamten deutschen Sprachraum, in denen alles sein darf, bloß kein wirkliches Wunder. Das lässt der herrschende rationalistische Horizont und sein kleinkarierter Kanon der Vor-Urteile nicht zu.

Niemand bestreitet die symbolischen Aspekte der Wundergeschichten. Speisung steht für Empfangen des Wortes Gottes, Blindenheilung bedeutet Öffnung der Augen des Herzens für die Wirklichkeit Jesu, Aufrichtung Kranker steht für den Beginn neuen, ewigen Lebens. Aber diese zweite, zeichenhafte Ebene setzt immer die erste Ebene, das reale Zeichen voraus. In gewisser Hinsicht ist jedes Tun Jesu Zeichenhandlung, Andeutung eines umfassenden, größeren Geschehens. Aber es sind keine leeren Zeichen. Das biblisch-jüdische Denken kennt keine leeren, leiblosen und rein didaktisch-abstrakten Zeichen. Es gibt dort keine Trennung von Leib und Seele, keine legitime Trennung von leibhaftiger Speisung und dem Annehmen des Wortes Gottes im intensiven Hören. Der Gedanke, es gebe eine Entleerung der Realität zugunsten der alleinigen Wirklichkeit des Geistigen, ist gerade einmal 500 Jahre alt; er äußert sich zuerst im calvinistischen Verständnis des Abendmahls, nachdem zuvor die Philosophie zum Nominalismus abgestiegen war, zur Vermutung nämlich, Begriffe könnten nur Namen sein, denen in der Wirklichkeit nichts entspricht.

Bei der »Vergeistigung« der Wundergeschichten in der Praxis der Handbücher zum Religionsunterricht sind zwei Tendenzen bestimmend: eine traditionelle Geringschätzung des Leiblichen (ein neuplatonisches »nicht so wichtig«) und die Feigheit, zum Ärgernis zu stehen (»nicht zumutbar«, »lehnen die Leute ab«). Beide Linien finden sich genauso auch in zwei anderen Fällen, wo man dieselbe Umdeutung versucht: bei der Eucharistie und bei der Auferstehung der Toten. Auch hier wird der Gehalt der Aussagen rein symbolisch gefasst. Die Folge ist eine nicht wieder gutzumachende Entfernung Gottes von der Welt, eine Art Neo-Deismus. Der Deismus suchte Gott bekanntlich dadurch zu retten, dass er ihn weit in den Himmel verbannte. Ein solcher Gott mischt sich bestimmt nicht ein und ist auch zur Verwandlung der Welt oder des Menschen nicht mehr fähig. Er ist einfach nicht da. Auch die zweite Tendenz arbeitet mit dem selben Trick: Die »sozialethische« Auslegung nimmt den Hunger der Menschen ernst, leugnet aber gleichfalls Gottes Eingreifen in die materiell-leibliche Sphäre und konzentriert die Wirklichkeit der Religion auf soziales Handeln. Eucharistie wird dann vornehmlich zum Gemeinschaftsereignis.

Im Hintergrund dieser geläufigen Fehldeutung steht nicht nur ein merkwürdig blutleeres Verhältnis von Gott und Welt, sondern auch ein besonderes Kirchenverständnis. Denn wer Wunder a priori nur moralisch und/oder sozialethisch qualifiziert, wird auch die Wirklichkeit der Kirche nur nach denselben Maßstäben beurteilen. Beim Wunder wird nur das Symbolische angenommen und die leibhaftige Dimension geleugnet, bei der Kirche kommt es nurmehr auf die Meinung über sie an, wozu sie wie gut ist und was sie bewirkt, nicht aber, dass sie ein geheimnisvolles Ereignis ist, zu dem man leibhaftig hingehen sollte, um verwandelt zu werden. Vornehme »Vergeistigung« kaschiert, dass sich nichts tut außer Wortgeklingel. Beide Arten von Verkopfung sind nicht biblisch und grundsätzlich zu beklagen.

Es ist ja richtig, dass man Menschen mit knurrendem Magen kein Evangelium verkünden kann. Und es ist ebensowenig angebracht, jeweils auf ein Wunder zu warten und nichts zu tun. Weder das eine noch das andere wollen die neutestamentlichen Berichte lehren. Wer so die Bibel liest, als enthielte sie nur gute Worte und Anweisungen für alltägliche Seelsorge, wird enttäuscht sein. Die Wundergeschichten sind eben nicht zu 100 Prozent umzusetzen oder zu aktualisieren. Sie bleiben stehen als erratische Blöcke und weisen nach vorne ins kommende Heil. Sie sind Zeichenhandlungen, die als Teil der Verkündigung Jesu immer Einblick in das ganze Vorhaben Gottes geben, aber eben nur als Teil. Zeichenhandlungen sind die Vertreibung der Händler aus dem Tempel, das Abendmahl, die Sendung der Jünger vor Ostern und eben die Heilungen und Sättigungswunder. Jesus hat nicht alle Menschen heilen können. Aber er hat an konkreten Orten und unter konkreten Menschen Gottes eigenste Taten gewirkt, weil er Gottes Sohn ist und Gottes Programm anfanghaft einpflanzt in die menschliche Geschichte. So passen die Wunder auch in Jesu Botschaft vom Kommen Gottes. Und jeder, der glaubt, sie nur noch als sinnreiche Märchen verkaufen zu können oder meint, sie in pittoreske Trägerelemente für Allerweltsweisheiten und moralische Sentenzen ummünzen zu müssen, zieht auf eigene Rechnung etwas von Gottes eigenster Hoheit ab. Die Wunder sind reale Verheißung. Sie sind real, weil Gottes Wort Wirklichkeit schafft. Und sie sind Verheißung, weil sie hinweisen, dass Gottes Herrschaft einst für alle greifbar und sichtbar sein wird. Der Leib und sein Ergehen ist dabei nicht unwesentlich, sondern an ihm vollzieht sich die Vollendung.

Darum möchte ich festhalten: Die konsequente Bestreitung der neutestamentlichen Wunder ist nur eine Variante der Meinung, Gott könne überhaupt in dieser Welt nichts bewirken. Dieser Dogmatismus ist durch nichts zu begründen. Wer ihn vertritt, hat die Beweislast. Denn woher wissen wir, dass mit dem gedanklichen Schema von Ursache und Wirkung jede nur denkbare Realität erklärt wird? Schon der heilige Augustinus hat gewusst: Wunder widersprechen nicht der Natur, sondern nur dem, was wir von der Natur kennen.

Betrachten wir die Dinge noch einmal am konkreten Text: Die Heilung des Blindgeborenen in Joh 9 steht in besonderer Spannung zwischen der leiblich-realen und der symbolischen Deutung von Blindheit. Das Wunder, die Heilung eines Blinden, akzeptieren die Juden, aber die geistige Erleuchtung, nämlich Jesus als das Licht anzuerkennen und zu bekennen, diese religiöse Erleuchtung weisen sie ab. Damit passiert hier das Gegenteil von dem, was heute die Rezeption des Textes schwierig macht. Denn die symbolische Deutung begreift man, aber nicht die reale.

Joh 9 steht in der Spannung zwischen zwei Jesajatexten: Einerseits erfüllt Jesus die Prophetien, nach denen der Bote Gottes die Blinden sehend macht (Jes 35,5) – andererseits tritt er auf, um diejenigen, die meinen, schon gut genug zu sehen, mit Blindheit zu strafen, damit sie immer weiter umherirren (Jes 6,9f.). Wunder und Verstockung werden ineins gesehen wie zwei entgegengesetzte Aktionen, freilich auf verschiedenen Ebenen der einen Wirklichkeit. Die theologische Auslegung von Joh 9 sieht die Heilung dessen, der von Geburt an (!)

blind war, als Erweis der Schöpfermacht Jesu; denn der Blinde musste ja nicht von einer Krankheit geheilt, sondern neu geschaffen werden. Joh 9 besagt: Jesus hat die Blinden sehend gemacht und Sehende, vermeintlich klar sehende, blind gemacht. Er hat den physischen Mangel beseitigt, aber die hochmütige Saturiertheit seiner Gegner bestraft. Die körperliche Heilung war gewissermaßen leicht, denn die physische Bedürftigkeit macht auch geistlich offen. Danach wendet sich Jesus nicht gegen Reiche und Gesunde, sondern gegen die mangelnde Aufnahmefähigkeit derer, die meinen, schon alles zu wissen. Wer auf diese Weise blind ist, dem kann der Herr nicht helfen. Er verstockt ihn, führt ihn erst recht hinein in seine Finsternis. Wer Jesus nicht wahrnehmen kann, der fällt schon im Auftreten Jesu dem Gericht zum Opfer. Der Adressat der Erzählung in Joh 9 ist daher am Ende nicht der Blindgeborene, sondern sind die religiös Eingebildeten. Jesus erklärt: Die physische Blindheit hat mit Sünde nichts zu tun. Physische Defekte sind nur in Ausnahmefällen Folge der Sünde, hier schon gar nicht. Aber geistige Blindheit, nämlich Jesus nicht sehen und haben wollen, das ist die größte Sünde; alles Versagen der Vergangenheit zählt nicht, wenn Menschen das ausschlagen, was ihre Zukunft bedeuten könnte. So lässt sich Joh 9 in diesem Satz zusammenfassen: Besser blind und ohne Sünde, als sehen und nicht an Jesus glauben.

In Joh 9,39 fasst Jesus seine Mission schonungslos zusammen: »*Zum Gericht bin ich in die Welt gekommen, damit die Blinden sehen können und die (vermeintlich) Sehenden immer noch blinder werden.*« Derartige Verstockungsaussagen im Anschluss an Jes 6,9 kennen die Evangelien auch sonst (Mk 4,12; 8,18). Sie gelten heute als inhuman, und schnell ist man dabei, solche Stellen dem historischen Jesus abzusprechen. Man sähe gerne nur den endlos therapeutischen Jesus, nicht den, der die Selbstgefälligen in ihrer Blindheit am Ende straucheln lässt. Doch derartige harte Züge sind nicht ideologisch eliminierbar – und sie haben immer extremen Appellcharakter. Der Leser soll das zur Kenntnis nehmen, damit er nicht zu den Pharisäern gehört. Achtet darauf, dass eure geistliche Saturiertheit nicht dazu führt, dass ihr immer tiefer in eure Blindheit hineingeratet! Kein begütigender Kommentar folgt an dieser Stelle, wie den Verblendeten vielleicht doch noch geholfen werden kann. Nein, wer diese Geschichte liest, weiß von selbst, was die Stunde geschlagen hat und was er zu tun hat: sich von Jesus heilen zu lassen.

Bernhard von Clairxaux kennzeichnet diese Gruppe so (14. Predigt, § 2): Es sind Menschen, die meinen, dank ihrer Verdienste das Licht der Gerechtigkeit in sich zu haben, sie sind von Stolz aufgebläht und ihre besondere Krankheit hindert sie, den Arzt aufzusuchen, der sie hätte heilen können. Nichts ist schlimmer als diese Art von Illusionen über sich; Bernhard zeigt, dass es sich um ein praktisches Problem der Rechtfertigung handelt.

Auch an anderen Stellen der Evangelien werden Pharisäer »blinde Blindenführer« genannt – besonders peinlich, da sie die religiöse (Laien-)Elite sein wollen. Vor solcher Blindheit ist niemand gefeit, es sei denn, er gehe freiwillig zum Arzt.

Hier ist noch einmal grundsätzlich etwas zu sagen zum Verhältnis von Wunderberichten und Symbolik. Nicht gerade selten haben Wunder in den Evangelien auch eine symbolische Bedeutung. Zum Beispiel steht in Mk 8 die Heilung des Blinden (V.22–26) zwischen dem Tadel Jesu gegen die Jünger, sie seien verstockt, sie hätten Augen und sähen nicht (V.18), und dem Petrusbekenntnis in Mk 8,29. Das heißt (auf der symbolischen Ebene gesprochen): Jesus heilt die Blindheit der Jünger, sodass Petrus dann das zutreffende Bekenntnis formulieren kann. Die in Mk 8,22–26 berichtete Wunderheilung bereitet daher das Bekenntnis vor; und entsprechend kann Jesus in Mt 16,17 formulieren: *»Nicht Fleisch und Blut haben dir das geoffenbart, sondern …«* Diese Erkenntnis wurde geschenkt, indem den Jüngern die Augen geöffnet wurden. Ähnlich geht der Brotrede in Joh 6 *(»Ich bin das Brot des Lebens …«)* eine wunderbare Speisung mit Brot, ein Mengenwunder, voraus. Und die Auferweckung des Lazarus in Joh 11 ist der Anlass zu der viel weiter als dieses Wunder reichenden Aussage Jesu: *»Ich bin die Auferstehung und das Leben.«*

Diese Beobachtungen haben nun immer wieder Ausleger dazu verführt, die Wunderberichte für lediglich symbolisch zu halten. Dabei wird dem Neuen Testament ein rein rationalistisches Symbolverständnis untergeschoben, das ich (siehe auch oben) »calvinistisch« nenne, was nicht konfessionell gemeint ist, da es auch an katholischen Exegeten solcher Observanz nicht mehr mangelt. Für Calvin sind Symbole leere Zeichen mit lediglich didaktischem Wert. Hier und nicht in der Reformation Luthers geschieht der eigentliche Bruch mit der Bildtradition der Antike. Wahr im Sinne der Bibel ist hingegen etwas ganz anderes: Die Wunder, die Jesus gewirkt hat, sind nicht »nur« symbolisch, sondern sie sind wie die Spitze eines Eisbergs und weisen als leibliche Äußerungen auf eine größere Ganzheit. In der leiblichen Heilung oder Speisung wird etwas sichtbar von dem, was viel umfassender ist und weit in den Bereich des Unsichtbaren hineinreicht. Die Leiblichkeit des Wunders ist ein unabdingbarer Vorposten. Und jedes Zeichen hat Anteil an der Wirklichkeit, die es abbildet. Diese Wirklichkeit aber ist unteilbar: Wer bei der Begegnung mit Gott leiblich geheilt wird, ist in Wahrheit umfassend geheilt, auch eben leiblich. Das Wichtigere ist unsichtbar, aber ganz organisch verbunden mit dem Sichtbaren, so wie die Spitze des Eisbergs mit dem an der Oberfläche unsichtbaren größeren Rest. Die Wunder sind nicht literarische Fiktionen, sondern realsymbolisch, nämlich real und auf das größere Ganze weisend. So sind auch die Sakramente nicht leere Zeichen, sondern Waschung und Sättigung sind Teile der erneuerten umfassenden Gesundheit des Menschen (deshalb gibt es »Misereor«). – Die symbolische Dimension, die Jesus selbst der Heilung in Joh 9 gibt, wird in der Auslegung des Mittelalters gern aufgegriffen, so etwa in diesem Präfationstext: »Er hat die Augen der Blinden aufgetan und mit seinen Kräften die Herzen aller Völker geöffnet.« Oder in diesem Gebet: »Der allmächtiger Herr, der mit der Macht deiner Kraft den blinden Augen Medizin geschenkt hat, wende eure Augen ab von allem, was belanglos ist.«

Exemplarisch sei ferner ein in Braunschweig entstandener Text aus dem 13. Jahrhundert zitiert: »Gott, der jeden Menschen erleuchtet, der in die Welt kommt (Joh 1,9), möge die ererbte Blindheit in euch mit seiner rechten Hand abwaschen und eure inneren Augen öffnen, damit ihr, wenn die Finsternisse der Sünden vertrieben sind, umso deutlicher die Sonne der Gerechtigkeit strahlen seht. Und der im Blindgeborenen sein Bild wiederherstellen wollte (die Augen gelten besonders als Bild Gottes!), möge das wiederherstellen, was durch euch in euch gegen die Ähnlichkeit mit ihm verfälscht wurde, und er möge es neu formen nach dem Maßstab seiner Herrlichkeit. Denn ihr seid aus Finsternissen berufen in das wunderbare Licht des ewigen Glanzes. So sollt ihr die Verletzungen meiden, die ihr euch selbst zufügt durch Ungerechtigkeit« (eigene Übers.).

Halten wir fest: Die Nähe Gottes zu den Menschen äußert sich nach dem Neuen Testament zeitlich (Das Reich Gottes kommt bald), persönlich (Alle Menschen dürfen zu Gott Vater sagen), räumlich (Wo Jesus auftritt, ist das Heil) und eben auch biologisch (Heilungsgeschichten). Keine dieser Dimensionen darf schamhaft verschwiegen werden. Auch in der Gegenwart ist das Christentum Heilungsreligion. Aber der Weg ist nicht direkt die *Erlösung* von der Krankheit, sondern die *Versöhnung* mit Gott und den Nächsten.

11.12 Wenn man Jesus zu gut kennt

In Nazareth, heißt es, habe Jesus keine Wunder wirken können. Dass man Jesus so genau kennt, dass man über seine Familie Bescheid weiß, macht es den Menschen hier unmöglich zu glauben. Und Jesus fasst das zusammen in dem zum Sprichwort gewordenen Satz: »Ein Prophet gilt eben nichts in seiner Vaterstadt, auch nicht bei seinen Verwandten und seiner Familie.« Wir fragen zunächst: Was ist bis heute wahr an diesem Satz, und warum ist es wahr?

Offenbar gehört zu dem Menschen, der Gottes Wort ausrichten will und soll, eine gewisse Fremdheit; man will und soll gar nicht so viel über ihn wissen. Vor Zeiten kannte man den heilsamen Effekt »fremder Beichtvater«. Die »Stories« verdecken nur die Botschaft. Wer zu viel weiß, neigt dazu, den Boten Gottes kleiner zu machen als er ist. Ist das der Grund dafür, weshalb wir im Johannesevangelium und bei Paulus so wenig Persönliches und Biografisches über Jesus erfahren? Und indem wir das überlegen, entdecken wir, dass hier eine Gefahr auch moderner Frömmigkeit liegt, die Jesus auf allerlei Weise als »Bruder«, als »Kumpel« andienen möchte. Dann ist Jesus einer von uns, aber zugleich ist das Fremde, der Auftrag Gottes, das Heilige und Unvereinnahmbare wie weggepustet.

Haben wir nicht mit allen Mitteln versucht, Jesus menschlicher zu zeichnen? Haben nicht biblische Soziologie und auch interreligiöser Vergleich dazu viel beigetragen? Albert Schweitzers medizinische Doktorarbeit war ein psychiatrisches Gutachten über Jesus, ob er denn verrückt gewesen sei (mit verneinendem Ergebnis). Schon in solchen Fragen liegt offenkundig die Gefahr aller Vermenschlichung Jesu, wenn sie nicht klare Grenzpflöcke einschlägt. Die Erforschung des historischen Jesus ist oft genug dieser reduktionistischen Gefahr erlegen, indem sie sich selbst und anderen suggeriert hat, so sei es eben gewesen oder so ähnlich hätte »es« sein können. Das Ergebnis dieser Jesus-war-im-Grunde-nichts-anderes-als-Literatur (und dazu gehören etwa 90 Prozent der in den letzten 20 Jahren erschienenen Jesusbücher) war denn auch immer genauso, wie es in Mk 6 geschildert wird: Wir »kennen« doch Jesus als bäuerlichen Revolutionär, als halben Zeloten, als humanitären, pazifistischen Juden. Man geht von vorhandenen Vergleichsgrößen aus und versucht Jesus zu »fassen«, jeweils unter der geheimen Voraussetzung, er könne dies oder das, aber nicht der »Unvergleichliche«, jeder Analogie sich Entziehende sein. Und damit ist alles in Wahrheit Beunruhigende weggedeutet. Beunruhigend wäre, wenn er zu tun hätte mit der realen Präsenz Gottes unter Menschen. Aber da wir ja alle menschlichen Bedingungen so perfekt wissen, entsteht der Eindruck, an die Gottheit Jesu zu glauben sei überflüssig. Es ist, als würde man den Mond unter höchstem wissenschaftlichen Aufwand, jedoch unter methodischem Ausschluss der Dreidimensionalität untersuchen. Wer alles in menschliche Bedingungen hinein auflöst, betrügt sich und andere um das eigentlich Spannende, den wahren und wirklichen Anlass für alle Jesusgeschichten. Dass es hier um den unfassbaren, unbegreiflichen, geheimnisvollen Gott geht.

Wir haben auch in der Seelsorge mit demselben Phänomen zu kämpfen. Seelsorge ist immer Spiegelbild unseres Glaubens an Jesus. Wir haben uns daran gewöhnt, Seelsorge als Summe aus pastoraler Psychologie, Soziologie, Medizin und Organisationskunde zu betreiben. Alle Fälle der früheren »Seelsorge« werden an Spezialisten delegiert und »wissenschaftlich« begleitet. Nur der geheimnisvolle Rest verkommt unter dem Rätselwort »Spiritualität«. Dahinter verbergen sich zumeist die schlechten Gewissens zugegebenen Lücken persönlicher Frömmigkeit. Spiritualität als das Sahnehäubchen auf dem auch so schmackhaften Gemeindekuchen? Was hat man dem geistigen Hunger heutiger Menschen anzubieten? Wo sind die Seelsorger, die aus dem Überfluss geistlicher Erfahrung Mitteilung machen können? Doch mir scheint, man will das gar nicht. Die jungen Kapläne seien heute »viel zu fromm«, höre ich als Klage aus vielen Gemeinden. Wer zu fromm ist, sollte am besten gleich aus dem Priesterseminar entfernt werden. Denn er hat nicht verstanden, dass ein Geistlicher vor allem ein Human-Manager sein muss. Es fehlt an dem Fremden, von Gott her Verstörenden in unseren Gemeinden. Darum sind sie so langweilig geworden, dass sich suchende Menschen in ihrer gruppendynamischen Betriebsamkeit nicht mehr wiederfinden.

Mit dem fehlenden Fremden ist genau das gemeint, was »nicht von dieser Welt ist« – eine Herzensgüte, die nicht auf die Uhr schaut, eine geistliche Ausstrahlung, die nicht aus psychologischen Handbüchern abgeschaut ist, eine Liebe zum Beten und Singen, die weit weg zu sein scheint von den Nöten der Welt und die doch deren einzige Hoffnung ist, eine Geduld in der Pflege von Kranken und Alten, die Engelsgeduld genannt zu werden verdient, ein Verzicht auf das »Halleluja-wir-sind-auch-dabei« und aus *correctness*, was wahrhaft Mut erfordert, eine Liebe zum Ritual und zum Heiligen, die selbstvergessen zu sein scheint und doch gerade das Wichtigste ist. Alles dieses Fremde gehört unteilbar zusammen. Wenn wir es an Jesus entdeckten, könnten wir ihn nicht als Bruder vereinnahmen und als »im Grunde ungefährlich« einstufen. Nein, Jesus ist fremd und gefährlich. Wer ihn vereinnahmt, nimmt der christlichen Religion ihre Strahlkraft und ihre notwendige Faszination. Christentum ist mehr als eine ganz vernünftige Sache, und Kirche ist zum allerwenigsten Teil dieser Gesellschaft.

Weil die Menschen in Nazareth Jesus zu gut kennen, kann er hier auch kein Wunder wirken. Für Fundamentalisten ein großes Problem: Ist Jesus nicht immer und überall allmächtig? Man sagt dann: Der Unglaube der Menschen hatte das nicht verdient, deshalb konnten sie von Rechts wegen kein Wunder erwarten. Ich meine: Vom Unglauben steht zwar hier etwas, aber das Unvermögen Jesu wird nicht als Strafe dafür dargestellt. Wunder geschehen dort nicht, wo man sich ausdrücklich dagegen verwahrt. Hört man deshalb hierzulande so wenig von Wundern? Die Offenheit dafür fehlt. Denn Wunder sind nichts Mechanisches, das nur mit einer Übermacht von Energie zu leisten wäre, sondern sie haben immer auch personale Aspekte. Die meisten Wunder setzen voraus, dass man sich mit Leib und Seele in Gottes Hand gegeben hat. Mk 6 spricht daher nicht gegen eine (mechanisch vorgestellte) Allmacht Jesu, sondern davon, dass man sich auch gegen Wunder sperren kann, jedenfalls manchmal, denn Wundervollmacht »funktioniert« nicht gesetzmäßig. Ich sagte »manchmal«, denn bei dem das Wunder vorbereitenden Glauben gibt es auch Stellvertretung (z.B. nach Mk 2,5; Joh 11,25–27) – der Glaube ist eben nicht grundsätzlich unvertretbar individuell zu fassen, weshalb es in einem der die Kommunion vorbereitenden Gebete heißt: »Herr, blicke nicht auf meine Sünden, sondern auf den Glauben deiner Kirche.« Daher gibt es wohl auch einen Glauben, welcher der Bekehrung Ungläubiger vorangeht.

Unser Text vom Unglauben der Bürger von Nazareth spricht (ähnlich wie Joh 12,38 »Herr, keiner glaubt uns …«) von den Grenzen, die Jesus erfährt, besser gesagt: von dem, was den Glauben erschwert und unmöglich macht. Damit soll der Text weniger spätere Prediger damit trösten, dass es Jesus auch nicht besser erging als ihnen, sondern er soll die Adressaten des Evangeliums aufmerksam machen auf Gefahren für ihren Glauben. Diese Gefahren bestehen – modern gesprochen – erstens darin, dass wir aufgrund unserer historischen Bemühungen um Jesus der Illusion erliegen könnten, ihn ganz und gar menschlich zu erklären. Und zweitens will er uns sagen, dass wir vor lauter Anpassung unserer Religion an den heutigen Menschen übersehen, dass es etwas gibt, das nicht anzupassen oder zu vereinnahmen ist: Gottes Größe und die alle unsere Vorstellungen grundsätzlich sprengende Weite seiner Liebe.

11.13 Christentum als Heilungsreligion

Die Forschung hat die Wundererzählungen oft schlecht behandelt und vor allem theologisch abgewertet – so als ob für Jesus und die Evangelisten eigentlich nur das Seelenheil und die Rechtfertigung des Sünders interessant wären. Doch dabei übersah man, dass durch die große Anzahl von bezeugten Wunderberichten das Judentum hier zu einer qualifizierten Heilungsreligion wird. Das gilt für alle Evangelien, die über die vorösterliche Wirksamkeit Jesu und nicht nur über seine Worte berichten (wie das Thomasevangelium). Durch seine Heilungswunder stellt sich Jesus zunächst in direkte Konkurrenz zu zeitgenössischen Heilgöttern wie Serapis oder Asklepius (Äskulap). Doch er will ja nicht nur eine Summe von Wundern wirken. Er sagt vielmehr, dass er so den Propheten Jesaja erfüllt (Jes 29,18f.; 35,5f.), der von Gottes Taten in der Endzeit spricht. Jesus wirkt Gottes eigenste Taten, und eben deshalb ist Gott in ihm real präsent. Diese Taten werden auf drei Ebenen vollzogen, als Heilungswunder, als Exorzismen und in Kombination mit Sündenvergebung (vgl. Mk 2,1–12; Lk 7,48–50 und das Wort vom Nicht-mehr-Sündigen in Joh 5,14).

Als Heilungsreligion bietet das Christentum in der damaligen Welt eine Alternative zu den großen Sanatorien des Äskulapkultes etwa in Epidaurus. Man bedenke die Veränderung gegenüber dem Judentum, wie es sich auch etwa in den Texten von Qumran zeigt: Bei Jesus konzentriert sich die jüdische Religion auf den einen sichtbaren menschlichen Heiler. Als Heiler bereitet er das Volk auf das Kommen Gottes vor, indem er es (zumindest ansatzweise) gesund macht. So ist er Messias. Auch nach der hebräischen Bibel ist Gott der Arzt, aber nie zuvor ist das Heilen Gottes so hervorgetreten wie bei Jesus.

Hat das Christentum den Charakter als Heilungsreligion nicht weitgehend verloren? Einst schrieben die zahlreichen Segnungen, Exorzismen, Prozessionen und Wallfahrten zu wundertätigen Orten und die Anrufung von Heiligen in der traditionellen katholischen Volksfrömmigkeit diesen Charakter des Urchristentums fort, auch wenn es sich oft nicht um Spektakuläres handelte. Aber die Votivbilder und -gaben an den Wallfahrtsorten sprechen ihre eigene Sprache.

Sie erzählen von äußerster Not und großem Glauben. Nur der kann diese Zeugnisse belächeln, der nicht weiß, was Not oder was Glauben ist. Wir sollten wieder lernen, dass es sich hierbei nicht um zweifelhafte, sekundäre Addenda handelt, sondern um die gewiss zeittypische Fortschreibung eines urevangelischen Anliegens. Das Christentum hat diese leibhaftige, gesundheitliche Seite – und man findet sie auf jeder Seite der Evangelien, wenn man nur mutig hinschaut.

Dass man heute Gesundheit zur neuen Religion ohne Gott, Gnade und Heilige macht, bedeutet demgegenüber etwas Neues und ist nicht Erbe des Christentums. Die derzeit florierende Gesundheitsreligion (Manfred Lütz brachte sie in seinem Buch »Lebenslust« bündig auf den Punkt) ist eine absolute Novität in der Menschheitsgeschichte. Auch in der »heidnischen« Antike hat man immer gewusst, dass Gesundheit letztlich Gnade und Geschenk ist. Die Hoffnung auf Gesundheit machte einen wesentlichen Teil der Religion aus, hat aber niemals den Blick auf die göttlichen Helfer verdrängt. Der Glaube an Gesundheitsgötter war human im Vergleich zu den Erwartungen, die man heute an das Funktionieren von Arzt und Patient stellt. Der sakrale Ernst der Fitnessstudios und der Kult der Halbgötter in Weiß sind in Wahrheit unmenschlich. Volksfrömmigkeit bewältigt den Alltag religiös, kennt keine Trennung von Religion und Alltagsleben, ist Öffnung zur konkreten Welt hin (Wilhelm Inkamp). Alles andere ist Verkopfung, Isolierung des Kranken, Verabsolutierung der Medizin und Herauslösung der Gesundheit aus dem wichtigsten Umfeld, das es für sie geben kann, aus einem lebendigen Glauben.

Weil das Christentum für seine Anhänger auch Hoffnung auf Segnung und Heilung, zumindest Linderung bedeutete, konnte man die vier Evangelien als Markenzeichen an den Anfang des Neuen Testaments stellen. Und dass Jesus »Christus« der »Gesalbte« heißt, das wurde zunächst und zuerst in der Salbung von Kranken weitergegeben und angewendet. Dabei war es gerade dem Christentum als Heilungsreligion immer klar, dass die leibliche Gesundheit nicht das höchste Gut ist. Gerade die Totenerweckungen ließen als Grenzfälle immer die Hoffnung auf Auferstehung sichtbar und ahnbar werden. Die mittelalterliche Auslegung von Mk 5 zeigt das: »Herr, der du gekommen bist, auf das Bitten des Synagogenleiters hin dessen einzige Tochter von den Toten aufzuerwecken und die Frau von ihrer schmerzvollen Blutung allein durch die Berührung mit dem Gewand mit deiner göttlichen Kraft geheilt hast, schenke auch diesem Kranken mit himmlischer Segnung nicht nur den Schutz des Leibes, sondern auch den der Seele.« (Bischöfliche Segensgebete 1139, Ende 10. Jahrhundert). Eine alte Präfation identifiziert diese Frau mit der Sünderin: »Als Mensch zeigte sich Jesus, als die sündige Frau seine Füße mit Tränen wusch, als Gott aber wurde er offenbar, da er sie vom Blutfluss heilte.« Wie sinnreich, diese beiden Flüssigkeiten in typologische Entsprechung zu setzen: Die Tränen hat der Heiland hervorbrechen lassen, den Fluss körperlichen Blutes hat er aufhören lassen. Blut steht für Quelle der Sünde, Tränen für Umkehr. Paschasius Radbertus († 856) stellt die beiden Frauen gegenüber: Die eine ist zwölf Jahre in den Tod hin »ausgeflossen«, die andere zum Leben hin auferstanden. Die eine bildet die Kirche aus Heiden ab, die andere die Synagoge. Beide brauchten Hilfe vom Erlöser. Die eine wird durch Glauben und Berührung geheilt, die andere durch die Hand des Erlösers zum Leben erweckt. Damit folgt die Auslegung hier dem bekannten Schema der »zwei unterschiedlichen Frauengestalten«.

Alle Totenerweckungen der Evangelien geschehen an Frauen oder in die Hände und Arme von Frauen hinein. Denn das kreatürliche, auf Erden geschenkte Leben kommt von den Frauen und ist immer zuerst an sie »adressiert«. Aus diesem Grunde fühlen sich auch Frauen im kirchlichen Christentum besonders dann missachtet, wenn es permanent verkopft wird und den Bezug zum gesegneten, leiblichen Leben verliert. In einer rundum heilen Frömmigkeit könnte das nicht passieren.

KAPITEL 12

Jesus und die Juden

12.1 War Jesus Antisemit?

Niemand bezweifelt, dass Jesus Jude war. Aber immer wieder taucht die Frage auf, ob er sich nicht radikal von seinem ethnischen Hintergrund löste. War Jesus vielleicht antijüdisch eingestellt? Hinter dieser bescheidenen Frage lauert ein ganzes Heer großer Probleme, die durch die Wirkungsgeschichte der meisten neutestamentlichen Texte nicht kleiner wurden. Fragen wir bei Jesus selbst nach: Ist er prinzipiell gegen sein Volk, verurteilt er es wegen eines »falschen Verhältnisses zu Gott«, wie man gemeint hat?

Orientieren wir uns an Jesu erstem öffentlichen Auftreten in der Synagoge seiner Heimatstadt Nazareth. Jesus legt den Propheten Jesaja auf sich hin aus, in ihm ist er »erfüllt«. Und auf seine Ankündigung hin, Gott werde sich auch den Heiden zuwenden, möchten ihn seine jüdischen Hörer lynchen. Lk 4 weckt daher im Ganzen die Frage: Warum ergeht es Jesus so? Die Antwort hier ist: Dass Propheten inklusive Gottessohn leiden müssen, hat immer ähnliche Ursachen: Unkenntnis, also mangelnde Sensibilität und Aufgeschlossenheit dafür, wo Gott wirkt, und Heilsegoismus, also mangelndes Verständnis dafür, dass Gott auch bei anderen wirken darf, wenn er es so will.

Überall beginnt Jesus und beginnen die Apostel in Israel und in jüdischen Synagogen. Immer wieder von neuem wenden sie sich erst *danach* den Heiden zu, dann nämlich, wenn sie bei Juden abgewiesen werden. Gerade diese Zuwendung zu den Heiden aber bringt beispielsweise Paulus den Tod ein. Und sofern man die Tempelreinigung Jesu, die der Vorbereitung des Tempels für die betenden Heiden diente, als den Anlass für den Todesbeschluss ansieht, trifft das mittelbar auch für Jesus zu.

Die Heilsgeschichte verläuft nach Lukas nach zwei Grundsätzen. Erstens: Weil Israel nicht »will« und die Zuwendung Gottes in Jesus ignoriert, wendet sich das Evangelium den anderen zu. Und zweitens: Israel bestraft dann die Boten Gottes wegen Verrats am eigenen Volk, wegen Abfallens vom Judentum. Den ersten Grundsatz formuliert schon der Täufer: Wenn ihr nicht wollt, kommen andere dran (Lk 3,8). Man kann diesen Grundsatz auch paulinisch fortschreiben, denn Paulus sagt in Röm 9–11 auch nichts anderes als dies, nur positiv gewendet: Der Ungehorsam der meisten Juden zu seiner Zeit war die positive Voraussetzung für die Zuwendung zu den Heiden. Wie eng verwandt ist doch Paulus auch hier den Grundlagen der Evangelientradition!

Nun hatte diese Frage der Zuwendung zu den Heiden für das frühe Christentum elementare Bedeutung. Denn grob gesehen brachte das Christentum vor allem diese beiden Neuerungen: a) Jesus ist der Sohn Gottes, weil sein Geist der Heilige Geist Gottes ist (Dreifaltigkeit) und b) die Öffnung des Gottesvolkes für die Heiden. Genau diese beiden Punkte sind in Lk 4 zur Sprache gebracht. Und wir sehen, wie beides miteinander verschränkt ist: Weil Israel das Erste nicht erkennt, macht Gott den zweiten Schritt und wendet sich den Heiden zu. Lk 4 ist daher für das Verhältnis von Judentum und Christentum elementar.

Hat das heute noch Bedeutung? Die Frage, ob Jesus den Geist Gottes hat und daher Sohn Gottes ist, wird von der modernen Exegese bestritten. Damit aber hängt das gesamte Verhältnis zum Judentum in der Luft. Denn wenn der historische Jesus nicht Sohn Gottes war, dann gibt es auch kein Versagen Israels und keine Blindheit gegenüber Gottes Tun. Dann war alles recht so, wie es geschah. Dann gab es auch keinen legitimen Grund, das Evangelium zu den Heiden zu bringen. Denn die Voraussetzung dafür ist ja: Israel wollte mehrheitlich nicht, Gott musste sich neue Kinder suchen. Diese Botschaft ist hart und unbequem, sie spricht unmissverständlich über das Versagen der Juden gegenüber Jesus, lange vor dem Prozess. Und sie bezeichnet das in den Augen der Juden übergroße Ärgernis der Hinwendung zu den Heiden als notwendige Konsequenz aus dem Fehlverhalten der meisten Juden. Dass es nicht nur Lukas, sondern auch Paulus so sieht, bekräftigt den Ernst der Aussagen. Den Hauptgrundsatz »Wenn ihr nicht wollt, nimmt Gott andere« vertritt schon Johannes der Täufer. Wer das alles für ungerechte und unhistorische antijüdische Polemik hält, müsste aus vermeintlicher Judenfreundlichkeit die ganze Linie Johannes der Täufer – lukanisches Jesusbild – Apostelgeschichte – Paulus durchstreichen. Lukas und Paulus haben kein Problem damit, die Mehrheit der nicht-christlichen Juden mit dem Vorwurf der Blindheit und des Ungehorsams zu belasten. Denn eines ist ihnen klar, und eben dieses hat man in der Zwischenzeit leider immer wieder vergessen: Gott wird sich Israel am Ende wieder zuwenden. Jesus spricht von seinem künftigen Kommen in den Tempel in Mt 23,39; Lk 13,35, und Paulus spricht von der Wiederkunft Christi auf dem Sion (Röm 11,26). Das erneute Kommen Christi wird nach beiden Auskünften positiv ausgehen. Sein Volk wird ihn annehmen. Auch dieses hätte man bei der Auslegung der Bibel nie vergessen sollen!

Der eben skizzierte Gedanke der Zuwendung Gottes zu anderen, falls Israel versagt, wird von Jesus im Gleichnis von den Winzern verdeutlicht. Die Propheten, vorab Jes 5, nennen Israel »Gottes Weinberg«. Bei Jesus ist das Bild verändert: Nicht Israel ist der Weinberg, sondern der Weinberg ist Israel geliehen und kann ihm genommen werden. Dann wird Israel merken, was es verloren hat, nämlich alle Verheißungen, die damit verknüpft sind, dass Israel Gottes Ansprechpartner ist. Gott möchte Israel zum Träger seines Reiches machen, doch Israel will das Wichtigste, nämlich die Gebote, nicht erfüllen. Deshalb wendet sich Gott anderen zu.

An einem Weinberg hängt immer vieles. Kein Stück Land, das Menschen bearbeiten, erfordert so intensive, geradezu zärtliche Zuwendung wie der Weinberg. Vom Vorfrühling bis zur Eisbeerenlese dauert bei uns jedes Jahr die Sorge um den Weinberg. In Jes 5, dem »Weinberglied«, sind einige der Aktivitäten geschildert: Das Entfernen der Steine, der Bau der Steinmauer zum Schutz der Hütte für die Wächter, das Graben der Kelter. Noch gar nicht genannt sind der

Kampf gegen das Unkraut, das Entfernen von Laub, das Beschneiden (»Reinigen«) der Weinstöcke, die Bekämpfung der Schädlinge, die Abwehr der gierigen Füchse und Vögel, das mühevolle Einsammeln genau jeweils zum rechten Zeitpunkt, die komplizierten Vorgänge des Kelterns. Nichts auf dem Lande erfordert so viel Liebe wie der Weinberg. Daher ist er ein wirkliches Kulturprodukt – und alle Mühen um ihn setzen vor allem eines voraus: dass Frieden herrscht im Lande. Im Judentum ist daher der Weinberg und besonders der Weinstock ein Symbol für Frieden. Nach Jes 5 ist der Weinberg Bild für Israel, weil Gott ihm so viel Zuwendung geschenkt hat. Und die Verwüstung des Weinbergs ist ein Bild für die Eroberung Israels durch Feinde. Später wird der Weinberg ein Bild für die Kirche, und es ist nicht zufällig, dass viele Weinlagen theologische Namen tragen wie Paradiesgärtlein, »Alter Gott«, Himmelreich, Mannagarten, Herrgottsacker, Liebfrauenmilch oder Bischofskreuz. In Mittel- und Nordeuropa ist die Ausbreitung des Christentums mit der Anlage von Weinbergen deckungsgleich.

Wenn aber Gott in Konflikt mit seinem Volk gerät, dann wird das immer dargestellt als Krise, die den Weinberg betrifft, sei es Verwüstung oder Entzug der Pacht. Man merkt den Texten noch heute an, wie schwer es jeweils den Besitzer und Pfleger des Weinbergs ankam, das Objekt seiner hingebungsvollen Fürsorge aufgeben zu müssen oder verwüsten zu lassen. Auch jeder Pächterwechsel ist eine Krise für den Weinberg. In der Verkündigung Jesu ist der Weinberg noch immer Bild für Gottes Vorliebe, die Pächter sind die pharisäischen Lehrautoritäten. Aber offensichtlich ist der Weinberg in Mt 21,33–46 nicht einfach die Summe aller Juden. Denn wie könnte dieser nach 21,43 »einem anderen Volk« gegeben werden? Der Weinberg ist vielmehr Gottes Herrschaft unter Menschen – dass Gott anerkannt wird, und zwar so, dass Lehrer und Schüler gemeinsam dies verwirklichen, die einen lehrend, beide Frucht bringend. Gottes Weinberg ist dort, wo Gott in dieser Weise herrscht. Gottes Herrschaft als Lehre und Gehorsam ist der Weinberg, eine Art Friedensraum Gottes in dieser Welt. Nun aber errichtet Gott seine Herrschaft anderswo. Israel hat keine Frucht erbracht, war ungehorsam, und zwar kontinuierlich. Deshalb sucht Gott einen neuen Raum, in dem in seinem Sinne Lehre und Tun zusammen fruchtbar sind. Gott lässt den Träger seiner Herrschaft wechseln, ein der Antike durchaus geläufiger Gedanke: Lehren und gesegnetes Tun werden anderswo überhaupt erst Realität. Unter anderen Menschen, anderen Lehrern und anderen Schülern verwirklicht Gott nun seine Herrschaft, nämlich dort, wo die Botschaft Früchte trägt. Angesprochen sind hauptsächlich die Lehrer und Lehrautoritäten. Denn ihr Verhalten ist immer für alle anderen das Muster.

Nochmals: Der Weinberg steht hier für Gottes Herrschaft, also für ein komplexes Verhältnis von Lehrvollmacht und Segensverheißung. Der Weinberg ist nicht Israel, sondern Gottes Herrschaft war einst Israel und seiner Führung gegeben, sie wird ihm aber nun genommen. Der Wechsel der Metaphorik gegenüber Jes 5 wird verständlich, wenn man weiß, dass nach Jesus Gottes Herrschaft die Größe ist, der all seine Sorge gilt. So fordert ja das Vaterunser auf, Gottes Sorge zu teilen und um das Kommen des Reiches zu bitten. Das Reich Gottes ist daher prinzipiell von Israel abgelöst, nicht erst aufgrund des Versagens von Israel. Es ist eine Größe, die Israel gegeben und genommen werden konnte, die aber zu keinem Zeitpunkt mit ihm identisch war. Auch die Kirche ist niemals Reich Gottes, auch wenn es ihr im Idealfall verliehen wird.

Das neue Volk sind andere Menschen, nicht Israel. Und diese Gruppe wird nicht anders wie Israel auch als Volk beschrieben. Das ist logisch, denn zu einem Königreich gehört immer ein Volk, über das der König herrscht. Nach dem gesamten Duktus dieses Evangeliums kann dieses andere Volk nur die Kirche sein. Nur wenn man leugnet, dass Jesus überhaupt an Kirche gedacht haben könnte, wird man sein Leben lang auf der Suche nach diesem Volk bleiben. Und so ist es nun: Nachdem Israel versagt hat, wird der Kirche aus Juden und Heiden das Reich gegeben. Natürlich nur dann und so lange, wie diese die Früchte erbringen. Wie früher bei Israel wird jeweils die Vollmacht und Verheißung des Reiches einem Volk gegeben. Aber wie bei Israel, so gilt auch hier: Diese Gabe ist gebunden an vorbildhaftes Lehren und den Gehorsam der Christen. Im Gleichnis vom Hochzeitsmahl wird dieser doppelte Übergang erkennbar: Die Erstberufenen waren nicht würdig, also hat Gott neue Adressaten berufen. Aber wer keine Früchte erbringt, wer noch nicht einmal das angebotene Gewand anzieht, der fällt auch dann noch aus dem Reich Gottes heraus. Daher ist die Kirche ein »gemischtes Volk«, aus dem noch einmal Gute und Böse ausgesondert werden müssen.

Das Gleichnis ist daher nicht einseitig antijüdisch auszulegen, sondern wie Röm 11 enthält es dieselbe Bedingung für das Darinbleiben in Gottes Reich, die auch schon für Israel gegolten hat. Nur wer die Früchte bringt, gehört auf Dauer zu diesem Reich. Es kommt daher angesichts dieses Textes nicht auf begütigende Worte über die Nähe von Judentum und Christentum an. Sondern es geht um die grundsätzliche Unterscheidung zwischen einer Menschengruppe (Volk Israel, Kirche etc.) und Reich Gottes. Unüberhörbar scharf ist die Bedingung der Zugehörigkeit zum Reich: Nur wer Gottes Herrschaft anerkennt und seinen Willen tut, kann dazugehören.

In Jesu Gleichnis von den Winzern geht es daher auch nicht einfach um Gebot, Gehorsam und Lohn nach dem Schema »Wer Gottes Willen tut, kommt in den Himmel«. Das ist zwar sehr wahr, aber hier ist dieses verknüpft mit der Tatsache, dass es immer eine Gruppe von Menschen ist, der Gottes Herrschaft angeboten wird. Das ist alles andere als modernes individualistisches Denken. Nein, zu einer Königsherrschaft gehört nie nur eine Summe von Individuen, sondern immer ein Volk, eine Gemeinschaft, die aussah wie Israel oder aussieht wie die »Kirche«. Nie ist der Einzelne für sich Adressat von Gottes Willen und Reich. Wenn es irgendeinen Text gibt, der etwas über die strukturelle Kirchlichkeit von Jesu Denken sagt, dann ist es unter den Gleichnissen dieser Text. Adressaten von Gottes Angebot konnten nur Israel, Kirche oder die Kirche der Vollendung sein. Ein heilsgeschichtlicher Individualismus ist für Jesus undenkbar. Und zwar deshalb, weil es um Lehren und Lernen, um Vorbild und Weitergabe, um den Bund Gottes in dieser Zeit geht. In Joh 15, im Gleichnis vom Weinstock, ist genau dieses alles christologisch vertieft.

12.2 Von Pharisäern und anderen Scheinheiligen

An den Gegnern lassen sich immer die Fehler der eigenen Gruppe gut erkennen. Daher beginnt Jesus in Mt 23,1–12 mit einer Kritik an der Scheinheiligkeit der Pharisäer und Schriftgelehrten, um diese dann direkt auf den eigenen Jüngerkreis zu übertragen. So liegt hier eine Jünger-, vielleicht sogar eine erste Kleruskritik vor. Jesus beobachtet seine Jünger sehr genau, und warum sollte man diese Kleruskritik für »unecht« halten und dadurch abwerten? Vielmehr ist das Christentum von allem Anfang an reformbedürftig, und das gilt nicht zuletzt deshalb, weil Gott selbst strenger Maßstab und Gegenüber ist. Denn »Lehrer«, »Vater« oder »Lehrmeister« lässt sich jeder gerne nennen. Wenn einige dieser Titel in der Kirche dann doch verwendet wurden (Lehrer, Abbas/Abt, Heiliger Vater), dann war das immer riskant. Doch christlich wurden diese Titel im Sinne der Abbildung Jesu Christi oder Gottes, als demütiger Hinweis auf Gott als den eigentlichen Vater und Jesus als den eigentlichen Lehrer verstanden (wie schon die kirchlichen Ämter bei Ignatius von Antiochien zu Beginn des 2. Jahrhunderts), nicht als Konkurrenz dazu. Gegenüber den selbsternannten Lehrern und Vätern leben die christlichen nur von der Bezogenheit auf Gott den Vater und auf Jesus Christus her. Verlieren sie diese Ausrichtung auf den einzigen Lehrer und Vater, dann verfallen sie dem Verdikt Jesu nach Mt 23. Christliche Lehrer und Väter sind und geben nur, was sie von dem einzigen Lehrer und Vater her haben.

In einem ersten Stück der Rede gegen die Pharisäer (Mt 23,1–4) kritisiert Jesus die Abweichung der Taten von den Worten. Das nennt man übrigens Scheinheiligkeit und nicht Heuchelei. Denn wer heuchelt, gibt vor, etwas zu tun, was er gar nicht ausführt und will (wie Judas mit seinem Freundeskuss). Da ist die Oberfläche ein irreführendes Zeichen, denn eine Handlung wird nur simuliert, äußerlich nachgestellt. »Scheinheilig« dagegen ist eine moralische Bewertung: Etwas wird als heilig dargestellt, was in Wirklichkeit böse ist. Hier geht es nicht um die Identität, den Charakter oder die Art der Handlung wie beim Heucheln, sondern um deren Qualität, und zwar vor Gott. Daher sind die Pharisäer nicht Heuchler, denn sie wollen ja eindeutig das tun, was sie behaupten. Sondern sie sind scheinheilig, weil sie gut zu sein beanspruchen, aber böse sind. Im übrigen beansprucht Jesus mit diesem Urteil keine historisch exakte Klassifizierung des gesamten Pharisäertums – er selbst lässt sich z. B. von Pharisäern einladen und wirbt geradezu um sie, steht ihnen auch sonst in einigen Grundanliegen (Reinheit!) nahe, auch wenn er andere Lösungen findet. Nein, Jesus misst hier mit Gottes Maßstab. Man darf hier an Paulus erinnern, der ohne Zögern von sich sagen kann, er sei als Pharisäer nach menschlichen Maßstäben perfekt gewesen, doch eben vor Gott ganz und gar nicht (Phil 3,6). Aber wie soll der Abstand von Wort und Tat, der auch bei uns herrscht, überwunden werden? Der Evangelist Matthäus schreibt eben deshalb sein Evangelium, um zu sagen: Blickt nur auf Jesus und seinen Weg, schließt euch ihm an.

An dieser Stelle wird eine Schwierigkeit unserer gewöhnlichen Spiritualität sichtbar, an der oft gerade solche scheitern, die sich ganz auf Jesus einlassen wollen. Man kann beobachten, dass dort, wo es dann um das wirkliche (seelisch-emotionale) Verhältnis zu Jesus geht, oft nur Worthülsen stehen, und daher erklärt sich manche Kraftlosigkeit. Das persönliche Verhältnis zu Jesus ist unter uns ein Tabu. Die verlegenen Auskünfte reichen von »Jesus liebt mich«, »Jesus ist mein Freund« bis zu »Ich liebe Jesus«. Doch man hat den Eindruck: Jesus ist kein wirkliches Gegenüber, und diese Verlegenheit kann sich bis zu Zölibatsproblemen steigern. Der Freund des heiligen Bernhard, Wilhelm von Saint-Thierry, war da z. B. schon offenherziger, als er sagte: »Ich möchte gerne lieben«. Und weiter beobachten wir, dass es immer leichter fiel, ein persönliches Verhältnis zum leidenden und gekreuzigten Jesus in Worte zu fassen. Hier ist es offenbar einfacher, Brücken zu entdecken, als zum Helden und Wundertäter. Und verhältnismäßig leicht ist es auch, zum erhöhten Herrn und König zu beten. In beiden Fällen, als der erhöhte Herr und als der Leidende, ist Jesus etwas weiter entfernt von unserer Normalität. Es hat schon seine Gründe, dass im Neuen Testament »Bruder Jesus« keine titulare Redeweise ist (auch nicht in Hebr 2,11.17). Es ist daher nicht nachvollziehbar, wenn neuerdings manche wohlmeinend die Gebete schließen mit der Formel »durch Jesus Christus, unseren Bruder und

Herrn«. Wenn schon, dann nennt das Neue Testament immer nur einen Titel, der jeweils in sich das Geheimnis der Gottmenschlichkeit umfasst, nie zwei. Und der Brudertitel ist, mit Verlaub gesagt, sehr allgemein (jeder Mensch ist mir Bruder oder Schwester) und als Anrede anbiedernd. Die Probleme in der Spiritualität habe ich genannt. Es ist extrem schwierig, in ein (geschwisterliches) Verhältnis zu Jesus »an sich« zu gelangen. Die Weisheit des Mittelalters hat ein lebendiges Verhältnis zu Jesus an dramatische, extreme Stationen seines Weges gebunden (Krippenkind, Passion, Erhöhung).

Jesus setzt sich mit der Frömmigkeit der Pharisäer auseinander, weil sie ihm nicht radikal genug ist. Dabei waren die Pharisäer schon eine Art Volksheilige ihrer Tage. Aber ähnlich wie die alten Propheten dringt Jesus auf radikale, vollständige Übereinstimmung von Innen und Außen. Darin sieht er eine Gefahr für eine religiös-kultische Frömmigkeit. Ebenso wenig wie die Propheten will er diese selbst abschaffen. Jesus sagt in seiner Kritik an der Scheinheiligkeit der pharisäischen Gebotserfüllung Worte, die direkt ins Medienzeitalter hineingesagt sein könnten. Frömmigkeit ist kein Mittel der Selbstinszenierung. Der Christ soll teilhaben an der Verborgenheit Gottes. Denn gerade als Verhüllter hat Gott Zukunft und ist er der, der »kommt«. Jesus meint den Zusammenhang von Verborgenheit und herrlicher Zukunft. Wer jetzt sein Ansehen genießt, verschenkt seine Zukunft. Doch gewiss wäre es auch eine Variante dieses Fehlers, wollte man sich jetzt künstlich unscheinbar machen.

Andererseits sagt Jesus in derselben Bergpredigt, die Menschen sollten »unsere guten Werke sehen und so dazu kommen, Gott zu loben«. Bejaht Jesus also doch das Sichtbare, würde er die Medien begrüßen? Liegt da nicht ein Widerspruch vor? Man darf es wohl so sehen: Keineswegs darf der Einzelne mit seiner Religiosität das Bundesverdienstkreuz erstreben – das gemeinsame Werk aller sollen die Menschen sehen und aufgrund dieses Werkes zu Gott finden. Nicht der Einzelne soll Ehre erringen, sondern er soll dazu helfen, dass das gemeinsame Werk ansehnlich wird. Dann können die Menschen zu Gott finden. Nach Mt 5,13–16 sind die Jünger in ihrer Gemeinsamkeit als Stadt auf dem Berg und Licht der Welt angeredet. Nur gemeinsam können wir für Gottes Ehre etwas tun; jeder Einzelne ist auf seinem Weg zum Ruhm viel zu sehr gefährdet. Damit schließt sich auch in der Argumentation der Kreis: Alle Christen sind Schüler und Geschwister. Aus ihnen tritt keiner hervor. Vielmehr ist nur einer Lehrer und Herr (und eben nicht Bruder).

Zuletzt ist Jesu Kritik an den Pharisäern auch ein Beitrag zum aktuellen Thema »Monotheismus und Gewalt«. Fördern Judentum, Islam und Christentum dank des intoleranten Charakters ihres gemeinsamen Gottes die gewaltsame Durchsetzung dieses Anspruchs? Nein, keineswegs. Gewalt ist gerade hier eine widergöttliche Perversion. Denn wo alle Geschwister sind und nur einer der Herr ist, liegt das Gewaltmonopol bei dem einen Herrn. Unter Geschwistern ist niemand dazu berechtigt, sich auf dem Weg der Anwendung von Gewalt zum Herrn über einen anderen zu machen. Daher ist der Gewaltverzicht jedenfalls im Grundsatz eine direkte Konsequenz aus dem ersten Gebot. Nur einer ist Gott und Herr, die anderen aber Geschwister. Jede maßlose Gewaltanwendung zu egoistischen Zwecken ist ein direkter Verstoß gegen das Erste Gebot. Wir beobachten bei Jesus hier und auch sonst eine merkliche Konzentration auf das Erste Gebot. Diese Absicht wird vor allem in seiner Verkündigung der Herrschaft Gottes greifbar, aber eben auch die Haltung gegenüber so verschiedenen und doch verwandten Größen wie »persönlicher Ehrgeiz« oder »Gewalt« wird aus diesem Grundansatz begreiflich.

12.3 Warum haben die Juden Jesus abgelehnt?

Man kann fragen, wo die historischen Gründe für die mehrheitliche Verweigerung der Juden zur Zeit Jesu lagen. Vier Gründe sind zu nennen:

- Erstens gibt es ein Misstrauen des religiösen Establishments gegen jeden »Neuerer«, der sagt, alles bisherige Tun und Denken sei falsch gewesen – allein auf ihn müsse man hören. Geistliche fragen in solchen Situationen: »Wollen Sie denn meine ganze Lebensarbeit in den Dreck ziehen?«

- Zweitens kann Jesus sich nicht eindeutig legitimieren. Ein Zeichen vom Himmel, also eine Veränderung an Sonne, Mond oder Sternen, an Wolken oder Wetter, kann er nicht erbringen, stattdessen wirkt er nur zweifelhafte Wunder an Menschen. Zweifelhaft sind diese deshalb, weil nach Meinung der Leute auch ein Zauberer oder Wunderdoktor dieses tun könnte.
- Drittens vertritt Jesus in Wort und Tat die Auffassung, die Reinheit, so wie er sie besitze, sei nicht defensiv zu verstehen (wie die Pharisäer es taten, deren Grundprinzip Absonderung war), sondern offensiv, denn Jesus heilte unreine Kranke, weckte Tote auf und vertrieb unreine Geister (Dämonen). Jesus hatte eine »offensive Reinheit«, die für die Gegner Jesu im Anspruch umso unglaublicher wurde, je mehr sichtbare Erfolge Jesus mit seinen Werken erzielen konnte. Daher dann der Vorwurf der Kooperation mit dem Fürsten der Unreinheit, mit Beelzebub, dem Teufel. Gerade im Gleichnis bringt Jesus diesen Aspekt der Reinheit – für jeden Juden – provozierend ins Spiel: Zöllner sind wegen des Umgangs mit heidnischem Geld, das viele unreine Hände berührt hat, typisch unrein, und Dirnen sind es in noch höherem Maße. Wenn Jesus den auf Reinheit geradezu versessenen Pharisäern vorhält, die typisch Unreinen seien Gott näher als sie selbst, dann stellt er das pharisäische Weltbild an der Wurzel infrage.
- Viertens war Jesu Anspruch, sei es als Messias, sei es als Menschensohn (was man als Jude durchaus im Sinne von Dan 7 als Ankündigung des kommenden Reiches Gottes verstehen konnte), angesichts der misstrauischen Römer stets ein Politikum, auch wenn Jesus diesen Anspruch jedenfalls für die Gegenwart nicht politisch gemeint hat. Jede Art von Anspruch auf Königtum konnte falsch ausgelegt und damit dem ganzen Volk zum Verhängnis werden. Besonders brisant wurde das nach dem Einzug in Jerusalem, der sich bei Jesus königlich gestaltete.

Nun, das alles ist vergangene Geschichte. Noch heute ist aber dieses wichtig: Im Misserfolg, im Nichtankommen seiner Botschaft, weist Jesus auf den Täufer. Er steht nicht allein, sondern sieht sich einer kontinuierlichen Verweigerung gegenüber. Das sollten alle bedenken, die dabei sind den Mut zu verlieren. Auch Jesus und dem Täufer ist es schon so ergangen. Und auch heute gilt, was übrigens Paulus auch feststellt: Die Menschen, die zu einer Gemeinde gehören, kann man sich nicht aussuchen. Für Jesus ist das einzige Kriterium die Nähe zur Herrschaft Gottes, das heißt: das Maß, in dem Gottes Wirklichkeit ernst genommen wird.

Jesu Verhältnis zu seinem Volk wird immer wieder greifbar an seiner Einstellung zum Tempel. Verachtet Jesus den Tempel grundsätzlich, weil er das kultisch-rituelle Tun missachtet, oder liegt gerade das Gegenteil vor? Oft versuchen Menschen, die in der Gegenwart kein Verhältnis zum Kult haben, dieses auch schon Jesus zu unterstellen.

12.4 Jesus und der Tempel

Jesus muss dort sein, wo sein himmlischer Vater sein Haus hat. Er liebt den Tempel. Das erinnert an Ps 121(122): *»Ich habe mich gefreut, als man zu mir sprach: Wir pilgern zum Hause Jahwes! Es standen dann unsere Füße in deinen Toren, Jerusalem … Eine Ordnung ist es für Israel, zu preisen (daselbst) den Namen Jahwes.«* Der Evangelist Johannes zitiert in Joh 2,17 den Ps 69,10, um Jesu Handeln bei der Vertreibung der Händler aus dem Tempel zu bewerten: *»Der Eifer für dein Haus verzehrt mich.«* Es kann daher keine Rede davon sein, dass Jesus eine Art rabiater Kultkritiker gewesen sein soll, der den Tempel habe abschaffen wollen und die Beseitigung des Tempelgottesdienstes ersehnte. Wahr ist vielmehr, dass dieses eine ideologiebesetzte Form ist, die eigene Ablehnung von Kult und Liturgie in das Leben Jesu einzuführen. Als habe Jesus den Tempel nie besucht (außer unserem Text vergleiche Jesu Lehren im Tempel nach Mk 12), als habe seine »Säuberungsaktion« (das Vertreiben der Viehhändler und Wechsler) dem Tempelkult selbst gegolten! Dabei ging es nur darum, das Raffen von Geld am heiligen Ort abzustellen, wo Schenken angebracht gewesen wäre (vgl. dagegen das Scherflein der Witwe). Manche versteigen sich bis dahin, Jesu Negation des Tempelkults habe während des

Abendmahls seinen Höhepunkt gefunden – er habe mit den Deuteworten zu Brot und Wein den Tempelkult abschaffen wollen, um sich selbst als das neue, Gott versöhnende Opferlamm zu installieren. Der Tempelkult umfasste aber weitaus mehr als nur Sühnopfer und den Jom Kippur (Versöhnungstag). Vor allem verstehen solche Ausleger nichts von Liturgie und vom »Gesetz der Ritenkumulation«. Denn weder in jüdischer noch in christlicher Liturgie schaltet der Weg, der ein gleiches Ziel hat wie ein anderer, diesen automatisch aus. Er steht neben ihm, und glücklich ist, wer beide Wege nutzen kann. So hat es im Judentum nie jemanden irritiert, dass man Sündenvergebung durch Almosen erlangt und nicht nur durch Gebet und nicht nur durch Sühnopfer im Tempel. So ist es ganz unsinnig zu meinen, der stellvertretende Tod Jesu schlösse per se den Tempeldienst aus; auch der Hebräerbrief meint gerade das nicht, er muss deshalb mit einem höheren Priestertum und mit dem himmlischen Heiligtum argumentieren. Daher hat sich die frühe christliche Gemeinde selbstverständlich im Tempel versammelt, und der Herrenbruder Jakobus hat sein Leben dort verbracht.

Gerade wenn man glaubt, Jesu Blut sei (anstelle der vielen Tempelopfer) zur Vergebung der Sünden vergossen, kann man doch den Tempelkult als dessen symbolische Darstellung oder schattenhafte Vorabbildung ansehen und insofern als Abbild des Eigentlichen bejahen (wie es der Hebräerbrief tut). Kurzum, es lässt sich gar nicht leugnen, dass Jesus den Tempel in Jerusalem ganz ungemein geschätzt hat. Gerade weil er diese Hochschätzung mit den meisten Juden teilte, formulierte er Gerichtsaussagen im Sinne eines Gottesgerichts am Tempel. Denn nur wer den Tempel als das Herzstück Israels ansieht, kann schmerzlich beklagen, dass er zerstört werden wird. Wenn Jesus das tut, ist er nicht gegen Tempel und Kult, sondern er sieht wie die meisten seiner Zeitgenossen das, was am Tempel geschieht, als Symptom und Realsymbol für das an, was Israel im Ganzen geschieht.

In Joh 2,19–21 nimmt Jesus den Tempel sogar als Symbol für den eigenen Leib, wenn er sagt: *Zerstört ihn, und ich werde ihn in drei Tagen wieder aufbauen.* Auch bei Jesu Kreuzigung wird das Geschick seines Leibes dem des Tempels parallel gesetzt, denn der Tempelvorhang zerreißt. Im Wort vom Zerstören und Aufbauen des Tempels (Mk 14,58) geht es um die Abfolge der Phase des Gerichts (dafür steht das Zerstören) und der Wiederzuwendung des Heils (ein neuer Tempel wird errichtet). Jesus teilt daher durchaus die Hoffnung auf einen neuen, wunderbaren Tempel. Der besondere Akzent, den Jesus setzt, bezieht sich auf die Rolle des Tempels als riesige Synagoge mit den Schwerpunkten Gebet und Lehre. Die Reinigung des Tempels drückt in diesem Sinne die Sorge Jesu um den Tempel als Gebetsplatz aus. Auch wenn er vom Gräuel der Verwüstung spricht, ist er um die Reinheit des Tempels besorgt, denn der Gräuel ist vermutlich eine Kaiserstatue.

Daher ist Jesus dem »Heiligen«, dem »Heiligtum«, dem Beten und Opfern darin in Gestalt eines sichtbaren Kultes überhaupt nicht abgeneigt. Jesus war kein kultfreier Aufklärer, der in die Mitte seiner Botschaft eine kultfreie Ethik gestellt hätte. Gewiss hat Jerusalem für Jesus ein doppeltes Gesicht, denn es ist die Stadt, in der die Propheten umgebracht werden. Der Tempel dagegen ist Gottes Haus, und so, wie es ihm ergeht, so ist es auch um Gottes Volk bestellt. Weil Jesus sein Volk liebt, liebt er auch den Tempel.

12.5 Vom Respekt vor der vorrangigen Erwählung Israels

Matthäus unterscheidet zwei Arten von Mission, und zwar eine an Israel und eine an den Heidenvölkern. In der Mission an Israel geht es um Umkehrpredigt im Sinne der klassischen Prophetie und um Exorzismen und Heilungen. Diese Art von Mission ist auch nach Ostern auf die Israelmission beschränkt. Die Mission gegenüber den Heiden kennen wir aus dem Taufbefehl im Matthäusevangelium (Mt 28,19f.). Sie beginnt erst nach Ostern, bei ihr stehen dagegen Wunder und Exorzismen gar nicht im Vordergrund; hier ist vielmehr die Rede von Lehre der Worte Jesu und Jüngerschaft aller. Diese Zweiteilung in Judenmission plus Wunder einerseits und Heidenmission plus Belehrung findet sich haargenau widergespiegelt auch in der Formulierung von Paulus in 1 Kor 1,22, wonach die Juden Zeichen, die Griechen aber Weisheit fordern. Was Paulus hier sagt, reflektiert daher zwei unterschiedliche Typen frühchristlicher Mission. Da die Heiden von dem einen Gott noch nichts wussten, war hier auch schon aus sachlichen Gründen die Lehre und Belehrung vorrangig. Den Juden dagegen kam es auf legitimierende Wunder an, und in den Exorzismen sah man gewiss auch einen Teil des messianischen Krieges, der die Etablierung des Gottesreiches vorbereiten sollte. Dass beide Typen von Mission von Matthäus so genau unterschieden werden und auch ihrem Ursprung nach zu verschiedenen Zeitpunkten angesetzt werden, weist darauf, dass zu seiner Zeit eine sehr große Notwendigkeit bestand, Judenmission von Heidenmission zu trennen.

Theologisch bedeutet dieses Stück: Jesus ist zunächst und zuerst der Messias Israels. Schon aus diesem Grund ist er nicht der »Besitz« der Heidenchristen. Alle Heidenchristen sind – wie die sekundär eingesetzten Zweige des Ölbaums in Röm 11 – erst nachträglich in das Gottesvolk aufgenommen. Als Heidenchristen haben wir auch zu respektieren, dass der physische Liebeserweis Gottes gegenüber seinem Volk durch Wunder sich in der Mission der Heiden nur relativ selten wiederholt. Die physische Herkunft Jesu aus dem Gottesvolk und die physische Erfahrung der Nähe des erlösenden Gottes in den Wundern entsprechen daher einander in gewisser Weise. Vor allem aber gilt, dass Gott seinem Volk die Treue gehalten hat und dass Jesus deswegen als Messias Israels gesandt worden ist. Hier gilt: »Lass uns aber auch unseren älteren Bruder, die Juden, nicht vergessen.« Freilich denkt Matthäus – ähnlich wie Paulus in entsprechenden Zusammenhängen – an die Judenchristen, eine über die Jahrhunderte fast völlig aus dem Bewusstsein verschwundene, für das Christentum ganz wesentliche Größe. Hätte man sie nicht theologisch aus dem Bewusstsein verdrängt, das Verhältnis zu den Juden im Ganzen hätte sich anders gestaltet. Der Blick auf das Judenchristentum hätte uns davor bewahrt, Christentum nur aus der Perspektive des angeblich »gesetzesfreien« Heidenchristentums zu sehen. In Bezug auf Jesus sind die Judenchristen unsere älteren Brüder.

Ein Blick auf die so genannte Tempelrolle aus Höhle 11 von Qumran zeigt: Die Zwölfzahl ist immer Symbol für die in der Endzeit wiederhergestellte Anzahl der Stämme (neuneinhalb Stämme sind »weggeführt«). Sie dokumentiert die Art, wie man unter kultischem Aspekt, sozusagen in ideal gedachter Vollkommenheit, von Israel als dem Zwölfstämmevolk reden konnte. Im Kult gilt immer die ideale Zwölfzahl – ganz unabhängig vom faktischen Bestand. Indem Jesus im Neuen Testament wiederum eine Zwölfzahl von Aposteln um sich schart, bindet er sein Tun einerseits in die Kontinuität Israels und seiner großen Zwölfertradition zurück, und verweist gleichzeitig auf die endzeitliche Vollendung, die damit angebrochen ist. Auch 1 Kor 15,5 spricht noch nach dem Fall Judas von den zwölf Zeugen der Auferstehung.

*

Halten wir fest: Jesus lehnt die heiligen Institutionen Israels nicht ab – nicht das Gesetz, nicht den Tempel, nicht die sichtbare Frömmigkeit. Er stiftet sogar eine neue, auf Israel bezogene Institution, den Zwölferkreis. Er wendet sich mit seiner Sendung an Israel, das ihm vorkommt wie Schafe ohne Hirten. Er kritisiert nur jede Halbherzigkeit. Jesus selbst zeigt schon (Mt 23,1–12), wie seine Kritik an Israel auch auf die Jünger übertragen werden kann. Doch man kann nicht sagen: Seine Position ist auch heute auf alles anwendbar, was am Christentum Institution ist. Denn zur Jammermentalität in unserem Land gehört auch eine überzogene Kritik der Institutionen. Sie beruht zumeist auf Ahnungslosigkeit in juristischen Abläufen. Sachkunde und die Fähigkeit, Probleme von verschiedenen Seiten her zu sehen, würde der Mentalität des Klagens schnell Einhalt gebieten. Die übliche Unkenntnis führt sonst am Ende dazu, dass Menschen dann, wenn sie doch einmal Träger der Institutionen werden, umso unkontrollierter ins alte Fahrwasser geraten. Nach Mt 23 kann es heute nicht um Kritik der Institutionen gehen, sondern mittlerweile auch um Kritik und Selbstkritik aller am Machtkampf Beteiligten, also auch derer, die als sehr etablierte Laien oder Berufschristen alle kirchenleitenden Gremien je und je in eine Minderheitsposition abdrängen.

12.7 Stellt Jesus sich über Mose?

Hat Jesus die Grundlage allen jüdischen Lebens, die Thora, das Gesetz abgeschafft? Richtig ist: Jesus hat die Reinheit oder Unreinheit des Menschen und damit seine Nähe zum Heiligen Gott nicht äußerlich begründet (dass man zum Beispiel durch die Berührung einer Leiche unrein würde), sondern von der Reinheit des Herzens her. Deshalb hat man gesagt: Jesus erhebt sich hier grundsätzlich über das Gesetz der Juden und über jeglichen äußeren Ritus. Also sei der dem Judentum völlig entwachsen und zerstöre die Autorität des Mose grundsätzlich.

Sehen wir genauer hin! Wie ist – biblisch gesehen – das Verhältnis von Unreinheit und Sünde? Grob gesprochen ist »unrein« eine kultische, rituelle Kategorie. Unrein ist alles, was vom heiligen Bezirk fernzuhalten ist. Unreinheit ist durch Berührung ansteckend. Im heiligen Bezirk soll nichts und niemand infiziert werden. »Sünde« ist dagegen eher das moralische Vergehen, ein Vergehen gegen die Gerechtigkeit oder die Liebe, dessenthalben uns das Gewissen anklagt. Dafür ist man verantwortlich, wo man geht und steht. Etwa seit dem 2. Jh. v. Chr. neigt man dazu, Unreinheit zur umfassenden Bezeichnung für alles zu machen, was Gott nicht will. Dafür spricht auch die räumliche Anschaulichkeit. Die gesamte Moral des Judentums wird priesterlich »unterwandert«. So werden auch Lüge und fehlende Solidarität im Volk ein Vergehen der Unreinheit. Auch die Pharisäer, denen Jesus nahe steht, halten den Unterschied zwischen rein und unrein für überaus wichtig.

Jesus unterscheidet sich in diesem Punkt nicht von den Pharisäern. Rein und unrein ist für ihn wie heilig und unheilig. Für Jesus liegt alles daran, sich an den Heiligen Geist zu halten und unreine Geister zu überwinden. Und unter allen Umständen kommt es darauf an, dass ein Mensch sich nicht durch das unrein macht, was aus seinem Inneren hervorkommt, nämlich böse Worte und Taten. Die können ihn wirklich verunreinigen. Und wohl deshalb weitet Jesus in der Bergpredigt die Verbote des Mordens und Ehebrechens aus und verbietet das Schwören ganz, weil der Mensch jeder Gefahr der Unreinheit aus dem Weg gehen muss. Zum Beispiel könnte durch das Schwören bei Gott dessen Heiligkeit in unsaubere Geschichten verstrickt werden, und die Folgen müsste der Mensch tragen, denn Verunreinigung von Heiligem rächt sich direkt, schlägt auf den Verunreiniger massiv zurück.

In einem wesentlichen Punkt unterscheidet sich Jesus freilich von den Pharisäern, nämlich in der Frage, wie Unreinheit *ursächlich zustande kommt.* Nur an diesem Punkt stellt Jesus das pharisäische Denken auf den Kopf. Die grundlegende Unterscheidung von rein und unrein bleibt hingegen streng gewahrt. Und darin liegt nun der Unterschied: Jesu Reinheit ist nicht defensiv, sondern offensiv – es geht ihm weniger darum, Reinheit zu bewahren und sich nicht zu infizieren, als Reinheit aktiv zu gewinnen. Die Unreinheit kommt nicht von außen her in den Menschen hinein, sondern sie kommt aus seinem Inneren hervor. Eine nur defensive Reinheit muss stets flüchten vor dem Kontakt mit Unreinem, der anstecken könnte. Sie ist nur durch Ab- und Ausgrenzung zu retten; daher deutet man das Wort »Pharisäer« von *farasch* = abgrenzen. Da muss man sehen, dass man sich beispielsweise nicht an Totem verunreinigt, und sollte deshalb den Kontakt mit der Leiche, meiden. »Meiden« und »Distanz halten« sind daher die wichtigsten praktischen Regeln für Pharisäer. Wer dagegen eine offensive Reinheit besitzt, muss nicht fürchten, durch Kontakt unrein zu werden, er verfügt vielmehr über eine ansteckende Reinheit, macht durch seine Reinheit vorher Unreines rein. Seine Reinheit ist offensiv, sieghaft, sie setzt sich gegen Unreines durch.

Deshalb kann Jesus Aussätzige rein machen, deshalb kann er durch Berührung den Blutfluss der kranken Frau zum Versiegen bringen, kann er Tote bei der Hand nehmen und auferwecken, statt vor ihnen zu flüchten. Daher kann er mit dem Heiligen Geist, den er in der Taufe auch sichtbar empfing, die unreinen Geister (Dämonen) siegreich vertreiben. Und da viele Krankheiten nach dem Glauben seiner Zeit auf dämonisches Wirken zurückgehen, kann er sie heilen, denn Dämonen sind (unreine) Totengeister. Auch die Entscheidung gegen das Händewaschen, von der Mk 7 berichtet, haben seine Jünger auf dieser Grundlage gefällt. Denn vor keiner äußerlich begründeten Unreinheit müssen sie Angst haben – nur ganz allein vor der, die darin besteht, dass das Herz böse ist. Doch indem Jesus die Frage nach der Quelle der Reinheit ins Innere, ins Herz verlagert, hat er sie dennoch nicht einfach moralisiert. Jesus ist kein Aufklärer, der die Angst vor magischen Wirkungen durch den Appell ersetzt, einfach anständig zu sein. Denn der Umkehrschluss stimmt nicht: Ein gutes Herz kann noch nicht exorzistisch wirken, Aussatz oder Blutfluss beenden. Vielmehr gibt es das Gute nach den Evangelien nicht als Moral, sondern nur als Gabe des Heiligen Geistes. Und das Böse ist auch nicht einfach Unmoral, sondern ein böses Herz ist besetzt von der teuflischen Gegenmacht.

Jesu »Reinheit« entspringt weder einer Saubermann-Ideologie, nach der Jesus von keinem Erdenschmutz berührt worden wäre (»Sein Gewissen blieb rein, er hat es nie benutzt«, Stanislaw Lem), noch war sie der Effekt einer ethischen Höchstleistung, als habe Jesus das Böse und Geringe in und um sich niedergerungen und als stünde er nun vor der Menschheit als der reine Heros idealer Pflichterfüllung. Vielmehr ist Jesu Auffassung und Praxis von Reinheit eben darin begründet, dass in ihm und durch ihn der Heilige Geist wirkt. In der Vollmacht des Geistes verbreitet Jesus offensiv und kämpferisch die Reinheit Gottes, die allein imstande ist, der Machtsphäre des Bösen Terrain zu entreißen und es dem Herrschaftsgebiet Gottes zuzuführen. Ich wende mich damit ein weiteres Mal gegen ein moralistisch verkürztes Jesusbild. Die offensive Reinheit Jesu ist eben gerade keine »moralische Leistung«, sondern Folge der Anwesenheit des Dreifaltigen Gottes in Jesus Christus. Ganz ähnlich wird übrigens bei Paulus der traditionelle Konflikt im Menschen zwischen Leib und Geist grundsätzlich ersetzt durch den Konflikt zwischen dem alten Menschen und dem neuen, durch den Heiligen Geist gestifteten Menschen. Auch Paulus wirbt nicht um »das Gute im Menschen«, sondern um das Wirken des Heiligen Geistes Gottes in ihm.

Durch sein Konzept von »rein« und »unrein« vertieft Jesus die Intention der Thora – kein Gedanke daran, sie abzuschaffen. Die Einleitung »Ich aber sage euch«, mit der Jesus seine Auslegung des wahren Gotteswillens einleitet, ist für das damalige Judentum nicht ungewöhnlich. Denn das Judentum war längst – wie auch heute noch – eine streitbare Gemeinschaft voller rivalisierender Lehrautoritäten, man denke etwa an Hillel und Schammai zur Zeit Jesu. Die Form »Ich aber sage (euch)« ist da nichts Besonders. Gerade diese Einleitung wertet man als die grundsätzliche Selbst-Erhebung Jesu über die Autorität des Mose. Doch eigenartigerweise wird Mose an keiner Stelle als Opponent genannt oder als überwundene Bildungsstufe referiert. »Ihr habt gehört, dass (den Alten) gesagt worden ist« oder ähnlich lauten die Sätze, auf die sich Jesus bezieht. Nein, Jesus wendet sich nicht gegen Mose. Der beste Beweis dafür ist, dass er sich in der Verklärung freundlich, fast könnte man sagen: kollegial mit Mose und Elija unterhält. Er wendet sich gegen ein falsches Verständnis der Thora, und zwar gegen eines, das auf halbem Wege stehen bleibt. Dabei geht es ihm überhaupt nicht um die Autorität des Mose, sondern nur um die Sache. Wer auch immer die Thora oder ihre Auslegung formuliert hat, entscheidend ist, den Gotteswillen radikal zu befolgen. Eben nicht Mord verbieten, aber Schimpfwörter gegen den Nächsten erlauben, eben nicht nur Ehebruch verbieten, sondern auch die Veranlassung dazu meiden. Eben nicht Freundesliebe fordern und Feindeshass gebieten, sondern alle Menschen lieben.

Jesus will nicht Mose ausmanövrieren. Ihm geht es allein um die ungleich wichtigere Frage, wie man in den Himmel kommt. Seine Antwort: Nur durch radikale Reinheit und Ähnlichkeit mit Gott, der es über Gute und Böse, Freunde also und Feinde, regnen lässt. Erst im 19. Jahrhundert hat man eine »professorale« Rivalität zwischen Jesus und Mose entdecken wollen, ähnlich der angeblichen Rivalität zwischen Jesus und Johannes dem Täufer. Als ob es Jesus aus irgendeinem Grund daran gelegen gewesen sei, sich über Mose zu erheben. Der Tenor der Sätze der Bergpredigt ist vielmehr überall: Die Thora des Mose gilt sowieso. Aber sie ist nicht radikal genug, ihre Befolgung reicht nicht aus, um in den Himmel zu kommen. Jesus will das heiße Herz, die ganze Liebe. Denn ihm liegt nicht an der

Perfektion von Verhaltensregeln, sondern an der Hinwendung des *ganzen* Menschen zu Gott. Wenn wir wirklich Gott gegenüberstehen und stehen werden, dann gilt nur, ihm ähnlich zu sein. Alles andere, auch alle anderen Maßstäbe, kann man dann völlig vergessen.

12.8 Ist für Jesus das Judentum eine fremde Religion?

Sehr viele konservative Christen halten Judentum und Christentum für zwei ganz verschiedene Religionen. Sie begründen das damit, dass der Gott der Juden nicht trinitarisch bestimmt sei. Der trinitarische Gott des Neuen Testaments sei ein anderer als der des Judentums. Sie übersehen jedoch, dass der Gott und Vater Jesu Christi kein anderer ist als der Gott Abrahams, Isaaks und Jakobs. Dass dieser beim Näherrücken als trinitarisch erkannt wird, hängt mit dem besonderen Inhalt der neutestamentlichen Offenbarung zusammen. Das ist jedoch nicht dem alttestamentlichen Gottesverhältnis anzulasten. Das wäre anachronistisch.

Dass eine Trennung vom Gott Israels nicht möglich ist, mag gerade eine Stelle aus dem Vierten Evangelium zeigen. In Joh 2,19 fordert Jesus die Juden auf: *»Zerstört diesen Tempel, und binnen drei Tagen werde ich ihn wieder aufbauen.« (20) Die Juden erwiderten: »46 Jahre hat der Bau dieses Tempels gedauert, und du willst ihn in drei Tagen wieder aufbauen?« (21) Jesus hatte aber, als er vom Tempel sprach, seinen Leib gemeint.* Jesus gibt hier eine rätselhafte Weissagung über den Tempel, der – wie der Evangelist dann erläutert – zum Bild für das Geschick seines Leibes wird. Rätselhaft daran ist, dass die Juden selbst geradezu aufgefordert werden, diesen Tempel zu zerstören und ferner, dass Jesus ihn selbst wieder aufbauen will. Rätselhaft ist auch dies: Wenn Jesus doch nur sagen will, dass die Juden seinen Tod betreiben, dass er aber auferstehen wird, warum sagt er es dann so verschlüsselt?

Zum Hintergrund muss man wissen, dass es in den Jahrzehnten vor der Zerstörung Jerusalems (70 n. Chr.) von Tempelweissagungen nur so wimmelte. Denn der Tempel war in sich selbst eine Art Orakel. An dem, was mit dem Tempel geschah, konnte man das künftige Geschick Israels im Ganzen ablesen. So wird berichtet, dass lange vor der Tempelzerstörung ein Irrer namens Jesus schreiend im Tempel herumgelaufen sei und dessen nahen Untergang verkündet habe. Noch im 1. Petrusbrief findet sich der Satz, das Gericht Gottes beginne immer am Tempel. Alle besonderen Geschehnisse am Tempel galten als Orakel – zumeist für kommendes Unglück. So habe man es im Tempel vor Beginn der Zerstörung nächtens rumoren hören, ein Indiz dafür, dass Gott den Tempel verlassen werde. Auch von Jesus gibt es die unterschiedlichsten Tempelweissagungen, und über die echte Fassung streitet man sich schon zu Lebzeiten Jesu (Mk 13,1f.; 14,58; Apg 6,14 usw.). Vielleicht gibt es gar nicht das eine echte Tempelwort Jesu, sondern Jesus hat das Bild von der Zerstörung des Tempels mehrfach verwendet. Hier in Joh 2,19 sind Zerstörung und Aufbau des Tempels das große Bild für Jesu Tod und Auferstehung. Ganz anders an den anderen Stellen, die von der Zerstörung des Tempels reden. Denn bei der Zerstörung geht es überall um Bestrafung Israels, hier dagegen um den Mord an Jesus. Beide Auslegungen des Bildes könnten verschiedener nicht sein. Daher sind sie nicht aufeinander zurückführbar. In beiden Fällen ist nur der affektive Hintergrund im Judentum vor dem Jahr 70 zu beachten, der das Bild der Tempelzerstörung begleitete: Das war der Angriff auf das Heiligste schlechthin, auf das Herz Israels. Im Sinne der johanneischen Theologie ist niemand anderes als Jesus selbst dieses Heiligste, der Mittelpunkt Israels. Auch in Joh 4,23, wo Jesus sich als den Ort der Anbetung bezeichnet, ist diese Ersetzung vollzogen.

Der Wortlaut von Joh 2 setzt zwingend voraus, dass der Tempel in Jerusalem noch nicht durch die Römer zerstört ist. Die Logik des Bildes funktioniert nur, wenn man nicht gleich einwenden kann: »Das haben doch die Römer schon vor Jahrzehnten getan!« Verstehbar ist das Wort Jesu nur auf dem Hintergrund der noch nicht durch die faktische Geschichte eingeholten Angst, das Herz Israels zu verlieren. Jesus sagt hier: »Das, was ihr alle fürchtet, was euch als diffuse Angst mutlos macht und lähmt, werdet ihr doch selbst tun, wenn ihr Hand anlegt an mich. Denn ich bin das Heiligtum, ich bin der Ort Gottes in eurer Mitte!«

Negativ gesehen ist Joh 2 also dazu angetan, die jüdischen Hörer

Jesu zu erschrecken. Denn der Tempel, sagt Jesus, bin ich selbst. Wer mich töten will, zerstört den Tempel, den Schatz Israels. Ihr selbst werdet euch um Gottes Gegenwart unter euch bringen. Auch von einer Abwertung des Tempels durch Jesus ist in diesem Wort nicht die Rede. Der Tempel ist so wichtig und heilig, dass er mit Jesus selbst verglichen werden kann. Jesus ist der wahre Tempel. Die Hochschätzung des Tempels ist damit bei Sprecher und Hörern vorausgesetzt. Die theologische »Ortsfindung« ist dabei ein wichtiges Stück des Vierten Evangeliums. »Wo wohnst du?«, fragen die Jünger schon zu Anfang, und Jesus sagt ihnen: »Kommt und seht.« Denn Jesus wohnt dort, wo Gott ist, und dort ist Gott, wo Jesus präsent ist. Das Vierte Evangelium ist somit eine glänzende Einführung in das, was man Realpräsenz Gottes nennt.

Seiner positiven Aussageabsicht nach ist Jesu Ankündigung für die Hörer extrem rätselhaft. Dem Tun der Angeredeten (»Zerstört ...«) steht das Tun des Sprechers (»Ich will aufbauen ...«) gegenüber. Nun könnte man angesichts der Formulierung des Wortes vom Tempel nach Mk 14,58 *(»... und in drei Tagen will ich einen nicht von Händen gemachten Tempel wiederaufbauen«)* zunächst an einen wunderbar schnellen Wiederaufbau des Tempels denken. Von Salomo oder einem neuen Salomo, eben dem endzeitlichen und wahren Sohn Davids, konnte man das erwarten. Denn nach der jüdischen Legende hatte Salomo sich mächtiger Dämonen bedient, die die Gesteinsbrocken aufeinander türmten (die übrigens so in den Kapitellen romanischer Kirchen fortleben). Daran hätte man in Hinsicht auf Mk 14,58 *(»Ich werde zerstören ... und wieder aufbauen«)* denken können. Aber hier in Joh 2 doch wohl sicher nicht. Der johanneische Jesus wird durchweg als der geschildert, der sein Leben bei der Auferstehung selbst wieder an sich nimmt. So legt sich hier eine dreifache Deutung nahe: Jesus macht durch sein eigenes Wiederaufbauen das zunichte, was seine Hörer wollten, nämlich seine Beseitigung. Zudem geht es um eine Weissagung der Auferstehung innerhalb dreier Tage. So ist es allgemein Auffassung der gesamten Tradition. Schließlich ist aber die Phase von drei Tagen die klassische Dauer der Unheilszeit in Israel. Auf diesem Hintergrund war auch Mk 14,58 denkbar gewesen: Die Abfolge von Zerstörung und Wiederaufbau des Tempels deutet an, dass nach der Zeit des Gerichts eine neue Heilszeit kommen wird. Denn was am Tempel geschieht, ist symptomatisch für das Ganze. So auch hier in Joh 2. Auf den Mord an Jesus folgt die Auferstehung. Sie widerlegt die Mörder, überführt sie ihres Unrechts und gibt ihnen erneut die Chance zur Umkehr. Denn als Selbsterweis dessen, den man beseitigen wollte, ist sie nicht Ende, sondern neuer Anfang. Ähnlich sieht auch die Apostelgeschichte in der Konfrontation von Kreuzigung (»ihr«) und dem auferweckenden Gott (»Gott aber ...«) eine zweite Chance. Hier nach dem Johannesevangelium geschieht noch mehr: Gerade als Auferweckter ist Jesus der neue Tempel, der wahre Ort Gottes für die ganze Welt. Das Johannesevangelium deutet an, dass Jesus in der Rolle des Fürsprechers bei Gott gesehen wird.

Indem Jesus den Tempel und sein Geschick als Anschauungsmaterial für seinen Leib und sein Leben verwendet, setzt er selbstverständlich voraus: Er selbst ist neuerdings (das wussten die Juden noch nicht) der Ort, an dem der eine und einzige Gott angebetet wird. Dass dieser Gott den Raum seiner wahren und beständigen Gegenwart erweitert hat, darf nicht auf Kosten der Juden angenommen werden, als solle in und durch Jesus etwas völlig Neues gegen ein überholtes Altes gesetzt werden. Wenn viele Juden sich weigern, Jesus als den Sohn anzunehmen und den trinitarischen Sohn anzuerkennen, kann man ihnen freilich nunmehr vorwerfen, sie kennten Gott nicht (Joh 14,7). Denn sie sind unbeweglich bei dem stehen geblieben, was sie – völlig legitim – bis vor kurzem von diesem Gott wussten. Sowie man verharrt, kann man die neuen Gedanken und Wege dieses Gottes verpassen – denn er ist ein lebendiger Gott. Aber genauso kann es uns auch ergehen. In den drei ersten Evangelien ist genau dies mit »Wachen« gemeint. Gott wird uns fremd, wenn wir nicht lebendig sind wie er, wenn wir uns nicht bedienen an dem lebendigen Wasser, mit dem er uns zu trinken geben will.

12.9 War Jesus ein Essener aus Qumran?

Seit der deutschen Qumran-Debatte zu Beginn der neunziger Jahre des letzten Jahrhunderts geistert durch die Gemüter von etwa 30 Prozentder Deutschen noch immer der damals von zwei spekulativ begabten amerikanischen Journalisten geäußerte Verdacht, Jesus sei ein Essener aus dem Kloster Qumran gewesen, der Vatikan halte Quellen unter Verschluss, die das christliche Weltbild im Mark erschüttern könnten, und die Essener seien friedfertige Vegetarier oder – je nach Bedarf – blindwütige Terroristen (oder beides zugleich) gewesen. Über die Essener wisse man durch das uralte so genannte Essenerevangelium.

Diese Verdächtigungen dienten vor allem dazu, die gesamte kirchliche Jesusüberlieferung zu diskreditieren, und zwar entweder zugunsten einer esoterischen Lösung, die sich auf das Essenerevangelium (übrigens eine plumpe Fälschung aus dem 19. Jahrhundert) stützte, oder aber auf die These, Jesus sei Zelot und Terrorist gewesen und eben deswegen habe man ihn gekreuzigt. Im Übrigen ist »Essener« ein Begriff, für den sich in den Texten von Qumran kein Äquivalent findet. Der von anderen Schriftstellern her geläufige Begriff bezeichnet religiös traditionsbewußte Juden des 1.Jh. n.Chr. im weitesten Sinn des Wortes, wobei es verschiedenste Einzelformen gab, wie bei jeder Reformbewegung. Wenn man das Wort im allgemeinsten Sinn des Wortes fasst, war Jesus auch »Essener«.

Dabei gilt freilich generell, dass von einer besonderen Bindung der Essener an den kleinen Ort Qumran jegliche Spuren fehlen. Die Beweislage ist nicht etwa nur dürftig – es gibt sie überhaupt nicht. Generell ist die Frage, was die Schriftrollen aus den Höhlen am Toten Meer mit den Mauerresten von Qumran zu tun haben, völlig ungelöst. Die ältere Klosterhypothese ist unhaltbar, da es sich um einen Anachronismus handeln würde. Auch die Annahme, Qumran sei so etwas wie ein Verlag mit betriebsmäßiger Fabrikation von Schriftrollen gewesen, hat keine Anhaltspunkte an der Wirklichkeit. Bezeichnenderweise stellt jedermann über Qumran die Hypothese auf, die seiner eigenen Herkunft entspricht: Die ersten mit der Ausgrabung befassten Dominikaner hielten Qumran für ein Kloster, die Amerikaner für eine militärische Festung, die Franzosen für einen Mysterientempel, die Deutschen für ein Verlagsgebäude. Möglicherweise sind die aufgefundenen Schriftrollen Bestände aus der Bibliothek des Tempels in Jerusalem, die man angesichts der drohenden Katastrophe am sicheren Ort verwahren wollte, aber auch das ist eine pure Hypothese.

Jesus war kein Terrorist, sondern wie alle Apokalyptiker im Wesentlichen auf der Seite der Märtyrer und Geduldigen. Er war kein esoterischer Vegetarier, sonst hätte man ihn nicht »Fresser und Weinsäufer« genannt. Er bleibt nicht einzuordnen. Für eine Existenz der Urgemeinde in Qumran gibt es nicht die geringsten Anhaltspunkte. So weit lässt sich die Diskussion der letzten 15 Jahre zusammenfassen. In der Deutung der Texte aus den Höhlen steht man noch ganz am Anfang.

12.10 Jesus, der Messias und die Juden

An der Frage, ob Jesus der Messias war, scheiden sich die Geister, scheiden sich auch Judentum und Christentum. War er der erhoffte Heilsbringer Israels, dann haben Juden keinen Grund für ein separates Judentum. War er es nicht, haben Christen keinen Grund für ein separates Christentum. Aber was bedeutet eigentlich dieser Satz: *Jesus ist der Messias der Juden?* In der Schule und im Studium haben wir gelernt, Jesus habe ein politisch gefärbtes jüdisches Messiasbild enttäuscht und dieses sei mit den Osterereignissen »vergeistigt« worden. Dieses Denkschema verdankt sich freilich erst dem 19. Jahrhundert. Denn erstens war das jüdische Messiasbild keineswegs einheitlich. So staunt man, dass es aus der Zeit bis zum 1. Jh. n. Chr. nur einen einzigen politisch orientierten Messiastext gibt, nämlich Psalmen Salomos 17. Zweitens aber ist auch schon vorchristlich im Judentum (besonders in Qumrantexten) eine eher prophetisch gefärbte Auffassung vom Messias nachweisbar. Drittens ist aus dem Neuen Testament nirgendwo ein Transformationsprozess in Richtung Vergeistigung feststellbar. Die These, »das« jüdische Messiasbild sei politisch, das christliche dagegen sei geistig orientiert, hat rein ideologischen Charakter. Auch der Heilige Geist ist schon für das jüdische, nicht erst für das christliche Messiasbild wichtig (seit Jes 11, vgl. auch den »Gesalbten des Geistes« in den Qumrantexten) und bedeutet jedenfalls etwas anderes als Geistigkeit im Gegensatz zu Handgreiflichem. Messianität ist im Judentum eher etwas Funktionales und kann daher manchmal sogar von mehreren Figuren wahrgenommen werden. So viel kann man sagen: Beim Messias handelt es sich um Gottes endzeitlichen Repräsentanten in der Welt. Er bringt die Welt vor Gottes endgültigem Kommen in Ordnung.

In den jüdischen Traditionen unterscheidet man drei Modelle: Entweder rechnet man a) nur mit Gottes Kommen zum Gericht und für die neue Schöpfung. Dabei gibt es keinen eigentlichen Messias. Oder man rechnet nur b) mit einem Kommen des Messias, ohne dass ein Kommen Gottes zum Gericht in den Blick träte. Man ist dann nur am endzeitlichen Friedensreich interessiert. Oder man rechnet c) mit einem Kommen des Messias am Ende der Zeiten und danach, zu Beginn des neuen Äons (der Neuen Schöpfung), mit einem Handeln Gottes am Tag des Herrn. In diesem dritten Typus folgt beides aufeinander, das Wirken des Messias im Sinne des Wegbereiters und das Handeln Gottes am »Tag des Herrn«.

Dieser dritte Typus ist auch der christliche: Jesus bereitet Gottes Volk (inklusive hinzugetretenen Heidenvölker) vor auf den Tag des Herrn. Auch schon in jüdischen Texten rechnet man dabei, wie es dann regelmäßig im Neuen Testament geschieht, mit einem zweifachen Kommen des Messias. Das erste Kommen ist an die Grenzen Israels gebunden, und der Messias stirbt am Ende dieser Zeit. Das zweite Kommen ist das »eigentliche«. Denn hier wird der Messias die Völker richten, gleichzeitig ist er der Menschensohn, mit dem die künftige Heilsgemeinschaft besteht. In Teilen des Judentums zur Zeit des Neuen Testaments besteht die Rolle des Messias am Ende darin, dass die Gerechten mit ihm Heilsgemeinschaft haben; »mit ihm« zu sein bedeutet, dass er das Heil vermittelt. Man spricht hier von einer Zwei-Phasen-Messianologie.

Schon ein flüchtiger Blick auf die Jesusliteratur der zwei letzten Jahrzehnte zeigt: Der wiederkommende Jesus spielt in der modernen

Diskussion außerhalb der Fachexegese keine Rolle. Interessant ist fast immer nur, »wer Jesus war«. Das im Sinne der Verheißungen der Schrift und des Gesichtswinkels der Bibel ebenso Wichtige ist jedoch, was er tut, wenn er wiederkommt. Denn alles, was bisher geschah und was in den Sakramenten geschieht, ist Teil der Vorbereitung auf das zweite Kommen des Messias Jesus und auf den Tag des Herrn hin.

Worin besteht die Bedeutung dieser Messianität Jesu für uns? Dazu muss man erneut bei der Funktion des Messias einsetzen: Der Messias bereitet Gottes Volk auf das Kommen Gottes vor. Dieses geschieht wesentlich durch Befreiung. Die Skala dessen, wovon befreit wird, reicht von der Befreiung von Feinden bis zur Befreiung von Dämonen und der Macht des Teufels bis hin zur Befreiung von Sünde und Unreinheit und schließlich von Angst, Unfrieden und Wehgeschrei.

Die christliche Auffassung ist – anders als die im Judentum und im Islam, dass dieser Befreier Jesus der menschgewordene Gott selbst ist. Denn nur Gott selbst kann wirklich auf Dauer von alledem befreien, kein Mensch vermöchte dieses. Kein Mensch, nur Gott selbst kann den strengen Maßstäben des kommenden Gottes genügen. Deshalb ist nur im Christentum der Messias »Sohn Gottes«, und er ist nicht nur geistbegabt, sondern exklusiv durch den Heiligen Geist Gottes entstanden und auferweckt. Nur Gott selbst konnte uns so erlösen, dass wir vor Gott bestehen können. Deshalb ist er im Menschen Jesus nicht nur irgendwie wirksam, sondern als Gott real präsent.

Was hier in Jesus Christus sichtbar wird, ist recht verstanden auch die Grundlage dessen, was Theologen mit »Rechtfertigung« bezeichnen (= das, wodurch der Mensch vor Gott in einen Zustand gebracht wird, in dem er vor ihm bestehen kann). Denn auch hier gilt: Nur Gott kann uns erlösen. Und wenn wir daran als Menschen beteiligt sind, dann in Ähnlichkeit zur menschlichen Natur Jesu, nämlich umhüllt und getragen von Gottes Heiligem Geist. Allerdings nicht erstickt, sondern zu wahrer Aktivität ermuntert, gestärkt und befreit. Das bedeutet vor allem: Gottes Gottheit wird nicht ermäßigt. Auch bei der Erlösung durch Jesus Christus gibt es keine Sonderkonditionen, bei denen Gott auf seine Hoheit verzichtete oder Unheiliges zuließe. Er bleibt streng und majestätisch wie er ist. Doch in Jesus Christus hat er selbst sich auf unsere Seite gestellt, niemand anders als er, der geheimnisvolle Gott selbst.

12.11 Worin wir letztlich zusammengehören

Wenn ein kleines Judenkind geboren wird, pflegt man ihm Glück zu wünschen mit den Worten: »Mögest du die Tage des Messias erleben.« So werden ganz oft die selig gepriesen, die in der messianischen Generation leben dürfen. Und den Toten wird gewünscht: Ach, hätten sie das noch erleben können! Zwei solcher Menschen, die ihr Leben lang darauf gewartet haben, den Messias noch sehen zu können, stellt uns Lukas vor Augen: den alten Simeon und die Prophetin Hanna. Sie haben – so sieht es Lukas in 2,22–40 – den Messias noch erlebt und damit einen Wunschtraum in Erfüllung gehen sehen. So können sie in Frieden sterben. Lukas nennt ganz oft je eine Frau und einen Mann, so etwa die Frau mit dem verlorenen Groschen neben dem Hirten mit dem verlorenen Schaf. So steht hier neben dem »Gerechten« Simeon die »Prophetin« Hanna, und beide sind Zeugen.

Wie andere biblische Sterbegebete auch, so hat man den Hymnus des Simeon in das Stundengebet an der Schwelle der Nacht, in die so genannte Komplet aufgenommen. Denn dieser Hymnus strahlt gelöste Abendstimmung aus, Erleichterung nach der Last des Tages und zugleich Freude darüber, dass der lange Weg zu einem Ziel gekommen ist. Das Leben und Warten Simeons war nicht sinnlos. Die dazu überlieferte gregorianische Melodie bringt die Gelöstheit und den verhaltenen Jubel dieser Stunde in unübertrefflich schlichter Schönheit zum Ausdruck. Abend für Abend sagt dieser Hymnus: Jeder Tag ist einer, an dem wir Gottes Heil schauen durften, jedes Jahr seit Christi Geburt ist ein Jahr des Heils.

Der Hymnus Simeons hat nur wenige Worte: *»Nun kannst du, Herr, deinen Sklaven freilassen, denn dein Wort hat sich erfüllt und das Heil ist da. Jetzt sehe ich selber, wie du Erlösung gewirkt hast vor den Augen aller*

Völker. Um die Heiden zu erleuchten, hast du ein Licht angezündet und Israel, dein Volk, mit Herrlichkeit gekrönt.« Simeon betrachtet sein ganzes Leben als Dienst. Jetzt ist er zum Ziel gekommen, jetzt wird der Sklave freigelassen. Wie in den Gleichnissen über Sklaven in der Verkündigung Jesu bestand der lebenslange Dienst darin, dass der Sklave allzeit bereit war. In den Gleichnissen spricht Jesus vom Wachen der Sklaven. Nun aber ist, wie es auch Gleichnisse oft sagen, der Herr gekommen und das Wachen hat ein Ende, das Warten, das Ausschauhalten, so wie der Wächter aufs Morgenrot wartet ... Das griechische »in Frieden« haben wir übersetzt mit: »... denn das Heil ist da!« Die Zeit des Wartens ist der Stunde der Gewissheit gewichen. Das Morgenrot ist übergegangen in die Sonne des Tages. Dies geschieht *jetzt*, am Abend des Lebenstages Simeons. In diese Aussagen über Zeit passen die Bilder von Licht und Sehen hinein, und so redet Simeon von Licht und Augen, von Erleuchtung und Herrlichkeit.

Dieser Hymnus ist der schönste Text über Israel, den das Neue Testament kennt – orientiert an der Sprache Jesajas, und genau abgestimmt zwischen Israel und Heidenvölkern. Ein Licht ist angezündet, die Heiden zu erleuchten, nämlich ihnen den Weg zu Gott zu weisen. Doch in der Aussage über Israel wird diese Licht-Aussage noch überboten: Israel wird durch den Messias mit Herrlichkeit gekrönt. Beides sind Licht-Aussagen, die Erleuchtung der Heiden wie die Herrlichkeit für Israel. Schatten und Nacht sind durch Jesus, die Sonne der Gerechtigkeit überwunden. Nicht ohne Grund war Jesaja der mit Abstand beliebteste Prophet im Judentum zur Zeit des Neuen Testaments, wie besonders die Qumrantexte, vorab die Jesajarolle zeigen. Denn in den prophetischen Aussagen Jesajas wird jener Friede verkündet, auf den wir bis heute so schmerzlich warten, der zwischen Israel und den Heidenvölkern. Immer wieder wird bei Jesaja die erwartete Figur des Heilands (des Messias oder des Gottesknechts) als Erfüllung des Bundes für das Volk und als Licht für die Heiden genannt.

Doch hier, wo beide, Israel und die Völker, so eng beieinander genannt werden wie sonst nirgends, wo es dieselbe Größe ist, die für beide so überaus wichtig ist, da lag es und liegt es für uns Christen nahe zu sagen: Diese Gestalt ist Jesus, der Messias selbst.

Aber ist er nicht gerade zum hauptsächlichen Hindernis der Versöhnung zwischen Israel und den Völkern geworden? Lukas weiß darum, und deshalb sagt Simeon: »*An diesem Kind werden dereinst in Israel viele so sehr Anstoß nehmen, dass sie fallen. Für viele andere aber wird es eine Stütze sein, an der sie sich aufrichten können. Jesus wird umstritten sein in Israel. An ihm werden sich die Geister derart scheiden, dass deutlich wird, wer ein jeder ist. Dein Herz aber wird von einem Schwert durchbohrt werden.*« Jesus ist anstößig gewesen, und viele aus Israel sind an ihm regelrecht gescheitert. Dann folgt der Satz über die Schmerzen Mariens. Beides weist auf die Passion Jesu. Und wie immer ist das, was der Mutter widerfährt, nicht trennbar von dem, was für den Sohn gilt, und es weist auf den Sohn. Das galt bei der Seligpreisung Mariens genauso wie hier bei den Schmerzen. Maria steht als die leidende Mutter für das ganze Gottesvolk. Führt der Weg zur Versöhnung über den Blick auf ihre Schmerzen, über das Bild der Pietà?

Simeon und mit ihm der Evangelist Lukas sind hier auf dem richtigen Weg. Für unsere Gegenwart formuliert heißt das: Deutlicher als alle übrigen Evangelisten stellt Lukas Jesus als den Leidenden, als den Märtyrer dar. Vielleicht können die nichtchristlichen Juden eines Tages sehen, dass Jesus von den Römern gekreuzigt wurde, weil Pilatus die Juden hasste. *Das Kreuz ist ein Dokument des antiken Antijudaismus*, denn nur die Römer durften die Todesstrafe vollziehen. Pilatus wollte den Juden zeigen, dass ihr König ebenso war wie sie selbst – hilflos und ohnmächtig. Vielleicht können alle Juden eines Tages begreifen, dass der Jude Jesus so gelitten hat, wie auch sie es millionenfach erleiden mussten. Angesichts dieser Erkenntnis könnten sie sagen: Er ist einer von uns, er gehört in letzter Tiefe zu uns. Und er ist nicht exklusives Eigentum der Heidenvölker. Wer so gelitten und aus der Tiefe des Leidens zum Gott Abrahams geschrien hat, der hat damit jeden Unterschied zwischen Juden und Heiden aufgehoben. So könnte die Passion Jesu der Weg sein, auf dem die Juden ihre enge Verbundenheit mit Jesus und mit allen Märtyrern erkennen könnten. Sie könnten sagen: Ja, wenn ihr das so deutet, dann steht nichts, insbesondere nicht Jesus, trennend zwischen uns. Sondern in der Tiefe des Leidens verbindet er uns.

Und wenn dieser Schritt einst getan werden kann, dann kann

doch die Prophezeiung Simeons in Erfüllung gehen: *»Er ist Licht zur Erleuchtung der Heiden und Herrlichkeit für sein Volk. Denn aus der Tiefe des Leidens rettet ihn Gott in einer Tat, die nur Gott vollbringen kann.«* Und auch Maria ist – stellvertretend für die Krönung Israels mit Herrlichkeit – beteiligt: »Freu dich, du im Himmel Gekrönte« singen wir nach der Strecke des Leidens.

Wenn dieses die Perspektive des Friedens für das größte Problem internationaler Politik bis heute ist, dann gilt sie auch für die Einheit der Christen. Wie soll aus den 130 000 Fraktionen je wieder eine Kirche werden? Nur wenn wir uns orientieren an der Tiefe des Leidens, die unser Begreifen übersteigt, und an der schier unglaublichen Herrlichkeit, mit der Gott Jesus verherrlicht hat und uns alle krönen will, nur wenn wir uns auf diese Tiefe und Höhe besinnen, die beide nicht menschenmöglich sind, bekommen wir die wahre Optik zur Lösung unserer kleinlich traktierten Kleinigkeiten. Der Blick auf Maria zeigt uns für das eine wie für das andere, was unsere Rolle dabei ist. Einheit der Kirchen kann wohl nur werden, wenn wir wieder lernen, aus welchen Leiden wir geboren und zu welcher Herrlichkeit wir berufen sind, wenn wir uns in letztem Tiefgang von einer neuen und alten Spiritualität erfassen lassen. Das gilt im Übrigen für die Menschheitsfamilie, für die Christenfamilie und für jede Familie auf Erden.

12.12 Über die ungläubigen Juden und die ungläubigen Gläubigen

Wenn Jesus doch so offenkundig Wunder gewirkt und Menschen geholfen hat, wenn seine Lehre vollmächtig war und man bei ihm eine Ahnung von Gott bekommen konnte – warum haben ihm die Menschen nur zum Teil geglaubt? Wo lagen die Widerstände? Diese Fragen werden heute oft gestellt, weil auch heute Menschen Schwierigkeiten haben, den Evangelien gläubig zu folgen. Wenn es offenkundig schon zu Lebzeiten Jesu schwierig war, wie sollen wir es denn heute nach Jesu Tod und aus über 2000-jähriger Distanz schaffen?

Aus diesem Grund möchte ich einmal moderne und alte Schwierigkeiten, die dem Glauben an Jesus entgegen stehen, miteinander vergleichen. Beginnen wir mit den Problemen der jüdischen Zeitgenossen Jesu:

1. Es war schwierig, Jesus zu folgen, weil seine Legitimität offen blieb. Seine Wunder und Exorzismen sind in ihrer Tatsächlichkeit unbestritten. Die offene Frage blieb, ob Gott oder der Teufel hinter Jesus stand. Das ist der so genannte Beelzebubvorwurf. Wenn Jesus für seine erstaunlichen Taten mit dem Teufel im Bunde war, dann war er unter allen Umständen zu meiden. Jesus konnte sich durch kein Zeichen an Sonne, Mond und Sternen legitimieren. Das wäre eindeutig gewesen, denn am Himmel kann man nichts manipulieren. Diese Legitimation wird Jesus erst erhalten, wenn er als der Menschensohn vom Himmel her wiederkommt. Auch die Auferstehung konnte für die meisten die Zweifel nicht ganz besänftigen. Die zweite Ankunft war von Anfang an im Blick.
2. Es war gefährlich, Jesus zu folgen, weil er in Konflikt mit den religiösen Autoritäten Israels stand (mit den Sadduzäern, Pharisäern, Gesetzeslehrern, Schriftgelehrten). In einer Zeit, in der »Autorität« alles bedeutete, war es nicht vorteilhaft, jenseits der geltenden Autoritäten zu operieren. Jesu öffentliche Auftritte waren denn auch skandalumwittert. Wer mochte sich ihm gerne anvertrauen?
3. Je länger desto mehr trat eine politische Fragwürdigkeit Jesu in den Vordergrund. Wer so offen in Jerusalem als König einzog und von Gottes Königtum redete, musste den Konflikt mit der absolut überlegenen Militärmacht Rom fürchten. Da Jesus selbst vom »notwendigen« Prophetenmartyrium in Jerusalem gesprochen hatte, war die Nachfolge Jesu ein Himmelfahrtskommando.
4. Jesus sprengte die familiäre Pietät und konnte daher von den angesehenen Alten nicht geschätzt werden. Denn wer dazu aufrief, Familien zu verlassen, begab sich ins soziologische Niemandsland.

Heute bestehen diese Schwierigkeiten nicht mehr. Zu 1) ist zu bemerken: Unser Problem ist in der Regel, ob es Wunder überhaupt geben kann. Zu 2): Heute gilt es als eher ausgemacht, dass ein Neuanfang sich im Gegensatz zu bestehenden Autoritäten artikuliert. Zu 3) kann man sagen: Die politische Brisanz des Evangeliums verspürt man wohl nur noch in Diktaturen und Unrechtsregimen. In vielen Ländern des Westens stößt man als Christ eher in Watteberge. Und zu 4): Familien sind heute in Machtfragen belanglos und sind eher zu schützen als zu sprengen.

Andererseits haben sich vollkommen neue Probleme ergeben:

1. Lässt unsere von der Naturwissenschaft bestimmte Welt es überhaupt zu, mit Gott, Wundern, Eschatologie zu rechnen? Aus diesem Grunde habe ich das Modell der vier Türen entwickelt inklusive der Rede von der mystischen Faktizität. Die Postmoderne könnte, richtig begriffen, hier Chancen bieten.
2. Soziologisch gesehen kann das Christentum sich wohl nur mit der Kraft einer rundum glaubwürdigen Elite regenerieren. Es wird immer schwieriger, Menschen zu finden, die dafür Zeit haben. Hinzu kommt die Last moralischer Schuld als Resultat der Kirchengeschichte, die über weite Strecken auch eine Kriminalgeschichte des Christentums war.
3. Das Christentum ist heute in den meisten Ländern nicht durch das Martyrium bedroht; es fehlt ihm vielmehr an Reibungsfläche wie an Zündstoff; rationalistische Theologen haben alles getan, um die Botschaft anzupassen und zahnlos (»ganz vernünftig, lebens- und weltbejahend«) zu machen. Hier ist auf die Gefährlichkeit einer populistisch propagierten, universalen »Toleranz« hinzuweisen. Die Standpunktlosigkeit als Standpunkt ist ein Unding, gleichwohl en vogue. Wer einen Standpunkt vertritt, muss sich gleich fragen lassen, ob er ein Verhältnis zur Toleranz besitze. Der Gott der Bibel aber hat eine differenzierte und spezifische Intoleranz an sich (was nicht mit Gewaltgebrauch der Gläubigen zu verwechseln ist).
4. Der Verlust der Größe »Familie« macht dem Christentum viel zu schaffen, da der natürliche Mutterboden langer Gewöhnung an christliche Lebensformen, der Schutzraum zur lernenden Einübung christlicher Kultur entfällt. Ersatzformen fehlen – und wo es sie hin und wieder in Gestalt familienartig organisierter Klöster

mit einem Abt (von *abbas* = Vater) an der Spitze gibt, stehen sie unter »Patriarchalismus-Verdacht«.

Man kann beobachten, dass das Jesusbild in diesen Schwierigkeiten förmlich zerrieben wird. Die Not der Verkündiger legt manchen einen Ausverkauf zu ermäßigten Preisen nahe. Jesus darf sein, was von ihm ankommt. Diesen Verkündigern wiederum arbeitet eine Theologie in die Hände, die alles Fremde, Steile, Anstößige, Unbequeme, Unverständliche, Mystische von Jesus ablöst, bis nur noch ein allgemeines moralisches Vorbild von ihm bleibt – ein dünnblütiger, papierener »Schulbuch-Jesus«, der 99 Prozent der Jugendlichen gleichgültig ist, weil sie sich nicht für antike Vorbilder interessieren, für Sokrates nicht und auch nicht für den anderen. Diesen »Jesus« sucht man glücklicherweise in den Quellen vergeblich. Hier liegt bei der Bewältigung der Schwierigkeiten der gefährlichste Punkt: Dass man sich ein Jesusbild nach Gutdünken zurechtlegt. Die nicht ganz einfache Quellenlage fordert bestimmte Theologen zu ideologischer Manipulation geradezu heraus. Der Kollege Roman Heiligenthal hat in seinem Büchlein »Der verfälschte Jesus« (2. A. 1997) die gröbsten dieser Entstellungen entlarvt. Der Effekt dieser Entlarvung ist freilich auch, dass alle anderen Ausleger sich in trockenen Tüchern wähnen. Davon kann man nun allerdings nicht ausgehen. Ein Teil der Probleme des gegenwärtigen Christentums ist hausgemacht, selbst verursacht durch eine rationalistische, letztlich langweilige Exegese. Dieses Buch versteht sich als Gegenmodell dazu.

KAPITEL 13

Jesus und das Geld

13.1 Geld oder Liebe

Drei misslungene Taten Jesu gibt es: Das »Unvermögen« Jesu, Wunder zu wirken, weil die skeptischen Landsleute sagen »Den kennen wir doch!« (Mk 6,4–6), die Berufung des reichen jungen Mannes nach Mk 10 und die Katastrophe der Berufung des Judas Iskariot. Wenn Jesus scheitert, dann an Vorurteilen, an Geldgier (nach manchen Auslegern auch im Falle des Judas) oder an schierer Verzweiflung über die politischen Konsequenzen seines Weges im Falle des Judas.

Zum reichen Jüngling gibt es als Kontrastfigur die arme Witwe in Mk 12, die ihren gesamten Lebensunterhalt in den Opferkasten wirft. Ähnlich ist Maria Magdalena als Gegenfigur zu Petrus zu sehen, was die alte Kirche auch stets bemerkt hat. Der reiche Jüngling ist namenlos geblieben, eine gescheiterte Jüngerberufung Jesu. Trotz offensichtlicher gegenseitiger Sympathie ist der reiche junge Mann emotional durch seinen Reichtum einfach stärker gebunden, so stark, dass er es in Kauf nimmt, Jesus aus dem Blick zu verlieren. Dass der Evangelist berichtet, der junge Mann sei traurig gewesen, weist hin auf einen Widerstreit in seinem Herzen. Wenn man sich denn für eines entscheiden muss, ist man traurig, dass man nicht beides haben kann.

Aus dem Wort »Niemand kann zwei Herren dienen, niemand kann Gott dienen und dem Mammon« wird erkennbar, dass Jesus das Verhältnis des Menschen zum Reichtum als Sklavendienst betrachtet. Tatsächlich nötigt der Reichtum den Reichen strenge Gesetze auf: Der Reichtum will erhalten und gepflegt werden, Minderung ist gegen sein eigenes, inneres Gesetz. Er verlangt Sorge und Fürsorge Tag und Nacht und nötigt einen auch zu Knauserigkeit und Geiz, im Extremfall sogar dazu, über Leichen zu gehen. Der Reichtum ist ein gestrenger Herr. Nicht wenige lieben und brauchen einen strengen Herrn. Hier besteht übrigens die deutlichste Parallele zum Gottesverhältnis. So exklusiv wie Gott als Einziger angebetet werden will und Gehorsam verlangt, ja auch auf Mehrung aus ist, wie im Gleichnis von den anvertrauten Talenten, so exklusiv verfügt sonst nur noch die Liebe oder eben das Geld über Menschen.

Die alte Rivalität zwischen dem Gott Israels und dem kanaanäischen Baal bricht hier wieder auf, denn Baal steht für Fruchtbarkeit und Reichtum. Der Gott Israels aber fordert nicht Horten und Sammeln von Gütern, sondern Verteilen und Gerechtigkeit im Miteinander der Menschen. In seinen Gleichnissen verrät Jesus so detailgenaue Kenntnis von Finanzen und Finanzgebaren der Menschen, etwa in Gleichnis vom »lebenstüchtigen Verwalter« (Lk 16,1–9) oder im Gleichnis von den anvertrauten Talenten, dass man denken könnte, Jesus müsse besondere Insider-Kenntnisse gehabt haben – so als hätte er eine Art Banklehre mitgemacht. Jedenfalls weiß er wie kein anderer um die Faszination des Geldes und um technische Einzelheiten des Geldverkehrs, bis hinein in kriminelle Praktiken. Mindestens war Jesus eine genauer, an ökonomisch-pekuniären Dingen interessierter Beobachter.

Jesus denkt auch das Himmelreich im Bild eines Geldschatzes, den derjeinige sammelt, der es hier auf der Erde versteht, materielle Dinge weggeben zu können. Dahinter steht die Vorstellung: Wer dem irdischen Kreislauf von Geben und Nehmen folgt, der hat kein Guthaben im Himmel. Denn Jesus sieht die Chance zur Veränderung der Welt zweifellos darin, dass der Kreislauf von Arbeit und Lohn durchbrochen wird. Wer sich für alles bezahlen lässt, der denkt rein diesseitig und kann kein Jünger Jesu sein. Neulich wurde ich Zeuge, wie auf einer großen kirchlichen Versammlung ernsthaft und unter Beifall gefordert wurde, dass auch alle Ehrenamtlichen in der Kirche endlich ordentlich bezahlt werden müssten. Ich traute meinen Ohren nicht. Jesus würde dazu sagen: Eben genau das will ich nicht.

Der christliche Weg zum Glücklichwerden lässt sich am besten mit einer Umleitung in Straßenverkehr vergleichen. Jedes Schild »Umleitung« ärgert uns zunächst, denn es kündigt erhebliche Nachteile und Verzögerungen an. Wir kommen dabei nur zum Ziel, wenn wir nicht in gerader Richtung den geplanten Weg nehmen. So ist das auch mit dem Reichwerden und dem Glücklichsein. Jesus führt uns über eine Umleitung, die zunächst in die entgegengesetzte Richtung zu führen scheint. Wie widersinnig, das Leben zu verschenken, wenn man es doch gewinnen und genießen will, wenn man doch »Lebensfreude« mit Recht als das höchste Gut ansieht. Jesus ist kein Verächter des Lebens. Lebensfeindlichkeit wäre das Letzte, das man ihm nachsagen könnte. Er ist vielmehr ein Meister auf dem Weg zum Glücklichsein. Denn er weiß um die Seligkeit des Schenkens und Verschenkens. Und er sagt auch, dass diesem Weg jegliche Zukunft gehört.

Mir will es oft so erscheinen, dass unser kostbarstes Gut, unsere wichtigste Ressource, nicht das Geld ist, sondern die Zeit. Deshalb hat man schon längst die Formel gefunden »Zeit ist Geld« und umgekehrt. Verschenkte Zeit, also solche, die wir anderen widmen, ist in Jesu Sinn doppelt und dreifach gewonnene Zeit. Denn in der geschenkten Zeit gewinnen wir die Freunde, auf die wir angewiesen sind, wenn wir in den Himmel gelangen wollen. Nicht zufällig sagt Jesus das gerade in Lk 16, eben dort, wo auch der Satz steht, dass man nicht zwei Herren dienen kann: *»Seid klug und kauft mit dem Geld aus der ungerechten Welt Freunde, die euch dann in die ewigen Häuser im Himmel aufnehmen, wenn hier alles vorbei ist.«*

Die Nachricht über die Reichen, denen im Kampf um das wahre Leben weniger Chancen zugebilligt werden als dem Kamel, das durch das »Nadelöhr« soll, stimmt eher entmutigend. Gemeint ist nicht die Ausnahme oder das Wunder, dass Reiche trotz Reichtums in den Himmel kommen, sondern dass allein Gott in seiner Macht das Herz der Reichen wandeln, bewegen und verändern kann, damit sie von ihrem erotischen Verhältnis zu Besitz und Zeit für eigene Zwecke wegkommen können.

Es geht beim reichen Jüngling wie bei der Alternative Gott/Mammon um die Liebe zu Gott. Denn es wird eine wichtige Überbietung des jüdischen Gesetzes erkennbar. Das Hauptgebot lautet nach Dtn 6,4f.: *Du sollst Gott lieben aus deinem ganzen Herzen und aus all deiner Kraft …* Die Erfüllung dieses Liebesgebotes besteht laut Kontext in der Erfüllung aller dann folgenden Einzelgebote. Das Gebot der Gottesliebe gibt so den Rahmen ab für die gesamte Thora. Hier bei Jesus dagegen hat der junge Mann alle Gebote schon gehalten, und zwar von klein auf. Was ihm fehlt, ist *Liebe.* Denn auf die Umarmung Jesu kann er nicht reagieren. Hätte er Jesu Aufforderung zum Besitzverzicht erfüllt, so wäre das die Antwort auf die Liebe Jesu gewesen. Doch die fast religiöse Bindung des jungen Mannes an das Geld bleibt dominant. So erinnert er an das paulinische und das lukanische Bild der Pharisäer. Paulus sagt von sich, als Pharisäer sei er ohne Tadel gewesen, das heißt: Er hatte alle Gebote erfüllt (Phil 3). Doch die genaue Observanz genügte nicht, es fehlte das Ergriffensein von der Liebe Jesu. Ähnlich Lukas. Er sagt, die Pharisäer, die den Christen nahe standen, seien doch Menschen gewesen, die das »Geld liebten« (Lk 16,14).

So wird bei Paulus und bei Lukas sowie hier bei Markus der neue Maßstab des Christlichen erkennbar: Der radikale Besitzverzicht signalisiert nach Jesus (bei Lukas und Markus) die neue Qualität des Verhältnisses zu Gott, nämlich die größere Liebe. Sie ist mehr als das Erfüllen der Gebote, sie besteht darin, frei zu werden von allem, was uns Gott unähnlich sein lässt. Gott ist besitzlos, und er schenkt alles her, wie den Tau und die Sonne jeden Morgen. Das will sagen: Der Gradmesser der Liebe zu Gott ist nicht mehr nur die Erfüllung der Gebote, sondern wer Gott liebt, kann dem armen Nächsten alles schenken, was er hat.

Auch in der Bergpredigt verschärft Jesus das Gesetz: Allein schon im Herzen, durch Ehebruch *in Gedanken,* wird es übertreten, und wer freiwillig leidet, durchbricht den Kreislauf von Geben und Nehmen. Hier bei Markus wird ähnlich wie bei der Feindesliebe das Sozial-Konstruktive betont. Dennoch liegt hier – so Leid uns das tun mag – kein Programm für die soziale Neuordnung der Welt vor. Die wäre eher nur Nebenprodukt. Das Entscheidende ist hier die Nachfolge Jesu in Freiheit. Besitzverzicht ist mehr Symptom als Bedingung dieser Freiheit. Paulus würde sagen (1 Kor 7,29f.): *Wer eine Frau hat, soll daher so handeln, als wäre eine Frau nicht der größte Schatz, (30) wer weint, soll so weinen, als wäre Weinen nicht das Bitterste, wer sich freut, soll sich so freuen, als wäre Freude nicht das Höchste, wer etwas kauft, soll sich vorstellen, er dürfte es nicht behalten.*

13.2 Geistlicher Tausch

Es ist ein beliebtes Vorurteil, dass es im Bereich des Religiösen kein Geben und Nehmen, kein *do ut des* gibt. Das Dealen, das Geschäftemachen, hört man, sei niedriges Krämertum und habe im Christlichen nichts verloren. Und doch ist das falsch, wie man an der Lehre und Praxis Jesu immer wieder feststellen kann; dort gibt es sehr wohl ein Tauschverhalten, ein *do ut des* (= Gib, damit du bekommst), ein »Wer verzichtet, gewinnt«. Unter geistlichem Tausch verstehe ich: Auf der einen Seite des Lebens gibt man weg, um auf der anderen hinzuzugewinnen. Bürgerliche Normalität und Besitz gibt man weg. Freiheit und geistlichen Spielraum gewinnt man dafür.

Jesus vermittelt durch sein Vorbild den Jüngern genau dieses Bild von dem Menschen, der Anteil hat an Gottes Schöpfervollmacht. Und die Alte Kirche wird es an zahlreichen Wüstenheiligen und anderen heiligen Eremiten unter Beweis stellen: Wer auf alles Irdische verzichtet, gewinnt an der anderen Seite charismatische Vollmacht hinzu, die er auch zum Nutzen der Menschen einsetzen kann. Daraus folgt ganz offensichtlich: Der Lebensstil Jesu und seiner Jünger, den unser Text eindrücklich zeigt, ist kein Selbstzweck und auch nicht nur ein Berufsmerkmal (des Wanderphilosophen), sondern er hängt direkt zusammen mit dem Erwerb von charismatischen Gaben, insbesondere mit Heilungsgaben. Das nämlich war immer schon der verschwiegene, implizite Sinn des monastischen Lebensstils: durch Verzicht auf weite Bereiche des normalen Lebensvollzuges die Voraussetzungen zu schaffen für dem Empfang außerordentlicher charismatischer Gnaden und Begabungen. Ganz gewiss geht es nicht um einen Mechanismus oder eine besondere fromme Leistung, sondern um Raumgeben für Gnade.

Niemand wird die grundlegenden Unterschiede zwischen Buddhismus und Christentum leugnen. Aber wenn buddhistische »Mönche« mit christlichen Mönchen zusammentreffen, haben sie eine Reihe von gemeinsamen Themen, die mit vergleichbaren Erfahrungen verbunden sind, zu denen auch Gebets-»Techniken« gehören. Dass solche Ähnlichkeiten dann die Unähnlichkeiten umso stärker hervortreten lassen, gilt als ausgemacht. Was bedeutet der Lebensstil Jesu und seiner Jünger für den Jünger und die Jüngerin Jesu heute? Zunächst einmal dieses: Spiritualität gibt es nicht zum Nulltarif. Sie muss jeden Tag erkauft werden durch Verzicht auf normale Lebensvollzüge und Annehmlichkeiten des »bürgerlichen« Daseins. Für den Laien »in der Welt« ist das alles nur zum Teil möglich, aber ohne Verzicht wird es auch hier keine Frömmigkeit im Alltag (und nichts anderes meint Spiritualität) geben. Sodann aber auch etwas anderes: Rein auf sich gestellt, wären solche Asketen verhungert. Sie bedürfen geradezu buchstäblich der Gastfreundschaft. Diese aber ist in vielfacher Hinsicht der praktische Nährboden der Verkündigung Jesu und der frühen Mission. Die Mahlzeiten Jesu – nicht zu verwechseln mit dem letzten Abendmahl und der darin vollzogenen Stiftung des Bundes – und die Gastfreundschaft der frühen Gemeinden gegenüber reisenden Christen aus anderen Gemeinden sind der zentrale Ort der Weitergabe und Übernahme christlicher Traditionen. Durch sie wächst das Christentum intensiver zur Kirche zusammen.

Diese historische Einsicht kann heute, wie nicht wenige Versuche zeigen, zu einem Neuaufbau von Gemeinden »von unten her« führen. Ich freue mich wenn ich sehe, wie man hier und dort das Uralte neu erprobt: Da lädt man ein zu einem Abendbüfett mit anschließendem Gespräch über zentrale Fragen des Glaubens. Wunderbar! So wird die Schwellenangst vor der Kirche genommen, werden der knurrende Magen und die durstige Kehle ganz im Sinne Jesu ernst genommen – und es kommt doch Entscheidendes konzentriert zur Sprache. Der Rahmen vertreibt das bisweilen dürre Gespenst trockener Bibelstunden. Das Ganze spielt sich ab im Vorfeld von Kirche und Gemeinde, kann und soll aber dann dahin führen, dass man »Hand in Hand« dann wieder zum richtigen Gottesdienst hinzugehen wagt. Das Problem besteht ja oft darin, dass nach dem Fortfall des Sozialdrucks zum sonntäglichen Kirchenbesuch der Einzelne sich dazu richtig aufraffen muss, obwohl er grundsätzlich Sehnsucht nach Gemeinschaft und tiefer Erkenntnis hat. Das wird so heilsam umgangen.

13.3 Das Geschenk der Armen

»Zeugin dafür, wie viel Gutes eine Geldspende vermag, ist jene Frau, die mit den zwei gespendeten kleinen Münzen so reiche Frucht erbrachte, dass sie alle Silbertalente der Könige in den Schatten stellte. Wie reich war doch die Armut der Witwe! Wie herrlich war ihr Glaube, der solches hervorbrachte! Denn siehe, so wenig Geld, in einem Winkel verborgen, hat die Erde erfüllt und ist zum Himmel hinaufgestiegen«, so betet die Kirche des Mittelalters in einer Präfation (Nr. 1414) zum Gleichnis von der freigebigen Witwe (Mk 12,38–44). Und Bernhard von Clairvaux sagt im 87. Brief von sich: »Nach dem Beispiel jener Frau des Evangeliums habe ich in meiner Armut alles gegeben, was ich hatte.« So wird die Frau aus Mk 12 zum Beispiel für hingebungsvolles Herschenken des Letzten.

Der Kontrast zwischen den Schriftgelehrten nach Mk 12,38–40 und der armen Frau nach Mk 12,41–44 ist beabsichtigt. Mit diesen beiden abschreckenden und mahnenden Beispielen endet die öffentliche Wirksamkeit Jesu. Das verbindende Stichwort zwischen den beiden kontrastierenden Beispielen ist »Witwe«. Denn die Schriftgelehrten fressen die Häuser der Witwen auf, die arme Witwe aber spendet ihren gesamten Lebensunterhalt. Gegensätzliche Motive bestimmen daher den Text: Einmal ist es der Gegensatz zwischen Reichen und Armen. Die Reichen haben kostbare Gewänder und nehmen Geld. Die Armen dagegen schenken Geld. Der zweite Kontrast ist der zwischen Schein und Sein. Die reichen Schriftgelehrten verhüllen ihre wirkliche Ungerechtigkeit mit Scheinheiligkeit. Und die arme Frau schenkt – wie schon der mittelalterliche Beter der Präfation beobachtete: »im Winkel« – ganz Großartiges. Ein weiterer Gegensatz beherrscht den zweiten Teil des Textes: Die Reichen geben nur von dem, was sie übrig hatten, die Witwe dagegen alles, was sie in ihrer Armut noch besitzt.

Der Abschnitt über die Schriftgelehrten zeigt zunächst, dass sie wirtschaftlich (Reichtum), religiös (Gebet) und moralisch (lange Gewänder) die Angesehensten sind (erste Plätze). Doch wenn ihr Reichtum auf Ausbeutung beruht und ihre Frömmigkeit auf Schein, dann fallen ihre Vorzüge in sich zusammen. Das Gericht bringt dann nichts Neues mehr, sondern lässt nur das Kartenhaus endgültig einstürzen. Es enthüllt nur das, was schon längst da und wahr ist. So ist es übrigens auch sonst mit dem Gericht. Es bringt nichts Neues, sondern klärt alle Dinge schonungslos auf erhellt die irdisch verdeckte Realität.

Dass die Witwe ausgerechnet im *Tempel* ihr Scherflein gibt, wirft Licht auf die Bedeutung dieses Ortes für die ersten Anfänge des Christentums: In seiner »Reinigung« des Tempels vertreibt Jesus dort die Händler; dort soll man nämlich nicht raffen, sondern *geben*, so wie es eben die Witwe hier tut. Und nach Apg 6 ist der Tempel der Ort, an dem Witwen (ihren Lebensunterhalt) empfangen. Gerade dort also, wo Witwen betteln und wo man ihnen gibt, kehrt die arme Witwe die Verhältnisse um: Sie schenkt alles hin. Und nach 1 Petr 4,8, Spr 10,12 und Jak 5,20 dient das Almosen zur Tilgung der Sünden. Neben den Versöhnungstag und das Sündopfer tritt daher – gewissermaßen als das dritte große Heilszeichen am Tempel – das Almosen als fast institutionelle Sündenvergebung. Die ungewöhnliche Wendung »ihr ganzes Leben« orientiert sich an der Formulierung des Hauptgebots, Gott sei zu lieben »aus ganzem Herzen«.

Gegen eine moderne Auslegung ist festzuhalten, dass der Text das Opfer der Witwe nicht kritisiert. Man meinte vielfach, Jesus habe die Witwe als Opfer priesterlicher Ausbeutung darstellen wollen. Sie sei irregeleitet (!) und schenke deswegen alles. Man solle aber, so meinen diese Ausleger, nur das geben, was man übrig hätte. Davon steht nichts im Text. Verrät eine solche Auslegung vielleicht nur die interessegeleitete Argumentation neuerer (wohl dotierter) Exegeten (mit Rentenanspruch), die sich durch das Tun der Witwe beschämt fühlen? Nach der gesamten Bibel sind die Witwen gerade deshalb bei Gott angesehen und finden mit ihrem Gebet direkt Gehör, weil sie nichts haben. Gerade aus diesem Grund werden sie von den Gemeinden regelrecht angestellt, um für die anderen zu beten (1 Tim 5,5). Gott nimmt ihnen gegenüber die Rolle des Patrons wahr, fürden es Pflicht und Ehre ist, für sie zu sorgen. Das gilt im Übrigen auch für Waisen und Tagelöhner. Sie alle haben als Klientel des Königs einen »direkten Draht« zu ihm. So viel zur altorientalischen Herkunft dieses Topos und zu seiner Übertragung auf Gott.

Man darf jedoch auch fragen, warum dieses Element gerade in der Verkündigung Jesu aufgegriffen wird und auch später in aller religiös motivierten Bettelei im frühen Christentum eine Rolle spielt. Denn die Witwe von Mk 12 macht sich den Bettlern gleich. Das ist ein kaum beachtetes Element der Lebenspraxis und Verkündigung Jesu. Denn auch Jesus kümmert sich nicht um seinen Lebensunterhalt, macht sich so von den Spenden frommer Frauen (Lk 8,1–3) und anderen Leute, die zum Beispiel als Gastgeber walten, abhängig. Das ist spannend: Warum macht sich auch Jesus den Bettlern gleich? Steht das vielleicht in engem Zusammenhang mit seiner Botschaft? Und ist das vielleicht ein Element, zu dem sich andere logisch hinzugesellen: seine Ehelosigkeit, seine Trennung von seiner Familie, der von den Jüngern geforderte spontane Gehorsam (»Auf, folge mir nach!«)?

Der Schlüssel scheint mir der zu sein: Der Bettler stellt in seiner Lebenspraxis zeichenhaft dar, was jeder Mensch vor Gott immer und im Ganzen ist (Martin Luther erkannte das auf seinem Sterbebett: »Wir sind Bettler – das ist wahr!«). Der Bettler ist gänzlich abhängig von dem, was ihm täglich geschenkt werden muss. Dabei ist es nicht so wichtig, wer schenkt – sesshafte Christen, reiche Frauen, mitleidsvolle Reiche. Die Lebenspraxis der leeren Hände stellt genau das konkret dar, was der Mensch vor Gott ist. Sie ist somit elementarer Bestandteil der Verkündigung von der Herrschaft Gottes, bei der es immer um Bindung und Verheißung zugleich geht. So entspricht der Lebensstil Jesu seiner Einschätzung der religiösen Grundsituation vor Gott. Er bildet genau das im Kleinen ab, was die Botschaft im Ganzen meint. Die Botschaft ist manchmal nur umständlich zu erklären, Jesu Leben dagegen, wie auch das der Jünger und der Witwe hier, ist knappe, eindeutige Verkündigung. Das konkrete Leben wird zum Bild der Botschaft, und dieses Element findet sich so eindrücklich nur im frühen Christentum.

Die spätere monastische Lebensweise erscheint von hier aus noch einmal in ganz neuem Licht. Denn das ist gemeint: Wer bettelarm lebt, sagt damit, dass er leere Hände hat und jeden Tag alles von Gott erwartet. Wer die Familie aufgibt, sagt, dass er dringend einen neuen, den himmlischen Vater braucht und eine neue Familie in der Gemeinschaft der Heiligen. Wer auf die Ehe verzichtet, gibt zu verstehen, dass der Messias mit seinem Volk eine neue Ehe eingehen wird. Dehalb fasst Jesus sich selbst auf als der messianische Bräutigam. Deshalb heißt es in der »Lehre der Zwölf Apostel« aus dem 1. Jh. n. Chr.: »Es kann sein, dass ein bewährter und echter Prophet mit einer Frau zusammenlebt, die er nicht berührt, und so das Geheimnis der Kirche auf Erden (Christus und seine Braut, das Gottesvolk, in einer Zeichenhandlung) darstellt … Solche Zeichenhandlungen kannte man auch von den alten Propheten« (Berger/Nord 11,11). Als messianischer Bräutigam muss sich Jesus seine Braut erst »schaffen«.

Alles, was hier im Lebensstil zum Ausdruck kommt, ist ein kleines Abbild und zugleich ein realer Teil der Wirklichkeit und der Bindungen, von denen das Evangelium spricht. Denn Gott und konkretes Alltagsleben sind für das frühe Christentum auf einzigartige Weise nachbarschaftlich nahe gerückt. Diese große Nähe und Verflochtenheit von Botschaft und Inszenierung wird als Leben des Jüngers erkennbar. Und auch deshalb, weil Gott und Leben so nahe zusammengehen, ist das konkrete, sichtbare Leben der Christen die wichtigste Gestalt der Verkündigung. Und daher wird auch Gott so intensiv als Person erfahren wie nie zuvor. Denn er bleibt ja nicht in der weiten Ferne eines deistischen (unpersönlichen, vernunfthaften) Gottes, sondern wird der nahe Gott. Seine unerhörte Nähe hat völlig neuartige Konsequenzen für das Alltäglichste im Leben. Gott ist nicht eine Theorie, sondern im wahrsten Sinne des Wortes einschneidende Wirklichkeit.

13.4 Stand Jesus an der Spitze einer Armenbewegung?

Unter »Armenbewegung« versteht man eine zumindest diffus organisierte Gruppe von Menschen, die gegen ihren irdischen Zustand protestieren und eine Änderung mehr oder weniger gewaltsam herbeiführen wollen. Armenbewegungen gab es in der Antike, im Mittelalter oder im England des 18. und 19. Jahrhunderts, wo die brutale Industrialisierung des Landes in einen Zustand von Ausbeutung führte, dass man selbst vor dem rücksichtslosen Einsatz von Kindern nicht zurückschreckte, was schließlich den Marxismus heraufführte. Abzugrenzen von den Armutsbewegungen in biblischer Zeit sind die Zeloten, die aus politischen Gründen eine gewaltsame Befreiung von der römischen Besatzung anstreben. Die Zeloten kann man als Terroristen bezeichnen.

Man unterscheidet im Griechischen die Mittellosen *(penetes)* von denen, die zum Betteln gezwungen sind *(ptochoi)*. Zur Gruppe der Ersteren gehörte im 1. Jh. n. Chr. vor allem die verarmte Landbevölkerung – es waren dies unter der Steuerlast zusammenbrechende Kleinbauern und Tagelöhner. Zur zweiten Gruppe gehörten die sozial Entwurzelten, die wirklich von der Hand in den Mund lebten und dauerhaft krank, alt und arbeitslos waren.

In den drei ersten Evangelien, besonders im Werk des Lukas (Evangelium und Apostelgeschichte) tritt die Reichtumskritik Jesu deutlich hervor. Auffälligerweise fehlt sie im Johannesevangelium ebenso wie bei Paulus und im Rest der kanonischen Schriften, sieht man von wenigen Stellen in der Offenbarung des Johannes ab.

Die Stellung Jesu zu Reichtum und der Gruppe der Armen enthält folgende Gesichtspunkte:

1. Reichtum kommt immer durch Unrecht zustande. Die Herrschaft Gottes ist daher vom Ansatz her reichtumskritisch.
2. Wer hier arm ist, hat beim Offenbarwerden des Himmelreiches von Gott her sozialen Ausgleich zu erwarten. Denn Gott ist gerecht.
3. Jesus lebt mit seinen Jüngern bewusst »bettelarm«. Er ist auf Geschenke und Gastfreundschaft angewiesen. In diesem Geist sen-

det er auch Jünger aus. Jesus nachzufolgen bedeutet daher, seine Habe zu verkaufen und seine Familie aufzugeben. Dieser Lebensstil Jesu und seiner Jünger ähnelt auch im Einzelnen sehr stark den damaligen Wanderphilosophen aus der kynisch-stoischen Richtung, deren Vorbilder u.a. Diogenes und Sokrates waren.

4. Den Armen soll man Almosen geben. Nach der Apostelgeschichte hat die Urgemeinde in Jerusalem den Lebensstil Jesu auf ihre Weise fortgesetzt. Der Ausdruck »... und hatten alles gemeinsam« (Apg 2,44) wurde so verstanden, dass Einzelne im Bedarfsfall ihre Güter verkauften, damit es in der Gemeinde keine Armen geben konnte. Dieses konnte man dann im Sinne eines intakten Freundschaftsbundes werten.
5. Während Jesus die »Freiheit von der Sorge« im Blick auf den himmlischen Vater praktiziert, hat die Urgemeinde nach Apg 2–5 diese Sorge selbst in die Hand genommen, sodass an die Stelle der gütigen Vorsehung des Vaters und Schöpfergottes hier die Organisation der Gemeinde getreten ist. Bei Jesus liegt alles daran: Sucht zuerst das Reich Gottes, d.h. versucht vor allem, das Erste Gebot und alle weiteren durchzusetzen in der Welt. Diese Sorge hat absoluten Vorrang vor allem anderen. In der Urgemeinde dagegen tut man alles, um das soziale Ansehen der Gemeinde zu stärken und ihre Gerechtigkeit als vorbildlich darzustellen.

Wenn dieses der Befund der Auslegung ist, dann wird der politisch-ideologische Charakter der Ausleger durchschaubar, die Jesus an die Spitze einer proletarischen Bewegung stellen. Man mag es bedauern, aber es handelt sich dabei um Wunschbilder und Projektionen in die Zeit Jesu hinein, wie sie im 20. Jahrhundert am Text vorbei vollzogen wurden. Denn Jesus überlässt die Veränderung des sozialen Systems der Äonenwende, also der Offenbarung des Reiches Gottes. Dann wird es keine Ungerechtigkeit mehr geben. Für die Gegenwart helfen Almosen gewiss den Armen. Es ist aber interessant, dass Jesus auf das Verkaufen der Habe größeren Wert legt als darauf, dass der Erlös dann den Armen zukommt. Denn für Jesus ist nur eines wirklich wichtig: Die Freiheit zu haben, den Willen Gottes tun zu können. Das meint Jesus mit »Suchen der Gerechtigkeit Gottes«, zu dem alles andere hinzugegeben wird. Dieses »alles andere« ist daher Zugabe, nicht Hauptziel. Die Änderung der sozialen Verhältnisse ist daher sicher auf Dauer ein Ziel der Herrschaft Gottes. Aber dieses Ziel ist nur Folge des Einhaltens der entsprechenden Gebote Gottes. Kein Zweifel: Gott will Gerechtigkeit von allen und für alle. Weder sollen die Jünger gewaltsam vorgehen noch ist der Wohlstand der Armen das Ziel ihrer Sendung. Ziel ist nicht die Veränderung der vorläufigen Welt, sondern Gerechtigkeit (in der Welt).

Es ist daher nicht ganz einfach, diese Auskünfte des Evangeliums für heute umzusetzen. Doch es entlastet aus meiner Sicht das Handeln der Christen, dass es nicht allgemein der »Weltverbesserung« dienen soll, sondern vielmehr in den Geboten Gottes einen klaren Maßstab des Handelns besitzt. Entscheidend ist je und je Gottes Wille und nicht das, was Menschen diffus für eine Weltverbesserung halten, so Recht sie im Einzelfall haben mögen. Gewiss soll man bei der Interpretation dessen, was Gottes Wille ist, auch auf die Folgen in der bestehenden Welt achten und den Buchstaben der Bibel nicht blind drauflos umsetzen. Im Übrigen gilt nach den drei ersten Evangelien Jesu Lehre und Leben als die authentische Übersetzung des Willens Gottes, unser Handeln betreffend. Aber gerade wenn wir darauf blicken, ist doch entscheidend, dass Jesus eben nicht Großgrundbesitzer enteignet. Wichtig ist für ihn allein die Freiheit des Menschen zur Erfüllung des Willens Gottes.

Im Laufe der letzten Jahrzehnte hat man die »sozialgeschichtliche Jesusforschung« so weit vorangetrieben, dass es hierzulande als der neueste Stand der Wissenschaft verkauft wird, Jesus sei umgebracht worden, weil er ein radikaler Sozialreformer war. Er war Bauer. Er habe vor allem die Gleichheit aller Menschen gelehrt und so die religiösen und politischen Mächte seiner Zeit herausgefordert. Denn er predigte, jeder Mensch habe jederzeit und in seinem alltäglichen Leben Zugang zum »Göttlichen« – also eine Religion ohne Priester und Kult dazu. Jesus habe das System der *patroni* abgeschafft, der Mittler und der Beziehungen. Kennzeichend für sein Programm sei das gemeinsame Mahl ohne Tischordnung.

Das Ärgerlichste an diesem modernen Jesusbild ist das Fehlen der Wirklichkeit des persönlichen Gottes. Während man früher die von

Jesus geschaffenen Institutionen überbetonte, liegt jetzt der Ton auf dem, was Jesus alles angeblich radikal abgeschafft habe. Die Hauptsache besteht darin, dass Jesus ein radikal demokratischer, humanistischer Menschenrechtler war und dafür gestorben ist – wie Martin Luther King.

Ich sehe in diesem neuesten Konsens das, was die Evangelien berichten, gründlich verzerrt, und zwar bis zur Unkenntlichkeit. Der gesamte Bereich des eigentlich Religiösen spielt keine Rolle mehr. Jesus wird zurückgestuft auf seine Funktion für Ethik, Menschenrechte und Antiklerikalismus.

Worin besteht die Realität Gottes jenseits von Ethik und Menschenrechten? Von der Beantwortung dieser Frage wird wesentlich die Fortexistenz von Christentum in der nächsten Generation abhängen. Natürlich kann man niemanden daran hindern, das Neue Testament auf Ethik und Humanität zu reduzieren. Die Frage ist vielmehr, ob eine derartige Reduktion im Ganzen und auf Dauer den Anfragen standhält, die sich aus dem Text ergeben. Lässt sich der Bildgehalt der Bilder der Offenbarung des Johannes »ethisch« und »sozialgeschichtlich« befriedigend erläutern? Ich meine: Nein.

Mit seinem Tod am Kreuz ist Jesus weder ein gescheiterter Terrorist noch ein missglückter Bauernführer. Nicht die Reichen und Grundbesitzer bringen ihn um, sondern das Publikum auf der Straße bedrängt Pilatus. Was Jesus ans Kreuz bringt, sind religiöse Gründe und Verletztheiten bei den Pharisäern sowie Opportunismus gegenüber Rom. Generell muss dieses ganz gewiss gelten: Jesus hat nicht alles gesagt und wissen können, was man je und je tun muss. Er hatte nicht die Sklaven auf Martinique, die Kinder in den Minen von Wales und die Favellas von Rio de Janeiro im Blick. Die Bibel enthält nicht die ganze Welt. Aber sie gibt die Richtung an und fordert selbst dazu auf, je und je zu prüfen, was Gottes Wille ist.

13.5 Kann wirklich kein Reicher in den Himmel kommen?

Nach menschlichem Ermessen hat der Reiche keine Chance in den Himmel zu kommen. Denn es gibt ein strenges Gesetz des Ausgleichs, das immer wieder gerade in dem älteren, Matthäus und Lukas gemeinsamen Gut an Jesusworten zutage tritt: Wer hier in dieser Welt und in diesem Äon Besitz und Ansehen hat, der kann nichts mehr erwarten. Deshalb müsste man sich hier möglichst arm, verfolgt und verachtet machen, um dann und dort Chancen zu haben. Am klarsten kommt das im lukanischen Gleichnis vom Gastmahl zum Ausdruck: *»Jeder, der sich nach oben drängt, wird sich unten wiederfinden. Und jeder, der sich unten einstuft, wird nach oben kommen.«* Und zu seinem Gastgeber sagte Jesus: *»Angenommen, du willst zum Mittag oder zum Abend ein Essen geben. Ich rate dir: Lade nicht deine Freunde ein oder deine Brüder, Verwandten und reichen Nachbarn. Sie würden mit einer Gegeneinladung antworten, und dann wäre die Bilanz wieder ausgeglichen für dich. Sondern wenn du Leute einladen willst, rufe Arme, Krüppel, Gelähmte und Blinde. Glückselig bist du, weil diese Menschen keine Gegenleistung erbringen werden. Diese kannst du dann bei der Auferstehung erwarten.«* (Lk 14,11–14). Diese Logik liegt auch der Aufforderung zur Feindesliebe und zum Nicht-Vergelten in der Bergpredigt zugrunde. Wem hier nicht schon vergolten wurde, der sammelt genauso einen Schatz im Himmel an wie der, der ohne Gegenleistung zu empfangen seine Habe aufgibt. Man kann darüber klagen, dass dieses Ausgleichsdenken zu mechanisch sei, doch gerade in seiner Schlichtheit ist es eine Form geradezu verzweifelter Hoffnung auf Gerechtigkeit. Denn es lässt Raum für Gottes Handeln, Helfen und Heilen auch für den, der hier nicht schon alles hat, genießt, verbraucht und der so seine Sehnsucht lebendig erhalten kann oder auch muss.

Nun erklärt Jesus nach Markus gerade angesichts des Reichen, der nicht in den Himmel kommen kann, dass aber »bei Gott kein Ding unmöglich sei« (Mk 10,26). Ist damit gemeint, dass Gott wohl doch, wenn er nur will, Reiche in den Himmel kommen lässt? Die Vorgeschichte des Wortes, wonach bei Gott nichts unmöglich sei, weist auf etwas anderes: Gott, er allein, kann die Herzen der Menschen bewegen, sodass sie Reue und Umkehr üben. Gott allein kann Steine zum Erweichen bringen. So könnte auch Gott selbst einen Reichen zur Umkehr und damit zur Armut bewegen. Darin besteht seine Macht. Dann bestünde die Chance des Reichen nicht an der Himmelspforte: Hier und jetzt kann das Wunder seiner Umkehr geschehen. Dann bliebe der Grundsatz, dass Reiche nicht in den Himmel kommen können, bestehen. Reiche müssen nicht reich bleiben, da kann es eine Änderung geben. Die wirkt dann Gott.

Jesus definiert nicht genau, wann jemand reich ist. Er gibt keine Geldsumme an. Die Logik der Erzählung in Mk 10 zielt auf etwas anderes: Der reiche Jüngling konnte sich von seinem Besitz nicht lösen. Er war an den Besitz mehr gebunden als an Jesus, diese Bindung war stärker als die menschliche Sympathie für Jesus. Der reiche Jüngling krankte an einem quasi-erotischen Verhältnis zum Besitz. Er liebte ihn »abgöttisch«, wie man sein Herz an einen Götzen (Abgott) hängt, der einem entrissen werden soll. Reich ist einer, der auf diese Weise unfrei ist, ganz gleich, wie viel oder wie wenig er besitzt. Auch hier wird wieder deutlich, dass Liebe das eigentliche Thema biblischer Religion ist. Die Kontrollfrage ist daher: Wo steht dein Herz? Liebst du das Geld mehr als den Weg der Nachfolge Jesu? Ist deine Sehnsucht schon mit Geld zu stillen oder ist sie menschlich geblieben und geht sie letztlich (nach einem Kampf um die letzten Prioritäten?) doch auf Gott?

Außer dieser Anfrage an die Liebe gibt es auch noch einen anderen Weg, für das Hineingehen in das Himmelreich zu sorgen, nämlich indem man sich Beziehungen verschafft. Dieser schnöde Ausdruck steht hier für das, was man auch frömmer beschreiben kann: Kirche bauen. Aber Kirche bauen kann man nur mit Geld. Der Schluss des Gleichnisses von den Weltkindern und den Kindern des Lichts ist nicht weniger ärgerlich und provozierend als der Anfang. Denn Jesus sagt: »*Ich fordere euch auf: Seid klug, kauft euch mit dem Geld aus der ungerechten Welt Freunde, die euch dann in die ewigen Häuser im Himmel aufnehmen, wenn hier alles vorbei ist*« (Lk 16,9). Es geht um nichts Anstößigeres als darum, sich mit Geld Freunde zu schaffen. Jedermann weiß, was eine Geldwaschanlage ist. So eine Geldwaschanlage sind die anderen, denen ihr etwas abgeben sollt, sagt Jesus.

Das Geld, das ihr habt, kommt immer aus Unrecht; das bleibt an ihm kleben. Irgendwo hat immer einer jemanden ausgebeutet, Zinsen genommen, Lohn geraubt oder zu viel verdient. Das wird zu einem großen Teil immer so und daher unvermeidlich sein. Aber ihr könnt es ja in eine Geldwaschanlage stecken, indem ihr damit Kirche baut. Und Kirche ist eine Gemeinschaft, die weiter reicht und weiter trägt als nur bis morgen.

Interessant ist: Unser Text spricht nicht von *Armen*, mit denen wir teilen sollen. Wir sollen überhaupt mit anderen teilen. Denn Lukas denkt nicht nur an die Armenfürsorge, wenn er von der christlichen Gemeinde spricht. Das wäre auch viel zu einfach; die Kirche wäre wieder nur mit Randgruppen beschäftigt und ließe sich so ihre eigene Marginalität bestätigen. Jesus spricht davon, dass wir überhaupt durch Teilen Freunde schaffen, und er denkt dabei offensichtlich an ein Geben und Nehmen. Sähe er uns, dann könnte er sagen: Christentum ist auch unter Wohlhabenden möglich. Freunden ist, wie der alte Satz des Aristoteles sagt, »alles gemeinsam«. Oder für heute umformuliert: Kirche besteht nicht darin, dass einige für sich etwas Frommes denken. Vielmehr kann sie nur Wirklichkeit werden und die für sie geltende Verheißung nur dann lebendig werden, wenn Christen ganz real etwas Kostbares miteinander teilen. Zum Beispiel Zeit, Freude, Bewegung, Geld, Speise, Hobbys und Freunde. Je konkreter das ist, was ihr teilt, umso kompakter die Gemeinschaft. Jesus geht es immer um das übermorgen. Morgen wird der Verwalter hinausgeworfen, aber übermorgen braucht er Beziehungen, wie auch immer sie zustande kommen. Und, nun, liebe Christen: morgen lebt ihr vielleicht noch, aber übermorgen seid ihr auf eine Gemeinschaft angewiesen, die euch nicht vergisst, die weiter reicht als nur bis zur Pensionierung.

Merkwürdig ist das schon. Die anderen, die man jetzt beschenkt, mit denen man teilt, sollen einen dereinst in die ewigen Wohnungen aufnehmen. Wir kennen das auch aus Berichten von Leuten, die schon einmal tot oder fast tot waren: Sie haben als Erstes nach dem Sterben ihre Verwandten und Freunde gesehen, oft die kurz zuvor Gestorbenen. Daran denkt wohl auch Jesus hier: Ihr seid auf Freunde angewiesen, die euch in den Himmel aufnehmen. Das sagt bei uns der Volksglaube auch noch: An der Himmelspforte steht nicht Jesus oder Gott, sondern bei uns Petrus, bei den Juden Henoch, bei den frühen Christen Petrus, die Engel und die verstorbenen Heiligen. So denkt Jesus an Christen, die einen aufnehmen, wenn man in den Himmel gelangen wird. Deswegen sagt er: Schafft euch Freunde! Wir dürfen das ruhig auf die Kirche beziehen. Sie ist eine Gemeinschaft, die Lebende und Tote umfasst, ist Gemeinschaft der Heiligen (ein vergessener Artikel unseres Glaubensbekenntnisses). Wir sind darauf angewiesen, dass sie am Ende besteht. Und als Bund von Freunden stelle ich mir Kirche lieber vor als in Stockwerken, oberes Stockwerk Amtskirche, unteres Stockwerk Rest.

Anstößig ist diese Rede Jesu durchaus. Denn hier geht es um Geld und seine Bedeutung für das Heil. Geld und das Umgehen damit gehört zu den Tabus des Christentums. Geld hat man, aber man spricht nicht davon. Jesus durchbricht dieses Tabu; gänzlich ungeniert fordert er uns auf, mit dem Geld etwas zu machen. Und zwar nichts Geringeres als dies: Gemeinschaft der Heiligen zu bauen. Jesus sagt: Mit eurem Geld könnt ihr Beziehungen stiften, damit Gemeinschaft der Heiligen entsteht.

Gott braucht unser Geld nicht. In dem, was wir Himmel nennen, in den ewigen Wohnungen, sitzen wir nicht in Einzelzellen und werden wir nicht so existieren, als hätten wir es nur mit Gott zu tun. Vielmehr geht es wirklich um die Gemeinschaft der Heiligen, an die wir glauben, in der wir integriert sind oder eben nicht. Nur als diese Gemeinschaft der Heiligen will uns Gott, *nur gemeinsam oder gar nicht.* Wir brauchen vor ihm eine Gemeinschaft, die uns trägt. In der Alten Kirche wurde direkt nach den Einsetzungsworten zum Abendmahl gebetet: Gedenke, Herr, deiner Diener und Dienerinnen, die uns vorangegangen sind im Zeichen des Glaubens. Wir brauchen eine Gemeinschaft, in der wir nicht vergessen, nicht wie Staub verweht sind, eine Gemeinschaft, die unser gedenkt, in der jemand Gott bittet, unser zu gedenken. Und Gedenken ist alles.

In meiner Heimatgemeinde pflegte der Pfarrer, wenn er zum Geldspenden aufforderte, zu sagen: Wer kein Geld dabei hat, kann auch beten. Das war ganz richtig. Beten ist nur der zweitbeste Weg. Jesus kennt die Menschen. Er fordert nicht dazu auf, für die Armen zu beten. Er hat es auf unser Geld abgesehen, weil er ahnt, dass wir mit unserem Herzen daran hängen. Denn er hat es auf unser Herz abgesehen. Genau hier beginnt es für viele Menschen kritisch zu werden. Und eben hier – sagen wir es einmal konkret: bei der Kollekte – entscheidet sich Kirche als Gemeinschaft. Kein Glaube rettet uns, wenn wir unser Portmonee zuhalten. Denn Gott hat sich ein Volk geschaffen, nicht lauter kleine Privatbankiers. Ein Volk, in dem es darauf ankommt, dass wir glaubwürdig sind und Brücken bauen. Zuerst und vor allem mit unserem Geld. Wenn wir den Geldbeutel öffnen, wird unser Herz, das der Herr eigentlich will, sogleich hinterhereilen.

Theologiestudenten haben an dieser Stelle neulich protestiert und gesagt: Man kann doch Beziehungen nicht mit Geld erkaufen! Meine Antwort: Womit denn sonst, wenn die Hälfte der Welt verhungert! Da können wir nicht von edlen und hochgeistigen Beziehungen reden, sondern müssen zunächst einmal *geben*. Und übrigens auch nehmen. Daher betont das neue »Spendenmarketing« nicht das Elend der Verhungernden, sondern die Würde der Menschen, mit denen wir in Tausch treten.

Allerdings reicht Geld allein nicht hin. Der Mammon steht für unseren gesamten gehobenen Lebensstandard. Es genügt nicht, hie und da etwas abzudrücken, was man in der Monatsbilanz spürt. Wir müssen schon hingehen und vor Ort teilend leben. Manchmal kann ich dankbar meinen Beruf als Neutestamentler so auffassen: Dorthin zu gehen, wo Christentum fast am Ende ist, in die Glaubenskrisen junger Theologen. Oder mich auf meine Weise in das peinliche Geschäft der »Mission« einzuschalten.

Andere fragten: Ist das hier nicht Werkgerechtigkeit? Meine Antwort: Wir sind immer leicht für die Gnadenreligion, wenn sie nichts kostet, wenn sich nichts ändern muss und Christentum schön unverbindlich bleibt. Nur eines ist dann heilig: unser Portmonee. Wir tragen es direkt neben dem Herzen, weil es uns ganz heilig ist und ganz lieb. Niemand darf uns ans Geld gehen, das könnte ja werkgerecht werden. Und werkgerecht etwas abgeben, nein, das wollen wir keinesfalls. Vielleicht begreifen wir einmal, dass gerade Luthers hart und unter schweren Kämpfen errungene Entdeckung der Gnade bei uns längst – ganz ökumenisch – zum schäbigen Vorwand für jede Art von Nichtstun, Faulheit und Gleichgültigkeit geworden ist. Dass wir, und das wiegt noch schwerer, unter Missbrauch der Gnadenlehre jede Art Gemeinschaft der Heiligen gar nicht erst entstehen lassen. Genug Leute meinen, in die Kirche zu gehen sei werkgerecht – und bleiben sonntags lieber gleich zu Hause.

Diese Heuchelei durchschaut Jesus: »Wo dein Schatz ist, da ist dein Herz!« Darin liegt der einzigartige Wert und Schatz gerade dieses Textes: Er macht eine Ausflucht unmöglich. Sage mir, woran dein Herz hängt, dort ist auch dein Schatz. Jesus kennt unsere Fluchtwege genau: Dass wir sagen: Glaube ja, Geld nein. Hier ist ein Jesus, der im Namen der Mitchristen, im Namen der Gemeinschaft der Heiligen sagt: Halt, Geld her!

Kommen wir noch einmal auf das Gleichnis von den Kindern des Lichts und den Kindern der Welt zu sprechen: Licht, das ist ein schöner Ausdruck für alles, was uns erwartet. Nein, Christentum ist kein Masochismus, kein lebensfeindliches Opfern um des Opferns willen, ist nicht perspektivenlose Quälerei. Christentum verheißt die Reinheit, Leichtigkeit und Klarheit des Lichts. »Licht« – das sagt nicht zu viel und doch alles über Auferstehung, Frühling und Ende aller Angst. Vielleicht habe ich deshalb ein besonderes Verhältnis zum Licht, weil ich oft für Schwarz-Weiß-Aufnahmen mit meiner Mutter und ihrer alten, edlen Rolleiflex unterwegs war, um das Spiel von Schatten und Licht zu studieren, es einzufangen. Christentum ist nicht eine finstere Religion der Angst, sondern dies: Gemeinschaft der Heiligen, Kinder des Lichts, Gott ist der Vater der Lichter.

Vor ein paar Jahren starb ein großer alter Freund, der Jesuit Oswald von Nell-Breuning, lebenslang in Theorie und Praxis Verfechter christlicher Soziallehre, einer der wenigen Fachleute in Gewerkschaftsdingen und als Theologe Vorkämpfer der Mitbestimmung. Zu seinem 100. Geburtstag hatte er eine große Rede gehalten und dann gesagt: »Ich wünsche mir, dass die vielen arbeitenden Menschen, denen ich versucht habe zu helfen, mir mit ihrer Fürbitte zur Seite stehen, wenn nun bald die Stunde meines Abschieds kommt, der ich mit großen Erwartungen entgegensehe.« Für mich sind diese Worte die jüngste und beste Auslegung dieses Gleichnisses.

Wenn wir älter werden, brauchen wir unsere Sehnsucht nach Leben nicht aufzugeben. Denn wir sind in Licht und Liebe geradezu hineingerufen. Wir dürfen allem, was kommt, mit »großen Erwartungen entgegensehen«.

Nur *allein* ist diesen Weg noch niemand gegangen. Zusammen mit anderen wohl. Im Namen Jesu und mit Freunden und Fürbittern.

KAPITEL 14

Wie hält es Jesus mit der Wahrheit?

14.1 Der tolerante Jesus und die intoleranten Kirchen

So hört man es immer wieder: Jesus war tolerant – die Kirchen sind intolerant. Jesus hatte ein weites Herz – die Kirchen sind verbohrt und engstirnig. Jesus war originell und erfrischend unkompliziert – die Kirchen sind dogmatisch. Man begeistert sich an der universalen Toleranz Jesu – und liest sie beispielsweise daran ab, dass er einen heidnischen Sklaven heilte, die Tochter der Kanaanäerin von ihrem Dämon befreite und vor allem die Ehebrecherin nicht verurteilte. Jesus habe auch nicht auf dem Händewaschen vor Tisch und auf diversen Reinheitsgeboten bestanden. Er habe einen lockeren Umgang mit dem Gesetz gepflegt und beispielsweise am Sabbat geheilt. Durften die Jünger nicht auch am Sabbat Ähren rupfen? Also habe er es mit der Auslegung der Gebote nicht so genau genommen. Jesus habe geheilt, getröstet, aufgerichtet – nicht gedroht, verurteilt, gefordert. Daraus zieht man weit reichende Folgerungen: Jesus – so sagt man – hatte eine kritische Distanz zu gesellschaftlichen und religiösen Normierungen; er war frei, hat keinen Menschen verurteilt, niemanden ausgegrenzt und alle in die Arme geschlossen, was auch immer sie taten und glaubten. Es war ihm egal, was die Menschen dachten und taten, Hauptsache sie benahmen sich eben friedlich und tolerant. So möchte man auch gerne selbst beurteilt werden.

Dieses Jesusbild verdanken wir dem 19. Jahrhundert und der durchgängigen Tendenz der liberalen Bibelauslegung, zwischen Jesus und der Kirche einen denkbar großen Gegensatz zu konstruieren. Von Alfred Loisy (1857–1940) stammt der Satz, der zum Schlagwort einer ganzen Forschergeneration wurde: »Jesus verkündigte das Reich Gottes – und gekommen ist die Kirche.« Die nahtlose Vereinnahmung Jesu durch die Kirche – auch sie hat es gegeben – wurde ersetzt durch eine radikale Desintegration: den befohlenen Austritt Jesu aus der Kirche. Die Kirche musste angesichts eines solchen Jesus als die große Scharfmacherin erscheinen. An ihren messerscharfen Dogmen und Normen scheiden sich dann die Geister.

Nun hat die so genannte Toleranz Jesu mit dem Laisser-faire der gleichnamigen Zeiterscheinung ungefähr nichts gemeinsam. Denn wenn Jesus die Sabbatgebote humanisiert, sind sie ihm gerade nicht egal. Er legt sie sinnvoll aus, wendet sie richtig an, führt sie auf ihren eigentlichen Dienstcharakter am Menschen zurück. Damit ist das Gesetz nicht abgeschafft; es wird nur klug gehandhabt, seine Intention zum Leuchten gebracht. Und wenn Jesus die Ehebrecherin nicht verurteilt und ihre Steinigung verhindert, dann heißt er nicht etwa den Ehebruch gut oder hält ihn für ein Kavaliersdelikt, das man gutmütig übersehen kann. Der Ehebrecherin will er die Chance einräumen umzukehren, und die Steiniger macht er auf ihre potenzielle Heuchelei aufmerksam. Die Zuwendung zu den Heiden ist nicht Ausdruck von Indifferenz oder gar von weltmännischer Weitläufigkeit, vielmehr sieht Jesus die Zeit nahe vor Augen, in der Gottes Heil sich an alle wendet. Und die jüdische Reinheit schafft Jesus nicht ab, sondern er ersetzt die durch kleinkarierte Kasuistik (priesterlicher und pharisäischer Art) von außen her bedrohte Reinheit durch die offensive Reinheit, die aus dem Herzen kommt und darin nach vorne weist, dass sie Menschen und Dinge reinigt, die zuvor als unrein galten. Diese offensive Reinheit ist ein wesentlicher Schlüssel zum Verstehen der Mission Jesu. Damit wird aber die Dimension der Reinheit nicht einfach zugunsten einer indifferenten Humanität abgeschafft.

Jesu »liberale« Haltung ist daher nicht Laschheit, sondern beruht auf einer tiefen und dynamischen Auffassung von Gottes Eroberungswillen. Gott will auch das Unreine und die Heiden wieder zu seinem Besitz machen. Jesus ist nicht *everybody's good guy*, zu dem man ihn in Fortsetzung des nazarenischen weißgewandeten Softies, der segnend durch die Ährenfelder schreitet, gemacht hat. »Allen wohl und niemand wehe« ist kein Jesuswort, wenn manche es auch gerne interpolieren würden. Der Jesus der Evangelien ist höchst präzise, von geradezu anstößig scharfer Kontur, und in Fragen der Wahrheit ist Jesus schon gar nicht lasch oder zweideutig. Denn das Erste Gebot und das Wissen um seine eigene Sendung sind die Maßstäbe. Auch an der Erwählung Israels hat Jesus keinen Zweifel. Jesus ist daher keineswegs »dogmenfrei«: Er glaubt an den einen und einzigen Gott, den Schöpfer, er hält an der Thora fest und erfüllt sie, er betritt kein heidnisches Haus. Er legt – wie die Pharisäer – auf Reinheit den größten Wert, nur definiert er sie »vom Herzen her«. Er hält fest an der Erwählung Israels und meint, dass die Erzväter Abraham, Isaak und Jakob schon auferstanden sind. Die dynamische Liebe Gottes verwirklicht sich nicht auf Kosten Israels. Sie ist vielmehr so groß und heftig, dass sie auch auf die Heiden übergeht. Sie verwirklicht sich auch nicht auf Kosten der Gebote und der Thora, sondern sie überholt sie »aus der Tiefe«. Denn die Gebote gelten auf jeden Fall. Doch der radikalere Ansatz humanisiert auch die Gebote und relativiert sie auf das Letzte, sie Umfassende hin: die Liebe zu Gott.

14.2 Über die Wahrheit der Logik und die Wahrheit Jesu

Der geschilderte Eindruck, Jesus sei »weich« und kein »harter Dogmatiker«, ist erklärlich; er beruht aber auf einem Rezeptionsfehler. Denn in der Tat hat Jesus keine filigranartig gebaute Systematik hinterlassen. Er ist nicht konsequent im Sinne eines Systems; kein Jude der Antike ist das gewesen. Auf der Ebene abstrakt-konsistenten Denkens ist Jesus daher nicht eindeutig und scharf zu fassen. Aber das Fehlen klarer Konturen in diesem Bereich täuscht. Denn was ihm an Systematik abgeht, ersetzt Jesus durch die Eindeutigkeit seiner Person. Ich wage zu sagen: Jesus war die eindeutigste Person, die es je gab, denn er war vollständig durchsichtig für die klare Wirklichkeit Gottes.

»Ich bin die Wahrheit«, sagt Jesus in Joh 14,6. Biblisch gesehen ist

Wahrheit nicht eine Frage des Erkennens, der Logik, der Sätze, die man als wahr oder falsch qualifizieren kann – so denkt die Neuzeit. Wahrheit in der Bibel ist: *sich zeigende Kraft*. Der »wahre Gott« unterscheidet sich von den falschen Göttern nicht durch den zu führenden argumentativen Beweis seiner Einzigartigkeit, sondern indem er sich schlicht *zeigt* und die anderen Götter als Nichtse an die Wand spielt. Wahrheit ist die Kraft, die einem hilft, zurechtzukommen, und zwar mit Leben und Tod. Wahrheit ist das, was bleibt, indem es den Tod überwindet. Das ist eine überraschende Gemeinsamkeit mit der griechischen Philosophie, denn auch dort ist Wahrheit das, was bleibt. Doch in der Philosophie ist es die wahre Meinung, die allem Zweifel und allen Gegenargumenten trotzen kann. Im Banne der griechischen Philosophie haben wir uns längst daran gewöhnt, unter Wahrheit die Übereinstimmung von Aussage und Sachverhalt zu verstehen. Die Kriterien dieser Richtigkeit sind Erweisbarkeit und Nachprüfbarkeit.

Doch die Bibel kennt einen anderen, für sie selbst wichtigeren Begriff von Wahrheit. Dabei geht es um folgende Aspekte: Schon die Psalmen sprechen von Gottes Gerechtigkeit und Wahrheit. In diesem Sinne sagt Jesus: *»Die Wahrheit wird euch befreien«*, nämlich von der Sünde (Joh 8,33). Wahrheit ist hier etwas, das von Gott ausstrahlt. Entscheidend ist nicht die kausale Erweisbarkeit, sondern die rettende Wirkung. Bei Jesus ist er selbst das Fundament, die Unüberwindlichkeit seines Lebens, seiner Verheißung und seiner Gnade, die allen Angriffen der (teuflischen) Mächte trotzt. Deshalb eignet man sich Wahrheit nach der Bibel so an, dass man Jesus nachfolgt. Wahrheit ist keine Sache, sondern Gott selbst ist die Wahrheit. Wer darauf gründet, der hat Anteil an der Kraft, die gegen den Tod gefeit ist. Kein kurzfristiger Nachweis ist hier tauglich. Ob etwas im Sinne der Bibel »trägt«, entscheidet sich vielmehr daran, wer buchstäblich »zuletzt lacht«.

Wenn das stimmt, dann unterscheidet sich auch die Art der Anteilhabe an dieser Wahrheit von einer richtigen Erkenntnis. Denn nur wer sich auf Jesus persönlich einlässt, sich zu ihm bekennt, der hat teil an dieser Wahrheit Gottes. Damit aber geht es nicht um Erkenntnistheorie (um Falschheit oder Irrtum) oder Moral (wie bei Lüge), sondern um Macht, Potenz und Dynamik. Letztlich werden wir Mitregenten, Mitagenten göttlicher Evidenz. Wenn Jesus nun »von der Wahrheit« Zeugnis gibt, dann meldet er den Anspruch und die Macht Gottes an. Dann verkündet er mit Wort und Tat, was Gott für die Welt bedeutet. Sein Reich wird den Tod überwinden. Insofern ergänzt sich diese Aussage mit Mt 16,18, wo von der Kirche gesagt ist, dass der Tod (die »Pforten des Hades«) sie nicht überwinden werden.

Im Johannesevangelium stellt Pilatus im Grunde genommen die falsche Frage. Er hätte nicht fragen sollen: *»Was ist Wahrheit?«*, sondern: »Wer ist die Wahrheit?« Im Vierten Evangelium ist die Wahrheit Person. Kurz zuvor hatte nämlich Jesus gesagt: *»Ich bin die Wahrheit«* (Joh 14,6). Das – wir haben es gesehen – ist nicht einfach zu verstehen, wenn man von unserem heutigen Begriff von Wahrheit ausgeht. Man eignet sich Wahrheit nach der Bibel ja an, indem man Jesus nachfolgt. Hier ist der Unterschied zum Koran besonders groß. Christentum ist keine Buchwahrheit. Wir beten nicht die Schrift an, sondern den dreieinigen Gott, der die Wahrheit ist. Deswegen ist auch die Gemeinschaft der Kirche der Ort der Wahrheit, und jedermann weiß, dass die Schrift nur in der Kirche geworden und nicht als isoliertes Buch vom Himmel gefallen ist.

Ein weiterer Aspekt: Laut dem Vierten Evangelium (und ähnlich kennen wir es aus den Texten von Qumran) sagt Jesus, dass man die Wahrheit tun soll (Joh 3,21). Eine gedankliche Richtigkeit kann man nicht tun. Die Wahrheit tun heißt vielmehr: Auf Gottes Verlässlichkeit aufbauen und selbst verlässlich handeln. Es heißt beispielsweise Leben weitergeben und nicht zerstören. Und auch wenn Jesus sagt: »Ich bin der Weg, die Wahrheit und das Leben«, meint er ganz sicher nicht die Richtigkeit einer Meinung, sondern die Verlässlichkeit, die von ihm selbst ausgeht. In allen diesen Texten geht es um die Wahrheit nicht im Sinne der Richtigkeit des Erkannten (Kontrast zum Falschen) und der Rede über Erkanntes (Kontrast zur Lüge), sondern um die Wahrheit Gottes im Sinne seiner über den Tod erhabenen Macht. Denn er ist nicht vergänglich, sodass er wie ein Schatten dahinginge. Er ist nicht trügerischer Schein, sodass er wie eine Halluzination zerflattern müsste.

Wenn Wahrheit auf diese Weise Person ist, geschieht die Aneignung der Wahrheit nicht, indem man sich im Buchladen einen Text kauft und ihn dann zur Kenntnis nimmt oder wohlwollend über ihn denkt. Wenn diese Wahrheit Person ist, dann geschieht die Aneignung nur, indem wir uns mit der ganzen Person zu dieser Person verhalten. Eine nur verstandesmäßige, rein sachliche, rein erkenntnismäßige Beziehung ist hier nicht angemessen. Wenn diese Wahrheit Person ist, können wir nur mit ganzem Herzen, mit Leib und Verstand darauf eingehen.

Diese Wahrheitsqualität Gottes hat dann aber auch etwas mit der Wahrheit von Aussagen und Texten zu tun. Sie ist das Kriterium. Denn auf haltlose Berichte könnte sich Gottes Wahrheit niemals gründen. Aber es geht nicht allein darum. Das Kriterium für die Echtheit von Wunderheilungen und Exorzismen gilt auch für die Frage nach Wahrheit allgemein: Was im Ganzen und auf Dauer hilft, ist wahr. Und dabei bezieht sich das »auf Dauer« bis hinein in die unvorstellbare Dauer des Ewigen Lebens. Die Wahrheit Gottes trägt über den Tod hinaus.

Und wie verhält sich nun diese Wahrheit zur kirchlichen Lehre und zum Bekenntnis? In den Aussagen des Bekenntnisses erkennt die Kirche ihre Lebensbeziehung zu Jesus wieder. Hier wird das mitteilbar und vom Verstand angeeignet, was selbst umfassender ist. Es bedarf der Fixierung als Lehre, auch damit man selbst immer wieder Klarheit gewinnen kann, nicht zuletzt auch um den besonderen Gehalt und den Anspruch dieser »Freundschaft« vor sich selbst und vor anderen deutlich zu machen.

14.3 Jesus und Buddha

Die Wahrheit Jesu hat sich, solange sie in der Welt ist, auseinander zu setzen mit Wahrheit im interreligiösen Vergleich. Wir beginnen damit, die Gemeinsamkeiten zwischen Jesus und Buddha, Christentum und Buddhismus zu umreißen, und werden dann in kurzen Blöcken die Unterschiede bei verwandten Themen nennen.

Gemeinsam ist: Jesus und Buddha sind zwei Stifterfiguren; freilich sind sie eher Religionsumwandler als Religionsstifter. Als »Meister« sammeln sie Jünger um sich, Meister wie Jünger geben das geordnete Familienleben auf. Beim Umgang mit weiblichen Wesen gilt eher Vorsicht und Scheu. Wer dem Meister glaubt, muss mit ihm gehen; er muss nicht nur seine Meinung, sondern auch sein Leben ändern, d.h. beide lassen von einem Leben, das nicht das wahre Leben ist. Sie führen ein Wanderleben in Armut. Sie wenden sich von den bisher geltenden religiösen Eliten ab, sie wenden sich hin zu einem radikal-elitären Weg der Askese. Opfer und Zeremonien treten zurück. Es werden zehn bzw. fünf verpflichtende Gebote gegeben und verkündet. Beide Meister wenden sich gegen Taten aus falscher Gesinnung. Von früheren Lehrern konnte der Meister nichts lernen. Für beide ist das Ziel der »neue Mensch«, und unabhängig vom Stand geht es um das Seelenheil aller; insofern beabsichtigen beide eine »Demokratisierung«. Nach dem Tod des Stifters wird das Charisma »veralltäglicht«, der Stifter erhält zusätzliche Namen und Ehrentitel. Meditatives Schweigen spielt in beiden Bewegungen eine Rolle.

Unterschiedlich sind folgende Elemente:

Soziale und biografische Elemente: Jesus gehört eher zur unteren Mittelschicht und muss früh sterben. Buddha gehört zur Oberschicht und erreicht ein hohes Alter. Jesus tut Wunder im Dienst »armer« Menschen; bei Buddha sind Wunder Ausdruck der Kraft der Meditation.

Die Rolle des Menschen: Der Mensch in seinem Verhalten ist die wichtigste Ursache des Leidens, doch bei Buddha durch Gier und Durst (nach Leben), bei Jesus durch Sünde.

Verhältnis zur Welt: Jesus will durch Praxis die Welt verändern; es gibt ein Gebot die Welt umzugestalten. Buddha will sie loslassen, sich aus der Verstrickung in den Schein befreien. Es geht um Erlösung von der Welt.

Die Frage nach Gott: Jesus predigt Gott als Gegenüber des Menschen, bei Buddha sind die Götter nur Zuschauer. An der Stelle der relativ neuen Erfahrung Gottes als des Vaters bei Jesus steht bei Buddha nichts. Der Gott Jesu Christi ist vital und handelt, bei Buddha sind die Götter selbst erlösungsbedürftig. Für Jesus ist Gottesherrschaft der Gewinn des Lebens, für Buddha ist das Nirwana die Erlösung vom Leben, die Befreiung davon. Insofern ist das Christentum eine Versöhnungsreligion (Versöhnung mit Gott und Menschen), während Buddha eine Erlösungsreligion verkündet.

Lehre: Bei Jesus wird der Glaube zur normativen Lehre, bei Buddha ist die Erleuchtung die angestrebte, unverfügbare Gabe.

Struktur: Christentum ist zentripetal und verbunden mit dem Anspruch »allein durch Jesus das Heil«, der Buddhismus ist zentrifugal, der Einzelne bleibt wichtig.

Die Rolle des Mittlers: Im Christentum geht es um den einen Jesus, dagegen will Buddha, dass es viele Buddhas gibt. Für Christen ist der historische Jesus wichtig, für Buddha dagegen die Aufhebung der Individualität und Singularität. Bei Jesus geht es um das Herz jedes Menschen im Gegenüber zur Schrift. Buddha lehnt Seele oder Selbst ab, und es gibt auch keine Heilige Schrift. Jesus überwindet als Mittler die Distanz zwischen Gott und Welt, Buddha lehrt, dass es letztlich überhaupt keine Distanz zwischen Welt und Gott gebe.

Personalität: Im Christentum ist das in Jesus Christus personhaft gewordene Wort die höchste Realität, Buddha weist dagegen darauf hin, dass Worte stets relativ sind. Bei Jesus gilt: Das Gottesreich ist Gewinn des Lebens und Durchsetzung von Gottes Weltherrschaft gegen den Tod. Bei Buddha gilt: Nirwana ist Befreiung vom Leben, sein Erlöschen. Herrschaft über die Welt ist eine Illusion, sie verblasst vor dem Nirwana. Jesus ist bleibend wichtig, auch das Gericht ist an ihn gebunden. Buddha ist für den einzelnen Buddhisten unwichtig, er lehrt nur den Weg aus der Verstricktheit. Jesus ist die persönliche Realisierung der Herrschaft Gottes. Buddha ist der Lehrer des Sich-nicht-Verfehlens. Bei Jesus gilt: Der Christ gewinnt sich selbst, indem er sich zuvor loslässt. Bei Buddha heißt es: Erlösung und Erleuchtung gibt es nur ohne und jenseits des Selbst. Bei Jesus ist das Loslassen des Ich demnach eine Vorstufe, um neues Leben auch schon hier in der Welt zu gewinnen. Bei Buddha entsteht neues Leben durch endgültiges Loslassen und Ausstreichen des Ich. Bei Jesus wird das neue Ich an der Stelle des alten ganz durch ihn bestimmt. Bei Buddha gilt: Das Neue ist der Gleichmut, auch die Zurücknahme des Mitleids, denn es ist nur Teil des im Ganzen als Schein zu ignorierenden Leids.

Liebe oder Gleichmut: Bei Jesus gibt es die bedingungslose Forderung der Liebe. Gottes Willen orientiert sich am Menschen, der Liebe braucht. Bei Buddha gilt: Gleichmut ist auch auf Liebe anzuwenden, auch sie ist Teil des Scheins, von daher versteht sich die Warnung, zu viel zu lieben. Bei Jesus gilt: Erweise deine Güte auch gegenüber dem Geringsten durch persönliche Nähe. Bei Buddha gilt: Wohlwollen resultiert aus Sanftmut und Teilnahmslosigkeit. Letztes Ziel ist es, weder sich, noch die Freunde, noch die Feinde zu lieben. Bei Jesus ist das Herz das Zentrum der Menschen- und Gottesliebe. Buddha weist auf den Kopf als Zentrum von Erkenntnis und Güte. Bei Jesus ist das Böse unbedingt zu bekämpfen. Bei Buddha ist es ethisch geboten, die leidvolle Vergänglichkeit zu bekämpfen. Jesus stellt den Glauben an Gott in den Mittelpunkt. Buddha sagt: Was nützt Glaube, wenn er von Durst getragen ist, wenn er Leid verursacht? Jesus lehrt: Menschliche Liebe ist nicht von Durst getragen, sondern von der Liebe und Nähe Gottes. Buddha hingegen sagt: Gutes und Mitleid sind nur Schritte auf dem Weg zum Gleichmut. Jesus kennt einen personalen Gott. Buddha: Das Nirwana ist unbenennbar, ohne Bedingtheit, nicht empfundenes Glück.

Gebet und Meditation: Jesus betet, Buddha meditiert. Im Gebet ist nach Jesus das Gottesverhältnis verdichtet, das Gebet verbindet mit Gott und auch Menschen (Fürbitte). Bei Buddha ist die Meditation individuelle Einkehr ins Schweigen. Der Heilsweg ist eine Technik. Das Selbstverhältnis ist in der Meditation gebündelt. Bei Jesus gilt: Meditation und Gebet sind Türen zur Gotteserfahrung als Heil. Bei Buddha gilt: Erleuchtung ist eine Art a-theistische Erfahrung von Transzendenz. Christlich ist das »Bete und arbeite!« Benedikts. Buddhistisch ist die Relativierung von Arbeit, es zählt mehr der Weg nach innen als die Arbeit an der Welt. Jesus versteht sich eher als Heiler, Buddha als Psychotherapeut. Jesus ist Brücke zwischen Gott und Mensch. Bei Buddha gilt: Zwischen Ewigkeit und Unbeständigkeit gibt es keine Brücke.

Überwindung des Leidens: Christlich ist es, die Augen zu öffnen, buddhistisch ist es, die Augen zu verschließen. Jesus möchte Leid überwinden, Buddha möchte Leid aufheben. Bei Jesus ist nicht das Leben an sich schon Leiden; Leiden ist Defizienz am gut geschaffenen Leben; Unterdrückung und Beraubung von Menschen widerspricht dem Geschenk des Lebens durch Gott. Buddha sagt: Das Leben ist letztlich sinnlos, die sichtbare Welt ist schlecht. Jesus lehrt: Gottes Handeln wird die Macht des Bösen beenden. Jesus selbst ist das wirkmächtige Zeichen dieser Hoffnung. Bei Buddha ist es so: Das Leiden wird geändert, wenn der Mensch sein Verhältnis zu ihm überdenkt. Bei Jesus schließt der Glaube den Abgrund zwischen Gott und Mensch. Bei Buddha heißt es: Jeder kann ein Buddha werden. Aber auch der Weg wird verschwinden.

Institutionen: Christlich ist der Vorrang der Kirche vor den Orden. Buddhismus ist wesentlich Mönchtum.

Jesus: Absolute und universale Bedeutung Jesu. Buddha: Jeder kann ein Buddha werden.

Angesichts dieser Unterschiede im interreligiösen Vergleich mit dem Buddhismus zeigt sich die Eigenart der Stellung Jesu im Christentum in neuer Klarheit. Buddha verschwindet hinter seiner Botschaft – Jesus ist die Botschaft. Wozu ist Jesus gestorben, warum ist er weggegangen? Die schlichte Antwort lautet: Er ist Quartiermeister für uns bei Gott. Wer die religiöse Umwelt des Urchristentums, insbesondere das Judentum ein wenig kennt, wird bemerken: Dieses ist eine hochbrisante neue Auskunft. Gerade die Texte aus Qumran zeigen, dass es mit den Hoffnungen des Judentums auf das Ewige Leben nicht weit her war. Das jüdisch Normale war immer noch ein Schattendasein in der Sheol. Bestenfalls rechnete man mit einigen Ausnahmen, die den entgegengesetzten Weg, nämlich zu Gott hin, gehen durften. Doch das, was Jesus hier einbringt, ist revolutionär. Er sagt: Wenn ich zum Vater gehe, dann ist einer von uns Menschen dort angekommen, unwiderruflich, anders als bei Henoch und Elija, die noch einmal auf die Erde kommen sollten, um »richtig« zu sterben. Nein, dieses hier ist etwas anderes. Hier ist der Traum, den später die jüdische Mystik über den Menschen träumen wird, der bis zu Gott gelangen durfte, schon vorweg erfüllt. Und nicht nur das. Denn Jesus ist nicht allein bei Gott angelangt, sondern als der Erste von vielen Geschwistern. Die an Jesus glauben, die ihn buchstäblich essen, sollen und können ihm alle ähnlich werden. Denn er ist Wasser und Brot, Licht und Weinstock zugleich. Wer ihn in sich aufnimmt, wird denselben Weg gehen, ja den bleibenden Weg gehen, der Jesus selbst ist.

So gewinnen wir einen ganz neuen Blick auf die Rolle Jesu als Erlöser. Wir sind gewöhnt bei diesem Stichwort nur an das Kreuz zu denken. Das Vierte Evangelium weitet unseren Blick. Wer ein wenig von der Bedeutung des Wortes »bleiben« in diesem Evangelium verstanden hat, der kann in 14,2 (»viele Bleiben«, d. h. eben nicht nur eine für Jesus) nur eine ganz zentrale Heilsaussage sehen. Denn »bleiben« heißt im Vierten Evangelium immer: den rabiaten Reißzähnen des Todes entgehen. Bleiben ist Sieg über den Tod. Und wenn wir fragen »Was bleibt?«, so korrigiert das Vierte Evangelium unsere Frage: Fragt lieber »Wer bleibt?«! Der Weg Jesu zu Gott bringt uns die unüberbietbare Gewissheit, dass der Himmel aufgeschlossen wurde. Der Bann ist gebrochen. Durch diese Auskunft ist jedenfalls das Ärgernis des Kreuzes ganz vergessen, und das ist hilfreich. Jesu Weg zu Gott ist wie die Erstbesteigung eines hohen Berges. Ist sie einmal geglückt, dann können sich andere auf diese erfolgreiche Route begeben. Jesu Geschick wird »demokratisiert«, so wie er auch nach Paulus der Erstgeborene unter vielen Geschwistern ist.

Die entscheidende Heilstat Jesu kommt erst in der Zukunft zur Geltung: Jesus hat uns den Ort freigemacht, an dem wir ewig leben können. Erlösung ist, dass Jesus und die Christen gemeinsam beim Vater sind, ähnlich wie auch nach Mk 13,27 das Entscheidende darin bestehen wird, dass Jesus seine Jünger einmal um sich versammeln wird und wie es nach 1 Thess 4,17 schlicht heißt, dass die Christen »mit dem Herrn zusammensein werden«. Das ist die Vision, die das Johannesevangelium aufmacht: Wer sich auf diesen Namen gründet, an diesen Gott glaubt, Jünger Jesu wird, dem lacht die Zukunft entgegen.

Aber der Himmel – worin besteht er? In dem geheimnisvollen Raum nach dem Tod und in der Zukunft der Welt wartet einer auf uns, der sich danach sehnt, uns in die Arme zu schließen. Der Tod besteht darin, dass uns von der Gegenwart Gottes nichts mehr trennt. Daher kann Jesus in Lk 12,50 den Tod auch Taufe nennen, weil wir alles ablegen, was nicht zu Gott passt, besonders alle Erblasten der Sünde, die unseren irdischen Leib so verletzt haben. Mit dem irdischen Leib werden wir die schmerzlichen Folgen dieser Verletzungen los. Kein Mensch ist diesem tröstlichen Geheimnis so nahe gekommen wie Jesus. Und weil der gregorianische Chorgesang der Mönche diese Leichtigkeit gegenüber Sterben und Tod ahnen lassen kann, nennt das frühe Mittelalter diesen Gesang *meditatio mortis continua*, beständiges Umkreisen des Todes – nicht um die Menschen zu beschweren, sondern um den Schritt über die Schwelle einzuüben.

Der Himmel ist nicht reine Zukunftsmusik oder nur Vertröstung. Denn Jesus ist nicht nur der Weg, er ist auch die »einzige Abbildung« Gottes, die wir haben. Das vollkommene Bild ist schon jetzt unter uns. Deshalb verboten die frühen Zisterzienser alle figürliche Abbildung in den Gotteshäusern, weil allein der Mensch Bild Gottes ist, der nach dem ursprünglichen Abbild Gottes in Jesus Christus erneuert wird. Wenn Jesus hier sagt »Wer mich sieht, der sieht den Vater«, dann ist das im Blick auf die umgebende Religionsgeschichte ebenso neu wie die Botschaft, dass Jesus der erste Mensch bei Gott ist. »Wer mich sieht, der sieht Gott«, das hatte zuvor kein Mensch gesagt – Gottes Glanz auf den Gesichtern Adams und Evas war längst erloschen.

Hans Urs von Balthasar hat in seinem großartigen Werk »Herrlichkeit« immer wieder auf diese ästhetische Dimension des Vierten Evangeliums hingewiesen. Und er hat dabei der liberalen und entmythisierenden Theologie mit Recht vorgeworfen, sie wolle den Menschen mit Abstraktionen füttern, wo doch die Beziehung zu Jesus nur durch Sehen und Schauen entstehen könnte. Durch Abstraktionen (»die Bedeutsamkeit Jesu«) wird man nur hungrig, aber nicht selig. Dieses Schauen, Sehen und Schmecken Gottes ist wesentlich an die Liturgie gebunden. Und statt dieses Fach auch noch sukzessive abzuschaffen, sollte man es zum Zentrum der Ausbildung junger Theologen machen, denn hier kommen alle Wege zusammen. Wenn ich in einem Gottesdienst den gemeinsamen Glauben wirklich und wahrhaftig gefeiert habe, kann mir niemand ausreden, dass dieses mit dem Sehen von Gottes Herrlichkeit zu tun haben muss. Wohl deshalb schenkte mir mein Pfarrer zu Beginn des Theologiestudiums nach dem Abitur ein Messbuch, in das er vorne hineinschrieb: »Wir haben seine Herrlichkeit gesehen« (Joh 1,14). Die Liturgie nimmt dazu alle Elemente in Dienst (Wasser, Feuer, Stein, Asche), um den Glanz der Schöpfung zu einer hinreißenden Collage zusammenzufügen, die auf Gottes Herrlichkeit hinweist.

Warum ist Jesus und nur er der Weg? Die Antwort gibt das ganze Neue Testament einheitlich: Nur Gott, der Vater Jesu Christi, kann die Macht des Todes überwinden. An dieser Frage werden alle Religionsstifter gemessen,und das gilt gerade auch für den modischen (Neo-)Buddhismus. Die meisten, die sich gutgläubig darauf einlassen, wissen gar nicht, dass es in dieser Lehre eigentlich um die Auflösung der eigenen Person geht – also gerade nicht um das Bleiben, nicht um das neue Leben von Gott. Mit dem Egoismus soll auch das Ego aufgelöst werden. Ich kann als Neutestamentler gar nicht verstehen, wie Christen sich auf diesen Weg einlassen. Denn bei Jesus geht es um die Heilung des Ego, um die entscheidende Vitalitätsspritze. Um die alles bewegende Liebe. Die Dinge loszulassen und von ihnen leer zu werden, das lernt der Jünger Jesu übrigens auch. Sagt das Gleichnis vom Schatz denn anderes, als dass der, der ihn erwerben will, voll Freude (!) alles lässt und weggibt? Nein, auf den Buddhismus haben wir nicht gewartet. Jesus ist genug.

14.4 Jesus und Konfutse

Konfutse (eig.: Kung-tzu), der chinesische Ethiker und Weisheitslehrer, lebte von 551–479 v. Chr. in China. Über ihn wissen wir aus dem Werk »Gespräche«. Wir gestalten den Vergleich mit Jesus als direkte Gegenüberstellung von Thesen.

Konfuzius: Ich habe mich als Weisheitslehrer verstanden
Jesus: Das ist mir nicht fremd. Die Leute bestaunen meine Weisheit. Ich beziehe Attribute der Weisheit Gottes auf mich (z. B. Mt 11,25:

»Kommt her zu mir alle …«). Ich spreche in den Gattungen der Weisen.

Konfuzius: Ich habe Schüler um mich herum versammelt. Die Lehrgespräche mit ihnen sind erhalten.

Jesus: Auch ich habe Schüler um mich versammelt. Die vier Evangelien berichten von den Lehrgesprächen, die ich mit meinen Jüngern führte.

Konfuzius: Die Weisheit ist das oberste Ziel.

Jesus: Widerspruch! Gott zu ehren ist der Sinn von allem. Ziel ist das Erste Gebot.

Konfuzius: Die Frucht der Weisheit ist »Gerechtigkeit«. Ich verstehe dieses Wort wie das hebräische oder das griechische Wort für »Gerechtigkeit«: … einen Beitrag zum Miteinanderleben leisten.

Jesus: Die Gerechtigkeit dient dazu, in den Himmel zu kommen. »Himmel« heißt aber: Gott setzt seine Herrschaft durch. Sie besteht in der Beobachtung der Gebote.

Konfuzius: Gewalttat und Aufruhr sind mir fern.

Jesus: Ich plädiere für Gewaltlosigkeit. Allein Gott hat das Gewaltmonopol.

Konfuzius: Der Sinn des menschlichen Lebens ist, den Menschen zu dienen.

Jesus: Den Menschen zu dienen, nicht sie zu beherrschen, ist der Sinn.

Konfuzius: Ich möchte den Menschen den Weg der Tugenden zeigen: Aufrichtigkeit, Treue, Weisheit, Nächstenliebe, Rechtschaffenheit.

Jesus: Aufrichtigkeit liebe ich auch, deshalb verbiete ich zu schwören. Treue ist mir wichtig, deshalb untersage ich die Ehescheidung. Nächstenliebe ist der Gipfel aller Gebote.

Konfuzius: Immer geht es mir um das Individuum in der Gesellschaft, Ziel: ein guter Mitmensch zu sein.

Jesus: Dass wir gute Mitmenschen sind, ist Gottes Wille.

Konfuzius: Ich richte mich gegen Magie, gegen leeren Formalismus. Wo etwas Frommes nicht von Herzen kommt, bekämpfe ich es. Nur Fehlerfreiheit der Riten allein befördert die Magie.

Jesus: In den Fragen der Reinheit denke ich ebenso. Nur die Reinheit, die von Herzen kommt, ist wirkliche Reinheit. Und das Gebet, das nur Plappern und Angeben ist, lehne ich ab.

Konfuzius: Wegen meiner Ablehnung der Magie bin ich auch gegen Orakel und Vorzeichen.

Jesus: Das Ende kommt ohne Vorzeichen. Der Mensch soll bußfertig bereit sein.

Konfuzius: Über den Tod kann man nichts sagen, solange man das Leben nicht verstanden hat.

Jesus: Ich stehe den Pharisäern nahe und verkündige mit ihnen die Auferstehung. Das ist eine Frage des Gottesbildes, nicht des Wissens über das, was nach dem Tod kommt.

Konfuzius: Ich achte die natürlichen, gegebenen Ordnungen – also das Verhältnis zwischen Fürst und Untertan, zwischen Vater und Sohn, zwischen Mann und Frau, zwischen Alten und Jungen, zwischen Freund und Freund.

Jesus: Ich habe gesagt: Gebt dem Kaiser, was des Kaisers ist. Aber gebt viel mehr Gott, was Gottes ist.

Konfuzius: Der entscheidende Differenzpunkt ist die Frage des persönlichen Gottes. Darin halte ich mich zurück. Gott könnte ich nur begreifen als das Woher der Ordnungen und Pflichten.

Jesus: Alles liegt daran, dass Gott mindestens so etwas ist wie eine Person. Dass er Vater ist und die Menschen, alle Menschen zu Kindern haben will. Dass er uns in alle Ewigkeit liebt. Dass er Sünde und Schuld vergibt und uns seine Huld schenkt.

Konfuzius: Ich bin doch wohl eher ein Ordnungsphilosoph mit der Betonung auf glaubwürdiger Mitmenschlichkeit und Frömmigkeit.

Jesus: Ich bin Gottes Sohn, und alles Übrige wird hinzugegeben, wenn man nur versucht, Gottes Willen zu erspüren und zu erfüllen. Dazu hilft das persönliche Gebet. Der Heilige Geist ist Gottes Weise, in der Welt zu wirken. Durch mein Blut wird die Welt erlöst, im Glauben wird diese Erlösung angeeignet (also nicht magisch!).

Der Koran steht – rein literaturhistorisch gesehen – der Bibel außerordentlich nahe. Jeder, der auch nur ein paar Sätze liest und mit anderer Literatur vergleicht, muss zugeben: Die Sprache, die Inhalte, die Vorstellungswelt des Koran ist durch und durch biblisch geprägt. Dabei sind es besonders Figuren und Erzählungen des Alten Testaments, die reichlich aufgenommen werden. Von Abraham, Hagar, Ismael, von Sara und Isaak, von Mose und anderen Propheten ist ausführlich die Rede. Besonders beliebt sind auch biblische Engelfiguren. Aber auch neutestamentliche Gestalten sind wichtig: Jesus als das Wort Gottes, Maria, viele Jesuserzählungen und Jesusworte.

Vor allem aber ist der Gott Mohammeds kein anderer als der biblische Gott Abrahams. Das Wort Allah entspricht dem hebräischen Elohim, und das Bekenntnis »Es gibt keinen Gott außer Allah« entspricht dem »Schma Israel«. Vielleicht ist Mohammed selbst Christ gewesen, vielleicht war es eine seiner Frauen (Maria war wohl koptische Christin). Was wir sicher sagen können: Der Islam baut auf einem besonders gestalteten Christentum auf. Es ist darin eine nachchristliche Religion.

Das vorislamische arabische Christentum war geprägt durch a) eine große Fülle von Agrapha (ungeschriebenen Jesusworten) mit stark asketischem Charakter, b) durch eine reiche Überlieferung aus christlichen Apokryphen (ganz besonders aus dem Kindheitsevangelium nach Thomas), c) durch Traditionen, welche die Großkirche als häretisch bezeichnen musste, die aber als christliche Auffassungen belegt sind (Gottheit Mariens; Aussage der PetrApk von NHC, an Stelle Jesu sei ein anderer gestorben).

Um zu einer theologischen Beurteilung zu kommen, gehen wir aus vom Offenbarungsbegriff. Das hat den Vorteil, dass dieser nicht durch die Schrift schon festgelegt ist, sondern eine spätere systematische Kategorie ist. Wir unterscheiden drei Arten von Offenbarung:

1. *Die Offenbarung Gottes durch die Person Jesu Christi.* Diese Offenbarung nennen wir absolut, weil wir uns nicht vorstellen können, sie sei überbietbar. Intensiver als durch einen Menschen kann Gott

sich nicht offenbaren. Um hier mit Juden und Moslems im Gespräch zu bleiben: Ich denke an eine Art Super-Inspiration. »Super-Inspiration« verstehe ich als qualitative und quantitative Steigerung von Inspiration. Inspiration besteht darin, dass Gott einem berufenen Propheten Vollmacht und Worte eingibt, die er im Namen Gottes verkündigen soll. Er ist dann und insoweit »von Gott gesandt«. Auch das Johannesevangelium denkt Jesus grundsätzlich nach diesem Bild, doch ist Jesus mehr als jeder Prophet. Denn seit Ewigkeit ist er als der Mittler zwischen Gott und den Menschen vorgesehen (vgl. Joh 1,1–2,14 mit Joh 17,4), Gott hat sich bleibend mit ihm verbunden, denn er wird wieder zu Gott erhöht, von dem er gekommen ist. Aber dass er Gottes Wort und Tat auf der Erde ausrichtet, dass er der vom Vater Gesandte ist, das verbindet ihn mit prophetischer Sendung. Das qualitativ Neue besteht hauptsächlich darin, dass er so weit und in so hohem Maße Ort der Gegenwart Gottes selbst ist, dass er die Gabe Gottes für die Welt ist. Hier schlägt die Super-Inspiration um in das Herabsteigen Gottes selbst zu den Menschen. So ist die Konzeption gerade des Johannesevangeliums. Ich sehe eine wichtige Brücke zum Islam: Auch der Koran betrachtet Jesus als das Wort Gottes. Nicht Mohammed, sondern Jesus wird so genannt. Das aber entspricht ziemlich genau der Auffassung eben des Johannesevangeliums. Im Übrigen ist uns diese Offenbarung noch nicht im Endstadium zugänglich. So sprechen einzelne neutestamentliche Schriften gar überhaupt davon, dass die (wirkliche, endgültige) Offenbarung Jesu Christi noch ausstehe.

2. *Die Offenbarung Gottes nach dem Zeugnis der Propheten und Apostel.* Diese Offenbarungszeugen sind uns durch den Kanon der Schrift erhalten.
3. *Eine Fülle von Offenbarungen (Gottes?)* innerhalb und womöglich auch außerhalb der Grenzen der christlichen Kirche. Davon spricht schon 1 Kor 14 (V.26: *Wieder ein anderer trägt mit einer Offenbarung zu eurer Versammlung bei*), und davon ist die Kirchengeschichte übervoll. Im Unterschied zu 1. und 2. sind diese Offenbarungen weder allgemein anerkannt noch allgemein verpflichtend. Sofern die Kirche solche Offenbarungen nicht verurteilt und ihre

Träger sogar heilig gesprochen hat (Birgitta von Schweden), gilt dies zumindest indirekt als Empfehlung der Nützlichkeit.

Es ergeben sich mithin drei Stufen von Offenbarung. Der Koran lässt sich mithilfe dieser drei Kategorien zumindest einordnen. Auf den ersten Blick steht er auf Stufe 2, denn Mohammed gilt (den Moslems) als Prophet. Seine Offenbarung ist eine Wortoffenbarung. Vielleicht können Moslems das so sehen. Für Christen steht der Koran vielleicht auf Stufe 3: Er ist vielleicht eine Offenbarung, die nur teilweise anerkannt wird, aber nicht von der Kirche im Ganzen. Daher möchte ich als These formulieren: Es könnte sein, dass der Koran (teilweise?) Offenbarung Gottes für die Araber ist. Dabei verstehe ich »Araber« nicht im Sinne von Volk oder gar Rasse, sondern im Sinne einer Kultur.

Diese kulturelle Einbindung von möglicher Offenbarung ist besonders wichtig. Schon Nicolaus Cusanus rechnet in seiner Schrift »Vom Frieden zwischen den Religionen« *(De pace fidei)* mit dem Koran in diesem Sinne als einer kulturell besonders geprägten Form von Offenbarung. Wichtig ist, um wieder die Brücke des Gesprächs anzugeben, dass die Muslime keineswegs Altes oder Neues Testament generell ablehnen.

Ich sagte: »Es könnte sein, dass es sich um Gottes Offenbarung handelt«, da ich das nicht genau weiß. Denn ich bin als Christ nicht zu einer generellen Beurteilung anderer Religionen in der Lage, sondern zur Ehrfrucht verpflichtet, stehe aber auch nicht hinter Gottes Thron, sodass ich alle Vorgänge wissen oder beurteilen könnte. Ich kann mir nun allerdings nicht vorstellen, dass der Gott Abrahams, der der Gott der Juden und Christen ist, angesichts von 1300 Jahren Islam sich immer nur einfach die Ohren zuhält, wenn ein Muslim zu ihm betet. Ich kann das wiederum nur von außen her und mit aller Vorsicht beurteilen. Die Muslime meinen jedenfalls den Gott Abrahams. Man nennt das intendieren oder Intention. Wenn der Gott Abrahams gemeint ist, gibt es keine menschlichen Gründe, die dagegen sprächen, dass er sich angesprochen fühlt.

Haben wir nun denselben Gott wie die Muslime oder etwa doch nicht? Ich kann mir das nur im Sinne einer Bejahung vorstellen. Nun gibt es eine verbreitete evangelische Position, die dieses verneint. Man argumentiert so:

Die Frage nach demselben oder nicht-selben Gott lässt sich beantworten. Man kann es am je spezifischen Gottesverhältnis festmachen. Wer das Bekenntnis teilt, der hat denselben Gott. Das christliche Bekenntnis wird weder von Juden noch von Muslimen geteilt. Also geht es um grundlegende Differenzen im Gottesbild. Denn weder für Juden noch für Muslime ist Jesus beispielsweise der Sohn Gottes. Und das betrifft nicht nur Jesus, sondern eben auch Gott selbst. Ein Gott mit Sohn ist ein anderer als ein Gott ohne Sohn. Man sagt weiter: Da mag es Verwandtschaften in Fülle geben, doch in der Substanz geht es im Christentum um einen neuen Gott, eben um den Vater Jesu Christi. Man beruft sich dafür zusätzlich gerne auf das Johannesevangelium, wo Jesus den Juden, die ihn ablehnen, bescheinigt: Sie kennen Gott nicht. Dieses bekenntnisorientierte Urteilen ist deutlich an der Reformationsgeschichte und an dem sehr starken Akzent auf Bekenntnissen und entsprechenden Formeln orientiert. Auch im Neuen Testament suchte man ja nach solchen Bekenntnisformeln als ältesten Teilbausteinen.

Ich kann diese Position aus verschiedenen Gründen nicht teilen. Wenn das je spezifische Gottesverhältnis den Gott ausmacht, dann gilt, dass hier die Tür zum Individualismus weit aufgetan wird. Es könnte zudem sein, dass die Hochschätzung von Bekenntnissen und entsprechenden Formeln mittlerweile anthropologisch und ekklesiologisch an der Wirklichkeit vorbeigeht. So könnte es doch sein, dass der moderne Christ sich selbst gar nicht von seiner *confessio* her als Christ begreift und dass die Kirche im Sinne des Augustinus in erster Linie die Gemeinschaft derer ist, die dasselbe lieben. Und dann meine ich: An die Stelle des Messens am Bekenntnis tritt in meinen Augen schon längst ein anderes Modell: Das der Geschichte des Gottesvolkes und des in dieser Geschichte wirksamen Wunsches, sich intentional auf denselben Gott zu beziehen. Dieses wäre weiter zu diskutieren.

Eine gewichtige gemeinsame Tradition, in der viele Brücken erkennbar werden, ist die moslemische und christliche Mystik. Zwischen beiden bestehen – nicht zuletzt durch positive Kontakte in der Zeit der Kreuzzüge – intensive historische Berührungen. Der Sufismus des 11. und 12. Jahrhunderts hat in diesem Sinne höchst stimulierend auf das Christentum gewirkt. Überhaupt war die Auseinandersetzung mit dem Islam das Mittelalter über und bis ins 17. Jahrhundert hinein sehr intensiv. Der große Abbruch hängt mit dem Datum 1683 (Türken vor Wien) zusammen. Erst von da ab gibt es den Dialog nicht mehr. Zurück zur Mystik: Die mittelalterliche Mystik erlaubt es in bestimmter Hinsicht, trinitarische Aussagen neu zu formulieren und erleichtert damit zumindest ganz entscheidend das Gespräch mit dem Islam. Gleichzeitig ist eine neutestamentlich verstandene mystische Theologie auch in der Lage, die Dreifaltigkeit neu zu begreifen (vgl. dazu mein Buch »Ist Gott Person?«).

Betrachten wir nun das Verhältnis von Jesus und Mohammed. Nach muslimischer Auffassung ist Jesus Prophet wie Mohammed auch. Nehmen wir einmal den günstigsten Fall an, dass diese Einschätzung berechtigt ist, dann bleiben gravierende Unterschiede, und zwar nach christlicher wie nach muslimischer Anschauung:

Jesus (christliche Ansicht)	**Mohammed (islamische Ansicht)**
auch Prophet (z. B. Lk 7,16)	»Siegel der Propheten«, größter Prophet
für unsere Sünden gestorben	Mohammed hat keine Heilsbedeutung
	(im Islam abgelehnt)
Sohn Gottes	Gott hat keinen Sohn
	(im Islam abgelehnt)
kommt am Ende der Zeiten wieder als Richter	Jesus kommt am Ende der Zeiten, um zu sterben
verheißt den Beistand (Joh 14), den Geist	Mohammed ist der von Jesus verheißene Beistand
von der Jungfrau Maria durch den Heiligen Geist geboren	Jesus: Von der Jungfrau Maria durch den Heiligen Geist geboren.
Erlösung durch Jesu Menschwerdung, Tod und Auferstehung	Erlösung durch Gebet und Almosen.
erhöht zur Rechten Gottes	Jesus ist entrückt

Der Islam beansprucht für Mohammed keine Heils- oder Erlöser-Funktion. Das erleichtert das Gespräch. Nach muslimischer Auffassung wird der Mensch durch Gebet und Almosen gerettet. Hier gibt es zumindest viele Möglichkeiten, miteinander zu sprechen. Denn im Rahmen der Kategorie der Stellvertretung wird schon bei Paulus und im Hebräerbrief auch der Tod Jesu eingeordnet in interzessorisches (= für die Menschen eintretendes) Bitten Jesu vor Gott. Das heißt: Hier wird die Kategorie des Gebets entscheidend erweitert.

Entscheidend ist für mein Verständnis die emotionale Ausgangsbasis. Etwa seit 1683 sind wir es gewohnt, den Islam als teuflische Verzerrung, neuerdings als Terrorismus zu betrachten und alle Formen von Hass und Abwehr darauf zu konzentrieren. Muslime bekommen im Augenblick viel mehr Kinder als wir, ihr Glaube ist einfach und leicht vermittelbar, während bei den Christen selbst Theologen das meiste gar nicht verstehen; und schließlich ist die Frömmigkeit der Muslime beeindruckend und weckt in uns Gefühle von Neid und schlechtem Gewissen.

Dieses muss sich grundlegend ändern.

Aufgrund meiner Ausführungen dürfte deutlich werden, wie und warum: An die Stelle von Angst und Hass sollte die Freude darüber treten, dass wir so viele Cousins und Cousinen im Glauben haben, die unseren gemeinsamen Gott so lange und so fest bekennen. Neulich hat mich jemand – ein rühriger Vertreter der Seemannsmission übrigens – gefragt: »Müssen wir Angst haben vor dem Islam?« Ich habe geantwortet: Nein, dann nicht, wenn wir mutiger zu unserem Glauben stehen (was etwas anderes ist als die Verteidigung abstrakter Bekenntnisformeln) und wenn wir mutig unsere Frömmigkeit auch zeigen. Muslime beten fünfmal am Tag. Die christlichen Kommunitäten siebenmal, wir alle aber werden durch die Kirchenglocken mindestens dreimal am Tag zu einem Vaterunser oder zum Angelus gerufen. Kommen wir diesem Ruf nach, dann gewinnen wir mit Sicherheit mehr Freude an unserem Glauben. Und dann werden wir in der Tiefe auch wieder fähig zum Dialog mit der mystischen Seite des Islam.

Die aufgeklärte Verdünnung christlichen Glaubens in Tateinheit mit westlichem Imperialismus ist jedenfalles am wenigsten geeignet, 'auf eine Basis der Verständigung zu kommen. Davor graut dem Islam – mit Recht. Viele Christen suchen das Gespräch mit dem Islam auf einer Ebene, für die mir jedes Verständnis fehlt. Das Religionsgespräch kann nicht die Funktion haben, die eigenen Probleme der Christen zu umgehen. Ich denke da zum Beispiel an die bekannte und in meinen Augen überholte Unterscheidung zwischen dem historischen Jesus und dem Christus des Glaubens. Christen meinen, sie müssten das Gespräch mit dem Islam führen auf der Basis der Annahme, der historische Jesus sei ein ganz vernünftiger, mit Mohammed gut vergleichbarer Mensch gewesen, alles andere sei sowieso Zutat der Kirche. Ich halte diesen Standpunkt trotz seiner scheinbaren Wohlbegründetheit für untragbar. Denn er führt auf der Seite der Christen dazu, dass ein Keil getrieben wird zwischen Jesus und dem, was die Kirche daraus gemacht hat. Dann muss der so genannte historische Jesus nicht mehr sein als ein sympathischer Kollege Mohammeds.

Wir haben keinen Grund, unsere muslimischen Cousins und Cousinen anzuhimmeln als die »edlen Wilden« oder als Vertreter einer authentischeren Religion. Das Gespräch mit dem Islam wird hoffentlich sehr bald wieder an Fahrt gewinnen. Und die wünschenswerte Einführung muslimischen Religionsunterrichts an deutschen Schulen in bestimmten Gebieten wird auch den Islam nicht unverändert lassen. Das Gespräch mit dem Islam wird das 3. Jahrtausend bestimmen. Aber wir können es nur führern, wenn wir die eigenen Schätze kennenlernen. Sie liegen bestimmt dort, wo wir sie vermuten, nur vielleicht etwas tiefer.

Meine Vision des Verhältnisses von Islam und Christentum: Vielleicht begreifen Christen und Moslems im Laufe der nächsten zweihundert Jahre: Der Islam ist in einem Bereich des Christentums entstanden, in dem sich der Kanon des Neuen Testaments noch nicht durchgesetzt hatte (und viele wichtige Züge der christlichen Lehrentwicklung nach den Konzilien). Er ist deshalb in vielfacher Hinsicht gar nicht vorstellbar ohne die (manchmal bizarre) Welt der apokryphen Schriften und des unkontrollierten Synkretismus (= Mischung verschiedener Religionen). So, wie sich der Islam heute darbietet, ist er als Seitenzweig des Christentums nicht annehmbar (und will auch nicht als solcher wahrgenommen werden). Vielleicht wird es eines Tages so etwas wie eine islamische Lehrentwicklung geben, in der die bestehenden Brücken zum Christentum zu breiten Straßen ausgebaut werden. Das betrifft meines Erachtens die fürbittende Rolle des erhöhten Christus oder etwa die muslimische Auffassung von der Entrückung Jesu. Sie ist ausbaufähig. Auch in Apk 12 gibt es Christen, die eine Entrückung Jesu annehmen und die seinen Tod und seine Auferstehung darin »inbegriffen« sein lassen!

14.6 Ist der Glaube an Jesus allein selig machend?

Friedrichs des Großen Ausspruch, ein jeder möge doch auf seine Fasson selig werden, dürfte heute bis weit in die verfasste Christlichkeit, ja bis in die Theologenschaft hinein breiteste Zustimmung erfahren. Der Begriff »allein selig machend« scheint eine überholte Bildungsstufe zu sein und aus einer Zeit zu stammen, da sich die Kirche noch nicht mit der Wertschätzung anderer Religion befasste und ein Quasimonopol auf Heilsvermittlung reklamierte. Freilich ist dieser Exklusivitätsanspruch keine Erfindung altvorderen kirchlichen Marketings, sondern eine jener Peinlichkeiten, die eine genaue Lektüre biblischer Texte für uns bereithält.

Es geht um die schlichte Frage, wie der Mensch in den Himmel kommt. Immer ist das Hineingehen an Einlass-Bedingungen geknüpft. Die Texte sagen: Der Weg zum Himmel ist schmal, die Pforte ist eng und Jesus selbst ist nach Auskunft des Vierten Evangeliums die Tür. Dieses Bild wird im Übrigen auch unabhängig von der Welt der Schafzucht auf Jesus angewandt, wenn Jesus nach verschiedenen Apokryphen sagt »Ich bin die Tür«. Auch in Hebr 10,20, wo Jesus der Eingang zum himmlischen Heiligtum ist, wird er so dargestellt. Alle diese eng verwandten Bilder bezeichen Jesus als den exklusiven Mittler. Jesus ist die »Tür« oder der »Weg«. Diese Bilder sind alle an Jesus als dem Einzigen orientiert und daher Ablegern der »liberalen Religionstheorie« entgegenzuhalten, wonach mehrfache Inkarnationen des Logos denkbar seien (auch als Buddha, oder als Friedrich

Daniel Schleiermacher), wonach jedenfalls alle bestehenden Religionen der legitime Heilsweg für ihre Anhänger sind. Als Exeget kann ich nur sagen, dass dieses nicht im Sinne der Bibel Alten und Neuen Testamentes ist. Jesus ist die einzige Tür. Das markiert eine biblische Intoleranz, die sich nicht gegen andere Menschen richtet, sondern die Intoleranz eines strengen und sorgfältigen Arztes ist. Neben das Bild des Hirten tritt daher das Bild des Arztes – auch eine der Metaphern, die Jesus auf sich anwendet (Mk 2,17). Im Übrigen bedeutet das Bild nicht, dass man katholisch sein muss, um in den Himmel zu kommen, sondern nur, dass auch für Nichtchristen alles auf Jesus ankommt, zum Beispiel auch, wenn man ihm in Gestalt des Ärmsten der Armen irgendwo auf der Welt begegnet ist (Mt 25,31–46).

Besonders dicht ist die Konzentration auf Jesus als dem universalen Heilsweg in Mt 25,31–46, der Rede vom Weltgericht. Hier geht es um die endgültige Scheidung von Schafen und Böcken (genauer: weißen Schafen und schwarzen Ziegen), von solchen, die in die ewige Herrlichkeit eingehen und solchen, denen es verwehrt bleibt. Der Text gipfelt in Mt 25,40.45: *»Was ihr für einen meiner geringsten Brüder getan habt, das habt ihr mir getan.«* Offensichtlich ist dies das Kriterium.

Jesus redet zu Leuten, die offenkundig ein dickes Fell haben, die nichts mehr rühren kann. Er versucht es hier mit der extremsten Form des Imperativs. Er bettelt nicht, sagt nicht, die Jünger sollten doch bitte zu Fremden, Hungernden und Nackten freundlich sein, weil sie alle Menschen sind. Auch auf die Menschenwürde verweist er nicht – offenbar weiß er, dass der Mensch für den anderen jeweils ein Wolf ist. Auch an das Sentiment appeliert er nicht. Die schwarzen Kulleraugen der Indiokinder täuschen: Wenn sie über fünfzehn Jahre alt sind, lächeln diese Menschen oft nicht mehr. Es geht um alle Menschen, auch die Unsympathischen, auch unsere Feinde. Um ihrer selbst willen können wir sie kaum lieben. Das Evangelium verlangt da keine Gefühlsakrobatik.

Jesus packt die Hartgesottenen von einer überraschenden Seite her. Stellt euch vor, sagt er, ich käme selbst. Würdet ihr da nicht ganz schnell alle Armut beseitigen? Schon wenn Honecker anreiste, wurden in der DDR die Häuser, an denen er vorbeifahren sollte, an der Vorderseite gestrichen. Jesus greift ganz in diesem Sinne zu einem letzten, äußerst beunruhigenden Mittel, wenn er sagt: Ich erkläre mich hiermit bedingungslos solidarisch mit jeder gescheiterten Existenz. In jedem Stadtstreicher und Pleitier, in jedem Süchtigen und jeder Scheidungswaise, in jedem Langzeitarbeitslosen und Gemobbten trefft ihr mich selbst an. So ist keiner mehr sicher vor ihm, denn wir haben an jeder Straßenecke Gelegenheit, dem Weltenrichter selbst zu begegnen. Das bedeutet dann »Schach!« unserer Heuchelei, unseren tausend Versuchen, das Helfen aufzuschieben. Der Abschnitt überfordert uns – aber sollten wir das Unmögliche nicht wenigstens versuchen? Ausflüchte sind bekannt: So fragen wir gern: Warum sollen ausgerechnet wir für das Elend der ganzen Welt zuständig sein? Oder wir erklären mit dem Neo-Buddhismus, das Leiden gäbe es gar nicht, man müsse bei den Betroffenen nur das Bewusstsein ändern. Doch das ist keine Lösung, und was hilft es angesichts von Auschwitz, den Opfern zuzumuten, das Bewusstsein zu ändern? Nein, es gilt ohne Wenn und Aber: Alles, was immer irgendein Mensch einem anderen tut, der in Not ist, das hat er Jesus getan. Gebende wie Empfänger müssen keineswegs unbedingt Christen sein. Wo immer jemand ihm, dem in den Opfern der Weltläufte versteckten Weltenrichter, Erbarmen schenkt, wird er Erbarmen empfangen. Denn anders als in Mt 25,40 (»meine Brüder«) ist in 25,45 nur noch von den »Geringsten« überhaupt die Rede. Der einzige Vorteil, den Christen in dieser Situation vor anderen haben, ist dieser: Sie wissen um die Kriterien des Weltgerichts. Nur für sie werden die Maßstäbe des Gerichts nicht überraschend sein. Den Christen hat der Richter selbst den Geheimcode des Weltgerichts verraten.

So können die Menschen aller Völker und gleich welchen Bekenntnisses durch den Spruch des Gerichts in den Himmel gelangen, wenn sie nur Barmherzigkeit üben. Doch zwei Einschränkungen gibt es: Erstens kommen sie nicht ohne Jesus »in den Himmel«, denn niemand anders als er ist der Menschensohn und Richter. Der johanneische Satz »Niemand kommt zum Vater, es sei denn durch mich« bleibt daher in vollem Umfang erhalten. Zweitens sagt Jesus nichts über eine Berechtigung der fremden Religionen als Heilsweg. Nach biblischem Verständnis ist eine solche Annahme ausgeschlossen. Gottes Absicht ist es, in der Welt durch Barmherzigkeit seine »Gerechtigkeit« durchzusetzen. Jeder, der daran mitarbeitet, ist Gott ähnlich und steht seinem Reich nicht fern. Jesus fordert im Namen der Gerechtigkeit Gottes lediglich dieses: schreiende Not zu beseitigen. Nur wer barmherzig ist wie Gott selbst, kann vor ihm bestehen. Die Sendung Jesu und das ganze Christentum dienen nur diesem einzigen Zweck und werden nur an ihm gemessen. Gottes Wille ist eine universale Gerechtigkeit im Sinne der Konvivenz, d.h., dass einer dem anderen die Möglichkeit gibt, mit ihm zusammenzuleben.

Den Christen, namentlich den Lesern des Evangeliums nach Matthäus, werden nun freilich entscheidende Hilfen angeboten, um dieses Ziel erreichen zu können. Sie wissen, wie gesagt, um den Maßstab. Ihnen wurden bei Eintritt in die Gemeinde ihre Sünden vergeben, damit auch sie jetzt leicht ihrem Nächsten vergeben können. Nach den Wunderberichten versetzt Jesus die Schwachen und Kranken in die Lage, frei und gut zu handeln. Vor allem ist Jesus lebendiges, ermunterndes Vorbild und dazu Verheißung im Sinne von Gottes unverbrüchlicher Treue.

Unmissverständlich spricht dieser prophetische Text freilich auch vom negativen Ausgang. Dabei ist übrigens die Scheidung zwischen Gerechten und Ungerechten nicht eine zwischen Schafen und Böcken, wie immer wieder übersetzt wird: »Böcke« sind nicht der Gegensatz zu »Schafen«, vielmehr wird geschieden zwischen (weißen) Schafen und (in Palästina schwarzen) Ziegen. Wer schon einmal in Israel war, kennt die Klagen der Israelis über die »schwarzen Ziegen der Araber, die alles wegfressen«.

Die Rede vom Höllenfeuer, die Jesus in höchster Drastik hier bemüht, erfreut sich heute keiner großen Beliebtheit. Man möchte daher die Höllenvorstellung selbst abwählen wie ein ungeliebtes Fach auf der Schule; schließlich soll Religion doch zum Wohlfühlen da sein. Nun sind die Höllenaussagen grundsätzlich nicht dazu da, angenehm zu sein. Sie halten den Spiegel vors Gesicht. Die Höllenaussagen sind Bilder, aber eben nicht nur das. Sie haben appellativen, dringlich auffordernden Charakter, aber wir dürfen sie nicht auf diese Funktion beschränken. Die Aussagen über die Hölle stellen »paradoxe Interventionen« dar, sie schildern etwas, damit es nicht kommt. Aber sie sind nicht leere Aussagen, bloße Drohungen, und die Botschaft Jesu wäre nicht fair, würde sie das Inferno nur zum Zweck der Annahme der Botschaft an die Wand malen. Viele Christen sind froh darüber, dass die Frohbotschaft nicht mehr als Drohbotschaft verkündigt wird. Doch woher kann man so genau wissen, wie Gott *bestimmt nicht* ist? Was wäre, wenn es in der jüdisch-christlichen Religion wirklich eine legitime Angst vor Gott gibt, die darin ihren Grund hat, dass Gott vielleicht wirklich auch ängstigend ist?

Stattdessen haben wir selbst dafür gesorgt, dass das Thema Hölle ungezählte neue Variationen erhielt, vom Feuerball der Atombombe bis hin zu schrecklichsten Endlösungen. Bei der »Hölle« geht es nicht um Gottes persönliche Rache, sondern immer um die Entsprechung zum menschlichen Tun. Spiegel wollen diese Aussagen sein: Stell dir vor, das, was du jetzt mit anderen vorhast, würde dich selbst treffen. Stell dir vor, du wärest Opfer, nicht Täter – würdest du da nicht vom Tun absehen? Stell dir vor, deine Tat würde dich »ganz kalt« einholen. Mit Gott hat das nichts zu tun. Nichts liegt ihm ferner als die Hölle. Freilich: In gewissem Sinne ist er Garant für Gerechtigkeit, dass auf Tun Ergehen erfolgt. Aber er ist nur dann dieser Garant, wenn man der von ihm gebotenen Möglichkeit, die Folgen barmherzig aufzuheben, nicht folgen will und Gott sein Angebot, Sünden zu vergeben, »ungelesen« zurückgibt. Dann, nur dann, bleibt alles, wie es ist, weil wir selbst es so wollten. Wir kennen das aus Krimis: Am Ende tappt jeder Verbrecher in die selbst gestellte Falle; er fängt sich selbst und geht an sich selbst zugrunde. Das Evangelium bietet Aufhebung und Unterbrechung der Folgen an, die unser Handeln haben müsste. Wollen wir wirklich, dass alles, was wir angezettelt haben, seinen unheilvollen Lauf weiter nimmt? Das Evangelium ist nichts anderes als die einzige Aufforderung: Lasst euer Herz schmelzen von der Sonne Gottes.

14.7 Erlaubt der Glaube an Jesus neue Offenbarungen?

In multikulturellen Gesellschaften rücken den Menschen andere Religionen hautnah auf den Leib. Günstigenfalls bekommen auch Christen dann einen Eindruck, mit welchem Ernst beispielsweise Muslime ihren religiösen Übungen nachkommen. Hat Gott anderen Religionen kein Licht, keine Art von Offenbarung geschenkt? Ist das bloß christlicher Hochmut, dass bei uns gilt, die Offenbarung in Jesus Christus sei unüberbietbar die letzte und endgültige? Und trifft das die Realität der Kirche selbst, in der es doch auch später noch geschenkte Erkenntnis gegeben hat? Wenn man die Schrift befragt, ergibt sich ein differenziertes Bild.

Was lehrt die Theologie über *Jesus Christus als unüberbietbar endgültige Offenbarung Gottes?* Sie sagt: Jesus war als Mittler schon präexistent. Gemeint ist damit: Als »Sohn« im trinitarischen Gott war er vor aller Zeit und Welt. Beides, Schöpfung und Offenbarung, kommen durch ihn, den einen Mittler, der jetzt (eben vor zweitausend Jahren) sichtbar wurde. Sein Geist hat schon die Propheten inspiriert. Nur Jesus kennt den Vater wirklich. Alle vor und außer ihm hatten keine wirkliche Ahnung. Erst und nur in Jesus ist die endzeitliche Offenbarung ergangen. Gottes eigenstes Weltgeheimnis, dass er alle Völker erlösen will, ist durch Jesus Christus offenbar geworden. Die frühen Kirchenväter entwickelten das Denkmodell von der stufenweisen Offenbarung auf Jesus Christus hin: Gott offenbart sich in den einzelnen Stadien der Heilsgeschichte immer deutlicher. Weil Jesus der Sohn, der Kyrios (Träger des Namens Gottes), der Menschensohn ist, deshalb ist eine weiter gehende Offenbarung Gottes gar nicht möglich. Besonders zu beachten ist die paulinische Revolution: Im Unterschied zu 1 Thess 1,9f. ist nach Röm 5,9–11 die entscheidende Rettung schon geschehen, steht nicht mehr aus. Das Größere ist schon passiert.

Und was spricht nun *gegen die Endgültigkeit der Offenbarung in Jesus Christus?* Schon das Neue Testament selbst kennt zahlreiche spätere Offenbarungen (z. B. 1 Kor 12 und 14), etwa die Offenbarung des Johannes, dann gibt es unter den Apostolischen Vätern den so genannten »Hirt des Hermas« – eine Schrift mit Visionen. Die Visionen sind hier nur das besondere Mittel der Mitteilung von Offenbarung, die anderswo beispielsweise auch per Briefform erfolgt. Vor allem rechnet das Neue Testament damit, dass die endgültige Offenbarung Jesu Christi noch aussteht, ebenso wie die der Kinder Gottes. Die entscheidende Offenbarung komme erst noch. Mit Joseph Ratzinger kann man sagen: »Das Axiom vom Offenbarungsabschluss gehört nicht zu den ursprünglichen Gegebenheiten des christlichen Bewusstseins« (Was ist mit der Inspiration von Konzilien, was mit neuen Offenbarungen des Heiligen Geistes noch im Mittelalter?). Die Kirchengeschichte ist vielmehr voll von Offenbarungen (denken wir an Hildegard von Bingen, Birgitta von Schweden, einige Dominikanerinnen im 15. Jahrhundert).

Lässt sich vielleicht beides, die definitive Offenbarung in Jesus Christus und der im Prinzip offene Abschluss, zusammendenken? Beginnen wir mit der Frage: Was ist überhaupt Offenbarung? – und antworten wir: Jede zeichenhafte Enthüllung des verborgenen Geheimnisses Gott. Das geschieht in Anrede, Begegnungen, Zuwendungen an Menschen. Deswegen kann ich als Exeget weder von »Selbstmitteilung Gottes« (Karl Rahner) noch von »Selbstoffenbarung« sprechen. Diese Ausdrücke stehen in dem Verdacht, sie wollten nur die Rechtfertigungsdoktrin auch für die Offenbarung festhalten; denn nichts geht vom Menschen aus, alles von Gott; nur er selbst teilt sich selbst mit, sonst nichts. Auch damit, dass dieses nur in menschlicher Erfahrung geschieht, ist noch nichts gesagt. In der apokalyptischen Offenbarung geht es auch gar nicht um die Offenbarung des Selbst, sondern der Herrschaft und Herrlichkeit. Offenbarung ist vielmehr inkarnatorisch zu begreifen, d. h. ähnlich wie bei Jesus gilt, dass er wahrer Gott und wahrer Mensch ist, gilt auch von der Wort-Offenbarung, dass sie Menschenwort wie Gotteswort ist.

Was sind denn *Kriterien echter Offenbarung?* Die Frage ist so alt wie das Phänomen Offenbarung selbst. Judentum und Christentum denken hier besonders radikal: a) Der Bereich, aus dem Offenbarungen zu erwarten sind, entspricht einem dualistischen Schema: Grundsätzlich können Offenbarungen entweder aus der Welt Gottes/des Heiligen Geistes oder des Ungeistes/Teufels kommen. b) Der Gott Jesu Christi und Israels ist »intolerant«, das Erste Gebot ist eine Aussage auch über die Legitimität (nicht das Faktum) von Offenbarungen. Andere Götteroffenbarungen sind falsche Offenbarungen. c) Es kann sich nicht um Offenbarungen im Kontext isolierter Bekenntnisse von Individuen handeln. Kriterium kann nur die Existenz der Gemeinde selbst als »Ort der Offenbarung« sein. Denn das Wohnen Gottes mit den Menschen ist in der Offenbarung Ziel und Zweck und daher Selbstzweck. Zum Beispiel zerstört eine Koranisierung der Schrift die Kirche, darunter verstehe ich eine Absolutsetzung von Zitaten gegen den literarischen, theologischen und soziologischen Kontext der Kirche.

Was ist von *Offenbarungen heute* zu halten? Menschen, die behaupten, Offenbarungen/Visionen zu haben, gibt es heute vor allem am rechten Rand des Kirchenspektrums. Das hängt wohl mit spezifischen Formen der Offenbarungskultur zusammen: Der Mensch wird hier als weitgehend passiver Empfänger gesehen, und eine starke Mittlerautorität passt ins Bild. Offiziell oder auch nur offiziös ist dergleichen nicht: Wer sich auf Offenbarungen beruft, fällt durch das Examen. Die offizielle Kirche hält sich zurück. Offenbarungen und ihre Träger führen ein Nischendasein. Oft hat man dabei den Eindruck kultureller Ungleichzeitigkeit. Diese Nicht-Akzeptanz von Offenbarung ist so alt wie Offenbarungen überhaupt und das Christentum. Man vergleiche:

Das war schon so bei den Ostervisionen der Frauen nach Lukas (irrtümliche Nicht-Akzeptanz), beim Kampf des Paulus um die Akzeptanz seiner Christusvision bzw. seines Apostelamtes, bei der Problematisierung prophetischer Offenbarungen in der Didache (Zwölfapostellehre). Der Träger wirklicher Offenbarung will in der Regel nicht in subjektiver Willkür sich wichtig machen, sondern weiß, dass er eine Botschaft ausrichten muss (1 Kor 9,16). Dieses Müssen, dieser Zwang, steht in Kontrast zu der tatsächlichen Nicht-Akzeptanz seiner Offenbarung.

Ein Ausweg zu biblischer Zeit war daher die Pseudepigraphie. Schriften wie die Henochbücher (auch angebliche Bücher von Adam, Abraham, Isaak, Jakob, Mose, Esra), die »Himmelfahrt des Jesaja«, die Petrus- und Paulusapokalypsen erscheinen unter falschem Namen, unter dem Namen einer Autorität, weil der wirkliche Seher *nichts* gegolten hätte. So wird die Autorität anderer geliehen. Das Phänomen der Pseudepigraphie hängt daher mit dem heiklen Problem zusammen, wie man Offenbarung erkennen kann. Die Zuflucht zu einer Autorität war der einfachste Weg. Andererseits schämt sich der Offenbarungsträger auch seiner Offenbarung. Das ist die Kehrseite. Daher flüchtet Paulus in die Aussage, ein anderer vielleicht habe diese Visionen erlebt (2 Kor 12).

Die Furcht, als verrückt angesehen zu werden, ist auch heute noch da. Wer würde sich getrauen, im Sinne von 1 Kor 14 zu sagen: »He, ich habe eine Offenbarung¿« Gewiss hat die Scham ihren Grund: eben weil Phänomene wie Offenbarungen so nahe am Dualismus liegen, weil der Teufel so leicht wirken kann, die Psychiatrie so nahe ist.

Fazit: Das Vertreten von Offenbarungen ist in höchstem Maße eine Frage des sozialen Prestiges. Wer dieses nicht von vornherein hat, wird kaum im eigenen Namen Offenbarungen vertreten können. Die Geltung der Glaubwürdigkeit von Trägern neuer Offenbarungen wird radikal eingeschränkt, wo folgende Faktoren eine Rolle spielen: ein Kanon (= definierte und allseits anerkannte Gruppe von »echten« Zeugnissen), eine rationale, professoral verwaltete Theologie, eine von Bürokraten und Organisatoren verwaltete Kirche. All das sind wirksame Kontrollmechanismen gegen Offenbarungen. So gilt: Je größer die Macht dieser Institutionen ist, umso aussichtsloser erscheint es, mit Offenbarungen Prestige zu gewinnen. Offenbarungen äußern sich am Rande der Kirche heute oft in Formen einer vergangenen, nicht-technischen Kultur, doch die oben genannten Faktoren lassen die Frage aufkommen, ob man sich nicht allzu sehr durch diese Machtfaktoren gängeln lässt.

Ich möchte dagegen – unter bestimmten Voraussetzungen – für eine Rehabilitierung von lebendigen Offenbarungen in der Kirche plädieren. Offenbarungen gehören zu einer lebendigen Religion dazu. Dass sie unterdrückt werden und nicht zum Zuge kommen, weist auf Vitalitätsschwächen des bestehenden Systems hin.

Was ich mir wünsche, sind Heilige von der Art der Birgitta von Schweden. Nicht die Frage der Legitimität ist allein wichtig, das ist nur die eine Hälfte; die andere Hälfte ist die Frage, ob Religion lebendig ist. Wir haben die Frage nach den Kriterien oft verabsolutiert, voller Ängstlichkeit, Zweifelhaftes könne sich unter die sichere Lehre mischen, sie verunklären.

Strenge Maßstäbe müssen also sein. Aber ein apriorisches »Unmöglich!« kann es nicht geben. Wir dürfen doch nicht alles ersticken zugunsten einer Art Maulkorberlass! Nur sollte niemand darauf verfallen, andere zu zwingen, dergleichen für verbindlich zu halten. Unter Offenbarungen heute stelle ich mir all jenes vor, was mit dem Entdecken des roten Fadens zu tun hat. Beispielsweise könnte der Kirche eine Einsicht geschenkt werden, die Dinge verknüpft, zum Beispiel Gewaltverzicht und Hoffnung auf Auferstehung und Himmelreich. Das kann Religion leisten, und das kann und muss je neu entdeckt werden.

Offenbarung ist nichts Abseitiges. Wir kennen den geschenkten Einfall, etwa wenn wir sagen: Ein Gedicht ist eine Offenbarung für mich. Oder wenn wir den Satz beherzigen: Jedes Ding und jeder Mensch kann zum Weg zu Gott werden. Ganz klar ist: Jede neue »Offenbarung« muss gegen Geist und Buchstaben der Bibel gehalten werden. Hier wird alles klar und jeder Nebel verschwindet. Und wenn es um den Zugang zu Jesus Christus geht, dann gilt nur die biblische Klarheit.

Offenbarungen schließen Kenntnis und Wissen nicht aus, wie der Seher Johannes zeigt. Ein besonderes Merkmal von Offenbarung ist das, was Paulus die »Not(wendigkeit)« nennt, die auf ihm lastet, unbedingt etwas mitteilen zu müssen.

Offenbarungen, Visionen in unserer heutigen Kirche? Man kann es sich schwer vorstellen. Auf einer Vorstufe gehört dazu auch ein gewisses Lebensrecht von Kitsch und Emotionalität in der Kirche. Händeklatschen und Weinen im normalen Gottesdienst – beides war in der Alten Kirche durchaus üblich.

Für das, was an fremden Religionen und Offenbarungen auf uns zukommt, gilt: Alles ist vergleichbar, alles ist anders. Alles, was in unsere Geschichte seit Abraham passt und unsere Kirche nicht zerstört, kann man als sympathische Verwandtschaft begrüßen. Doch schon in Korinth bestand das Problem der Einzeloffenbarungen als Problem der Gemeinschaft. Noch einmal wird deutlich, wie intensiv die Frage nach Offenbarungen eine Frage nach der Kirche ist. Was ist wahr in der Kirche? Was hält sie zusammen? Es sind dies a) die Person Jesu Christi (damit sind wir wieder bei der absoluten Offenbarung), b) der Glaube an die lebendige Gegenwart des Geistes, c) die unauflösliche Verbundenheit von Wahrheit und Loyalität (loyal gegenüber der Schrift, loyal gegenüber den heutigen Rezipienten und Hörern). Und schließlich dies: Eine wahre Offenbarung ist die, die uns auf Dauer und im Ganzen froh macht. Das letzte Kriterium ist die Freude. Wie Bernhard von Clairvaux sagt: Christen sind Menschen mit Blumen in den Händen.

KAPITEL 15

Jesus und die Kirche

15.1 Vorspiel: Der Zirkelschluss der Liberalen Theologie

Die Kirche ist für viele Christen ein Problem. Sie wird immer älter, die Liste ihrer Sünden immer länger. So bildet sie einen merkwürdigen Kontrast zur ewigen Morgenfrühe der Urkirche, wobei die Kirche immer schlecht abschneidet. Gerne hält man sich deshalb zu Jesus, aber ein »Kirchenfreund« kann man nur mit 1000 Objektionen sein. Und in der Tat ist ja auch richtig, dass Jesus die *norma normans non normata* (die normierende Norm, die selbst nicht mehr als Norm infrage gestellt wird) der Kirche ist. Nirgendwo ist der Gegensatz von Jesus und Kirche nachdrücklicher ausgespielt worden als in der »Liberalen Theologie«. Liberale Theologie nennt man eine dominierende Richtung evangelischer Theologie seit der Aufklärung, genauer gesagt: etwa seit den dreißiger Jahren des 19. Jahrhunderts. Der Gegensatz zu liberal ist »orthodox« oder »konfessionalistisch«. Liberale Theologie verbindet Ideale der Aufklärung mit einer genuinen Kirchenkritik. Ideale der Aufklärung heißt: Vernunft ist der Maßstab. Die Konsequenz: Es gibt keine Wunder, Gott gibt es nur im Herzen, Jesus hat keine Kirche gestiftet. Liberale Theologie ist seit den sechziger Jahren des 20. Jahrhunderts übrigens kein rein evangelisches Phänomen mehr – die Denkform wurde lebhaft von katholischen Theologen, besonders Exegeten und Dogmatikern übernommen, und zwar bis zum Extrem. Offenbar, weil der Befreiungsdruck größer oder das eigene Erbe nicht aufgearbeitet war, erschienen Liberale Theologie und überhaupt Protestantismus als eine Art Erlösung.

Ziemlich genau vor hundert Jahren hat Adolf von Harnack, evangelischer Kirchenhistoriker und Neutestamentler, an der Berliner Universität eine »Vorlesung für Hörer aller Fakultäten« gehalten, die berühmte »Vorlesung über das Wesen des Christentums«. Dort sagt er im dritten Vortrag, kennzeichnend für das Christentum seien *religiöser Individualismus und Subjektivismus*. Das Größte an Jesus sei, dass er herzlich und teilnehmend gewesen sei für andere und dass er das Reich Gottes verkündet habe als eine stille mächtige Gotteskraft in den Herzen. »Wenn es also um das Gottesreich geht, dann wird das *Individuum* erlöst«, nicht Volk oder Staat, so in der fünften Vorlesung. Vom Vaterunser sagt er, Jesus habe es in einer besonders feierlichen Stunde den Jüngern mitgeteilt. »In tiefster Sammlung des Gemüts ging es um eine Konzentrierung auf das Verhältnis zu Gott. Dieses Gebet führt auf jene Höhe, auf der die Seele mit ihrem Gott allein ist.« Und: »Jesus hat immer nur den Einzelnen im Blick.« Hier kommt die »Kirche« im Zusammenhang mit Jesus überhaupt nicht vor.

Nach einem zweiten Grundsatz liberaler Bibelkritik gilt: Kennzeichen für das frühe Christentum ist die »Osterkluft«, der Graben, der zu Ostern entstanden sein soll: Jesus war für Harnack das einfache religiöse Genie: »Diese Verkündigung ist einfacher, als die Kirchen es wahrhaben wollen. Einfacher, aber darum auch universaler und ernster. Nicht der Sohn, sondern allein der Vater gehört in das Evangelium, wie es Jesus verkündigt hat, hinein.« Diese berühmte Einfachheit hat zur Folge: Alles andere gibt es erst nach Ostern. Und nach Ostern redet man dann von »Gemeindebildung«. Noch in den jüngsten Neuerscheinungen zum historischen Jesus heißt es, dass Jesus sich »Sohn Gottes« natürlich nicht vor Ostern habe nennen lassen oder die Jünger ihn dafür gehalten hätten. Das alles sei erst nach Ostern gekommen, als späterer Eintrag und nachträgliche Deutung durch die Gemeinde, als Überblendung der historischen Wirklichkeit durch einen theologischen Überbau. Also: Alle christologischen Titel – Gottes Sohn, der Herr, der Sohn Davids – all das sei erst nachösterlich. So hat etwa auch der katholische Exeget Anton Vögtle in seinem Buch über den Menschensohn (»Die ›Gretchenfrage‹ des Menschensohnproblems«, 1994) die Meinung vertreten, dass keine Aussage über den Menschensohn von Jesus stamme, sondern alles Gemeindebildung sei.

In diesem Horizont erschien Jesus zunehmend als bloßer Wanderlehrer, ähnlich wie die Kyniker. Nach Ostern erst habe man dann angefangen, über ihn nachzudenken, habe Dogmen konstruiert, die Menschen verschreckt, sich abgegrenzt, vor allem auf Kosten der Juden. Diese Vorwürfe werden alle schon im vorigen Jahrhundert im Zusammenhang mit dieser Ostertheorie entwickelt. Dazu gehört auch die These: Schon im Neuen Testament hätten die Verfallserscheinungen in Richtung katholische Kirche eingesetzt. »Frühkatholizismus« ist ein kritisches Wort und trifft alles, was mit Amt, Tradition, Glaubensbekenntnis, Abgrenzung von der Häresie, Sakrament und auch Rejudaisierung zu tun hat. Das seien Giftpilze, sozusagen am Rande des Neuen Testamentes aufgewachsen, die in Richtung des kommenden Unglücks weisen. Man sagt ferner, die Zwölf Apostel seien eine Fiktion; so auch in einer aktuellen Neuerscheinung über die Geschichte des Urchristentums. Damit trifft man natürlich auch einen wichtigen Punkt, denn die Zwölf sind Ausdruck dessen, dass Jesus so etwas wie erneuertes Israel wollte und nicht nur der große Einzelne ist.

Schließlich behauptet man, alle Stellen in den Evangelien, die von Kirche handeln, seien sekundär und Gemeindebildung, insbesondere die ungeliebte Stelle Mt 16,16–18: *»… du bist Petrus, der Fels, und auf diesen Felsen will ich meine Kirche bauen.«* Auch die Kirchenregeln bei Mt 18 *(Wenn jemand gesündigt hat gegen dich, dann trag es ihm unter vier Augen vor, wenn er's nicht hören will, dann nimm zwei andere dazu …)* enthalten das ominöse Wort Kirche. Und gerade zu diesem Text gibt es mindestens drei Paralleltexte aus den Höhlen von Qumran! Zumindest waren religiöse Gemeindeversammlungen außerhalb des Tempels damals allgemein bekannt.

Was ist dazu zu sagen? Gegen den religiösen Individualismus spricht: Jesus war Jude, und im Judentum geht es immer um das Volk Gottes, ein religiöser Individualismus ist dort undenkbar, geistesgeschichtlich, religionsgeschichtlich und von der Struktur der Religion her.

Jesus habe die Kirche nicht begründet? Indem Jesus Jünger berufen hat so wie Propheten Jünger berufen haben, sind die Würfel gefallen in Richtung Kirche. Dass Jesus intensiv mit Jüngern zu tun hatte, steht in allen Evangelien. So sagt es eine alte Präfation: »Er hat die Apostel berufen, die er erwählt hatte, er hat ihnen anvertraut, womit sie uns belehren. Er hat sie aus Ungebildeten erwählt, um sie zu Weisen zu machen. Sie sollten die Kirche bauen und lehren durch Verkündigung des Evangeliums. Die er wollte, hat er alsbald an sich gezogen. Er hatte zusammen mit dir, Gott, vor Grundlegung der Welt erwählt, denen er die Vollmacht gab, Wunder zu wirken. Er gab ihnen auch den Willen und die Kraft, für dich, für den einen, heiligen, dreifaltigen Gott, selig zu sterben. Zöllner und Fischer hat er zu Verkündigern gemacht. Und Feinde der Kirche hat er wunderbar zu ihren Verteidigern gemacht, damit der Glaube neue, feste Fundamente bekäme ...« (Corpus praefationum 629).

Zur Osterkluft ist festzustellen: Es gibt keinen neutestamentlichen Text, aus dem hervorgeht, dass die Jünger erst zu Ostern die Frage gestellt hätten, wer Jesus eigentlich war. Ich sehe vielmehr nur, dass alle Evangelien von Anfang an einen Streit berichten: »Wer ist denn dieser, was ist das für eine seltsame Vollmacht?«

Zur Institution der Zwölf Apostel: Der sicherste Hinweis dafür, dass es sie wirklich gab, ist die Notiz, dass der auferstandene Herr nach 1 Kor 15,5 den Zwölfen erschienen ist (wie denn, wenn es sie noch nicht gab?) und dass Judas »einer der Zwölf« war. Denn Judas' Aktivität erlischt ja bekanntlich mit dem Verrat. Und wenn er konstant »einer der Zwölf« heißt, ist das wohl ein Beleg dafür, dass es sie vor Ostern gab.

Zur Meinung, die Stellen über Kirche und Petrusamt seien sekundär: Dass eine einmalige Bezeugung eine Stelle unwahrscheinlich mache, ist methodisch fragwürdig. Der Ansatz der liberalen Exegese ist aber: Sowohl die (christologischen) Dogmen, die sich in »Titeln« äußern, als auch die konkrete Existenz einer Gemeinde gehen nicht auf Jesus zurück. Sie sind daher nachjesuanisches Menschenwerk. Es ist schon merkwürdig, dass ausgerechnet diese beiden Punkte, Dogma und Kirche, die den Menschen des 19. und 20. Jahrhunderts ein Dorn im Auge waren, dass genau diese beiden Elemente auch schon im 1. Jahrhundert sekundär sein sollen. Der Verdacht liegt ohne näheres Hinsehen nahe, dass es sich hier um einen Zirkelschluss handeln könnte. Wahrscheinlich sind diese grundlegenden »Resultate«

liberaler Exegese ein Muster ideologischen Wunschdenkens. Denn die Theorie des liberalen Protestantismus will Jesus und die Kirche voneinander trennen. Das ist jedoch religionsgeschichtlich und theologisch nicht haltbar und wurzelt in Optionen des 19. Jahrhunderts, in dem der Einzelne sich von der Kirche emanzipieren musste. Auch in der katholischen Kirche müssen sich nach dem Zweiten Vatikanum vielleicht viele Menschen irgendwie emanzipieren und »abnabeln«. Aber eine solche Emanzipation muss einmal abgeschlossen sein.

In der Kirchenkritik derer, die für Glauben ohne Kirche optieren, sind die oben genannten, von der herkömmlichen Theologie selbst entwickelten Argumente hoch willkommen und passen verführerisch gut in das, was man ohnehin will. Wo Kirche rein menschliche Erfindung ist, meint man, sich getrost auf Jesus selbst verlassen zu können. Doch das will nur im Subtraktionsverfahren gelingen: Den »reinen« Jesus selbst bekommt man nur, wenn man alles vermeintlich Kirchliche abzieht. Eben das ist der Zirkelschluss. Man findet, was man sucht. Suchen wir, was wir finden!

15.2 Jesus macht Kirche

Auf das Petrusbekenntnis hin in Mt 16 ist ganz überraschend von der Kirche die Rede (»Auf diesen Felsen will ich meine Kirche bauen ...«) und davon, dass die Pforten (d. h. die Macht) des Totenreiches sie nicht überwältigen werden. Was hat das beides miteinander zu tun – das Bekenntnis zum Gottessohn und eine unüberwindliche Kirche? Beides läuft in Petrus zusammen: Wer sich zum Sohn Gottes bekennt, wie Petrus es tut, der tut das nicht für sich allein, sondern immer als Stütze für andere. Und die Kirche, das sind hier alle die, die auf das Zeugnis des Petrus hin glauben. Aber die Sache geht noch tiefer. Auch als Gottessohn ist Jesus nicht sozusagen Selbstzweck. Der Vater hat den Sohn nicht nur für sich selbst erwählt, sondern weil er als der dreieinige Gott menschlich mit Menschen zusammenleben will. So kommt es als Ahnung in der Bundesformel des Alten

Testaments zum Ausdruck: »Ich will ihr Vater sein, und sie sollen meine Kinder sein, ich will ihr Gott sein, und sie sollen mein Volk sein, ich will unter ihnen wohnen.« Vielleicht schon das Judentum ergänzt – jedenfalls finden wir es in apokryphen jüdischen Schriften: »... wohnen in Gestalt eines Menschen.«

Die Kirche ist das erneuerte Gottesvolk, ist die Weise, in der Gott unter den Menschen wohnt in Jesus Christus, dem Gottessohn. Gottessohnschaft und Kirche hängen also deshalb innig zusammen, weil Gott nie im Ungefähren und Allgemeinen zu Hause sein kann. Der Erwählte und die Erwählten, Jesus als neuer Tempel Gottes und das geheiligte Volk, das gehört zusammen. In diesem Sinne gehören zu dem Sohn Gottes auch die Adressaten dieses Sich-Offenbarens Gottes. Denn die Menschen sollen ja nicht nur bekehrt werden, sondern Gott wollte und will dauerhaft mit ihnen wohnen. Er will denen, die in der Kirche sind, bei sich Heimat geben, und er will auch in ihren Herzen Heimat finden. Weil es nicht nur um Bekehrung geht, sondern um ein Wohnen auf Dauer, um ein Bleiben, deshalb gibt es Kirche. Gerade im Matthäusevangelium, das ja die Rolle des Zwölferkreises stark betont, wird unter dem Terminus »Kirche« ganz selbstverständlich das erneuerte Israel gedacht.

Wenn Petrus bei Matthäus die Schlüssel des Himmelreiches (nicht nur der Kirche!) erhält, mit denen er regeln kann, wer dazugehört und wer nicht, dann ist wahrscheinlich und hauptsächlich an die Sündenvergebung gedacht. Sie ist auch anderswo in die Entscheidung der Jünger gestellt (Joh 20,23). Trotzdem erwecken diese Aussagen Staunen – wie auch Textstellen über das Reich des Todes, das die Kirche nicht besiegen wird. Beides setzt nämlich voraus, dass die Kirche und ihre Schlüsselgewalt keineswegs nur irdische und rein menschliche Einrichtungen sind. Es sind höchst Anstoß erregende, universale Vollmachtzusagen. Nicht nur die Vergebung ist universal definitiv, auch die Nicht-Vergebung – letztere Vollmacht hat die Kirche wohl nie ganz wahrgenommen. Und dass das Reich des Todes sie nicht besiegen wird, setzt einen Kampf voraus, der wirklich ein Kampf zwischen Tod und Leben ist. Die Kirche ist daher darauf angelegt, dereinst im Reich Gottes aufzugehen. Konturen dieses Reiches werden klar in ihr sichtbar. Denn sie ist der Raum des Lebens, über das der Tod nicht siegen kann, eben deshalb, weil sie der Ort des lebendigen Gottes ist, der in seinem Sohn mitten unter uns ist. Es wurde oben kurz angedeutet, dass für das Neue Testament »Gottes Sohn« immer teilhat an Gottes vitaler Lebenskraft, und zwar in den grundlegenden Situationen von Geburt und Tod sowie in der Begegnung mit Totengeistern (Dämonen). – Die Besonderheit von Mt 16 gegenüber dem Christusbekenntnis des Petrus in Mk 8 besteht nun darin, dass nach Mt 16 Petrus Jesus bekennt als »Sohn des lebendigen Gottes«. In demselben Zusammenhang wird auch gesagt, dass seine Kirche vom Reich des Todes nicht überwunden wird. Das heißt: Die Kirche Jesu Christi hat Anteil an der Vitalität des Gottessohnes selbst. Sein Sieg über den Tod strahlt aus auf die Kirche und die zu ihr Gehörigen. Ich freue mich über die Entdeckung dieses Zusammenhanges zwischen Sohn Gottes und Kirche, den ich bisher bei keiner Auslegung von Mt 16 nachlesen konnte.

15.3 Jesus stellt sich und die Kirche als Weinstock dar

Jesus ist auf geheimnisvolle Weise mit der Gesamtheit seiner Jünger identisch. Im Gleichnis vom Weinstock – *das* große Kirchengleichnis im Neuen Testament – ist er nicht das Haupt des Leibes, also kein besonderes Organ, das den Jüngern gegenüberstehen würde. Der Weinstock ist die unauflösbare Einheit der Jünger mit Jesus. Wir kennen das von Paulus, der sagt, die Gemeinde im Ganzen sei der Leib Jesu Christi. Und so ist es auch bei der Berufung des Apostels, wie Lukas sie in der Apostelgeschichte schildert: »Saul, warum verfolgst du mich?«, sagt Jesus. Er fragt nicht: »Warum verfolgst du meine Glieder, meine Anhänger?« Nein, er selbst ist sie alle.

Das bedeutet im Klartext eine unvorstellbar enge Beziehung der Gesamtheit der Jünger zur Person Jesu. So wie die vielen Körner das eine Brot ausmachen und die vielen Zweige den Weinstock, so sind alle Jünger zusammen sein Leib. So wie Jesus nach dem Vierten Evangelium Ort und Tempel Gottes ist, sind auch sie es. Daher kann es – wiederum bei Paulus – heißen: »In eurer Mitte ist Gott.« Und weil Jesus als Einzelner Gott und Mensch ist, ist auch die Gesamtheit der Jünger Gegenstand des Credos (»Ich glaube an die eine heilige … Kirche«). Alle diese Formulierungen legen von ihrem Gehalt her zwingend nahe, dass es nur eine einzige Kirche Jesu geben kann. Es ist theologisch ganz ausgeschlossen, von einer Vielzahl von Kirchen zu reden. Der Glaube an Jesus, den einen Mittler, hat hier selbstverständliche Konsequenzen für die Kirche.

Im Unterschied zu anderen, mächtigeren Pflanzen gilt der Weinstock immer als Inbegriff des (messianischen) Friedens. Denn der Weinstock ist nicht mächtig, sondern zart, und er erfordert, damit er überhaupt werden kann, viel Zuwendung, eine richtige Kultur, die nur in Friedenszeiten gewährleistet ist. Den Messias als Friedensherrscher konnte man daher als Weinstock bezeichnen. Hauptsächlich jedoch ist der Weinstock immer das Bild für Israel. Hier in Joh 15 fällt beides in eins, die messianische und die auf Israel bezogene Bedeutung.

Ein erster Gedankengang Jesu bedenkt das Verhältnis des Vaters zum Weinstock. Dessen besondere Aufgabe als Winzer ist das »Reinigen«, d.h. das Wegschneiden überschüssiger, wuchernder Triebe. Durch die Sendung und das Wort Jesu hat der Vater diese Reinigung vollzogen. Sich dem Wort Jesu öffnen und sich ihm anschließen ist daher ein Prozess der Säuberung von Überschüssigem. Ähnlich ist auch bei Paulus die Taufe, das Christwerden, als durchaus schmerzhaftes Sich-Trennen von etwas Todgeweihtem, Sinnlosem anzusehen. Dass Jesus dieses hier mit dem winzertechnischen Fachausdruck »reinigen« bezeichnet, hilft uns auch zu verstehen, warum Paulus das Reinigungsbad der Taufe als Absterben des »Sündenfleisches« nennt: Verzicht auf frühere Bindungen, Freiwerden von allem, was hindert Frucht zu bringen. Das Reinigen des Winzers ist daher Gottes zurechtstutzendes Handeln bei der Begegnung mit Jesu schöpferischem Wort, bei der Taufe der Christen, die Schöpfung durch das Wort ist, weil sie darin besteht, vom Himmel her neu geboren, neu geschaffen zu werden.

Danach aber kommt es auf das Bleiben an. Das griechische Wort für »Glauben« enthält auch (wie das hebräische) das Element der Bewährung in Treue; daher kann Bleiben im Vierten Evangelium auch für die treue Erprobung des Glaubens stehen. Jesus spricht hier davon, dass die Jünger »in ihm« bleiben, mit ihm verbunden bleiben sollen. Nur dann können diese Zweige Trauben tragen, die hier »Früchte« heißen und nichts anderes sind als die sichtbaren Werke der Liebe. Auch Paulus spricht an solchen Stellen vom Darinbleiben in Christus; er kann es aber auch anders formulieren, als Kraft des Heiligen Geistes, die uns dazu befähigt zu handeln. Das Vierte Evangelium sieht die Kraftquelle der Christen exklusiv in einer lebendigen Beziehung zu Jesus. Kann man rekonstruieren, wie Jesus sich das nach dem Vierten Evangelium gedacht hat?

Zum einen geht es sicher darum, Jesus als Vorbild vor Augen zu haben. So wie Jesus das bei der Fußwaschung sagt: Was ich an euch getan habe, sollt ihr auch füreinander tun. Er ist das Vorbild der Freundesliebe. Aber es geht sicher noch um mehr, um eine innerliche, gnadenhafte Verbundenheit, die sich nicht darin erschöpft, dass man Jesus als Beispiel nimmt. Denn Jesus ist die Gabe des Lebens an die Menschen, er ist das Brot, von dem wir essen, das frische Wasser, von dem wir trinken. Und hier in Joh 15 heißt das: Er ist der Saft, der im Weinstock die Zweige am Leben erhält und die Trauben hervorbringt. Wir fragen: Wie kann das sein, Jesus als Brot, Wasser, Lebenssaft? Welche Szene, welchen konkreten Lebensvorgang hat der im Auge, der so redet?

Zunächst: Der Mensch Jesus ist das Gefäß für dieses göttliche Leben. Gottes Wort, Vollmacht, Tat und Leben ist in Jesus zugänglich wie ein Schatz in einem Tongefäß. Und dann: Im Glauben auf ihn schauen, heißt an ihm teilhaben. Das ist ähnlich wie bei der Berufungsvision des Paulus. Wenn Paulus da den Herrn sieht, ist Paulus nicht Subjekt und der Herr nicht Objekt. Sondern der Herr ist Subjekt und gibt Paulus Anteil an sich selbst, sodass Paulus fortan als Apostel dient. Das ist eben weit mehr als ein theoretisches Sehen, sondern ähnlich wie »Gott schauen« Anteilhabe an seinem Leben bedeutet. Ganz ähnlich ist es mit dem Glauben oder Bleiben im Johannesevangelium: Wer auf Jesus blickt, bleibt nicht derselbe, wird ergriffen und verwandelt. Wer sich dem Anspruch und der realen Gegenwart Jesu aussetzt, wird hineingezogen in den göttlichen Schatz des unzerstörbaren Lebens. Das ist nicht kurzes Hinblicken in einem Augenblick, sondern verweilendes Anschauen, die Augen des Herrn auf sich ruhen lassen. Oder: Seine Seele in die Sonne halten und von der Sonne sich wärmen und mit Licht erfüllen lassen.

Wegen dieses verweilenden Anschauens, man kann es auch Betrachten nennen, ist der Christ des Vierten Evangeliums notwendig kontemplativ. Und das heißt: Nicht unruhig oder neugierig die Blicke vom einen zum anderen Medienstar gleiten lassen, sondern immer wieder auf Gestalt und Antlitz Jesu blicken. Mir persönlich macht das die romanische Kunst am leichtesten. Sie ist abstrakt genug, sodass der Raum für die je persönliche »Auffüllung« am größten ist.

Aber gerade das Vierte Evangelium ist nicht sanft und unverbindlich: »Die verdorrten Reben werden gesammelt und ins Feuer geworfen«, kann Jesus über den Weinstock sagen. Auch in diesem Evangelium spricht Jesus unbefangen vom Feuer. Und das ist keineswegs unjesuanische Verfälschung, wie manche es gerne hätten. Jeder Gärtner und Winzer weiß es: Bei Pflanzen geht es immer um Leben und Tod. Was keinen Lebenssaft mehr hält, ist schnell totes, schädliches Gehölz. Jesus meint sein Angebot ernst, und der Zustand der Welt ist genau danach. Weil der Tod immer zum Greifen nahe ist, hetzt Jesus uns geradezu in das Leben hinein. Und er hat es eilig damit. Denn aus der Sicht der Bibel ist unsere Welt eine Notfallstation, in der es nur um eines geht, um Leben oder Tod. Und Jesus ist der Arzt, der wie jeder gute Arzt bedingungslos um das Leben kämpft. Jesus ist Arzt in einer solchen Station, und er kämpft rund um die Uhr für unser Überleben. Nichts verschleiert diese Grundsituation so wie das zeitgenössische Reden von Toleranz und der angeblichen Gleichwertigkeit aller Religionen. Denn in einer Notfallstation ist eben nichts egal. Und die Krankheit zum Tode kann ich nicht mit Pfefferminztee behandeln.

15.4 Jesus steht hinter seinen Boten

Alle, die Jesu Jünger aufnehmen oder ihnen zu trinken geben, haben Anteil am Lohn der Gerechten und am Ewigen Leben (Mt 10,40–42).

Die Jünger Jesu werden daher deutlich von denen unterschieden, die irgendetwas Gutes für sie tun. Hinter diesem Text wird zunächst die unersetzliche Bedeutung der Gastfreundschaft für das Christentum erkennbar. Hier werden die Ortsansässigen und späteren Gemeindeglieder aufgerufen, den wandernden Aposteln Quartier und Kost zu reichen. In einer Zeit, in der es keine Hotels gab, war diese Art Gastfreundschaft elementar für die Ausbreitung des Christentums. Erstaunlich aber ist die Lohnzusage. Denn es reicht für den Himmel, wenn man solche Gastfreundschaft übt. Selbst wenn man in Rechnung stellt, dass Jesus sich oftmals sehr »grotesk« äußert, bleibt die Grundaussage bestehen: Wer den Boten Jesu Gutes tut, hat Anteil an deren himmlischem Lohn. Denn »Prophet« war eine Kategorie, unter die man auch Jesu Boten fassen konnte. Grundsätzlich ähnlich ist Mt 25,40.45: Was die Angeredeten einem Bedürftigen getan haben, das haben sie Jesus getan.

Jesus ist persönlich von dem berührt und betroffen, was wir seinen Repräsentaten antun – das antike jüdische Botenrecht gilt also von denen, die Jesus bevollmächtigt. Sein Kern lautet: »Der Bote ist wie der, der ihn gesandt hat.« Überdies aber sind diese Boten Heilsmittler. Denn was man ihnen getan hat, dafür gilt die Verheißung himmlischen Lohnes. Hier, im Verhältnis zwischen den von Jesus Gesandten und Bevollmächtigten und den ortsansässigen Christen, kann sich das Heil entscheiden. Es muss nicht Jesus persönlich sein, dem man Gutes tut (wie Mk 14,9). Es »genügt«, wenn man seine Boten respektiert.

15.5 Jesus und der Ausschluss aus der Kirche

Wir haben gesehen, dass »Kirche« keineswegs eine späte nachösterliche Überblendung einer ganz anderen historischen Faktenlage sein kann. Sie ist fundiert im ursprünglichen, nicht trennbaren Miteinander des Zwölferkreises mit Jesus, dessen Vollmacht bereits zu Lebzeiten auf die Jünger übergeht. Bereits hier gewinnt »Kirche« ihre himmlisch-irdische Urgestalt, und zwar in bemerkenswerter Randschärfe. Es erscheint fast als unglaublich, aber nach Mt 18 soll Jesus damit gerechnet haben, dass es nötig wird, jemanden aus der Kirche auszuschließen. Dass es aber einen Ausschluss überhaupt geben kann, weist darauf, dass nach Jesu Meinung nicht nur der Sünder zu schützen ist (vor allem vor dem verletzenden Stolz der Nicht-Sünder), sondern dass sich irgendwann auch die Gemeinschaft vor ihm schützen muss.

Viele Ausleger läsen es gerne anders und möchten Jesus lieber zum Anwalt grenzenloser Liebe auch denen gegenüber machen, die anderen auf der Nase herumtanzen oder die Gemeinschaft (durch Missachtung) zerstören. Das leitende Interesse hinter dieser Auslegung ist moderner Individualismus. Der Einzelne darf grenzenloses Erbarmen und Vergebung für sich fordern, und Jesus soll zum Anwalt dieses Egoismus gemacht werden. Nein, es zeugt von Jesu realistischer Einschätzung der Menschen, dass liebevolle Rücksichtnahme auf Einzelne nicht dazu führen darf, dass deren Unbelehrbarkeit und Starrsinn die Gemeinschaft quälen. Die Gemeinschaft ist verletzlicher als der Einzelne. Dem Einzelnen kann Jesus zumuten, dass der sieben mal siebzigmal vergibt. Die Gemeinde darf das nicht tun, weil sie sich dann lächerlich macht, weil sie dann nur der Sünde gehorcht. Erstaunlich zu hören: Jesus kennt demnach durchaus Grenzen der liebevollen Rücksichtnahme. Er ist alles andere als ein Prinzipienreiter; die Vertreibung der Händler etwa aus dem Tempelvorhof zeigt, dass Jesus nicht prinzipiell gegen Gewalt ist. So auch hier: Jesus ist nicht gegen Ausschluss aus der Gemeinde. Es gibt eine Grenze, und die ist gegeben, wo die Gemeinde ihr Gesicht verlöre und nur noch verspottet würde. Dann könnte sie nicht mehr missionarisch wirken, sondern wäre nur noch mit sich selbst beschäftigt.

Daraus lässt sich etwas gegenwärtig nicht Unwichtiges erkennen: Eine Kirche muss um des eigenen Bestandes willen auch Nein sagen können, und zwar zum konkreten Verhalten bestimmter Menschen. Wer segnet, muss auch verfluchen dürfen. Wenn manche hier Jesus und Paulus (Gal 1: *»Verflucht, wer ein anderes Evangelium lehrt …«*) nicht folgen mögen, dann einmal, weil der Ausschluss aus der Kirche oft aus unwichtigen Gründen erfolgte und daher abgenutzt ist. Zum anderen aber scheuen wir die Ausgrenzung. Nur eine starke, unverbrauchte Autorität könnte ausgrenzen. In klösterlichen Gemeinschaften ist es freilich recht oft nötig, Bewerber nach einer Probezeit abzuweisen. So fällt auf: In kleineren Gemeinschaften wie unter den Jüngern, an die Jesus hier wohl denkt, und in Kommunitäten ist Ausschluss öfter nötig und möglich. In einer Volkskirche dagegen sollte man folgendes bedenken: Auch in Mt 18 ist der Ausschluss nicht Selbstzweck (ebenso wenig wie die Entfernung des Sünders nach 1 Kor 5), sondern dem missionarischen Ziel untergeordnet. Sie dient nämlich dazu, dass die Gemeinde, die missionarisch wirken soll, nicht schon im Vorfeld nur mit eigenen Personalproblemen zu kämpfen hat. Wenn diese Klarheit und missionarische Wirkung durch Ausschluss Einzelner aber eher verhindert wird, dann müssen sie eben auf anderem Wege wiederhergestellt oder erreicht werden. Am Beispiel Abtreibung lässt sich das gut darstellen. Die Kirche wirkt hier missionarisch nicht durch Ausschluss Einzelner, sondern könnte wirken durch Klarheit und völlige Einhelligkeit des Standpunkts der Bischöfe.

15.6 Kleines Plädoyer für den Unschärfefaktor in der Kirche

Die Botschaft Jesu richtet sich nicht an die Klugen und Gebildeten, sondern an die Einfachen. Der Glaube kann keine Professorenreligion sein – er muss sich auch schlichten Gemütern unmittelbar erschließen. In einer kirchennahen Zeitung stand kürzlich zu lesen: »Je konkreter und dogmatischer spirituelle Erfahrungen von Kirchenseite her gedeutet werden, umso mehr weichen die Leute zurück. Die wenigsten wollen in ihrer Religiosität noch inhaltlich festgelegt werden.«

In der Kirchengeschichte ist zu beobachten, dass etwa ab 1300 der Grad der inneren Ordnung und Disziplinierung in der Kirche weit vorangeschritten und geradezu perfekt war. Das galt von den 23 päpstlichen Steuerarten bis hin zu den theologischen »Summen« der Hochscholastik. Die Theologie selbst hatte durch den Einfluss des griechischen Philosophen Aristoteles gewaltig an Präzision gewonnen, und Ähnliches galt von der zupackenden Fähigkeit des kirchlichen Rechts. Einen zweiten Schub der Perfektion konnte man in der Neuscholastik nach 1871 verzeichnen, einen dritten, jetzt auch »pastoral« auf Laien bezogenen, nach dem Zweiten Vatikanischen Konzil. Man kann sagen: Noch nie ist in der Kirchengeschichte so perfekt gepredigt worden wie jetzt, noch nie waren alle liturgischen Texte so gut aufbereitet und verständlich, noch nie war die Frömmigkeit »sauberer«, gereingt von Reminiszenzen an Heidentum, Magie und Synkretismus. Nie waren die Kirchen gründlicher vom Kitsch befreit.

Doch den Menschen ist der Atem weggeblieben. Das spiegelt auch die zitierte Zeitungsnotiz. Der gründliche Perfektionismus begünstigt nicht die Freiheiten der Volksfrömmigkeit, das diffuse Spektrum der Verehrung echter oder unechter Heiliger, er begünstigt nicht das Rosenkranzbeten in stillen Messen, um einmal den Ausbund dessen zu nennen, was im Lichte kirchlicher Aufklärung als »schrecklich« gilt. Die Krise der Kirche ist eine Krise der Volksfrömmigkeit. Die Religiosität an der Basis bedarf eines gewissen Raumes von Unklarheit, von Geheimnisvollem. Mit »Unklarheit« meine ich eine gewisse Unschärfe, nicht ein allgemeines Durcheinander, auch keine Orientierungslosigkeit, bei der keiner mehr weiß, was christlich ist.

An der Basis der Volksfrömmigkeit will man nicht ständig belehrt werden und säuberlichen Dogmatismus hören. Wenn man das verstanden hat, begreift man auch, warum das Theologiestudium den Glauben sehr vieler gefährdet – es bleibt keine Luft zum Atmen mehr. Wo der Glaube organisch wachsen soll, muss es einen subjektiven Schutzraum geben, in dem es ein wenig wild wuchert, bis die Pflanzen kräftig dastehen und man das behindernde Unkraut gefahrlos und zum Wohl der Pflanzen eliminieren kann. Glaube ist ja nicht die Übernahme eines perfekten, komplexen Systems, sondern der Aufbau einer persönlichen Beziehung, deren Implikationen man nach und nach (und dann auch mithilfe der Theologie) versteht. Daher ist es die Aufgabe der Kirche, nicht nur die Einheit in der Vielheit zu wahren, sondern auch die notwendige (!) Spannung zwischen der wünschenswerten Klarheit einerseits und der lebensnotwendigen Unbestimmtheit andererseits. Die war immer verbunden mit der Freiheit, zu einer eigenen Sprache und Erfahrung zu finden.

Oft mache ich die Erfahrung, dass akademische Theologen die Laien sprachlos machen. Und da wir von notwendiger Spannung reden, sollte jedes Missverständnis im Sinne unkatholischer Einseitigkeit vermieden sein. Praktisch heißt das: Die Lebenserfahrung der Laien – für jeden strengen Fachtheologen verwunderlich bis ärgerlich – ist keinem Purismus zu opfern. Nehmen wir ein besonders krasses Theologenärgernis: die vielen Formen der innigen Verehrung des heiligen Padre Pio. Das kann ein Abgleiten ins Abseitige sein, es mag aber auch der Einstieg in ein mystisches Wissen von realer Gegenwart und Wirkmächtigkeit Gottes heute sein. Darüber soll man jedenfalls nicht vorschnell urteilen. Wenn es einen Irrtum der Reformation gab, dann war es dieser, für die Pastoren und Laien nurmehr das Ideal des humanistischen Gelehrten gelten zu lassen. Und postkonziliarer Rationalismus wie neukatholischer Fundamentalismus sind nur Zwillingsgeschwister in Sachen Sauberkeit.

Jesu unmittelbare Adressaten sind nicht die Professoren, sondern die Laien; das besagt Mt 11, wo sich Jesus ausdrücklich *nicht* an die Klugen und Gebildeten wendet. Die einfachen Menschen sind neugierig und wissbegierig. Sie sind nicht saturiert durch Gewissheit über ihr scheinbares Wissen, sie meinen nicht zu sehen wie die blinden Pharisäer nach Joh 9. Sokrates und Nicolaus Cusanus haben das Notwendige über den Laien *(idiota)* gesagt, und Jesus ist der Dritte im Bunde. Gemeinsam ist ihnen die Skepsis gegenüber der Vielwisserei, aber auch gegenüber jeder wissenschaftlichen Theologie, die nicht immer wieder betont, eigentlich vor dem Nichts zu stehen.

Christentum meint nach Mt 11 etwas ganz Einfaches: dass nämlich der Vater nur durch den Sohn zugänglich wird, und zwar durch ihn als Person, durch ihn in seinem Weg. Das ist in *nuce* wirklich die ganze Theologie. Auf Mitgehen und Mitlieben kommt es an. Die Simplizität einer allereinfachsten Gottesbeziehung enthält in sich den gigantischen Kosmos der Lehre. So ist beispielsweise das Matthäusevangelium keine »Lehre«; es berichtet nur insgesamt vom Weg Jesu: Jesus verzichtet auf Gewalt und hat ein demütiges Herz. Matthäus zeigt den Weg Jesu bis ans Kreuz. Jesu Lehre ist sein Leben. Jesus hat vielleicht geahnt, dass Christen immer wieder Opfer ihrer eigenen Lehre werden würden, gerade was das Thema dieses Textes anbelangt, die Beziehung zwischen Vater und Sohn.

Im Nahen Osten und in Nordafrika konnte der Islam ein Christentum überrennen, das wegen dogmatischer (trinitarischer) Streitigkeiten in sich zerklüftet war. Auch heute ist der Islam in vieler Augen eine theologische Gefahr (von anderem zu schweigen), weil er katechismusartig einfach ist. Einige haben deshalb sagen können, er sei die Volksausgabe der biblischen Religion. Aber wieder haben wir es so weit gebracht, dass man für fast alle dogmatischen Fragen (Rechtfertigung, Dreifaltigkeit, Sühnetod Jesu) nur noch den Fachmann sprechen lassen kann. Stattdessen muss gelten: Wer nicht auf den Weg zur Einfachheit zurückfindet, der verfälscht das Anliegen Jesu. Alle überbetonte Aufklärung in der Kirche wird daran stets scheitern, dass sie die Theologie des Herzens vergisst und damit die religiös elementare Unbestimmtheit des Redens von und vor Gott und das bleibende Geheimnis, das immer, wie schon der Cusaner wusste, innerhalb der Kirche (!) die Exklusivität eines einzigen Zugangs ausschließt.

Der Text in Mt 11 sagt nun freilich, dass diese Einfachheit nicht darin bestehen kann, Jesus für einen »bloßen Menschen« zu halten. Das Christentum wird nicht dadurch einfacher, dass man Jesu exklusive Würde herabsetzt (wie der Islam es tut). Vielmehr sollte man sie anerkennen und dann den Weg des Gewaltverzichts und der Demut anhand des Evangeliums nach Matthäus mitgehen. Insofern enthält unser Text das sehr Besondere Jesu und zugleich das allgemein Nachahmensmögliche.

Der Ausdruck »Joch« (»Mein Joch drückt nicht und meine Last ist leicht«) oder »Bürde« wird sonst vom jüdischen Gesetz gebraucht, aber auch die übrigen Prädikate Jesu nach diesem Text galten sonst im Judentum von der Weisheit und vom Gesetz. Das kann besonders von der »Werbung« für sich selbst gesagt werden (»Kommt her zu mir …«), die formgerecht die eines orientalischen Wasserverkäufers ist. Das gilt auch für die Verheißung der Erleichterung und des Aufatmens am Schluss. Und das trifft sich genau mit den Offenbarungsansprüchen in diesem Text. So wie Gesetz und Weisheit die Offenbarung des Alten Bundes sind, so ist Jesus die des Neuen Bundes, und zwar in Person. Das Gesetz Christi, das jetzt gilt, ist sein Weg.

In der Theologie des Stundengebets kommt dieses gut zum Ausdruck. Denn zu den einzelnen Tagzeiten wird des Weges Jesu gedacht, besonders und ausdrücklich in den Horen (= Gebetszeiten) Terz, Sext und Non. Sie werden in den Hymnen jeweils gedeutet auf die Stationen des Leidensweges Jesu. So wird Jesus selbst in seiner Biografie das nachvollziehbare Gesetz der Stunden des Tages. Aber auch sofern es in der Komplet heißt »In deine Hände, Herr, lege ich mein Leben …« (»befehle ich meinen Geist«), wird die Nacht mit dem Tod Jesu (nach Lk 23,46) gleichgesetzt; schon im Judentum war Psalm 31 (32) das Abendgebet. Wilhelm von Saint-Thierry († 1149), der Freund des heiligen Bernhard, beklagt sich in seiner berühmten Meditation XIII über dieses Wort Jesu: »Du hast mich in die Irre geführt, Herr, und ich habe mich in die Irre führen lassen. Du warst stärker als ich und hast mir deinen Willen aufgezwungen. Als ich dich sagen hörte: ›Alle ihr, denen man Lasten und Bürden aufgeladen hat, kommt zu mir, ich will euch aufatmen lassen‹, bin ich zu dir gekommen und habe deinem Wort geglaubt. Aber hast du mich aufatmen lassen? Ich hatte keine Lasten zu tragen, doch nun drücken sie mich schwer, sodass ich unter ihnen fast zusammenbreche. Bürden hatte ich auch nicht auf dem Buckel, doch jetzt werde ich matt und müde unter dem, was ich zu tragen habe. Du hast auch gesagt: ›Mein Dienst ist erträglich, und meine Last ist leicht.‹ Was heißt hier erträglich? Was heißt leicht? Dein Dienst ist so unerträglich, deine Last ist so schwer für mich, dass ich unter ihrem Gewicht zusammenbreche. Ich blickte mich um, doch niemand half mir, ich suchte Beistand, doch niemand kam mir zu Hilfe (Jes 63,5)« (nach der Übersetzung Berger/Nord). Wer anders könnte hier trösten und aufmuntern als der Herr selbst, dem keine Drangsal und Todesangst fremd ist?

Mt 11 ernst zu nehmen bedeutet keineswegs aufzuhören, Theologie zu studieren. Ich tue das mein Leben lang mit Leidenschaft. Aber es bedeutet, auch im eigenen gelebten Leben den Kontakt mit Jesu

Lebensweg nicht zu verlieren. Kreuzwege sind eine wichtige Meditationsform der Gegenwart. Und es bedeutet auch, der Weisheit über das Nichtwissen stets Raum und Berechtigung zu geben.

15.7 Was haben die Kirchen aus Jesus gemacht?

Wir haben uns schon lange daran gewöhnt, dass man den historischen Jesus ausspielt gegen die Kirche. Nicht allein Exegese und Kirchengeschichtsschreibung betreiben diese Spaltung, sie ist vielmehr Teil unseres kulturellen Bewusstseins und ist nun schon seit rund 200 Jahren ein Element des weltanschaulichen Streits. Das Drehbuch ist stets ähnlich: Wer sich von der Macht oder Bevormundung der Kirche lösen will, wer sich von der gigantischen Tradition christlicher Theologie und Kultur emanzipieren will, setzt an dem Nadelöhr an, das den historischen Jesus mit der nachösterlichen Kirche verbindet. Denn nicht irgendwann im »Frühkatholizismus« des 2. Jahrhunderts oder bei der so genannten Konstantinischen Wende zu Beginn des 4. Jahrhunderts liegt die entscheidende, sensible Stelle des Übergangs, sondern sie liegt am Ostermorgen. Von da ab soll sich die Richtung der Betrachtung umgekehrt haben. Und so liest man das Neue Testament gegen den Strich: Jesus blickte auf den kommenden Gott, vom Ostermorgen ab aber blickte man auf Jesus. Und der Vorwurf heißt: Die Kirche hat Jesus vergottet, verraten, verharmlost und verweltlicht. Dabei hat sie stets, so lautet der weitere Vorwurf, auf Kosten der Juden und in Kooperation mit den Mächtigen der Welt gehandelt.

Wir gehen den Vorwürfen im Einzelnen nach. *Vergottung,* das heißt: Jesus war ein schlichter Mensch; nach Ostern aber hat man Gottes Sohn aus ihm gemacht. Der historische Jesus war ein gläubiger Jude, nach drei Jahrhunderten aber war er Mitglied der Dreifaltigkeit. Eine rasante Karriere ins Abseits? Jesus war ein religiös-poetisches Genie, man hat aus ihm ein abstraktes und abstruses Dogma werden lassen, ohne Leben, nur noch zum Rechthaben. Nun sind diese Vorwürfe nicht neu. Schon nach dem Johannesevangelium werfen Juden Jesus selbst (!) vor, er habe sich – natürlich zu Unrecht – zu Gott gemacht. Das wäre allerdings für Judenchristen eine monströse Provokation. Denn die ersten Christen *waren* Judenchristen. Wie sollten sie einem massiven Gotteslästerer auf den Leim kriechen? Schon nach den Aussagen, mit denen sich Jesus dem Vierten Evangelium zufolge selbst verteidigte, handelte es sich bei den Einwänden der Nicht-Gläubigen (Juden) um ein groteskes Missverständnis. Denn sie verstehen nicht, was Gesandtsein ist – dass der Gesandte eben nicht der Sendende ist, sondern ihn (nur) repräsentiert. Denn für Sendung gilt: Der Ausgesandte ist wie der Aussender selbst. Sie begreifen nicht, dass der Sohn Gottes alles, was er hat und ist, dem Vater verdankt.

Umso eigenartiger ist freilich, dass die liberale Exegese seit rund 200 Jahren darauf beharrt und sagt: Jawohl, mit der (»sekundären«, »späten«, »griechischen«, »kirchenideologischen«) Annahme der Gottheit Jesu ist das Judentum gesprengt. Deshalb bleibe auch nur, den Glauben an die Gottheit Jesu aus Achtung vor der Geschichte bescheiden zurückzunehmen. Den Versuch, dem Vierten Evangelium selbst nachzugehen und zu fragen, wie denn dort die Gottessohnschaft Jesu nun positiv verstanden sei, diesen Versuch unternimmt man gar nicht mehr. Das ist die Nahtstelle, nicht der Ostermorgen! In bestimmter Weise an die Gottessohnschaft Jesu zu glauben war ja offensichtlich Judenchristen, der Trägerschaft des Johannesevangeliums, möglich. An dieser historischen Tatsache ist nicht zu rütteln. Schwerlich hätte sich ein Jude des 1.Jh. n.Chr. bereit gefunden, auch nur eine Sekunde lang einer Gotteslästerung zuzustimmen.

Der Gang unserer Argumentation verläuft also so: a). Die ersten Jünger Jesu waren Juden. b) Jesus hat sie provoziert, indem er scheinbar gotteslästerlich von seiner Gottessohnschaft sprach. c) Die Juden (-christen) haben einen Weg gefunden, Jesu Aussagen mit ihrem jüdischen Glauben zu verbinden und und sie als Erfüllung ihrer Glaubenshoffnung zu verstehen. d) Damit ist der Nachweis erbracht, dass »Sohn Gottes« kein Jesus nachträglich von der Kirche aufgepfropfter Hoheitstitel ist.

Der Weg des Vierten Evangeliums ist, Gottessohnschaft von Logos (Wort, Memra) und Weisheit her zu verstehen, die schon seit jeher als »Außenminister Gottes« galten (die Weisheit ohne Probleme dabei als Gottes Tochter). Und es ist gar nicht einzusehen, weshalb dieses alles erst der Gemeinde nach Ostern eingefallen sein soll. Die entscheidende Frage ist der »Ostergraben«: Hat zu Ostern nicht nur die Erkenntnis begonnen, wer Jesus war, sondern haben auch alle die lästigen Phänomene wie Kirche, Dogma und Gegnerschaft zum Judentum erst mit Ostern begonnen? Die Schriften des Urchristentums geben auf all dies nicht den geringsten Hinweis. Es ist einigermaßen erstaunlich, dass sich in keinem neutestamentlichen Text für die Annahme der absolut produktiven Kraft der Osterereignisse ein Hinweis findet. Damit soll nicht bestritten werden, dass es vor wie nach Ostern eine Entwicklung der christlichen Lehre und der Gemeinschaft gab. Nur dass das Entscheidende immer erst mit Ostern begonnen habe, ist eine künstliche und unbeweisbare Annahme, die sich aber umso zäher gehalten hat.

Auch das ist so ein Mythos: Vor Ostern habe es keine Konflikte mit dem Judentum gegeben, erst nach Ostern habe sich die Kirche zunehmend auf Kosten des Judentums selbst profiliert. Nun sind die Evangelien randvoll von Auseinandersetzungen Jesu mit jüdischen Gruppen. Dass Jesus am Ende bei kaum einer dieser Gruppen Freunde hatte, sondern dass sie seinen Tod nur wünschen konnten, ist von der Faktenlage zu unterscheiden, wonach nur Pilatus das Recht hatte, Jesus zur Kreuzigung auszuliefern. Das theologische Interesse am Judentum nimmt sehr bald ab, der letzte große Streit ist der Dialog des Apologeten Justin († um 165). Für die Entwicklung der Christologie auf den Konzilien ist das Judentum ohne Belang.

Noch in einer anderen Hinsicht wird vom Verrat der Kirche an dem Juden Jesus gesprochen: Die Kirche habe den jüdischen Rabbi Jesus nachträglich zum Stifter der Heidenkirche gemacht, ohne von ihm dafür historisch autorisiert zu sein und vor allem: ohne die Beschneidung der Heiden zu fordern. Diese Entgrenzung des Judentums bedeutet aus jüdischer Sicht den Versuch, das Judentum aufzulösen – mithin Hochverrat. Aber auch hier liegt die Ursache nicht in einer moralisch-religiösen Verwirrung der nachösterlichen Gemeinde. Entgrenzung findet bereits bei Jesus statt, indem dieser einen charismatischen Reinheitsbegriff vertritt und für sich reklamiert.

Weil der Heilige Geist ihn erfüllt, kann er offensiv und dynamisch Unreine rein machen, Tote auferwecken und unreine Geister (Dämonen) vertreiben. Anders als die Pharisäer muss Jesus nicht defensiv seine Reinheit schützen. Sondern für ihn ist sie der Ausweis der Gotteskindschaft aller, die von Gottes Geist erfüllt sind. Dieser dynamische Heilige Geist ist es, der die Grenzen zwischen Juden und Heiden aufhebt – aber eben nur für die, die ihn empfangen.

Hat die Kirche Jesus verharmlost? Jesu Forderungen sind ohne Zweifel radikal, um nur Feindesliebe, Gewaltverzicht und Besitzverzicht zu nennen. Aber auch der Verzicht auf Ehescheidung gehört dazu. Die Geschichte der christlichen Moraltheologie ist ein umfassender Versuch, diese Radikalität (für deren entschärfende Humanisierung es tausend Gründe gab und gibt) praktikabel zu machen. Daher hat man es als das eigentliche christliche Wunder bezeichnet, dass die Kirche es nie unternommen hat, die Evangelien auszumerzen oder zu verbieten. Wie leicht wäre es gewesen, daraus eine Verschlusssache zu machen, die vier Evangelien wegzuschließen, auf dass niemand sie kritisch gegen eine »erträglichere« Kirche ins Feld führen könne. Statt dessen gab es in der Geschichte der Kirche immer wieder Kommunitäten, die es unternommen haben, die Radikalität der Bergpredigt wenigstens im Ansatz zu bewahren und nicht zu vergessen. So ergibt sich an diesem Punkt ein zwiespältiges Bild. Jedenfalls wäre nichts schlimmer, als die Forderungen der Bergpredigt heuchlerisch für einen bloßen Verbalradikalismus zu vereinnahmen.

Hat die Kirche Jesus in seinem totalen Gewaltverzicht verraten? Offensichtlich ist aber Jesus kein prinzipieller Gegner von Gewalt. Denn bei der Vertreibung der Händler aus dem Vorhof der Heiden ist Jesus nicht gerade zimperlich. Um das prophetische Zeichen der Tempelsäuberung zu wirken, ist er scheinbar inkonsequent. In Wahrheit wäre wohl jede Prinzipienreiterei für ihn ideologieverdächtig gewesen.

Hat die Kirche Jesus verweltlicht? Früher musste man für das Examen lernen, Jesus habe das Reich Gottes gepredigt, und zwar verknüpft mit der Naherwartung. Das heißt: Er habe damit gerechnet, noch zu seinen Lebzeiten werde das Ende der Welt kommen. Das ist nun offenkundig nicht geschehen, und daher habe sich dann nach diesem offenkundigen Irrtum Jesu die Kirche in der Welt eingerichtet – sozusagen mit der Penetranz des Parkinsonschen Prinzips. Parusieverzögerung nannte man dieses Phänomen und meinte damit eben das Ausbleiben des Weltendes mit all den bekannten Folgen: Die Kirche habe ihre eigene Existenz glorifiziert, ja als Ersatz für das ausgebliebene Gottesreich verstanden. Sie habe mit den Mächtigen kollaboriert und alle Unarten des Machtmissbrauchs gelernt. Sie habe lauter unjesuanische Dinge – Amt, Tradition und Rechthaberei, Inquisition, Kreuzzüge und Hexenwahn – heraufgeführt und Jesu Absichten damit ins Gegenteil verkehrt.

Nun ist gar nicht zu bestreiten, dass es eine umfassende Kriminalgeschichte der kirchlichen Institutionen gibt. Aber auch dieses Phänomen reicht bis in die ältesten Zeugnisse des Christentums zurück. Denn weil die Briefe des Neuen Testaments vor den Evangelien entstanden sind, was durch die übliche Anordnung im Kanon nur verdeckt wird, kann man sehen, wie das offene Austragen von Streit, der Kampf um die Wahrheit also, von Anfang an zum Christentum dazugehörte. Jesu Wirken war ein Wirken an und mit Sündern, an und mit einem Petrus, der auch nach seiner Berufung noch Sünder blieb und trotzdem von Jesus nicht fallen gelassen wurde.

Zu fragen ist aber vor allem, ob Jesus wirklich das nahe Weltende gepredigt hat. Denn wenn er vom Kommen des Reiches Gottes spricht und wenn Christen bis heute im Vaterunser um dieses Kommen des Reiches bitten, dann meint keiner von beiden das Weltende, sondern die zunächst auf jeden Fall unsichtbare Ausbreitung von Gottes Herrschaft in der Welt. Und diese vollzieht sich durch Beobachtung seiner Gebote. Deshalb ist auch die »Parusieverzögerung« (außer für sektiererische Gruppen, die stets genau wussten, wann das Weltende kommen sollte) nie ein ernsthaftes Problem der Kirche gewesen. Auch die Reformationszeit, in der Freund und Feind überzeugt waren, das Weltende stehe vor der Tür, weil der Antichrist (Papst; Luther; Türken) schon da sei, hat das Nicht-Eintreffen des Endes problemlos überstanden. Es ist zutreffend, dass die kirchlichen Institutionen zu tief in das Glas des Spiels mit der Macht geblickt haben. Aber dieses lag nicht am Irrtum Jesu, sondern auch daran, dass das Christentum ein Massenphänomen wurde. Ihm sind zunächst sanft, dann immer heftiger die eigenen Prinzipien entglitten. Dazu gehörte und gehört vor allem die große Ideologie-Anfälligkeit einiger Spielarten christlicher Theologie.

Ebenso alt wie dieses Phänomen sind aber auch Reformbestrebungen im Christentum. Praktisch seit 1000 Jahren wird die Geschichte des Christentums beherrscht durch diverse Reformbewegungen, die »zurück zu den Anfängen« wollten, aber de facto den Lauf der Geschichte und die damit eingeschlagenen Richtungen um so irreversibler beschleunigten. Vielleicht sollte man jetzt, am Ende von 1000 Jahren Reformereien, dieses Prinzip einmal selbstkritisch überdenken und sich einfach an das halten, was seit 1500 Jahren geblieben ist und was alle die aggressiven Reformen hat überstehen können. Da das Christentum eine *Religion in der Geschichte* ist und selbst auch die Dimension des geschichtlichen Wandels bejaht, sollte man nicht versuchen, zu Jesus einfach zurückzukehren.

Genau das wollten alle Reformen. Mein Vorschlag zielt auf etwas anderes: das zu beachten, was sich als resistent erwiesen hat. Eine gewisse Hilfe könnte dafür wenigstens *im Prinzip* der Orden der Kartäuser sein. Er ist »*numquam reformata, quia numquam reformanda*«, er ist nie reformiert worden, weil die Notwendigkeit zu Reformen nie bestanden hat. Er ist noch heute da, weil er so streng und geradlinig ist. Nun kann man aus der Volkskirche kein Kartäuserkloster machen. Aber sich im übertragenen Sinne an den Grundregeln dieser beharrlichen Kraft zu orientieren, wäre nicht schlecht. Jeder Kompromiss gebiert Missstände.

Dass das keine blauäugige Orientierung an »der Bibel« bedeuten kann, muss jedermann klar sein, der einigermaßen realistisch über Ge- und Missbrauch von Bibelstellen Bescheid weiß. Wer Jesus so gegen die spätere Christenheit ausspielt, der glorifiziert und moralisiert die Anfänge auf unstatthafte Weise. Denn Jesus hat unter seinen Jüngern selbst schon Versager wie Judas und Petrus gehabt. Alle Jünger sind zu Beginn der Passion geflüchtet, auch die Frauen haben zu Ostern versagt und aus Angst die Botschaft des Engels verschwiegen.

Nun kann man meinen, das Hauptübel bestehe darin, dass überhaupt eine Kirche entstanden sei, die Jesus gar nicht gewollt habe.

Doch indem Jesus überhaupt schwache Jünger berufen hat, die dauerhaft schwache Menschen blieben, indem er den Zwölferkreis gestiftet hat, der eine Institution ist, indem er beim letzten Mahl einen Neuen Bund ins Leben gerufen hat, dessen Träger die Jünger sind, hat er unübersehbar eine Institution gewollt. Im Übrigen ist jede Institution immer so gut und so schlecht wie die Menschen, die zu ihr gehören. Diese hat nicht fälschlicherweise Jesus zum Kirchengründer gemacht, sondern Jesus hat Jünger zu Menschenfischern gemacht – und sich um ihre Fehler bei diesem Auftrag gar nicht gekümmert.

15.8 Jesus und die Verbrechen der Kirchengeschichte

Wir müssen sie nicht aufzählen, die Verbrechen der Kirche; sie füllen Bibliotheken. Beginnen wir unseren Gedankengang lieber mit der positiven Aussage, mit dem, was die Kirche von Gott her sein soll. Wer nur auf die menschliche Seite der Kirche blickt, wird seines Lebens nicht mehr froh. »Kirche« ist der Ort, an dem Gott sein möchte – der Ort, an dem Gott unter den Menschen auf besondere Weise anwesend sein will. Christen sollen das Salz der Erde sein. An ihrer Glaubwürdigkeit hängt alles. Aber sie geben Ärgernis – machen den Glauben schwer oder zerstören ihn. Sowohl Jesus als auch Paulus warnen deshalb ganz scharf vor dem Ärgernisgeben. Jesus würde sagen: Wer anderen durch sein Verhalten das Glauben schwer macht, ist ein Unglücksrabe im schlimmsten Sinne des Wortes.

Gott möchte in der Welt nicht *utopisch* (ortlos) sein. Die Kirche als *der Ort, an dem Gott zu finden ist* – wo wird das konkret? Denken wir an ihre Bestimmung »Gemeinschaft der Heiligen«. Bei ihnen trifft man wirklich auf Gott. So sagt der von außen her zu einem Gottesdienst der Gemeinde Hinzukommende: »Wirklich, bei euch ist Gott« (1 Kor 14,25). Nach Mk 9,41 ist die direkte Konsequenz aus dieser Realpräsenz Gottes in der Gemeinde, dass derjenige, der auch nur auf bescheidenste Art einen Christen bewirtet, ewigen himmlischen Lohn erhält. Denn er hat nicht nur einen Menschen bewirtet, sondern in ihm Gott. Immer wieder hören wir dieses in den Evangelien: »Wer euch hört, der hört Gott, wer euch aufnimmt, der nimmt Gott auf.« Angesichts solcher Texte halte ich es für absurd, Jesus die Konzeption einer Kirche abzusprechen. Nein, alle, die Jesu Christi Namen tragen, sind der Ort, an dem in dieser Welt Gott zu finden ist. Paulus wird ganz in diesem Sinn von der Gemeinde als dem Tempel des Heiligen Geistes sprechen. Gott bindet seine Gegenwart an seine heiligen und auserwählten Jünger, weil sie als Träger des Namens Jesu sein Eigentum sind. Hier ist bereits das auf die Kirche ausgeweitet, was eine der wichtigsten Grundlagen des Glaubens an Jesus ist. So kann man Jesus und die Kirche nicht trennen. In ihm ist die heilige Gegenwart Gottes in der Welt zugespitzt auf den einen, bei den Jüngern auf die eine Kirche. In der Feier der Eucharistie ist diese Gegenwart Gottes in der Gemeinde auf ihren Grund hin konzentriert.

Niemand hat die Christen gezählt, die *verzweifeln am Glauben wegen der Unglaubwürdigkeit der Kirche.* Für die Verursacher gilt: Jedes einzelne Gemeindeglied ist so kostbar, so heilig, dass man das ganze Heil riskiert, wenn man es aufgrund von Wort oder Tat hinausdrängt. Denn das ist der Sinn von »Ärgernis geben«. Hier steht das Innenleben der Gemeinde zur Debatte. Auch hier sind Jesus und Paulus ganz einig. Das Schlimmste ist, wenn ein Christ dem anderen zum Grund des Austretens aus der Gemeinde wird. Ich habe es selbst erlebt, dass ein Prüfling im Examen von einem Theologieprofessor so unmenschlich gequält wurde, dass der Prüfling nach dem Examen erklärte, er werde die Kirche verlassen, in der solche Barbarei möglich sei (er hat es dann nicht getan). Wir hören es immer wieder, dass die Verbrechen gerade der kirchlichen Amtsträger der Grund sind, weshalb Menschen am Glauben verzweifeln. Jesus weiß es selbst, dass der Glauben vieler nicht von ihm, dem untadeligen Gottessohn abhängt, sondern von den Jüngern und Jüngerinnen »vor Ort«. Deshalb sagt Jesus nach Mt 5,13–16: *»Ihr seid das Salz der Erde. Salz ist unersetzlich. Ihr seid die Sonne, das Licht der Welt. Eine Stadt oben auf der Spitze eines Berges wird von allen gesehen … So sollt ihr Licht für die Menschen sein. Sie sollen sehen, was ihr tut, und so zu Gott finden und euren Vater im Himmel loben.«* Die Verantwortung der Christen für den Glauben des anderen Christen wird daher von Jesus enorm hoch eingeschätzt. Modern gesagt: Wie soll man an Gott glauben können, wenn man an den Herrn Pfarrer nicht glauben kann? Wenn die Feinde der Kirche Jesus gegen die Kirche ausspielen, dann hantieren sie mit dem Glaubwürdigkeitskriterium, das Jesus selbst aufgestellt hat. Deshalb gilt: Salz ist unersetzbar.

Zwei Fragen schließen sich hier an. Die eine lautet: Warum ist es wirklich so schlimm, Ärgernis zu geben, dass Jesus die schärfsten Sanktionen, von denen er überhaupt spricht, mit diesem Fall verbindet? Und die andere lautet: Was heißt das eigentlich heute in der konkreten Szene unserer Gemeinden? Zur ersten Frage: Ärgernis zu geben ist deshalb so schlimm, weil ein Glied der Gemeinde »kaputtzumachen« Gotteszerstörung ist. Gott ist der *eine*, durch Ärgernis aber entsteht Abspaltung. Jeder Austritt ist Verletzung dessen, was Paulus Leib Christi nennt. Wer andere hinausdrängt, greift Gott physisch an, denn Gott hat die Gemeinde, paulinisch gesprochen, als Leib Christi gestiftet; zu unserem Text könnte man sagen: Die Heiligen als Ort der Gegenwart Gottes sind um Gottes willen vor Abspaltung zu bewahren. Denn jede Gemeinde bildet ganz real die Einheit Gottes ab.

Zur zweiten Frage: Aus den Evangelien selbst wird nicht recht deutlich, worin das Ärgernisgeben gegenüber den »Kleinen« besteht. Der Ausdruck »die Kleinen« meint wohl die nicht gerade besonders Angesehenen, also die eher graue Menge. Da Paulus und die Jesusüberlieferung in der Beurteilung des Ärgernisses besonders eng übereinstimmen, darf man wohl für diesen Fall einmal Anleihen beim 1. Korintherbrief machen. Ärgernis wird in Korinth dadurch gegeben, dass die eher religiös Gebundenen durch die gemobbt werden, die rational gesteuert sind und mit dem Wohlstand der Heiden und dem entsprechenden Besitz und Lebensstil liebäugeln. Nun ist griechische Freizügigkeit sicher nicht dasselbe wie die nachgeholte Aufklärung in der katholischen deutschen Kirche der Gegenwart. Nach meinen eigenen Erinnerungen hat es fromme Leute besonders verletzt, wenn ich die Überlegenheit des intellektuellen Theologen gegenüber ihnen ausgespielt habe. Eher emotionale Verletzungen sind es, die Menschen nach ihrer Begeisterung für Ökumene empfinden, wenn ihnen jemand sagt, dass sie teilweise einem Phantom nachlaufen. Im Augenblick treten nach meinen Beobachtungen die meisten Leute deshalb aus der Kirche aus, weil die Pfarrer nur noch von Geld reden, vom Zusammenlegen von Gemeinden, von der ständigen und endlosen Umstrukturierung der Kirche statt von der Sache. Der Hunger nach wirklicher (verständlicher) Theologie ist riesengroß, wird aber kaum befriedigt. Und oft treten Menschen aus, weil der Zeitgeist gegen die Kirche ist. Darf nun der Papst überhaupt etwas zu Homosexualität sagen oder darf er es nicht? Viele meinen, immerzu verletze der Papst und jeder, der sich an die strenge Botschaft Jesu hält, den allgemeinen Hang zur Toleranz und zur Aufhebung aller Verbindlichkeit. Es gibt daher auch ein notwendiges Ärgernis, ein sehr notwendiges Bekenntnis zur Wahrheit. So gilt wohl: Jedem Einzelnen nachgehen, doch in der Verkündigung des anspruchsvollen Evangeliums keine Abstriche machen. Denn sonst wird das Ganze lächerlich. So ist auch heute die Frage nach dem Ärgernis ganz zentral für unseren Glauben.

Wer von den Verbrechen der Kirche spricht, muss sich generelle Gedanken machen *über das Böse in der Kirche.* Das Gleichnis vom Unkraut unter dem Weizen handelt von diesem Bösen in der Kirche. Oft fragen wir: Wie kann Gott eine solche Kirche zulassen? War da nicht tatsächlich Satan am Werk, als der Papst 1773 den Jesuitenorden verboten hat? War es nicht teuflisch, die katholische Chinamission zu beenden, obwohl doch der chinesische Thronfolger schon katholisch getauft worden war? Welche unglaubliche, weltgeschichtliche Chance wäre ein katholisches China gewesen? Und falls es stimmt, dass Mohammed einst christlicher Lehrer war – wie konnte es geschehen, das hier aus Christentum Islam wurde, und so im ganzen Orient und in Nordafrika?

Das alles und noch vieles mehr hat zu tun mit jener geheimnisvollen Gegenmacht, die eben auch in der Kirche wirkt. Keineswegs nur außerhalb, sondern mitten darin. Und wie oft möchten wir dann wie Johannes und Jakobus nach Lk 9 einfach mit Blitz und Donner zuschlagen. Wenigstens Gott sollte es doch tun! Aber Jesus verwehrt den Jüngern den Befreiungsschlag. Im Gleichnis vom Unkraut verbietet er – durchaus gegen die gärtnerische Logik – das Unkraut auszureißen. Und in Lk 9 sagt er den Jüngern, die direkt durchgreifen wollen: Nein, tut das nicht, der Menschensohn ist nicht gekommen zu richten, sondern das Verlorene zu retten. Und so hat es die Kirche dann auch immer gehalten. Keinen Menschen hat sie vor seinem oder nach seinem Tod in die Hölle versetzt. Auch dem größten Sünder hat sie im Sinne des Rettens bis zu allerletzt die Chance gegeben, zu bereuen und umzukehren. Sie hat in diesem Sinne das Bußgericht der Gnade angeboten und in jedem Fall das letzte und entscheidende Gericht Gott überlassen. So ist das Ziel des Gleichnisses vom Unkraut unter dem Weizen: Der Menschensohn ist von Anfang bis Ende der Herr der Kirche, und er hat, was die definitive Entscheidung betrifft, auch hier das Gewaltmonopol.

Zum Thema »Böses in der Kirche« ist nun freilich im Gleichnis vom Unkraut interessant, dass die Lösung des Problems von Unmoral in der Kirche (also z.B. Korruption und Lüge, Lieblosigkeit und Betrug) nicht selber wieder moralisch aussieht. Ganz am Text vorbei geht die Auskunft, es solle nur die Gemeinde ermahnt werden, selber Weizen und nicht Unkraut zu sein. Das wäre *nur moralisch*. Thema ist hier nicht die zu überwindende eigene Bosheit, sondern das ärgerliche Zusammenleben mit Menschen, die man mit Grund für böse halten kann. Und hier heißt die Lösung auch nicht: Bekehrt sie, versucht sie zu besseren Menschen zu machen. Jesus sagt vielmehr: Ertragt sie um Gottes willen. Das Geheimnis der Bosheit (also auch der verdeckt wirkenden Bosheit in der Kirche) wird nicht durch Appelle zur Besserung überwunden – weder bei uns selbst noch bei anderen. Jesus ist hier kein Moralapostel. Moral löst nicht das Problem des Bösen in der Welt, nicht einmal ein Weltethos-Projekt.

In der Aufforderung Jesu an die Jünger, das Böse einfach zu ertragen und das Gericht dann den Engeln Gottes zu überlassen, predigt Jesus aber nicht einfach billige Vertröstung oder Resignation, sondern er zielt auf sein eigenes Leidensgeheimnis. Gerade nach dem Matthäusevangelium ist Jesus der sanftmütig und geduldig Leidende. Er verzichtet darauf, seiner Passion durch Herbeirufen von zwölf Legionen Engeln ein schnelles triumphales Ende zu setzen. Durch das Gleichnis vom Unkraut unter dem Weizen werden die Jünger in sein Leidensgeheimnis hineingenommen. Daher müsste man ganz im

Sinne der Evangelien solchen Blauäugigkeit vorwerfen, die an Weltverbesserung durch die Intensivierung und Organisierung von Moral glauben. Im 17. Jahrhundert verlangte Jean Desmarets, der Mitbegründer und erste Kanzler der Académie française, ein überaus frommer und tugendhafter Mann, von Ludwig XIV. die Aufstellung einer gewaltigen Armee von 144 000 Gezeichneten, um ein für alle Mal ein Ende zu machen mit Gottlosigkeit und Laster. Der König hat diesem Ansinnen nicht entsprochen, freilich (zum Ausweis moralischer Gesinnung und vielleicht auch, um seine eigenen Sünden an anderen zu büßen?) die Hugenotten ausgerottet oder vertrieben. Nach der Lösung des Matthäusevangeliums wird die Welt durch Leiden verändert. Und alle Bosheit in der Kirche, gerade dort, weist hinein in das Geheimnis des Leidens Unschuldiger.

Wieso wird durch Leiden die Welt verändert? Die Alte Kirche hat es gewusst, und daher waren die Märtyrer die beste Werbung für das Christentum. Aber es geht noch tiefer: Auch die Evangelien als die Grundschriften des Christentums gibt es in der kanonischen Form nur als konsequent auf die Passion zulaufendes Leben Jesu. Bloße Sprüchesammlungen, wie die Evangelien nach Thomas und Philippus und vielleicht auch schon die Matthäus und Lukas vorgegebene Logienquelle hatten da keine Chance. Inspiriert sind, so hat es die Kirche befunden, nur die Evangelien *mit* Leidensgeschichte. Und im Evangelium nach Johannes beginnt die Passion Jesu schon in Kapitel 2. Denn das Leiden sagt Wesentliches über Jesus: Dass er seiner Sendung und damit dem Vater treu ist, dass er den Widerstand der ganzen Welt gegen Gott *erträgt*.

Leiden verändert die Welt. Nicht als ob das Leiden der Herzenswunsch Gottes für Jesus wäre – das gilt auch für die Kirche. Nicht Gott ist es, der die Menschen quält. Aber wenn sie für ihren Glauben leiden können, die Kirche aushalten (wie Jesus Petrus und Judas aushielt), erweisen sie, dass sie treu sind. So wie Eheleute nicht nur für gute, sondern auch für schlechte Tage verheiratet sind. In einer Spaßgesellschaft neigt man vielleicht zu schnell dazu, sich scheiden zu lassen, wenn Stürme aufkommen. »Ertragen« – nicht weil Gott uns quälen will, sondern weil Leiden und auch Bosheit zur Realität dieser Welt gehören. Gott liebt die Welt nicht in der utopischen Fiktion des Gutmenschentums, sondern eben so, wie sie real ist. Gerade Mt 5,45–48 macht das deutlich: Gott lässt regnen über Gerechte und Ungerechte – so sollen die Jünger Feinde lieben. Nicht um sie zu bessern, das steht nicht da. Sondern weil Gott auch so ist, weil auch Gott seine Feinde liebt. Dabei ist vorausgesetzt, dass Feindesliebe kein Zuckerschlecken ist – das kann missverstanden werden, das kann exklusiv auf Kosten dessen gehen, der zu lieben bereit ist.

Leiden Unschuldiger verändert die Welt, weil es mit Gott und Liebe zu tun hat und weil es die untrügliche Hoffnung gibt, dass solches Leiden nicht das Letzte und Definitive ist. Wenn wir das Leiden am Bösen in der Kirche so verstehen, müssen wir nicht in die Mentalität des Jammerns verfallen. Wir dürfen Gott unseren Schmerz klagen, wie Jesus es mit Ps 22 tut *(»Mein Gott, mein Gott, wozu hast du mich verlassen?«)*. Auch wenn die Kirche öfter bis über beide Ohren in die Welt versunken ist, so sind die, die daran leiden, in guter Gesellschaft und eben deshalb nicht ohne Hoffnung, ja sie werden als Trauernde selbst Zeichen der Hoffnung. Jesus preist sie selig.

Überraschenderweise sind unsere Probleme mit einer unglaubwürdigen Kirche gar nicht neu, sondern sie sind schon das Problem Jesu und sie werden auch bei Paulus schon diskutiert. Doch geschieht diese Diskussion im Unterschied zu uns auf einem unvergleichlich hohen Niveau. Das Geheimnis des Leidens und das des Bösen in der Welt greifen wahrlich an die Wurzel. Gott wagt sich in und durch Jesus Christus mitten in diese bedrückende Welt, indem er sie (auch durch unsere Mithilfe) beständig umwandelt. Wer sich von Kirche wegen ihrer Verbrechen distanziert, distanziert sich von Gott, der die Verbrechen auf seinen eigenen Leib gebunden hat.

KAPITEL 16

Die großen Zeichen Jesu

16.1 Das Zeichen von Brot und Wein

Wenn man mit einer Lupe Sonnenstrahlen sammelt, kann man damit Papier oder Holz entzünden. Dieses Bild kann veranschaulichen, was Jesus beim letzten Mahl tut: Sein gesamtes Wirken fasst er zusammen, bündelt er in den Deuteworten zu Brot und Wein. Dabei geht es nicht um leere, bloß lehrhafte Symbole, sondern um den großen Schlussakkord, in dem Jesu ganze Bedeutung für uns und seine Verbindung mit uns konzentriert wird. Ähnlich ist ja auch der Hochzeitskuss bei der Trauung (wenn der trauende Pfarrer sagt: »Jetzt dürfen Sie sich küssen!«) kein leeres Symbol, sondern Ausdruck der ganzen Beziehung der Brautleute zueinander. Im Brot reicht Jesus sich selbst, mit dem Becher schließt er den Bund in der Hingabe des eigenen Lebens. Wie eine Einführung in das, was beim letzten Mahl geschieht, liest sich daher die Brotrede in Joh 6.

In der Brotrede geht es noch nicht um ein Mahl, das zu deuten ist. Vielmehr erläutert Jesus in den Bildern von Essen und Trinken, was es heißt, an ihn zu glauben. Diese Bilder wird er dann beim Abendmahl in liturgisches Handeln umsetzen. Erst beim Abendmahl wird das Essen und Trinken nicht nur bildlich, sondern überdies auch wörtlich-buchstäblich verstanden. So sieht Jesu »Einführung« in das, was er tun wird, aus: Jesus ist in seiner Person die Heilsgabe Gottes, und wer glaubt, nimmt ihn ganz und gar auf, verleibt sich ihn ein, wie man »die Weisheit mit Löffeln isst«. Das strikte Ärgernis besteht zunächst einmal darin, dass Jesus in Person die Heilsgabe Gottes ist. Noch spricht Joh 6 nicht vom Wein und vom Bund. Daher wird man gut daran tun, zunächst die Deutung auf Jesu Person zu bedenken und erst danach über die Zuspitzung als ein Sakrament (= ein heiliges Zeichen, das gleichzeitig bewirkt, was es symbolisch anzeigt) nachzudenken.

16.2 Ist die Eucharistie Kannibalismus?

Jesus provoziert die Hörer: Beim Brot spricht er vom Kauen (»Nagen«), beim Blut vom Trinken, eine Wortwahl, die man entweder klug bildlich versteht oder aber die Juden verletzten muss, denn Blutgenuss ist ein Gräuel und gehört zu den ganz elementaren Verboten der jüdischen Religion. Immer wieder behaupten Journalisten, die keine Ahnung vom christlichen Glauben haben, Jesu Leib und Blut zu sich zu nehmen sei Kannibalismus. Damit unterliegen sie genau dem Missverständnis, das auch schon bei den jüdischen Hörern in Joh 6 zu finden ist und das bereits Jesus selbst strikt abweist. Denn im Vierten Evangelium sind die Außenstehenden, die Nicht-Glaubenden immer zugleich auch diejenigen, die Jesu Bildersprache nicht verstehen.

Gleichnisse bedürfen der Auslegung. Auch in den ersten drei Evangelien verstricken Gleichnisse alle, die »draußen« sind, nur tiefer in den Irrtum. Nur der Jünger Jesu, der sich überdies von Jesus die Deutung geben lässt, kann Jesu Gleichnisse verstehen. Gleichnisse sind eine Art »insider«-Wissen. In der Alten Kirche nannte man das später Arkandisziplin. Und immer sind die Bilder nicht nur Verständnisbarriere, sondern geradezu das Instrument der Scheidung und Aussonderung. Schon Nikodemus verstand nicht, was »von oben geboren werden« heißt, als er in Joh 3,4 feststellte, er sei doch schon geboren – wie sollte er noch einmal zurück in den Mutterschoß gelangen? Und die Samaritanerin (Joh 4,11) versteht das Wasser nicht, von dem Jesus spricht. Sie meint, es gehe um Trinkwasser. Jesus spricht vom Lebenswasser seiner Botschaft. Immer meinen die Bilder im Vierten Evangelium im weiteren oder engeren Sinne Jesu Person; beim »von oben geboren werden« soll gesagt werden: In der

Taufe wird der Glaubende Jesus ähnlich, der vom Himmel gesandt ist (vgl. Joh 3,5.13).

Am krassesten sind die Folgen des Missverständnisses nun in Joh 6. Denn hier muss die Rede Jesu zu der Auffassung führen, Jesus fordere dazu auf, Menschenfleisch und Blut zu essen, was die Thora strikt verbietet. Der Außenstehende bleibt nicht nur ratlos; er muss empört sein, muss Jesus geradezu kriminalisieren. Die Missverstehenden »draußen« werden hier zur Gefahr für Leib und Leben Jesu. Aber was ist der Sinn der schonungslosen Provokation Jesu? Wenn Jesus auffordert, ihn zu essen, dann meint er das auf jeden Fall und mindestens so: Wer glaubt, nimmt ihn selbst ganz in sich auf. Jesus ist nicht vom Vater als der Vermittler des Heils gesandt, so als wäre das Heil eine dritte Größe, die sich von Jesus lösen ließe, die Jesus nur gebracht hätte, um sich dann zu verabschieden. Er selbst ist »mit Haut und Haaren«, leibhaftig und ganz Gottes Heil für die Welt.

Wenn es darauf ankommt, an diesem Heil teilzuhaben, dann genügt es nicht, Jesu Worte zu hören – dann muss man ihn selbst, das eine Wort Gottes, Gott selbst, der in ihm als einem Menschen erschienen ist, in sich aufnehmen. Das Neue Testament kennt nur einen Bildausdruck für diese radikale oder totale Weise der Einverleibung eines leiblichen Gegenübers: das Verschlingen oder Essen. Und wenn man es recht bedenkt, ist das ganz konsequent: Wenn Jesus wirklich das Heil ist, wenn Gott in ihm unabtrennbar (!) leiblich wohnt und präsent ist, dann kommt es um des Himmels willen darauf an, an diesem Jesus zu »kleben« oder, weil er selbst leibhaftig Gott ist, mit ihm leibhaftig eins zu werden. Nur dann ist einer Kind Gottes wie er, nur dann hat er das Ewige Leben wie Gott.

Dieser Vorgang des Essens, Verzehrens und Verschlingens wird ähnlich schon für die Weisheit angenommen und hat sich auch so im Deutschen erhalten (»die Weisheit mit Löffeln essen«). Im Judentum sagt die Weisheit: »Kommt, esst von meinen Früchten«: Die Weisheit ist der personifizierte Weinstock – ganz ähnlich wie Jesus nach Joh 15 der »wahre Weinstock« ist. In jedem Falle meint das Bild des Essens: Das Heil ist unablösbar von der Person Jesu. Denn in ihm stoßen wir auf Gott selbst. Weil das so ist, deshalb spricht das Vierte Evangelium immer wieder nur von der Beziehung zwischen Vater und Sohn, zwischen Gott als Urgrund und dem Wort, das Gott ist. Im Sinne dieser Wahrheit gilt tatsächlich: Wir brauchen nichts und niemanden außer Jesus allein. In ihm haben wir den unteilbar einen Gott leibhaftig und ganz.

Diese Wahrheit ist auf jeden Fall eine fundamentale Voraussetzung für das Verständnis der eucharistischen Gegenwart Jesu in Brot und Wein. Denn auch falls Jesus in Joh 6 nicht schon an das Sakrament der Eucharistie denken sollte, sondern wie sonst bei den Bildern des Vierten Evangeliums nur an die Deutung seiner selbst, dann gälte doch dieses: Dieses Evangelium kennt keine Botschaft, außer eben dieser, dass in Jesus Gott präsent ist. Das ist schon ärgerlich genug, denn es bedeutet, dass wir unter keinen Umständen an Jesus vorbeikommen.

Nach diesem Vorspann lässt sich die eucharistische Gegenwart – die wirkliche Anwesenheit Jesu in den Gaben von Brot und Wein – als eine ungeheure, anstößige Zumutung besser begreifen. Hilfreich für das Verständnis der Eucharistie ist vor allem: An der realen, leibhaftigen Gegenwart Gottes in Jesus kann nach dem gesamten Vierten Evangelium kein Zweifel sein. Das, was Jesus von sich sagt, gilt genauso dann, wenn dieses Essen und Trinken nun *ritualisiert* wird. Denn eben das geschieht in der Eucharistiefeier: Jesus, die Gabe Gottes, Gott von Gott, wird uns radikal und leiblich in den Mund gelegt (was früher in der Mundkommunion zeichenhaft zum Ausdruck kam).

Aus mehreren Gründen ist das kein Kannibalismus. Erstens ist das, woran wir Anteil bekommen beim Mahl, Gott (denn Menschen sind wir schon). Zweitens ist Jesus, Gott von Gott im Sakrament *verborgen,* leiblich präsent und eben nicht als durchblutetes Fleisch. Schon vor Ostern hatte der Leib Jesu, wie an Verklärung und Seewandel erkennbar, besondere, göttliche Qualitäten. Drittens ist das eucharistische Essen immer ganzheitlich: Mit Herz und Leib dürfen wir dem Herrn näher kommen, kommt er uns näher, als wir selbst uns sind.

16.3 Über das Heilige am Mahl

Nach dem Zweiten Vatikanischen Konzil entstand ein Streit darum, was denn wohl die innere Leitidee der Eucharistie sei. Die einen meinten, Eucharistie sei vornehmlich das heilige Opfer, das Gott in einem Akt der Anbetung dargebracht werden müsse, die anderen erklärten das »Mahl« zur prägenden Uridee, was postwendend zu Missverständnissen führte, dachten doch einige, das Mahl sei vor allem eine gesellige Runde um den Tisch herum, gewissermaßen die festliche Überhöhung von Gemeinschaft. Schon Paulus wehrte diese Deutung ab und warnte vor der Verwechslung üblicher Tafelrunden mit dem liturgischen »Heiligen Mahl«. Das eucharistische Mahl ist für Paulus etwas Heiliges. Daher sagt er: Wenn man sich unsolidarisch verhält beim Mahl, dann wird das Heilige nach seiner gefährlichen Seite hin wirksam. Daher seien in der Gemeinde von Korinth so viele krank und gestorben.

Was ist das, »heilig«? Heilig kann sein: der besondere Ort, die besondere Zeit, das besondere Wort, der besondere Mensch, die besondere »Materie«. Das Heilige kann dort sein, wo wir zum Beispiel schweigen, wo wir nicht etwas »machen«, sondern wo uns etwas geschenkt wird, dort, wo wir hören und schauen und nur dadurch verändert werden. Heiliges hat Tabu-Charakter – im positiven wie im negativen Sinn. Wie Starkstrom Segen und Gefährdung sein kann. Tabu, heilig ist das, wovon wir die Finger lassen müssen.

So ist es auch beim eucharistischen Mahl. Denn die Gegenwart Gottes will respektiert sein. Gott in seiner heiligen Gegenwart ist nicht einfach nur lieb. Wenn man das Heilige mit Füßen tritt, ist es verletzt – eine Katastrophe.

Aberglaube? Auch die Menschenwürde ist heilig, ist tabu. Wer Menschen mit dem Stiefel im Gesicht herumtrampelt, verletzt Gottes heiliges Ebenbild. Wer aus Leichen Lampenschirme macht, verletzt selbst dann noch etwas Heiliges.

Wo man Gottes Namen anruft, geht es um Gegenwart des Heiligen, um Gott in seiner ganzen Majestät. Deshalb darf man den Namen Gottes nicht für eine unheilige und schiefe Sache missbrauchen. Zum Beispiel nicht für eine schiefe und ungerechte Sache wie das diskriminierende eucharistische Mahl in Korinth. Die Sünde, um die es in Korinth geht, ist das Zweite Gebot: Wo man den Namen des Herrn über dem Mahl anruft, darf man nicht ein Mahl feiern wie die Räuber. Wo der Name des Herrn angerufen ist, hat weder Ungerechtigkeit Platz noch Wotan oder Krishna. Denn der Gott des Zweiten Gebotes ist der des Ersten Gebotes, der intolerante Gott der Bibel. Intolerant, weil er das Leben selbst ist und weil es zwischen Leben und Tod kein Drittes gibt. Auf Korinth angewandt: Weil das eucharistische Mahl heilig ist, gehört nichts Unversöhntes hierher.

Wodurch ist das eucharistische Mahl heilig? Es ist heilig schon deshalb, weil jedes Mahl etwas mit menschlicher Würde zu tun hat. Wir stopfen nicht in uns hinein, sondern reden oder schweigen, blicken einander an und fangen – meistens – gemeinsam an. Heilig ist das eucharistische Mahl, weil dieses Mahl darüber hinaus im Namen des Herrn stattfindet. Wir rufen den Namen des Herrn darüber an. Damit ist er als der Mahlherr gegenwärtig, steht das Mahl unter seinem Schutz, gilt nur sein Gesetz in diesem befreiten Territorium. Und mehr noch: Ein Mahl ist etwas anderes als eine Diskussion, ein Gespräch. Ein Mahl verbindet uns durch Essen und Trinken, durch das, was gegessen und getrunken wird. Ein Mahl ist nicht nur stofflich, aber auch wesentlich stofflich, es ist nicht nur Zusammensein, aber auch besonderes, festliches Miteinandersein. Das eucharistische Mahl ist nicht *nur* menschlich, wenn Gottes Name darüber angerufen ist, aber es ist *auch* menschlich. Es ist nicht nur Ritus und Heiliges, sondern auch ganz menschlich, Kauen und Trinken. Wenn das Elementarste heilig wird und das Heiligste elementar.

Das eucharistische Mahl ist daher auf ganz eigene, intensive Weise der Ort der Vollendung dessen, was wir unter Heil verstehen. Mensch und Gott begegnen einander, wie bei der Menschwerdung. Daher wird das Himmelreich auch so vorgestellt, als festliche Tischgemeinschaft mit dem erhöhten Herrn.

Das ist die jüdische Grundlage: Das Herrenmahl besteht nicht darin, dass wir etwas denken. Nach jüdischer Vorstellung gibt es kein religiöses Wort oder Denken ohne Kraft und Energie. Aber mit dieser Energie hat es eine besondere Bewandtnis. Denn Gott reagiert auf ein Wort. Wenn wir ihn anrufen, seinen Namen nennen, ist er segnend da. Gott, der große und barmherzige Gott, ist sensibel, er reagiert auf ein Wort hin. Nicht auf Panzer, nicht auf Macht und Reichtum hin lässt er sich herbeilocken – wo Gewalt ist, dort ist er weit weg. Er reagiert, so ist unsere Anschauung, gerade andersherum wie wir Menschen. Wenn bei uns Krieg ist, laufen alle hin. Gottes Ort ist der sanfte Ton, schon nach den Hymnen von Qumran: das Flüstern.

Und eben deshalb ist es ganz klar, dass dort beim Mahl, über dem Gottes Name angerufen ist, keine Macht von Menschen über Menschen ausgeübt werden darf. Dass alle Machtstrukturen, die sonst nur diskriminieren, umzukehren sind. Aber mehr noch: Die Gegenwart Gottes ist das Thema der ganzen Bibel. Sage mir, wo er ist? Sage mir, wo er nicht ist! Die Sehnsucht des jüdischen Volkes geht dahin: Ich will ihr Vater sein, sie sollen meine Kinder sein. Ich will mit ihnen wohnen. Darum geht es beim eucharistischen Mahl: Ein Stück des Wohnens Gottes mit den Menschen. Gesegnetes Volk dank gesegneter Gegenwart. Eucharistische Gegenwart Gottes ist seine Gegenwart in seinem Volk.

Gewiss sitzt Gott nicht irgendwie in der Materie von Brot und Wein drin, das wäre ein magisches Missverständnis. Aber ebenso gewiss ist: Abendmahl ist keine didaktische Veranstaltung, kein bloßes Symbol, kein So-tun-als-ob, sondern Realsymbol, prall gefüllte Gegenwart Gottes. Wenn das Wort hier Macht hat, wenn Mahl die Spitze des Zusammenseins ist, dann geht es um segensreiche Heilsgegenwart Gottes in seinem Volk. Das ist zuallererst Freude. Und nach den Regeln der spirituellen Wirklichkeit ist hier kein Gegensatz zwischen Geist und Materie, zwischen Brotessen und auf das Wort hören, denn es ist auch kein Gegensatz zwischen Gott und Mensch. Als Kinder Gottes sind wir fröhlich um den Tisch versammelt.

Paulus sagt: Die Einheit unter denen, die das eucharistische Mahl feiern, ist die des Leibes Christi. Denn das eine Brot, das Jesus gibt, ist er selbst. So werden durch ihn, der sich gibt, alle im übertragenen Sinne sein »Leib«. Augustinus hat es unübertroffen ausgedrückt: »Wir werden aufgenommen in seinen Leib, werden seine Glieder und sind so das, was wir empfangen.« Die eine Gabe stiftet die Einheit. Mit dem Brot haben wir direkt Anteil an dem einen Herrn. Es ist gar nichts anderes möglich, als dass das gemeinsam gegessene

Brot Jesus selbst ist, der sich gibt. Das, was wir essen und trinken beim Mahl, ist Jesus.

Essen und Trinken umfasst den ganzen abhängigen und bedürftigen Menschen. Und nicht nur wir nehmen Christus in uns auf, auch Gott nimmt unseren ganzen Leib an. Gott versöhnt uns Menschen nicht mit sich, ohne unseren ganzen Leib anzunehmen. Auch unsere Verdauung. Der Mensch ist nicht Geist. Gott will uns ganz durchdringen. Daher besteht diese Gemeinschaft der Menschen auch nicht primär durch Gedanken.

16.4 Zwei Konfessionen – ein Mahl?

Viele Leute möchten gerne die nicht vorhandene Einheit der Kirchen wenigstens schon mal dadurch herstellen, dass sie unterschiedslos katholisches und evangelisches Abendmahl feiern. Das ist zwar romantisch, rührend und kühn, aber sachlich völlig daneben. Es ist wie wenn jemand zu einem kommt und sagt: Ich möchte mit Ihnen ins Bett. Ob wir uns verstehen, mögen, miteinander leben können, klären wir später. So wie Sex die intimste Form des Zusammenseins von Mann und Frau ist, ist Mahl die intimste Form des Zusammenseins von Christen. Gerade deshalb ist mit einem vorweggenommenen Einheitsmahl nichts anzufangen. Wenn man sich wirklich einig ist, die gegenseitigen Amtshandlungen und Autoritäten wirklich anerkennt, dann wird die Feier des gemeinsamen Mahles der höchstmögliche Ausdruck erreichter Gemeinschaft sein. Daher gehört das gemeinsame Mahl an den Schluss und nicht an den Anfang ökumenischer Bestrebungen. Damit kein Zweifel entsteht: Die Gespaltenheit der Christen ist das größte denkbare Ärgernis. Sie zu überwinden ist eine Forderung, die sich direkt aus dem Gottesbild ergibt. Gerade deshalb ist es unumgänglich, die Einheit wirklich und gründlich zu wollen. Und wenn sie wirklich da ist, dann bin ich der erste Teilnehmer am gemeinsamen Abendmahl. Gerade weil das Mahl unüberbietbarer Ausdruck des gemeinsamen Heils ist, kann man nicht sonntags Mahl feiern und montagmorgens mit getrenntem Religionsunterricht fortfahren. Missachten wir das Mahl nicht, streben wir alle danach, dass es wirklich ehrlich als das eine Mahl gefeiert wird. Dazu kann jeder und jede einen Beitrag leisten, nicht zuletzt durch Kennenlernen der anderen Konfession.

Vom Neuen Testament aus gesehen gibt es keinen Anhaltspunkt für die verbreitete Meinung, die Feier interkonfessionellen Abendmahls *jetzt* könne den Prozess der Vereinigung der Kirchen sehr beschleunigen, ja gewissermaßen senkrecht von oben her positiv beenden. Das Neue Testament ist in solchen Fällen grundsätzlich gegenteiliger Auffassung. In den Evangelien wie bei Paulus finden wir die einhellige Meinung, dass eine Versöhnung mit Gott ohne vorausgehende Versöhnung der Menschen untereinander nicht möglich ist. Wer Frieden mit Gott haben will, muss vorher Frieden mit seinen Nächsten und Brüdern in der Gemeinde schließen. Im Klartext heißt das: Wer Abendmahl feiern will, muss zuvor die Kirchenspaltungen überwinden.

Bei Paulus lesen wir nämlich in 1 Kor 11: Es gibt sichtbare Spaltungen in der Gemeinde. Die meisten Forscher nehmen an, es seien Unterschiede zwischen Arm und Reich; ich kann mir auch gut vorstellen, dass es sich – ähnlich wie bei den »Starken« und »Schwachen« in Kapitel 8–10 desselben Briefes – um kulturelle Differenzen aus vorchristlicher Zeit handelte, die auch Uneinheitlichkeit, Störung und vor allem Diskriminierung beim gemeinsamen Herrenmahl zur Folge hatten. Paulus sagt hier nicht etwa: »Feiert nur Abendmahl, dann wird alles gut werden.« Erstaunlicherweise ist für ihn das Herrenmahl überhaupt kein Weg, die verlorene Einheit wiederherzustellen. Vielmehr reagiert er für den Fall, dass die Gemeinde bei Fortbestand von ernsten Differenzen Herrenmahl feiert, mit den härtesten Ausdrücken, die er je zur Geißelung menschlichen Fehlverhaltens gefunden hat. Er sagt nämlich: Wer mit dem einheitlichen Mahl die bestehenden Unterschiede übertünchen möchte, der »isst und trinkt sich das Gericht«. Früher war diese Vorstellung besonders für evangelische Christen so schlimm, dass man sich tunlichst vom Abendmahl fern hielt, wenn es denn eine so gefährliche Sache war. Man hat damals das »unwürdig essen und trinken« auf falsche Auffassungen und abweichende Vorstellungen vom Abendmahl bezogen. In der neueren Exegese sieht man da klarer: Paulus meint tatsächlich Spaltungen in der Gemeinde, die gegen die Realsymbolik des Sakraments verstoßen. Denn nach 1 Kor 10,15–17 stellt die Gemeinde durch das Essen des einen Brotes ihren gemeinsamen Ursprung in dem einen Herrn dar.

Der Vollzug des Sakramentes ist daher nichts anderes als eine »inszenierte« Botschaft von der Einzigkeit Gottes und dem einen Herrn Jesus Christus. In einer Welt der vielen Gottheiten und der sozialen Entwurzelung und Heimatlosigkeit vieler in der Hafenstadt Korinth liegt alles daran, dass diese Botschaft von dem einen Herrn für viele glaubwürdig ist. In der Tat: Nichts wäre für die Verkündigung des einen Herrn gewonnen, wenn die Christen unter sich erkennbar zerstritten wären. Das gilt übrigens damals wie heute. Das Thema des gemeinsamen Herrenmahls ist daher nicht, wie vielfach angenommen, die Freude am Mahl oder die Vorwegnahme des Himmels. Nach Paulus ist das Thema des Mahls die Einheit der vielen. Begründet ist sie übrigens auch für Paulus in der Taufe; verkündigt und damit vollendet wird sie in der Eucharistie. Aber wenn an dieser Stelle das Zeichen unglaubwürdig ist, dann scheitert die Verkündigung selbst. Übrigens kann man von Paulus einen wichtigen Grundsatz moderner Hermeneutik ablesen. Auch heute kann gelten, dass die konkurrenzlos wirksamste Verkündigung des Evangeliums durch die Gestalt und das Auftreten der Gemeinde selbst geschieht – nicht durch ihr Wort, sondern eben durch den Vollzug ihres Lebens, hauptsächlich durch den sonntäglichen Gottesdienst. Und so hat auch das Deutewort vom Bund beim Trinken des Kelches die Funktion, auf die Einheit aller durch die Institution des Bundes hinzuweisen.

Auch Jesus fordert wiederholt, dass die Menschen erst einander vergeben müssen, bevor Gott ihnen vergeben kann. Am deutlichsten ist das zu spüren im (übrigens oft genug falsch übersetzten) Vaterunser und im darauf folgenden Kommentar Jesu: *»Und vergib uns unsere Schuld, weil auch wir denen bereits vergeben* haben*, die uns etwas schuldig geblieben sind … Denn wenn ihr den Menschen ihre Verfehlungen vergebt, dann wird euch auch euer Vater im Himmel vergeben. Wenn ihr das nicht könnt, kann auch Gott euch nicht vergeben«* (Mt 6,12.14f.). Man kann fragen, ob Jesus nicht doch mit Gnade und Sakrament rechnet, die dem Einzelnen die Kraft geben, vergeben zu können. Und tatsächlich rührt ja die moderne Auffassung, das Abendmahl werde von sich aus die Einheit »irgendwie« zuwege bringen oder bewirken, auf einer solchen Vorstellung von Gnade und Sakament. Jesus würde wohl antworten, dass er eine solche Auffassung vom Mahl nur als Heuchelei und endgültig als Magie betrachten würde. Überall aus der Verkündigung Jesu, nicht zuletzt aus dem Gleichnis vom unbarmherzigen Knecht (Mt 18), geht hervor, dass Versöhnung unter Menschen unabweislich Aufgabe der Menschen ist. Und Gott erlässt dann und unter dieser Bedingung Schuld ihm gegenüber. Aber wo Menschen nicht ihre Aufgabe erledigen, hat das Sich-Berufen auf Gottes Vergebung nur katastrophale Folgen. Denn das Gleichnis vom unbarmherzigen Knecht endet ähnlich schrecklich wie die übertünchte Einheit beim Mahl in Korinth, nämlich mit Heulen und Zähneknirschen.

Warum ist das so? Weil der Hinweis auf Gottes Vergebung oder auf Gottes Frieden, auf die sakramentale Einheit der Gemeinde, nie und nimmer zum Ruhekissen für den Menschen werden darf, der daraufhin dann den Unfrieden unter Menschen munter fortbestehen lässt. Genau diese Gefahr besteht auch beim vorzeitig inszenierten Abendmahl unter uneinigen Christen: Das Abendmahl würde zum Ruhekissen für alle, die kein Interesse daran haben, das durch die Spaltung der Kirchen vielerorts und immer wieder bewirkte Unrecht zu beseitigen. Dass die Spaltung der Kirchen Quelle für vieles Unrecht ist, belegt die deutsche Geschichte seit Jahrhunderten, und Katholiken und Protestanten haben sich dabei nichts gegenseitig vorzuwerfen. Ich erinnere nur an die Probleme, die sich – besonders für Theologen – in Mischehen mit der Kindertaufe ergeben. Fazit: Das, was wohlmeinende Christen mit dem gemeinsamen Abendmahl leider noch immer tief getrennter Christen vorhaben, widerspricht in jeder Hinsicht dem Neuen Testament.

Noch ein letzter Gesichtspunkt sei genannt. Bei manchen Reformatoren, auch bei Luther, taucht bisweilen die Meinung auf, das Abendmahl sei ein Mittel zur Verkündigung, und zwar zur Buße. Da es im Abendmahl um die Liebe Gottes gehe, sei es selbst eine Bußpredigt. Nun bleibt jedem unbenommen, das Abendmahl auch so zu sehen. Doch die Reformatoren sind hier in der Gefahr, den Unterschied zwischen den missionarischen Mahlzeiten Jesu mit Zöllnern und Sündern einerseits und dem letzten Abendmahl mit den zwölf Aposteln andererseits zu verwischen. Denn nur das letzte Mahl enthält Deuteworte und Wiederholungsbefehl, nur hier ist ausdrücklich von den Zwölfen und vom Bund die Rede. Das letzte Mahl ist Stiftung eines Sakraments, die missionarischen Mahlzeiten Jesu sind dieses in gar keiner Weise. Sie sind Vorbereitungen zum letzten Mahl, so wie alle bestehenden ökumenischen Formen der Zusammenarbeit Vorbereitungen auf eine zukünftige Mahlgemeinschaft sind. Es ist jedem unbenommen, die missionarischen Mahlzeiten Jesu mit offenem Teilnehmerkreis fortzusetzen. Nur darf er das dann nicht Abendmahl nennen. Für das Letztere fordert schon die »Lehre der Zwölf Apostel« (Didache) aus dem 1. Jahrhundert, in der auch die lutherische Form des Vaterunsers enthalten ist, dass nur Getaufte es empfangen dürfen.

16.5 Die himmlisch-irdische Dimension der Eucharistie

In den Traditionen der Ostkirche und der katholischen Kirche gibt es eine starke Tendenz, den eucharistischen Gottesdienst aus dem Geist der Anbetung heraus zu feiern und ihn als einen mystischen Akt zu begreifen, in dem sich Himmel und Erde begegnen. Da dieser Charakter heute vielfach aus vermeintlich biblischen Gründen unter den Tisch fällt, damit aber etwas Wesentliches verloren geht, möchte ich einige Anmerkungen dazu beitragen.

Ein erster Höhepunkt des eucharistischen Hochgebets ist die Präfation. Sie endet damit, dass die versammelte Gemeinde gemeinsam mit Engeln und Erzengeln, Thronen und Herrschaften den Lobgesang »Heilig, heilig, heilig …« anstimmt. Ich möchte im Folgenden begründen, dass es sich hierbei um einen expliziten Akt der Anbetung handelt, und dass auf das stehend gesungene Sanctus hin das Niederknien sinnvoll, ja sachlich zwingend ist. Zur Begründung nenne ich Texte vor allem aus ostkirchlichen Liturgien, die manchmal ausführlicher sind als unsere knappen westlichen Dokumente.

»Heiliger Gott, der du im himmlischen Heiligtum ruhst, der du von den Seraphim mit dem Gesang des Dreimalheilig *gepriesen* und von den Cherubim verherrlicht und von allen himmlischen Mächten *angebetet* wirst ... Du hast uns, deine geringen und unwürdigen Diener, gewürdigt, auch in dieser Stunde vor der Heiligkeit deines heiligen Altares zu stehen und die dir gebührende *Anbetung und Verherrlichung* darzubringen. Nimm du selbst, o Herr, auch aus dem Munde von uns Sündern den Hymnus des Dreimalheilig an ...« (aus der Basilius-Liturgie). Das heißt: Die Kirche nimmt in ihrem Kult an der himmlischen Liturgie Anteil. So heißt es beim so genannten »Großen Einzug« im Gesang des Cherubim-Hymnus: Die Gläubigen selbst stellten »die Cherubim geheimnisvoll dar«. Schon die noch nicht konsekrierten (= gewandelten) Opfergaben sind *typoi* (Stellvertreter) des als Pantokrator einziehenden Herrn, schon jetzt bei der Opferung sind sie »Symbol, Ikone, Erscheinungsbild Jesu Christi«. Der Cherubim-Hymnus schließlich betrachtet die irdische Liturgie nicht nur als Abbild und Spiegelbild der himmlischen, sondern es wird die unlösliche *Verbindung und also letztlich die wesensmäßige Einheit beider Liturgien, der irdischen und der himmlischen, vorausgesetzt.*

In der ostsyrischen Liturgie (der mit Rom Unierten) betet der Priester: »Vor dem glorreichen Thron deiner Majestät, Herr, und dem hohen und erhabenen Sitz deiner Herrlichkeit – vor dem ehrfurchtgebietenden Richterstuhl der Macht deiner Liebe und dem Sühnealtar, den dein Wille errichtet hat – vor dem Ort, da deine Ehre wohnt, *werfen wir uns nieder*, wir, dein Volk und die Schafe deiner Weide, zusammen mit Tausenden von Cherubim, die dir Halleluja singen, und Zehntausenden von Seraphim und Erzengeln, die dich heilig nennen. Mit ihnen *beten wir dich an*, preisen wir dich und verherrlichen wir dich allezeit, Herr des Alls.« Das heißt in dieser Liturgie, die auf das 4. Jh. n. Chr. zurückgeht: Anbetung ist Sich-Niederwerfen, und das ist zweifelos nicht nur rhetorisch zu verstehen.

In der Liturgie der armenisch-apostolisch-orthodoxen Kirche (gleichfalls aus dem 4. Jahrhundert) heißt es: »In dieser Stätte der

Heiligkeit und an diesem Orte des Lobgesangs, in dieser Wohnung der Engel und an diesem Sühneort für die Menschen, vor diesen Gott wohlgefälligen und verklärten Zeichen und vor diesem heiligen Altar *werfen wir uns nieder in Ehrfurcht und Anbetung.* Wir preisen und verherrlichen deine heilige, wunderbare und siegreiche Herrschaft, und zusammen mit den himmlischen Heerscharen bringen wir dir Lobpreis und Verherrlichung dar – dir und dem Vater und dem Heiligen Geiste, jetzt und allezeit und in alle Ewigkeit. Amen.« Hier ist der Altar bereits der Sühneort (= Ort, an die Versöhnung des Menschen mit Gott gewirkt wird), und damit steht nicht nur das Sanctus im Blick, sondern auch schon das Gedächtnis des Todes Jesu.

Die Konzeption der Gemeinschaft von Menschen und Engeln ist bereits im Judentum vorbereitet, und sie ist insbesondere ein Erbstück von den Trägerkreisen der Qumran-Rollen her. Schon in Tob 8,15 BA heißt es: *Gepriesen seist du, Gott, mit jeglichem reinen und heiligen Lobpreis! Ja, preisen sollen dich deine Heiligen und alle deine Geschöpfe, und alle deine Engel und deine Auserwählten sollen dich preisen in alle Ewigkeit.*

In Ps 138,1f. heißt es: *Ich will dich preisen, Herr, von ganzem Herzen und* vor den Engeln *will ich dir lobsingen. Ich will* anbeten *vor deinem Heiligen Tempel und deinen Namen preisen um deiner Barmherzigkeit und deiner Treue willen.* Aus dem »vor den Engeln« *(in conspectu angelorum)* wird dann in den Texten von Qumran und in der christlichen Liturgie das »mit den Engeln«. Nach 1 QH (Hymnen aus Qumran) 3,19ff. heißt es: »Den verkehrten Geist hast du gereinigt von großer Verfehlung, auf dass er sich hinstelle an den Standort (vor Gott) mit der Heerschar der Heiligen und in die Gemeinschaft eintrete mit der Gemeinde der Himmlischen …«

Gemeinschaft mit den Engeln, das bedeutet: Anders als im Tempelkult Israels in Jerusalem ist der Kult nicht auf Erden, Gott aber im Himmel. Sondern: Die Kult feiernde Gemeinde ist – dank der Gnade Gottes gereinigt von Schuld – so heilig, dass sie mit den Engeln Gott anbeten und in der direkten Nähe Gottes sein darf. In der christlichen Präfation wird dieses Element konsequent auf das Herrenmahl übertragen. Denn hier geht es nun um eine Steigerung gegenüber allem Frühjudentum: Gott ist leibhaftig präsent, und die Gemeinde ist durch Jesu Tod und die eigene Taufe geheiligt und Gott entscheidend näher gebracht.

Nach Offb 4 singen die 24 Ältesten vor Gottes Thron: *Herr, unser Gott, dein ist die Herrlichkeit, die Ehre und die Macht. Denn du hast alles geschaffen, durch deinen Willen haben alle Dinge Bestand und Ordnung.* Dann fallen sie vor dem Gott auf dem Thron anbetend auf die Knie und legen ihre Kronen vor dem Thron nieder. Der Lobgesang und die Proskynese (= das rituelle Niederfallen vor dem Herrscher) sind hier deutlich zusammengehörig. Der Lobgesang benennt und begründet das, was daraufhin in dem Ritus des Niederfallens bezeugt wird.

In einem der Gebete nach der Wandlung heißt es: »... dein heiliger Engel möge dieses Opfer zu deinem himmlischen Altar emportragen vor das Angesicht deiner göttlichen Majestät.« Das »Opfer«, von dem hier die Rede ist, meint die Eucharistie als Dank, meint das *sacrificium laudis* (Opfergabe des Lobes). Hier wird ein direkter Zusammenhang zwischen dem irdischen Altar und dem himmlischen hergestellt. Der himmlische Altar im himmlischen Heiligtum ist der Ort der absoluten Präsenz Gottes. Hinter dem irdischen Altar wird der himmlische gewissermaßen sichtbar. Das irdische und das himmlische Heiligtum stehen zu einander in Entsprechung. Zum Altar als dem Ort der Anwesenheit Gottes kennen die älteren Präfationen der Altarweihe eindrückliche Gebete (vgl. Corpus praefationum 165): »Du, dessen Anfang und Ende nicht zu begreifen ist, der du so groß bist, wie du hast sein wollen, heiliger und wunderbarer Gott, dessen Macht die Elemente nicht fassen können, dich loben wir und bitten dich flehentlich: Nimm diesen Altar an wie den Abels, der in seinem Martyrium ein Urbild für das Geheimnis des Heils war, als er ihn, von seinem Bruder gemordet, mit frischem Blut benetzte und heiligte. Nimm diesen Altar an, Herr, wie jenen anderen, den unser Vater Abraham, der dich von Angesicht sehen durfte, gebaut und durch die Anrufung deines Namens geweiht hat und auf dem er mithilfe des Priesters Melchisedech das siegreiche Opfer der Erlösung im Voraus vollzog. Nimm diesen Altar an, Herr, wie jenen anderen, auf den Abraham, der den Samen unseres Glaubens gesät hat, vertrauensvoll seinen Sohn Isaak legte, weil er von ganzem Herzen an dich glaubte, und so den geheimnisvollen Heilsweg, der in Jesu Leiden liegt, sichtbar werden ließ. Denn als der Sohn auf dem Altar lag, wurde das Lamm geschlachtet. Nimm diesen Altar an, Herr, wie jenen anderen, den Isaak, als er die Quelle tiefster Frömmigkeit gefunden und ihr den Namen ›Fülle‹ gegeben hatte, zum Dank deiner Herrlichkeit weihte. Nimm diesen Altar an, Herr, wie jenen anderen, den Mose erbaute, nachdem er die Gebote empfangen hatte, und auf zwölf Steinen befestigte, welche die Zwölf Apostel darstellen. Nimm diesen Altar an, Herr, wie jenen anderen, den Mose durch sieben Tage der Buße reinigte und nach deiner himmlischen Anweisung ›Allerheiligstes‹ nannte. Denn du hattest zu ihm gesagt: ›Wer diesen Altar berührt, soll als geheiligt gelten.‹«

Die intensive Sinnlichkeit der Altarweihe bedeutet zugleich erinnernde Rekapitulation und Ort der heiligen Anwesenheit Gottes. Die christliche Anbetung im Kanonteil der Messe hat auch etwas zu tun mit dem Altar. Wie konsequent, dass die Calvinisten auf Altäre ganz verzichten.

In einem der ostkirchlichen Anaphora-Gebete (*anaphora* = Darbringung, Opfer), der äthiopischen Anaphora des Jakob von Sarug (§ 35 Euringer) wird das eucharistische Geheimnis direkt dem Weihnachtsmysterium, der Inkarnation gleichgesetzt: »Es tue sich auf das Tor des Lichtes, und es sollen sich öffnen die Pforten der Glorie, und es werde zurückgezogen der Vorhang, der vor dem Angesicht des Vaters ist, und es steige herab – siehe! – das Lamm Gottes und throne auf diesem Altar ..., und es werde entsandt Melos, das Furcht erregende Feuerschwert, und erscheine über diesem Brot und Kelch und vollende diese Eucharistie.«

Ähnlich in der äthiopischen Gregorius-Anaphora § 7: »Durch den Vorhang der Wolken war er verborgen und durch die Heilige Jungfrau wurde der Erlöser geboren. Der Herr wurde gefunden, die wahre Sonne der Gerechtigkeit ging auf. Wir glauben an den Vater als den Sender und glauben an den Sohn als den Gesandten und glauben an den Heiligen Geist als den Lebendigmacher« (Äthiopische Gregorius-Anaphora § 7 [Löfgren/Euringer]). In der Eucharistie wiederholt sich der Vorgang der Menschwerdung: Der Vorhang öffnet sich, Jesus Christus steigt herab. Wenn aber Eucharistie und Menschwerdung so eng zusammengehören, dann ist es angemessen, den auf dem Altar präsenten Gottessohn anzubeten, wie es die Magier einst nach Mt 2 getan haben.

Das Hochgebet endet – vor dem Vaterunser – mit einer so genannten Doxologie (= hymnenartiger Lobspruch). Darin betont der Priester feierlich, dass Gott bestimmte Attribute zu Recht zukommen. Nach meiner Formgeschichte ist Doxologie gegeben, »wenn dem Gegenüber ein nominal formuliertes Heilsgut zugesprochen« wird. Der Ursprung ist eine magisch-sakramentale Sprachhandlung, die jemandem zuspricht, was ihm rechtens zukommt. Dieses Zusprechen ist deskriptiv, konstitutiv und intensivierend (wie z.B. im Friedensgruß). Der Text lautet: *Durch ihn und mit ihm und in ihm ist dir, allmächtiger Vater, in der Einheit des Heiligen Geistes alle Ehre und Verherrlichung.* Ein verwandter Text liegt in 1 Kor 8,6 vor. Auch er ist wesentlich mit Präpositionen formuliert: Aus Gott und auf ihn hin besteht alles, und durch den Sohn bewegt es sich auf ihn hin: *Doch wir kennen nur den einen Gott und Vater, der alles geschaffen hat und für den wir leben, und einen Herrn, Jesus Christus, durch den alles geschaffen ist, auch wir.* Was hier und in der Umwelt des Neuen Testaments mit »aus« und »auf ihn hin« formuliert ist, hat der Kanon der heiligen Messe mit den Präpositionen »durch«, »mit« und »in« formuliert. Das heißt: Hier ist die Christologie maßgeblich, hier wird Jesus als Mittler gefeiert. Wie das Sanctus am Beginn, so ist die Doxologie am Schluss des eucharistischen Hochgebets ein Akt der Anbetung. Damit ist das ganze Hochgebet doxologisch gerahmt. Und genau dieses entspricht dem Titel »Eucharistie« (= Danksagung).

16.6 Kleines Plädoyer für die Anbetung

Die christliche Neuzeit dürfte das erste christliche Zeitalter sein, in dem der Terminus »Anbetung« zur Marginalie verkommen ist. Aus den folgenden Überlegungen wird erkennbar, wie zentral die Anbetung für das Christentum ist. Anbetung ist vor allem Reaktion auf die *Gegenwart Gottes*. Sie ist das Thema der ganzen Bibel, und zwar in unterschiedlichen Variationen. In der paulinischen Auffassung vom Herrenmahl erreicht sie ihre Spitze. Je länger ich Theologe bin, umso stärker entdecke ich, dass dieses mein eigentliches Thema war und ist.

Anbetung ist theologisch gesehen die erste Reaktion des Menschen Gott gegenüber. Der Mensch betet Gott an, sobald er ihn als Wirklichkeit wahrnimmt. Anbetung ist daher Unterwerfung des Menschen unter Gott und damit Anerkennung dessen, dass der Mensch nicht Gott ist. »Zwei Dinge habe ich in meinem Leben herausgefunden: dass es Gott gibt, und dass ich es nicht bin.« Die Konsequenz ist Anbetung.

Anbetung war noch niemals in der Religionsgeschichte ein bloßer Bewusstseinsakt. Sie geschieht nicht in Gedanken, sondern selbstverständlich in Zeichen. Anbetung ist daher eine ganzheitliche Äußerung des Menschen. Sie ist – im Unterschied zur Bekehrung, die immer eine Sache des Herzens ist – ein ganzmenschlicher Vorgang.

Dazu gehört als Erstes die so genannte Geste der Demut: Seit der Zeit, in der das persische Hofzeremoniell entwickelt wurde, ist diese Geste das Sich-Niederwerfen auf den Boden (gewiss eine kulturelle Konvention, aber eine, die man heute noch spontan versteht, auch wenn man nur zufällig von »außen« dazutritt). In der Liturgie wird diese »volle« Anbetungsgeste bei der Diakonats- und Priesterweihe und am Karfreitag geübt. Anatomisch gesehen setzt sie immer das Auf-die-Knie-Fallen voraus. Anbetung ist nicht nur individuell, sondern vollzieht sich nach den Grundregeln des Kultischen, also:

a) zumindest stellvertretend, d. h. ausdrücklich im Namen der ganzen Kirche und aller Kreatur.
b) Sie geschieht nach dem Gesetz der kultischen Unverhältnismäßigkeit nur eine Zeit lang und nicht immerzu. Das heißt: Obwohl eigentlich das ganze Leben Gott gehört, kann der Mensch nur einen mehr oder weniger großen Teil davon Gott schenken. Das ist immer unverhältnismäßig wenig.

Anbetung geschieht wesentlich auch schweigend. Sie ist die Konsequenz auf den vorgetragenen Lobpreis: Auf den verbalen Lobpreis folgt das Auf-die-Knie-Fallen. Natürlich gibt es beides auch ohne einander, aber dieses ist sozusagen die ideale Vollständigkeit. Der verbale Lobpreis wird (zumindest tendenziell) gemeinschaftlich vollzogen und zumeist in der Körpersprache des Stehens. Die Anbetung wird in der Regel kniend vollzogen, aber auch in der Vollform des Niederwerfens, wie man nicht zuletzt in Taizé beobachten kann, wo sich Jugendliche diesen Gestus spontan (wieder)angeeignet haben. Wo Anbetung in Worte gekleidet wird, wird in der ersten Person Singular gesprochen, wie in dem schönen Gebet des Thomas von Aquin: *Adoro te devote, latens deitas* (»Hier bet' ich auf den Knien verborg'ner Gott, dich an«).

Wir können daher folgenden idealtypischen Ablauf rekonstruieren: Lobpreis – körperliche Zeichenhandlung des Sich-Demütigens – Sich sammeln vor Gottes Gegenwart – Einbeziehung der Christenheit und aller Kreatur in die Anbetung – Hinhören auf das, was Gott im Schweigen zu sagen hat – Ende der Anbetung vielleicht mit selbstformulierten Worten des Beters. Anbetung hat deshalb einen selbstverständlichen »Sitz im Leben« in der Eucharistiefeier, weil sie Reaktion auf die unüberbietbare Gegenwart Gottes ist.

16.7 Das Zeichen der Taufe und was es bewirkt

Was die Taufe eigentlich ist, wird volkskirchlichen Christen, die fast nur noch die Kindertaufe kennen, selten anschaulich. Das Erlebnis, dass ein Erwachsenenleben durch Bekehrung und Lebenswende in die Taufe mündet, war das urchristlich Normale. Wo immer die christliche Taufe »auf den Namen Jesu« (so in der judenchristlichen Mission) oder »auf den Namen des Vaters, des Sohnes und des Heiligen Geistes« vollzogen wird, bedeutet diese Nennung des Namens über dem zu Taufenden seine Übereignung an Jesus bzw. den Heiligen Geist. Wer zu Jesus, respektive zum Dreifaltigen Gott gehört, steht unwiderruflich unter seinem Schutz. Dabei enthält bereits die Wassertaufe mehrere Bedeutungsschichten, die sich nicht ausschließen, sondern ergänzen:

- Das Zeichen der Wassertaufe bedeutet: Wer so getauft ist, ist damit »imprägniert« gegen die Feuertaufe im Gericht.
- Wer sich taufen lässt, für den ereignet sich die große Scheidung im Gericht schon jetzt, wie es das Johannesevangelium lehrt: Die Stunde der Krisis ist *jetzt*, sie wird am Ende der Welt nur sichtbar.
- Die Taufe steht in Analogie zur Auferweckung Toter (Joh 5,21: *Denn wie der Vater die Toten auferweckt und lebendig macht, so macht auch der Sohn lebendig, wen er will*). Die Taufe ist sachlich gesehen neue Geburt zu neuem Leben aus Gott.
- Zur Taufe gehört untrennbar das Schon-vollzogen-Haben des Gerichts in der Glaubensentscheidung, denn wer getauft wird, hat die Krise schon hinter sich.
- Die Taufe ist das Ergriffenwerden durch das Licht, das vom »Tag des Herrn« jetzt schon in diese Weltzeit hereinbricht.
- Taufe ist Verherrlichtwerden.

Daher kann man sagen: Tauftheologie ist wesentlich Endzeit-Theologie. Im sakramentalen Akt der Taufe ist christliche Endzeiterwartung in einem bestimmten Punkt sakramental zugespitzt. Ähnliches gilt auch von den anderen Sakramenten, besonders von der Eucharistie.

Daher muss man sagen: Die christlichen Sakramente sind nicht »nachösterliche« Produkte einer verbürgerlichten Kirche, die den geistigen Impuls Jesu in magischen Akten verdinglicht und sich dadurch als Spenderinstanz unersetzlich gemacht hat. Die Sakramente sind nur von der Endzeitpredigt Jesu her zu verstehen. Sie sind vollmächtige, von Jesus selbst autorisierte Zeichenhandlungen wie viele der Taten Jesu sonst auch, aber Zeichenhandlungen besonderen Charakters.

Das bedeutet: Insgesamt wird in in den Sakramenten das Heil, das Gott uns zugedacht hat, punktuell greifbar. Das erklärt auch, warum Taufe nur einmal gespendet werden kann: Alles Endzeitgeschehen gibt es nur als definitiv endgültiges. Es geschieht unter dem Horizont des definitiv letzten Tages, ohne dass ein weiterer Tag möglich wäre.

Theologisch bedeutet das: Wo wir den vom Herrn ausgesandten Boten begegnen, stehen wir ultimativ vor dem »Tag des Herrn«, stehen wir ihm selbst gegenüber. 2000 Jahre Mission sind daher wie ein einziger Tag im Angesicht des wiederkommenden Herrn. Er kommt sozusagen am Abend dieses Tages. Das legt definitive Verantwortlichkeit nahe und eine für die ganze Zeit geltende Wachsamkeit. Nichts ist »auf später« aufschiebbar. Jedes Tun ist in bestimmter Hinsicht endgültig, und wo es unvollkommen war oder reine Bosheit, drängt die Kirche auf Vergebung im Sakrament. Dass insbesondere die Taufe so intensiv den Tag des Herrn repräsentiert, das gehört zu dem, was der Täufer und Jesus neu in die Welt gebracht haben. Hier wird die Botschaft von der Endzeit gültig umgesetzt. Sie ist gerade in der Kirche der Sakramente nie und nimmer vergessen worden!

Für alle Christen ist die Taufe mit Wasser und aus Heiligem Geist die Erfüllung von Ez 36,25f.: *»Dann sprenge ich über euch reines Wasser, damit ihr gereinigt werdet; von all euren Unreinheiten und von all euren Götzen will ich euch reinigen. Ich gebe euch ein neues Herz und lege neuen Geist in eure Brust; ich entferne das Herz aus Stein aus eurem Leib und gebe euch ein Herz aus Fleisch. Meinen Geist lege ich in eure Brust und bewirke, dass ihr nach meinen Satzungen wandelt, meine Gesetze beobachtet und erfüllt.«* Diese Endzeit-Erwartung des Propheten Ezechiel wird in der Vollgestalt der christlichen Taufe erfüllt. Auch in dieser Hinsicht gilt daher, dass die Sakramente kein Verrat an der Endzeitbotschaft Jesu sind, sondern deren Erfüllung. Ähnlich wie beim Abendmahl (jemanden zum Fressen gern haben) wird auch hier ein sprachliches Bild in einen Ritus überführt (Visualisierung einer Metapher).

KAPITEL 17

Kann man mit Jesus sterben?

17.1 Von einem, der übers Wasser ging

Das ist eine wunderbare Erzählung vom Vertrauen, wo es um Menschen geht, die sich in schweren Wassern befinden und darin Ausschau halten nach dem, was hilft: Jesu Gang über das nächtliche Meer (Mk 6,45–52). Führen wir uns die Szene sinnlich vor Augen: Was die Jünger hier erfahren, ist von starken Gegensätzen geprägt: Da ist jemand, wo sonst nichts ist, zwischen Wasser und Nacht. Da ruht der Blick auf einer Person, da gibt es Halt, wo sonst kein Halten ist. Da verhallt ein Ruf nicht in der Weite der Nacht, sondern trifft auf ein Gegenüber. Da ist der Herr mitten in den Elementen, die kein Mensch beherrschen kann. Denn bis heute lassen Wassermassen sich kaum beherrschen. Da ist der ewige Gott selbst an dem Ort, an dem das Flüchtigste zerrinnt und verläuft. Mitten im Dunkel und Sturm der Nacht ist einer, der der göttliche Frieden selber ist. Sein warmes Herz schlägt, wo Kälte und Versinken ist. Dort, wo einem nur noch Chemie begegnet – und das ist hier so, wie auch im ganzen weiten Weltraum, wenn wir das richtig sehen –, dort steht ein Mensch. Er ist der Einsame, hinausgeführt vom Geist in diese Grenzerfahrung im nächtlichen Meer wie einst in der Wüste – und doch als Einsamer der Einzige, der in dieser Gegend Gemeinschaft schenken kann. Denn der Einsame ist zwar für sich selbst genug und doch voll Sehnsucht nach den Menschen.

Wir fragen: Ist das hier ein Wunder neben anderen Wundern? Jedenfalls machen die Jünger bei diesem Ereignis eine mystische Erfahrung von höchstem Gehalt, eine Erfahrung damit, wer Jesus ist. Diese Erfahrung ist wie bei der Verklärung an Jesu Leib gebunden. Das irritiert uns Menschen heute. Wenn wir wissen wollen, wer Jesus war, sprechen wir über »Titel«. »War Jesus Sohn Gottes?«, fragen wir. In dieser Erzählung gibt es keinen Titel. Wie bei der Verklärung geschieht etwas mit seinem Leib. Die Jünger können ahnen, dass jeder, der Jesus ähnlich wird, wie er einen Leib haben wird, der so frei ist. Frei von Tod und Schwere, von Grenzen zwischen Mensch und Gott. Die Jünger können ahnen: Jesu Leib ist vor-vollendet. Was ihm geschieht, ist für alle Verheißung. Gewiss ist das eine neue Wirklichkeitsebene, die sich hier erschließt. Aber es ist doch der menschliche Leib Jesu, der diese Verwandlung erfahren hat.

Für mich ist diese Erzählung ein Schlüssel für andere Wunderberichte auch: Denn die Wunder Jesu werden von ihm nicht als Illustration seiner Lehre erzählt, zur Beglaubigung wie bei Apollonius von Tyana oder bei den Rabbinen. Jesus ist nicht einfach ein Wundertäter neben anderen; wer das meint, hat den Zusammenhang zwischen der Botschaft und diesen Zeichen noch nicht erfasst. Nein, Jesus tut nicht *auch noch* Wunder. Wunder sind schon gar nicht eine Glaubens- und Gehorsamsprüfung, wie sie oft von Menschen unserer Tage empfunden oder gehandhabt werden. Das Entscheidende an den Wundern ist, dass sie ankündigen, mit uns im Ganzen werde etwas geschehen.

Wunder haben zu tun mit dem Gottesbild Jesu. Sie sind zeichenhafte Andeutungen, dass bei Gott die materielle Welt nicht außen vor bleiben soll, dass er in unsere Körperwelt wirklich eindringen will. Dass Jesus auf dem Wasser geht, sagt daher eine inkarnatorische Wahrheit, es vertieft die Menschwerdung Gottes, stellt sie neu dar, erfüllt sie in anderen Zusammenhängen. Jesus steht den Jüngern hier gegenüber als Mensch und Gott zugleich. Wenn man die übrigen Wunder im Lichte dieses Geschehens sieht, dann sind sie Hinweise auf die Neue Schöpfung, die mit ihnen begonnen hat. Jesus macht Menschen gesund, weil man daran erkennen kann, was der Schöpfergott mit uns im Ganzen will. Sie werden in Empfang genommen wie andere Zeichen und Vorzeichen auch. Der Wundertäter ist als Missionar für das Erste Gebot unterwegs.

Die neutestamentlichen Wunder sind keine *marginalia*, sondern *magnalia dei* – keine Randphänomene, sondern Großtaten Gottes. Jesus wirkt sie nicht beiläufig, am Rand dessen, was sein Eigentliches wäre (so denkt es sich die wortfixierte Liberale Theologie, wenn sie Jesus denn überhaupt Wunder wirken lässt). In den Wundern dringt Gott in die Erde ein. Sie sind nicht äußerlich bestätigend, sondern ein Teil der Sache selbst. Sie sind Gottes eigenste Taten. Dass Jesus auf dem Wasser geht, meint in der Sprache der Evangelisten eben das, was wir »Inkarnation« nennen, Erscheinen Gottes, Realpräsenz in einem Menschen auf Erden.

Wenn das Jesu Leib ist, dann ist auch Jungfrauengeburt und Auferstehung möglich. Freilich ist das nicht durchgehend Jesu Art, sich unter den Menschen zu präsentieren. Offenbarungen Gottes im strengen Sinne des Wortes geschehen bei Jesus immer nur für einen Moment, wie ein Aufblitzen. Das ist bei der Verklärung so wie beim Gehen auf dem Wasser. Wer auf dem Wasser gehen kann, ist Gott. Über diese je und je aufblitzende Göttlichkeit Jesu ist noch nicht ausreichend nachgedacht. Auch beim Seesturm leistet Jesus etwas, das nur Gott kann, auch die Verfluchung des Feigenbaums gehört hierher.

Der auf dem Wasser Gehende ist auch und wesentlich der kommende Herr. Eindrücklich sagt Bernhard von Clairvaux zur Braut und zum Bräutigam, zur Kirche und ihrem Herrn, an dieser Stelle: »Komm, Herr, komm, sie zu befreien, Herr, Gott der Mächte« *(veni domine, veni ad liberandum eam, domine deus virtutum)*. Die mittelalterliche monastische Exegese bestätigt unsere Überlegungen. Das ist nicht zufällig. Denn diese Exegese lebt aus der meditativen Verarbeitung der ganzen Schrift.

Die mittelalterlichen Gebete und Präfationen entfalten zu diesem Text Typologien, die hier fortgeführt werden sollen. Erstens wird der Durchzug durch das Rote Meer genannt. Im Sinne der Typologie der Osternacht kann man ergänzen: Jesus Christus ist wie die Feuersäule, die den geretteten Israeliten vorausging. Die Osternacht sagt dieses vom Auferstandenen, die Berichte der Evangelien setzen diese Erfahrung schon vor Ostern an. Die Osterkerze selbst stellt im Dunkel der Osternacht genau diese leuchtende Feuersäule dar. Zweitens werden Befreiungswunder zitiert. Jesus, der auf dem Wasser geht, ist der freie Befreier. Wenn wir so werden dürfen wie er, sind wir auch frei wie er. Das zeigt besonders die Rettung des Petrus nach Mt 14. Man verweist auf die Rettung des Propheten Jona aus dem Fischbauch, auf die Befreiung des Apostels Paulus von Ketten. Drittens steht das Meer für »alles Schädliche und dem Menschen Feindliche«, für »die feindlichen Regungen unreiner Geister«. Viertens wird eine Entsprechung zur Schöpfungsgeschichte gesehen. Denn die Elemente Dunkelheit und Wasser sind hier wie dort gegeben. Wie der Schöpfer am Anfang, so steht Jesus hier mitten in Dunkelheit und Wasser, aber eben als der Herr. Dieser Text muss daher neben andere gestellt werden, in denen Jesus als der Schöpfer erkennbar wird. Bernhard von Clairvaux geht noch weiter und bittet darum, Jesus Christus möge sein Licht und seine Wahrheit senden, damit das wahre Mittagslicht aus der Höhe alle Falschheit entlarve und das Licht scheide von der Finsternis – also wie in der Schöpfung –, damit wir nicht unter das Wort des Propheten fallen, dass wir das Licht zur Finsternis machen und die Finsternis zum Licht. Allzuoft sei die Kirche vom Schrecken der Nacht erfasst, denn »es war Nacht«, da jeder Gott einen Dienst zu erweisen meinte, der einen Heiligen tötete. Fünftens wird das Gehen auf dem Wasser verglichen mit Jesu Höllenfahrt. Das Meer erkannte ihn, so heißt es, es wurde unter seinen Füßen als fester Boden; die Unterwelt erkannte ihn, als er die ehernen Tore zerbrach. Die Wassertiefe wird dadurch zur Tiefe des Todes, dass ihr die Solidität der Ewigkeit im Bild des Seeufers gegenübergestelt wird. Sechstens ist Jesu Leib in seiner schwerelosen Qualität derselbe Leib, mit dem Jesus durch verschlossene Türen ging, mit dem er den Leib der Gottesmutter verlassen hat, ohne ihn zu verletzen, mit dem er unbeschädigt und unverletzt aus der Hölle hervorging. Die Konsequenz: Er ist wahrhaft Gott, der sich in seinen wunderbaren Taten offenbart. Schließlich wird auch betont, dass die Jünger hier an ihrem Herrn Halt finden, wo sonst weit und breit kein Halt ist. Bernhard von Clairvaux sagt: Die Braut, die Kirche, solle sich festhalten am Bräutigam.

Der Jesus, der übers Wasser ging, kommt auch uns gerade dann entgegen, wenn wir in schweren Wassern sind, wenn es Nacht um uns wird, wenn wir den Tod vor Augen haben, wenn wir ein Wunder, nichts als ein Wunder brauchen. Das Mitgehen mit Jesus auf unseren bisherigen Wegen, das Vertrauen auf ihn in den kleinen Dingen, war dann die Einübung in das große Vertrauen, das uns nicht untergehen lässt, wo die Elemente stärker sind als der Mensch, aber schwächer als der Herr, dem wir unauflöslich verbunden sind.

17.2 Wie wir so werden, dass wir vor Gott treten können

Vor Gott, heißt es, könne nichts treten, was unvollkommen ist. Das Nicht-Gute hat vor Gott keinen Bestand. Wie können wir Sünder dann sterben, ohne von Gott auf der Stelle ausgewischt zu werden, ohne dass wir vor ihm ins Nichts versinken? Wir sind doch schuldgezeichnete Wesen, die nicht aufhören können an jedem neuen Tag neu schuldig zu werden. Sünde und Schuld gehören unauflöslich zum Menschsein hinzu. Sind wir in letzter Instanz haltlos?

Sünde und Schuld – es empfiehlt sich, dieses Thema nicht abstrakt und dogmatisch, sondern auf die Erfahrung bezogen zu diskutieren. Das ist auch deshalb nötig, um dem Einwand auszuweichen, Sünde werde den Menschen durch »die Kirche« eingeredet, um damit die Notwendigkeit einer späteren Erlösung zu begründen.

Sünde hängt zusammen mit der Erfahrung des »schlechten«, anklagenden Gewissens. Und die Dimension der Schuld trifft sich mit der Alltagsweisheit des Zusammenhangs von Tun und Ergehen, nach dem der Mensch irgendwann von seinem Tun »eingeholt« wird. Die im Bild der Erinnyen gefasste Erfahrung der Griechen sagt Entsprechendes: Die Rache folgt auf den Fuß. Die Rolle der christlichen Religion angesichts dieser Erfahrung ist erstens die Klärung und Erfassung, zweitens die Herstellung einer Verbindung zu Gott, drittens der Aufweis einer Möglichkeit der Befreiung (Vergebung).

1. Von Sünde zu sprechen bedeutet Erfahrung zu klären. Zur Klärung hat der christliche Glaube dieses beizutragen: Sünde ist maßlos gewordener Egoismus. Gewiss braucht der Mensch Lust, um leben zu können. Sünde ist erst dort gegeben, wo der Mensch die geschaffene und lebensnotwendige Lust ins Maßlose überschreitet und egoistisch werden lässt. Erst dann ist Sünde gegeben. Das bedeutet: Der Mensch ist auf Lust angewiesen, Lust zum Essen, Lust zur Sexualität, ja Lust zum Leben überhaupt. Das ist nicht Sünde. Sünde gibt es erst dann, wenn aus der notwendigen vitalen Lust die maßlose Begierde wird.

Nach Paulus nistet sich die Sünde beim Menschen ein. Das setzt voraus: Sünde kommt von außen in den Menschen hinein. Sie spiegelt ihm etwas vor, nämlich Lebensgewinn, Erfüllung der vitalen Bedürfnisse. Aber weil wir schwach sind, vergessen wir unsere Grenzen, werden wir maßlos. So lassen wir uns mit der Sünde ein und verfallen dem, was wir eigentlich nicht wollen, dem Tod. Nicht die Vitalität sollen wir anklagen (sonst hätte Nietzsche Recht), sondern unser maßloses, süchtiges Herz, das uns in den Abgrund ziehen kann. Sünde ist daher eine Sucht zum Tode, vergleichbar einem dunklen, wilden Strudel, der den Menschen in Richtung Tod mitreißt. Wie wenn nach einem Unwetter braune Wassermassen fast unwiderstehlich einem Abfluss zueilen und alles mitreißen, was sich ihnen in den Weg stellt. Sünde ist eine wilde Sucht zum Tod. Wenn wir uns nur eingelassen haben, treibt der Strudel uns dem Tod zu. Nur der erste Schritt war noch freiwillig. Dann wird die Sünde Herrin über unser Inneres, vergiftet und verdirbt unser Wollen. Die Verflechtung mit diesem Habitus wird nur noch größer, wenn wir anfangen, diese Abhängigkeit auch noch ideologisch zu begründen.

2. Sünde ist ein religiöses Phänomen, denn Sünde hat etwas mit Gott zu tun. Durch diese Erklärung, die das Christentum gibt, wird die ungewisse Dumpfheit, sich irgendwie verfehlt zu haben, eindeutig in eine bestimmte Richtung hin gedeutet. Das hat durchaus etwas mit Spiritualität zu tun, denn Spiritualität heißt: Das Leben des Menschen und er selbst gewinnen Gestalt von innen her. Dabei geht es dem Menschen, der sich verfehlt hat, wie dem verlorenen Sohn, der plötzlich einsieht: »Ich habe gesündigt vor dem Himmel und vor dir.« »Vor dem Himmel«, das meint Gott – und zwar nicht als den, der den Menschen belastet, sondern der den Schrei des Bekenntnisses hört. An Gott ist dieser Schrei gerichtet ist und er konnte glücklicherweise Adressat dieses Urschreis am Anfang des neuen Lebensabschnitts werden. Einen anderen, erstaunlichen Aspekt bietet das Hiob-Buch in 14,6. Hiob bittet Gott: *»Blicke doch weg vom Menschen, damit er Ruhe hat, dass er sich wie ein Tagelöhner seines Tages freue.«* Während sonst Beter um Zuwendung Gottes bitten, gilt hier das Gegenteil. Hiob bittet Gott, er möge von ihm wegblicken, ihn mit seiner Gegenwart verschonen. Doch es gibt keine Schonzeit, Hiob wird nicht freundlicherweise für haftunfähig erklärt. Das erflehte Nicht-Hinsehen mutet Gott ein Handeln innerhalb der Grauzone zu. Das Gebet Hiobs steht genau zwischen Vergessen und Gejagtwerden. Solange der Mensch betet, darf er hoffen, dass Gott die Prozessvorbereitung wenigstens unterbricht. Das ist die Hoffnung Hiobs hier: Gott bewahrt vor der Unmenschlichkeit ständiger Erinnerung und gibt die Möglichkeit des Betens. Zwischen Gottes Größe und der Schuld des Menschen liegt überdies also auch die Gnade der Alltäglichkeit. Ein Weiterleben ohne die ständige Angst vor dem Gejagtwerden ist nur möglich, wenn Gott darum gebeten wird, die Verantwortung zu übernehmen. Gott möge das zerbrechliche Kartenhaus bestehen lassen.

*3. **Sünde kann vergeben werden.*** Sünde hat drittens etwas mit Vergebung zu tun. Oft hat man dieses vergessen: Von Sünde und Schuld ist im Christentum überhaupt nur deshalb die Rede, weil es hier die Instanz gibt, die Vergebung gewähren kann. Das ist ähnlich wie mit dem Teufel. Er kommt nur deshalb im Christentum vor, weil dieses von seiner Überwindung kündet. Den Teufel gibt es in der christlichen Religion nicht, um Angst zu machen. Ebensowenig gibt es die Rede von Sünde und Schuld, um Menschen mit Freudlosigkeit zu belasten. Beide, Teufel und Sünde, werden nur anlässlich der Möglichkeit genannt, von ihnen befreit zu werden. Beide werden in ein Drama eingebaut, an dessen Ende sie beide verschwunden sind und nichts mehr zu sagen haben. Man kann diesen Hauch der Befreiung österlich nennen, denn am Ostermorgen haucht Jesus nach Joh 20 die Jünger mit dem Heiligen Geist an, indem er sagt: *»Empfangt den Heiligen Geist. Wenn ihr Menschen ihre Sünden vergebt, dann sind diese* *vergeben.«* Wilhelm von Saint-Thierry, der Freund des Bernhard von Clairvaux, der wohl größte Theologe des 12. Jahrhunderts, fasst den Zusammenhang zwischen Sündenvergebung, Freude und Heiligem Geist in die Worte eines Gebets (Orationes meditativae 4,19): »Lehre mich also, Heiliger Geist, ununterbrochen zu beten, damit ich mich, verbunden mit dir, ununterbrochen freuen kann. Denn auch wenn dein armer Beter beim Beten wehklagt, weil er ganz wenig Heiligen Geist hat und an seine Sünden denkt oder Angst hat, dann wird seine Freude umso größer sein, je heftiger der Schmerz ist, den er verspürt. Und auch umgekehrt: Wer in der Welt nur Freude kennt, der wird, je heftiger er sich freut, doch durch sein verborgenes Gewissen umso heftiger gequält und gepeinigt. Das bescheidene und reine Gebet bedeutet immer ganz viel Freude.«

Man kann die Vergebung jedoch auch mit dem Kreuz Jesu verbinden. Der schon genannte Wilhelm von Saint-Thierry sagt das im 5. Kapitel seiner »Orationes meditativae«: »Wo gibt es ein Gebet für diejenigen, die bewusst gesündigt haben? Solange sie so bleiben, wie sie sind, gilt für sie die Umarmung durch den Gekreuzigten nicht, der am Querbalken des Kreuzes die Arme ausbreitet, sodass es den Anschein hat, als umarme er alle, für die er gestorben ist … (9) Ach, mein Gewissen klagt mich an. Aber auch die Wahrheit spricht mich nicht frei, denn sie kann nicht sagen: Er wusste nicht, was er tat. Vergib mir also, Herr, um deines kostbaren Blutes willen, alle meine Sünden, in die ich, wissentlich oder unwissentlich, hineingestolpert bin. Gib mir, deinem zerknirschten Sünder, doch einen Rat, sag mir, was ich tun kann, um sie wieder gutzumachen, besonders wenn sie wissentlich begangen wurden.« (Übers. Berger/Nord)

Nach dem Neuen Testament kann Vergebung der Sünden auch ohne Jesu Kreuz erfolgen, und so sehen es auch die Psalmen. Doch durchgehend wird der Kreuzestod so gedeutet: Gott hatte ihn nicht »nötig«, um zu vergeben. Aber da Jesus nun einmal gewaltsam umgebracht wurde, ist dieses historische Ereignis für Gott ein Anlass gewesen, umso heftiger seine Feindesliebe zu uns Menschen zu erklären und den Hass der Mörder mit Liebe zu beantworten. Dass schon Jesus beim letzten Mahl dieses als Bund (der Vergebung) deutet, erwirkt diesem Zeichen den Charakter unumstößlicher, »juristischer« Gewissheit. Zudem sehen die Apostel im Tod Jesu die Zeichenkraft vergossenen Blutes erneuert.

Im Christentum sehen wir also den Menschen, der sterben und vor Gott bestehen kann, weil ihm vergeben wurde. Albrecht Dürer hat eine Skizze vom Menschen hinterlassen, die ihn in stolzem Stehen mit ausgebreiteten Armen zeigt. Luther kennt das Bild, dass die ausgebreiteten Arme des Gekreuzigten die Position sind, hinter die sich der Mensch stellen kann. Wenn Gott dann auf den Menschen blickt, schaut er Christus an, den vollkommenen Sohn, und mit und hinter ihm alle anderen Menschen, die seiner Einladung gefolgt sind und sich mit ihm zur Deckung gebracht haben, die in seinem Leib sind.

17.3 EXKURS:
Persönlicher Brief an Petrus, betr.: Hahnenschrei-Affäre

Vorbemerkung: 1. Ich habe aus guten Gründen eine besondere Beziehung zu einem gewissen Simon Petrus. 2. Ich kann mich nicht heraushalten, kann kein Buch über Jesus schreiben in feiner Distanz (alle sind gemeint, bloß nicht ich). 3. Deshalb bringe ich mich durch einen persönlichen Brief in die Sache ein. 4. Das soll die Ausnahme bleiben, daher der Titel »Exkurs«.

Prof. Dr. Klaus Berger 69115 Heidelberg
den 28. 6. 2003

Herrn
Simon Petrus
Fischereimeister / Apostelfürst
postlagernd Caesarea Philippi / Jerusalem / Rom

Betr.: Hahnenschrei-Affäre

Sehr geehrter Herr Simon,
gestatten Sie, dass ich Sie mit Ihrem bürgerlichen Namen anrede.
Ich werde Sie daher nicht als Herr Stein ansprechen. Denn das passt

nicht zu jemandem, der zum Steinerweichen geheult hat oder haben soll. Außerdem verzichte ich auf das Leuten wie Ihnen gegenüber gebräuchliche Du. Denn so verlieren wir doch nur zu leicht aus dem Auge, dass es sich auch bei Ihnen um einen Mitchristen handelt, der ein Recht auf Datenschutz und Privatsphäre hat. So wie jeder Mitchrist neben uns in der Bankreihe.

Ich bin gebeten worden, eine persönliche Stellungnahme zu einer Affäre zu liefern, die Sie nach allen vier Evangelien belastet. Ohne je einen Untersuchungsausschuss (in der Folge sage ich: U-Ausschuss) einzusetzen, hat man diese so genannte Hahnenschrei-Affäre über fast 2000 Jahre tradiert. Zu Ihrem Nachteil und zu dem der Kirche. Es ist mein Ziel, Sie zu entlasten. Wozu bin ich denn schließlich Exeget? Für Ihren Kollegen Isch-Karioth hat man dieses schon länger getan. Nur für Sie noch nicht. Begreiflich, weil man der Kirche gerne etwas anhaben möchte?

Zunächst einmal glaube ich die ganze Geschichte nicht. Denn woher wissen die Evangelisten das alles? Woher wissen sie, was nächtens zwischen Ihnen und jungen Frauen für Worte gewechselt wurden, damals in der finstersten aller Nächte? Es war niemand weiter dabei. Die Evangelisten tun gerade so, als hätten sie daneben gestanden. Und wenn ja: Wie hätten die sich wohl verhalten?

Außerdem haben die VerfasserInnen der Passionsgeschichte etwas gegen Männer: Alle männlichen Wesen, zum Teil sogar Jesus inbegriffen, werden als Schlappschwänze gezeichnet: Die Jünger fliehen, Judas verrät, Sie streiten die Bekanntschaft ab, Jesus wird in Gethsemane schwach. Kerzengerade stehen immer nur die Frauen da. Sie verharren zum Teil sogar unter dem Kreuz, eine Frau salbt Jesus schon vorher, die anderen wollen es am Ostermorgen nachholen. Die männlichen Jünger verlachen deren Ostervisionen. Diese profeministische Haltung macht die Evangelisten unglaubwürdig. In der Sicht der traditionellen Exegese verdient die Erzählung keinen Glauben, siehe W. G. Kümmel, Einleitung in das Neue Testament, S. 256, Anmerkung 322.

Aber nehmen wir einmal an, die Sache wäre historisch. Reden wir über den ungünstigsten aller denkbaren Fälle. Sie haben demnach die Bekanntschaft mit Jesus abgestritten. Haben gesagt, dass

Sie Jesus nie gesehen haben. Peanuts, die in jedem U-Ausschuss vorkommen! Es entlastet Sie aus der Sicht der Exegese, dass Sie dies nicht vor einem U-Ausschuss gesagt haben, also nicht offiziell, sondern privat, nur vor sozial äußerst niedrig gestellten Frauen: Jerusalemer Mädgen, Sklavinnen also. Vor denen darf man wohl so reagieren. Frauen sind geschwätzig, klatschsüchtig und lassen leicht aus Mücken Elefanten werden. Sie haben sich völlig richtig verhalten. Was geht es eine Magd an, ob Sie Jesus gekannt haben?

Entscheidend aber ist die Situation. Neulich wurde es beiläufig in den Nachrichten erwähnt: Die Mafia hat in einem vornehmen Stadtteil Roms eine Autobombe explodieren lassen. Denn dort wohnte ein Anti-Mafia-Journalist, zugleich ein hoher Richter, der die Mafia verfolgt. Und so macht es die Mafia: Jeden ihrer Gegner legt sie um, auch wenn er den Verfolgern nur nahe steht. Diese Handschrift der Mafia ist bestechend klar und sehr gut lesbar. Daher kann in solchen Fällen nur gelten: Wer klug ist, hält sich da heraus. Nehmen wir aber einmal an, so ein mutiger Journalist geriete in die Hände der Mafia und hätte den sicheren Tod vor Augen. Wäre es da nicht klug, die Urheberschaft an einschlägig kritischen Artikeln zu bestreiten? Das erlösende »Ich war's nicht« zu sprechen? Zu sagen, dass ein Kollege in Abwesenheit oder die ganze Redaktion den Beitrag verfasst hätte? Er selbst, der Journalist, sei schon immer nicht gegen die Mafia gewesen. Wem würde durch solche Leugnung geschadet? Im Gegenteil, das Leben des Journalisten wäre gerettet. Und das wäre weitaus sinnvoller als ein Martyrium. Sie haben, sehr geehrter Herr Simon, durch Ihre Leugnung wahrscheinlich Ihr Leben gerettet. Sie haben ferner, und das ist in allen U-Ausschüssen wichtig, durch Ihre Haltung niemandem geschadet. »Aus meinem Verhalten ist niemandem Schaden erwachsen.« Gerade das hören wir sehr oft, auch von Leuten, die noch ganz weit oben sind und nicht die Spur eines schlechten Gewissens zeigen.

Daher brauchen Sie, sehr geehrter Herr Simon, kein schlechtes Gewissen zu haben. Gerade Ihre Leugnung hat Sie als Leitungsfigur qualifiziert. Sie sind der geborene Kirchenführer. Nicht nur für die Päpste sind Sie damit zum Vorbild geworden. Tun wir nicht so, als sei die Machterhaltung immer nur das Problem der anderen. Sie ist, subtiler noch, das Problem derer, die immer behaupten, darauf zu verzichten. Heuchlerischer Machterhalt ist das Lieblingsspiel meiner Generation, in der die Intelligenz grundsätzlich links stand, zu stehen schien.

Fassen wir zusammen: Sie haben niemandem geschadet. Und Sie brauchen nicht jeder hergelaufenen Magd Ihre Beziehung zu Jesus offenbaren. Sie haben Ihr Leben gerettet und damit der Kirche genützt, da Sie noch ein paar Jahre lang als Apostel wirken konnten. »Der Kirche genützt«, ja, auch das hören wir öfter. Sie hatten einen äußerst realistischen Blick dafür, wo das Himmelfahrtskommando anfängt. Himmelfahrt mag ja schön sein, aber bitte etwas später! Bitte nicht jetzt, bitte nach Ihnen!

Darf ich persönlich werden, ja? Ich hatte einen weisen Doktorvater. Frühzeitig hatte sich in ihm der Gedanke festgesetzt, dass meine Exegese der Kirche schade und von ihr bitter verfolgt würde. Daher ließ er im Kreis der Doktoranden ein Gedicht vorlesen, das so endete: »Dieses sagen – jenes meinen. Weiterleben.« Das heißt: Man darf wohl für sich denken, was man denken muss. Aber wenn es Nachteile bringt, darf man es nicht öffentlich sagen. Das allein ermöglicht das Weiterleben. »Weiterleben«, das war auch Ihr Stichwort. Ich habe mich damals, voll Hochmut, wiederum schuldig werdend, nicht daran gehalten. Der Doktorvater hat mich bei der Kirche angezeigt. Aber ich kann nur sagen: Ich habe schwer gebüßt für meinen Hochmut. Wenn es bizarre Verkrachtheiten gibt, dann kommen sie alle daher: von der Überschätzung des Persönlichen; das hat vielen geschadet, auch der Kirche. Sie haben dagegen, wenn ich es recht sehe, für das Weiterleben optiert. Fabelhaft! Das war einfach normal. Sie haben es riskiert, dafür schuldig zu werden. Aber das war wenigstens klar und erkennbar. Und ohne gelehrte Eitelkeit. Sie sind davon ausgegangen, dass für die Jünger Jesu der Grundsatz galt: Mitgefangen, mitgehangen. Sie haben rechtzeitig erkannt, dass Ihr Leben in äußerster Gefahr war. Warum sollte zu dem ersten Justizmord ein zweiter namens Petrus hinzukommen? Warum sollten Sie den Menschen übermütig Gelegenheit geben, noch ein weiteres Mal schreiendes Unrecht zu verüben, dieses Mal an Ihnen?

Kurzum: Niemand, wirklich niemand soll mit dem Finger auf Sie zeigen. Was Sie getan haben, war vernünftig, menschenfreundlich und für die Kirche nützlich. Und mit einer Selbstverfluchung, denn das bedeutet das griechische Wort, wie Sie sie geübt haben (»Er begann, zu schwören und sich selbst zu verfluchen: Ich kenne diesen Menschen nicht …«), könnte man leben. Sie ist folgenlos. Denn Fluch und Segen gehören, wie ich Ihnen als Exeget beruhigend sagen kann, zum mythischen Bereich. So nennen wir alles, was es nicht wirklich gibt. Umso unverständlicher, sehr geehrter Herr Simon, umso unverständlicher ist das, was die Evangelisten dann über Sie zu berichten wagen: Dass Sie zusammengebrochen seien, weil der Hahn gekräht habe. Dass Sie geheult hätten wie ein Kettenhund. Allein und mitten in der Nacht. Wieder war niemand dabei. Ich kann es nicht glauben.

Außerdem heult ein Seemann nicht. Auf dem See Gennesaret gibt es häufig Fallwinde und dann bedenkliche Stürme. Sie sind also mit Sicherheit sturmerprobt. Die Evangelisten in ihrer profeministischen Tendenz wollten Sie nur lächerlich machen. Nur Frauenbeauftragte können sich so über anerkannte Kirchenführer lustig machen, Ihre Männlichkeit an der empfindlichsten Stelle treffen. Sie sollen geheult haben. Dass ich nicht lache. So bin ich übrigens auch erzogen worden, ich zitiere: »Ein deutscher Junge weint nicht. Heulen ist Mädchensache. Bei denen kommt auf zweimal Pipimachen dreimal Heulen« – Zitat Ende. Aus ähnlichen Gründen habe ich mir immer eine Lederhose gewünscht. Meine anthroposophische Tante hat es indes zu verhindern gewusst.

Außerdem hat es wohl jemanden geärgert, dass Sie offiziell »Herr Stein« heißen. Ein Neider, der Ihnen eins reinwürgen wollte. Ein Herr Stein, der neurotisch auf einen Hahn reagiert. Irgendeinen Beziehungswahn sollen Sie gehabt haben. Oder versuchen wir es tiefenpsychologisch. Denken Sie an Sigmund Freud einerseits und den Hahn andererseits. Merken Sie was? Ahnen Sie, womit man Sie fertigmachen wollte?

Die Geschichte hat sich wohl nur deshalb in den Evangelien ohne textkritische Lakunen (= Auslassungen) gehalten, und das kann ich nun wiederum verstehen, weil man auf diese sehr subtile Weise alle

Fehler von Kirchenführern entschuldigen konnte. Wenn selbst Petrus nicht ohne Fehl war, müssen »wir« erst recht nicht vollkommen sein. Petrus könnte ja mit Sündern mitfühlen. Man spielte Ihre Schwächen gegen den eifernden, harten Propheten Elija aus. Man war froh, keinen strengen Elija als Leitbild zu haben, sondern einen schwachen, opportunistischen Petrus mit dem Mut zur Sünde. Man kann dann ja immer wieder bereuen, beichten, umkehren ... Das heißt: Man hat Ihre Geschichte gerne erzählt, um sich vor Augen zu halten: Selbst ein Abfall vom Christentum ist leicht vergebbar. Selbst wenn man wie Sie in direkter Reichweite zur Hauptfigur der Weltgeschichte steht. Steht und lügt. Aber man orientierte sich am Positiven.

So begegnet uns ja auch eine wahre Inflation von Vergebungssprüchen in jedem Gottesdienst. Wie schön für unsere Entschuldung. Dieses kirchliche Interesse ist also wiederum verständlich und wiederum auf seine Weise menschenfreundlich. Man kann daher sehen, dass selbst in der Wirkungsgeschichte Ihres angeblichen neurotischen Zusammenbruchs sich Ihre Option für Lebenserhaltung und Menschenfreundlichkeit durchgesetzt hat.

So kann man also damit schließen: Wir sind alle keine Un- und keine Übermenschen. Ihre Verleugnung war lebenserhaltend. Ihre Tränen sind historisch unglaubhaft, und wenn nicht, dann stark übertrieben. Im Übrigen zeigen Sie, dass uns immer wieder vergeben wird, was wir auch tun. Wie schön für uns.

Möge mein Brief auch anderen den Weg zu einem lebensbejahenden Christentum weisen. Ihr Fehltritt war keiner. Jeder U-Ausschuss müsste platzen. Sie standen Jesus nahe. Eine seiner ersten Taten war die Heilung Ihrer Frau Schwiegermutter. Halten wir uns an das Positive. Christentum ist familienfreundlich und gegen Einzelmartyrien empfehlen wir eventuell Herrn Brüsewitz.

Wo auch immer Sie dieser Brief erreicht, und sei es in Rom, bin ich mit freundlichen Grüßen

Ihr sehr ergebener

Klaus Berger, sacrae theologiae professor.

PS, *id est: post scriptum*. Nach einer unruhigen und schlaflosen Nacht habe ich mir die Sache noch einmal überlegt. Es ist jetzt gegen vier

Uhr morgens. In der Stille kann ich schon die ersten Vögel zwitschern hören.

Ich habe Angst, ob ich Recht habe. Obwohl Professor, habe ich, viel öfter als ich sagen darf, Angst, ob ich Recht habe, in der Wissenschaft und auch sonst. Wem meine Exegese eigentlich dient. Und mein Herz … Ein Satz lässt mich nicht los: »Und er ging hinaus und weinte bitterlich.« Hinausgehen, die Szene wechseln, nicht mehr so weiter machen wollen. Martin Luther übersetzt hier ganz wörtlich: »bitterlich«. Dabei denke ich wie von selbst an die Stationen in meinem Leben, an denen ich bitterlich geweint habe. Ich kann keine vergessen. Und ich blicke auf das Ende Ihres Apostelkollegen Judas. Suizid, Selbsttötung. Zerbrochen. Alles sinnlos. Konsequent war auch er. Großartige Gestalten hat Jesus sich ausgesucht. Zwei Männer, der Verräter und der Verleugner, brechen zusammen, streichen sich durch, Judas und Sie. Den feinen Unterschied zwischen Durchstreichen des Vergehens und Durchstreichen des Täters konnten Sie nicht machen. Doch irgendetwas hat Sie gehalten. Zuerst aber dies: Ihr Opportunismus, der doch Leben erhalten sollte, war am Ende nicht zum Aushalten. Als Jesus das mit dem dreimal Verleugnen zu Ihnen sagte, wollten Sie ihn bestimmt nicht verleugnen, Sie hatten sich die Situation vorgestellt als Szene vor Gericht, vor einem römischen Richter, in der Pose des Märtyrers. Darauf hatten Sie sich eingestellt. Aber es kam ganz anders, unscheinbarer, subtiler, raffinierter vom Standpunkt des Versuchers aus gesehen. Der Märtyrer hat es – so gesehen – einfach. Ähnlich ist es mit der Situation der Christen im Ostblock einst im Verhältnis zur differenzierten Situation jetzt. Auch wir verleugnen den Herrn stets dort und dann, wenn wir nicht darauf gefasst waren, wo wir keine Falle vermuteten, wenn unser Eifer blind wird, zum Beispiel.

Also: Falls Sie doch geweint haben sollten, echt und bitterlich, das wäre schon was! Ja, vielleicht wäre es das: ganz tief drinnen erschüttert werden … Einmal noch ganz nackt und bloß und schutzlos sein, zitternd, wie gerade auf die Welt gekommen. Sich schutzlos machen. Von keinem Genossen mehr gedeckt. Ganz erbärmlich allein sein vor dem großen Himmel. Einmal ehrlich sein! Und danach: Wie nach einem Gewitter … Ein Zusammenbruch, aber Gott sei Dank kein Zerbrechen. Es war Ihre einzige Chance. Es wäre unsere einzige Chance. Wie es im Kirchenlied heißt: »...für unser Volk und Land.«

Gott schenke uns die Gabe der Tränen. Und so beginnt ein schönes, heute verschollenes Gebet des Mittelalters: »Herr, du hast deine Kirche gegründet auf die Briefe des Paulus und auf die Tränen des Petrus ...« So ist das bei uns: Auf Tränen kann man Kirche gründen.

17.4 Geburt und Tod als Stationen der Spiritualität

Jesus steht nicht zuletzt darin den Pharisäern nahe, dass er wie sie eine Alltags-Spiritualität fordert und vorlebt. Als »Spiritualität« bezeichne ich eine äußere und innere Gestalt des Alltagslebens. Die äußere Gestalt ist geprägt durch religiös-liturgische Unterbrechungen des Alltagslebens, wie zum Beispiel durch das Stundengebet. Die innere Gestalt bedeutet eine bestimmte Mentalität, die sich als häufiges »Denken an«, als Erinnerung und als Hoffnung (Bewusstsein von Zukunft) äußert. Spiritualität ist daher eine Sache der Zeit, eingespannt zwischen die Grenzpunkte der Zeit, zwischen Anfang und Ende. Deshalb besteht Anlass, auch die Fragen nach Woher und Wohin, also die Grundfragen der Religion, mit der Frage nach der Spiritualität zu verbinden.

Aus dem Vorlaufen zum Tod (Martin Heidegger) entsteht auch die Frage nach dem Danach. So setzt das Bewusstsein der Endlichkeit immer auch den umgreifenden Horizont mit, da zugleich mit der Wahrnehmung der Endlichkeit die Frage auftaucht, was denn nun davor und was danach sei. Doch beides entzieht sich der Antwort. Ein gravierendes Nichtwissen umfasst den Menschen »von vorne« und »von hinten«. Auch die neuzeitliche Wissenschaft kann dieses Dunkel nicht erhellen. Nahtoderfahrungen sind fragwürdig, weil es gar nicht feststeht, ob es sich wirklich um Todeserfahrungen handelt und nicht nur um Wahrnehmungen »noch im Leib«.

Umso erstaunlicher ist, dass nahezu alle Religionen die Frage nach einem Danach positiv beantworten, und zwar seit Menschengedenken. Man spricht von Begegnungen mit Totengeistern und von der Wiederbelebung Toter. Experimentell nachprüfbar ist dergleichen nie gewesen. Auch die Frage nach dem »Davor« wird in einem platonischen Mythos und in den unterschiedlichen Seelenwanderungs- und Karmalehren positiv beantwortet. Demnach hat die Seele des Menschen vor der Geburt entweder die Wahl, in welchen Körper sie gehen will (Platon), oder sie hat diese Wahl eben nicht, sondern wird je nach Kontostand der guten oder schlechten Taten in einen bestimmten Leib hineingesetzt.

Nach jüdischer und christlicher Auffassung erschafft Gott die Einzelseele bei der Erzeugung jedes einzelnen Menschen (Creatianismus). Nach anderen frühmittelalterlichen Autoren wird die Seele dagegen von den Eltern zuwege gebracht (Generatianismus), und gewisse Reminiszenzen oder Wieder-Erkennungen, die immer wieder als Beweis für die Seelenwanderung angeführt werden, könnten auf diesem Weg eine mögliche Erklärung finden: Es könnte ja sein, dass bestimmte Erinnerungen oder Eindrücke den Weg in das Erbmaterial finden. Das stünde einer je individuellen Entstehung der Einzelseele, die auch der Generatianismus lehrt, gar nicht zwingend im Wege. Denn auch das Mittelalter fasst mit »Seele« sehr Verschiedenartiges zusammen: Vegetatives (Grundvorgänge des Lebens), Sensitives (Sinneswahrnehmungen), Rationales (Erinnerung und Vernunft) und schließlich das Seelenfünklein (die so genannte unsterbliche Seele von Gott).

Der Anknüpfungspunkt für die meisten Lehren von der Wiederverkörperung der Seelen sind freilich nicht Erinnerungen (diese haben eine merkwürdige Neigung, aus »Ägypten« zu stammen, zweifellos eine Ideologie des 19. Jahrhunderts), sondern die Theodizeefrage. Sind schlimme Umstände (missgebildeter Körper, Schicksal) die Folgen von Taten in früheren Leben? Die entsprechenden Lehren rechnen hier mit einem merkwürdigen Automatismus der Vergeltung. Das Christentum lehnt derartige Ansichten ab, da es einerseits die Dimension der Vergebung kennt und zum anderen an der strikten Einmaligkeit und Einzigkeit des Menschen festhält und weiß, dass von daher unser Menschenbild geprägt ist. So teilen wir Christen mit den Juden die eigenartige, kaum beachtete Auffassung, dass mit dem Tod eines jeden Menschen alle seine Sünden vergeben sind. So lautet Röm 6,7b: *Wer stirbt, ist damit frei von aller Sündenschuld.* Ähnlich ist es mit dem Finanzamt und dem Prozessrecht. Nach dem Tod ist keiner mehr zu belangen. Selbst das gestrenge Dienstrecht für Beamte sagt: Stirbt jemand auf einer Dienstreise, so ist die Dienstreise mit seinem Tod beendet. – Dieser Grundsatz gilt freilich auch exklusiv. Jeder Einzelne wird mit dem Tod für seine Sünden bestraft. Mehr kann er dann auch nicht erwarten. Tot ist dann eben wirklich tot.

Außer wenn ein ganz und gar Gerechter stellvertretend für uns gestorben ist. Dann ist der leibliche Tod für uns in Wirklichkeit nur ein Durchgang zum wichtigeren Teil des Ewigen Lebens, das er für uns gewonnen hat, dann ist unser leiblicher Tod nur Ende des ersten Teils. Denn auch für Jesus war der Tod Beseitigung aller Sünde, und zwar derer, die Gott auf ihn gehäuft, auf ihn gelegt hatte (Gott hat ihn zum Fluch, zur Sünde gemacht, wie Paulus sagt). Auch mit seinem Tod hört alle Sünde auf, die nun freilich nicht seine eigene war, sondern die er stellvertretend trug – und tragen konnte, weil er gerecht war. Wenn das stimmt, wenn Gott diese Stellvertretung akzeptiert, dann ist der Tod in der Tat schon jetzt der Substanz nach besiegt. Für den, der sie nicht akzeptiert, fällt der biologische Tod mit dem zusammen, was die Bibel den »zweiten Tod« nennt, der dann durch ein Gericht oder Weltgericht nur noch bestätigt würde. Auch hier macht die Bibel nicht Angst, sondern fordert dazu auf: Nutze deine Chance!

Immer wieder wird nun der Eingang in die Menschenwelt in der Geburt verglichen mit dem Ausgang im Sterben. Geburt und Tod werden als Schwellenerfahrungen miteinander verglichen. Wir finden diese Überlegungen bei Martin Luther genauso wie bei den Rabbinen. Martin Luther sagt: »… wohin der Weg des Sterbens … uns führt: Hier beginnt die enge Pforte, der schmale Steig zum Leben … er ist wohl sehr eng, aber nicht lang. Und es geht hier zu, wie wenn ein Kind aus der kleinen Wohnung in seiner Mutter Leib mit Gefahr und Ängsten geboren wird in diesen weiten Himmel und Erde, das ist unsere Welt: Ebenso geht der Mensch durch die enge Pforte des Todes aus diesem Leben … Und es ist alles gegen den zukünftigen Himmel so viel enger und kleiner, wie es der Mutter Leib gegen diesen Himmel ist ...« (Ein Sermon von der Bereitung zum Sterben, 1519).

Die Rabbinen erklären: »Wenn schon der Mutterschoß mit Freuden empfängt und mit Schmerzen gebiert, um wie viel mehr wird da nicht die Erde, die mit Schmerzen empfängt, mit Freuden gebären.« So ließe sich Auferstehung erweisen! Demnach geht es zweimal um Empfangen und Gebären. Diese Abfolge bleibt, und sie ist unumkehrbar. Ebenso geht es zweimal um Freude und Schmerz. Diese Abfolge ist umkehrbar. Schon die jüdischen Makkabäerbücher rechnen damit, dass der Einzelne von einem »Chor der Väter« aufgenommen wird, wenn er in den Himmel gelangt. Hatte man vordem bei der Vereinigung mit den Vätern an das Grabgelege gedacht, so wird nun die Gemeinschaft mit den Vätern zu einer lebendigen, himmlischen Familienfeier. Weder Luther noch die Rabbinen zeichnen zu dieser Schwellenerfahrung eine weiter ausufernde Vor- oder Nachgeschichte. Beide beschränken sich auf die Zeit direkt vor und nach dem entscheidenden Krisengeschehen.

Nach der Anschauung vieler gibt es freilich weiter gehende Quellen für die Aussagen über das Davor und das Danach. Diese Quellen sind regelmäßig Visionen und Offenbarungen. Diese Traditionen sind keineswegs nur christlich, sondern reichen weit in die vorchristliche Zeit. Judentum und Christentum setzen diese Literatur nur fort. Aus der vorchristlichen Zeit haben wir Unterweltreisen in der Odyssee und im 6. Buch der Aeneis des Vergil. Himmelsvisionen über das Geschick verstorbener und jetzt vergöttlichter Menschen liegen vor in einer römischen Inschrift des 1. Jh. n. Chr. (CIL 6,3, p. 2244, Nr. 21521) und in den Berichten über die Erscheinung des Romulus vor den Augen des römischen Senators Julius Proculus nach verschiedenen Quellen (Livius, Plutarch etc.). Für seine Auskünfte über das künftige Geschick der Toten beruft sich der Apostel Paulus in 1 Kor 15 auf die Offenbarung eines »Mysteriums«. Dabei lässt sich beobachten: Der Transzendenz des geschilderten Zustandes entspricht die Transzendenz der Erkenntnisquelle. Die Erkenntnisweise entspricht der Qualität des Gegenstandes.

Regelmäßig sind es Einzelfiguren, die sozusagen autobiografisch Zeugnis ablegen über ihre Erfahrungen. Zu nennen sind außer Odysseus und Aeneas im Judentum Henoch und Rabbi Ismael sowie Jesaja nach der »Himmelfahrt des Jesaja«; im frühen Christentum sind Paulus und Petrus nach den jeweils apokryphen, ihnen zugeschriebenen Apokalypsen zu nennen.

Inhaltlich geht es immer wieder um das Gericht, und zwar vom ägyptischen Totenbuch bis hin zum jüdischen Testament Abrahams und zum persischen Bundehesch. Demnach ist die »Zukunft« keineswegs nur lineare Fortsetzung der Gegenwart, sondern – ähnlich wie die eingeschobenen Berichte über die himmlische Szenerie in der Offenbarung des Sehers Johannes – Spiegel des Irdischen und Gegenwärtigen in der himmlischen Welt, und zwar ein kritischer, klärender, entlarvender Spiegel.

Das Gericht ist – wir sahen es – keine christliche, nicht einmal eine jüdische Erfindung. Wo immer über das Ende und das Danach nachgedacht wurde, ergaben sich analoge Szenarien. Es muss dazu kommen, dass die Schleier fallen, dass sich das Eigentliche zeigt und Wahrheit und Recht offenbar werden. Die Scheidung im Gericht ist nichts anderes als definitive Klärung der Gegenwart. Das Gericht bringt insoweit nichts Neues, sondern setzt entweder nachträglich den Zusammenhang von Tun und Ergehen in Kraft oder dient der Erhellung dessen, was ist, in dem Sinne, dass »der Wirklichkeit die Ehre gegeben wird«, dass die Welt ihren Frieden mit der Wahrheit schließen muss.

Trotz des Nichtwissens dessen, was hinter dem Vorhang des Todes ist, gibt es daher die erklärte Absicht, durch die Schilderung des Danach auf die sichtbare, bestehende Welt einzuwirken. Um diese Wirkung zu ermöglichen, behandelt derjenige, der Einblick in das Danach wie in das Davor gibt, Probleme, die man im Jetzt nicht hinreichend lösen konnte. Um diese Probleme zu lösen, verlagert man sie gewissermaßen in die Transzendenz oder lagert sie dorthin aus. Gelöst werden auf diesem Wege vor allem drei Fragen: Warum es offensichtlich den Bösen zu gut und den Guten zu schlecht geht (Theodizee), ob die unerfüllte Sehnsucht des Menschen an ein Ziel kommt oder vergeblich bleibt und schließlich, ob die Endlichkeit aller Menschen endgültig und das letzte Wort ist.

Für den Zusammenhang von Tun und Ergehen gilt seit jeher, dass der Abstand zwischen Tun und Folge unterschiedlich lang ist. Laut der Gerichtsaussage ist dieser Abstand so lang, dass die Folge in der Transzendenz zu liegen kommt. Aber sie kommt bestimmt, und insofern wirkt die Gerichtsaussage auf die Gegenwart. Auch Jesus redet unbefangen von der Hölle. Nun erfreut sich die Rede vom Höllenfeuer heute keiner großen Beliebtheit. Man möchte daher die Höllenvorstellung selbst abwählen wie ein ungeliebtes Fach in der Schule; schließlich soll Religion doch zum Wohlfühlen da sein, meint man. Nun sind die Höllenaussagen – wir sagten es bereits an anderer Stelle – grundsätzlich nicht dazu da, angenehm zu sein. Spiegel wollen diese Aussagen sein: Stell dir vor, das, was du jetzt mit anderen vorhast, würde dich selbst treffen. Stell dir vor, du wärest Opfer, nicht Täter – würdest du da nicht vom Tun absehen? Stell dir vor, deine Tat würde dich »ganz kalt« einholen. Mit Gott hat das nichts zu tun. Nichts liegt ihm ferner als die Hölle. Freilich: In gewissem Sinne ist er Garant für Gerechtigkeit, dass auf Tun sicher Ergehen erfolgt. Aber er ist nur dann dieser Garant, wenn man der von ihm gebotenen Möglichkeit, die Folgen barmherzig aufzuheben, nicht folgen will und Gottes Angebot, Sünden zu vergeben, ungeöffnet an den Absender zurückginge. Dann, nur dann bleibt alles beim Alten, und zwar weil wir selbst es so wollten. Das Evangelium bietet Aufhebung und Unterbrechung der Folgen an, die unser Handeln haben müsste.

Was ist zur Frage, *ob die Endlichkeit des Menschen absolut ist,* zu sagen? Die Auffassung, dass der Mensch über den Tod hinaus »da« ist und lebendig ist, rührt aus einer Anschauung des Judentums über Gott, nach der jeder Mensch als Person von Gott ins Dasein gerufen ist und von ihm nie mehr aus dem Eigentums- oder Zugehörigkeitsverhältnis gegenüber Gott herausfallen kann. Ein Recht auf Leben über den Tod hinaus hat der Mensch nicht. Doch Gott gibt sein Recht am Menschen nicht auf und er lässt sich dieses Recht vom Tod nicht nehmen. Gerade deshalb, weil der Tod sein (und des Menschen) größter und letzter Feind ist. Dazu gibt es aus menschlicher Erfahrung heraus einen Anknüpfungspunkt. Der göttlichen Sehnsucht nach dem Menschen entspricht eine menschliche Sehnsucht. Die Sehnsucht des Menschen kommt zu keiner Erfüllung. In seinen

Selbstbekenntnissen sagt Aurelius Augustinus (Buch 1,1), das Herz des Menschen sei unruhig, bis dass es ruht in Gott. So wie bei jedwedem Lebewesen der Durst auf die Existenz von Wasser hinweist, so könnte auch die schier grenzenlose Sehnsucht des Menschen auf die Existenz von etwas oder jemandem hinweisen, der sie füllen kann – wenn sie denn nicht sinnlos ist.

Die interreligiösen Querverbindungen sind nun, gerade was das postmortale »Gericht« (Krisis, Scheidung) angeht, sehr intensiv. Man vergleiche etwa die Schilderung der Straforte bei Vergil und in der Odyssee mit den Angaben der Petrus- und Paulusapokalypsen. Oder man lese die Schilderung des Totengerichts mit der Wägung der Seelen im Testament des Abraham (griech.-jüd.) vor dem Hintergrund des ägyptischen Totenbuchs. Und zur Lazaruserzählung in Lk 16 gibt es zum Beispiel eine etwa gleichzeitige, sehr nahe Parallele aus Ägypten in koptischer Sprache, den so genannten Setnaroman.

Wer daher gerade diese Elemente – aus was für Gründen auch immer – im Christentum beseitigen will, bricht es heraus aus dem allgemein religiösen Kontext und zerstört seine im besten Sinne »aufhebende« Funktion. Ein schönes Beispiel ist das (mittlerweile nachkonziliarer Abschaffungshysterie zum Opfer gefallene) Offertorium der Totenmesse (Requiem): »Herr Jesus Christus, König der Herrlichkeit, erlöse alle verstorbenen Christen aus den Strafen der Hölle und aus dem tiefen See. Erlöse sie aus dem Rachen des Löwen, dass der Tartarus sie nicht verschlinge, dass sie nicht in die Finsternis fallen. Sondern der heilige Michael, der Bannerträger, geleite sie ins heilige Licht, das du einst Abraham verheißen und seinem Samen.« In diesem Text leben die Traditionen der Jahrtausende vom Acheron und vom Kerberos (jetzt: »Löwe«), vom Tartarus und vom Dunkel der Höhle unter der Erde, vom Gelobten Land (jetzt: »Licht«) und vom Michael als dem Seelenwäger und Anführer des Engelheeres, das in der Todesstunde gegen das dunkle Heer um die Seele streitet.

Das Christentum geht in diesen Fragen *gerade nicht* einen Sonderweg, sondern ist in die allgemeine Religionsgeschichte eingebettet. Stellt man die Wahrheitsfrage, so gilt einerseits: Offenbarung muss nicht immer das Neue sein, sondern kann sehr wohl in der Rezeption des Bewährten, allgemein religiös Angenommenen bestehen.

Und zum anderen: Der besondere Beitrag des Christentums liegt hier in seinen Auswirkungen im Bereich dessen, was man Personalität nennt. Sei es, dass man von Gnade und Erbarmen statt von einem kalten Mechanismus redet, sei es, dass man an die Fürsprache des Patrons Jesus Christus für die Sterbenden denkt, sei es, dass man besonders Maria anruft, »jetzt und in der Stunde unseres Todes« der Menschen zu gedenken – in jedem Falle wird das Feld der Ängste und Finsternisse humanisiert durch die engen Beziehungen, die man als Glaubender geknüpft hat oder hat knüpfen dürfen.

Ähnliches gilt auch für die Antwort des Christentums auf die Frage nach dem Sinn des Ganzen. *Der Sinn des Ganzen ist Freude.* Denn wenn schon die Zeugung eines Menschen so viel Freude bereitet, wie viel Freude wird Gott erst die Erschaffung der ganzen Welt gemacht haben. Und ist diese Freude nicht ansteckend? Im Einzelnen und im Ganzen ist christliche Spiritualität von Freude getragen. Jesus verkündet eine Frohe Botschaft. Immer wieder ist Freude die Reaktion auf sein Kommen und Wirken, auch und gerade am Ostermorgen. Schließlich verheißt er Freude als Himmelreich.

Was die erwartete Freude betrifft, so vertieft sie ein Gleichnis: Es geschah, dass in einem Schoß Zwillingsbrüder empfangen wurden. Die Wochen vergingen, und die Knaben wuchsen heran. In dem Maß, in dem ihr Bewusstsein wuchs, stieg die Freude: »Sag, ist es nicht großartig, dass wir empfangen wurden? Ist es nicht wunderbar, dass wir leben?« Die Zwillinge begannen, ihre Welt zu entdecken. Als sie aber die Schnur fanden, die sie mit ihrer Mutter verband und die ihnen die Nahrung gab, da sangen sie vor Freude: »Wie groß ist die Liebe unserer Mutter, dass sie ihr eigenes Leben mit uns teilt!« Als aber die Wochen vergingen und schließlich zu Monaten wurden, merkten sie plötzlich, wie sehr sie sich verändert hatten. »Was soll das heißen?«, fragte der eine. »Das heißt«, antwortete der andere, »dass unser Aufenthalt in dieser Welt bald seinem Ende zugeht.« – »Aber ich will gar nicht gehen«, erwiderte der eine, »ich möchte für immer hier bleiben.« – »Wir haben keine andere Wahl«, entgegnete der andere, »aber vielleicht gibt es ein Leben nach der Geburt!« – »Wie könnte dies sein?«, fragte zweifelnd der Erste, »wir werden unsere Lebensschnur verlieren, und wie sollten wir ohne sie leben können? Und außerden haben andere vor uns diesen Schoß hier verlassen, und niemand von ihnen ist zurückgekommen und hat uns gesagt, dass es ein Leben nach der Geburt gibt. Nein, die Geburt ist das Ende!« So fiel der eine von ihnen in tiefen Kummer und sagte: »Wenn die Empfängnis mit der Geburt endet, welchen Sinn hat dann das Leben im Schoß. Es ist sinnlos. Womöglich gibt es gar keine Mutter hinter allem.« – »Aber sie muss doch existieren«, protestierte der andere, »wie sollten wir sonst hierhergekommen sein? Und wie könnten wir am Leben bleiben?« – »Hast du je unsere Mutter gesehen?« fragte der eine. »Womöglich lebt sie nur in unserer Vorstellung. Wir haben sie uns erdacht, weil wir dadurch unser Leben besser verstehen können.« Und so waren die letzten Tage im Schoß der Mutter gefüllt mit vielen Fragen und großer Angst. Schließlich kam der Moment der Geburt. Als die Zwillinge ihre Welt verlassen hatten, öffneten sie ihre Augen. Sie schrien. Was sie sahen, übertraf ihre kühnsten Träume.

17.5 Ars moriendi – Die Kunst des Sterbens einüben

Über viele Jahrhunderte hat man im Christentum die Kunst des Sterbens gepflegt. Nicht nur leben will gelernt sein, auch Sterben. Auf das Sterben bereitete man sich vor, indem man an die elementaren Themen und Wegmarken dachte, die einen auf dem Weg bis zum Ende gerade in der letzten Phase begleiten. Vor allem dieses war ein Feld persönlicher Spiritualität. Denn der Weg am Ende gleicht einer Wattwanderung im Nebel. Da sind Stangen wie Wegzeichen ins Wasser gesetzt, damit niemand den Weg bei Nebel verliert.

1. Da ist also zunächst *die Betrachtung des Gekreuzigten*. Denn wer das Sterben einübt und sich den Gekreuzigten vor Augen hält, weiß, dass er in seiner Todeseinsamkeit nicht allein ist. Oft ist die Verlassenheit für die Sterbenden das Schlimmste. Der Tod, den Jesus erlitten hat, war extrem quälend und schmerzvoll. Auch heute noch ist es unsäglich, welche Leiden und Schmerzen mit dem Sterben oft

verbunden sind. Auch Gottes Sohn ging es nicht besser. Er hat keine Gewalt gebraucht und ist nicht davongelaufen. Er hat den Hass der Menschen gegen Gott bis zur letzten Konsequenz am eigenen Leib ertragen. Das Wichtigste für die Sterbenden kann daher das Kreuz werden.

Früher besaßen die Menschen ein so genanntes »Sterbekreuz«; es lag im Nachttischkästchen – für alle Fälle. Dieses Sterbekreuz drückte man ihnen in die Hand, wenn die Sterbestunde heranrückte. In der Sterbestunde wollte man auf den Gekreuzigten blicken. »All Sünd hast du getragen, sonst müssten wir verzagen.« Das nehmen wir zuerst wahr: Schuld, ein schuldbeladenes Dasein bedeutet eine Last, die nur der Leidende tragen kann. Diese Last ist nicht folgenlos, sie kann einen Menschen niederdrücken. Wer auf das Kreuz blickt, kann sehen: Das Leiden ist wahr, es ist blutig und entsetzlich. Indem ich als Leidender den Erlöser leiden sehe, kann ich auch sehen, was hier gemeinsam ist. Mein eigenes Leiden wird so ein anderes, weil ich es an einem anderen erkennen kann. Und weil der, an dem ich es sehe, der Gottmensch ist, wird es noch einmal ein anderes. Es wird nicht objektiv erleichtert, aber es bleibt nicht in sich verschlossen. Es mag vielleicht so nicht leichter werden, aber es wird aus der dumpfen Sinnlosigkeit befreit. Der Blick zeigt: Das Leiden gehört zu dieser Welt. Es ist nicht nur subjektiv oder eingebildet. Es ist realistisch damit zu rechnen. Der Gekreuzigte ist in dieser Hinsicht einer von uns. Das Leiden ist wahr, seines und das eigene. Das Blicken auf den anderen löst das eigene Leiden bis zu einem gewissen Grad.

Weil die Gewalt und der Schmerz beim Gekreuzigten bis zum Äußersten gingen, bleibt dieses Leiden erhalten, erweist seine Präsenz über die Zeiten hinweg. Wie wenn man auf ein Schlachtfeld ginge, an einen Tatort des Entsetzlichsten. Und dann ist die Schlacht oder das Entsetzliche vergangen und doch nicht vergangen, nur überzogen mit etwas dünnem Nebel, so wie ein Frühlingstal am Morgen. Weil das Geschehen so extrem war, vibriert es immer noch an dem Ort und zur Zeit der Erinnerung. Der Frieden, der sich darüber gelagert hat, ist nur wie ein sehr zarter Schleier. Wie lang die Spanne der Geschichte seitdem auch sein mag, sie bleibt knapp.

Wie kann aus vergossenem Blut Trost werden? Eigentlich nicht, sagen wir. Nur insofern vielleicht, weil es weiter als bis zum Äußersten doch nicht ging. Ginge es weiter, ginge es in die Auslöschung, blieben nicht Tränen, nur kalte Verzweiflung. Weil die Kreatur begrenzt ist, ist auch das äußerste Leiden begrenzt. Es muss irgendwann Geschichte werden und vergangen und vorbei sein. Selbst Jesu Leiden, das doch die Last der ganzen Welt in sich begriff, war endlich. Nur Gott ist unendlich, alle Quälerei hat eine Grenze.

Das Ungeheuerlichste ist immer noch der Abstand zwischen der dunklen Schuld der Menschen und der Gerechtheit des Erlösers. Denn er war seit Anbeginn der einzige wirklich Gerechte. So haben es die Menschen wahrgenommen, die ihm begegnet sind. Selbst Pilatus kann das Wort »keine Schuld« angesichts seiner in den Mund nehmen. Darin ist Jesus uns unähnlich. Vielleicht empfinden wir – auch im Äußersten – Mitleid mit ihm, wenn wir auf ihn blicken. Denn wenn ihn, den Gerechtesten so etwas trifft, wer müsste sich da nicht empören? So können wir milder werden in der Anklage, die wir erheben wegen der eigenen Leiden. Das Mitleid mit Jesus macht uns zurückhaltender darin, Gott zu verurteilen, weil er uns leiden lässt.

Selbst Jesus musste leiden, und zwar Unsägliches. Hat er so »alle Sünd getragen«? Wie konnte das sein? Die Römer haben Jesus getötet, nicht Gott. Aber als die Römer ihr Werk von Hass und Menschenverachtung vollbracht hatten, genau zu der Stunde, hat Gott gesagt: »Ich lasse daraus Stellvertretung werden. Ich lasse es zu, dass dieses für alles steht, was sein müsste.« Dass einer an die Stelle des anderen treten kann, ist immer Gnade. Schon der alttestamentliche Tempelkult war, religiös betrachtet, ein einziger Dienst der Stellvertretung. Denn Priester und Leviten, Opfertiere und jeder Gesang wurden stellvertretend für das Volk und die Völker, für die Erde und die Sterne dargebracht. Stellvertretung ist immer schon Gottes Gnade, denn er lässt die Unverhältnismäßigkeit zu, ja, er stiftet dazu an, dass eine große Schuld durch einen kleinen Aufwand, durch ein unverhältnismäßiges Zeichen des guten Willens beseitigt und aus der Welt geschafft wird. Der Aufwand, das Opfer oder das Lied, sind unverhältnismäßig klein. Und als Gott den Gekreuzigten sah, stellte er auch dieses Geschehen in die Reihe der Dinge, die im Tempel zu geschehen pflegten. »So wie Stellvertretung immer war, will ich auch jetzt diese Gnade gewähren. Als Antwort auf Hass will ich nicht vergelten, sondern in diesem einen und einzigen Gerechten alle Schuld aufheben. Um seinetwegen, damit er nicht umsonst gelitten hat. Nur damit ihr das ein wenig begreifen könnt, wie Jesu Tod von mir beantwortet wird. Was ich alles in meine Antwort hineinnehme: Alles, was die Völker (nicht nur die Juden) über vergossenes Blut und Stellvertretung des Gerechten gedacht oder erhofft haben …«

Jesu Leiden war in mehrfacher Hinsicht das Äußerste an Gemeinheit, an Unverhältnismäßigkeit zwischen Unschuld und Art der »Strafe«, an Schmerz und Verachtung, an Verletzung Gottes (»Tritte in seinen Magen«). So bleibt dieses Äußerste als einsames unüberholbares Zeichen in der Weltgeschichte stehen, und jeder Tod hat etwas damit gemeinsam, und er ist auch immer verschieden davon. Gemeinsam hat jeder andere Tod auch dieses, dass er Gott wehtut, denn Gott will den Tod der Menschen nicht. Sein Herzenswunsch ist ganz anders. Daher kann Paulus sagen, der »letzte Feind« Gottes und der Menschen sei der Tod.

2. Als nächste Station *gehört in den Weg zum Sterben die Geduld:* Geduld ist nicht Passivität und nicht die Frucht verlogener Vertröstung, sondern sie verlangt das Ausharren in Geduld, trägt daher die Verheißung, die allem Wachen gilt. Die apokalyptischen Texte nennen immer wieder die Geduld, weil sie dasjenige Handeln ist, das am ehesten dem Blick über das Ganze der Geschichte entspricht. Sie ist die Tugend des weiten Weges.

»Wo warst du, liebster Herr, als so tiefes Dunkel mich umgab, solche lichtjahrweite Einsamkeit?« – »Ich, Kind, ich war das Dunkel, das dich umfing, war die tiefe Nacht, die deine Seele durchdrang. Denn siehe, nur aus nächtigstem Dunkel, aus nachtschwarzem Grund, schöpft die Lotosblume ihr Leben, ihr Licht, und die lautere Schönheit ihres Blumengesichts. Versenken musst ich dich in diese tiefe Nacht, damit du dein Dunkles dort zurücklässt und du mir lieblicher und reiner entgegenblühst als je zuvor« (M. Assumpta Schenkl, O. Cist., 9. Oktober 1996, MS.).

Nachdem am 10. April 2001 das holländische Parlament aktive

Sterbehilfe legalisiert hatte, las ich über eine Studie zu diesem Thema in der SZ vom 12./13. April 2001, »dass es oft Rufe um Lebenshilfe sind, die von Ärzten mit Sterbehilfe beantwortet werden«. Wäre das wahr, dann hätte sich die Befürchtung schon realisiert, »dass mit der Zulassung aktiver Sterbehilfe die Medizin darüber entscheidet, wann die Last des Lebens untragbar geworden ist. Das würde bedeuten: Die Sterbebüchlein des Mittelalters waren den Menschen wenigstens ein Trost. Die der Neuzeit sind trostlos«.

Ich habe oft Menschen getroffen, für die gerade die Geduld am Ende ihres Lebens wichtig war als Weg, Klarheit zu gewinnen über das, was wesentlich und wichtig ist im Leben. Das Lebensende in Geduld zu erleben, ist daher weniger aktiv, als vielmehr kontemplativ. Aber gerade diese Seite hatte doch bis dahin vielen so sehr gefehlt. Warum will man sie auch darum noch bringen? Geduld lernen heißt am Ende, dem Leid nicht ausweichen.

3. Zur Kunst des Sterbens gehört, dass man *dem Leid nicht ausweicht.* Damit ist nicht gemeint, dass die moderne Anästhesie nicht tun sollte, was sie kann: die Schmerzen eines Sterbenden lindern, wo sie zu lindern sind. Gemeint ist das Seelische: dass der Mensch sich dem aussetzt, was der Schmerz mit ihm machen möchte, und die Nähe des Todes. In der Picasso-Biografie von Arianna Stassinopoulos ergreifen die Seiten, in denen sie vom Sterben eines Mannes berichtet, der bis zuletzt die Fassade der Vitalität aufrechterhält und den Tod verdrängt. Seine Freunde zwingt er, um ihn herum eine Party zu feiern, zu tun, als sei nichts.

Offenkundig stellen sich viele den menschlichen Weg und gar das letzte Stück als gänzlich leidfreie Zone vor. Das Leben zielt aber auf ein Drama, in dessen schmerzhaften Zuspitzungen, den Provokationen durch den Schmerz, das Entscheidende geschieht. Über dieses Ziel muss man unbedingt sprechen, denn ohne Frage werden die Wege dem Ziel ähnlich sehen. Eine leidfreie Zukunft erhoffen, das könnte bedeuten, auch jetzt schon jedes Leid aus dem menschlichen Leben wegdeuten zu wollen; man könnte ja auch versucht sein, solches leidfreie menschliche Leben regelrecht zu züchten.

Schöne neue, leidfreie Welt: Das Vieh, das früher von Maul- und

Klauenseuche befallen war, wurde mit Ziegenmilch und Kräutern gesund gepflegt. Heute werden die Tiere herdenweise getötet. Unheilbar Kranke und gebrechliche Alte wurden zu Hause gepflegt, heute werden sie in Pflegestationen untergebracht, fern von ihren Familien (wie in den Siechenhäusern für Aussätzige früherer Zeiten). Jeder Zahnarzt bietet einem mittels Spritze beim kleinsten Eingriff schmerzfreie Behandlung an.

Dem Leid *nicht* ausweichen, das bedeutet: wissen und nicht verdrängen, dass wir alle sterben werden. Dem Leid nicht ausweichen, das bedeutet auch: wissen, dass wir selbst und viele Menschen neben uns vielleicht schon ab morgen früh von Leid und Leiden getroffen werden, was lebenslang dauern kann. Vor dem Sterben müssen die meisten Menschen mehr oder weniger lange leiden. Dem Leid nicht ausweichen, das bedeutet auch die Leiden wahrnehmen und nicht beschönigen, die wir mit unserem Lebensstil weltweit »anrichten«. Hier und überall sonst geht es darum, das Leiden, das sich unserem Blick aufdrängt, nicht wegzuschieben, sondern anzuerkennen, nicht zuzudecken, sondern als Herausforderung so oder so anzunehmen. Und zumindest dort, wo wir nichts mehr machen können, es ehrlich in Gottes Hände legen.

Es geht mir um eine neue Ehrlichkeit im Umgang mit Leid und Leiden. Denn Leid und Leiden ist nicht zuerst das, was betäubt werden muss, sondern es ist immer ein Stück Weg, an dessen Ende wir zu anderen geworden sind. Oder an dessen Ende wir in ein neues Verhältnis zu den anderen gekommen sind, die wir auf ihrem Weg begleitet haben. Oder auf dem wir ganz neue Perspektiven über die Welt, die Wahrheit und die Menschen gewinnen. Wir gewinnen eine veränderte Grundlage zur Beurteilung von Leben und Welt. Diese Grundlage wird nicht trauriger, sondern vielleicht fröhlicher: Dankbar zu sein für jede Sekunde, in der man leben darf. Denn man kann das Ewige Leben nur lieben, wenn man das »zeitliche« zu achten und zu schätzen weiß.

Die Erfahrung des Leidens zuzulassen, ist ganz gewiss etwas anderes als Jammern und Jammer-Mentalität, sondern kann bedeuten, dass das Leid als Klagepsalm vor Gott getragen und auf ihn abgeladen wird.

Und es bedeutet für das Menschenbild, dass wir nicht unsere Zeit damit zubringen, über den vollkommenen Menschen nachzudenken, den rundum perfektionierten. Sondern dass wir von dem Gott erzählen, der uns so liebt, wie wir sind, unvollkommen und schwach, krank und hinfällig. Für das Menschenbild der Bibel ist nicht ein vollständig perfektionierter Mensch das Ideal, sondern eine lebendige »soziale« Beziehung zwischen Gott und Mensch und den Menschen untereinander. Das Glücken dieser Beziehungen ist das einzige nennenswerte Ziel. Das Miteinander unvollkommener Menschen – auf der Grundlage, dass Gott sie in ihrer Unvollkommenheit liebt.

»Lieben heißt: dem Leid nicht ausweichen«, hieß kürzlich die Überschrift zu einer Predigt in der Karwoche. Gott weicht dem Leid nicht aus, er liebt uns so sehr, dass er in Jesus, der gelitten hat, wohnt. Er wurde ein mitleidender Gott. Aber auch unter uns Menschen sonst bedeutet es eine Art von Treue, dem Leid des anderen, auch dem Leid, das der andere mir bereitet, nicht auszuweichen. Oft lässt es sich nicht ändern. Dann muss ich dem Leiden ins Gesicht blicken, in der einzigen Gewissheit: Gott wird mir da hindurchhelfen. Denn er will nicht den Tod, auch wenn der in jedem Leben unausweichlich scheint. Eigentlich und am Ende will Gott den Tod nicht, und deshalb ist mit Jesus das Morgenrot der neuen Schöpfung aufgegangen.

Es gibt eine aktuelle Diskussion um die Frage, ob es nicht überhaupt unmoralisch ist, behinderte Kinder in die Welt zu setzen. Gibt es nicht ein Recht auf gesunde Kinder? Doch wenn der Satz stimmt: Liebe heißt Leiden nicht aus dem Weg gehen, dann ist es denkbar, dass christliche Eltern sagen: Ja, gemeinsam tragen wir das behinderte Kind. Haben nicht immer schon gerade Behinderte den anderen sehr Wichtiges über Lebensfreude und den Sinn des Lebens mitzuteilen gehabt? Haben die gesunden Geschwister nicht sehr oft gerade in solchen Fällen gelernt, was rücksichtsvolles mitmenschliches Verhalten bedeutet?

Dem Leiden nicht ausweichen: Der Isenheimer Altar gehörte in eine Hospitalkapelle. Antonitermönche pflegten dort Menschen mit Mutterkornvergiftung und schrecklichen dadurch hervorgerufenen Lähmungen und verfaulenden Gliedmaßen. In das Therapieprogramm, das man damals schon, also vor vielen Jahrhunderten entwickelt hat, gehörte auch die Betrachtung des Gekreuzigten vom Isenheimer Altar. Täglich eine halbe Stunde hinschauen, dem Leiden nicht ausweichen, sondern sich seinem Anblick aussetzen. Manche Leute denken, das Anblicken des Leidens anderer hätte mit Sadismus zu tun. Nein, der Sadismus als schreckliche Entgleisung hat eine ganz und gar vergessene positive Schwester, so wie das Verkommene oft eine positive Entsprechung hat. Es ist die Leidensmeditation, oft auch als Nachgehen des Kreuzwegs vollzogen. Schon in einer der ältesten Leidensmeditationen der Christenheit, im so genannten Tanzlied aus dem 2. Jh. n. Chr., steht dieser Gedanke im Mittelpunkt: Wenn ich auf das Leiden Christi blicke, dann ist es mein Leiden – und doch nicht mein Leiden. Es ist irgendwie gemeinsames Leiden, und doch erduldet Jesus es bis in die letzte Tiefe der Gottverlassenheit hinein auch als stellvertretend. Am Ende ist es die Ruhe des Wortes »Es ist vollbracht«, die Stille des Karsamstags, den manche aus diesem Grund für den Tag des Kirchenjahres halten, der am meisten löst von Krampf und Schuld. Die Stille nach dem Sturm, nach der unsäglichen Konzentration aller Sünde der Welt auf ihn, den einen Gerechten.

Und was unsere Zukunft und das Ziel unseres Weges anbetrifft, so kann das Gebet von J. Zink gelten: »Ich wünsche dir nicht / ein Leben ohne Entbehrung, / ein Leben ohne Schmerz, / ein Leben ohne Störung. / Was solltest du tun / mit einem solchen Leben? / Ich wünsche dir aber, / dass du bewahrt sein mögest / an Leib und Seele. / Dass einer dich trägt und schützt / und dich durch alles, / was dir geschieht, / deinem Ziel entgegenführt.«

17.6 Jesus als Arzt

Gerade auf dem schwierigen Weg zum Sterben benötigen viele Menschen ärztliche Begleitung. Jesus fasst sich selbst als Arzt auf, der die Menschen so heilt, dass sie den Weg bis zum Ziel aufrecht gehen können. Dieses therapeutische Wirken ist freilich nur möglich, wenn schonungslos zwischen Tod und Leben, also zwischen Sünde und Gerechtigkeit unterschieden wird. Die ärztliche Hilfe wird gerade nicht zuteil, indem das Böse kaschiert wird, das ein Mensch getan hat. Wie eine böse Krankheit muss es aufgedeckt und dann herausgeschnitten werden. Die Therapie ist daher nicht begütigend, sondern kritisch, auf jeden Fall am Anfang. Dem entspricht noch die mittelalterliche Praxis, die Behandlung in einem Hospital je und je mit Beichte und Kommunion zu beginnen.

Im Neuen Testament lässt sich das gut an Jesu Zuwendung zu den Zöllnern erkennen. Denn in diesem Zusammenhang fällt auch das Wort vom Arzt, der nicht zu den Gesunden, sondern zu den Kranken gesandt ist (Mk 2,17). Das heißt: Johannes und Jesus wenden sich der Gruppe der Zöllner nicht deshalb zu, weil sie besonders übel angesehen, besonders gequält würde oder als arm galt. Nein, Mitleid ist nicht das tragende Motiv. Es geht vielmehr um die notorische Ungerechtigkeit, Rücksichtslosigkeit und praktische Gottlosigkeit dieser Gruppe. Als gut vergleichbaren Beleg für diese Auffassung kann man den Barnabasbrief (nach Berger/Nord, vielleicht um 60 n. Chr.) 5,9 zitieren: *Jesus offenbarte sich als Sohn Gottes, als er seine Apostel zu künftigen Verkündigern des Evangeliums erwählte und sich dafür ausgerechnet Menschen aussuchte, die über die Maßen sündig waren. So wollte er ihnen sagen: Ich bin nicht gekommen, Gerechte zu berufen, sondern Sünder*. Der Schlusssatz Mk 2,17 wird zitiert, und zugleich wird die Berufungsgeschichte (wohl in einer mit Mt 9,9–13 verwandten Fassung – Matthäus gilt als Apostel) so interpretiert: Jesus beruft gerade und mit Absicht die größten Sünder. So war es auch mit Paulus, dem Christenverfolger, später mit Augustinus und vielen anderen. Im Nachhinein kann man dann sagen: Gerade im Umgang mit der Sünde offenbart sich die berufende Gnade als siegreich. Denn den Gottlosesten zum Gerechten machen, das kann nur Gott.

Die Berufung des Steuereintreibers Matthäus geschieht daher nicht aus Liebe zu Randgruppen, sondern zeigt die Macht des Rufers Jesus. Er beruft ja Matthäus ähnlich autoritär und mit vergleichbar unvermitteltem Erfolg wie nach Mk 1,12–16 Petrus und Andreas, Johannes und Jakobus berufen wurden. Nach Mk 1 geben die Jünger auf ein einziges Wort Jesu hin ihren Beruf und ihre Familie auf. Jesu

Ruf ist stärker als diese Bindungen. Aber hier in Mt 9 ist Jesu Ruf zudem stärker als der Hang zu notorischer Ungerechtigkeit. Von dieser Art Ungerechtigkeit hatte es bei der Begegnung Jesu mit dem reichen Jüngling geheißen: Nur Gott kann sie verwandeln. Nur er hat diese Macht über das menschliche Herz. Nur bei ihm ist kein Ding unmöglich. Daher geht es bei dieser Berufung in Mt 9 um die Macht Gottes angesichts des Gefängnisses der Sünde, um die Befreiung aus tiefster Verstrickung in Geldgier, Quälerei, Menschenschinderei und ungerechter Bereicherung. Am Beruf des Steuerpächters wurde diese Verstrickung für alle sichtbar. Johannes und Jesus haben sich an »Zöllner« gewandt, um deutlich zu machen, was Sünde ist. (Übrigens wendet sich der Täufer unmittelbar danach auch an die Söldner). Ähnlich sieht es auch ein mittelalterliches Segensgebet: »Du hast Matthäus berufen aus der schändlichen Pflicht der Zöllner zur Ehre des Lehrers des Evangeliums.« Denn der Weg von der Sünde zur Gnade ist auch ein Schritt aus der Ehrlosigkeit.

Die Auslegung des Textes in den Gebeten der Kirche des Mittelalters hat immer wieder – exegetisch völlig zu Recht – die Brücke geschlagen zu Lk 15,6–9 *(»Im Himmel ist die Freude über einen umkehrenden Sünder größer als über 99 Gerechte«)*. Historisch gesehen könnten die Verse Mt 9,13 in der Tat voraussetzen, dass Jesus jedenfalls für seine Umkehrpredigt bei den Pharisäern keinen direkten Abnehmerkreis sah. Und auch wenn es heißt »... mehr als über 99 Gerechte, die der Umkehr nicht bedürfen«, dann muss das nicht rhetorisch oder ironisch gemeint sein, sondern kann durchaus zum Ausdruck bringen, dass Jesus diese Gruppe jedenfalls nicht für notorische Exempel von Sünde und Menschenquälerei hielt. Der Defekt der Gruppe der Pharisäer lag – wohl auch auch historisch gesehen – dann freilich darin, dass sie Jesu Zuwendung zu den »Gottlosen« nicht begriffen und das Gerechtsein exklusiv und in Differenz zu anderen für sich beanspruchten. Bei ihnen prangert zum Beispiel dann Lk 18,9–14 den religiösen Dünkel an; aber mit Kriminalität waren sie nicht behaftet. Am Ende ist freilich Jesus ein schließlich doch noch zur Umkehr bereiter Sünder lieber als diese Art von Blindheit (Mt 21,31).

Jesus spricht über seinen Beruf im Bild des Arztes (Mt 9,12). Damit greift er auf die reiche biblische Tradition von »Gott als Arzt« zurück. Und noch im Mittelalter nennt man Gott den »Arzt der Verletzten«. Im Unterschied zu unserer Gesellschaft sieht die Bibel im Arzt gerade nicht den Halbgott, nicht in der Klinik die Kathedrale und in der Gesundheit des höchste Gut. Vielmehr so: Gottes ärztliches Wirken betrifft den Bereich der eigentlichen Krankheiten und Leiden, die tödlich sind. Auf seinem eigenen Feld, das nicht das des Arztes für organisch-biologische Gesundheit ist, wirkt Gott die Basis für umfassende Gesundheit. Doch am Schluss treffen sich gleichwohl beide Linien. Das Kräutlein gegen den Tod, das die Medizin noch immer nicht gefunden hat, das hat allein der göttliche Arzt parat, denn sein Wirken überwindet mit der Auferstehung auch den leiblichen Tod. So wird in der biblischen Betrachtung der medizinische Arzt auf einen kleinen Bereich eingegrenzt. »Von vorne« und »von hinten« ist dieser Bereich umgeben vom Wirken des göttlichen Arztes. Dabei betrifft dieses Wirken keineswegs nur das Jenseits oder das Leben nach dem Tod. Längst wissen wir, dass im Bereich der Seele und der Seelsorge oft die Grundlagen oder eben auch Fehlerquellen für eine umfassende Gesundheit des Menschen liegen.

Dass freilich auf diesem Feld im Augenblick die Esoterik und mancherlei Art von asiatischer Ganzheitsmystik dem Christentum anscheinend den Rang abgelaufen hat, wundert den nicht, der weiß, dass auch die biologische Medizin gegen eine Flut von Quacksalbern ankämpft. Diese ist so alt wie die Medizin, und die Pseudo-Religion ist so alt wie die Religion. Esoterik wird immer dann frech und munter, wenn im Kernbereich der Religion Gott nur noch für das Jenseits infrage kommt. Als man noch etwas von Wallfahrten und dem Segen über Menschen, Vieh und Felder hielt, waren Ärzte nicht überflüssig, aber es gab einen humanen göttlichen Rahmen für ihr Tun und dessen unübersehbare Grenzen. Und man sollte nicht vergessen, wie weit die Krankenpflege des Antoniterordens schon einmal gelangt war: Die tägliche Betrachtung des Gekreuzigten – zum Beispiel des Isenheimer Altars – war ein Teil ihrer Therapie.

17.7 Auf Jesu Tod blicken

In Joh 1,29 und 36 gibt der Täufer Johannes zweimal einen Hinweis auf Jesus, den moderne Menschen nicht unbedingt gleich verstehen; Johannes nennt ihn: *Lamm Gottes, das die Sünden der Welt wegträgt.* Wieso »Lamm«? Der Täufer spielt da auf die »Reinheit« des weißen Lammes an, die im Kontrast zur dunklen Last der Sünde steht. Das jüdische Passahlamm ist wohl nicht gemeint, denn dieses ist kein Sühneopfer. Vielmehr dürfte der Gedanke hier sein: So weiß, wie das Lamm ist, so gerecht ist Jesus. Deshalb kann er für uns bei Gott eintreten. Besonders in Joh 17, in seinem »hohepriesterlichen Gebet«, tut Jesus das. Judenchristen wussten also sofort, was gemeint war, wenn Johannes der Täufer auf das »neue Lamm« zeigte. Jesus ist der absolut Gerechte und als Gerechter trägt und beseitigt er alle Schuld der Welt. Wie hat er das getan? Wenn man das einmal verstanden hat, ist es gleich, ob man an die Kreuzigung oder an die Fürsprache vor Gott denkt.

Und gerade hier, bei Stellvertretung und Sündentilgung durch einen anderen haben moderne Menschen die meisten Fragen. Dabei ist doch Stellvertretung das Lebensgesetz des Volkes Gottes. Denn es steht nicht jeder Einzelne alleine vor Gott. Von Anfang an sind wir als Geschwister gedacht. Einer darf für den anderen bei Gott etwas bewirken. Und wenn schon Sünder füreinander (und sogar für ihre Verfolger) eintreten können vor Gott, wie viel mehr und intensiver kann das erst der Gerechte tun. Und er kann Gott dabei sein ganzes Leben inklusive seines Todes als symbolische Gegengabe für alle Schuld der Welt anbieten. Oder andersherum gedacht: Dass Jesus der Makellose war und bis zu seinem Tod ganz für uns da war, diese schlichten Gegebenheiten verstärken ganz intensiv die Gewissheit, dass dieser Gerechte alles für uns *(»Vielmehr habe ich euch Freunde genannt …«* Joh 15,14) bei Gott »herausholen« kann und es auch getan hat. Man kann das, was dabei geschieht, mit Kindern in einer Familie vergleichen, die, wenn es schwierig oder brenzlig wird mit den Eltern, den Jüngsten und Liebling der Eltern vorschicken. Und dieser Jüngste ginge hin zu den Eltern und böte den Eltern alle seine Spielsachen und sich selbst an, um sie zu versöhnen.

Vergessen wir nicht: Dass im Alten wie im Neuen Bund Stellvertretung überhaupt möglich ist, dass wir annehmen dürfen, das Tun des einen für den anderen komme bei Gott an, das ist bereits Gnade. Denn Gott reagiert offenbar voll Freude darauf, wenn Menschen auf diese Weise einander um seinetwillen lieben. Denn etwas anderes ist Stellvertretung nicht. Sie reicht wohl bis in das tiefste Geheimnis des Verhältnisses zwischen Gott und Mensch: Im Blick auf Gott darf der eine des anderen Last tragen. Vielleicht besteht die Gnade darin, dass Gott das Baugesetz der Sünde, das »Ich-für-mich«, durch das Baugesetz der Erlösung, das »Einer-für-den-anderen« ablöste. Das ist so schön, weil es um Liebe dabei geht. Und »vor lauter Rührung« vergisst Gott darum jedes Maß an Schuld und vergibt sie radikal. Die Folge der Stellvertretung ist, dass diejenigen, denen dieses Tun gilt, insgesamt dadurch heilig werden. Denn wie der Einzelne mit seiner Schuld nicht allein bleibt, so erst recht nicht mit der Vergebung, die er geschenkt erhielt.

Jesus stirbt, um nicht allein zu bleiben. Es heißt, dass einige Griechen neugierig waren, wer dieser Jesus ist. Philippus und Andreas vermitteln und Jesus eröffnet sich ihnen in einem Rätselwort: *»Amen, amen, ich sage euch: Wenn das Weizenkorn nicht in die Erde fällt und stirbt, bleibt es allein; wenn es aber stirbt, bringt es reiche Frucht. Wer an seinem Leben hängt, verliert es. Wer aber sein Leben gering achtet …«* Zwei Gedanken sind in Joh 12,24–26 miteinander verschränkt: Nach V.24 hat das Geschick Jesu in jeder Hinsicht vor-bildlichen (prototypischen) Charakter: Wer Jesus nachfolgt, kann im Weg Jesu den eigenen Weg vorgezeichnet finden. Was in V.25 als allgemeingültiges Gesetz formuliert ist, hat den Grund seiner Wahrheit im Geschick Jesu. Zum anderen aber gilt der Gegensatz vom Allein-Bleiben und viele Frucht bringen. Dabei ist die exklusive Bedingung »Nur dann, wenn das Samenkorn … stirbt«, also die Notwendigkeit zu sterben, das typisch Christliche.

Und so argumentiert Jesus hier:

Weil er seinen Weg treu und voll Liebe zu den Jüngern bis zum Ende geht, weil er in der Erfüllung des Gebotes des Vaters der einzige Gerechte ist und geblieben ist, weil er schließlich vom Vater durch Auferstehung und Erhöhung verherrlicht und also mit ihm eins ist, aus allen diesen Gründen können sich viele Menschen zu ihm bekehren. Nach Johannes erbringt der Tod Jesu also deshalb zahlreiche Jünger, weil Jesus mit dem Ende seines Weges konsequent und gehorsam seinen Auftrag erfüllt, bis hin zum »Es ist vollbracht« am Kreuz. Als »Lohn« für seinen Gehorsam, ja in seinem Gehorsam, wird er aufs Neue verherrlicht. So ist die Beziehung zwischen dem »einen« und den »vielen« hier zu deuten. Nirgends sonst im Neuen Testament wird – abgesehen von Phil 2,9–11 – die missionarische Bedeutung des Todes Jesu so intensiv bedacht wie hier. Vor allem die gehorsame Erfüllung der Sendung lässt die enge Verwandtschaft mit Phil 2,8 erkennen *(Gehorsam bis zum Tod … deswegen hat Gott ihn erhöht …)*. Von der Sündenvergebung durch Jesu Tod zu sprechen, das bleibt freilich anderen Texten vorbehalten.

Nach dem Bild vom Weizenkorn ist der Tod Jesu die Voraussetzung für ein neues, unerhörtes Geschehen. Dieses Bild hat Johannes im Neuen Testament exklusiv mit Paulus (1 Kor 15,42–44) gemeinsam, ein wichtiges Indiz für die frühe Verwandtschaft beider. Doch in Joh 12 ist das Sterben des Korns die Voraussetzung dafür, dass sich die Frucht vervielfältigt, also für Jesu zahlreiche Jünger (auch aus den griechischen Heiden). Bei Paulus gilt ein anderer Aspekt, nämlich die Verwandlung in eine neue Gestalt.

17.8 Hat uns Jesus mit Gott versöhnt?

Man braucht schon eine krause Art von Fantasie, um einen Gott anzunehmen, der es sich im Himmel ausdenkt, seinen Sohn auf eine katastrophal scheiternde Mission zu schicken, um uns Menschen mit ihm zu versöhnen. Es bedurfte einer gesonderten Versöhnung nicht, Gott war uns ja wohl gesonnen und hat den Sohn Mensch werden lassen, um uns durch ihn Anteil zu geben an der göttlichen Natur. Wäre Gott, der Vater, uns nicht wohl gesonnen, hätte er den Sohn nicht gesandt. Die Menschwerdung Gottes ist das erste und grundlegende Zeichen der Zuwendung Gottes zu uns.

Aber bei Gott geht nicht alles auf dem sparsamsten Weg. Und

Gott fragt nicht nach zusätzlichen Notwendigkeiten. Sondern Gott schenkt, wenn er schenkt, in Fülle und doppelt und dreifach. Nicht die Notwendigkeiten begründen sein Handeln – er ist keinen Zwängen ausgesetzt, noch dazu nicht solchen, die sich die Theologen für ihn ausdenken. Aber er nimmt jede Gelegenheit wahr, um es dann doppelt und dreifach zu sagen. So fragt er nicht: War es nötig, sondern: War es möglich? Wie konnte er den Menschen zusätzlich und vielleicht noch eindringlicher sagen, dass er sie liebt? Dieses geschah angesichts des Mordes an Jesus. Denn *Gottes Feindesliebe uns gegenüber* ist nun das absolut Größte, das wir uns vorstellen können.

Man kann es auch so sagen: Wäre es nötig gewesen, so hätte Gottes Blick auf den gehorsamen Sohn ihn noch einmal zusätzlich für uns eingenommen. Gottes Sohn war gehorsam und verstand dieses als Dienst zu unseren Gunsten. Ähnlich ist auch nach Texten aus dem zeitgenössischen Judentum der Gerechte in seiner puren Existenz ein Argument für den Menschen, ein Lichtblick für Gott, aufgrund dessen man hoffen kann, er sei in freier Gnade den Menschen insgesamt dann wohlgesinnt. Auch hier ist jeder Gedanke an einen Mechanismus fernzuhalten. Das bedeutete wieder Zwang. Denn die Stellvertretung des Gerechten wirkt nicht magisch, automatisch oder zwanghaft auf Gott. Vielmehr so: wenn Gott Freude hat an dem Gerechten (das Neue Testament sagt das: Jesus ist der Sohn, an dem der Vater sein Wohlgefallen hat), dann drückt er seinetwegen ein Auge zu, wenn es um dessen Brüder geht.

Eben diese Rolle spielt auch das stellvertretend vergossene Blut. Nicht nur das Alte Testament, auch die Religionen der Umwelt kennen den Gedanken, dass das makellose Opfertier oder gar der gerechte Mensch mit seinem Leiden oder seinem Tod durch sein Blut das eigene Leben gibt zugunsten »vieler«. Wenn Gott dieses akzeptiert, dann werden die anderen um seinetwillen geschont. Denn den Gerechten und sein Leben liebt Gott. Und ist sein Leben schuldlos genommen, wird dieses gewissermaßen den anderen zugute geschrieben.

Schon 1 Kor 15,3 deutet den Tod Jesu so (»... gestorben für unsere Sünden gemäß der Schrift«). Hat also Gott doch gerechnet? Herrscht hier doch die Mechanik, dass das Blut des einen Schuldlosen das Blut und Leben der anderen, Schuldbefleckten ausgleicht? Immerhin, er ist der Sohn und sein Blut ist nicht das von Böcken und Stieren. Sowohl Paulus als auch der Hebräerbrief sprengen in gleicher Weise an dieser Stelle das Konzept kultischer Regelhaftigkeit und tempelorientierter Gesetzmäßigkeit. Sie ersetzen die kultisch-magische Vorstellung durch die persönlich orientierte der Fürsprache (Interzession). Sowohl nach Röm 8 wie nach Hebr 7 und 9 »sitzt Jesus zur Rechten Gottes« als Erhöhter und tritt für uns ein. Dieses tut er offenbar im Blick und unter Verweis auf seinen Gehorsam bis zum Kreuz. Kein Zweifel: Das vergossene Blut ist das Dokument dieses Gehorsams. Aber Frucht bringt dieses doch erst, indem der Sohn beim Vater für uns eintritt und darauf gewissermaßen verweisen kann. Paulus und der Hebräerbrief haben mit Bedacht dieses Bild der persönlichen Anwaltsrolle Jesu gewählt.

Denn eines steht in der biblischen Religion seit Abraham und Isaak fest: Menschenopfer sind verboten. Der Tod Jesu ist daher in gar keiner Hinsicht ein (gar göttliches) Aufwärmen oder Wieder-ins-Leben-Rufen der längst abgeschafften Kategorie der Menschenopfer. Jesu Tod ist nicht kultisch vorgeschrieben oder eingerichtet, sondern Akt gezielter Mordlust. Und sein Blut muss nicht kultische Gegenstände reinigen, sondern, so sagt es Hebr 10, unsere Gewissen. Noch einmal wird deutlich: Die personale Kategorie der Fürsprache macht jeden Zwang, dem sich Gott durch das Opfern des Sohnes ausgesetzt hätte, überflüssig. Hier gilt eben nicht der rituell festgelegte Zwang, sondern die freie Fürsprache des Sohnes, der sich unschuldig und Gott lieb, wie er ist, zusätzlich für uns vor Gott stellt. »Zusätzlich«, d. h. über das in der Menschwerdung Gottes uns gegebene Wohlwollen hinaus.

KAPITEL 18

Der Sieg des Lebens über den Tod

18.1 Das Ende, das ein Anfang ist

Häufig erwecken Osterpredigten einen quälerischen Eindruck, als stünde nun jeder vor der – schier unlösbaren – Frage, ob er Jesus nun auferstanden sein lassen soll oder nicht. Dieser Eindruck entsteht, wenn Ostern als die Hauptschwierigkeit des Glaubens dargestellt wird. Die Mehrzahl der Osterberichte lässt aber gerade davon nichts erkennen. Freilich müssen sie darstellen, dass es kein Totengeist war, der erschien, sondern Jesus selbst. Und drei der vier Evangelien legen auf eine Mehrfachbezeugung der Auferstehung Jesu großen Wert. Im Vordergrund steht aber nie die dogmatisch-doktrinäre Frage, sondern stets wird Ostern als eine überwältigende Erfahrung geschildert. Daher sollte jede »Umsetzung« der Osterbotschaft für Menschen unserer Zeit von Ostern als einer ansteckenden Freude, von einer Begegnung mit dem lebendigen Jesus ausgehen. Denn Ostern ist nicht eine paradoxe Behauptung gegen alle Wirklichkeit, sondern eine Erfahrung des in Jesus lebendigen und siegreichen Gottes. Ostern ist als ansteckende Erfahrung weiterzugeben. Allerdings sind die Ostertexte nicht einfach »Bilder der Hoffnung« für Beliebiges (Frühling, Wirtschaftsaufschwung, Frieden, Liebe und Triebe). Vielmehr beziehen sie sich auf die konkrete Leiblichkeit Jesu. Dabei hat man allerdings zu stark an die Wiederherstellung des alten Leibes gedacht und oft aus bester Absicht seine Umwandlung unterschlagen. Denn der Leib des Auferstandenen ist von Vergänglichkeit und Tod wie auch von aller räumlichen Einschränkung durch Grenzen befreit. Damit ist er freilich nicht weniger leiblich als Jesus vor Ostern. Doch durch die Gottesbegegnung am Ostermorgen wird der Leib Jesu verwandelt und endgültig verklärt. Wenn man Auferstehung vom Leib löst, wird sie letztlich zum bloßen Gedankenkonstrukt im Sinne von »die Sache Jesu geht weiter«. Das Judentum, das die Kategorien zur Erfassung bereitgestellt hat, kennt beim Menschen keine Trennung von Leib und Seele. Auferstehung ist leibhaftig (mit einem verwandelten Leib) zu denken oder eben gar nicht. Denn der Mensch ist unteilbar; der Leib ist der »Ort«, an dem Ohnmacht, Leidensdruck und Ausgeliefertsein erfahren werden, und so ist auch Seligkeit und Herrlichkeit nur leibhaftig zu »denken« und zu erhoffen. Das schöne Bild vom Aufatmen in Lk 21,28 zielt auf diese Ganzheit.

Oft hat man in diesem Zusammenhang so getan, als seien die Berichte über das leere Grab »sekundär« gegenüber den knappen Formeln bei Paulus (»Der Herr erschien dem X.«). Denn die Evangelien seien später als die Briefe, und da es Engel sowieso nicht geben könne, seien die Berichte vom leeren Grab reine Legende. Dazu ist zu sagen: Die Evangelien sind zwar später niedergeschrieben als der 1. Korintherbrief, aber das besagt nichts über das Alter der verarbeiteten Überlieferungen. Und ferner erwähnt Paulus das leere Grab zwar nicht, er setzt es aber sachlich voraus. Denn wenn er wirklich von Auferstehung spricht, wie in 1 Kor 15, nennt er sie Verwandeltwerden oder Aufgehobensein eines in der Erde gestorbenen Samenkorns in der neuen Pflanze. Das Bild des Verschlingens bedeutet nichts anderes, als dass in dem neuen Auferstehungsleib alle Spuren des alten aufgehoben sind, und zwar im doppelten Sinne des Wortes »aufgehoben«, als umgewandelt und restlos beseitigt. Wo Paulus dagegen vom Zwischenzustand der Christen zwischen ihrem Tod und der Auferstehung der Toten spricht, geht er von einem neuen Leib aus (»himmlisches Haus«), spricht aber nicht von Auferstehung, denn die alten Knochen ruhen ja noch in der Erde. Der alte Leib in der Erde wartet noch auf die Auferstehung, in der dann die alten Knochen hineinverwandelt werden in den schon bestehenden himmlischen Leib. Erst in der Auferstehung wird der neue Leib sichtbar und wird dann auch die ganze Erde von der Sklaverei des Todes befreit. Bis dahin sind die Christen noch nicht auferstanden. Nur von Jesus kann Paulus das sagen. Er ist der Prototyp. Und nur bei ihm ist daher auch das leere Grab vorausgesetzt. Die verstorbenen Christen sind leibhaftig beim Herrn, aber für uns noch nicht sichtbar und noch nicht auferstanden. Fazit: Bei der Auferstehung Jesu Christi ist die Verwandlung des alten Leibes denknotwendig, daher auch seine Absorbierung und daher das leere Grab. Die Frage nach der Leiblichkeit ist daher bei Paulus wie in den Evangelien eindeutig beantwortet. Und sie ist eben alles andere als belanglos. Denn stets sind Wohl und Wehe unserer Existenz, Seligkeit oder Verdammnis bestimmt durch das, was mit dem Leib und an ihm geschieht.

Was die »Umsetzung« der Osterbotschaft für Menschen unserer Tage betrifft: Die westliche Theologie und Frömmigkeit hat Jesus zu sehr isoliert. Das entspricht nun allerdings den vier Evangelien, die nichts über die Bedeutung der Auferstehung Jesu für die an ihn glaubenden Christen sagen. Sie betrachten die Auferstehung Jesu ausschließlich als die Rehabilitierung und Legitimierung des Gekreuzigten durch Gottes Eingreifen. Die Widerlegung des schändlichen Kreuzestodes steht im Vordergrund. Lukas hat Ostern gewiss in diesem Sinne auch und ganz wesentlich als Legitimation Jesu angesichts seiner Mörder gesehen. Das geht aus der Apostelgeschichte hervor. Denn in den Predigten der Apostel an Juden (nicht in den reinen Heidenpredigten) findet sich immer wieder diese Struktur: »Ihr habt ihn aufgehängt. Gott aber hat ihn auferweckt ...« Das heißt: Gottes Handeln ist dem der Mörder Jesu strikt entgegengesetzt. Er widerlegt dieses mörderische menschliche Tun durch sein göttliches Handeln. Auferstehung Jesu wird damit zur Legitimation des schimpflich Verurteilten und qualvoll Hingerichteten durch Gott. Gott setzt ihn ins Recht. 1 Tim 3,16 kann in diesem Sinne von der Rechtfertigung Jesu sprechen (»gerechtfertigt durch den Heiligen Geist«, denn der Geist ist der Auferweckende). – Dass der, der Jesus nachfolgt, auch an seinem Geschick Anteil haben wird, kommt in den Evangelien nur indirekt zum Ausdruck.

Die Ostkirche hingegen betont schon bei der Auferstehung Jesu selbst, dass er den Tod überwunden hat. Der Satz *Was sucht ihr den Lebendigen bei den Toten?* in Lk 24,5 kann die Brücke zu dieser Auffassung sein. Die Meinung der Ostkirche ist: Jesus ist in das Reich der Toten hinabgestiegen. Er war wirklich tot und bei den Toten. Aber er war der Einzige, der den Tod nicht verdient hatte, denn er war vollkommen gerecht. Der Herr des Todes (z. T. als Teufel vorgestellt) hat nicht gemerkt, dass Jesus in sein Reich eingedrungen ist. Jesus war daher ein Schläfer ganz im wörtlichen und zugleich modernen Sinn der terroristischen Fachsprache. Er hat sich in das gegnerische System unerkannt »eingeschlichen«. Dort schläft er eine Zeit lang (nämlich zweieinhalb Tage), dann wacht er auf. Und zum Schrecken des Herrschers des Todes kann er nun das Reich des Todes von innen her sprengen. Denn nur von außen her kann man das nicht. Die Riegel, mit denen die Totenwelt verschlossen ist, lassen sich nur von innen her öffnen. Jesus bricht diese Riegel von innen her auf und zerstört damit das gegnerische System. Der Herrscher der Totenwelt ist damit besiegt, die Welt der Toten ist geöffnet. Und das bedeutet: Fortan ist der Tod nicht mehr allmächtig. Seine Herrschaft dauert nur ganz kurz. Seit Jesu Tod kommen die toten Christen (jedenfalls und zumindest sie) direkt zu Jesus. Er steht mit weit geöffneten Armen da, um jeden Christen in die Arme zu schließen. Er sagt: Ich habe auf dich gewartet, und nun kann uns nichts mehr trennen. Jesus war demnach der Letzte, der sich der Herrschaft des Todes wirklich in jenem alten Sinne unterworfen hat, dass er in das »Reich ohne Wiederkehr« einging. Aber da er nicht hineingehörte, konnte er wie ein Schläfer aufwachen und dieses von innen her auflösen. Die Ostkirche feiert damit zu Ostern die völlig gewandelte Rolle des Todes seit Tod und Auferstehung Jesu. Jesus war in diesem Sinne auch der Letzte, der klagen konnte: »Mein Gott, wozu hast du mich verlassen?« Für alle Christen ist seither der Tod nicht Gottverlassenheit, sondern der Übergang, die Pforte zur vollen Gemeinschaft mit dem auferstandenen und erhöhten Herrn. Deshalb kann Paulus in Phil 1,23 sagen, er sehne sich so sehr danach, beim Herrn zu sein. – Weil die Ostkirche diesen Weg fand, ist sie im Ganzen eine österliche Kirche geworden. Sie kann Ostern verbinden mit dem eindeutigen Sieg über den Tod. Es wird Zeit, diese Theologie der Hoffnung auch im Westen sich anzueignen. Die Osterpräfation sagt das bereits: »Durch seinen Tod hat er den Tod besiegt.« Ignatius von Antiochien hat den Gedanken des unerkannten Eindringens Jesu in das Totenreich formuliert: »Geheimgehalten wurde vor dem Teufel, dem Herrscher dieser Welt, dass Maria Jungfrau blieb, dass sie Jesus gebar, dass unser Herr starb. Diese drei Geheimnisse schreien umso lauter, als sie in der Stille von Gott selbst gewirkt wurden« (An die Epheser 19,1).

Aber wie kann man angesichts von so viel Leid und Unrecht in der Welt von Ostern reden? Das Hungern und Morden stellen wir auch zu Beginn des 3. Jahrtausends nicht ab. Aber wir verweisen auf ein Leben im Jenseits? Im Angesicht der Leidenden erzählen wir eine Siegergeschichte über den Tod? Das muss fragwürdig sein. Das Osterfest der Christen war immer und ist noch heute eine Provokation – denn es ist ein Fest auf den Gräbern, ein heiteres Fest, während in der Wirklichkeit das große Sterben weitergeht. Nun ist die Osterfröhlichkeit, die wir produzieren, nicht von der Kirche erfunden worden, weder die bunten Eier noch die Häschen, weder die Küken noch die Entlein in Gras- und Nestimitaten. Alles das hat man sich ausgedacht, weil man die wahrhaft heitere Spiritualität dieses Festes entweder nicht gefunden hat oder zu anstrengend fand. Oder weil man gar nichts davon wusste.

Denn Leid, Unrecht und Mord, das sind doch gerade die schrecklichen Dinge, auf die Ostern eine Antwort gibt. Diese Scheußlichkeiten werden auch weder verdeckt noch verniedlicht. Das, was wir zu Ostern feiern, geschieht auf so viel Leid und Elend und Mord hin. Ostern ist genau die passende Antwort darauf, und zwar die einzige, die mich überzeugt. Denn der gekreuzigte Jesus vom Karfreitag, das ist so ein Ermordeter, ein Misshandelter und Gequälter, einer von den Opfern. Und Sterben war für ihn genauso schlimm wie für jedes andere Opfer auch. Eine Welt, die vor dem Mord an dem nicht zurückschreckt, der wahrer Gott und wahrer Mensch ist, ist durch nichts zu beschönigen und ist in ihren eigenen Machtspielen gefangen. Ich denke, wir können uns darüber einig werden, dass der Fall Jesus von Nazareth eine Art Höhepunkt von Justizmord und Grausamkeit war. Gekreuzigte sterben einen Nerventod nach Stunden unvorstellbarer Schmerzen und Erstickungsängste.

Entsprechend ist die Antwort Gottes auf dieses Ereignis auch die denkbar radikalste. Wir werfen Gott sonst oft vor, warum er nicht eingreift. Hier nun hat er eingegriffen, hier an diesem Punkt hat er ein Stück Welt und Schöpfung saniert, dass man sagen kann: neue

Schöpfung. Er hat eingegriffen, weil er die Welt liebt. Lückenbüßerei? Eine besonders raffinierte Art von Priesterbetrug? Aber andererseits ist es schon eine Wahrnehmung der römischen Heiden, dass dort Gott am nächsten ist, wo die Gefahr am größten zu sein scheint.

Was heißt hier »Gott«? Geläufig ist das Bild vom alten Mann mit Bart. Das ist der Gott der Deisten. Er hat sich vornehm zurückgezogen aus dem Schlamassel, will nichts damit zu schaffen haben. Menschen erfahren Gott vielfach ganz anders – etwa als letzten Halt in größter Not, so wie Jesus, der voll Verzweiflung und Empörung ruft: Mein Gott, wozu hast du mich verlassen? Vielleicht erfahren wir Gott ganz tief drinnen im dunklen Wald unserer Nöte als die Wasserscheide. Es mag sein, dass wir ihn – einmal so tief vor- und eingedrungen – als den entdecken, der leise und verborgen wirklich alles wendet. Das meint ja »Neue Schöpfung«: das, was Gott vorhat. Das Neue Testament nennt es »sein Reich« – Morgenrot über den Ruinen, die Mord und Verbrechen geschaffen haben. Gott ist auch zu entdecken als der Punkt im Innersten der Welt (und gleichzeitig über sie hinausragend), der von Ungerechtigkeit unberührt ist, die Hoffnung aller Opfer, genau jene Hoffnung, von der man sagt, sie stirbt zuletzt. Gott ist zu finden als der alleräußerste, letzte Vorposten, von dem her das Ganze noch einmal neu zu bedenken ist: dass das Geheimnis der Welt am Ende für uns und nicht gegen uns ist. Gott ist aber auch der Widerstand, den wir geradezu physisch spüren können, wenn wir um Gerechtigkeit bitten und betteln und wir merken: Es wird uns nicht gewährt, was wir wollen; wir müssen die Mauer des Schweigens noch heftiger stürmen. Gott will wissen, dass er ganz nötig gebraucht wird, dann kann er sich liebevoll öffnen. Gott zeigt sich als das sich zögerlich öffnende Geheimnis der Welt – wie eine Blüte im Lichte des Frühlingsmorgens, zuerst noch frostempfindlich vielleicht. Gott offenbart sich als der, vor dem wir immer auf der Flucht sind, der uns aber liebevoll umfängt, auch wenn wir so weit wegliefen, wie der Horizont ist. Gott wird deutlich als das geheime »Trotz« in allen Dingen, über allen Dingen, der nichts so sein lassen will, wie es ist, sondern der als das *plus ultra* jedem Ziel ein neues Ziel setzt, wenn es noch nicht friedlich und schön war. *Zu Os-*

tern geht es ganz zentral um Gotteserfahrung und um nichts weiter. Auferstehung ist nichts anderes als die letzte Konsequenz aus biblischer Gotteserfahrung. So geht es zunächst um eine Machtfrage: Ist der Tod, der unzweifelhaft größte Herr in der Welt, der letzte und allmächtige Herr? Ist Auferstehung nicht der Protest Gottes gegen diese Art von Weltherrschaft? Gegen das Erniedrigen und Zerstören? Wird hier nicht endlich der notwendige Schritt getan, der über das bisherige System hinausführt? Hinaus über das System des Schreckens und der Trauer, der Angst und der Klage, der Vergänglichkeit und des Mordens?

Woher man das so genau weiß? Ich möchte es persönlich beantworten: Ganz allgemein weiß ich mich in guter Gesellschaft mit den großen Liebenden, den großen Propheten, den großen Dichtern. Ich kann es schlecht glauben, dass sie sich alle getäuscht haben. Ich fühle mich auch mit meinen Vorfahren auf emsländischen Höfen verbunden, von denen ich über Jahrhunderte hin weiß, dass sie mit dem Sterbekreuz in den Händen ihr Leben dem Schöpfer zurückgaben. Auch wenn das alles Unsinn wäre – zumindest an dieser einen Stelle, die wir Ostern nennen, hat Gott mit leibhaftigen Folgen eingegriffen. Wäre Paulus jetzt hier, so würde er sagen: Alles andere, alle Ahnungen der Liebenden und der blinden Seher, könnten ja mutige Konstruktionen sein. Aber hier, wo Menschen Jesus haben erscheinen sehen, wo ich selbst von ihm zu Boden geworfen wurde und meinen Weg geändert habe, hier kann es kein Wunschdenken sein; hier wurde ich überwältigt! Gott – das habe ich erfahren – ist überwältigend herrlich, überwältigend in seiner Liebe, überwältigend in seiner Kraft der Verwandlung. Paulus legt Wert darauf, dass er sich das nicht eingebildet hat. Er sagt: Ungefähr 530 Zeugen kann ich euch namentlich nennen. Jeder Richter in einem Indizienprozess wäre froh und dankbar über die Zahl von 530 Augenzeugen. Damals wie heute gilt: Auch diese Anzahl ist einfach überwältigend.

Nein, würde Paulus uns sagen: Mein Mangel ist nicht, dass ich zu viel wissen möchte über das, wovon sonst keiner etwas weiß. Ich weiß definitiv, dass Jesus lebt und Sohn Gottes ist, dass er leibhaftig auferstanden und kein Geist oder Gespenst ist, dass er mich gesandt hat und frei ist vom Tod. Frei vom Tod wie Gott. Was das weiter ist, könnte ich mir nur stotternd zusammenreimen. Denn Gott ist anders als wir, deshalb rede ich von Verwandlung, die auch uns alle erfassen wird, die vom auferstandenen Jesus durch mich angesteckt sind mit seinem Heiligen Geist. Es ist der Geist der Verwandlung in Herrlichkeit.

Und Paulus würde weiter sagen: Merkt ihr nicht selbst, dass diese Botschaft von der Auferstehung so haargenau passt zu dem, was ich sonst verkündige? Dass sie genau passt zu der Botschaft von der Liebe, die bleibt. Denn das ist keine Liebe, bei der alles beim Alten bleibt, keine, die jeden so lässt, wie er ist. Sondern eine, die sagt: Kommt! Kommt heraus aus euren Löchern, aus dem dürftigen Gehäuse mit Zitaten von Goethe und Wilhelm Tell, das ihr euch für den Ernstfall zurechtgelegt habt. Kommt heraus aus dem Helldunkel eurer Ahnungen und schließt euch dem eindeutigen Licht der österlichen Lichterprozession an. Denn diese Lichter nahmen ihren Ursprung an der einen Kerze in der dunklen Kirche in der Osternacht. An dieser einen österlichen Kerze, die so eindeutig auf den Auferstandenen weist.

Merkt ihr nicht, würde Paulus sagen, dass die Liebe, von der ich rede, etwas anderes ist als allgemeine Humanität oder unverbindliches Gerede vom Positiven Denken? Merkt ihr nicht, dass die Erlösung hier auch gerade in der Verbindlichkeit liegt, in einer Radikalität, die ihren Ursprung in der Gotteserfahrung hat, um die es zu Ostern geht? Wie können Christen je diesen Anspruch auf Wahrheit aufgeben? Es ist doch die letzte, die einzige Hoffnung für diese Welt.

Von welchen Konsequenzen ist hier die Rede? Paulus – da bin ich mir sicher – würde jetzt nicht das Abc der *correctness* wiederholen – dass wir alle brav, nicht geldgierig und liebe Menschen sein sollen. Es würde das Salz in der Suppe fehlen. Dieses Salz muss heute heißen: Habt keine Angst, das Leben zu viel zu lieben. Aber ein Leben, das diesen Namen verdient, ein Leben, zu dem die gehören, denen ihr es verdankt, die, an die ihr es weitergebt, und vor allem die, mit denen ihr, insgesamt geborgen wie in einer großen Hand, neues Leben in die Welt setzen könnt. Wer dieses Leben nicht liebt, kann auch Auferstehung nicht wollen oder schätzen. Denn zu Ostern darf das Leben sich selbst feiern, übermütig und auch ein wenig dankbar.

Welche Neuigkeiten sind für uns in dem Satz erhalten: »Der Herr ist auferstanden – er ist wahrhaft auferstanden!«? Ich möchte es in zehn Punkten sagen:

1. *Gott verwandelt.* Es gibt Dinge, die so ärgerlich sind, dass sie schon wieder interessant sind, so wahnwitzig, dass doch vielleicht etwas dahinterstecken könnte, so absurd, wie es aber doch eben oft im Leben und in der Geschiche zugeht. Wie wäre es also, wenn tot nicht tot, verwest nicht verwest sein und bleiben müsste, wenn nicht Staub das Allerletzte, sondern wenn Verwandlung, Verheißung, Freude und Licht das Letzte wären? Die Bibel sagt ja gar nicht mehr als dieses: Denen, die an dich glauben, Herr, wird das Leben verwandelt, nicht genommen. So ist nicht unsere Vorstellungskraft gefordert, sondern unsere Erinnerung. Was kann sich nicht alles wandeln. Wo wir Wende sagen, geht es fortwährend um große Wandlungsprozesse. Verwandlung ist das Gesetz des Lebens. Gott nimmt nicht das Leben, sondern er verwandelt es.

2. *Gott berührt unseren Leib.* Hoffnung ist nichts Abstraktes, keine neue Bewusstseinsqualität. Ich denke an das letzte Interview des uralten marxistischen Hoffnungsphilosophen Ernst Bloch. Zusammengesunken im Sessel, dem Tod nah, sprach er von der Hoffnung befreiter, zukünftiger Gesellschaften. Sein Körper sprach gegen die Hoffnung. Nein – eine Hoffnung, die nicht auch den Leib, meinen Leib meint, ist keine Hoffnung. In der Auferstehung kommt Gott im Leib an. Erst in der Auferstehung reicht seine Herrschaft bis in unsere Fingerspitzen. Es ist die Herrschaft, von der Jesus in Gleichnissen geredet hat. Diese Herrschaft ist wie ein Schatz im Acker, für den man alles andere mit Freuden aufgibt, weil sie am Ende verwandelnd unsere Vergänglichkeit ergreift und durchdringt. Auch sonst predigt Jesus von der Leiblichkeit. Etwa wenn er in der Bergpredigt sagt, dass es im Verhältnis zu Frauen auf die Kleinigkeit des Augenaufschlags ankommt, ob es Konsumierenwollen oder Freundlichkeit ist. Er spricht von Leiblichkeit, wenn er dem Taubstummen sagt »Tu dich auf«, dem toten Mädchen sagen kann »Mädchen, steh auf«. Leiblichkeit steht auf dem Spiel, wenn Jesus ein Haus betritt und

sagt, diesem Hause sei heute Heil widerfahren. So sagt er auch, dass man um den Leib nicht sorgen solle, nicht für Nahrung und Kleidung, nicht für die Haare des Hauptes besorgt sein dürfe. Gott wird an all das denken, da er das Leben seiner Kinder bejaht und fördert. Wenn das so ist, dann ist die Predigt Jesu nicht weniger verrückt als Auferstehung auch. Sie ist die Folge bedingungslosen Gottvertrauens. Jesus will, dass man sich einfach ganz in die Hand des guten Gottes gibt.

Denn man bedenke: Wenn Jesus und die Jünger wirklich und ernstlich sich um Nahrung und Kleidung nicht kümmern sollen, auch nicht um ihr Leben im Falle des Martyriums sich sorgen sollen, dann ist das eine Art von Ernstnehmen der Wirklichkeit Gottes, die radikal und konsequent ist. Die Wanderexistenz Jesu auf Erden wird zum Vorspiel der Art, in der Gott auch für den toten Jesus sorgen wird. Er ist geborgen in Gottes Hand, aber nicht tot, sondern lebendig. Denn wenn es den Gott der Bibel überhaupt gibt, dann gibt es bei ihm nichts Totes, nur Lebendiges.

Unseren Leib erfahren wir mit jedem Atemzug und je älter wir werden immer mehr als widerständig, als undurchdringlich und dunkel. Unser Leib, das sind auch wir selbst. So wie wir uns selbst nicht erreichen und nicht besitzen und nicht über uns verfügen können, so begegnet uns auch Gott als Geheimnis. Vielleicht begegnet er uns besonders im Geheimnis und in der Undurchdringlichkeit unseres Leibes. Und von Auferstehung ist deshalb die Rede, weil wir ihn, je mehr wir uns ihm anvertrauen, in der Auferstehung als dem Offenbaren begegnen werden. Denn christlich sterben und christlich hoffen heißt: sich ganz in Gottes Hand geben. Wer sich so ganz in Gottes Hand gibt, eröffnet diesem Gott die Chance, das Leben zu verwandeln. Dann wird auch unser Leib nicht mehr das uns begleitende undurchdringliche Geheimnis sein, sondern verwandelt zu Klarheit und Freude.

In der Ebene der Leiblichkeit will Jesus heilen, will er wahrgenommen und anerkannt werden, dem Leib gibt er seine Verheißung. Und so bricht sich in jeder Sekunde Gottes Herrschaft und Verheißung mit dem Leben und Tun unseres Leibes. Die Wirklichkeit Gottes ist keine ferne Realität hinter den Wolken, sondern sie ist uns in Jesus so auf den Leib gerückt, dass sich seine Wirklichkeit ständig kreuzt mit unserem konkretesten Leben, mit unseren Vitalinstinkten zum Beispiel. Jede Sekunde wird so zum Ort der Verheißung der Auferstehung.

3. *Auferstehung heißt: Nicht glauben, sondern wahrnehmen!* Der Auferstandene begegnet den Jüngerinnen und Jüngern immer leibhaftig, als er selbst. Eine bloße Seele, die quasi als Gespenst erschiene, kennen Judentum und frühes Christentum nicht. Daher ist es konsequent, wenn die Jünger ihn an den Wundmalen erkennen. Das müssen wir nicht »einfach glauben«, sondern es war Erfahrung der Jünger. Eine Erfahrung freilich, die nicht wie unsere heutige seit Schul- und Kindertagen begrenzt ist auf das mit Zahlen Erfassbare und Messbare. Eine Erfahrung, die mehr zu tun hat mit der Wahrnehmung der Maler und Dichter, der Komponisten und der kühnen Architekten, die eine Vision umsetzen können. Mir ist bei dem Thema Auferstehung immer zu viel und zu schnell vom Glauben oder gar Glaubenmüssen die Rede. Das tut dem Thema und vor allem uns nicht gut. Denn bei Glauben denken wir zu schnell an Gehorsam, an blinden zumal. Die Erfahrung des Auferstandenen ist nicht »gegen alle Wirklichkeit«. Jesus wird auch nicht nur von denen gesehen, die ohnehin schon glauben, sondern gerade auch von seinen im höchsten Maße ungläubigen Feinden, wie Paulus einer war. Nein, die Auferstehung gehört in den Bereich der vielen Erfahrungen, die uns verloren gegangen sind. Es sterben nicht nur Tier- und Pflanzenarten auf der Erde. Es stirbt auch der Sinn für die Wahrnehmung des nicht Messbaren und nicht Berechenbaren. Gestorben ist unsere Fähigkeit, das Unsichtbare hin und wieder in Visionen leibhaftig schauen zu können.

4. *Ostern hat zwei Standbeine.* Auferstehung oder Ewiges Leben betreffen nicht einfach das »Danach«. Es sind dies keine Hypothesen, die nur das schwarze Loch des Todes füllen sollen. Auferstehung oder Ewiges Leben kennt immer ein »jetzt schon«. Es geht um die Leichtigkeit zu leben auch jetzt schon, um eine tiefe Sorglosigkeit, um eine tiefe Freude darüber, dass man auf die Herrschaft Gottes ge-

stoßen ist, die solche Verheißung birgt. Daher sind die Seligpreisungen im Tempus der Gegenwart gehalten. »Selig *sind* die Armen, die Sanften und Friedensstifter« – sie sind *jetzt schon* selig und dürfen es sein, denn sie haben schon die Freiheit, die ihnen niemand mehr nehmen kann. Um Freiheit von Angst und Tod geht es bei dem Leben von Gott namens Auferstehung. Zwei Standbeine hat daher Gottes Zuwendung zu seinen Kindern: Seligkeit im sichtbaren Leben *hier* und Seligkeit im (vorerst) unsichtbaren Leben *dann*.

5. Auferstehung ist Befreiung. Von der Osternacht heißt es im »Exsultet« der christlichen Liturgie: »Dies ist die Nacht, da du einst unsere Väter, die Söhne Israels, aus Ägypten herausgeführt und durch die Fluten des Roten Meeres trockenen Fußes geleitet hast. Dies also ist die Nacht, da jene Feuersäule besiegte das Dunkel der Sünde. O wahrhaft selige Nacht, die Beute genommen von den Ägyptern und reich gemacht die Hebräer. O Nacht, die verbindet Himmel und Erde, Gott und die Menschen.« So sieht die Alte Kirche in der Feuersäule, die vor dem Volk herzieht, ein irdisches Gleichnis des Auferstandenen, abgebildet auch in der Osterkerze. Die Herausführung aus Ägypten wird zum Bild für die grundsätzliche Befreiung vom Tod und damit zum Bild der Erlösung von Sünde, Tod und Teufel.

Die christliche Liturgie schließt sich hier an die jüdische Deutung der Passahnacht an. Im Targum, der aramäischen Version zu Ex 12, heißt es: *Vier Nächte gibt es, und diese vier Nächte sind eins, die Nacht, in der das Licht erschaffen wurde, die Nacht, in der Gott den Bund mit Abraham schloss, die Passahnacht und die Nacht, in der der Messias kommen wird.* Die Christen sehen in der Osternacht diese vier Nächte gut aufgehoben. Das wiederholte Wunder, dass aus der Nacht das Licht der Befreiung geboren wird, gewinnt hier seine Zuspitzung in der Auferstehung. Und noch etwas wird aus diesen Andeutungen erkennbar. Ostern kann man heutzutage wohl nur verkündigen, indem man es feiert, zum Beispiel in der Liturgie der Osternacht.

6. Die Auferstehung ist kein privates Geschehen. In der modernen Befreiungstheologie hat man mit Recht immer wieder auf das Bild des Exodus verwiesen und damit deutlich werden lassen: Erlösung ist in keinem Fall ein privates, nur individuelles Geschehen, als ginge es nur um »Gott und die Seele«. Auch bei der Auferstehung geht es nicht um mich, um meine Knochen, um ganz speziell nur meinen Leib. Für viele Menschen scheint der Zugang zum Auferstehungsglauben versperrt, weil sie nur an das denken, was die eigene Physis betrifft. Ostern hat viel mehr mit Liebe zu tun als mit Wiederbelebung, mehr mit der Spitzenerfahrung des Lebendigen im Verliebtsein als mit einer bloßen Fortsetzung des Daseins, mehr mit Freude, die »sich nicht mehr einkriegt« als mit einem blassen Dogma für Spezialisten der Theologie. Ostern ist die soziale Grunderfahrung, weil sie der Anfang einer allumfassenden neuen Schöpfung ist. Darum zeigt sich die Ostererfahrung auch so überwältigend dort, wo Gemeinschaften neuen Lebens entstehen. Man denke nur an die Sterbehäuser der Mutter Teresa!

7. *Die Auferstehung ist ein Wunder.* Sind bei der Auferstehung die Naturgesetze aufgehoben? Eher scheint es mir so zu sein: Dass die Naturgesetze, die wir herausgefunden haben, alle Bereiche der Wirklichkeit umfassen, ist vielleicht auch nur Mythos und Legende. Schon die Wunder Jesu (und anderer) sind nicht gegen die Schöpfung, sondern nur Andeutung weiterer, anderer, unausgeschöpfter Möglichkeiten. Sie ruhen in ganz anderen Kammern als in denen der Gesetzmäßigkeiten. Es geht um weitere, fantastische Chancen, wie Wirklichkeit noch sein kann.

8. *Auferstehung rückt den Sinn des Daseins in ein neues Licht.* Mir will scheinen: Der letzte und eigentliche Sinn ist Freude. Hat Gott nicht die Welt erschaffen, weil er sich daran freuen wollte? Besteht nicht der Sinn darin, dass wir Antwort geben auf das Geschenk unseres Daseins, dass wir überhaupt sind und nicht vielmehr nicht sind? Ist nicht Lebensfreude die schönste Antwort an den Schöpfer, weil sie das ist, bei dem auch wir am glücklichsten sind? Und wenn die Hoffnung auf Auferstehung den Menschen die Angst nimmt – ist das nicht etwas, das uns froher machen und bestätigen könnte in dem Grundansatz, dass Freude der Sinn ist? Ich denke bei dem Stichwort »Freude« an das Gottesbild der drei Freudenfeste, von denen Lk 15

berichtet. Denn für den verlorenen Groschen, das verlorene Schaf und den verlorenen Sohn wird bei Wiederauffindung jeweils ein Freudenfest angesetzt. Das ist einmalig in der Bibel – drei Freudenfeste hintereinander! Das gemeinsame Freudenfest lenkte jeweils die Herzen der Mitfeiernden nach vorne und ließ sie nicht länger rückwärts gerichtet sein.

Gott also »ist ganz aus dem Häuschen«, wenn ein Verlorener den Weg gefunden hat. Wie die Frau, die die Nachbarinnen einlädt, wenn sie das Cent-Stück gefunden hat. Diese Züge im Gottesbild sind ganz unerhört und bei Jesus sehr neuartig. In keiner Religion finde ich einen Gott, der außer sich ist vor Freude über einen Menschen (!), der zu ihm findet. – Später in der Kabbala wird man ähnlich sagen: Gott tanzte an dem Tag, an dem du geboren wurdest. – Wir glauben an einen Gott, der sich über die Umkehr jedes Einzelnen nicht mehr einkriegt vor Freude. Und der dann nichts weiter will und erwartet, als dass wir uns überschwänglich mitfreuen. Dieser Text wirft ein Schlaglicht auf Jesu »Charakter« und darauf, wie er den himmlischen Vater vor allem aufgefasst wissen will: Ein Gott, der riesengroße Sehnsucht danach hat, dass wir zu ihm finden. Ein Gott, der nichts Schöneres kennt, als wenn der Weg des Einzelnen auf die Zielgerade in Richtung himmlischer Vater einmündet. Ein Gott, der sich so unendlich freuen kann.

Allein schon seine Freude kann einen rühren, anstecken und bewegen. – Ich erinnere mich an dieser Stelle an einen alten Lehrer, und manchen meiner Leserinnen und Leser wird es ähnlich gehen, einen alten Zeichenlehrer, der aufgrund seines Faches nicht ernst genommen wurde und der das in seiner künstlerischen Sensibilität besonders intensiv bemerkte. Aber wie konnte dieser Lehrer sich freuen, wenn der Schüler auf den richtigen Weg kam und auf seine Art bald ein Bild würde zustande bringen können. Die Freude des Lehrers steckte dann auch den Schüler an und begeisterte ihn. – Aber auch von uns gilt: Wie lange haben wir uns danach gesehnt, einen Gott zu finden, der weder nur allmächtig noch gar ohnmächtig ist, sondern der etwas ganz anderes kann und will, anbietet und heraussprudelt: Freude über jeden, der die rechte Richtung einschlägt. Deshalb darf man sagen: Gott hat wohl überhaupt beschlossen, uns zu erlösen, weil er »süchtig nach Freude« ist, nach dieser Begeisterung über einen, der den Weg in die Gemeinschaft derer findet, die Gemeinschaft der Freude heißen sollte.

Einen ähnlichen Zug kennen wir aus dem Gleichnis vom treuen Knecht (Sklaven), den der Herr bei seinem Kommen wachend findet. Der Herr wird sich dann nämlich so freuen, dass Jesus sagen kann: *»Selig sind die Sklaven, die der Herr wachend antrifft, wenn er kommt. Amen, ich sage euch, er wird so begeistert von euch sein, dass er euch zu Tisch bittet, sich selbst die Kellnerschürze umbindet und euch bedient«* (Lk 12). – Auch dieser Herr ist extravagant, ist leicht schräg. Denn wo hat man so etwas schon gehört, dass ein Herr seine Sklaven bedient? Das ist »verkehrte Welt«, nur zu erklären aus Gottes Begeisterung, die ihn alle Regeln der Vornehmheit vergessen lassen.

Man kann den Gott, der sich so freuen und sich zum Kellnerdienst hinreißen lässt, für (nerven-)schwach halten und verachten. Aber wer das tut, vergisst, dass es Gott ist, von dem dieses gesagt wird. Der zuallererst der unfassbar Große und Mächtige ist. Und wenn dieser Gott sich so vor Freude über uns vergessen kann, dann rührt es mein Herz.

9. Jesus ist die Auferstehung. Im Evangelium nach Johannes sagt Jesus: *Ich* bin die Auferstehung. Das ist unverschämt kühn. Sie ist keine ferne Spekulation; sie geschieht in ihm, nicht in einem angehobenen kosmischen Gesetz. In ihm wird das Thema des Lebens schlechthin neu durchbuchstabiert. Was bleibt, wenn der Augenblick jetzt, wenn alle Augenblicke vergangen sind? Wo finde ich mich selbst, meine Identität, das, was bleibt jenseits meiner Stimmungen und Gefühle, was ich bin? Wenn Jesus sagt »Ich bin die Auferstehung«, dann bezeichnet er sich als einen Leuchtturm, der vielleicht abends in der Dunkelheit von ferne leuchtet. Vieles trennt uns vom Licht, dunkle Wasserläufe und schier unüberquerbare Moraste. Aber das Licht ist schon da. Wenn wir es nur fest im Auge behalten, »jetzt und in der Stunde unseres Todes«, dann wird es bleiben. Denn Jesus ist wie das Licht, das über den Wassern der Finsternis strahlt und sie alle vergessen lässt, auch wenn wir da hindurchgehen müssen.

10. Auferstehung wird durch das Martyrium bezeugt. Es ist wohl kein Zufall, dass die jüdische und christliche Erwartung der Auferstehung sich an Märtyrer knüpft. Sie haben mit Leib und Leben bezeugt, dass es mehr gibt als die armseligen Tyrannen, die sie verurteilten und die meinten zu siegen. Auf die Märtyrer greift schon über, wofür sie Zeugnis geben. So bekennt Dietrich Bonhoeffer in der Todesstunde: »Das ist das Ende, für mich der Beginn des Lebens.«

18.2 Der Beginn der neuen Schöpfung

An Ostern – das sagen die Texte des Neuen Testaments in großer Übereinstimmung – beginnt die Welt noch einmal. Die Schrift schlägt einen Riesenbogen; sie bezieht sich auf den Anfang aller Dinge, auf den Schöpfungsmorgen. Sie greift damit einen Seufzer auf, den wir angesichts unserer katastrophal kaputten Zustände in der Welt alle kennen: »Man müsste noch einmal von vorne beginnen können!«

Nach dem Bericht in Joh 20 ist Ostern ein kleines Pfingsten: Der Auferstandene teilt den Jüngern den Heiligen Geist mit. Überall, wo im Neuen Testament vom Heiligen Geist gesprochen wird, legt sich eine Typologie, eine bildhafte Entsprechung zum Alten Testament, zumindest nahe. Beim Pfingstbericht der Apostelgeschichte denken die Ausleger seit alters an den Turmbau zu Babel; für die Abfolge von Himmelfahrt und Geistempfang darf man an Elija und Elischa denken; denn Elijas Geist wurde dem als Erbe zuteil, der bei seiner Himmelfahrt Zeuge war (2 Kge 2,10). Für Mt 28 mit dem Auftrag der Geisttaufe dachte man an Mose und die 70 Ältesten, die als seine »Nachfolger« Anteil an seinem Geist erhielten (Num 11). Und in Joh 20 liegt nun gar eine doppelte Typologie vor. Einerseits bläst Jesus die Jünger an und sagt: »Empfangt den Heiligen Geist …« So hatte auch Gott den Adam bei der Schöpfung angeblasen, um ihm von seinem Lebensodem mitzuteilen. Und hier wird nun durch den die Sünden vergebenden Geist im wahrsten Sinne neue Schöpfung gewirkt. Die zweite Typologie beruht auf Ez 36, 25f.: Gott sendet in

Zukunft seinen Geist wie Wasser in die Herzen, und dadurch werden sie rein. Hier reinigt der Heilige Geist von aller Schuld, und eben das ist ja der Inhalt der Jüngervollmacht. Sie selbst sind schon rein durch das Schöpfungswort, das Jesus an sie gerichtet hat (Joh 15,3). Nun bekommen sie die Vollmacht, dieses im Sinne der Vergebung als wirkmächtiges Wort weiterzugeben. Es geht daher nicht oder nicht nur um den Auftrag, die Lehre weiterzusagen. Das Entscheidende ist die Vergebung der Sünden. Das ist mehr als Lehre. Durch das Anhauchen – denken wir an Adam: Gott erweckte ihn durch Anhauchen zum Leben – wird jedem Leser klar: Dieses vollmächtige Wort der Jünger erwirkt neue Schöpfung des Menschen.

Insofern kommt nun das »Wort« von Joh 1,1f. zum Ziel. Durch dieses Wort ist alles geworden, die ganze Welt. Dieses Wort ist zunächst in Jesus (Joh 1,14). In der Vollmacht, die er nun den Jüngern weitergibt, haben auch sie Anteil an seiner Schöpfungsmacht. Sie zielt jetzt auf die grundlegende Erneuerung der Menschen. Und genau auf diese Weise beseitigt das Lamm Gottes die Sünde der Welt (Joh 1,29). Die Auslegung betont beim »Lamm Gottes« mehr die Rolle des Todes Jesu. Aber das neu machende Schöpfungswort sollte man in den Vordergrund stellen. Die Vollmacht, die Jesus als sein Vermächtnis gibt, ist nicht frei schwebend, sondern gebunden an die Gemeinschaft der Jünger. Ähnlich wird ja auch in Mt 26,28 die Sündenvergebung an den Bund geknüpft, dessen Träger die Jünger sind – nur hier nun ausdrücklich an den Tod Jesu gebunden (Blut!).

Die Beschränkung des Heiligen Geistes auf Sündenvergebung macht Sinn im Sinne der Konsequenz des Vierten Evangeliums. Der Evangelist greift zurück auf den Anfang, wo Jesus in 3,5 davon spricht, dass Christen neu geboren werden aus Wasser und Geist – und das heißt: Bei der Wassertaufe bekommen sie den Heiligen Geist verliehen. Was die Jünger nach Joh 20,23 tun, ist daher in der Sprache von Joh 3,5 die Zulassung zur Taufe oder eben deren Verweigerung, etwa im Falle mangelnder Umkehrwilligkeit.

Und noch etwas fällt auf im Vierten Evangelium: Nach 13,10 sagt Jesus zu den Jüngern: *»Ihr seid jetzt rein«*, und nach 15,3 gilt: *»Ihr seid schon rein durch das Wort, das ich zu euch gesagt habe.«* Im Sinn von Joh 6,63 (*»Die Worte, die ich euch gesagt habe, sind Heiliger Geist«*) ist dieses

Wort Jesu aber Heiliger Geist. So schließt sich das Bild: Jesu Wort ist Heiliger Geist, der die Jünger rein macht. Auf der Ebene des Prologs des Vierten Evangeliums heißt das: Jesu Wort, sein Heiliger Geist, ist die Macht, die die Jünger als Kinder Gottes neu geboren sein lässt. Denn Jesu Wort ist Schöpfungswort. Die neue Geburt bedeutet neu geschaffen werden. Und die Reinheit, die dieses Schöpfungswort mitteilt, ist nichts anderes als der Neubeginn neuer, erneuerter Kreatur. Nirgends vorher hatte Jesus den Jüngern diese Kraft zur Neuschöpfung selbst mitgeteilt. Dass es sich eben darum handelt, wird daran erkennbar, dass ja auch Gott den Adam bei der Erschaffung anhauchte.

So kann man sagen: Bei der österlichen Anhauchung durch Jesus geht es nicht um Vergebung irgendwelcher Sünden. Sondern dieser Heilige Geist ist der Schöpfer-Geist. Und die Zulassung zur Taufe und ihr Vollzug, von der Joh 3,5 spricht, geht jetzt auf die Jünger als Vollmacht über. So wird in Joh 3,5 und in 20,23 gerade dann, wenn man diese beiden Stellen zusammen liest, Ez 36,25–27 erfüllt: *»Dann sprenge ich über euch reines Wasser, damit ihr gereinigt werdet. Von allen euren Unreinheiten und von allen euren Götzen will ich euch reinigen. Ich gebe euch ein neues Herz und lege neuen Geist in eure Brust. Ich entferne das Herz aus Stein aus eurem Leib und gebe euch ein Herz aus Fleisch. Meinen Geist lege ich in eure Brust und bewirke, dass ihr nach meinen Satzungen wandelt, meine Gesetze beobachtet und erfüllt.«* Das Bild des Wassers wird erfüllt im christlichen Taufritus, die Unreinheiten und der Götzendienst werden im Vierten Evangelium als »Sünden« gedeutet (vgl. Joh 15,3). Das »neue Herz« steht für das neu Geborensein. Und als neu Geschaffene können und wollen die Christen Gottes Gebot der Liebe erfüllen. Weil sie neu geboren sind, ist dieses eben auch ein neues Gebot. So hat nach dem Vierten Evangelium die Auferstehung Jesu diese Bedeutung für die Jünger Jesu: Jesus vervielfältigt durch sie die Gabe des radikalen Neubeginns in der Kraft ewigen Lebens.

Bei der Sündenvergebung betonen alle Gebete des 1. Jahrtausends die »Reinigung« und geben damit einen exegetischen Schlüssel zur Antwort auf die Frage, warum der Geist in Joh 20 mit Sündenvergebung verbunden ist (eine Frage, die fast kein neuerer Exeget stellt): Weil er wie eine reinigende Flüssigkeit aufgefasst wird. Denn er ist wie Wasser oder wie Öl. Ähnlich sagt es auch die Pfingstsequenz: »Wasche, was befleckt ist ..., heile was verwundet ist.« Wir erkennen an diesem Text *erstens* etwas über die Art, in welcher der Heilige Geist als Schöpfergeist zu begreifen ist. Neuschöpfung oder Vollendung der Schöpfung durch Vergebung der Sünden bedeutet: Der Auferstandene, der lebt, beseitigt das, was die alte Schöpfung in den Tod führte. Die »Sünde« ist in negativer Hinsicht vor allem mangelnde Anerkennung Gottes, Gottferne. Sünde und Gottferne wird durch Jesus überwunden. Das Gottes schöpferische Gabe an die Welt. Das Resultat des Wirkens Jesu unter uns ist daher der Heilige Geist in unseren Herzen. Er geht vom Vater aus wie alles, was überhaupt ist. Und er geht vom Sohn aus, weil dieser ihn zu den Menschen gebracht hat.

Hier gibt es einen interessante Beziehung zur Eucharistie. Denn das, was Jesus in Joh 6 ankündigt, dass man nämlich sein Fleisch essen und sein Blut trinken, ihn also ganz aufnehmen soll, wird schon nach Joh 6 im Sinne der Gabe des Heiligen Geistes gedeutet. Wer Jesus ganz in sich aufnimmt – was sich vollendet in der Eucharistie – der empfängt nichts anderes als Heiligen Geist. Die Wirkung der Eucharistie ist der (durch Jesus vermittelte) Heilige Geist in unseren Herzen. Konsequent heißt es daher in einem alten Gebet in der Auslegung dieses Textes: »Den Hauch deines Mundes lass ausströmen über diesem, deinem Altar.« So wird unser Text in eine eucharistische Epiklese (Anrufung des Heiligen Geistes mit der Bitte um Wandlung) umgesetzt.

Joh 20 sagt auch etwas über die Grenzenlosigkeit unseres Glaubens. Denn so wie die verschlossene Tür kein Hindernis mehr ist, keine trennende Grenze, so ist auch jetzt, da Gott durch den Heiligen Geist in unseren Herzen ist, der Unterschied zwischen göttlichem und menschlichem Bereich aufgehoben. Genau so ist es auch mit den Grenzen unter den Menschen, zunächst den Jüngern. Die einzige Ethik Jesu nach dem Vierten Evangelium ist immer wieder nur *Liebe als praktisches solidarisches Verhalten* zueinander. Die Gemeinde der Jünger macht eben darin Gottes Herrlichkeit sichtbar und ist so das erste Stück erlöster Schöpfung. Gott ist ab jetzt durch den Heiligen Geist auf der Erde gegenwärtig. Die Jüngergemeinde ist daher ganz konsequent die lebendige Fortsetzung der Menschwerdung des Wortes in Jesus. So heißt es in einem alten Gebet am Samstag vor Pfingsten: »Der Heilige Geist reinige uns von Vergehen, wasche die Flecken ab und verteile seine Gaben« – und das sind nun die Charismen der Gemeinde.

Mehr noch: Das Glauben ohne Grenzen bezieht sich auch auf die Reservate in uns selbst, die wir gerne vom Glauben ausnehmen, obwohl der Glaube nur grenzenlos oder gar nicht sein kann. Es scheinen Reservate des Verstandes zu sein, aber letztlich sind es doch Reservate des Herzens. Wer von Pfingsten spricht, sollte auch die Nachtseite unseres Verhaltens im Glauben kennen, nämlich den Hang, nach einer Weile auf alle biblischen Forderungen nach Radikalität mit Zerstörung des Glaubens, der Schrift oder der Kirche zu antworten. Es ist als ob in einer perfekt organisierten Welt plötzlich namenloses Verbrechen aufbricht. Was hat es zu bedeuten, wenn von »Geistlichen«, die radikal leben wollten und wollen, unversehens schwerste Vergehen begangen werden? Das ist nicht unsere »notwendige Unvollkommenheit«, sondern der Teufel. Unsere sehr merkwürdige Abneigung gegen das Gebet ist selber Spur seines Wirkens. Denn auch Jesus hatte mit dem Teufel zu tun und betete deshalb 40 Tage und Nächte lang um die Intensivierung des Heiligen Geistes, den er gerade empfangen hatte. Die Reservate in uns werden dann durch Freude zurückerobert werden (Joh 20,20), die verratene erste Liebe, von der Paulus spricht, kann wieder greifen.

18.3 Über die österliche Freude und ihre näheren Gründe

Nach Mt 28,8 sind die Frauen, denen Jesus erscheint, noch »voll Angst und großer Freude«, doch in 28,9 ergreifen sie schon im Niederfallen Jesu Füße, um ihn anzubeten. Die Angst ist der Freude gewichen, so wie der Nebel Schritt um Schritt der Sonne weicht.

Was ist das eigentlich, Osterfreude? Selbst in unserer Alltagsprache haben wir noch eine Erinnerung daran, wenn wir sagen können, uns sei ein »Stein vom Herzen gefallen«. Denn der Stein, der vom Herzen fällt, ist wie der Stein, der vom Grab weggewälzt wurde, und weil ein Engel lichte Macht ist, geht das ganz leicht. »Christus ist auferstanden«, »Er ist wahrhaft auferstanden« – mit diesem Gruß sprechen die Menschen der Ostkirche einander die Ostererfahrung zu, nachdem sie Lichter auf den Gräbern entzündet haben. Das ist der Schlüssel: Osterfreude entsteht, indem wir sie wie ein Mosaik zusammensetzen aus all der Freude der einzelnen Christen. Ganz ähnlich wird der Heilige Geist zu Pfingsten mitgeteilt, indem die Christen einander beim Friedenskuss den Heiligen Geist zuhauchten. Und so ist es auch schon am Anfang, zu Ostern nach Matthäus: Es fällt auf, dass die Frauen gleich zweimal beauftragt werden, den Jüngern von ihrer Ostererfahrung zu berichten (28,7 und 28,10) – dabei werden die Jünger doch auch den Herrn selber sehen.

Osterfreude wird im Weitersagen geboren. Osterfreude ist vor allem die schlechthin einzige angemessene Reaktion auf die größte Revolution der ganzen Geschichte des Kosmos: dass Tod nicht Tod bleibt, sondern dass er leibhaftig überwunden wird. Die größte – oft verdrängte – Gewissheit, dass wir alle sterben müssen, die tyrannischste Macht, die so sicher etabliert scheint, nämlich die des Todes – alles ist umgestoßen. Daher bedeutet Ostern nicht das Regiment von »Bruder Lustig«, sondern die tiefste überhaupt erahnbare frohe Botschaft, dass der Tod überwindbar ist – ab Ostersonntag. Jesus ist der Prototyp dieser grundlegend neuen Phase der Schöpfung.

Bedeutsam ist das Geheimnis. Die »Qualität« der Auferstehung ist zwar leibhaftig, aber »anders«. Was ist anders? Die Bindung an Grenzen ist entfallen (an die Grenzen von Raum, Zeit und Vergänglichkeit) – das ist allen Osterberichten gemeinsam. Es ist der leibhaftige Jesus, doch die Begegnung mit ihm ist anders, als wenn wir morgens den Briefträger am Postkasten treffen. Zum Zeichen dieser Andersheit begleiten Engel diese verborgenen Ereignisse. In keinem kanonischen, d. h. von der Kirche anerkannten, inspirierten Bericht wird die Auferstehung Jesu selbst geschildert. Sie ist ein Geheimnis von der Art wie auch die Wandlung in der Messe, von der niemand sagen oder sich vorstellen kann, wie das geschehen soll, dass Jesus leibhaftig gegenwärtig wird. So ist auch Auferstehung in ihrem Wie unfassbar. Aber selbst dort, wo der Vorgang etwas näher beschrieben wird, wie in den alten Texten des Petrusevangeliums, im Einschub zum »Martyrium des Jesaja« und in der uralten Ergänzung zu Mk 16,3 (Texte bei Berger/Nord S. 679f., 1370 der 5. Aufl.), selbst dort wird nur gesagt, dass zwei Engel auf das Grab hinabstiegen, dass aber drei Personen aus dem Grab hervorgingen, nämlich Jesus in der Mitte der beiden. Auch hier bleibt der Vorgang der Auferweckung selbst verborgen im dunklen Raum des Grabes.

Der Unfasslichkeit des Vorgangs und der Unglaublichkeit des Resultats entspricht eigentlich auch eine Freude, die sich nicht mehr einkriegt – wo wir doch sonst so ängstlich bei uns selbst sind. Osterfreude besteht darin, dass wir aus uns herausgehen dürfen, nicht in uns verkrümmt sein müssen. Dass der Mensch »in sich verkrümmt sei«, ist nach dem heiligen Augustinus der Zustand der Sünde und ihre eigentliche Eigenart – wir sind dann verkrampft und verschlossen, ängstlich selbstbezogen.

Muss man das alles glauben, um Christ zu sein? Wer so fragt, hat schon wieder nur Angst. An die Stelle jeder Beckmesserei und Angst um den eigenen Glauben sollte dieses treten: Dass wir wirklich unaufhörlich Ostern feiern und auf diese Weise die Erfahrung der Jünger einfach weitersagen – wie »stille Post«. Es geht um eine überwältigende Erfahrung, nicht um irgendein Müssen.

18.4 Jesus selbst überwindet unsere Zweifel

Nur Dumme und Begnadete zweifeln nie. Der Apostel Thomas war nicht dumm, freilich vor der Begegnung mit dem Auferstandenen auch nicht besonders begnadet. Aber dass er den Auferstandenen sehen durfte, ist dann doch eine Gnade gewesen, und wie das so zu sein pflegt, eine Gnade indirekt zugunsten aller in der Kirche. Denn stellvertretend für alle Zweifler darf Thomas den Herrn noch einmal sehen. Und sein Zeugnis stützt den Glauben all derer, die den Herrn nicht gesehen haben. Von uns ist also die Rede. So heißt der Schluss des umstrittenen Verses Joh 20,29: *»Selig, wer (auch auf dein Zeugnis hin) in Zukunft glauben wird, auch ohne mich gesehen zu haben.«*

Aus der hurtigen Herausforderung des Thomas wird in der Dramatik des Berichtes alsbald ein schneller Zusammenbruch: »Mein Herr und mein Gott!«, bekennt Thomas, und da ihm in solcher Weise die Sprache wegbleibt, kommt er auch gar nicht dazu, seine Hand wirklich in die Seite Jesu zu legen. Schon die bloße Aufforderung Jesu ist für ihn eine erschütternde Gottesbegegnung. In der Tat: Wie wäre es, wenn die Botschaft von der Auferstehung Jesu wahr wäre? Wäre das nicht eine alles Übrige in der Welt in den Schatten stellende Begegnung mit Gott? Die Auferweckung Jesu ist in diesem Sinn die Visitenkarte Gottes. Denn anders als die Herrscher dieser Welt bringt er nicht regelmäßig Menschen vom Leben zum Tod, sondern umgekehrt: Er bringt Menschen vom Tod zum Leben. Und was hier an Jesus im Rahmen einer mystischen Erfahrung anschaubar wird, ist Verheißung für alle, die Jesus als Leben und Brot, als Hirten und Trank wahrnehmen. Denn spätestens ab Ostern ist Gott absolut und grenzenlos freigebig mit Leben.

Thomas mag bei sich gesagt haben: Wie leicht kann man sich durch Wunschdenken täuschen lassen, sich durch eine positive Botschaft selbst betrügen und erbauen. Gerade so lautet auch der Zweifel der neuzeitlichen Exegese seit H. S. Reimarus. Sein Vorwurf an die österlichen Jünger lautet: Manipulation, Wunschdenken, Priesterbetrug zugunsten der eigenen Karriere und Christentum als eine erledigte Ideologie. Der Zweifel des Thomas geht durchaus in diese Richtung: Er wagt es, die gemeinschaftliche Erfahrung der Jünger mit dem geliebten Herrn als »unglaubwürdig« abzutun. Auch in der Struktur ähnelt sein Argument der modernen Jesusforschung. Denn er sagt: »Wenn ich ihn nicht selbst sehe, glaube ich nicht!« (V. 25). In die Gegenwart übersetzt heißt das: Nur Jesus selbst ist maßgeblich, könnte maßgeblich sein und der Aussage der Jünger, auch wenn sie sich einig sind, ist überhaupt nicht zu trauen. Ähnlich spielt die Jesusforschung seit 200 Jahren den vermeintlich »wirklichen« Jesus gegen das aus, was die Kirche daraus gemacht hat, und zwar angeblich irreführend. Man will es von Jesus selbst wissen und glaubt den Jüngern, der »nachösterlichen Gemeinde« und Kirche kein Wort. Dass es sich in der Tat schon in Joh 20 um ein ähnliches Problem handelt, zeigt der abschließende Kommentar Jesu in 20,29, den wir so übersetzt haben: »*Du hast jetzt geglaubt, weil du mich gesehen hast. Selig, wer in Zukunft glauben wird, ohne mich gesehen zu haben.*« In Zukunft glauben – nämlich auf dein Zeugnis und das der anderen Jünger hin. Es geht daher bei der Erscheinung des Herrn vor Thomas um die grundlegende Frage der Glaubwürdigkit des Zeugnisses der Jünger. Im Vierten Evangelium ist das wichtig, weil es immer wieder von Zeugen und vom Zeugnis spricht. Der Glaube beruht auf dem Zeugnis, und wenn es nicht wahr, sondern manipuliert ist, dann ist alles Schwindel. In der Thomaserscheinung legitimiert nicht der Herr sich selbst, sondern er bekräftigt das Zeugnis der Jünger über ihre Ostererfahrung nach 20,19–23. Das Fazit der Thomasbegegnung ist daher: Man kann in der Tat auf das Zeugnis der Augenzeugen hin glauben. Thomas selbst ist auch einer von ihnen. Seit Thomas haben die Grundzweifel der modernen Jesusforschung ihr Recht verloren.

Die positive Erfahrung des Thomas ist die des Schreckens angesichts des Heiligen Gottes. Er kommt gar nicht dazu, sein »versucherisches« Anliegen, nämlich überall seine Hand hineinzulegen, wahrzumachen. Die geschilderte Erfahrung mit dem Auferstandenen wird für ihn zu einer schockierenden Begegnung mit Gott selbst. Weder Argumente noch Therapie noch liebevolles Hinführen oder Streicheln der Seele sind der Weg der Aufhebung der Zweifel, sondern überwältigende Erfahrung der Gegenwart des persönlichen Gottes in Jesus selbst. Denn die Wundmale des Verklärten weisen auf die persönliche Einmaligkeit Jesu in seinem Geschick. Kein namenloser Engel, kein Gespenst ist das, sondern unausweichlich Jesus von Nazareth selbst. Derselbe, der auch im Evangelium bisher schon immer gesagt hatte: Es führt kein Weg zum Vater, außer durch mich, ich persönlich bin der Weg zum Vater, nicht meine Lehre ist es. Große Bekehrungen der Kirchengeschichte haben dieses Element des heilsamen Erschreckens, von Paulus bis zu Blaise Pascal.

Die Innenseite der Thomaserfahrung hat erkennbar mehr mit Herrlichkeit und Liebe zu tun als mit juristischen Argumenten. Um die Herrlichkeit geht es beim Erschrecken. Thomas merkt: Ich habe es mit Gottes eigener Offenbarung zu tun – und eben nicht mit trickreichen Konstruktionen der Jünger oder der Kirche. Alle diese Zweifel versinken ins Bodenlose, wenn die heilige Gegenwart Gottes in Jesus durchbricht und den Jünger unmittelbar überwältigt.

Diese Zuwendung Gottes geschieht aus Liebe. Denn Gott offenbart sich hier nicht als gefährlicher Feuerbrand oder auch nur als der, der Zweifel und Unglauben straft, das gerade nicht. Der geheimnisvolle Gott wendet sich uns zu in dem Menschen Jesus Christus, der freundlich und eben nicht richtend in unsere Mitte tritt und über den man sich freuen kann, weil er Lebensgeist zu Sündenvergebung, das heißt zum Neuanfang mit neuem Leben, schenkt.

Der Schrecken des heiligen Thomas ist – für die Jünger – die nachgeholte Voraussetzung für die rechte Einordnung der Osterereignisse: Hier habt ihr es mit dem lebendigen, persönlichen Gott zu tun. Und für die Leser werden durch diesen Bericht die wahren Konturen des Geschehenen erkennbar. Nach Art antiker Texte steht das stärkste Argument am Schluss, man nennt es die *peroratio* (drastische Zusammenfassung des Wesentlichen). Vergesst nicht: Wir haben es hier mit Gott und seiner Realpräsenz unter Menschen zu tun. Es ist der Gott, über den man erschrecken muss und wird, wenn man der Botschaft Manipulation unterstellt. Der aber Anlass zur Freude ist, wenn man Lebensgeist und Sündenvergebung annimmt.

Ist es das, was moderne Zweifler exklusiv im Christentum finden könnten und was sie nötig haben wie die Luft zum Atmen? Die Menschen suchen einen, der sie versteht, und wenden sich daher den Gottmenschen in Gestalt von Gurus zu. Aber Gott ist doch schon längst Mensch geworden, Jesus ist Mensch wie wir und versteht uns. Er versteht uns so sehr, dass er selbst auf die Zumutung des Thomas eingeht. Denn eigentlich und in Wahrheit versucht Thomas Gott, was man nicht tun darf! Schon Lk 4,12 zitiert Jesus gegenüber dem Teufel (!) Dtn 16,16: *»Du sollst den Herrn, deinen Gott nicht versuchen!«* Aber Gott lässt sich – aus Liebe, warum denn sonst? – auf unser gotteslästerliches Versuchen ein, kennt unsere Zweifel und weiß, dass wir es von Jesus selbst wissen möchten. Er ist sich nicht zu schade, den Zweifeln des Thomas entgegenzukommen. Ähnlich kennen wir es aus Joh 4,48: *»Wenn ihr nicht Zeichen und Wunder seht, glaubt ihr nicht!«*, denn so schwach und hilfsbedürftig ist unser Glaube. Auch nach Joh 4 lässt sich Jesus daher in der gleichen Barmherzigkeit auf die Menschen ein, aus der heraus er auch dem lästerlichen Ansinnen des Thomas nachgibt. Gerade weil Jesus (nach beiden Texten) so bereitwillig und über die Maßen barmherzig dem schwachen Glauben der Menschen entgegenkommt, ist nun, da das Wunder geschehen und Thomas seinen Wunsch erfüllt sieht, der Glaube unausweichlich, Unglaube ist nicht mehr entschuldbar.

Gott begegnet uns als Mensch, als einer, der uns versteht. Als einer, der über die Maßen hinaus unseren Zweifeln entgegenkommt und in diesen Fällen uns gern die zusätzliche Bestätigung liefert, die wir brauchen. Denn er will uns hineinführen in die Herrlichkeit erneuerter Schöpfung. Und damit stoßen wir auf das, was wirklich nur Gott kann: Sünden vergeben, Altlasten wegnehmen, sie verschlingen lassen in der Vitalität des Schöpfers, auf dass die alten Sünden Brennholz werden können für das Feuer des Heiligen Geistes.

Wenn es in Joh 20,20 heißt: *Als die Jünger den Herrn sahen, wurden sie von großer Freude erfüllt*, dann benennt der Evangelist etwas, das im Rahmen einer Theophanie (= Erscheinung Gottes) weit über jede Fröhlichkeit hinausgeht. Denn hier bedeutet »große Freude« Anteilhaben an Gott selbst, ein Stück Heil und Ewiges Leben zu gewinnen. Weniger Psychisches oder Psychologisches ist gemeint, vielmehr eine neue Lebensqualität: Immunität gegen Angst und Tod schon in der Gegenwart. Es ist genau *die* Freude, welche die christlichen Märtyrer aller Zeiten zu unfasslicher Leichtigkeit geführt hat.

Daher umfasst auch die Schilderung des Auferstandenen im Sinne des jüdischen Menschenbildes und der hebräischen Bibel die Leibhaftigkeit der Auferstehung und die besondere Leiblichkeit Jesu. Dabei gilt: So wie hier der Leib des Auferstandenen erfahren wird, so wird auch der künftige Auferstehungsleib aller sein. Insofern sind die Ostererfahrungen sehr wichtig für unsere Hoffnung und ihre Gestalt. Denn der Auferstandene steht bei fest verschlossenen Türen mitten unter seinen Jüngern, das heißt: er ist nicht durch räumliche Trennwände abgeschieden. Auch die Grenzen zwischen Sterblichkeit und Unsterblichkeit hat er durch die Auferstehung überwunden. Andererseits ist er als *er selbst* erkennbar und trägt noch die verklärten Narben seines Leidens an den Händen und an der Seite (übrigens nicht an den Füßen). Das war auch sonst bekannt: Das geschlachtete und auferstandene Lamm nach Offb 5 trägt noch das Wundmal der Schächtung an sich (»... wie ein geschlachtetes Lamm«). Jesu Leib hat alle Grenzen und Begrenzungen der Sterblichkeit abgelegt. Und doch ist er kein Gespenst oder Totengeist. Denn Jesus ist berührbar und – wie Lukas berichtet – kann er auch essen.

Ob Engel wohl lügen können? Nach den synoptischen Evangelien wird die Osterbotschaft jeweils von Engeln verkündigt. Das leere Grab ist nicht das Erste und Wichtigste. Das Wichtigste ist vielmehr die Osterbotschaft des herrlichen Engels: »Er wurde auferweckt, wie er gesagt hat.« Das leere Grab ist nur ein Argument zur Bestätigung der Osterbotschaft. Zwei weitere Argumente nennt der Engel nach Matthäus: Jesus selbst hat seine Auferweckung vorausgesagt (Mt 28,6) und er hat vorausgesagt, dass er nach Galiläa vorausgeht. Dort wird man ihn ab jetzt sehen können. Noch einmal: Das leere Grab ist nicht für sich selbst aussagekräftig, entscheidend ist die Frage, »ob Engel lügen können«. Die Erscheinung Jesu selbst vor den Frauen nach Mt 28,8–10 verhält sich zur Engelrede wie die Erfüllung zur Verheißung. Auch gegenüber den Frauen, nicht nur gegenüber den Jüngern bestätigt Jesus selbst das Wort des Engels.

Theologisch ist nach Mt 28 bemerkenswert, dass bei der Erscheinung des Engels Schrecken und Angst überwiegen: Die Erde erbebt, die Wächter genauso (zweimal dasselbe griechische Wort *seisthenai*), sie fallen wie tot um, und zu den Frauen muss der Engel beruhigend sagen: »Habt nicht solche Angst!« Dennoch ist in V. 8 noch immer von der Angst der Frauen die Rede, und zwar an erster Stelle. Diese Beobachtungen sind für unser Gottesbild wichtig. Die Bibel unterscheidet nicht zwischen Angst und Schrecken einerseits und der domestizierten Furcht vor Gott andererseits. Nein, das alles ist eins und wird mit demselben einen Wort beschrieben. So heißt Gott auch im Alten Testament der »Schrecken Jakobs«. Und seine Herrlichkeit und unfassbare Größe ist zunächst einmal erschreckend, beängstigend. Wer das nicht erfahren hat, versteht nichts vom biblischen Gott. Wer es zudeckt, mogelt sich an dem vorbei, was gerade Aufbruch zu neuer, realistischer Einschätzung der Welt und des Menschen sein kann. Gott ist nicht einfach nur »die Liebe«, sondern zunächst einmal schrecklich. Das gilt auch und gerade zu Ostern. Und für die Feinde, hier repräsentiert durch die Wächter, bleibt es dabei.

Eine weitere Dimension der Ostererfahrung erschließt sich durch die Szene vom *reichen Fischfang.* Lichter, morgendlicher Glanz liegt auf der Geschichte in Joh 21. See, Berg und Wüste sind typische Orte, an denen Gott sich zeigt. Die Erscheinung des Auferstandenen ist nichts als Offenbarung seiner selbst. Die Erzählung scheint voller Anspielungen auf Bekanntes zu sein. Sie erinnert an den Fischfang nach Lk 5,1–11. Auch dort ist die Situation ähnlich: Eine Szene am See – die Jünger sollen ihre Netze auswerfen. Nach einer Intervention Jesu fangen sie sehr viel. Petrus steht im Mittelpunkt. Alle See-Geschichten spiegeln auch die Situation der Gemeinde wider. Die späteren Gemeinden haben sich in den Geschichte vom kleinen Jüngerkreis oft wiedererkannt. Zu den Abweichungen gehört: Hier ist kein Sturm.

Eine geheimnisvolle Erzählung: Sieben Jünger sind dabei, davon werden zwei namentlich genannt. Deutet die Zahl »alle« Jünger an? Nachdem die Augen der Jünger zunächst »gehalten« sind, erkennt in der Mitte der Erzählung der Lieblingsjünger Jesus, den »Herrn«. Dann stürzt sich Petrus ins Wasser, dem Herrn entgegen, ähnlich wie in Mt 14,28–32. Petrus umgürtet das Hemd und rafft es auf diese Weise, um besser schwimmen zu können. Am Ufer hat Jesus – ungeachtet des Fischfangs der Jünger – schon ein Mahl angerichtet. Er hat das wunderbar bereitet, wonach er die Jünger nach Joh 21,5 gefragt hatte. Die Jünger getrauen sich nicht, ihn zu fragen (V. 12), obwohl sie alle wissen, wer es ist. Das ist schüchterne Distanz, ähnlich wie es bei Maria Magdalena in Joh 20,17 von Jesus selbst nahegelegt wird: Sie darf Jesus nicht kniefällig verehren; hier getrauen sich die Jünger nicht zu fragen. Es ist keine selbstverständliche Erscheinung, sondern es ist eben »der Herr«; Jesus trägt hier den Gottesnamen der griechischen Bibel. Und dieser Herr lebt, an den Zeichen der Fülle kann man ihn erkennen.

Umfragen über Ostern ergaben: Vielen Menschen bedeutet die Auferstehung Jesu nichts. Neulich hielt mir jemand vor, ihn habe der Spruch »Die Sache Jesu geht weiter!« stark beeindruckt. Nein, das kann es nicht sein. Die Sache Pestalozzis geht auch weiter. Alles Notwendige liegt in dieser morgendlich hellen Szene am See. Jesus ist lebendig, es ist wie früher, er legitimiert sich durch ein Zeichen. Hier, beim Messias zählt nur reine überbordende Fülle. Niemand soll fragen, ob die Jünger so viele Fische (153) zum Frühstück (!) »brauchten«. Nein, für den Hunger gewiss nicht. Aber für den Glauben war es gut.

Die Zahl der 153 Fische bleibt rätselhaft. Man kann davon ausgehen, dass diese Zahl wie die 666 in Offb 13,18 symbolisch ist. Die Antike kennt das aus dem Leben des Pythagoras (von Jamblichus), dass der weise Lehrer bei einem reichen Fischfang zuvor die genaue Zahl angeben kann; vielleicht geht es auch hier um eine pythagoreische Zahl. Der Kirchenvater Hieronymus dagegen gibt in seinem Kommentar zu Ezechiel an, 153 sei die Gesamtzahl der Fischarten; weitere Belege fehlen. Ich möchte einen anderen Vorschlag machen: Nach dem apokryphen Hebräerevangelium (Synopse Aland, S. 153) ist die Zahl der Wunder Jesu 53. »Einhundert« aber ist die Zahl der Fülle (100 Schafe, hundertfache Frucht usw.). 153 bedeutet daher: 53 + 100, die absolute Fülle. Um eine Addition geht es ja auch bei den 99 + 1 Schafen.

Ostern ist nichts Kompliziertes, sondern in dieser Geschichte ist es wie immer: Wir nehmen in Fülle. Jesus lädt zum Mahl ein, das wunderbare Mahl Jesu ist das Ziel. Die Jünger versammeln sich um ihn, sie lassen sich beschenken, und zwar gleich doppelt: in dem was sie fangen und in dem, was er direkt schenkt. Er lädt ein und spendet in Fülle, das ist seine Handschrift. Er ist die unsichtbare Mitte, auch wenn er nicht da ist. Nicht »seine Sache«, sondern er selbst ist es, den wir in der Zwischenzeit vermissen. Die messianische Fülle ist auch sonst im Neuen Testament das sicherste Zeichen dafür, dass schon etwas Grundlegendes geschehen ist. Paulus redet von der Überfülle; in 2 Kor 8,7 sagt er: *Ihr seid ja mit allem so reichlich begnadet, mit Glauben, mit der Macht des Wortes, mit Theologie, mit tätiger Hingabe und Liebe, die ihr von mir als Geschenk gern angenommen habt. So wünsche ich mir, dass ihr auch für dieses Gnadenwerk reich genug beschenkt seid, dass ihr selbst schenken könnt.* Das Johannesevangelium (10,10) spricht von der Fülle, aus der wir Gnade genommen haben. Bei den Speisungsberichten mit den körbeweise übrigen Stücken ist es genauso wie bei der Hochzeit von Kana: Nur die Fülle zählt.

Neulich hat ein Prinz von einer Großmutter erzählt, die ihm das Teuerste war. Ich hatte auch so eine Großmutter, sie war moralisch streng, nicht reich, aber was sie hatte, verschenkte sie in Fülle, 30 Pakete in die Ostzone zur Weihnachtszeit, und wenn ich sie im Sommer besuchte, holte sie oft eine Flasche kühlen Mosts von Äpfeln des eigenen Gartens aus dem Keller, ganz für mich. Das war etwas von dem, wie Gott ist. Er ist wie einer, der für ein Enkelkind einen Kuchen bäckt, wenn man zu ihm kommt.

Viele Ausleger haben das Verhältnis zwischen Petrus und dem Lieblingsjünger im Sinne professoraler Männerfeindschaft gedeutet; beide Figuren seien durch finstere Konkurrenz miteinander verbunden. Das Gegenteil ist wahr: Wo immer Petrus und der Lieblingsjünger zusammen vorkommen, bestätigt der Lieblingsjünger als unabhängiger Zeuge, dass es mit dem Zeugnis (und der Beauftragung) des Petrus seine Richtigkeit hat. Er ist der stützende Zeuge. Das gilt für den Bericht vom leeren Grab in Joh 20 wie auch hier. Dadurch, dass der Lieblingsjünger den Sachverhalt feststellt (das Grab ist leer, der Erscheinende ist der Herr), ist die nachfolgende Erfahrung des Petrus abgesichert. Sie ist rechtens und Petrus hat sich nicht getäuscht, denn es gibt einen zweiten Zeugen neben ihm. Diese Wundergeschichte ist nur Unterbau der nachfolgenden Beauftragung des Petrus. Es ist nicht gut, beides auseinander zu reißen. Denn wie sehr Petrus Jesus liebt, das hat er gerade durch sein Entgegeneilen im Wasser noch einmal gezeigt.

Fazit: Die Auferstehung Jesu, ja der Gedanke an Auferstehung selbst ist aus demselben Holz geschnitzt wie die Bergpredigt und die meisten Wunder Jesu. Das eine überfordert unsere Vernunft und das andere unser Tun. Sie ist schier unvorstellbar – wie Gott und wie die Liebe.

KAPITEL 19

Was könnte Jesus heute bewirken?

19.1 Könnte er die Christenheit einen?

Das Ziel der großen Fürbitte Jesu ist nach Joh 17,11b die Einheit der Christen. Auch in nichtbiblischen Texten gehört die Sorge um die Einheit und Einigkeit der Zurückbleibenden zu den Themen der Abschiedsreden von Sterbenden, besonders in der frühjüdischen Gattung der »Testamente«. Der sterbende Erzvater ermuntert seine Kinder und Enkel dazu, einig zu bleiben; einer möge den anderen lieben. Hier ist aus der Mahnrede eine Fürbitte geworden, denn weil Jesus Gott treu war, wird jedes seiner Worte erhört werden. Freilich darf man daraus nicht schließen, wie jüngst geschehen, dass die Christen schon lange und schon immer aufgrund des Gebets Jesu eins seien, weil Gott das sicher schon längst erhört hätte. Wer so argumentiert, übersieht, dass gerade nach dem Vierten Evangelium auch die Jünger ihren Teil zu der Einheit beisteuern müssen. Wenn Menschen Jesu Gebot (!) nicht tun wollen (Joh 15,12.14), wenn sie nicht selbst um die Einheit beten (Joh 15,16b.17), dann steht Jesus mit seinem Gebet allein.

Die Einheit der Christen sieht Jesus schon zu Lebzeiten als gefährdet an; in den synoptischen Evangelien steht Jesu Eingreifen in den Rangstreit unter den Jüngern an der Stelle der Fürbitte in Joh 17. Denn auch diese Eingriffe folgen stets jeweils auf die Leidens- bzw. Abschiedsankündigungen (z. B. Mk 9,31–35) hin. Der testamentarische Charakter ist daher auch in den anderen Evangelien bewahrt.

Wenn die Einheit die Hauptsorge des hinweggehenden Jesus ist: Gibt uns die Botschaft des Vierten Evangeliums dann Hilfen auf dem

Wege zur Einheit der Christen? Das Johannesevangelium ist bis zur Monotonie auf Jesus Christus konzentriert. Dass die Jünger in ihm Gott begegnen, ist seine einzige Aussage. Als das Vierte Evangelium entstand, war es seine Aufgabe, diverse versprengte und heimatlos gewordene Judenchristen unter diesem einen Dach zu einigen. Um das zu erreichen, vertritt der Evangelist seine anspruchsvolle Christologie. Anspruchsvoll ist sie insofern, als hier kein Raum für Zweifel bleibt, ob in Jesus tatsächlich Gott begegnet. Konkret heißt das: Wer Jesus nur als sympathischen, humanen Juden darstellt, wird auf diese Weise nie eine Kircheneinheit zustande bringen. Die Frage der Kircheneinheit ist direkt abhängig von unserer Einschätzung Jesu, unserem Jesusbild. Im Gefolge der exegetischen Schultheologie gehört es in unserem Land mittlerweile weithin zum Examenswissen für Theologen und besonders für Religionslehrer, dass Jesus nicht Sohn Gottes gewesen sei und eine Kirche nicht gewollt habe. Beides hängt zusammen: Wenn er nicht Gott war und ist, dann lohnt es sich auch nicht, übermäßig viel für die Einheit der Christen zu opfern. Dann kann man sich irgendwie auf der Basis lockerer nominaler Einheit in bunter Vielfalt treffen. Hauptsache, das Etikett auf der Flasche ist gleich. Dann ist es reine Zweckmäßigkeit, sich irgendwie zu arrangieren – oder eben auch nicht. Wenn wir es dagegen in Jesus mit dem einen und einzigen Gott zu tun haben, dann ist die Kircheneinheit der Christen etwas Heiliges, das nie und nimmer politischen Machtkämpfen zum Opfer fallen darf. Wer von Jesus nicht viel hält, kann mit seinem Werk, seinem mystischen Leib, Schindluder treiben. Sage mir, was du von Jesus hältst, und ich sage dir, was dir die Einheit der Christen wert ist.

Im Vierten Evangelium aber geht es immerzu um die Frage, was Jesus mit Gott zu tun hat. »Der einzige Inhalt des Evangeliums ist nicht eine Lehre, sondern das Ereignis, dass Gott in Jesus präsent war. Das ist ein Ereignis – gelehrt wird überhaupt nichts. Dass hier also ein Mensch ist, in dem Gott so präsent ist, der für die göttliche Präsenz so durchlässig ist, dass er in seinem Leben konkret diese Präsenz so überzeugend darlegt – das ist wahrscheinlich auch das Geheimnis des Erfolges von Jesus und der Wirkung auf seine Freunde, die Apostel usw. gewesen, die von der göttlichen Präsenz im täglichen Leben, in der Aktion, im Handeln, so beeindruckt waren … Es ist keine Lehre von irgendetwas, sondern der Eindruck, den ein Mensch macht, der vollständig durchlässig ist für die göttliche Präsenz in seiner Existenz. Das ist ein Ereignis, das in dieser Art neu ist«. (E. Voegelin, zit. nach meinem Buch »Im Anfang war Johannes«, 2. A. 302).

Und ferner: Ein religiöser Individualismus, wie ihn vor 100 Jahren Adolf von Harnack propagierte und wie er vom Deutschen Reichstag als liberaler Protestantismus offiziell zur »Zukunftsreligion« erklärt wurde, liegt dem Vierten Evangelium denkbar fern. Seine Botschaft ist nicht das Evangelium des freien Geistes, wie man fälschlich etwa im Anschluss an Joh 3,8 erklärt hat, wo man das Rätsel des Windes, um das es in diesem Bild geht, irrtümlich auf den Geist Gottes bezieht, der angeblich weht wo er will. Nein, der Wind ist in Joh 3,8 wörtlich zu nehmen, und das Ganze ist ein Bild für die Taufe, d.h. die Geburt von oben her. Der gewöhnliche Mensch (wie Nikodemus) weiß noch nicht einmal, woher der Wind kommt, geschweige denn, was der Himmel ist, von dem Jesus und jeder Getaufte herkommt. Wenn irgendwo, dann ist im Johannesevangelium Jüngerschaft eine verbindliche Sache, und die Liebe, von der Jesus nach diesem Evangelium spricht, ist nicht ein sanftes, subjektives Gefühl, sondern praktische Solidarität.

Das Wort »Liebe« wird im Vierten Evangelium deshalb so wenig kasuistisch gefüllt, weil jeder Einzelne dazu aufgrufen ist, dieses Wort von sich aus täglich neu konkret zu füllen. Die abstrakte und allgemeine Sprache der johanneischen Meditationen dient dazu, viele Menschen mit unterschiedlichen Vorstellungen zu einen. Allzu konkrete Festlegungen hätten bei vielen sicher die Antwort hervorgerufen: »Betrifft mich nicht.« Nach dem Vierten Evangelium ist die verantwortungsvolle Predigt der Christen vom einen und einzigen Gott gebunden an das Erscheinungsbild der Gemeinde. Wenn sie sich entzweit, helfen alle Worte nichts. Sie ist das Medium der Verkündigung.

Jesus würde, träte er auf in einer Christenheit, die in 130 000 Gruppen zerfallen ist, sehr ernst darauf hinweisen, dass Gott die maßgebliche und bessere Hälfte der Wirklichkeit ist. Er würde die

Priorität der Wahrheit vor den oberflächlichen Arrangements des Unvereinbaren vertreten. Er würde zu radikaler Umkehr aufrufen und ein Beten und Handeln für die Einheit einfordern, die diesen Namen verdient.

19.2 Was würde Jesus zur Tötung ungeborener Kinder sagen?

In Deutschland und anderen Ländern werden Abtreibungen vom Staat bezahlt, Geburten muss man selbst bezahlen. Jesus hat ein sensibles Verhältnis zum fünften Gebot (»Du sollst nicht morden«). Denn schon dann, wenn man zu seinem Nächsten sagt »Du Idiot«, ist das Gebot übertreten. Deshalb würde er erst recht nicht zögern, Tötung ungeborenen Lebens als Mord zu bezeichnen. Tötung Unschuldiger benennt er in jedem Falle als teuflisch. Wenn irgendwo Teuflisches, die verführerische Tücke des Teufels, sich bemerkbar macht, dann im Mord Unschuldiger. Es kommt hinzu, dass der Leib des Menschen nach biblischer Ansicht gerade nicht Eigentum des Menschen ist. Der Mensch gehört Gott, nicht einmal mein Bauch gehört mir. Der Mensch ist »Tempel des Heiligen Geistes«, der Mensch also im Ganzen heilig. Und dem Heiligen gegenüber ist heilige Scheu angebracht. Wer das Heilige verletzt, verletzt Gott.

Man kann nun einwenden, dass zur Zeit Jesu das Problem selbst noch nicht bekannt war. Immerhin haben wir ein eindeutiges Zeugnis aus der Höllenvision der Petrusapokalypse des 2. Jahrhunderts, wo es in 11(26) heißt: *Ganz in der Nähe erblickte ich eine andere Schlucht, wo Eiter und stinkender Ausfluss von Bestraften zu einem großen See herabfloss. Dort saßen Frauen bis zum Hals im Eiter, ihnen gegenüber eine große Menge heulender Embryos. Von ihnen gingen Feuerblitze aus, die in die Augen der Frauen einschlugen. Das waren die Frauen, die unehelich schwanger geworden und die Kinder abgetrieben hatten.* Der Text bescheinigt, dass in biblischer Zeit vor allem uneheliche Schwangerschaften auf diese Weise beendet wurden.

Man könnte einwenden, dass Jesus Ehebrecherinnen nicht verurteilt. Allerdings ermuntert er sie dazu, fortan nicht mehr zu sündigen. Denn so lange ein Menschenleben währt, ist es in seiner Gestaltung änderbar. Tötung eines ungeborenen Kindes ist dagegen nicht mehr zu ändern.

Vor allem ist auf Jesu Kinderfreundlichkeit zu verweisen, die ihresgleichen in der Antike sucht. Nicht weil Kinder »unschuldig« wären, stellt Jesus sie in die Mitte des Evangeliums, sondern gerade weil sie abhängig und machtlos sind, weil sie alles von ihren Eltern erwarten müssen. Er fordert die Erwachsenen auf, dieses Verhältnis als die wahre Abhängigkeit von Gott zu entdecken. Und gerade weil Kinder im Mutterleib noch viel abhängiger sind als irgendwo sonst auf der Welt, würde er Partei ergreifen für sie. Er würde sagen: Ahmt Gott nach! So wie er die Kinder wachsen lässt, sollt auch ihr ihnen Lebensraum gewähren. Partei ergreifen würde er auch für die Frauen, die Jesus an verschiedenen Stellen der Schrift gegen die Männer in Schutz nimmt und deren größere Nähe zur Kreatürlichkeit er sehr wohl kennt. Er würde wissen, wie häufig Männer es sind, die Frauen zu etwas zwingen, was sie im Grunde ihres Herzens niemals wollen können. Er würde Partei ergreifen gegen die Doppelmoral der Problemlöser, gegen die Saubermänner, die das Problem schaffen, das sie dann im Dunkeln und auf Kosten der Kinder und Frauen entsorgen wollen.

Kein Verständnis hätte Jesus, würde man ihn auf soziale Notlagen in diesem Zusammenhang hinweisen. Er würde etwas Ähnliches sagen wie: »Wenn Gott gibt das Häschen, gibt er auch das Gräschen.« Jesu eigener Lebensstil ist auf grenzenlose Zuversicht gegenüber Gott gebaut, der seine Kinder sicher ernähren wird. Er hätte wohl kein Verständnis für die Verbalradikalen und potenziellen Steinewerfer, die Abtreibung geißeln, aber keinen Finger der Barmherzigkeit rühren, um die Zustände abzustellen, die Frauen und Mädchen in scheinbar unlösbare Konflikte bringen, statt die Zustände zu schaffen, in denen der Notfall keine Katastrophe mehr ist. Und was würde diese Gesellschaft erst zu hören bekommen, in der ein Kind zu bekommen ein konkretes Armutsrisiko darstellt! Das sind die Früchte, an denen wir erkannt werden.

Schließlich würde er sagen: Wenn ihr in Nöte (Kindsnöte) kommt, dann betet. Fragt Gott im Gebet, was sein Schöpferwille ist. Betet so lange, bis ihr euch ganz sicher seid, dass ihr euch nichts vormacht. Bedenkt, dass Gott der Schöpfer ist, der Leben um jeden Preis will und der selbst so kinderlieb ist, dass er uns Menschen als seine Kinder will.

Wie oft hat man seit Jesus den neuen Menschen, den neuen Adam suchen und schaffen wollen. Im Evangelium wird uns erklärt, dass es ihn nur unter einer Bedingung gibt: Gottes Willen tun, barmherzig und vollkommen sein wie Gott selbst. Der neue Mensch, der Inbegriff der neuen Menschheit ist nicht der Künstler, der Erfinder, der Weltherrscher, sondern derjenige, der wie Maria unter Vertauschung der Hoheitsverhältnisse demütig den Weg zu Elisabeth geht, der wie Jesus demütig das Kreuz trägt. Ein Mensch also, der Geduld hat und ganz sicher weiß, dass auf das Tal des Leidens der Morgen der Herrlichkeit folgt. Noch einmal das Bild Mariens auf dem Weg zu Elisabeth: Zwei Schwangere begegnen sich.

Das Mittelalter sieht den Weg Mariens übers Gebirge als den mühsamen dornigen Weg des Christen überhaupt. Und ein Gebet sagt zu Jesus: »Dich hat Johannes der Täufer, noch eingeschlossen im Mutterleib, erkennen dürfen im freudigen Strampeln. So schenke er auch uns geistliche Freude.« Immer wieder ist von der Freude die Rede, und auch, dass durch das Strampeln das Herz des Volkes bewegt werden sollte.

Gott bewegt die Geschichte durch Frauen. Und dabei ist Schwangerschaft je und je ein Bild der noch andauernden Verhüllung des Zukünftigen. Das Große, das sein wird, ist noch nicht da in erdrückender Herrlichkeit, doch wohl in Umrissen zu erahnen. Das ist die Stunde der Mütter des Heils. Das ist auch unsere Gegenwart. Zeit der Hoffnung, die nicht trügen wird.

19.3 Wie würde Jesus auf unsere politische Lage reagieren?

»Wenn die Menschen gottlos werden, sind die Regierungen ratlos, die Lügen grenzenlos, die Schulden zahllos, die Besprechungen ergebnislos, die Aufklärung hirnlos, die Politiker charakterlos, die Christen gebetslos, die Kirche kraftlos, die Völker friedlos, die Verbrechen maßlos« (Antoine de Saint-Exupéry). Die Menschen fragen damals wie heute auf solche Vorhaltungen hin: »Was sollen wir denn tun?« Jesus würde uns auf die absolute Priorität Gottes hinweisen; er würde sich selbst als den Weg bezeichnen und uns dann sagen, dass uns der Rest geschenkt wird. Unser hedonistisches, letzlich a-theistisches Durchwursteln in der gesamten westlichen Welt ist am Wendepunkt angelangt. Wir können es schlicht nicht mehr bezahlen. Und es ist auch nicht mehr erträglich geworden in einer Welt ohne Gott. Ganze Kontinente sind zum Ausschlachten freigegeben. Die Natur wurde zerstört, die Menschen ihrer Würde beraubt. In der Arbeitswelt sind neue Formen der Sklaverei entstanden. Politiker und Manager bringen ihr Schäfchen ins Trockene. Ausbeutung wird zu globalen Firmenstrategien. Und es werden keine Kinder mehr geboren. Wozu auch?

Wir stehen im Augenblick an einem weltgeschichtlichen Scheideweg; dieser betrifft nur oberflächlich die Türkei oder den Irak. Zu lange haben wir geglaubt, die große Entscheidungsschlacht würde sich zwischen einem kommunistischen Osten und einem »freien«, demokratischen Westen ergeben. Die entscheidenden Fragen – das wissen wir nun mit hinreichender Klarheit – werden uns durch die Religion aller islamischen Länder gestellt. Sie stellt den westlichen Weg in unerhörter Direktheit infrage, wenn wir uns auch zu Recht darüber empören, dass sich dieses in spektakulären terroristischen Akten und der Ankündigung und Durchführung eines heiligen Krieges äußert. Der Islam – er ist mehr und anderes als El-Kaidah – ruft uns ein unüberhörbares: So nicht! zu. Die Art und Weise, in der wir mehrheitlich darauf reagieren, offenbart aus meiner Sicht ein erschreckendes Maß von Angst und mangelnder Zuversicht. Wenn irgendetwas Indikator für den inneren Zustand unseres Volkes ist, dann die Mechanismen des Verbietens, Nicht-Hinguckens und Nicht-Wahrhabenwollens. Wir werden nichts aufhalten können. Wir haben schon über 2 Millionen Muslime in unserem Land. Weggucken gilt nicht. Genau das aber praktizieren wir. Wenn ich Seminare anbiete mit dem Titel: »Bibel und Koran. Eine Klärung«, kommt nahezu niemand. »Nicht examensrelevant« ist die Antwort. Für welche Wirklichkeit lernen und studieren wir eigentlich?

Wir haben Angst davor, islamische Kultur, Geburtenfreudigkeit und Glaubensstärke könnten uns gleich dreifach treffen. Wir unterscheiden uns in der inneren Situation kaum von den christlichen Ländern Türkei und Nordafrika im 7.und 8. Jahrhundert, in denen ein morsches Christentum einfach überrannt wurde. Und der Schock von 1683 – zur Erinnerung: da standen die Türken vor Wien – sitzt allenfalls belesenen Süddeutschen tief in den Knochen. Eine harte Auseinandersetzung um unsere Identität kommt auf uns zu. Wir können versuchen, die Toleranz mitsamt der multikulturellen Gesellschaft wieder abzuschaffen, die Welt wieder zu teilen, uns allseitig zu verpanzern, wegzusehen, unsere Schwäche zu beschwören und uns hinter Verbote und scheinbare Schutzwälle zu flüchten. Wir werden dadurch gar nichts aufhalten. Wir werden Religion haben, starke Religion, oder wir werden historisch abdanken. Die sie noch halbherzig und preisreduziert vertreten, stehen in der Versuchung, sie in Wehleidigkeit und Leidensscheu zu verspielen. Seit Ende des 17. Jahrhunderts wurde die Auseinandersetzung mit dem Islam nahezu aufgegeben. Dagegen hat das Mittelalter von Thomas von Aquin (mit seiner »Summe gegen die Heiden«) bis hin zum gelehrten Mönch Ludovico Marraccio (Padua 1698) mit seiner großartigen Koranausgabe und -widerlegung noch diese Auseinandersetzung führen können.

So stelle ich mir eine offene und ehrliche Auseinandersetzung mit der Weltmacht Islam vor: An der Stelle rückwärtsgewandter Ängstlichkeit und untauglicher Versuche zur abschirmenden Bemutterung sollten wir Christen eine klare und offensive Position gegenüber dem Islam gewinnen. Wer sonst sollte die Auseinandersetzung führen? Doch nicht die auf »Gib-Gas-ich-will-Spaß« heruntergekommenen Kinder der Aufklärung? Die Auseinandersetzung wird im Augenblick nur von ultrarechts her betrieben und hat oft nicht mehr als Dämonisierung des Islam zum Inhalt. Die Mitte zwischen Verteufelung und offener Sympathie zu finden, ist eine wirkliche Aufgabe. Wenn es gut geht, wird die Auseinandersetzung mit dem Islam eine der Triebfedern sein, dem lahmen Ökumenismus unter Christen Beine zu machen. Ein heillos zerstrittenes Christentum war schon im 8. Jahrhundert die große Chance des Islam. Es wird nichts helfen, nur die drei »K« werden uns in dieser weltgeschichtlichen Auseinandersetzung rettend notwendig werden: *Katechismus, Kultur* und *Kinderfreundlichkeit*. Mit Katechismus meine ich ein klares und verständliches Begreifen der eigenen Positionen des Glaubens. Das betrifft besonders jene, die sich vom Islam unterscheiden, nämlich Dreifaltigkeit und Sühnetod Jesu. Wir können es nicht dabei belassen, dass der Islam auftritt als die »biblische Religion für die Leute von der Straße«. Ein schlichter, klarer Katechismus, wie wir ihn in der Nachkriegszeit hatten, ist überfällig. Ich sehe heute noch die fett gedruckten Passagen des »Katholischen Katechismus für die Diözese Hildesheim« von 1948 vor Augen. Unter Kultur meine ich eine traditionsbewusste Gelassenheit, die darum weiß, dass wir viel, aber eben bei weitem nicht alles der islamischen Kultur des Mittelalters verdanken. Auch hier mangelt es in erschreckendem Maß an Wissen. Wir werden uns besinnen und zusammenraufen müssen. Wer auf öffentliche Darstellung unserer kulturellen Identität verzichten möchte, muss wissen: Jede Religion geht notwendig eine Symbiose mit einer bestimmten Kultur ein. Das hat Vorteile und Nachteile. Aber es ist eine Frage der gewordenen Identität. Und öffentliches Darstellen hat nach dem Neuen Testament immer etwas mit Bekennen zu tun. Mit Mut, Kenntnissen und Klarheit, mit Leidensbereitschaft und Gottvertrauen. Gerade das Jesusbild des Lukasevangeliums mit der schonungslosen Auskunft, dass all dieses Leiden und Mühsal bedeutet, ist der wichtige Fingerzeig. Dass es wieder Kinder geben muss in unserem Land, steht außer Frage. Weniger klar wird gesehen, dass es Kinder in intakten, glaubensstarken *Familien* geben muss, soll denn eine neue Generation heranwachsen, die Überzeugung hat und nicht bloß Geld und lebenslangen Anspruch auf maximalen Spaß.

Ich gehe davon aus, dass die anstehende und hier skizzierte Auseinandersetzung genau der weltgeschichtlich notwendige Anstoß von außen ist, der eine große Chance bietet, das Eigene wiederzuentdecken. Jetzt kommt es darauf an, ob wir Gottesdienste als Psycho-Spielchen und religiöse Formung als seichtes Psychologisieren nach jedermanns Bedürfnislage auffassen, oder das Schwarzbrot von Schrift und geistlicher Tradition uns wieder aneignen. Gott sei Dank ist die Situation dramatisch. Jesus würde uns Beine machen.

KAPITEL 20

Das Finale

20.1 Dialog über irdisches Leben und Ewiges Leben

Zu einem Lehrer kam jemand und fragte: Weißt du denn, was Ewiges Leben ist? *Der Lehrer:* Weißt du denn schon, was Leben ist?

Nach ein paar Tagen kam *der Frager* zurück und sagte: Man weiß oft deshalb nicht, was Leben ist, weil oft unklar ist, ob wir nur getrieben werden oder ob wir wirklich leben. Bei den Fischen ist es so: Nur wenn sie gegen den Strom schwimmen, weiß man, dass sie lebendig sind. *Der Lehrer:* Aber das ist nur *ein* Merkmal. Doch wenn du schon so lange brauchst, um über Leben nachzudenken, dann wundert es mich, dass du die Rede vom Ewigen Leben im Munde führst wie eine wertlose Münze.

Der Frager: Ist Ewiges Leben nicht ein Widerspruch in sich? Denn das Leben gewinnt seine Ordnung von der Zeit her, und die ist begrenzt. Ewiges Leben kann es nicht geben, weil es keinen Widerstand mehr am Tod hat! *Der Lehrer:* Aber so wie gegen den Strom schwimmen Aufhalten des Stromes ist, so ist auch Ewiges Leben Aufhalten der vergänglichen Zeit. Sistieren der Vergänglichkeit. Im Leben misslingt das – so wie es nutzlos wäre, würde eine schöne Frau nachts aufstehen, um das Pendel der Uhr festzuhalten, aus Furcht vor dem gnadenlosen Verfall durch die Zeit. Ewiges Leben bedeutet dagegen Aufhebung der Abschüssigkeit aller Zeit, die man Vergänglichkeit nennt.

Der Frager: Nun sehe ich, dass der Gedanke an ein Ewiges Leben sehr kühn, wenn nicht fantastisch ist. Wie kann man die Zeit in der

Zeit aufheben wollen? Ist die Rede vom Ewigen Leben nicht nur eine schlechte, leere Gewohnheit? Ist es vielleicht etwas rein Zukünftiges? *Der Lehrer:* Stimmt das wirklich, dass alles Ewige zukünftig ist, das Gegenwärtige aber vergänglich? Gibt es deshalb Ewiges Leben nur zukünftig? Dagegen sage ich: Was es nicht jetzt und schon jetzt gibt, das ist auch nicht ewig. Vielleicht ist das der entscheidende Irrtum zu meinen, das Ewige Leben sei erst zukünftig. Das ist wie mit dem Menschen, der sein Leben lang vor einer Tür wartete, voller Geduld. Und als er zum Sterben kam, wurde ihm gesagt: Dieses war deine Tür, die, durch die du hättest gehen müssen. Wir warten immer auf Zukunft, auf bessere Zeiten, auf Überwindung des Todes. Und dann ist plötzlich unser Stündlein gekommen.

Der Frager: Also hätten wir die Türe öffnen müssen, um das zu ergreifen, was uns auch der Tod nicht mehr nehmen kann? *Der Lehrer:* Jeden Tag die Tür etwas weiter öffnen. Nicht gewaltsam und besonders, indem wir nicht nach anderen schielen.

Der Frager: Aber ist Ewiges Leben nicht eine allgemeine Qualität, eine allgemeine Eigenschaft? *Der Lehrer:* Leben gibt es nicht allgemein, sondern nur deine Türe gibt es. Wenn du im Himmel ankommst, wird man dich nicht fragen: Warum bist du nicht Mose gewesen? Warum bist du nicht wie Albert Schweitzer oder Mutter Teresa gewesen? Sondern man wird fragen: Warum bist du nicht du selbst gewesen? Warum warst du immer bloß mehr oder weniger dies, mehr oder weniger das, nur nie das Richtige? Immer bloß schlechte Kopie, verschnitzte Figur, kümmerliche Halbfertigware? Warum bist du nicht du selbst gewesen?

Der Frager: Aber was hat dieses mit der Frage nach dem Ewigen Leben zu tun? *Der Lehrer:* Erstens muss das Ewige Leben jetzt und hier ergriffen werden. Und zweitens ist es kein anderes als eben deines, dein Weg, deine Türe, nicht die eines anderen. Ewiges Leben ist nicht etwas Allgemeines wie ein Goldfluss oder liebliche Luft. Ewiges Leben besteht darin, dass Gott, der dich so gemacht hat, unter keinen Umständen will, dass du verloren gehst.

Der Frager: Aber ich verstehe immer noch nicht, was Ewigkeit ist. *Der Lehrer:* Vielleicht bist du einmal verliebt, mit einem Mädchen zusammen und vergisst, was Zeit ist. Oder wenn man einem hohen gotischen Fenster folgt und nur die Richtung kennt, der Sonne zu, und jede kleine Fläche ist ein Stück der großen Herrlichkeit.

Der Frager: Aber was hat das mit dem Eigenen Leben zu tun? *Der Lehrer:* Man kann nur man selbst sein, wenn man sich selbst vergessen kann, wenn man lernt zu staunen und fähig ist, sich überwältigen zu lassen. Denn keiner kann die eigene Tür direkt öffnen. Nur im Blick auf einen anderen oder im Staunen geht das, nur so wird die Hand leicht genug. Nur Liebe oder Staunen öffnet den Weg zur Ewigkeit mitten in der Zeit.

20.2 Welchen Sinn haben die apokalyptischen Zukunftsaussagen?

Die apokalyptischen Texte bereiteten modernen Menschen immer schon die größten Schwierigkeiten. Da tauchen Bildwelten auf, die wie ein surrealistisches Puzzle erscheinen mussten. Großartige Motive, wie die apokalyptischen Reiter, die Albrecht Dürer und andere Große der Kunst zu gigantischen Untergangsszenarien motivierten, stehen neben Bildern, die den Hirnen von Sciencefiction-Autoren entsprungen sein könnten. Das ist überall so in antiken Apokalypsen (= Texte, die vom Ablauf der Zukunft reden). Wir stoßen auf rätselhafte Bilder: auf das himmlische zwölftorige Jerusalem, den Engel mit dem Mühlstein, auf Braut und Lamm, Monster und Requisiten wie Feuer, Blut und Rauch. Als Beispiel mögen diese Bilder aus einer christlichen Liturgie dienen, die mit apokalyptischen Bildern getränkt ist: *Herr, Beherrscher der Gewalten und Gott aller Barmherzigkeit, mit Feuer Gewandeter, dessen Angesicht von Feuer lodert, funkensprühendes Feuerschwert, Reiter auf feurigen Rossen …* (Äthiop. Liturgie, ed. Becker-Ühlein, Liturgie II 1997, 1000).

Öfter wird gefordert, die Auslegung der biblischen Texte über das Ende der Welt brauche neue Bilder. Richtig ist, dass sie zu allen Zeiten sehr dringend Bilder benötigt. Man muss die Ängste und Hoffnungen aus der isolierten Fantasie des einzelnen Träumers befreien, um ihre Botschaft zu verstehen und vielleicht in neuen Bildern zu sagen. Dabei sollte man darauf achten, dass die Bilder ihre rhetorische Absicht nicht verfehlen. In der Offenbarung des Johannes und in anderen Apokalypsen ist Hyper-Realismus ein Mittel im Dienst einer bestimmten Aussageabsicht: Die Schilderung des Watens in Strömen von Blut will das Bedrohtsein von Menschenleben durch unkontrollierte Gewalt schildern – und davor warnen.

Die Bilder sollen Ängste lösen und den Anfängen der Grausamkeit wehren. Indem sie vor der Zeit darstellen, wie das Ganze endet, machen sie schonungslos darauf aufmerksam, dass auch das Böse seinen Glanz und seine Herrlichkeit hat. Das Böse erscheint als die große, weltgeschichtliche Verführung. Bei jedem Bild geht es um die Frage der Macht. Wer regiert die Welt? Wer wird am Ende siegen? Bilder sagen mehr als tausend Worte – das weiß die moderne Werbung sehr genau. Und das wussten auch schon die Apokalyptiker in- und außerhalb der Heiligen Schrift. Bilder üben Macht aus.

Das Puzzle der Bilder vom Ende erinnert an *Surrealismus*; sie wollen nicht zueinander passen. Sie begrenzen sich auf surrealistische Weise gegenseitig und heben jede Versuchung auf, als ginge es um wörtlich zu Nehmendes. Die Bilder sollen einfach nur verhindern, dass wir überhaupt schweigen. Wir dürfen nicht versucht sein, sie fundamentalistisch zu verstehen. Dennoch sind die Bilder der Offenbarung des Johannes »wahr«, nicht weil sie Weissagung wären, sondern weil sie Sinn darstellen, Sinn und Unsinn anschaubar machen.

Es sind *Bilder, die schockieren*. Sie sind häufig nicht angenehm, fallen unter die Rubrik »Horror«. Dazu gehören besonders Feuer, Blut, Monster, Qualen und Strafen, die schlicht Untergang und Zerstörung bedeuten. Auch die Darstellungen des Weltgerichts bieten »Horror«. Wer den Horror vor Augen sieht, kann seine eigenen Ängste (und damit auch das schlechte Gewissen) wiedererkennen. Ängste kreisen um das, was schrecklich ist. Das, was normalerweise in einem Menschen verdeckt ist, wird im Wiedererkennen geöffnet und gewissermaßen freigesetzt. Das kennen wir von Hitchcock; wer einmal »Psycho« gesehen hat, wird letztlich über sich selbst erschrecken, über die innere Bedrohtheit, die Angst in seiner eigenen Seele. Es könnte plötzlich zu Ende sein. Was dann? Es geht beim Anschauen oder Anhören immer auch um Miterleben, um Leiden mit den Opfern und Bestraften, Weinen mit den Verzweifelten, Erschrecken mit denen, die von der Größe ihrer Schuld überrascht werden. Dieses Mit-Erleiden *(compassio)* hat schon in den Dramen des Altertums eine reinigende Wirkung. Beim Blick auf den Horror des Kreuzes wird das Mitleiden mit Jesus zu einer echten Gemeinschaft. Der schlimmste Horror, die Erfahrung der Einsamkeit, wird durchkreuzt, weil in der Gemeinschaft mit dem Gekreuzigten die Einsamkeit überwunden ist. So kann das Mit-Erleiden dazu führen, dass sich der verschlossene Raum der Ängste öffnet, dass der Mensch lautlos herausschreit, was er nicht sagen konnte, aber doch schon immer sagen wollte. Die sprachlichen oder bildlichen Zeichen sind Hilfe zur Artikulation des Inneren.

Es ist daher falsch, Darstellungen des Weltgerichts allein vom Verstand her zu beurteilen, von aufgeklärter Vernunft und rationaler Humanität her. Da müssen diese Szenarien als Produkte überhitzter Fantasie oder grausamer Rachegedanken erscheinen, als absurdes Theater, das sowieso mit keiner erweisbaren Wirklichkeit deckungsgleich ist. Es geht hier um einen anderen Bereich der menschlichen Psyche. Man kann ihn Emotionalität nennen oder – mit der Bibel – das »Herz«.

Diese Ausführungen sind keineswegs so zu verstehen, als sollten wir anderen modernen Horror-Inszenierungen nachlaufen oder sie nachahmen. Denn hier wie auch sonst öfter hat etwas in der jüdisch-christlichen Religion selbst seinen Ursprung, was nun von außen her wieder in verweltlichter (säkularisierter) Gestalt auf diese Religion zukommt. Diese Erfahrung macht das Christentum öfter: Eigenste Elemente werden übersehen und vernachlässigt, »wandern aus«, werden draußen entgöttlicht und bilden – außerhalb groß geworden – dann plötzlich eine scheinbare Alternative. Für alle, die nicht sachkundig sind, ist diese »Alternative« oft genug verlockend.

Wer den Horror aus dem christlichen Heilsdrama herausbricht, lässt ihn zum Selbstzweck werden. Das soll aber die »horrorvolle« Darstellung von Sünde, Kreuz und Gericht nun aber nach jüdisch-christlichem Verständnis keineswegs sein. Denn hier wird das Schreckliche genannt, um überwunden zu werden. Die Heilung setzt die Wahrnehmung des verdeckt in der Welt vorhandenen Schreckens, seine schonungslose Diagnose, voraus. Horror im Christentum und Judentum ist nur das Aufdecken von Wirklichkeit. Da muss nichts gemacht werden, nichts ersonnen werden. Es ist lediglich zur Kenntnis zu nehmen, wie die Kehrseite allen Glanzes ist, der nicht Gott ist. Dieses zu verschweigen wäre unwahrhaftig. Entsprechend wird das therapeutische Hantieren mit der Formel »Gott ist die Liebe« oft nachträglich als Betrug erfahren. Denn die Erfahrungen des Lebens und der Welt sind damit nicht deckungsgleich. In der Welt *ist* Horror – und er übt eine dunkle Faszination aus. Könnten wir ihm nicht zum Opfer fallen? Hat er reale Macht über uns? Oder sind wir mitten in Untergang und lebensgefährlicher Bedrohung schon die Geretteten? Das ist die Frage. Daher geht es nicht um Nachahmen des populären Horrors, vielmehr darum, das, was ist, auch das Nachtseitige, Böse, das im Lichte des Glaubens gut erkennbar wird, nicht zu verschweigen, nicht abzudrängen. Die Tradition des Horrors im Christentum ist zu begreifen auf dem Hintergrund der bedingungslosen Wahrhaftigkeit, der unter allen Religionen so nur Judentum und Christentum verpflichtet sind. Wer den Horror unterdrückt, verstärkt ohne Not den Verdacht, Religion sei Betrug.

Generell muss gelten: Wer den Horror nicht mehr darstellen kann, wird auch kaum Sehnsucht nach der Seligkeit wecken können. Denn beiderlei Erfahrung hat etwas mit Gott zu tun. Eine der frühen Erfahrungen der Israeliten mit ihrem Gott besteht darin, dass er sagt: »Ich bin der Schrecken Jakobs.« Wie Jubel und Liebe, so hat auch die Nachtseite etwas mit Gott zu tun. Im Kreuz wird auch die Nachtseite anschaubar. Nicht die Moralisierung ist im Christentum neu, sondern die Beziehung auf das Kreuz.

Wer einen apokalyptischen Text liest, wird am Ende nicht klüger sein, er wird keine Auskünfte über die Zukunft erhalten, keine Wahrsagerei erhalten. Darum sind auch all die populären Versuche, aus den häufig vorkommenden, geheimnisvollen Zahlen in den Apokalypsen Auskünfte über das Weltende zu gewinnen, müßig. Man sieht durchaus etwas, aber wie durch ein Kaleidoskop. Wie in einem Kaleidoskop sind die Bausteine bekannt, es sind immer dieselben alten Bilder von Schöpfung und Auszug aus Ägypten, von Berufung und Erwählung, von Engeln und Jerusalem. Neu ist nur ihre Anordnung, und geschenkt ist auch das Licht. Der Sinn des Kaleidoskops: Die einzelnen farbigen Steine rufen in Erinnerung, wie Gott zu handeln pflegt und wie er auch handeln wird. Das neue Arrangement wird herrlich sein wie frühere Machterweise Gottes. Dass er das Licht dazu gibt, zeigt, dass er lebendig ist. In das Kaleidoskop zu blicken hat den Sinn, die Ängste und Besorgnisse wie abzusaugen. All das, was uns als Angst oder Kummer den geraden Weg verfehlen ließe, wird absorbiert. Die Freude über die bunten Steine ist zugleich Erinnerung an Gottes frühere Taten, wie die Psalmen sie öfter besingen.

Die apokalyptischen Texte wollen nicht zum Schielen nach dem Ausgang anleiten. Wer im Ruderboot sitzt und rudert, kommt dem Ziel nicht näher, indem er sich möglichst oft umdreht und dorthin blinzelt. Der Ruderer blickt in die entgegengesetzte Fahrtrichtung, in Wahrheit konzentriert er sich auf den Meter Strecke, den er gerade zurückzulegen hat.

20.3 In der Mitte des Schreckens erscheint der rettende Herr

Die christlich-religiöse Antwort auf die Frage nach dem Ende der Welt unterscheidet sich charakteristisch von jeder anderen. Denn es geht eben nicht um irgendeine Zukunft, sondern um die Auskunft, dass die Welt schon immer (unsichtbar), aber besonders in Bezug auf ihr Ende dem Geheimnis Gottes gegenübersteht. Gott wird es sein, der da in allen Schrecknissen und vermeintlichen Untergängen kommt. Seine Gestalt wird sich am Ende herausschälen aus jedwedem Horrorszenario. Es bedeutet, dass das, was jetzt durch den Glanz des Bestehenden verdeckt wird, angesichts des zwangsläufigen Endes alles Vergänglichen in seiner Unvergänglichkeit umso deutlicher leuchten wird. Weil alles Vergängliche vergeht, tritt das Unvergängliche bei sich summierender Erfahrung und sich vertiefender Weisheit immer stärker als solches hervor. Auch in apokalyptischer Sichtweise wird Gott nicht fixierbar, greifbar oder datierbar. Auch so wird man ihn nicht festhalten können. Was erwartet wird, werden daher nicht Fakten in unserem alltäglichen Sinn sein, sondern eine neue Art von Gemeinschaft. Die Geschichte verläuft nicht mehr endlos, geradlinig wie ein Highway ins Nichts, und »das Ende« ist auch kein Punkt. Sondern Geschichte ereignet sich seit Jesus im Gegenüber zum kommenden Gott. Dabei gilt: Gott begegnet höchstpersönlich.

Dass im wiederkommenden Herrn sich die Geschichte entscheidet, ist nicht zuletzt ein großartiges und bleibendes Stück Religionskritik, eine *Entgötterung der Zukunft.* »Wer weiß, was die Zukunft bringen wird«, solche Sätze weisen auf unsere Abhängigkeit von der Zukunft hin. Das Böllern zu Silvester vertreibt die Angst vor ihr. Vor der Zukunft haben wir wirklich noch Angst. Nur dieser Götze ist geblieben. Durch Bleigießen und Glückwünsche versuchen wir der Angst zu begegnen. Auch ihre Undurchschaubarkeit ist wie die traditionelle Rätselhaftigkeit von Gottes Willen. In Anlehnung an Gerhard Ebeling gilt: Wenn der Mensch Gott als den Herrn anerkennen kann, dann auch als Herrn der Zukunft. Dann muss der Mensch nicht unter anderen Dingen auch die Zukunft fürchten, als wäre sie ein Gott, von dem er in Ungewissheit abhängig wäre. Er ist dann aus dieser scheinbaren Abhängigkeit befreit. Denn es gibt nur einen Gott, und auch Fortuna kann nicht mit ihm konkurrieren. Wenn auch in Bezug auf Zukunft Gottes Herrsein gilt, dann müssen wir nur ihm gefallen, um alles für unsere Zukunft getan zu haben.

O Tod, überhebe dich nicht, denn dein ist nicht der Sieg. Du bist als Wächter in Sheol eingesetzt und musst Rechenschaft ablegen. Die lebendige Stimme Gottes wird deine Macht auflösen und sie dir wegnehmen. Die Verstorbenen treten dich mit Füßen, verspotten und verachten dich. Sie halten deine Tollheit wie die des Riesen von Samaria, der mit Kraft umgestürzt wurde und verschwand. Lob sei dem, der das Menschengeschlecht aus deinen Händen befreit hat. Der Text dieses auf Ephraem den Syrer zurückgehenden syrischen liturgischen Hymnus (zitiert nach Becker-Ühlein, Liturgie I, 731) richtet seinen Spott gegen den anerkannt größten Weltherrscher, den Tod. Er zeigt etwas von der Kraft der christlichen Gestalt apokalyptischen Denkens.

Eine Straße, die aus dem Nichts kommt und ins Unendliche läuft, ein Kanal, dessen Ende mit dem Horizont verschmilzt – moderne Banken-Werbung spricht uns auf unsere Vorstellungen von Zeit an. Wenn Zeit keinen Ursprung und kein Ziel hat, dann kann der Einzelne und auch eine Gesellschaft darin keinen Standort finden. Diese Ortlosigkeit wirkt sich zumeist so aus, dass man den Blick künstlich auf das Morgen und bestenfalls das Übermorgen einschränkt. Was danach kommt, gibt es gar nicht. Die »Öffnung« der Zukunft hat daher paradoxerweise ein Ausblenden der ganzen, der totalen Zukunft zur Folge. Diese »Öffnung« wird zumeist verstanden als Befreiung von lästigen Gerichtsvorstellungen. Dass damit auch die Dimension der Verheißung und überhaupt jede positive Zukunftsvision abhanden kommt, wird in Kauf genommen. Denn alles, was über die private Vorsorge hinausgeht, wird als »zu anstrengend« empfunden.

Ganz anders das apokalyptische Zeitverständnis. Walter Benjamin hat es in unserer Zeit neu formuliert, und zwar im Blick auf das Bild des frontal dem Betrachter gegenüberstehenden Engels von Paul Klee. Benjamins Andeutungen greifen wir auf: Geschichte geschieht zwischen dem Engel und uns. Vom Paradies her kommt ein Engel und fliegt uns entgegen. Anders gesagt: Geschichte ereignet sich in der Konfrontation mit dem kommenden Gott. Die Zukunft ist nicht namenlos, sondern hat einen Namen. Genau das ist das christliche Verständnis von Geschichte. Nicht was in der Zukunft »kommt«, ist entscheidend, sondern dass alles, was wir tun, im Blick auf Gottes Kommen geschieht, vor ihm auch zu verantworten ist.

Nicht aus dem Unendlichen ins Unendliche läuft die Geschichte. Sie hat die Form und Eigenart eines Mandelhörnchens, ist *gekrümmte Zeit*. Die beiden Schokoladenspitzen sind Präexistenz und Himmelreich. Sie liegen einander gegenüber, sind aber nicht identisch. Sie sind auch nicht vertauschbar, weil zwischen ihnen die ganze Geschichte des Heils liegt. Die Hörnchengestalt bringt es mit sich, dass man von jedem Punkt der Geschichte aus die beiden Spitzen gewissermaßen sehen kann, was vor allem durch die Schriften der Bibel möglich ist. Die Schokoladenspitzen sind gegenüber dem restlichen Zeitverlauf ausgezeichnete, besonders qualifizierte, man könnte auch sagen: mythische Zeit. Wir haben bereits dargestellt, dass sich der Zugang dazu nicht einfach durch Fortsetzung der bisherigen Geschichte ergibt, sondern dass ein Spurwechsel nötig ist, und das betrifft auch unsere Wahrnehmung.

Die romanische Kunst bringt diese Auffassung zum Ausdruck, indem sie Alpha und Omega, den ersten und den letzten Buchstaben des griechischen Alphabets, die Symbole für Anfang und Ende, ganz eng mit Christus zusammenbringt: Er ist Anfang und Ende. Denn durch ihn wurde – nach etlichen Schriften des Neuen Testaments – alles geschaffen, und er steht am Ende als Richter da und als der, der sein Reich Gott übergibt.

Den beiden Spitzen des Mandelhörchens entspricht auch die jüdische und frühchristliche Auffassung von Präexistenz einerseits und neuem Äon andererseits. Präexistenz heißt: Etwas ist »vor« dieser Schöpfung gegeben, und »neuer Äon« heißt: etwas wird »nach« dieser Schöpfung bestehen. Präexistent sind für das Judentum so wichtige Dinge wie die Thora und der Name des Messias. Erst im neuen Äon (kommende Welt) werden die Gerechten, gekleidet in Gottes Herrlichkeit, befreit und erlöst sein. Nun besteht aber, wie schon angedeutet, unsere Zeit nur zusammen mit dieser Welt. Nichts, was vorher oder nachher ist, können wir uns vorstellen. Unsere Wörter »vorher« und »nachher« sind daher nur Hilfsausdrücke für das Unvorstellbare. Doch sind die Juden und die frühen Christen der Meinung, dass das je »vorher« und je »nachher« gerade das Mächtigste ist. Deshalb sind nicht beliebige Dinge präexistent, und daher sind auch nicht beliebige Menschen Anwärter für den kommenden Äon.

»Präexistent« oder »neu« (im Sinne der neuen Welt) sind daher Dinge oder Menschen, die in *Rang und Wert* von der bestehenden Welt total verschieden sind. Sie haben nicht teil an der allgemeinen Schwäche und Vergänglichkeit. Wie die Spitzen eines Mandelhörnchens begrenzen sie an beiden Seiten die bestehende Welt und Zeit. Das in Wahrheit Mächtige besteht je »vorher« und je »nach« unserer Welt und Vorstellbarkeit. Entsprechend der Differenz zu allem, was jetzt herrscht, ist das vor Gott Mächtige jetzt – während des Ablaufs der Geschichte – weder mächtig noch sichtbar. Die Erfassung der Spitzen ist nur aufgrund der Schrift oder im Glauben möglich.

Wer sich jetzt an die Schrift hält und glaubt, bekommt die Feindschaft der Welt sehr zu spüren. Die jüdische Apokalyptik ist in ihrer radikaleren Form gar nicht denkbar ohne das Zeitalter der Märtyrer (ab ca. 200 v.Chr.). Denn dort, wo die Mächtigen dieser Welt auf die Träger der Zukunft stoßen, steht das Martyrium. Hier brechen sich die beiden Äonen schon in der jeweiligen Gegenwart. Das bekannte Wort über den Unterschied zwischen einem Sünder und einem Heiligen könnte wesentliche Aspekte der Apokalyptik erklären: *Der Sünder hat Vergangenheit, der Heilige hat Zukunft.* Was Rang und Wert hat, wird bestehen, ist unzerstörbar. Was keinen Rang und keinen Wert hat wird vergehen. Das ist die Botschaft mitten in und gegen alle Zeit und Vergänglichkeit. Bei dem, was in den apokalyptischen Texten als Zukunft erscheint, geht es nicht um irgendeine Zukunft an sich, sondern immer nur um die Zukunft von Personen, eben um die Zukunft, die die Heiligen haben und die Sünder nicht. Der oben zitierte Satz ist daher ein typischer Rest apokalyptischen Denkens. Zukunft gibt es hier nicht unabhängig von ihrer Qualität.

Für den Apokalyptiker ist die Zeit eine nicht umkehrbare Abfolge einer Zeit des Leidens, der Versuchung und Bewährung *jetzt* und einer Zeit der Freude und des Lohnes *dann*. Dabei ist die Zeit des Leidens verstanden als letzter Aufstand des Bösen gegen Gott und zugleich als dessen unüberbietbares Offenbarwerden. Ebenso wird in der neuen Zeit offenbar, wer Gott ist. Nicht das »Kommen« Gottes selbst ist schrecklich, sondern Schrecken und Zittern gehen dem Kommen Gottes voraus.

Weil die beiden Zeiten, die des Bösen jetzt und die der neuen Zeit dann, in so unversöhnlichem Gegensatz zueinander stehen, gibt es keine Kontinuität zwischen ihnen, keinen sanften oder harmonischen Übergang, sondern nur die Umkehrung; sie betrifft Werte und Würden. Damit findet sich auch hier (wie schon im Ansatz Tod des Einzelnen/Tod der Welt) die Entsprechung von Mikrokosmos und Makrokosmos. Denn bei der (erneuten) Begegnung mit Gott vollzieht der Einzelne eine Umkehr/Bekehrung. Dieses entspricht der

Umkehrung der Welt am »Ende«. Und es gilt: Wer diese Umkehrung jetzt vollzieht, an dem wird sie »am Ende« nicht zwangsmäßig durchgeführt.

Je länger die Zeit voranschreitet, umso mehr enthüllt sich das, was die Zeit und die Wirklichkeit in Wahrheit bestimmt, nämlich Gott oder der Tod. Man kann den apokalyptischen Prozess auch als den Vorgang der Scheidung der beiden Welten ansehen. Die unsichtbare Welt wird enthüllt und damit emanzipiert. Die sichtbare Welt dagegen wird in ihrer Scheinhaftigkeit durchschaubar. Es ist also nicht so, dass das Neue erst zukünftig existiert; man kann genauso gut sagen, das Neue sei die verborgene Hälfte der Wirklichkeit, die erst in Zukunft enthüllt und damit allein mächtig wird.

Ein goldenes Zeitalter in der Vergangenheit, etwa im Paradies, gibt es für das Veständnis der Bibel nicht. Vielmehr ist die Bibel sehr streng auf Zukunft hin orientiert. Auch beim Bösen, bei Sünde, Leid und Teufel, fragt die Bibel nicht woher? und warum?, sondern entscheidend ist, was Gott, der Herr der Geschichte, daraus, d. h. aus diesen Stolpersteinen, machen wird. Das wird das Wichtigste sein, das wird Gottes Selbsterweis sein. Mit anderen Worten: *Das Wichtigste kommt erst noch.*

20.5 Die große Umverteilung der Macht

Schon von ihrer Entstehung her ist biblische und außerbiblische Endzeiterwartung politisch. Denn im Blick steht das vorhersehbare Ende der jeweils regierenden Machthaber. Schon dem Alten Testament ist klar, dass Gott die Mächtigen vom Thron stürzt. Und wenn Gott nun kommt, dann bedeutet das vor allem eine radikale Umverteilung der Macht. Damit zerstört jede Erwartung des Kommens Gottes alle hochtrabenden Ansprüche von Machthabern, seien diese nun auf Ewigkeit oder auf irdisch sich manifestierende Allmacht gerichtet. Der Nimbus irdischer Macht wird zerstört; es kommt in den Blick, dass die jeweils geltende Macht weder für immer herrschen wird noch das Recht hat, allein die Wirklichkeit zu interpretieren.

Das angespannte Verhältnis zwischen dem Apokalyptiker und jeder irdischen Macht rührt her aus dem Ersten Gebot einerseits und der erweisbaren Tendenz jeder Macht zur Selbstverherrlichung andererseits. Wenn Gott wirklich der Einzige ist, der anzubeten und zu verherrlichen ist, dann folgt daraus für alle anderen, dass sie eigentlich keine Macht und Herrlichkeit in und aus sich selbst haben, sondern einander Geschwister sind – eben *weil keiner der Herr über den anderen ist.* Von daher ist der Optimismus erklärbar, mit dem immer noch die Verheißung des Friedens in der jüdisch-christlichen Religion ernst genommen und »geglaubt« wird. Frieden ist die strikt notwendige Konsequenz aus dem Ernstnehmen des Ersten Gebotes.

Die Kirche erscheint damit – und wir folgen hier auch dem Ansatz Erik Petersons zur Offenbarung des Johannes – eine Gegen-Öffentlichkeit, die im Zweifelsfalle Distanz und Skepsis gegenüber jedem Staat walten lassen sollte. Man darf sich erinnern, welche fatalen Folgen die Reformation mindestens in dieser Hinsicht hatte, dass vielerorts Religion an den Staat ausgeliefert, zur Staatskirche wurde. Ebenso fatal wirkte sich dies im russisch-orthodoxen Staat-Kirche-Amalgam aus. In der Geschichte der katholischen Kirche war die Bindung an Rom immer wieder auch ein Schutz vor nationaler Vereinnahmung der Kirche. In dieser Rolle der Gegen-Öffentlichkeit ist die Kirche freilich nur glaubwürdig, wenn sie ihre eigene Macht auf den Herrn gründet und sich konsequent als die Gemeinschaft derer versteht, die dasselbe lieben.

Aus apokalytischer Perspektive ist Gottes Reich eine wirkliche Konkurrenz zum jeweils regierenden Machthaber. Schärfer gesagt: Jede Macht, die nicht Gottes Herrschaft ist, muss sich an Gottes Herrschaft messen lassen. Aus diesem Grund betont Jesus immer wieder den Unterschied zwischen politischer Machtausübung (Herrschaft und Ausbeutung) und dem, wie es unter den Jüngern sein soll (Dienen). Im Sinne des oben beschriebenen Verhältnisses von Welt und Neuer Schöpfung bedeutet das: Macht und Reichtum altern und verfallen übermäßig schnell. Das Neue wird ganz anders sein. Es ist jetzt schon dort anzutreffen, wo dienende Liebe geübt wird. Apokalyptische Weisheit besteht immer darin, dass die geforderte Liebe (von dieser Forderung wissen wir alle) nicht irgendwie nur ortlos existiert, sondern dass sie eingebunden ist in eine vergehende Welt, in eine Geschichte vor aller Augen.

Weil die Kirche die Gegen-Öffentlichkeit ist, kann sie in ihren Hymnen allen Nationalhymnen und Kriegsliedern der Soldaten Paroli bieten. Häufig entsprechen die Hymnen bis in den Wortlaut hinein den Zurufen (Akklamationen) an Herrscher.

Die Apokalyptik als internationales Phänomen ist geboren aus dem Widerstand von nationalen Kulturen und Religionen gegenüber Kulturen und Religionen mit Weltmachtsambitionen. Die Mitglieder dieser Bewegung sind die geborenen Gegner jeder Nivellierung. Sie wagen es, um den Preis normaler mitbürgerlicher Kontakte für sich zu bleiben, um auch nicht den Anschein eines kulturellen oder kultischen Kompromisses einzugehen. In der Offenbarung des Johannes ist dieser Preis: Verzicht auf interkulturelle Gastfreundschaft (wegen der Erneuerung des Verbots, heidnischen Göttern geweihtes Fleisch zu essen), auf geschäftliche Beziehungen (»Verkaufen und Kaufen«), auf Eheschließungen (wegen des Verbots, Unzucht zu treiben), schließlich aber auch das Martyrium.

Man kann beobachten: Immer dann, wenn Christen in die Gefahr geraten, von der heidnischen Allerweltskultur aufgesogen zu werden, tut eine Orientierung am Judentum ihnen gut. Daher ist die Offenbarung des Johannes das am stärksten jüdisch orientierte Buch des Neuen Testaments. Das gilt sowohl für die Schriftanspielungen als auch für die Verwurzelung im Judentum, hier besonders im apokalyptischen. Die Geschichte des Judentums zeigt ein stetiges Auf und Ab in Angleichung und Entfremdung. Die Katastrophen und Verbrechen, die an Juden verübt wurden, trugen dazu bei, dass eine wirkliche Assimilation nie zustande kam.

In seinem geistlichen Kern bedeutet Widerstand gegen die Nivellierung immer Unruhe und Wachsamkeit, Skepsis, große Distanz und zugleich große, beneidenswerte Freiheit. Man hat gefragt: Wie wäre die Kirchengeschichte verlaufen, wenn nicht Röm 13 *(Seid untertan der Obrigkeit, denn jede Obrigkeit, die besteht, ist von Gott verordnet)*, sondern Offb 13 *(Der Teufel hat dem Staat Macht verliehen, er steht dahinter)* der maßgebliche Text für das Verhältnis von Kirche und Staat geworden wäre? Die Antwort: Kirche wäre nie Volkskirche und halbstaatliche »Obrigkeit« geworden, sie wäre kleiner, machtloser, ärmer geblieben – aber auch freier.

Doch die Bedeutung der Apokalyptik geht hier über das Politische weit hinaus. Denn für absolut und perfekt werden immer wieder menschliche Systeme erklärt. Apokalyptische Hoffnung öffnet jede scheinbar abgeschlossene irdische Wirklichkeit neu, sie zersetzt den Absolutheitsanspruch jeglicher Systeme, bietet jeder Macht Opposition.

Im Rahmen apokalyptischen Denkens gilt daher:

- Gott ist ein anderes Wort für die Auflösung jedweder Machtkonzentration, die sich gegenüber dem Ersten Gebot verselbständigen will. Denn jede Macht über Menschen tangiert den eigenstaatlichen Anspruch Gottes. Apokalyptik ist nicht nur eine Bilder-Tradition, sondern vor allem eine bestimmte Haltung.
- Apokalyptiker sein bedeutet eine bestimmte Widerständigkeit zu institutionalisieren und internalisieren, die das wirksame Gegenmittel zur Gefahr der Vereinnahmung ist.
- Für diese Sicht von Zeit und Geschichte ist das eigentlich Schreckliche und das in Wahrheit zu Fürchtende nicht der Tod, sondern der Verlust der kulturellen und kultischen Identität. Gemeint sind: Nivellierung, Konformismus, nicht Nein sagen können, die vielen kleinen Zugeständnisse. Das Gegenteil ist Opportunismus, das Geltenlassen aller Positionen und die Unfähigkeit, eindeutig zu sein.
- Das »Ende« ist für diese Sicht identisch mit dem Ende aller falschen, kurzlebigen Macht – und das Ende der Entrechtung der Opfer. Die Zeit, in der ihre Würde anerkannt wird, ist dann gekommen.

Insofern ist die Verehrung der Heiligen (insbesondere der Märtyrer) nichts weiter als die Vorwegnahme ihrer endgültigen Rehabilitierung. Derjenige gilt als Patronus, der von den Tyrannen als der letzte Dreck angesehen wurde. Denn Verehrung heißt: Dem Mitchristen die Ehre zukommen zu lassen, ihn als Patron zu achten. An Gott scheitert jede sonstige »Allmacht«, jede menschliche Anmaßung. Gott ist der

Inbegriff dafür, dass jede irdische und menschliche Macht endlich ist und dass sie – je länger, desto mehr – korrupt ist. Gottes Heiligkeit ist der Gegenbegriff zu jeglicher Korruption. Kein Machthaber ist davor geschützt, und wir wissen: Das ist ein Stück biblisches Urgestein. Macht ist der besondere Saft, der Gott im besonderen Maße skeptisch macht. Denn er stürzt die Mächtigen vom Thron und erhöht die Niedrigen.

Dass der »Gott der Liebe« etwas mit Macht und Politik zu tun hat, mögen viele nicht einsehen. Ihnen wäre es sehr viel lieber, Gott ließe sie mit ihrem Machtgebrauch in Ruhe und beschränkte sich auf die »Unfallopfer«, die das System hervorbringt. Er kuriert sie dann voller Liebe. Dass die Rede von Gott »als Liebe« so eine arge Verkürzung ist, wird gerade an dieser Stelle greifbar. Denn es ist unmöglich, seinen Anspruch auf »Therapie« zu verkürzen, im Übrigen aber ungeniert nach den Regeln der Macht und des finanziellen Wettbewerbs zu verfahren.

Wenn Gott etwas mit dem Gebrauch von Macht und Geld zu tun hat, heißt das: Dort und nicht auf der Ebene der Therapie entscheidet sich, wer seine Herrschaft anerkennt oder nicht. Macht und Geld sind nicht unschuldig, ihre bloße Vermehrung ist ein sicheres Indiz für einen Konkurrenzkampf gegen Gott. Denn jede Macht, die nicht spätestens auf ihrem Gipfel in Gerechtigkeit und Liebe umschlägt, bleibt nicht neutral. Wer sich – im Besitze politisch-finanzieller Macht – nicht demütig zum Ersten Gebot bekennt und Gottes Gebot unterwirft, der verfällt zwangsläufig dem Gesetz des Dualismus. Denn Macht ist eben keine Grauzone, sondern als Macht stets extrem gefährdet. Sie kann nicht »bleiben«, wenn sich ihre Träger nicht ausdrücklich Gott unterwerfen. So ist es nicht länger besonders sinnvoll, das Erste Gebot vor allem gegen andere Religionen gerichtet zu sehen. Gerade die dies am lautesten fordern, möchten gerne im Windschatten ihrer Forderung ihrem Geschäft nachgehen.

Das bedeutet freilich auch: Politisches Handeln darf und soll nicht das »Heil« schaffen wollen oder müssen. Seine Zielvorstellungen sind mit skeptischem Realismus zu bewerten. Da apokalyptische Juden und Christen jeweils auf einen »fremden Text« (die Bibel) hören, besitzen sie in diesem Text ein kritisches Potenzial gegenüber sich selbst und jeder verwalteten Macht. Denn jede Form der Machtausübung ist an der Herrschaftsausübung Gottes zu messen.

Jüdische Apokalyptik ist wie die der umliegenden Völker kaum denkbar ohne die Existenz von Märtyrern. So ist es auch im Christentum, dessen Weg bis zum Anfang des 4. Jh. n. Chr. immer wieder von Martyrien gesäumt ist. Für die Weltkirche gilt das auch in diesem Jahrhundert. Apokalyptische Texte rufen in Erinnerung, dass die Kirche fast immer nur als verfolgte glaubwürdig war und in ihrem Widerstand Zuflucht der Menschen sein konnte. Nichts bekommt der Kirche schlechter als lange Zeiten von Frieden und Wohlstand. Es könnte aber auch ein, dass Nicht-Beachtung und Ignorieren der Kirche viel stärker zusetzt, die viel sublimere und gefährlichere Verfolgung ist als die blutige.

Die Überwindersprüche der Offenbarung des Johannes, in denen Jesus jeweils dem »Sieger«, der standhaft bleibt, den Himmel verheißt, entsprechen den Seligpreisungen der Bergpredigt, weil für beide das zukünftige Heilsgut schon jetzt gilt. Denn bei den Seligpreisungen heißt es nicht: Sie werden selig sein, sondern »Selig sind ...«, und auch bei den Überwindersprüchen heißt es nicht: Jemand wird siegen, sondern der Zeuge siegt immer hier und jetzt in der bestehenden Wirklichkeit. Selig sind die Menschen, die Jesus preist, weil niemand und nichts mehr sie von dem trennen kann, was ihnen als Verheißung gilt. Und Sieger sind die Standhaften jetzt schon, weil sie in Leiden und Blutzeugnis der tyrannischen Macht widerstanden haben, die ihnen ihre Seele und ihren Glauben rauben will.

Beides ist Enthüllung, *apocalypsis*, denn der Märtyrer enthüllt seine Identität durch sein Bekenntnis. Und der Tyrann enthüllt sein wahres Wesen durch die Verfolgung und Tötung des Gerechten. Insofern gehören beide zusammen und schaffen die dualistische Situation der Enthüllung. Erst jetzt, da sie beide sich enthüllen, wird die Situation kriegsmäßig. Die unzweideutige Enthüllung schafft erst den vollen Kontrast von Schwarz und Weiß. Denn ab jetzt stehen sich gegenüber: die Wirklichkeit Gottes und die andere Wirklichkeit, die Märtyrer schafft. Die Hymnen der Offenbarung des Johannes stehen zwischen dem Zeugnis der leidenden Verfolgten auf Erden und der Herrlichkeit Gottes. Während es sonst die Liebe ist, die die Gemeinde mit der Wirklichkeit Gottes verbindet, ist es hier, völlig gleichrangig, das pneumatische (= geistgewirkte) Lied.

20.6 Zukunft als Gegenwart

Es gibt gewiss mehrere Formen, in denen Gottes Endhandeln schon beginnt:

- In seinen Wundern vollbringt Jesus »Gottes eigenste Werke«, die schon von Jesaja verheißenen Wunder der Endzeit.
- In seinem Geschick erfährt Jesus schon, dass Gott die Erniedrigten erhöht. Seine Auferstehung ist zugleich der Beginn der allgemeinen Totenauferstehung.
- In der durch den Heiligen Geist vermittelten Liebe wird Gottes Zusammenwohnen mit den Menschen greifbar.
- In den Liedern der Gemeinden, besonders nach der Offenbarung des Johannes, wird der Sieg Gottes zum Beispiel über das tyrannische Rom schon gefeiert.
- In den Visionen, von der Verklärung (Mk 9,2–11) bis zur Thronvision in der Offenbarung des Johannes, öffnet sich für einzelne Christen die verborgene Welt Gottes, die zugleich die zukünftig gültige sein wird.
- Im Siegen des Märtyrers wird gottlose Macht unwiderruflich überwunden.

Wer Menschen zu Märtyrern macht, wollte selbst anstelle Gottes angebetet werden. Der Märtyrer hat es ihm verweigert. Der Zusammenhang mit der Endzeit ist dadurch gegeben, dass mit zunehmendem Altern der Menschheit der Wunsch der Mächtigen sich steigert, als Gott angesehen zu werden. Der Märtyrer bewahrt sich für Gott allein und verteidigt mit seinem physischen Leben das Kostbarste, das man ihm rauben will: Anbetung. Der Machthaber, der Märtyrer schafft, hat die zielsichere Ahnung, dass die Freiheit zur Anbetung die letzte und eigentliche Kostbarkeit ist, die jeder Mensch hat, die Freiheit zu »abgöttischer Liebe«. Die Wut des Tyrannen rührt daher, dass ihm diese Liebe und Achtung der Freien versagt bleibt. Der Märtyrer siegt, indem er sich diese Freiheit vor allem irdischen Anspruch bewahrt und sie allein Gott »anheimgibt«.

Das Phänomen des Martyriums ist einer der Anlässe (jedenfalls) für den Glaubenden, mit einer Identität zu rechnen, die stärker ist als der Tod. Der Raum, in der diese Identität sich entfaltet, in der sie sein kann, ist der unsichtbare Bereich Gottes. Indem die Augenzeugen das Martyrium mit ansahen, mussten sie förmlich diesen Schluss ziehen: Der hier siegt, kann nicht zugleich verloren sein. Auch wenn er physisch besiegt ist, so hat er etwas vor dem Zugriff bewahrt, das bestehen bleiben muss, weil es sichtlich die Versuchung überstanden hat. »Auferstehung« und »Neue Welt« sind wesentlich gebunden an die elementare Erfahrung der überlegenen Gerechtigkeit des Märtyrers.

Seit der Zeit der Märtyrer ist unbedingt klar: Widerstand leisten und auferweckt werden gehören zusammen. Das Thema der Apokalyptik ist nicht, Angst zu machen, sondern keine Angst zu haben, denn wer den Schatz gefunden hat, von dem her und für den er lebt, den kann nichts in seiner Identität wirklich bedrohen.

Seit der Zeit der Märtyrer ist auch dieses ganz klar: Der Mensch steht in einem Kampf um Leben und Tod. Die Wirklichkeit ist nicht banal wie unser Alltag. Der Kampf wird geführt um Gewinnen oder Verlieren des ganzen, unsichtbaren Selbst jedes einzelnen Menschen. Dieser Kampf ist veschränkt mit Gottes Kampf gegen Chaos und Lieblosigkeit.

Alle diese Elemente bedeuten: Mit dem Messias Jesus ist etwas in Bewegung gekommen, nichts bleibt beim Alten. Der Messias Jesus ist in bestimmter Weise schon das Ende des Römischen Reiches.

20.7 Von der Reparatur der Welt

Nach vielen Zeugnissen des Alten Testaments ist Gott Schöpfer und Erhalter der Welt. Um seinen Segen kann man bitten, mit seiner Hilfe Feinde überwinden. Die Welt regiert Gott nach einigen Zeugnissen mithilfe seiner Engel. Eine grundsätzliche und generelle Reparatur der Welt ist nicht vorgesehen. Das gilt selbst für den Fall, dass Jesaja in den späteren Kapiteln von »Neuer Schöpfung« spricht. Denn die Erwartung ist, dass die Neue Schöpfung dadurch zustande kommt, dass Gottes Gesetz vollständig angenommen wird. Es geht daher hier um eine strukturelle Neuorganisation, die vom Handeln des Menschen abhängt. Erst nach den Aussagen der so genannten Apokalyptik wird eine grundlegende Reparatur der Welt vollzogen. *Ist Reparatur überhaupt möglich?* Nun wird Gott in unseren Breiten zweifellos gar nicht als der betrachtet, der solches tun könnte oder wollte. Wir glauben nicht in erster Linie deshalb an Gott, weil wir von ihm Wiederherstellung der Ordnung oder Ausgleich von Unrecht, also ein »Gericht« erwarten. Das war anders in den Jahrhunderten, in denen die Kirche vor allem Kirche der Märtyrer war, in denen man die Wende herbeisehnte, damit das Unerträgliche endlich aufhörte. Der Ruf »Wie lange noch …?« wird schon in Offb 6,9 hörbar.

Aber die Ursachen für diesen Wandel im Gottesbild liegen noch tiefer. Genausowenig, wie wir mit Wundern rechnen, erwarten wir, dass Gott die Dinge zurechtrückt. Viel zu genau wissen wir umfassend und weltweit über Ursachen und Wirkungen Bescheid. Nachdem die naturwissenschaftliche Weise der Erklärung auch auf das menschliche Seelenleben angewandt worden ist, gilt Gottes Wirken in der Welt landläufig als extrem unwahrscheinlich. In der Antike, zumindest im Umkreis des Neuen Testaments, ist es zumeist umgekehrt. Die Abläufe erscheinen insoweit als »geklärt«. Alle Folgen und alle Ursachen sind vorhersehbar. Kausalität wird weitaus intensiver wahrgenommen denn je zuvor. Eine strukturelle *reparatio* der Welt wäre eine Störung des Systems, mit dem und aus dem wir leben. In der Antike zur Zeit des Neuen Testaments rechnete man für jeden neuen Tag mit Unerwartetem. Unser Weltsystem erscheint für die meisten (anders aber schon für die theoretischen Naturwissenschaften) als extrem geschlossen, abgedichtet gegen Wunder und unerwartete (unvorstellbare) Reparaturen des Ganzen.

Je aggressiver man die vermeintliche Geschlossenheit unseres Weltsystems verteidigt, umso weniger helfen auch Beteuerungen wie die, dass es nach Paulus um eine »Verwandlung« gehen soll. Das alte Problem des Verhältnisses zwischen Naturwissenschaft und Glaube, das für die Frage der Schöpfung halbwegs als erledigt galt, steht hier in neuer, verschärfter Form wieder auf für die Frage der Erneuerung der Schöpfung, die ja doch weitgehend sein müsste. Denn das Fehlen der Sterblichkeit wäre ein sehr gravierender Einschnitt. Es bleibt wohl keine andere Wahl, als aus der Not des Nichtwissens eine Tugend zu machen. Auszugehen ist vom paulinischen Gegensatz von »Fleisch« und »Geist«. Mit Fleisch ist gemeint: Die bestehende Welt ist sterblich, schwach und suchtgefährdet. Der Tod gehört zum System.

Auch Jesus rechnet mit einer Verwandlung bei der kommenden Offenbarung von Gottes Herrschaft. Die Verwandlung der Christen in leibhaftige Kinder Gottes ist, wenn man so will, die »Fortsetzung« dessen, was an Jesus in der Verklärung sichtbar wurde und was in Röm 8 als »Offenbarwerden der Kinder Gottes« beschrieben ist. Es geht dabei nicht um irgendeine Umwandlung in »himmelsähnliche Figuren«, sondern darum, dass die Christen endgültig fähig werden, mit Gott in Gemeinschaft zu stehen.

Das ist nichts anderes als das Ziel der Rechtfertigung. In der Rechtfertigung erkennt Gott den Glaubenden, eben weil er glaubt, als gesellschaftsfähig an. Er wird von Gott als einer akzeptiert, der sich auf dem gleichen Parkett bewegen darf. Gott hat den Menschen in den gleichen Status erhoben, in dem er selbst ist. In der Verwandlung des Leibes kommt diese Statusänderung zu ihrem eigentlichen Ziel. Damit erfüllt sich nichts anderes als der Wunsch des Menschen nach der Paradiesesgeschichte: »Ihr werdet sein wie Gott.« Was der Mensch sich »damals« (und später immer wieder) gegen Gottes Willen nehmen wollte, will Gott ihm jetzt freiwillig geben. Verwandlung bedeutet, ein anderer werden, obwohl man »irgendwie« derselbe bleibt. Verwandlung ist eine Gratwanderung an der Grenze zur Nicht-Identität. Aus den mystischen Berichten über die Begegnungen der Jünger mit dem auferstandenen Jesus geht hervor, dass sie die individuelle Gestalt Jesu erkennen konnten. Der Verwandelte ist daher derselbe, auch wenn sein neuer Leib sehr viel »leichter« (nicht sterblich; nicht der Schwerkraft unterworfen) geworden ist.

Dass Verwandlung notwendig ist, setzt Entfernung, Verschiedenheit und denkbar großen Kontrast – in diesem Falle zwischen Gott und Menschenwelt – voraus. Der Mensch müsste in seinem Leib nicht so grundlegend (zumeist auch unter Einschluss der Todesschwelle) verwandelt werden, wenn er »einfach so« nur von Gott angenommen werden könnte. Die Rede von Verwandlung setzt dabei auch voraus, dass es sich weder allein um ein juristisches Geschehen (Rechtfertigung) noch allein um ein personales Geschehen (Vertrauen) handelt. Vielmehr ist Verwandlung sehr viel radikaler als juristisches oder personales Geschehen gedacht. So radikal eben, dass sie nicht mit braven Alltagskategorien erfasst werden kann, sondern im Augenblick nur in mystischer Erfahrung zugänglich ist. Der Abstand zwischen Gott und Mensch ist eben größer als gedacht. Christentum ist auch hier nicht einfach eine »ganz vernünftige Sache«.

Die Ostervisionen berichten nicht deshalb von Freude, weil es nur oberflächlich um ein »fröhliches Wiedersehen« mit Jesus ginge. Vielmehr ist diese Freude die psychische Seite des neuen Menschen. Sie ist – wie aus anderer Perspektive das »Ewige Leben« – das wirkliche Kontinuum zwischen Christwerden und ewiger Seligkeit. Freude ist, so darf man wohl auch sagen, die wirkliche Art der Teilhabe des Menschen an Gott und die konkrete Gestalt der Gotteskindschaft – diesseits aller Dogmatik. Denn wenn man fragt, wozu Gott Welt und Menschen wohl erschaffen haben könnte, bleibt auch nichts anderes übrig als zu sagen: zu seiner Freude. Und weil Freude das ekstatische Aus-sich-Herausgehen ist, ist Freude die Begleiterin der Liebe. So ist wohl Freude der letzte Sinn von allem.

20.8 Gott kommt uns entgegen

Dass Sonne, Mond und Sterne kein Licht mehr geben und die Mächte ins Wanken geraten, die das Firmament tragen, bedeutet das Ende alles Vorstellbaren. Denn wenn es ganz dunkel und das Firmament nicht mehr droben ist, dann ist jede Möglichkeit der Orientierung vergangen. Der Zusammenbruch der Ordnung ist das Ende von

Raum und Zeit und damit das Ende des Vorstellbaren. Mit wenigen Strichen gelingt der Bibel in Mk 13,24–32 die Darstellung des vollständigen Ordnungsverlustes.

Wo aber das Vorstellbare zu Ende ist, tritt das Unvorstellbare ein: Der Menschensohn, den die Leser des Evangeliums als den gekreuzigten und auferstandenen Messias kennen, kommt auf den Wolken des Himmels. Jetzt ist die Macht (und Herrlichkeit) auf seiner Seite, während die des Kosmos erschüttert wurde. Die dingliche Welt ist vergangen; jetzt geht es nur noch um Personen, um den Menschensohn, seine Engel und die Auserwählten. Die Szene, die Jesus hier schildert, zeichnet er mit den Zügen der großen Menschensohnvision von Dan 7,13. Denn die Realität der Endereignisse ist nicht von dieser Welt, sondern wie eine Mega-Vision nach dem Ende alles Vorstellbaren. Andere Texte sprechen von der künftigen »Offenbarung« Jesu Christi und auch von der Offenbarung aller Gotteskinder dann so, wie auch die Berufungsvision des heiligen Paulus eine »Offenbarung« des Sohnes Gottes genannt wird. Das heißt: Was jetzt der Offenbarung des Gottessohnes gilt, dass sich der Himmel einen Spaltbreit öffnet, wird dann eine große Menschensohn-Vision vor den Augen der ganzen Welt sein. Die Tauf- und Verklärungsvision wird durch die österliche Offenbarung des Sohnes Gottes fortgesetzt und wird global am Ende in der Abschlussvision der Weltgeschichte. Denn der in Mk 13,26 Menschensohn genannt wird, heißt anderswo bei gleicher Gelegenheit der Herr oder der Messias, der geoffenbart wird. Theologisch bedeutet das: Die Gattung Vision hat Zukunft. Die kurzen Lichtblicke der Heilsgeschichte sind Vorgeschmack für das große Licht am Ende. Licht ist das große Thema der Heilsgeschichte.

Eigenartig: Obwohl viele Ausleger diese Verse als Szene des Gerichts deuten, ist doch hier vom Gericht keine Rede. Der Menschensohn wird hier überhaupt nicht als der Weltenrichter geschildert (das ist er nach Mt 25,31ff.). Hier lässt er nur seine Auserwählten sammeln. Nur sie sind im Blick. Ähnlich ist es auch nach der wohl ältesten Parusieschilderung (= Schilderung der letzten Dinge) aus der Hand des Apostels Paulus in 1 Thess 4: Alles liegt daran, dass alle, die an Christus glauben und hier geglaubt haben, mit ihm vereint sein werden. Sie werden alle »mit dem Herrn zusammen« sein. Nicht mehr und nicht weniger deutet Paulus an. So auch Mk 13: Durch das Einsammeln, das die Engel vornehmen, wird die Gemeinschaft der Glaubenden (»Auserwählten«) mit Jesus wiederhergestellt werden. Nur das ist wichtig, nicht das, was mit den übrigen Menschen und anderen Kreaturen geschieht. So ist Mk 13 im Kontext dieses »Jünger«-Evangeliums zu lesen, nicht als Dogmatik, die auf alle Fragen Antwort geben könnte. Es ist Zeugnis einer Gemeinde, die Jesus liebt, die die Gemeinschaft mit ihm für den absolut höchsten Wert hält. Denn er ist auferstanden, er wird wiederkommen, er ist der Sieger über Tod und Sünde. Wenn die geretteten Jünger Auserwählte heißen, dann gilt der Ehrentitel des Gottesvolkes ihnen.

Das Gleichnis vom Feigenbaum in Mk 13,28f. verfolgt eine andere Tendenz als die vorangehende Ordnung der Ereignisse. Deren Skopos war es gewesen, das Ende immer weiter hinauszuschieben: Öfter hieß es, dass »noch nicht« (V. 7) das Ende sei, das erst der »Anfang« sei (V. 8) oder was »erst« (V. 10) noch kommen müsse. Ziel der Reihe war es, die Naherwartung zu dämpfen. Jetzt dagegen, am Ende, wird gar in V. 30 erklärt, diese Generation oder »dieses Geschlecht« werde nicht vergehen, bis »das alles geschieht«. Jesus spricht in V. 28f. von der Nähe der Ernte und dass sie vor der Tür steht. Diesen Schluss der Rede nennt man in der Rhetorik *peroratio*, den Abschnitt, in dem die schlichte Konsequenz und Anwendung aus einer Rede gezogen wird. Statt dass die Naherwartung gedämpft wird, spricht Jesus hier von der Nähe des Endes, und er wird die Endzeitrede mit einem Appell zur Wachsamkeit beschließen. Mk 13,31 *(»... aber meine Worte werden nicht vergehen«)* ist eine Bekräftigung der Wahrheit des Gesagten, und zwar gerade des positiven Gehaltes: Entscheidend ist nicht, dass Himmel und Erde vergehen werden (das hatten V. 24f. gesagt), sondern dass Jesu Verheißung weit darüber hinaus reicht, nämlich bis hin zur Vollendung der Gemeinschaft mit ihm, dem Menschensohn. Insofern mahnt V.31, das Ziel nicht aus dem Auge zu verlieren.

In der Geschichte der christlichen Apokalyptik hat dieser Text eine große Rolle gespielt. Die Aussage in V. 29 »Wenn ihr seht, dass dieses geschieht ...« fand man zu wenig präzise, deshalb bürgerte es sich ein, von den »fünfzehn Zeichen« zu sprechen, fünfzehn Indizien, die alle gegeben sein mussten, sodass man dann sicher sagen könnte, das Ende sei definitiv nahe. Doch die Zeichen in so hoher Zahl anzunehmen, konnte die Menschen auch beruhigen, denn alle fünfzehn waren sicher nie auf einmal gegeben.

Bis heute herrscht bei der Rede vom Ende der Zeiten vor allem die Angst. Aus diesem Grund versuchen viele, dem Thema auszuweichen. Dabei wird regelmäßig übersehen, dass in allen apokalyptischen Texten des Neuen Testaments am Ende eine Aussage über die erneuerte und sehr innige Gemeinschaft mit Jesus steht, so etwa das Bild der Hochzeit in der Offenbarung des Johannes. Denn dass die Welt nicht ewig ist, dass sie auch im Ganzen vergänglich ist, weil sie zeitlich ist, das war zumindest bei einem Teil der Menschen der Zeit Jesu Allgemeingut, bis hin zum Weltbrand. Unklar war aber das Danach. Denn wer konnte schon über das Genaueres sagen, was nach dem Ende der Welt geschehen sollte?

An diesem Punkt den Menschen eine feste Gewissheit zu verleihen, war eine singuläre Chance des Christentums. Denn wenn man auch über das Wann nichts weiß, so kann man doch umso sicherer über das Wer Auskunft geben. Denn den, der kommen und herrscherlich siegen wird, den kennen die Christen bereits. Ebenso wie sie wissen, dass der dazugehören wird, der sich an die Worte des Evangeliums hält. Denn Jesus ist auferstanden und wird wiederkommen. Der Ausgang der Geschichte ist daher gerade nicht »offen«, sondern es wird sein wie damals, als Jesus mit seinen Jüngern zusammen war. Daher stehen auch die Ausblicke auf das Ende jeweils am Schluss der Lehrtätigkeit Jesu und vor dem Beginn der Passionsgeschichten. Das gilt besonders für die drei ersten Evangelien, für die Lehre der Zwölf Apostel (Didache) und auch für 1 Kor 15. Diese Ausblicke stehen nicht nur deshalb am Ende, weil die Gegenwart der Jünger sich zeitlich gleich daran anschließt, sondern vor allem, weil hier, in der *peroratio*, der wichtigste Punkt der Verkündigung Jesu liegt. Denn was nützt alles andere, wenn man keine Hoffnung hat? Dass das Ewige Leben in Gemeinschaft mit dem bestehen wird, den man aus dem Evangelium so gut kennt und der so genau die Kriterien der Zugehörigkeit beschrieben hat, das tröstet über alle Ängste hinweg.

SCHLUSSWORT

Das Größte aber ist die Liebe. Jesus lieben?

In meinem autobiografischen Anfangskapitel habe ich einen wichtigen Punkt ausgelassen: Ich bin glücklich verheiratet. Hat meine Frau etwas zu tun mit meinem Weg und Verhältnis zu Jesus? Mit der Art und Weise, in der dieses Buch geschrieben ist? Mit meinem Glauben an den dreifaltigen Gott? Hat Glauben etwas mit Liebe zu einem Menschen zu tun? Gott lieben und den Nächsten – bedeutet das auch: Christus und seine Frau bzw. seinen Mann?

Sicher sind Glaube und Liebe sehr ähnlich. Ich meine, dass man aus der Liebe viel für den Glauben lernt und aus dem Glauben einiges über Liebe. Bevor wir heirateten, haben meine Frau und ich uns zehn Jahre lang Briefe geschrieben. In diesen Briefen habe ich gelernt, über mich selbst zu sprechen, und zwar angesichts eines wohlmeinenden, kritischen Gegenübers. Die Liebe hat mir das Herz geöffnet und die Zunge gelöst. Erst ein paar Jahre später bin ich dann auf die zisterziensische Spiritualität gestoßen. Von Anfang an spielt in dieser Art des Christentums die Auslegung des Hohelieds eine große Rolle, in dem es bekanntlich um das bräutliche Verhältnis von Mann und Frau geht. Und das Denken großer Zisterziensertheologen wie des Wilhelm von Saint-Thierry kann man in dem Satz zusammenfassen: *Solus amor* (»Allein die Liebe«). Oder auch so: Rechtfertigung durch Sehnsucht. – So war mein Leben bisher stets ein Zickzackweg zwischen Suche nach dem Himmel und Suche nach der Frau meines Lebens, zwischen Theologesein und Verliebtsein, kein Schritt geschah ohne Voraussetzung des jeweils in die andere Richtung gerichteten vorherigen. Dankbar bin ich, dass mir beides nicht unbekannt blieb, das Glück auf Erden und der Vorgeschmack der himmlischen Verheißung.

Jesus lieben? Was Petrus betrifft, so können wir Entsprechendes in der Frage Jesu in Joh 21 nachlesen: Petrus, liebst du mich? Es ist schon eigenartig: Obwohl der Hirte für die Schafe da ist – alles entscheidet sich doch daran, ob er den Herrn liebt. – Mein Prior hat mir neulich vorgeschlagen, nicht zu übersetzen: »Liebst du mich«, sondern »Hast du mich lieb?« – »Ja, Herr, du weißt doch, dass ich dich lieb habe.« Denn »lieb haben« ist im Deutschen mehr als das lexikalisch richtige »lieben«. Denn damit ist mit einem Male eine sehr persönliche Ebene erreicht. Das ist immer etwas Einmaliges, das ist Herzblut, Zärtlichkeit, Mitfühlen mit dem Geliebten und positives Sich-Sorgen um ihn. Den Herrn kann ich lieb haben als Freund und Heiland, als den, dem ich mein ganzes Leben verdanke. Doch Liebhaben ist mehr, als ich es von einem Freund sagen könnte. Wir kennen es von Kindern, die ihren Teddy lieb haben, und das heißt: er muss überall mit hin, sie sprechen mit ihm. Wenn man älter wird, gehört dieses Wort in ein bräutliches Verhältnis oder in dessen Vorbereitung.

Judentum, Christentum und Islam sehen – wesentlich aufgrund der Auslegung des Hohelieds, aber doch weiter begründet im Verhältnis Gottes zu seinem Volk – den Glauben in Entsprechung zum Verhältnis zwischen Braut und Bräutigam. Dass Gott uns zuerst lieb hat, spüren wir in schweigender Einsamkeit. Aber auch dann, wenn es uns schlecht geht, wie es Mechthild von Magdeburg vom Gekreuzigten sagt: »Wenn es dir gut geht, lege ich meinen rechten Arm um dich, wenn es dir schlecht geht, meinen linken. Denn dann bist du meinem Herzen näher.« Lieb haben hat auch mit Ganzheit und Leiblichkeit zu tun.

Lieb haben gibt es oft nicht ohne Krisen. Petrus hat den Herrn lieb in einer dramatischen biografischen Beziehung. Wir wissen davon nicht nur aus der Verleugnung, sondern auch aus dem Bericht über den Zweifel des Petrus auf dem Meer, aus dem Bericht über das abgeschlagene Ohr des Malchus. Nach Gal 2 lässt sich Petrus – impulsiv wie er ist – auch später einmal vor lauter Gutwilligkeit in die Irre führen. Petrus ergeht es daher nicht wie einem makellosen Heiligen, sondern eher wie uns allen, daher sagt man in der Alten Kirche, es sei gut, dass der Herr einen zum Hirten berufen habe, der wisse, was Versagen ist, und nicht einen heilig-reinen Eiferer wie den Propheten Elija. Gerade vor dem Hintergrund von Krisen und Fehlschlägen gewinnt die Übersetzung mit Liebhaben an Farbe. Keine gerade, glasklare Beziehung, sondern eher eine anrührende, in der Petrus immer wieder zurückfindet und sagt: »Du bist noch immer mein Herr, ich bin trotz allem dein Jünger. Du kennst mich doch, meine Schwächen und auch mein Herz. Trotz allen Dunkels, auf das ich mich einlasse, habe ich dich so innig lieb, wie es überhaupt nur ein Mensch kann. Dass du da bist als mein Heiland und Gott, ist mir das Beste und Teuerste.«

Die äußere Form des Glaubens des heiligen Petrus kennen wir, das sind seine Bekenntnisse: Du bist Christus, der Sohn des lebendigen Gottes, du bist der Heilige Gottes. Aber nach der Innenseite dieses Glaubens lohnt es auch zu fragen. »Der Gott des Petrus« müsste ein solcher Traktat heißen – es gibt ihn nicht, niemand hat sich darüber Gedanken gemacht. »Geh weg von mir, denn ich bin ein Sünder« (Lk 5,8) dürfte wohl der Ausgangspunkt sein. Jesus bedeutet für Petrus die Begegnung mit dem Heiligen Gott. Gerade weil er durchaus nicht vollkommen ist, kann er Jesus und Gott in eins sehen. Jesus ist für Petrus das Wunder der Gegenwart Gottes. Nein, es ist nicht zuerst der Gott, der sich erniedrigt hat, den Petrus hier trifft, sondern der, über den er nur staunt.

Und der Weg des Petrus ist es, von dem, über den er nur staunt, zu dem hinzugelangen, den er lieb hat. Weil die Distanz des Staunens zwar prinzipiell bewahrt wird, aber doch zu einer vertrauten Beziehung führt, durch dunkle und helle Stunden, zu Versagen und Rettung, immer wieder. In diese bewegte Geschichte gehört auch die Notiz in Joh 21,17, über die ich in keinem Kommentar Näheres gefunden habe: Dass Petrus traurig ist, weil der Herr ihn dreimal fragen muss. Übersetzt heißt diese Trauer: »Aber du weißt doch, wie es um mein Herz steht. Du weißt doch, dass du mein Ein und Alles bist. Du weißt, dass ich immer große Sprüche mache und sie dann nicht halten kann. Aber die großen Sprüche mache ich doch auch nur aus Liebe. Bitte, bitte zweifle nicht an mir. Gib mich nicht auf. Ich bin kein Held, aber behalte mich bei dir. Denn ich selbst bin schwach, aber meine Liebe ist unerschütterlich. Kein Blatt Papier passt zwischen uns«.

Sie ist die Innenseite meines Glaubens. Später wird jeder Priester bei der Messe beten: »Sieh nicht auf meine Sünden, sondern auf den Glauben deiner Kirche.« Das Wunder des Glaubens kann – diese Möglichkeit besteht von Gottes Gnaden – durch Versagen letztlich nicht berührt werden. Es gibt auch im normalen Christen etwas, das stärker ist als sein Versagen, etwas, das teilweise von seinem Tun unabhängig ist, weil er es durch gute oder böse Taten nicht machen noch ändern kann. Das ist genau das, was das Mittelalter unter den durch den Heiligen Geist eingegossenen »Tugenden« (Vermögen, Kräften, Anlagen) verstand. Auf Deutsch heißt das: Durch unsere Korruptheit können wir dieses gefährden, auch wirklich bedrohen, das Liebhaben und Glauben und Hoffen. Aber letztlich geht von diesen Spuren des Wirkens Gottes doch auch immer wieder alle Heilung aus. Indem Petrus auf das Liebhaben zurückkommt, das er der Zuneigung des Herrn selbst verdankt, bezieht er sich auf etwas, an dem er nicht verzweifeln muss, das unteilbar den Herrn mit ihm selbst verbindet. Denn so sagt es meine Frau mir öfter: Liebe ist unteilbar, das heißt: Sie ist immer ein Drittes zwischen den beiden, an dem beide Anteil haben.

Und dieses haben Ehe und Glaube gemeinsam: Die Strenge der Bindung, das staunenswerte Maß an Liebe, zu dem der andere immer wieder fähig ist. An ihrem Anfang stehen Scheu und Faszination. Gewiss spielen beide auf sehr unterschiedlichen Ebenen. Wenn Augustinus sagt: »Unruhig ist unser Herz, bis es ruht in dir«, dann meint er auch, dass es nicht die Aufgabe und Möglichkeit der Liebe unter Menschen ist, vollkommene Seligkeit zu geben. So sagt es Paulus: Die eine Frau haben, sollen sie so lieben, als wäre sie nicht der allergrößte Schatz. Und trotzdem weiß man über den Schatz nur durch die Liebe. So kann der Glaube, sollte es einmal nötig sein, auch trösten. Andererseits wissen wir überhaupt nur, worum es dem Glauben geht, wenn wir die Liebe zwischen Menschen betrachten. Auch wenn der heilige Augustinus über seine Liebe zu der Mutter seines Sohnes nicht freundlich spricht, kann man doch ahnen, dass er ein ebenso leidenschaftlicher Liebhaber war, wie er ein leidenschaftlicher Theologe geworden ist.

Die Tradition zisterziensischer Brautmystik hat die Äbtissin von Helfta, Sr. Assumpta Schenkl, fortgesetzt. Zu ihrem Band darüber durfte ich das Vorwort schreiben: »Die Texte der Frau Äbtissin berichten von einer Welt, die fremd zu sein scheint, weil wir sie wegdrängen. Manchmal bedarf es großer, mehr oder weniger sentimentaler Liebesfilme, um uns aufmerksam zu machen auf das Herz aller Dinge. Schwester Maria Assumpta ist diesem Herzen der Dinge ganz nahe, sie entdeckt es als den einen Gott, der lieben will und geliebt werden will. Die Liebe, von der sie schreibt, ist weder sentimental noch kitschig noch ein Objekt für Anhänger Sigmund Freuds. Es ist eine Liebe, die es nach Auskunft der Anthropologen eigentlich gar nicht mehr geben dürfte: paradiesisch, rotwangig, ganz einfach und voll unbändiger Lebensfreude.« Mit den Worten von Hildegard von Bingen: »Wenn ich mit offenen Augen betrachte, / was du, mein Gott, geschaffen hast, / besitze ich hier schon den Himmel. // Ruhig sammle ich im Schoß / Rosen und Lilien und alles Grün,/ während ich deine Werke preise. // Dir schreibe ich meine Werke zu./ Freude entspringt der Traurigkeit, / und die Freude macht glücklich« (Hildegard von Bingen, Liber Vitae Meritorum 11).

Vor Jahren fiel mir folgender Text in die Hände: »Einmal wird uns gewiss die Rechnung präsentiert für den Sonnenschein und das Rauschen der Blätter, für den Schnee und den Wind, den Vogelflug und das Gras. Für die Luft, die wir geatmet haben und den Blick auf die Sterne, die Abende und die Nächte. Einmal wird es Zeit, dass wir aufbrechen und bezahlen. Bitte die Rechnung. Doch wir haben sie ohne den Wirt gemacht. ›Ich habe euch eingeladen‹, sagt der und lacht, ›so weit die Erde reicht. Es war mir ein Vergnügen!‹«

*

O rex gloriae Christe, veni nobis cum pace!
Christus, herrlicher König, komm und bring uns Frieden!

Sach- und Namenregister

Begriffe und Bibelstellen, die besonders ausführlich behandelt werden, sind **fett** dargestellt

Verzeichnis der Bibelstellen

Altes Testament